현대일본을 찾아서 2

The MAKING of MODERN JAPAN

Marius B. Jansen

Yeesan Publishing Co.

현대일본을 찾아서 2

마리우스 B. 잰슨 지음
김우영·강인황·허형주·이정 옮김

이산

현대일본을 찾아서 2

2006년 1월 19일 초판 1쇄 발행
2021년 6월 17일 초판 3쇄 발행
지은이 마리우스 B. 잰슨
옮긴이 김우영·강인황·허형주·이정
펴낸이 강인황
도서출판 이산
서울특별시 중구 필동로8가길 10
Tel : 334-2847 / Fax : 334-2849
E-mail : yeesan@yeesan.co.kr
등록 1996년 8월 8일 제 2015-000001 호

편집 문현숙·이선주·박연진
인쇄 한영문화사/제본 한영제책

ISBN 89-87608-52-2 04910
ISBN 89-87608-50-6 (전2권)
KDC 913 (일본사)

가격은 뒤표지에 있습니다.

The MAKING of Modern Japan by Marius B. Jansen
Copyright ⓒ 2000 by the President and Fellows of Havard College
All rights reserved
Korean Translation Copyright ⓒ 2006 by Yeesan Publishing Co.
This Korean edition is published by arrangement with Havard University Press,
Cambirdge through KCC, Seoul

이 책의 한국어판 저작권은 한국저작권센터(KCC)를 통한 저작권자와의 독점계약으로
도서출판 「이산」에 있습니다. 저작권법에 의해 한국 내에서 보호를 받는 저작물이므로
무단전재와 무단복제를 금합니다.

www.yeesan.co.kr

차례

12장 메이지 국가의 건설 597
1. 마쓰카타 경제 599
2. 정치참여 투쟁 605
3. 이토 히로부미와 메이지 헌법 622
4. 야마가타 아리토모와 제국군대 630
5. 모리 아리노리와 메이지 교육 638
6. 요약: 메이지 지도자들 651

13장 일본제국 655
1. 선거 656
2. 메이지 헌법하의 정치 659
3. 외교정책과 조약 개정 667
4. 청일전쟁 676
5. 제국주의 외교 685
6. 한국 병합 691
7. 국가와 사회 697

14장 메이지 문화 711
1. 복고! 713
2. 문명개화! 입신출세! 716
3. 그리스도교 720
4. 정치와 문화 727
5. 국가와 문화 733

15장 전간기(戰間期)의 일본 763

1. 정당내각을 향한 발걸음 764
2. 세계 속의 일본 784
3. 경제적 변화 807

16장 다이쇼 문화와 사회 817

1. 교육과 변화 817
2. 도쿄제국대학 법학부 823
3. 다이쇼 청년: '문명'에서 '문화'로 832
4. 여성 838
5. 노동 841
6. 농촌마을의 변화 853
7. 도시의 문화 859
8. 전간기 867

17장 중일전쟁 869

1. 전쟁의 발단: 만주사변 871
2. 만주국: 제국의 동점(東漸) 882
3. 군인과 정치 887
4. 국체명징운동과 복고주의 900
5. 경제: 복구와 자원 906
6. 좌파의 전향 912
7. 관리경제를 위한 계획 916
8. 중일전쟁과 고노에의 '동아 신질서' 919

18장 태평양전쟁 933

1. 도쿄에서 바라본 세계정세 935
2. 메이지 체제 개편 시도 938
3. 워싱턴 협상 942
4. 일본국민과 전쟁 954
5. 진주만 공습에서 원폭 투하까지 961
6. 20세기 역사에서 태평양전쟁의 의의 980

7. 메이지 국가의 해체　985

19장 요시다 시대　997

1. 항복 후 일본의 사회적 정황　1000
2. 개혁과 재건　1005
3. 경제부흥계획　1016
4. 정치와 샌프란시스코 조약　1023
5. 샌프란시스코 체제　1032
6. 지식인과 요시다 체제　1034
7. 전후의 문화　1040

20장 독립 이후의 일본　1047

1. 정치와 1955년 체제　1048
2. 경제대국으로의 부상　1061
3. 사회변화　1074
4. 시험에 얽매인 인생　1089
5. 세계 속의 일본　1094
6. 세기말의 일본　1102

지은이 주　1111

더 읽을거리　1143

화보출처　1177

찾아보기　1179

머리말 11
감사의 말 17

1장 세키가하라 전투 21
1. 센고쿠의 배경 23
2. 새로운 센고쿠다이묘 30
3. 천하 통일자: 오다 노부나가 34
4. 도요토미 히데요시 43
5. 아즈치·모모야마 문화 53
6. 세키가하라 전투의 수혜자: 도쿠가와 이에야스 60

2장 도쿠가와 국가 65
1. 도쿠가와 이에야스의 집권 67
2. 다이묘의 서열화 72
3. 도쿠가와 막부의 구조 80
4. 번(藩) 88
5. 중심과 주변: 막부와 번의 관계 94
6. 도쿠가와 '국가' 102

3장 대외관계 107
1. 배경 109
2. 조선과의 관계 115
3. 서양의 여러 나라 121
4. 쇄국정책 125
5. 나가사키의 네덜란드인 132
6. 중국과의 관계 140
7. '쇄국'이라는 문제 149

4장 신분집단 155

1. 조정 157
2. 사무라이 지배계층 162
3. 농촌의 삶 175
4. 조닌 184
5. 하위 신분 190
6. 신분과 기능 193

5장 도시화와 교통 199

1. 참근교대제 200
2. 교통망 209
3. 조카마치 219
4. 에도: 매혹적인 중심도시 225

6장 서민문화의 발전 243

1. 지배계급의 개명 244
2. 서적과 식자 249
3. 오사카와 교토 253
4. 겐로쿠 문화 265

7장 교육·사상·종교 283

1. 교육 284
2. 유교의 보급 288
3. 학자와 학문 294
4. 중국이라는 문제 303
5. 국학 307
6. 난학 또는 양학 315
7. 종교 323
8. 서민 교화 330

8장 변화·저항·개혁 335

1. 인구 336
2. 지배자와 피지배자 340
3. 민중의 저항 348
4. 막부의 대응 356

9장 개국 385

1. 러시아 386
2. 서유럽 395
3. 중국으로부터의 소식 404
4. 페리 내항 411
5. 내부에서의 전쟁 417
6. 지사 427

10장 막부의 멸망 441

1. 정치적 내러티브 442
2. 개항장 467
3. 서양 체험 474
4. 그 밖의 일본인들 482
5. 사람들이 기억하는 메이지 유신 487
6. 도쿠가와 막부는 왜 멸망했는가? 494

11장 메이지 혁명 499

1. 배경 500
2. 합의에 이른 과정 503
3. 중앙집권화를 향하여 513
4. 실패한 문화혁명 522
5. 전세계에서 지식을 구함 530
6. 유신연합의 붕괴 538
7. 승자와 패자 543

지은이 주 553

현대일본을 찾아서 2

일러두기

1. 이 책은 Marius B. Jansen, *The Making of Modern Japan* (Havard University Press, 2000)를 완역한 것이다.
2. 일본어를 비롯한 모든 외래어의 원음표기는 외래어 표기법에 따라 표기했으며, 필요할 경우 한자나 원어를 ( ) 안에 병기했다. 단, 일본어의 한자는 우리의 한자음대로 쓰는 관용(慣用)을 고려해 인명이나 지명이 아닌 경우에는 그 관용을 많이 따랐다.
   예) 바쿠후(幕府)→막부, 한(藩)→번, 지민토(自民黨)→자민당
3. 독자의 이해를 돕기 위해 옮긴이의 설명이 필요한 경우, *† 등을 표시하여 해당 페이지 하단에 각주로 처리했다.
4. 방점을 붙인 부분은 원서에서 이탤릭체로 강조한 부분이다.
5. 본문 중에서 〔 〕로 표기된 것은 옮긴이가 덧붙인 것이다.

메이지 국가의 건설

12

메이지 시대의 첫 10년이 끝날 무렵 기도·사이고·오쿠보가 사망함으로써 메이지 지도부가 쇄신되었다. 메이지 지도부는 어느 모로 보나 뛰어난 집단이었다. 1880년대를 지도부의 입지가 굳건해진 시기로 본다면, 몇 가지 흥미로운 사실이 드러난다. 55세의 이와쿠라 도모미는 메이지 초기 지도자 가운데 한 명이었지만 이후 3년을 더 살았을 뿐이다. 나머지 인물들은 평균연령이 40대의 장년층이었다. 그들은 메이지 유신을 주도한 번의 하층 사무라이 집안에서 태어났다. 2명(이타가키 다이스케와 고토 쇼지로)이 도사 번 출신이고 1명(오쿠마 시게노부)이 사가 번 출신이었지만, 이들은 곧 조슈와 사쓰마 세력에 의해 밀려났다. 메이지 유신을 가능케 한 것이 바로 이들 번의 군사력이었고, 새로운 지도자들은 예외 없이 전쟁에 참여한 경험이 있었다. 이토 히로부미와 이노우에 가오루는 갓 출범한 메이지 정부 최초의 참의였고, 다른 인물들도 곧 동참했다. 이토와 이노우에는 참의의 수가 106석에서 26석으로, 그리고 7석으로 줄 때까지 자리를 보전했다. 참의는 1885년 근대식 내각제의 창설과 함께 폐지되었다. 지도부의 주요 인사들은 해외에 다녀온 경험이 있었다. 이토 히로부미와 이노우에 가오루는 1860년대에 조슈 번이 영국에 파견한 소규모 집단의 일원이었고, 야마가타 아리토모(조슈)와 마쓰카타 마사요시(사쓰마) 같은 사람들도 군사제도와 금융제도를 연구하기 위해 해외로 나갔다 왔다. 그들은 처음에는 하급관직에 임명되었지만, 1870년대에 사쓰마와 조슈 출신이 주도권을 잡자 승진에 승진을 거듭했다. 소년 천황 무쓰히토가 1867년에 즉위했을 때 20대 초반이었던 이들은 천황이 20대, 30대가 될 때까지 조언자 겸 신하로 남아 있었다. 1889년부터 천황은 그들에게 '나라에 공을 세운 노신(老臣)'이란 뜻의 원훈(元勳, 겐쿤)—중국의 황제가 새 왕조를 세웠을 때 공신들에게 종종 내렸던—칭호를 하사함으로써 자신이 그때까지 진 빚을 갚았다. 통상적으로 겐쿤은 겐로(元老)라고 불리게 되었다. 천황은 또한 금전적 포상과 신설된 화족 작위로 그들의 노고를 치하했다. 이런 혜택은 결코 하찮은 것이 아니었지만, 갓 출발하여 급성장하고 있던 자본주의 경제가 그들에게 안겨준 이익에 비하면 보잘것없었다. 겐로들은 통혼과 양자 입양을 통해 거미줄처럼 얽히고 설킨 권력망을 구축하고 명예직을 독점함으로써 메이지 사회의 중심에서 정국을 주도했다. 1890년대에는 야심만만한 신세대 정치가들이 '덴포(天保)기에 태어난 인물들'의 보수주의를 비난하기 시작했다. 메이지 겐로의 시대는 야마가타(1922)와 마쓰카타(1924)가 사망한 후 사실상 막을 내렸지만, 1940년에 사이온지 긴모치가 사망하기 전까지 그들은 천황의 배후에서 은밀히 영향력을 행사했다.[1]

메이지 지도자 가운데 한 방면에서만 특출한 능력을 발휘한 사람은 아무도 없다. 재정이나 군사 분야에서 전문화가 두드러지긴 했으나, 그들의 배경이 대동소이했던 까닭에 전문화된 관료집단은 다음 세대가 권력을 물려받은 다음에야 등장할 수 있었다. 메이지 지도자들은 스스로를 팔방미인으로 여겼기 때문에 국내문제뿐 아니라 외교문제에 대해서도 결정권을 행사하려 했고, 중앙의 정치기구뿐 아니라 지방의 행정조직에도 관여하고자 했다. 그럼에도 불구하고 메이지 시대의 주요 업적으로 꼽을 수 있는 일들은 특정 개인과 밀접히 관련되어 있었으므로, 그것들을 차례로 살펴볼 필요가 있다.

| 메이지 국가의 건설 |

1. 마쓰카타 재정

경제문제는 메이지 정부의 최대 관심사였던 만큼, 당시에 완수된 모든 작업을 마쓰카타 마사요시(松方正義, 1835~1924)의 공으로 돌리는 것은 잘못일 것이다. 하지만 그는 1881년부터 10년 넘게 대장경(大藏卿, 1885년부터는 대장대신)으로 재직하면서 '마쓰카타 재정' 혹은 좀더 부정적으로 '마쓰카타 디플레이션'이나 '마쓰카타 불황' 같은 용어를 낳을 만큼 일본경제에 큰 영향을 미쳤다. 사쓰마의 젊은 사무라이 마쓰카타는 오쿠보 도시미치와 친분을 맺었고, 1878년 오쿠보가 암살되기 전까지 그의 충고에 귀를 기울였다. 이 무렵 마쓰카타는 이미 다수의 요직을 거쳤고, 경우에 따라서는 여러 직책을 동시에 맡기도 했다. 유신 직후에는 신정부를 위해 나가사키 재판소에서 일했고, 한동안 히다(日田) 현 지사로 있다가 중앙정부로 진출했다. 그가 제시한 권고는 신정부의 지조개정안 마련에 크게 기여했다. 오쿠보는 이와쿠라 사절단의 일원으로 일본을 떠나기 전, 마쓰카타를 신설된 민부성의 민부대승(民部大丞)으로 앉히고, 빈곤한 구사무라이들을 구제하는 데 신경을 쓰라고 당부했다. 사쓰마에서 반란이 일어났을 때 마쓰카타의 가족은 여전히 가고시마에 있었으나, 화염에 휩싸인 도성을 빠져나와 겨우 도쿄로 피신할 수 있었다.[2)] 메이지 겐로 가운데 가장 장수한 마쓰카타는 조슈 출신 지도자들에 비해 정치적 수완이 뛰어나지는 않았으나 (실제로 오자키 유키오[尾崎行雄]는 자서전에서 마쓰카타를 메이지 시대의 총리 가운데 가장 아둔한 인물로 낮게 평가했다), 나름의 생존능력과 그를 중심으로 형성된 금융계의 화려한 인맥(이른바 '마쓰카타 재벌') 덕분에 살아 있는 동안 줄곧 막강한 영향력을 행사했다.

시드니 크로카워에 따르면, "메이지 정부의 초미의 관심사는 정부의 요구를 충족시킬 수 있는 든든한 재정적 기반을 창출하는 것이었다."[3)] 1881년부터 마쓰카타가 주도한 경제정책에는 그런 관심이 반영되었다. 1871년 신정부는 자신의 통치에 동의한 모든 번의 부채를 떠안았다. 정부의 토지

정책과 국민개병제로 인해 졸지에 생계가 막막해진 사무라이들에게 질록을 지급해야 하는 막대한 부담도 정부가 떠맡았다. 신정부는 세입의 거의 3분의 1을 질록 지급에 사용했다. 질록을 삭감하고 그것을 이자부 공채와 교환하도록 권고(나중에는 강요)하는 급격한 개혁조치는 사족 반란의 원인이 되었다. 사족 반란, 특히 1877년의 세이난 전쟁을 진압하기 위해 정부는 엔화—1871년 도쿠가와 시대의 료(兩)를 대체한 화폐단위—의 통화량을 증가시킬 수밖에 없었다. 각 번이 소유했던 독점업체들을 직접 운영하려던 정부의 시도는 실패했고, 이후 신정부의 통제 아래 도쿠가와 시대의 특권상인과 호상(豪商)이 운영하는 통상(通商)회사와 금융기관(爲替會社)이 새로 생겨났다. 이들 회사는 의무적으로 자신이 발행한 어음과 동일한 액수의 현금을 보유해야 했는데, 1872년 정부가 느닷없이 시중의 금융기관을 국립은행으로 재편하는 국립은행조례를 공포하자 오사카의 상회들이 여럿 파산했다.

통화량 증가에 따른 인플레이션은 도시노동자와, 공채에 의존해 어떻게든 살아보려고 애쓰던 사무라이의 실질소득을 감소시켰다. 1880년 무렵에 연리 7%짜리 공채의 시장가격은 액면가의 3분의 2에도 미치지 못했다.

한편 1873년에 공포되어 6년간 실시된 지조개정은 농촌에 거주하는 일본인 대다수의 삶을 바꾸어놓았다. 토지는 자유롭게 사고팔 수 있는 고정자산이 되었고, 1879년부터 3년 동안 정부가 발행한 화폐량이 3분의 1이나 증가하고 엔으로 환산된 농산물가격이 상승하자 3%의 토지세를 현금으로 내는 농민들은 이익을 남기게 되었다.

정부지도자들은 외국인 투자를 막기 위해 필사적으로 노력했다. 재정확대정책을 적극 지지하던 사가 번 출신의 오쿠마 시게노부를 견제하기 위해 외채 때문에 식민지로 전락한 이집트의 예가 계속 거론되었다. 당시의 국제질서 속에서 세계은행 같은 기관의 도움을 받아 개발을 시도하는 것은 위험천만한 발상이었다. 외국의 원조를 받는 것은 미래의 일이었다. 메이지 지도자들은 단 한 번 과감하게 외채를 사용했는데, 그 돈은 철도망 구축

| 메이지 국가의 건설 |

의 일환으로 도쿄에서 요코하마에 이르는 29km의 철도를 부설하는 데 사용되었다. 1877년까지 겨우 100km의 철도가 놓였는데, 경제적인 이유로 영국식 협궤(狹軌)가 도입되었다. 또한 영국식 모델에 따라 차량도 우측이 아니라 좌측으로 통행하게 되었다. 숙역과 '스케고'(助鄕)에 의해 유지되던 복마(卜馬, 짐 싣는 말)를 이용한 막부의 오랜 내륙교통체계는 1871년에 폐지되고, 민간에 위임되었다. 이런 과정에서 사람과 말의 왕래를 위해 만들어졌고 또 그 덕에 유지되던 산간도로 전체가 점차 의미를 상실했고, 도로 주변에 살던 지방의 유력자들—시마자키 도손의 소설 속 인물 한조와 같은—은 수입이 줄고 보유토지의 가치가 하락함에 따라 사무라이와 마찬가지로 사회적 위신을 유지할 수 없는 보잘것없는 존재로 전락했다.

해안을 통한 교역은 여전히 활기차게 계속되었지만, 정부지도자들은 더 빠르고 시설도 좋은 선박을 보유한 외국 운송업체가 시장을 잠식하지 않을까 우려했다. 막부와 번이 소유한 선박을 이용해 사업을 해보려던 반관반민의 해운회사는 이내 실패했고, 1875년에 신정권은 30척의 배를 도사 번의 관리 이와사키 야타로(岩崎彌太郎)에게 무상으로 주었다. 이와사키 소유의 미쓰비시(三菱) 상회는 후한 운영보조금도 받았다. 미쓰비시 상회는 세이난 전쟁 때 정부에 도움을 준 덕에 많은 특혜를 받을 수 있었고, 이에 힘입어 개항 이후 성장일로에 있던 미국의 퍼시픽 메일이나 영국의 피 앤 드 오 같은 기선회사와 당당하게 경쟁할 수 있었다. 전신은 모든 통신수단 가운데 가장 저렴하고 빨랐으며, 정부가 세이난 전쟁을 진압하는 데도 크게 기여했다. 1877년까지 총 4,500km의 전신선이 설치되었다.

또한 메이지 정부는 한정된 자원의 상당부분을 산업개발에 투자했다. 신정부는 막부와 번에 의해 구축된 모든 근대식 산업설비에 대한 소유권을 물려받아 보유했다. 철공소·군수공장·조선소 등이 좁은 띠 모양을 이루며 유신을 지지했던 지역의 해안가에 자리잡고 있었다. 전국의 산림과 주요 광산은 이제 정부의 소유가 되었고, 관습적으로 누려오던 권리를 빼앗긴 지역주민들은 곤궁한 처지가 되었다. 물론 신임 관리들은 지역주민들의 관습적 권리 따위는 아랑곳하지 않았다. 해외무역을 통해 누적된 적자를 만회하고자 시작했으나 실패하고 말았던 몇 개 방적공장도 정부에 넘어갔다. 도쿠가와 말기에 일본은 누에고치와 차에 대한 유럽의 수요가 늘어나 이익을 보았으나, 유럽의 누에 병충해가 진정되고 좀 더 우수한 품질의 외국산 직물과 견사가 등장하자, 일본의 무역흑자는 이내 역전되었다. 면방적시설을 수입함으로써 이런 추세에 대응하고자 했던 정부의 시도는 미미한 경제적 이득을 안겨주었을 뿐이지만, 일본의 관리인과 노동자들이 공장의 생산방식에 익숙해지고 수출품을 표준화하는 데 기여함으로써 소기의 성과를 거두었다.

정부는 1874년과 1884년 두 차례에 걸쳐 전면적인 산업생산성 조사를 실시했고, 전국에 분포된 자원의 목록을 범주별로 작성하여 일종의 경제개발계획을 구상하고자 했다. 중대한 문제는 초기 단계의 산업을 보호하려는 일본의 권한에 제약을 가하는 불평등조약이었다. 이런 자각은 이토 히로부미가 이와쿠라 사절단의 동료들에게 전한 비망록에 분명히 드러나 있다. 그는 대화 중에 자유무역을 옹호하고 나설 게 틀림없는 영국의 주최측과 정치인들의 주장을 반박할 준비가 되어 있어야 한다고 주문했다. 여기서 이토는 번의 행정가들이 오랫동안 추구해온 '국익'을 중앙집권화된 일본이라는 더 큰 실체의 요구로 확대하면서, 근대 '문명'이라는 목표를 향해 매진할 때 유교적 도덕은 제쳐놓아야 한다고 주장했다.

> 국산품이 수입품보다 싸지 않으면 사람들이 사지 않을 것이므로 수입품의 가격을 올리기 위해 수입관세를 올린다. ……이런 관세를 보호관세라고 한다.……
>
> 우리나라처럼 아직 완전한 발전을 이루지 못한 나라들은 이런 방법을 쓰지 않으면 문명의 도래를 앞당길 수 없을 것이다. 예를 들어 우리는 서적과 기계류 같은 국산품에 대한 세금을 낮게 유지하고 견직물·주류(酒類)·담배 등과 같은 수입품에는 높은 세금을 매김으로써 국내 생산을 촉

| 메이지 국가의 건설 |

진할 수 있다. 미국 같은 나라는 주류와 담배에 대해 보호관세를 적용하는 조치만으로도 국내 생산을 엄청나게 증가시켰다.……

도덕적 관점에서 보면 이런 식으로 자기〔나라〕를 보호하는 것은 자신의 이익만 추구하고 일반적인 형평의 원리를 저버리는 것이다. 그러나 그것은 자국을 부유하고 번영하게 만드는 데 사실상 필수불가결한 수단이다. ……보호관세의 활용은 영국이 지금처럼 번영을 구가하면서 세계의 제조업을 석권하게 된 비결이다.[4]

이 흥미로운 문서는 초기 메이지 정부가 직면했던 문제를 여실히 보여준다. 이토의 논리에는 논란의 여지가 없다. 개발도상국은 자국의 산업을 보호할 필요가 있는데, 일본의 경우 불평등조약이 걸림돌이 된다는 것이었다. 하지만 일본이 관세장벽을 세울 수 없었던 것이 오히려 다행이며, 일본이 어쩔 수 없이 추구한 정책들이 궁극적으로는 더 건전한 것이었다고 주장할 수도 있다. 일본의 당면과제는 자력으로 일어서는 것이었고, 마쓰카타와 그의 동료들은 1880년대에 그 작업에 착수했다.

1877년, 세이난 전쟁이 평정된 직후에 마쓰카타는 일본 대표단을 이끌고 파리 만국박람회에 참석했다. 그곳에 머무르는 동안 그는 유명한 자유무역 옹호자(장 바티스트 세이)의 손자이며 프랑스 재무장관으로 재직 중이던 레옹 세이의 충고에 귀를 기울였다. 당시 세이는 프랑스가 프로이센에게 패하면서 물게 된 배상금을 지불하기 위해 관세를 높였고, 마쓰카타 역시 이토와 마찬가지로 일본이 되도록 조속한 시일 내에 보호주의 정책을 취할 수 있는 자유를 되찾아야 할 필요성을 확신했다. 한편 일본의 무역적자를 줄이기 위해 취해야 할 방도는 긴축재정밖에 없었다. 인플레이션으로 인해 정부수입은 줄어들었고, 정부가 발행한 채권의 가치는 액면가 이하로 하락하고 있었으며, 토지가격은 천정부지로 치솟았다. 마쓰카타의 회상에 따르면 "이런 상황에서 유일하게 이득을 보고 있던 농민은 사치스러운 생활습관이 몸에 붙었고, ……외국으로부터 수입이 증대하고 있다. 극심한 물가변동에 현혹된 상인들은 너나없이 한탕을 노리고, 생산적인 사업은 거들떠보지도 않는다."[5] 이런 '거품경제'에 대한 해법이 긴축재정이었다.

이렇게 해서 나온 것이 '마쓰카타 디플레이션'이었다. 정부지출은 급격히 축소되었고, 정부소유의 산업체는 민간에 넘어갔다. 새로운 세금이 부과되었고, 통화량도 세이난 전쟁 이전 수준으로 되돌아갔다. 그 결과는 많은 영세농민에게 치명적이었다. 농민들은 채권자와 징세관이 재산을 몰수하는 것을 지켜봐야 했으며, 파산 농가와 소작농의 비율이 가파르게 상승했다. 순전히 경제적 합리성의 관점에서 본다면, 그 과정을 통해 소농에게 흩어져 있던 자원이 정부와 금융기관, 그리고 재력과 경쟁력을 갖춘 도시 및 농촌의 부자들에게 넘어갔다고 말할 수 있다. 그렇지만 인간적 관점에서 보면, 1880년대는 많은 소농에게 허리가 휘는 힘든 시기였다.

놀랄 것도 없이 '마쓰카타 재정'이 초래한 여러 문제는 이후의 일본사를 해석하는 데 매우 중요한 의미를 갖는 많은 연구를 낳았다. 다수의 연구는 소작과 농촌의 비참한 현실을 근대 일본 농촌의 극심한 경제적 분화, 그리고 의기소침하고 순박한 농민을 현혹시킨 자본주의적이고 군국주의적인 정부의 교묘한 조작과 연관시켜 설명해왔다. 하지만 일부 연구는 농촌의 실상을 20세기 농촌의 분화와 단선적으로 연결시키는 것은 무리라고 지적하며,[6] 그런 논제를 모두 부인하는 연구도 있다.[7]

논란의 대상이 되는 두 번째 부문은 공기업의 매각이다. 정부소유의 기업을 헐값에 사들여 경제력을 키운 재벌은 많은 사람에 의해 정경유착의 산물로, 또 일본의 민주주의 성장을 저해하는 주범으로 지탄받았다. 하지만 토머스 스미스는 기업 매각은 정부가 직면한 재정적 어려움 때문에 실시되었고, 당시 이런 기업들을 구입할 만한 선견지명과 자본을 갖춘 운 좋은 기업인은 소수에 불과했으므로 더 나은 조건의 입찰은 힘들었을 것이라고 결론지었다.[8] 경위야 어떻든 그로 인한 산업 집중은 미쓰이·미쓰비시·스미토모·야스다(安田) 같은 기업에게 독보적 입지를 마련해줌으로써 시장을 지배하는 독과점체제가 형성되는 결과를 초래했다. 농촌정책과 공업

정책이 맞물려 소비자 위주의 발전을 가로막았는데, 이는 제2차 세계대전 이후 다른 후발 개도국에서도 심심치 않게 볼 수 있는 양상이다. 향후의 경제발전에 미친 긍정적 효과를 강조하는 고전 경제학에 기초한 주장이나, 비참한 현실과 활기를 잃은 농촌을 강조하는 마르크스주의 경제관에 입각한 주장, 그 어느 쪽도 경제가 안정되면서 일본을 특징짓게 된 다양성을 온전히 포착하지는 못한다. 승자와 패자의 비율이 지역과 시기에 따라 달랐기 때문이다. 분명한 사실은 당시의 메이지 지도부가 근대적인 경제성장에 전념했다는 것이다.[9] 이런 경제성장 일변도의 정책은 이미 도쿠가와 말기에 각 번이 추구했던 부국강병이라는 슬로건에 압축되어 있다. 근대의 과학적 사고와 테크놀로지가 생산에 적용되기 시작했고, 1인당 생산력이 인구와 함께 증가했으며, 모든 변화는 대외교류를 통해 드러난 일본의 한계와 가능성에 대한 완전한 자각 속에서 이루어졌다. 마쓰카타 시대는 산업의 효율성이나 개인의 복지를 눈에 띄게 향상시키지는 못했으나, 훗날 경제적 변화에 필수적이었던 하부구조의 발전으로 나타났다.

2. 정치참여 투쟁

비슷한 시기에, 불만을 품은 사무라이들의 운동으로 시작된 정치참여 투쟁은 순식간에 정치와 사회 구석구석에 파장을 불러일으켰다. 투쟁의 서막은 사이고 다카모리와 같은 시점에 메이지 정부를 떠난 도사의 군사지도자 이타가키 다이스케(1837~1919)의 이력과 밀접한 관계가 있다. 이타가키의 추종자들 다수는 사이고와 마찬가지로 신정권에 대항해 반란을 일으키기를 원했으나, 이타가키 자신은 또 다른 저항의 길을 찾았다. 그는 자신의 추종자들에게 "사이고는 무기를 들고 정부와 싸웠지만, 우리는 민권(民權, 민켄)을 가지고 싸울 것"이라고 말했다.

1874년 이타가키와 고토 쇼지로는 사가의 소에지마 다네오미와 에토 신페이의 협조를 얻어, 조선문제를 처리하는 과정에서 지도부가 분열된 사건은 「5개조어서문」에 약속되어 있는 의회설립의 필요성을 입증한다고 주장하는 건백서를 제출했다. 이들은 서두에서 이와쿠라 사절단 일행이 서양 정부의 실태를 시찰한 후 일본에서도 대의정부 실현을 위한 계획에 착수할 것으로 믿고 있었는데, "사절단이 귀국한 지 몇 달이 지났건만 이와 관련해 어떤 조치를 취했다는 말을 듣지 못했습니다"라고 말했다. 1874년의 이 「민선의원설립건백서」(民撰議院設立建白書)는 다음과 같이 계속된다.

정령(政令)은 조령모개로 바뀌고, 정형(政刑)은 정실(情實)에 끌려 이루어지고 있습니다. 상벌은 애증에서 나오고, 언로가 막혀 있어 고고함을 고할 수가 없습니다.……

정부에 납세의 의무를 지고 있는 인민은 또한 정부의 일에 참여하여 가부의 의견을 표시할 권리를 가지고 있습니다. 이는 천하의 통론(通論)으로, 이를 논의하느라 말을 낭비할 필요는 없습니다.……

어떻게 해야 정부가 강성해질 수 있는가? 그것은 제국의 인민이 일치단결해야 가능합니다. ……민선의원의 설립은 정부와 인민이 교감할 수 있는 공동의 장을 만드는 것으로, 그리하면 정부와 인민은 서로 하나가 될 것입니다. 그때에야 비로소 나라가 강성해질 것입니다.……

점진적인 진보를 주장하는 사람들은 비단 의원뿐 아니라 지식·과학·예술 등의 분야에 대해서도 같은 주장을 되풀이할 것입니다. 외국인들이 수세기가 지난 다음에야 겨우 [의원]제도를 완성하게 된 것은 선례가 없었고, 그런 제도는 경험을 통해서만 발명될 수 있었기 때문입니다. 그러나 우리의 경우 그들의 예를 선택해서 그들의 방법을 취한다면, 그것을 운용하는 데 어찌 성공하지 못하겠습니까? 만약 우리가 자력으로 증기의 원리를 발견할 때까지 증기기관의 사용을 미루어야 한다면, 또 전기의 원리를 발견할 때까지 전신시설의 설치를 미루어야 한다면, 우리의 정부는 작동할 수가 없을 것입니다.……

민선의원을 설립하여, 천하의 공론을 신장하고, 인민의 권리를 세워 천하의 원기를 북돋움으로써, 상하가 친근해지고, 군신(君臣)이 서로 사랑하게 되며, 우리 제국이 유지되고, 국운이 흥성하며, 행복과 안전이 모든 사람에게 보장될 것입니다.[10]

이타가키와 그 동료들이 준비한 이 매력적인 문서에는 여러 주제가 녹아들어 있다. 그 중 하나는 권리에 관한 것으로, 그들은 그것을 변호할 필요조차 없는 전제로 받아들이고 있다. 두 번째 주제는 참여가 단결과 공통의 목적의식을 유발하여 정치를 당쟁에서 벗어나게 해준다는 것이다. 세 번째는 문서 전반에 드러나 있는 진보에 관한 견해다. 일본은 서양의 예를 이용할 수 있는 유리한 위치에 있기 때문에 서양보다 신속하게 일을 해나갈 수 있다는 것이다. 즉 근대화와 문명의 '후발주자'는 실험의 단계를 건너뛸 수 있는 이점을 갖는다는 것이다.

정한론 논쟁은 유신연합을 분열시켰고, 불만을 품은 패자들은 정부를 떠나 자신들의 연고지로 돌아갔다. 사가에서는 얼마 후 에토 신페이가 주도하는 반란이 일어났다. 앞 장에서 살펴보았듯이, 사이고와 이타가키의 도움을 구하려던 에토 신페이의 계획은 수포로 돌아갔고, 그 자신은 처형되었다. 한편 도사에서는 상황이 다르게 진행되었다. 고향으로 돌아간 이타가키와 그 추종자들은 입지사(立志社, 릿시샤)라는 단체를 조직했다. 입지사라는 이름은 1870년에 일본어로 번역된 새뮤얼 스마일스의 『자조론』(Self-Help)의 일본어판 제목 『서국입지편』(西國立志編, 사이고쿠릿시헨)에서 따왔다. 호기심을 자아내는 스마일스의 이 작은 책자는 의지력과 피나는 노력을 통해 고난을 극복한 인물들에 관한 일련의 고무적인 이야기로 구성되어 있는데, 원래의 의도는 영국의 노동자들에게 최선을 다하라고 독려하는 것이었다. 이 책은 일본에서 지속적으로 엄청난 호응을 얻었고, 일본 독자들은 책이 전하는 교훈들을 의심의 여지 없이 자기 나라에 적용시켰다. 경쟁자들에게 둘러싸인 약소국 일본도 참고 견디기만 하면 부와 국력을 얻을 수 있다는 것이다. 입지사는 그 지도자들이 정부에 촉구했던 것처럼 선출된 대표들을 통해 단체의 활동을 조율했고, 구성원인 사족(士族)을 위해 공제(共濟)와 교육을 지원했다. 그러나 특정 계층에 국한된 운동은 전도가 불투명했고, 민선의원설립건백서는 메이지 초기 수사의 특징인 우월감과 동정심이라는 양의성을 보여주고 있었다.

이보다 더 중요한 것은 사족의 불만을 우려하고 있던 정부가 1875년 오사카 회의에서 이타가키에게 참의(參議)에 복귀하도록 설득하는 등, 민권운동을 저지하기 위해 모든 수단을 동원했다는 것이다. 민선의원에 대한 새로운 논의가 있었으나 별로 진척이 없자 이타가키는 또 다시 참의에서 물러났다. 새로운 언론법안들과 점차 효력을 발휘하고 있던 경찰조직은 대의제를 요구하는 단체들에 압력을 행사했고, 이 때문에 그 단체들은 자신들이 체제전복을 기도하는 비밀 폭력조직이 아니라는 사실을 대내외적으로 천명하기 위해 '애국사'(愛國社, 아이코쿠샤) 같은 명칭을 채택했다. 정부의 입장에서 보면 사족의 불만을 폭력과 연관지어 생각하는 것도 무리는 아니었다. 도사의 이타가키 추종자들은 사쓰마에서 반란을 기도한 사이고를 지원할 계획을 세웠으나, 경찰은 그들이 구체적인 행동에 돌입하기 전에 음모를 밝혀냈다. 게다가 이미 언급했듯이 오쿠보 도시미치가 1878년 암살자의 손에 쓰러졌다. 따라서 정부가 불만 많은 구사무라이들의 활동을 감시한 것은 당연한 일이었다.

1876년에 정부는 원로원(元老院, 1875년 정부가 이타가키에게 관직에 복귀할 것을 요청할 무렵 설립된 입법자문기관으로, 과두 정치가들을 일컫는 겐로와는 무관하다)의 구성원들에게 헌법 초안을 준비하도록 했고, 2년 후 초안이 마련되었다. 그러나 주요 인물, 특히 이토와 이와쿠라는 그 초안에 불만을 표하며 거부했는데, 그 이유는 천황과 입법부가 권위를 나누어 가진 듯이 보이고 법에 강제력을 부여하는 천황의 발포에 대한 조항이 없다는 것이었다. 이제 정부지도자들이 직접 이 일에 나섰다. 마침내 의회제도가 마련될 전망이 밝아졌다.

얼마 후 대의정치에 대한 열정은 이타가키의 운동이 출범할 당시의 협소한 사회적 기반에서 벗어나게 되었다. 인민의 권리가 자유와 연계되면서 자유민권운동이라는 명칭이 붙은 이 운동은 1880년대 초 일본인의 삶을 지배하고 거의 변용시키다시피 했다. 자유민권은 메이지 시대에 보편적으로 사용되던 사자성어의 형식을 취한 새로운 용어였다. 자유와 민권은 당시 일본에서 홍수를 이루기 시작한 서양 사상서를 번역한 결과의 하나였다. 자유와 민권이라는 용어는 동아시아라는 맥락에서 나름의 문제가 있었다. 많은 일본인이 두 용어의 의미와 취지를 알아내고자 애를 쓰는 동안 혼란을 겪었지만 그 과정에서 진정한 자기 변화를 경험했다고 회고록에 기록하고 있다. 이들 용어는 실로 새로운 사상을 담고 있었고, 일본인이 그 '서양적' 의미를 이해하는 데는 시간이 걸렸다. 개인의 관심사에 따라, 또 각자 이해하기에 따라 두 용어는 전혀 다르게 해석되었다. 일부는 자유란 도교에서 말하는 형체 없이 자유롭게 움직이는 기(氣), 즉 유교적 범주와는 상당히 동떨어진 그 무엇을 함축하고 있다고 보았다. 또 자유가 방종과 이기심을 암시한다고 생각하는 사람들도 있었다. 후쿠자와 유키치는 서양에 관한 그의 기념비적 저서에서 'freedom'을 설명하기 위해 자신이 선택한 한자〔自由〕에 대해 사과하면서, 오해하지 말 것을 당부했다. 한편 '민권'은 그 유래가 불확실한데, 아마도 국제법에 관한 서양서적의 중국어 번역본을 통해 일본에 들어왔을 것이다. 일본에서 민권은 개인이 주장할 수 있는 무엇이라기보다는 집단적 의미—국민의 주권 또는 독재정부에 대항하는 모든 인민의 권리—로 이해되는 경우가 많았다. 그리고 존 스튜어트 밀의 책을 번역했던 사람들은 'society'와 'government'를 종종 혼동했고, 서양 자유주의 사상의 함의는 번역가에 따라 크게 달랐다.

1881년 이타가키 일파는 또 한번 건백서를 제출했고, 그 직후 오사카에서 열린 양조업자들의 총회를 계기로 전국 정당인 '자유당'(自由黨, 지유토)을 결성했다. 마쓰카타 디플레이션 정책의 일환으로 제정된 (주세를 포함한) 새 지방세법은 지역의 사업가들을 격분시켰고, 정책결정에 참여하게 해달라는 요구에 새로운 의미를 부여해주었다. 오래지 않아 도사의 지도자들은 전국을 순회하며 강연했다. 급속히 성장하고 있던 도시 신문사의 기자들도 이런 행사에 초청되었는데, 그들은 지역의 집회에서 연설함으로써 뉴스를 전달할 뿐 아니라 스스로 뉴스거리를 만들어냈다. 정부는 경찰을 동원해 자유민권운동을 탄압했으나, 새로운 복음을 들으려는 농촌과 도시 청중의 열기를 식힐 수는 없었다. 단호한 무사 지도자 이타가키는 유능한 대중연설가이자 민권운동의 상징적인 인물이 되었다. 하지만 그런 역할에는 위험이 뒤따랐다. 1882년 그는 기후(岐阜) 집회에서 연설을 하던 중 현장에 배석한 한 경찰관의 손에 거의 죽을 뻔했다가 살아났다. 전해오는 이야기에 따르면 그는 쓰러지면서 "이타가키는 죽어도 자유는 죽지 않는다"고 외쳤다고 한다. 천황은 훗날 정치지도자로 변신하는 내무성 소속의 의사 고토 신페이(後藤新平)에게 이타가키의 치료를 명했다.[11]

이 무렵 두 번째 정당이 등장했다. 사가 출신의 참의 오쿠마 시게노부(1838~1922)는 1870년대에 지도부가 축소되는 과정에서 살아남았고, 한동안 이토와 세력을 다툴 수 있는 경쟁자로 여겨지기도 했다. 하지만 사쓰마-조슈 출신이 활개 치는 정국에서 유일한 '국외자'이던 그의 정치생명은 위태로워 보였다. 그의 기회와 몰락은 다루히토 친왕이 정부 각 부처의 대신들에게 헌법에 관한 소견을 제출하라고 요구했을 때 그것에 응하는 과정에서 동시에 찾아왔다. 정부가 외부의 의견에 간섭받지 않고 결정을 내릴 수 있도록 대신들의 답변은 비밀리에 제출되었다. 오쿠마는 다른 대신들이 답변을 제출할 때까지 기다렸다가 맨 나중에 다른 이들보다 훨씬 급진적인 견해를 다루히토에게 전달했다. 그의 답변은 영국의 헌법을 연구한 오노 아즈사(小野梓)에 의해 작성되었다. 다른 대신들은 제한적인 정치참여를 제안했으나, 오쿠마는 다수당이 지배하는 영국식 제도를 즉각 시행해야 한다고 제안했다.[12] 천황은 얼마 전 홋카이도로 순행을 나간 상태였고, 그가 없는 동안 정계는 뜨겁게 달아올랐다. 이토는 오쿠마가 천황의 통치권을 약화시키는 제안을 했다고 비난하면서, 오쿠마의 제안이 받아들여질 경우

| 메이지 국가의 건설 |

사임하겠다고 으름장을 놓았다.

　사쓰마-조슈 세력을 무시하려던 오쿠마의 대담한 시도는 정부에 위기를 초래했다. 또 다른 문제도 있었다. 산업화 초기에 투자했던 부문들을 팔아치우기로 한 마쓰카타 정책의 일환으로 홋카이도에 있던 정부자산이 매각되었는데, 이 과정에 비리가 있었고 그 결과 국고에 엄청난 손실이 발생했다. 언론인과 정치인들은 이를 강력히 비난했고, 오쿠마 역시 이의를 제기했다. 다른 지도자들, 특히 이토는 오쿠마의 행태에 격분했으며, 오쿠마가 주도권을 잡으려는 게 아닌지 의심했다. 천황의 부재중에 서둘러 소집된 회의에서 지도부는 정부조직을 개편하고 오쿠마를 관직에서 축출했다. 홋카이도의 정부자산에 대한 계약조건도 수정되었다. 무엇보다 중요한 사실은 어린 천황이 돌아오는 대로 공포할 수 있도록 칙유(勅諭)를 마련해두었다는 것이다. 이 칙유*를 통해 천황은 자신의 지시에 따라 헌법이 제정될 것이며, 장차 1890년에 개설될 국회를 위해 선거를 실시한다는 내용을 발표했다. "정부의 제도는 나라마다 다르지만, 상궤에서 벗어난 급격한 변화는 많은 불편을 야기하게 마련이다. ……사람의 마음은 후세의 모범이 될 국가의 대계를 명징함이 없이 지나치게 앞서 나가려는 경향이 있다. 조야(朝野)의 신민은 짐의 뜻을 명심할 것이며, 조급하게 변화를 주장하여 국가의 안전을 어지럽히는 무리들은 짐의 노여움을 살 것임을 경고하는 바이다."[13] 메이지 지도자들이 정치적 변화의 속도를 늦추기 위해 천황을 조종하는 일은 이번이 마지막은 아니었다.

　오자키 유키오를 비롯해 장차 일본의 입헌정치운동에서 눈부신 활약을 하게 되는 오쿠마의 동료와 추종자들 다수가 그와 함께 관직을 떠났다. 하지만 이에 굴하지 않고 오쿠마는 1882년 봄에 두 번째 정당인 입헌개진당(立憲改進黨, 릿켄카이신토)을 창당했다.

　자유당과 입헌개진당은 상당한 차이를 보였다. 오쿠마 일파는 영국의

---

* 國會開設の勅諭(1881년).

헌법 사상과 관행에 깊은 영향을 받았다. 반면 자유당은 영국보다는 프랑스 혁명의 슬로건과 열정에 더 많은 영향을 받았다. 자유당의 브레인 가운데 한 명인 나카에 조민은 프랑스의 법사상과 정치사상에 정통했다. 그는 도사 출신으로 나가사키(이곳에서 그는 사카모토 료마를 만났다)에서 공부했고, 에도에서 프랑스어 공부를 계속했다. 그 후 프랑스 공사 레옹 로슈의 통역으로 일하다가 유학생으로 이와쿠라 사절단에 합류했고, 3년 뒤 귀국해서 도쿄에 학교〔佛蘭西學舍〕를 설립했다. 그는 원로원의 서기관으로 임명되었으나, 헌법 제정이 더디게 진행되자 이에 불만을 품고 관직을 박차고 나왔다. 나카에는 특히 루소의 『사회계약론』을 번역한 『민약역해』(民約譯解, 민야쿠야쿠카이)로도 유명했다. (역시 파리에서 유학한) 젊은 공경 사이온지 긴모치와 함께 창간한 『도요지유 신문』(東洋自由新聞)이 불과 한 달여 만에 폐간된 후, 나카에는 이타가키가 창당한 자유당에서 가장 영향력 있는 대변인이 되었다. 이타가키가 이끄는 자유당의 간부 상당수는 사족 출신이었고, 당원은 다수의 양조업자와 농촌 유지로 구성되었다. 나카에 조민은 탁월한 인물로, 우에키 에모리(植木枝盛)와 함께 맹활약했다. 우에키는 도사 출신으로 이타가키의 고문 역할을 했고, 나름의 헌법 초안(日本國國憲案)을 준비했던 인물이다. 따라서 자유당은 결코 도시 지향적인 입헌개진당이 주장하던 것처럼 시골의 무지렁이와 제멋대로 행동하는 사무라이들로 구성된 집단이 아니었다.

이와 대조적으로 입헌개진당은 도시주민의 이익을 보호하는 데 주력했다. 간부들은 대부분 사족 출신으로 후쿠자와 유키치가 설립한 게이오 의숙(慶應義塾)을 나왔으며, 출판업자와 신문업자들의 강력한 지지를 받았다. 정부는 입헌개진당을 견제하기 위해 어용정당인 입헌제정당(立憲帝政黨, 릿켄테이세이토)과 『니치니치 신문』(日日新聞)을 밀어주는 것이 유용하다고 생각했으나, 실제로 그들의 영향력이나 판매부수는 상대인 입헌개진당에 비해 미미했다.

정당인들 사이의 깊은 골은 이데올로기적인 것일 뿐만 아니라 종종 개인적인 것이기도 했다. 오자키 유키오는 회고록에서 자유당과 입헌개진당이 정부를 압박하기 위해 공조하던 무렵에 발생한 사건을 소개하고 있다. 자유당과 입헌개진당의 만찬 회동은 성황을 이루었으나 폭력의 기운이 감돌았다. 결국 입헌개진당의 누마 모리카즈(沼間守一)와 자유당의 호시 도루(星亨) 사이에 싸움이 붙었다. 둘 다 서양의 학문·법·언어를 공부한 인물들로, 호시는 영국에서 유학했고, 좀 더 유복한 집안 출신인 누마는 언론계에 몸담기 전에 막부와 신정부에서 근무했다. 사건의 발단은 만취한 누마가 호시를 시골뜨기라고 부르며 약을 올린 것이었다. 누마 못지않게 취기가 오른데다 오랫동안 누마를 경멸해왔던 호시는 주먹깨나 쓰는 부하들을 시켜 불을 끈 뒤 놋쇠촛대로 누마를 흠씬 두들겨패게 했다. "호시는 정말 누마를 죽을 때까지 팬 후, 창문을 통해 스미다(隅田) 강에 던져버릴 작정이었다. 다행히 경관들이 제때에 와서 누마를 죽음 직전에서 구해냈다"[14]고 오자키는 적고 있다. 정부지도자들은 좀 더 신중하게 반정부세력을 무력화할 기회를 노리고 있었다. 어쨌든 이 사건을 보면 정부지도자들이 자유민권운동을 벌이는 사람들을 불신하고 감시한 이유를 쉽게 알 수 있다.

그럼에도 불구하고 도쿠가와 막부가 몰락한 지 15년 만에, 그것도 구미 각국 외에는 국회가 운영되지 않던 시대에, 일본에서 벌어진 논쟁이 헌법의 필요성에 관한 것이 아니라 누가 헌법을 기초하고 어떤 내용이 포함되어야 하는지에 관한 것이었다는 사실은 경이적이다.

게다가 입헌정치에 대한 확신은 지금까지 묘사된 사람들과 운동의 범위를 뛰어넘어 확산되었다. 사무라이 출신의 지도자들과 그 동료들의 투쟁은 이야기의 일부에 불과하다. 새로운 정부형태를 모색하는 작업이 일본 전역에서 활발하게 이루어지고 있었던 것이다. 1968년 학생들을 데리고 메이지 시대 문헌을 찾아 답사를 떠난 일본의 한 역사학자는 오랫동안 버려진 창고에서 자유민권운동을 신선하게 조명해주는 자료를 우연히 발견했다. 도쿄 평원의 서쪽 외곽에 위치한 이쓰카이치(五日市)는 오늘날 제법 외진 산촌에 속한다. 100년 전 그곳은 도쿄의 경계에서 적어도 하루가 소요되는 거리였을 것이다. 다 허물어져 가는 창고 안에서 당시 농촌주민들이 국민적 논쟁을 이해하고 거기에 동참하기 위해 애쓴 흔적을 보여주는 귀중한 자료들이 쏟아져 나왔다. 자료 가운데에는 되도록 빠른 시일 내에 국회를 개설하라는 건의서, 204개 조항의 사의헌법(私擬憲法, 시기켄포),* 국정에 관련된 수백 권의 책과 필사본이 있었다. 또한 각종 주제를 논의하는 학예강담회의 내규와 비망록, 당시 일본이 개정하고자 애쓰던 불평등조약의 사본 등도 발견되었다. 다시 말해 이들 자료는 외딴 산촌에도 활발하고 명백한 정치의식이 존재했다는 증거인 셈이다. 이들 문서를 발견한 이로카와 다이키치(色川大吉) 교수는 "이쓰카이치에서 사의헌법을 기초했던 사람들은 지금까지 역사에 알려지지 않은, 하나같이 평범한 가장들이었다. 즉 농민·상인·교사 등 민중의 삶과 밀착된 '평민'들이었다"고 지적했다.[15]

따라서 많은 역사가들이 사족과 그들의 이야기나 기록에만 주로 의존하고 역사학자가 1880년대 초반의 평범한 일본인들을 경시한 것은 잘못이었다. 근대적 의식이 농촌공동체의 책임감 있는 사람들 사이에서 점차 고양되고 있었던 것이다. 서양의 영향이 그런 움직임을 촉발했고, 일본인은 온정과 공평함이라는 과거의 오래된 도덕적·정치적 전통을 본질적으로 개편했다. 이런 측면에서 이쓰카이치는 특이한 경우가 아니었다. 좀 더 조사를 해본 결과 도쿄 주변의 농촌에서만 이쓰카이치의 학예강담회와 유사한 조직이 60개 이상 존재했다는 사실이 밝혀졌고, 향토사학자들(고등학교 역사교사들이 주도적인 역할을 하고 있다)이 계속해서 찾아보면 이쓰카이치 사료 같은 귀중한 문서가 더 많이 발견될 것으로 기대된다.

이쓰카이치에 초점을 맞춰 보면, 주역들의 면면이 무척이나 흥미롭다는 사실을 알 수 있다. 토론회의 중심인물이자 위에서 언급한 사의헌법을 기안한 교사는 지바 다쿠사부로(千葉卓三郎)라는 젊은이였다. 그는 일본 북부 센다이 번에서 하급 사무라이의 아들로 태어나 의학 공부를 시작했는

---

* 자유민권운동 과정에서 개인이나 민간단체가 기안한 헌법.

데, 그의 스승 오쓰키 겐타쿠는 유명한 개국론자로 중국의 시문을 공부했을 뿐 아니라 네덜란드 의학에 대한 지식과 사쿠마 쇼잔에게 배운 포술에 대한 기본지식까지 갖추고 있었다. 오쓰키는 영미의 위협을 저지하기 위해 러시아와 동맹을 맺어야 한다고 주장했고, 메이지 유신 때 신정부군에 저항했던 동북부 번들의 연합을 추진하는 데 일조했다. 당시 10대 소년이던 지바는 보신 전쟁에 참전했다가, 자기 편이 패하자 처형당할까 봐 몸을 숨겼다. 자신을 인도해줄 정신적 스승을 찾아 나선 그는 일단 쇼군을 모셨던 박식한 의학자의 제자로 들어갔으나, 스승이 체포되자 곧 다른 곳으로 떠날 수밖에 없었다. 다음에는 국학을 연구하기 시작했지만, 초기 메이지 정부와 국학의 밀월관계를 목격한 그는 국학에 안주할 수 없음을 깨달았다. 그 후 잠시 정토종 승려와 함께 수학했다. 기억하다시피 당시에 집중적인 공격을 받고 있던 불교는 이 젊은이가 처한 정신적 위기를 해결해주지 못했다. 다음으로 지바는 1861년 홋카이도에 처음 도착한 러시아의 선구적인 신부 니콜라이의 제자들과 교류하면서 알게 된 정교회에 의탁했다. 니콜라이의 선교회는 메이지 정부에 맞서 싸우다 패한 뒤 방향을 잃고 혼란에 빠져 있던 센다이 지역이 개종자를 만들어내기에 적합한 지역임을 알고 있었다. 1872년 개종한 지 얼마 안된 지바는 니콜라이 신부를 따라 도쿄에 갔다가 당시 외교업무를 담당하고 있던 소에지마 다네오미를 만났다. 소에지마는 그에게 학교와 수도원 설립에 필요한 착수금을 마련해주었다. 때마침 이와쿠라 사절단이 보내온 서신이 효력을 발휘하여 그리스도교에 대한 금지조치는 종교적 관용으로 대체되었고, 선교사들이 제공하는 외국어 학습의 기회 때문에 그리스도교는 심지어 환영을 받기도 했다. 그러나 몇 년 만에 지바 다쿠사부로는 갑자기 진로를 바꾸어 야스이 솟켄(安井息軒)이라는 사람이 운영하는 학교에 등록했다. 야스이는 그리스도교에 반대하는 논객이자 유학자였고 애절한 시구(詩句)로 당시 세대의 혼란스러운 감정을 진솔하게 묘사한 시인이기도 했다. 하지만 이번에도 지바에게는 별 소득이 없었다. 야스이는 이내 사망했고, 다시 한번 자신의 힘으로 일어설 수밖에 없게 된 지바는 한 가톨릭 선교사에게 의지했다. 지바는 그 선교사를 따라 도쿄 서부의 평야지대와 산지를 돌아다니며 전도에 힘썼다.

이쓰카이치 학교의 교사직에 지원하기 위해 지바가 제출한 이력서에는 감리교 선교사와도 잠시 함께 일했다는 사실이 적혀 있다. 지바는 1879년 그 산골학교에서 교사자리를 얻었고 1881년에는 교장이 되었으나 1883년에 결핵으로 사망했다. 그가 지도하던 이쓰카이치 권능학교(五日市勸能學校)는 분명 활기찬 공간이었다. 지바의 후임자는 지바가 학교를 민권운동의 지부쯤으로 변질시켜 놓았다고 불평했다. 사실 지바는 1881년 현지사가 교원들의 정치활동 금지령을 내리자 교장을 그만두겠다고 으름장을 놓은 적도 있었다.

지바와 같은 패자——메이지 시대의 기준으로 보면 그는 실패자다——가 지나온 정신적 순례의 여정을 잠시 살펴보는 것은 중요한 의미가 있다. 그의 여정은 당시에 삶의 의미와 방향을 찾는 과정에서 외국의 사상을 포용하고 정치활동가가 된 수백, 아니 수천 명의 고뇌에 찬 젊은이들의 인생사와 유사했기 때문이다.[16]

결국 지바는 선교사를 따라다니던 시절 알게 된 이쓰카이치에서 방황을 끝냈다. 그는 정치토론회의 결성을 도와줌으로써, 지식을 축적하고 나라를 발전시키려 했던 지역유지들로부터 환대를 받았다. 지바에게 자유민권운동은 혼란과 부패의 시대에 일본의 사회적·정치적 재건을 기약하는 희망의 분출구이자, 사쓰마·조슈 번벌(藩閥)이 점차 일본의 체제를 좌우하던 암울한 현실에서 벗어날 수 있는 탈출구였다. 지바의 친구들과 후원자들은 그 마을에서 어느 정도 지위와 재산을 가진 사람들이었다. 그들은 글을 읽고 쓸 줄 알았고, 당시의 형편을 고려할 때 놀라울 정도로 독서수준이 높았으며, 복잡한 주장을 표현하는 데 일본시보다 우수하다고 여겨지는 한시를 통해 의견을 개진했다.

이쓰카이치의 학예강담회와 같은 단체들이 작성한 사의헌법의 요지는 불명료한 경우가 많다. 지바 다쿠사부로가 기초한 사의헌법의 경우도 모호한 부분이 상당히 많고, 하늘의 뜻에 따라 인민과 통치자가 서로 도와야 한다는(분명히 전통적인 사상에서 유래한) 소박한 유토피아적 시각도 엿보인다. 물론 지바를 비롯해 다른 지역에서 비슷한 시도를 한 사람들은 정부관료들과는 달리 외국인 고문의 조언을 구하는 것과 같은 혜택을 전혀 누리지 못했다. 그렇지만 도덕과 정의의 관념에 입각해, 천황이 행사하는 통치권을 제한해야 한다는 점은 제법 뚜렷하게 인식하고 있었다. 하지만 이것을 혁명적인 것으로 간주할 필요는 없다. 사람들은 헌법제정을 약속한 천황도 그런 생각을 공유하고 있으리라 가정했고, 이쓰카이치의 사의헌법 기초자들은 이런 천황의 오랜 뜻을 자신들이 대변하는 것일 뿐이라고 생각했다. 지바의 사의헌법은 남아 있는 여러 사의헌법 가운데 하나이다.

분명한 사실은 입헌정치운동이 경이로울 만큼 빠른 속도로 확산되고 있었다는 것이다. 이타가키의 애국사는 1880년 자유당 창당에 앞서 정부에 건백서를 제출하면서, 자신들이 22개 현의 10만 명을 대표한다고 주장했다. 또한 가나가와 현 인근에 사는 주민 2만 3,555명이 명망 있는 후쿠자와 유키치에게 국회 개설을 요구하는 청원서의 초안을 써달라고 간청한 적도 있었다.

마쓰카타 디플레이션이 전국을 강타하자, 자유민권운동은 농촌지역의 고통에 관심을 기울이기 시작했다. 정부의 관리들이 몇 차례의 소규모 봉기에 정당이 개입했다는 혐의를 두고 있던 차에, 1884년 도쿄 근처 사이타마(埼玉) 현 지치부(秩父)에서 5천~1만 명 정도가 참여한 폭동이 발생했다. 격렬한 몸싸움이 벌어진 가운데 폭동 가담자들은 지방의 경찰력을 잠시 압도했으나, 정부는 군대를 파견하여 엽총, 죽창, 목제 대포로 무장한 오합지졸들을 어렵지 않게 진압했다. 폭동 가담자들은 전원 검거되어 4천 명이 유죄판결을 받았는데, 그 중 300명은 중형을 선고받았고 7명은 처형되었다. 곤민당(困民黨) 또는 차금당(借金黨)이라고 불리던 반란세력은 문제아에 폭도로 매도되었다. 하지만 신원 추적이 가능한 161명을 연구한 바에 의하면, 가담자들은 농촌주민을 폭넓게 대표하는 사람들이었다. 3분의

2는 글을 읽고 쓸 줄 알았으며, 연령대는 30대가 가장 많았고 나머지는 20대와 40대였다. 드문드문 지주와 상인도 포함되어 있긴 했지만, 대다수는 중하층 농민이었다. 당시 그들을 비난하던 사람들은 봉기 가담자들 가운데 7명이 전과자와 노름꾼이었다는 사실을 강조했다. 지치부 반란은 도쿠가와 시대와는 다른 방식으로 처리된 도쿠가와식 봉기로 볼 수 있다. 과거에 막부가 농민의 소요를 다루던 온건한 방식에 익숙해 있던 사람들이 가혹하고 엄격한 새로운 법질서와 조세제도를 견디다 못해 자신들이 알고 있는 유일한 방법으로 저항했던 것이다. 하지만 그들 역시 잠시나마 새로운 질서가 자신들을 구원해주리라는 희망을 품었던 사람들이다. 그들의 기대는 대의제에 의해 보장되는 듯이 보였다. 기반을 상실한 사무라이들의 불만에서 비롯된 자유민권운동이 사회의 하층까지 퍼져 나가, 한동안 농촌지역의 평범한 사람들도 혁명사상에 고무되었다. 채무자와 빈민뿐 아니라 중류층도 자유라는 단어의 의미를 정확히 파악하지 못한 채, 자유가 자신들을 총체적 난국에서 단숨에 구원해줄 것으로 막연히 기대하고 있었다.

자유당과 입헌개진당의 주류 지도자들은 사무라이가 아니라 평민들이 일으킨 이 반란에 연루되기를 원치 않았다. 1884년에 양당은 자신들의 조직을 해체하는 작업에 착수했다. 일부는 냉소주의와 절망감에 빠져 집단행동을 아예 포기했고, 일부는 헌법을 제정할 것이라는 천황의 1881년 칙유를 일단 믿어보기로 했다. 게다가 자유당과 입헌개진당은 상호 비방으로 극심한 내분을 일으켜 대중이 활발하게 건백서를 제출하던 그 시대의 낙관주의와 열정에 찬물을 끼얹었다. 1882년 7월, 죽을 고비를 넘기고 막 회복한 이타가키는 고토 쇼지로와 함께 유럽으로 여행을 떠나겠다는 계획을 발표했다. 그는 외국을 견학하고 정치제도의 장단점을 비교·연구하는 일을 정부측 인사들에게만 일임해서는 안된다며 자신의 여행목적을 설명했다.

자유당의 간부 상당수가 이타가키의 유럽 여행계획을 맹렬히 비난했다. 정당운동이 한창 진행 중이었고, 이타가키는 가장 인기 있는 인물이었다. 그는 청중의 정서를 간파하고 선동하는 능력이 있었을 뿐 아니라 당대의 경제적·사회적 문제점도 꿰뚫고 있었기 때문에 많은 자유당 집회에 활기를 불어넣을 수 있었다. 그런 그가 떠난다는 것은 도저히 납득할 수 없는 일이었다. 이타가키의 추종자로서 점차 급진적으로 변하게 되는 도사 출신의 바바 다쓰이(馬場辰猪)는 훗날 자유민권운동의 쇠퇴는 지도자들 탓이라고 말했다. 결국 바바는 미국으로 망명했으며, 그곳에서 "정당을 운영할 능력이 전혀 없는 지도자를 선출한 것"을 개탄했다.

설상가상으로 이타가키의 유럽행에 정부의 입김이 작용했다는 소문이 나돌았고, 소문은 사실로 판명되었다. 이타가키의 여행경비를 제공한 것은 이노우에 가오루와 이해관계를 같이하던 미쓰이사(社)였다. 이타가키 본인이 이 사실을 알고 있었는지는 지금까지 명확히 밝혀지지 않았으나, 자신의 비행기표가 어디서 나왔는지에 대해서는 분명 단순한 호기심 이상의 의문을 품었을 것이다. 중대한 시점에 당을 저버린 그의 행위는 헌법제정을 촉구하는 건백서를 올린 직후인 1875년에 잠시 관직에 복귀했던 전력과 유사하다. 아마도 메이지 초기 지도부에서 중추적인 역할을 했던 경험이 있는데다 경찰에 의해 부상을 입었을 때 천황이 보여준 세심한 배려에 도취되어, 이타가키는 옛 동료들이 유럽에서 지식을 구하는 시점에 자신도 특별대우를 받는 것이 당연하다고 생각했던 것 같다. 유럽에서 돌아온 후 이타가키는 지금까지 자유당이 여러 요구를 너무 성급하게 몰아붙였다는 결론을 내리고, 당분간 당을 폐쇄하자고 제안하는 사람들에게 힘을 실어주었다. 이렇게 처신한 이타가키의 속내가 무엇이었는지는 명확하지 않다. 그는 개인적으로 부패한 사람은 아니었고, 정부측 인사들이 축재하는 동안에도 청빈하게 산 것으로 유명했지만, 여하튼 그의 행적은 추종자들을 몹시 실망시켰다. 이후 이타가키와 오쿠마는 예전의 동료들과 사사건건 충돌하지 않고 협조하기로 결심했다. 여기에는 천황의 아우라가 크게 작용했을지도 모른다.

자유당 지도자들의 유럽 여행은 흥미진진하다. 이타가키와 고토가 런던에 도착했을 당시의 주영공사는 모리 아리노리였다. 그는 사쓰마 출신으로 한때 영국에서 유토피아적인 공동체에 몸담았다가 공직에 복귀했다. 이와쿠라 사절단이 미국을 방문했을 때는 워싱턴에서 대리공사를 맡고 있었고, 중국에서도 공사로 활약했다. 모리의 주선으로 이타가키는 인상적인 사회발전론(사회진화론)을 제시해 메이지 시대, 아니 19세기의 독자들을 사로잡았던 철학자 허버트 스펜서를 만날 수 있었다. 이 만남은 성공적이지 못했다. 모리가 도쿄에 보낸 서신에 따르면, "(이타가키는) 마치 황제를 알현하듯 (만남에) 임했으나, 막상 토론이 벌어지자 선생과 학생의 입장이 완전히 전도되어, 학생 자격의 이타가키가 대화를 주도하면서 평상시처럼 자신의 공허하고 근거 없는 이론들을 늘어놓았다. 마침내 그의 우상은 인내심을 잃고 대화 도중에 '노, 노, 노'를 연발하며 자리에서 일어나더니 이타가키를 내버려둔 채 가버렸다."[17]

이 일화는 일본처럼 낮은 발전단계에 있는 국가가 입헌정치를 고려한다는 것 자체를 무모하다고 보았던 당대 외국인의 중론을 상기시켜준다는 점에서 의미심장하다. 진화와 발전의 단계를 고려할 때 일본은 좀 더 신중하게 처신해야 한다는 것이었다. 1879년 세계순방 길에 일본을 방문한 전직 미국대통령 율리시스 그랜트도 일본의 지도자들에게 일단 자유를 보장하고 나면 철회하기 어려우므로 시기상조가 아닌지 재고해보라고 조언했다. 또 스펜서는 급속한 근대화 과정에서 파생할 일본의 사회적 분열에 대해 경고하면서, 일본은 무역과 같이 필수적인 부문을 제외하고는 외국과의 관계에 거리를 두어야 한다는 충고를 가네코 겐타로(金子堅太郞)를 통해 전달했다. 그 이유는 국력의 차이라고 스펜서는 설명했다. "세력의 근거지를 확보한 강력한 민족이 갈수록 공격적인 정책을 펼쳐 나간다는 것은 불문가지이다." 일본인과 타민족 간의 통혼에 관한 일본인의 또 다른 질문에 대해 스펜서는 단호하게 부정적인 반응을 보였다. "반드시 금지되어야 한다. ······그것은 근본적으로 생물학적인 문제이다. 인종간의 통혼이나 동물의 이종교배가 장기적인 관점에서 필연적으로 부정적인 결과를 초래한다는 증거는 얼마든지 있다."[18]

| 메이지 국가의 건설 |

　이타가키가 조속하게 입헌정치를 실현하겠다던 기대를 접은 채 영국에서 귀국한 사실은 어쩌면 그다지 놀랄 일도 아닐 것이다. 이타가키는 좀 망설이긴 했지만, 1884년의 화족령(華族令)에서 정한 귀족계급 가운데 하나인 백작작위를 받아들였다.(작위는 후손에게 세습되지 않았다.) 이타가키는 여러 내각에서 직책을 맡았고, 갈수록 보수적으로 변해갔다. 참정권에 대한 그의 최종 입장은 사회적 결속을 유지하기 위해 선거권은 각 가정의 호주에게만 부여되어야 한다는 것이었다. 흥미로운 것은 스펜서도 이미 이와 똑같은 생각을 모리 아리노리에게 은밀히 전달했다는 사실이다. 분명히 사족 출신의 지도자 이타가키보다는 이쓰카이치 주민들이 동료 시민들을 더욱 신뢰하고 있었다.

　당시의 정치적 경쟁에 대해 이런 식으로 간략하게나마 요약해보면 몇 가지 주목할 만한 점이 드러난다. 첫째, 헌법은 반드시 제정되어야 하고 어떤 형태로든 대의제도가 갖추어져야 한다는 데 사실상의 합의가 이루어졌다는 것이다. 이런 확신은 이쓰카이치 주민들부터 「5개조어서문」에 '회의' 조항을 명기한 사람들에 이르기까지 사회 전반에 퍼져 있었다. 도쿠가와 시대에 중앙에 (비록 역할은 미미했지만) 대표자들을 두고 분할된 지배체제를 유지했던 것이 이런 현상에 기여했다고 말할 수도 있을 것이다. 또한 이와쿠라 사절단이 살펴본 강대국들이 대의제도를 갖추고 있었다는 점도 작용했을 것이다. 도쿄의 중앙정부는 의회를 소수의 사쓰마·조슈 번벌이 국정을 농단하고 있다는 세간의 의혹을 불식시켜줄 도구로 여겼고, 재야인사들은 권력을 공유할 수 있는 수단으로 보았다.

　둘째, 입헌정치에 대한 확신이 일본사회 전체로 퍼져 나간 속도가 무척 인상적이라는 점을 지적할 수 있다. 분명 이런 확신은 일본의 상황과 밀접한 관련이 있었다. 헌법은 권력집단에게는 천황을 정쟁으로부터 보호할 수 있는 수단이었고, 도사나 사가 출신의 불만세력에게는 자신들이 상실한 영향력을 되찾을 수 있는 방책이었으며, 농촌주민에게는 독단적인 관리들로부터 스스로를 방어하는 장치였고, 소작농에게는 농민저항을 정당화할 수 있는 구실이었다. 각 집단은 그야말로 동상이몽 상태에 있었고, 필라델피아에서 열린 미국 헌법제정회의에서 제기된 쟁점들을 염두에 두고 헌법문제에 접근하려는 시도는 전혀 없었다. 자유민권운동의 기수였던 이타가키는 죽을 때까지 이 운동의 여세를 이어가지 못했다. 이 운동이 관성을 잃고 거의 멈춘 것은 메이지 헌법의 제정 때문이었다.

3. 이토 히로부미와 메이지 헌법

농부의 아들로 태어난 이토 히로부미(1841~1909)는 모든 메이지 지도자 가운데 집안이 가장 변변찮은 인물이었다. 이토가(家)에 양자로 들어간 후 그의 능력을 알아본 기도 다카요시 같은 조슈의 지도자들에게 발탁된 그는 처음부터 메이지 지도부 소장파의 일원이었다. 오쿠보의 사망 이후, 이토는 지도부 가운데 가장 다재다능한 인물로 부상했다. 오쿠보에 비해 협조와 타협을 선호했던 그는 어린 천황의 각별한 신임을 받았다. 1909년 그가 조선인 안중근에게 암살당하자, 메이지 천황은 다른 정치가들이 사망했을 때 대부분 의례적인 조문을 발표하던 것과는 달리 그의 공적을 치하하며 진심으로 비통한 심경을 표현했다.

이토와 그의 평생지기인 이노우에 가오루는 1863년—이토가 사무라이로 승격된 직후—조슈 번의 지원으로 영국에 건너갔다가, 시모노세키를 겨냥한 외세의 대포를 막아보고자 서둘러 귀국했으나 별다른 성과를 거두지는 못했다. 이토는 이와쿠라 사절단의 핵심 일원이었으며, 주최측의 환영사에 영어로 답사를 할 능력을 갖추고 있었다. 당시 워싱턴 주재 대리공사였던 모리 아리노리와 더불어 이토는 자신만만한 안하무인격의 언행을 일삼는 바람에 그의 상사였던 기도를 불쾌하게 만들었다. 유신 3걸로 불리던 기도·사이고·오쿠보가 사망하자, 이토 히로부미가 정계의 중심 인물로 떠오를 수 있는 모든 여건이 갖추어졌다. 이토는 1881년 오쿠마를 정부에

| 메이지 국가의 건설 |

서 축출하는 과정에서 이토는 주도적인 역할을 했다.

의회 설립을 약속한 이듬해에 천황은 조서를 통해 이토에게 다른 나라의 정치제도를 조사하도록 했다. 이토는 나가사키 출신의 유능한 젊은 관료 이토 미요지(伊東巳代治)와 함께 1882년 3월에 일본을 떠났다가 이듬해 8월에 귀국했다. 유럽에서 이토는 런던과 베를린에 주재하고 있던 일본 공사 모리 아리노리 및 아오키 슈조(靑木周藏)와 의견을 주고받았다. 이토의 조사활동은 주로 독일과 빈에서 이루어졌다. 독일에서는 법학자 루돌프 폰 그나이스트에게 자문을 구했고, 빈에서는 로렌츠 폰 슈타인의 가르침을 받았다. 특히 슈타인은 자택에 딸려 있는 작은 교실에서 이토에게 헌법이론에 관한 집중 강의를 해주었다.(훗날 슈타인은 바로 그 교실에서 고노에 아쓰마로[近衛篤麿]를 비롯한 다른 일본인들도 가르쳤다.) 이토가 독일헌법에 관심을 가진 데는 그럴 만한 이유가 있었다. 당시 독일정부는 비스마르크의 지휘 아래 기틀을 마련해가고 있었고, 이토 히로부미는 훗날 비스마르크의 독특한 동작을 모방하려 한다는 비난을 들을 만큼 비스마르크에 매료되어 있었다. 사회민주주의 세력의 거센 도전에 직면한데다, 새로운 집권층을 겨냥한 암살시도 때문에 경각심을 갖게 된 비스마르크는 대중의 힘을 통제하고 정부의 특권을 보호하기 위한 일련의 방책을 만들어냈다. 추측컨대 일본이 입헌정부를 받아들일 준비가 되어 있는지 미심쩍어하던 독일의 학자들은 일본정부에 인민의 권리를 확대하는 문제에 신중을 기해야 한다고 제안했을 것이다.

이토 혼자 문제를 풀어 나갔던 것은 아니다. 독일의 저명한 학자 헤르만 뢰슬러(1834~1894)가 1878년 일본의 외무성 고문으로 초빙되었다. 1881년에 뢰슬러는 일본정부의 수석 법률고문이었고, 지도부의 절대적 신임을 얻고 있었다. 이 무렵부터 그가 일본을 떠난 1893년까지 정부는 중요한 결정을 내릴 때마다 그에게 자문을 구했다. 그의 역할은 특히 헌법제정 과정에서 두드러졌다. 뢰슬러는 이노우에 고와시(井上毅, 1843~1895)의 특별 고문이 되기도 했다. 이노우에 고와시는 구마모토 출신으로 요코이 쇼난의

623

제자였다. 그는 정부가 원로원의 구성원들에게 헌법에 관한 의견서를 제출하라고 지시했을 때 이와쿠라 도모미를 위해 헌법 초안을 작성했던 인물로, 천황 중심의 정부를 강조하던 그의 견해는 헌법의 내용에 많은 영향을 미쳤다. 이토가 일본을 떠나 있는 동안 이노우에가 이토와 주고받은 편지를 살펴보면 메이지 헌법에 집약된 요소들의 근거를 추적할 수 있다. 헌법 제정과 관련된 또 다른 인물로는 장수를 누린 가네코 겐타로(1853~1942)를 들 수 있는데, 그는 후쿠오카 출신으로 1878년 하버드 대학을 졸업했다. 이토는 이노우에, 고와시, 가네코 겐타로, 그리고 서기 역할을 한 이토 미요지에게 큰 도움을 받았고, 뢰슬러의 비망록과 논평은 이들 모두에게 대단히 중요한 지침이었다.

최종적으로 완성된 헌법의 여러 조항이 1850년에 제정된 프로이센 헌법의 예를 따르고 있기는 하지만, 그렇다고 일본헌법의 목적이 동아시아의 프로이센을 창조하는 것이었다고 판단해서는 안된다. 뢰슬러는 프로이센의 국가통제주의(statism)에 상당히 비판적이었다. 그는 자신이 사회군주제라 부른 체제를 옹호했고, 투표권과 조세권이 헌정질서의 핵심요소라고 말했다. 동시에 그는 서유럽, 특히 영국에서 구현된 권력분립에 대해서도 반대입장을 취하며, 궁극적 권력은 오로지 군주에게 귀속되어야 한다고 생각했다. 그나이스트와 슈타인 역시 독일의 헌법학자 중에서는 비교적 온건한 축에 속했으나, 법치국가를 지향하는 그들의 관점은 좀더 보수적인 동시대인들의 반대에 직면하기도 했다. 그렇지만 그들은 한결같이 모든 사안을 국민의 대표에게 일임하면 위험하다고 경고했으며, 빈부격차와 무책임한 개인주의가 결합하면 통치체제에 치유할 수 없는 균열을 유발할 수도 있다고 주장했다. 뢰슬러의 사회군주제는 파벌주의와 독재정치를 모두 경계하려는 관념이었다. 하지만 군주의 통치권에 대한 간략한 진술을 제안했던 뢰슬러는 결국 천황의 신성불가침을 환기시켜야 한다는 고용주들의 주장에 굴복했다.[19]

이토가 일본에 돌아와서 취한 모든 조치는 대중적 급진주의로부터 천황제(그리고 권력구조에서 자신과 동료들이 차지하고 있는 중심적 위치)를 보호하려는 확고한 의지의 표출이었다. 첫 번째 조치는 화족제도를 신설하여 천황과 평민 간의 분리를 공식화하는 것이었다. 1884년 7월에 공포된 화족령에 따라 11명의 다이묘와 7명의 공경은 공작(公爵, 고샤쿠)에, 24명의 다이묘와 9명의 공경은 후작(侯爵, 시샤쿠)에, 73명의 다이묘와 30명의 공경, 정부요인은 백작(伯爵, 고샤쿠. 일본어로는 公爵과 발음이 같음)에, 325명의 다이묘와 91명의 공경은 자작(子爵, 시샤쿠)에, 끝으로 74명의 다이묘는 남작(男爵, 단샤쿠)에 임명되었다. 이로써 총 507명의 구(舊)다이묘가 137명의 공경과 함께 새로운 귀족계급을 형성했다. 물론 세속적 의미에서 '구'귀족(공가)은 '신'귀족(무가)에 비해 지위가 높은 것으로 간주되었다. 그리고 고대중국의 율령제에서 유래한 9개 관위가 각각 2개의 품위(品位)로 나누어졌다. 이렇게 해서 구도쿠가와 지배층이 유서 깊은 공가(公家)에 흡수되었다. 도쿠가와가는 황실과의 혼인을 비롯해 그 밖의 명예도 누리고 있던 명문 고노에(近衛)가와 어깨를 나란히 하게 되었다. 이 모든 귀족 위에는 천황가의 혈통을 이어받은 남자인 친왕(親王, 신노)이 있었다.

많은 사람이 근대화의 시대에 화족령을 제정하는 것에 대해 의아하게 생각했는데, 이토는 그 이유를 솔직하게 밝혔다. 그는 인민이 공화제의 정신에 빠져들 위험이 있다고 말했다. 시대적 추세에 반하고 인민의 정서에 어긋나는 것으로 보일 수도 있으나, 화족제도는 "천황에 대한 봉건적 숭상의 마지막 흐름이 아직 끊어지지 않았다는 사실을 활용할 수 있는" 기회를 제공한다는 것이었다. 그는 작위(爵位)의 명칭을 정하는 데 "중국의 제도를 원용할" 수밖에 없었다는 데 유감을 표하고, 동료들에게 대안을 제시해달라고 요청했다. 여기서 새 화족의 유일한 기능은 장차 설치될 예정인 귀족원(貴族院)의 인원을 채우는 것이었다는 점을 분명히 해둘 필요가 있겠다. 새롭게 작위를 얻은 화족들은 재정지원을 받기는 했으나 명예 이상의 것을 누리지는 못했다. 제2차 세계대전 이후 화족제도가 폐지되자, 그들은 거의 아무런 파문도 일으키지 않고 조용히 사라졌다.

이토의 다음 조치는 천황을 헤이안 시대의 산물인 태정관으로부터 분리시키는 것이었다. 태정관제하에서 천황은 3대신(태정대신, 좌대신, 우대신) 위에 군림했다. 그들 밑에 참의가 있었고, 특별한 임무는 그들보다 낮은 계급인 경(卿, 오늘날 영어의 'sir'에 해당)에게 일임되었다. 그러나 이 제도에는 두 가지 문제점이 있었다. 참의가 수적으로 계속 줄어들면서 특정 업무의 관할권이 모호해졌고, 천황을 위한 특별고문단—원로 및 조정 인사—에 대한 규정도 없었다. 다시 말해 천황이 통치와 관련된 공적 책임을 지게 될 가능성이 위태로울 정도로 높았다.

태정관제를 대신할 내각제는 1885년 12월에 공포되었다. 이로써 불평등조약을 개정하고자 애쓰고 있던 일본은 서양 제국(諸國)에 못지않은 제도적 장치를 마련하게 되었다. 하지만 이런 변화를 통해 조정과 내각의 관계도 정비되었다. 내각제하에서 조정은 정치에서 안전하게 격리된 궁내성(宮內省)과 내대신(內大臣)이라는 별도의 관료조직에 의해 보좌를 받게 되었다. 정치적 방침은 임명직 총리가 결정했고, 총리 밑에 고유의 업무를 담당하는 성(省)이 갖추어졌다. 그런데 산조 사네토미의 지위를 재조정하기가 쉽지 않았다. 1883년 이와쿠라가 사망할 당시 산조는 태정대신을 맡고 있었다. 협상을 통해 나온 해결책은 이노우에 고와시가 대신 작성한 상주문을 통해 산조 스스로 자신의 지위를 조정해줄 것을 요청하는 것이었고, 그 결과 그는 내대신이라는 안정된 지위를 차지함으로써 체면을 세우는 동시에 황실과도 가까운 관계를 유지할 수 있게 되었다.

1885년 이토는 일본의 초대 총리로 취임했다. 그는 조슈와 사쓰마 출신 각 다섯 명, 도사 출신 한 명(다니 간조(谷干城)), 그리고 구막부관료이자 외교관이었던 에노모토 다케아키를 대신으로 불러들였다. 마쓰카타, 야마가타, 모리 등과 같은 뛰어난 수완가들에 둘러싸인 이토는 명실상부한 실세로 부상했다. 그때부터 1900년까지 총리 자리는 이토의 초대 내각에서 활약했던 사쓰마-조슈 출신 인사들에게 돌아갔다. 1898년에 이타가키와 오쿠마가 단명한 내각을 이끈 것을 제외하곤 사실상 사쓰마와 조슈 출신들이 서로 번갈아가며 총리직을 맡았다.

　이제 헌법제정 작업에 속도가 붙었고, 작업은 철통같은 보안 속에 진행되었다. 그럴 필요가 있었을까라는 의문에 하버드 졸업생인 가네코 겐타로는 미국의 헌법제정도 비공개로 진행되었음을 지적했다. 역시 핵심적인 문제는 천황에게 어느 정도의 권력을 어떤 방식으로 부여하는가 하는 것이었다. 국회 개설을 약속했던 1881년의 칙유는 이렇게 말하고 있다. "천황의 권한에 가해질 제한과 국회의 설립에 관해서는 향후에 결정하여 적당한 시기에 공포할 것이다." 말은 쉬웠으나 실천은 어려웠다. 뢰슬러는 서양의 전범에 따라 군주의 권능을 공포할 것을 주장했으나, 이토를 비롯한 다른 사람들은 천황제의 유구한 역사와 천황의 신격을 최대한 강조하는 방안을 강구했다. 이토는 서양국가들은 종교와 가치관에 내재하는 보수주의와 시민의 책임감이라는 기반을 갖추고 있지만 일본은 그렇지 못하다고 거듭 말했다. 그는 완성된 헌법 초안을 추밀원(樞密院)에 제출하면서 다음과 같이 그 취지를 설명했다. "일본에서는 종교의 힘이 미약하고, 국가의 기축[또는 중추·토대·초석] 역할을 할 수 있는 것이 없다. 전성기의 불교는 모든 계층의 인민을 하나로 묶을 수 있었으나, 오늘날에는 쇠락했다. 신도는 비록 우리 조상들의 가르침에 기초해 있고 그 가르침을 영속화하고 있지만, 사람들의 마음을 움직이는 종교로서의 감화력이 부족하다. 일본에서 국가의 기축이 될 수 있는 것은 오직 황실뿐이다. 바로 이 점을 염두에 두고 우리는 황실의 권위에 최대한 높은 가치를 부여하고, 되도록 그 권위에 대한 제약을 최소화하기 위해 노력했다."[20] 그는 이미 오래전에 이런 결론에 도달했으며, 이에 대해 이미 유럽에 있을 때 "지금 죽어도 여한이 없다"며 만족감을 표한 바 있다.

　1888년 4월 마침내 이토는 내대신 산조에게 헌법 초안과 황실전범이 완성되었다고 보고할 수 있었다. 이제 심의와 천황의 재가를 통한 합법화 과정이 필요했다. 이를 위해 그달 말에 추밀원이 신설되었다. 이토는 헌법의 수호자가 될 추밀원을 관장하기 위해 총리직을 사쓰마 출신의 구로다 기요타카에게 넘겨주었다. 헌법심의는 그해 5월에 시작되어 이듬해인 1889년 1월에 마무리되었다. 41차례의 정기 심의회와 3차례의 특별 심의회가 천황이 참석한 가운데 열렸다. 일본의 판화작가들은 눈부신 제복을 차려입은 추밀원 인사들과 거대한 협상 테이블을 둘러싼 장식들을 묘사함으로써 심의회의 엄숙한 분위기를 전달했다. 심의는 계속해서 비밀리에 진행되었고, 추밀원 위원들은 논의 중인 문서의 사본을 소지할 수 없었다.

이렇게 보안을 유지한 데는 특별한 이유가 있었다. 해체된 지 몇 년이 지난 정당들이 1886년에 대동단결(大同團結, 다이도단케쓰)이라고 알려진 운동을 조직하고 나섰다. 나가사키에서 중국인 선원들이 계속해서 일본 경찰을 공격하는 난동을 부려 양측에서 사상자가 발생하자 대중의 분노가 끓어올랐다. 민중의 여론과 정서는 조약 개정을 서두르기 위해 외국의 환심을 사려는 정부의 비굴한 시도에 아주 비판적이었다. 외무대신으로 다시 정부에 복귀한 오쿠마가 제시한 치외법권 개선안은 불만을 누그러뜨리기에는 부족해 보였다. 극우세력의 습격을 받은 오쿠마는 목숨은 건졌으나 한쪽 다리를 잃었다. 분위기는 뜨겁게 달아올랐고, 정당의 열성당원들은 정부의 작은 실수 하나라도 꼬투리 잡아 여론몰이에 나설 기세였다.

헌법심의는 상정된 헌법 초안에 대한 뢰슬러의 의견서를 배포하는 것으로 시작되었다. 한 달 이상이 황실전범을 마련하는 데 소요되었다. 황실의 유럽화 조치의 일환으로 이제 황위 계승은 남성후계자에 국한되었다. 그 후 6월에 이토는 천황제를 정부의 지주 또는 토대로서 든든히 떠받쳐야 할 필요성을 역설하면서 헌법 자체에 대한 심의에 착수했다. 만약 그런 방어벽을 세우지 못한다면, "정치는 통제 불가능한 인민의 수중에 떨어질 것이다. 그렇게 되면 정부는 무력해지고, 나라는 도탄에 빠질 것이다. 정부를 존속시키고 인민을 다스리기 위해 정부는 절대 행정력을 상실하지 말아야 한다. ……우리 헌법의 기축은 통수권이기 때문에, 우리의 입헌정체는 유럽 국가에서 실행 중인 군민협약적인 통치라는 유럽식 사상에 기초하지 않는다. 이것이 바로 이 헌법 초안의 근본원리이며, 이는 헌법 조문을 통해 천명될 것이다."[21]

심의과정에서 이토 못지않게 '근대적이고' 여행을 많이 다닌 사람들이 "의회의 동의를 얻어"와 같은 문구가 지나치게 앞서나간 것 아니냐며 우려를 표했고, 이토는 자신의 입장을 변호했다. 모리 아리노리는 이와 같은 조항이 천황의 통치권을 약화시키는 것 아니냐는 문제제기를 했다. 모리는 단순히 자문역할을 하는 국회를 주창했으나, 이토는 자신이 제출한 초안을 옹호했다. "우리가 입헌정체를 수립하고자 한다면, 의회에 결정권을 주어야 한다. 다시 말해 의회의 동의 없이는 예산이나 법률이 결정될 수 없다. 이것이 입헌정체의 본질이다."

열띤 논쟁 끝에 헌법 초안은 약간의 수정을 거친 뒤 승인되었다. 그리고 헌법은 1889년 2월 11일에 헌법이 발포되었다. 2월 11일은 태양의 여신 아마테라스의 손자 진무(神武) 천황의 즉위를 기념하는 기원절(紀元節)이었는데, 바로 이날 헌법을 발포함으로써 황실의 창설과 연속성을 엄숙하게 천명하고자 했던 것이다. 1868년에 그랬듯이, 근대성과 변화는 고대의 쇄신으로 제시되었다. 헌법의 상유(上諭)에서 인용되는 일본의 건국신화보다 이 점을 인상적으로 보여주는 것도 없다.

> 짐은 조종(祖宗)의 유열(遺烈)을 이어받아 만세일계(萬世一系)의 제위(帝位)에 올랐도다. 조종의 은혜로운 손길과 자애로운 보살핌을 받아온 친애하는 신민의 강복(康福)을 증진시키고 덕행과 재능을 발달시키는 한편 신민의 도움을 받아 국가의 진운을 부지(扶持)하기를 바라는 마음에서 〔1881년의〕 조명(詔命)을 실제로 행하여 대헌(大憲)을 제정하고, 짐이 그 원칙에 따라 통치권을 행사할 것임을 널리 알리고 짐의 후손, 신민과 그 자손도 영원히 이에 따라야 할 것임을 선언하는 바이다.

이토의 대업은 완수되었다. 그는 총리를 역임했고, 조선통감을 지냈으며, 1895년 일본이 청일전쟁에서 승리한 뒤 청조와의 강화조약을 주도했고,

예일 대학에서 명예학위를 수여받았으며, 유럽 왕실에 사절로 파견되는 등 목숨을 잃기 전까지 여러 차례 일본을 위해 봉사했다. 그는 메이지 지도자들 가운데 가장 폭넓은 비전을 가진 인물이었다. 그리고 그를 가장 유명하게 만들어준 것은 바로 메이지 헌법이었다. 이토의 초상은 의사당 건물과 함께 제2차 세계대전 후에 1,000엔짜리 지폐에 등장하기도 했다.

4. 야마가타 아리토모와 제국군대

야마가타 아리토모(1838~1922)는 메이지 지도부에서 이토 다음으로 중요한 인물이었다. 헌법제정을 주도하고 네 차례의 총리, 추밀원 의장, 조선통감을 지낸 이토가 정치권력구조에서 구심점 역할을 했다면, 야마가타는 그 경력— 보신 전쟁 정부군 참모, 근위사단 사단장, 병부대보(兵部大輔), 육군경(陸軍卿), 초대 참모본부장, 참의, 육군대장, 내무경(內務卿, 1883~1889), 두 차례의 총리—이 보여주듯이 국가 지배구조에서 요직을 두루 거쳤다. 어떤 면에서는 이토보다 야마가타가 남긴 흔적이 더 컸다. 야마가타는 이토보다 10년 이상 더 살았고, 육군과 관료기구에 자신의 강력한 파벌을 심어놓고 떠났다. 조슈 출신이 육군을 장악한 기간은 사쓰마-조슈 연합세력이 정국을 주도한 기간보다 훨씬 길었다. 그렇지만 야마가타와 이토는 많은 경험을 공유하기도 했다. 둘 다 조슈의 미천한 집안 출신—야마가타는 하급 사무라이 집안에서 태어났다—이었고, 요시다 쇼인이 세운 학교(松下村塾)에서 공부했다. 또한 메이지 유신기의 흥분과 위험을 온몸으로 체험했다. 야마가타보다 이토가 먼저 외국을 경험했지만, 야마가타도 때를 놓치지 않고 군사연구를 위한 해외여행을 신청해 도쿠가와 막부의 몰락 직후 사이고 쓰구미치(西鄉從道)—사이고 다카모리의 동생이자 해군 지도자—와 함께 해외에서 6개월을 보냈다. 이렇게 공유된 경험을 바탕으로 이토와 야마가타는 각자 자신의 전문분야를 뛰어넘어 영향력을 발휘

| 메이지 국가의 건설 |

했다. 이토는 죽기 전 20년 동안 자신이 원하던 대로 육군의 의사결정에 참여했고, 야마가타는 육군에서 잔뼈가 굵었지만 훗날 내무경과 총리를 지내는 동안 지방자치제와 경찰조직에 뚜렷한 족적을 남겼다. 인간적인 면에서 둘은 아주 달랐다. 이토는 사교적이고 말수가 많은 편이었으나, 야마가타는 근엄하고 비사교적이며 과묵했다. 그들은 자주 의견충돌을 보였지만, 성장배경과 조슈의 이익을 공유하고 있었기에 서로 협력할 수 있었다.

사쓰마-조슈 세력이 그토록 오랫동안 육해군을 지배할 수 있었던 부분적인 이유는 그들이 메이지 유신에서 중요한 역할을 수행함으로써 위세를 얻었다는 데 있다. 좀 더 최근에 중국에서 옌안(延安) 장정을 경험한 인민해방군 출신이 장기 집권한 것과 유사한 예이다. 역사가들은 메이지 정부를 사쓰마 번과 조슈 번 출신 '파벌'들의 정부라는 뜻으로 번벌(藩閥, 한바쓰) 정부라고 부른다. 경제계의 친정부 보수세력인 재벌과 마찬가지로 번벌이라는 용어에도 비난과 질책이 담겨 있다. 그렇지만 그들은 결코 동질적인 집단이 아니었다. 관료사회에서는 사쓰마파와 조슈파 사이에 심한 갈등이 빚어졌고, 조슈파 내에서도 군의 주도권을 놓고 내분이 있었다. 하지만 이 두 세력은 '외부의' 정치파벌에 의해 자신들이 공들여 이룩한 것이 침범당하는 사태를 막아야 한다는 결의로 함께 뭉쳤다. 정당정치인들은 국민의 단결을 요구하면서 번벌의 '이기적' 책략을 비난했으나, 정작 번벌 지도자들은 자신의 리더십이 제국의 대의를 위해 바람직하고 필수적이라고 보았고, 천황에 접근할 수 있는 통로를 장악하고 있었기에 리더십을 잃지 않았다.

일본이 군대를 편성하고 있을 무렵, 대부분의 서양국가도 군대를 개편하는 중이었다. 일본 군대의 가장 큰 특징 가운데 하나는 참신성이었다. 유럽의 군대는 간혹 후진적이거나 보수적이라는 비판을 받았으나, "일본의 신식 군대는 스스로 새로운 시대의 정신을 구현한다고 여겼다."[22] 메이지 지도자들이 정권을 잡았을 때, 남북전쟁이 끝나고 막 군대를 해산한 미국을 제외한 서양의 모든 국가는 이탈리아와 독일의 통일전쟁, 미국의 남북전쟁, 특히 보불전쟁 등에서 얻은 교훈을 바탕으로 군사제도를 재고·재건하고 있었다. 산업발전과 인구증가는 시민병으로 구성된 대규모 군대의 가능성을 열어주었고, 각국은 그런 군대의 작전행동·장비·지휘를 새롭게 구상하게 되었다. 아주 최근까지 사무라이였던 메이지 지도부가 서양을 시찰하면서 얻은 이런 교훈을 자국에 적용하지 않았을 리 만무하다.

메이지 유신 직후 여전히 많은 사람은 프랑스 장교들과 그들의 용병술을 지침으로 삼았다. 프랑스가 프로이센에 패했음에도 불구하고 메이지 정부는 프랑스의 군사이론과 조직구조를 탁월한 것으로 여겼다. 게다가 이미 도쿠가와 막부 말기부터 프랑스가 지도하는 방향으로 실질적인 조치를 취하기 시작했기 때문에, 1870년대에 메이지 정권이 모든 번에 육군은 프랑스를 모델로 삼고 해군은 영국을 모델로 삼으라고 명령한 것은 일리가 있었다. 그러나 육군은 1880년대에 들어 독일식 모델을 따르기로 결정했다. 이런 전환은 야마가타의 심복이자 미래의 겐로로, 거의 8년을 독일에서 지낸 가쓰라 다로(1847~1913)의 주도하에 이루어졌다. 1878년에는 참모본부가 신설되었다. 원래 독일이 이와 유사한 조직을 계획하고 있었는데, 가쓰라가 이 계획을 본떠 독일보다 먼저 실행에 옮겼다. 군사이론가 클레멘스 빌헬름 메켈이 일본에 오도록 초청한 사람도 가쓰라였다. 메켈은 1885년부터 1888년까지 군사고문으로 일했는데, 군인들에게 미친 그의 영향력은 법조인들에게 미친 뢰슬러의 그것에 버금갔다.

사이고 다카모리의 몰락으로 조슈 세력은 육군 내에서 주도적인 위치를 굳히게 되었으며, 이보다는 못했지만 해군 내에서는 사쓰마 지도부가 강력한 세력을 유지했다. 1926년까지 배출된 72명의 육군대장 명단을 보면 30%가 조슈 출신이었다. 한편 40명의 해군대장 가운데 44%는 사쓰마 출신이었다. 이런 우위는 군의 핵심부서와 지휘계통에서 특히 두드러졌다. 하지만 해군에는 죽을 때까지 육군을 지배했던 야마가타와 같은 강력한 지도자가 없었다.

해군의 경우 처음부터 영국을 모델로 삼았고, 이 방침에는 변함이 없었다. 전도유망한 해군장교들은 영국에 파견되어 수학했고, 영국 전함에서 10년 이상 근무하는 경우도 많았으며, 초기의 해군 함정은 모두 영국의 거대 조선소에서 주문해 온 것이었다. 해군은 지휘체계를 육군식으로 개편하라는 압력에 한동안 반발했으나, 해군성과 육군성에서 독립되어 있던 해군부와 육군부가 참모본부 아래 놓이게 되면서 해군과 육군의 지휘체계가 통일되었다.[23]

야마가타의 의견은 1872년에 징병령이 공포되는 데 중요한 역할을 했다. 야마가타는 보신 전쟁에서 사무라이와 평민이 혼합된 조슈 부대를 지휘한 바 있고, 그 자신이 사무라이 위계에서 보잘것없는 신분 출신이었기 때문에 농민병사들의 장점에 대해 확신하고 있었다. 그는 또한 징병제를 미래세대에게 시민의식을 교육시키는 방편으로 생각했다. 소년들에게 6년간의 초등교육과 같은 기간의 중등교육을 시키면 "머지않아 국가는 시민과 군인의 거대한 대학이 될 것"이라고 주장했다. 이런 목표가 달성되려면, 일단 병역의 의무를 질 세대가 있어야 했다. 초기 징병령은 일정 금액의 돈을 낼 수 있는 사람들과 장남들에게는 병역을 면제해주었기 때문에 결과적으로 대부분 일자무식인 하층민만 징집되었다. 그나마 이런 식으로 소집된 병사들의 숫자도 얼마 되지 않았다. 정부가 더 많은 인원을 감당할 여력이 없었기 때문이다. 세이난 전쟁 직전 정부군의 수는 대략 3만 3,000명에 불과했다. 관료들이 일련의 실험을 통해 변화를 모색함에 따라 군대는 서서히 효율적인 집단으로 바뀌었다. 특히 장교단에 대한 훈련계획이 구체화되기 시작한 것이 주효했다.

막사와 사관학교에서 끊임없이 상기된 주제는 천황에 대한 충성이었다. 제국의 육군과 해군은 천황의 군대였다. 천황 자신도 1880년대에는 군복을 착용했다. 이는 말 위에 올라탄 유럽의 전통적인 군주들과는 대조적으로 오랫동안 세상과 고립된 채 언제나 평화의 상징으로 존재했던 일본천황에게 엄청난 변화가 일어났음을 의미했다. 이에 따라 친왕들도 군에서 경력을 쌓기 시작했고, 몇 년간 군대의 지휘권은 황실의 구성원에게 돌아갔다. 통치자와 군대의 연대는 지역주의와 계급 간 반목과 분열을 막을 수 있는 최상의 방책으로 여겨졌다. 또한 1878년 근위병들이 반란을 일으킨 다케바시(竹橋) 사건을 계기로 군기를 확립하기 위한 일련의 조치가 취해졌다. 또한 천황이 자신의 권한을 직접 행사하지 않고 그것을 노련한 전문가들에게 일임하는 것도 중요한 문제였다. 최고지휘관에게 천황을 직접 대면할 수 있는 기회를 제공한 '해결책'은 군부가 내정에 개입할 수 있는 발판이 되었다. 군 수뇌부가 내각을 거치지 않고 천황을 알현하여 정책과 전략에 관해 직접 보고할 수 있는 권한을 갖게 되었다는 것은 통수권의 독립이 제도적으로 정비되었음을 뜻했다. 천황이 직접 '통수권'을 행사한 경우는 거의 없었지만, 통수권의 독립으로 군부는 주요 사안에 대해 민간정부의 개입을 차단하는 동시에 국내정치에 막강한 영향력을 행사할 수 있었다.

정당운동이 출현하고 사족 반란의 기억이 아직도 생생한 상황에서, 야마가타는 군부에 정치와 거리를 둘 것을 단호하게 지시했다. 1882년 천황은 야마가타 주도하에 준비된 「군인칙유」(軍人勅諭)를 그에게 하달했다. 이것은 근대식 군대를 위해 마련된 도덕적 지침으로, 중요한 건 성급한 만용이 아니라 신중함·자제력·충성심이라는 점을 육해군 장병에게 상기시키고 있다. "육해군인은 들으라. 짐은 너희들 군인의 대원수이니라. 짐이 너희를 나의 고굉(股肱)으로 의지하고 너희는 짐을 수장으로 우러러볼 때, 우리의 관계는 친밀해질 것이다." 이어서 칙유는 충절·예의·무용·신의·검소에 대해 상세하게 논하고 있다. 무사도(武士道)의 주요 덕목들이 이제 징집병을 위한 교훈이 된 것이다. 사무라이 계급을 폐지한 일본은 이제 사무라이 국민이 필요했다. "이 다섯 덕목은 군인들이 잠시라도 소홀히 해서는 안되는 것이다. 그것들을 실천하는 데 가장 중요한 것은 바로 성심(誠心)이다. ······마음만 진실하다면 무엇이든 이룰 수 있다. 나아가 이 다섯 덕목은 천지의 '공도'(公道)이자 인륜의 마땅한 도리이므로 지키기도 행하기도 쉽다."[24] 천황은 제복을 착용했을 뿐 아니라, 몸소 군사훈련과 육해군 사관학교의 졸업식에 참석함으로써 군대와의 유대를 상징적으로 보여주었다.

하지만 군부가 완전히 통합된 것은 결코 아니었으며, '반(反)주류' 번에서 온 사람들은 주류 번벌의 독주체제에 종종 반발했다. 군의 확대와 새로운 훈련기관들은 더 많은 장교의 공급을 필요로 했고, 신임장교들은 사사건건 터줏대감들과 충돌했다. 조슈 출신의 육군사관학교 교장인 육군중장 미우라 고로(三浦梧樓)는 자신의 상관들을 여러 차례 비판했다. 그는 "일본육군의 고위 사령관들은 우리나라에서만 볼 수 있는 특이한 존재다. 근대식 전략과 군사작전에 정통한 오늘날의 장교들과 달리, 그들은 병력을 지휘하는 데 필요한 근대식 기술에 대한 지식이나 경험이 없으며 메이지 유신기에 전투에 참여했던 비정규군에 불과하다"고 적고 있다.

1880년대에는 군 수뇌부가 천황의 '고굉'임을 공언하면서도 자신들에게 천황의 뜻을 거역할 힘이 있는지를 시험해보는 사건이 여러 차례 있었다. 조슈파의 지배에 심기가 매우 불편해진 천황은 1885년에 군제를 재편한 데 이어 인사개편이 필요하다는 뜻을 분명히 밝혔고, 그동안 주류 번벌에 의해 소외되었던 미우라를 포함해서 4명의 반주류파를 승진시키고 싶다는 의중을 밝혔다. 천황의 제안은 이토와 이노우에 가오루의 지지를 받았으나, 이 문제는 군부가 마쓰카타의 예산삭감에 항의하는 분쟁과 얽히게 되었다. 이토와 이노우에는 자신들의 권력이 막강하다 해도 예산감축에 대한 군부의 동의를 얻어내기 위해서는 군 수뇌부를 회유할 수밖에 없다는 것을 알고 있었다. 그 결과 타협이 이루어져 4명의 '반주류파' 장성들은 기회를 잃고 현역에서 은퇴했다. 천황의 신중한 접근은 군 내부의 일은 자신들이 더 잘 알고 있다고 생각하는 군 수뇌부에 의해 이렇게 거부되었다. 한편 야마가타는 육군 지도자들을 문관으로 전임시켜, 군부 밖에도 자신의 지지세력을 마련해두었다.

이 일에는 예산이나 개인의 신상 이상의 것이 걸려 있었다. 4명의 '반주류파'는 규모가 작은 방어 위주의 군대를 선호했다. 가쓰라 다로와 참모차장 가와카미 소로쿠(川上操六)는 단호한 공동성명으로 선수를 쳤다.

국가는 두 가지 이유에서 군대를 보유한다. 첫째는 적의 공격으로부터 국가를 방어하거나 국가의 독립을 유지하기 위함이다. 유럽의 이류 국가의 군대는 대부분 이 부류에 속한다. 둘째는 유럽의 일류 열강의 경우처럼 국책을 수행하는 데 필요할 경우 무력을 행사함으로써 국력을 과시하기 위함이다. 일본이 군대를 보유하는 목적은 이류 국가가 아니라 일류 열강과 어깨를 나란히 하자는 것이다.[25]

다시 말해 군대는 국방 이상의 중대사를 도모하기 위해 존재한다는 것이다.

야마가타의 영향력은 군부에만 국한되지 않았다. 1883년 야마가타는 참모본부장이라는 보직 외에 내무경의 책임까지 맡았고, 1885년 이토가 이끄는 제1차 내각에서도 그 자리를 유지했다. 이제 그는 지방자치제도와 치안경찰법 제정에 관심을 기울였다. 그가 이런 행보를 취한 이유는 간단하다. 자유민권운동의 세력이 커지고 있었고, 농촌지역은 마쓰카타 디플레이션 정책에 의해 부과된 새로운 조세제도에 반발하고 있었다. 분출하는 민중의 불만에 휘둘리지 않고 당당히 맞설 수 있는 제도적 틀을 확립하는 일이 무엇보다 시급했던 것이다. 이토조차도 편지에서 급진적 정서가 고조되고 있는 현실을 우려했다. 야마가타 같은 군인에게 '적'은 격리시킨 뒤 제압해야 할 대상이었다. 시간이 갈수록 상황은 정부에 불리해질 것이므로 조치를 취할 수 있을 때 상황을 안정시키는 게 중요하다고 그는 생각했다.

지방정부조직에 대한 야마가타의 접근방식은 군사적 발상에 치우친 것으로 통제·질서·통일성을 지향했다. 유사한 관심과 조직개편이 1880년대 독일에서 진행 중이었는데, 이런 연유로 독일인 알베르트 모세가 일본에 초빙되어 1886년부터 4년 동안 머물렀다. 지방자치는 야마가타가 추진하던 계획의 중요한 일부였다. 로저 해킷에 따르면 야마가타의 구상에서 "징병제와 지방자치는 명백히 연결되어 있었다. 둘 다 국민을 중앙정부와 묶어주고 단결을 강화하며 사회를 안정시킴으로써 국가에 봉사하기 위한 장치였다."[26] 이 목적을 달성하기 위해 그는 하급관리 선출제를 주장해 이를 관철시키는 한편 그들의 정당참여를 금지시켰다. 하지만 시장(市長), 구장(區長), 현지사(縣知事)는 정부에 의해 직간접적으로 임명되도록 했다. 시제·정촌제(市制·町村制, 시세이초손세이) 관련 규정은 1888년에 완성되어 국법 1호로 공포되었다.

치안문제도 지방자치 못지않게 중요했다. 헌병대(憲兵隊, 겐페이타이)는 1881년에 설치되었다. 헌병대의 역할은 원래 군사업무에 한정되어 있었고, 여기에 병영에서 허용되는 서적들을 검열하는 따위의 임무가 추가되었다. 하지만 헌병대는 장차 군국주의화되는 일본에서 민간인의 생활에 지대한 영향력을 행사하게 된다. 메이지 시대의 경찰제도는 애초에 프랑스 경찰제도를 모델로 삼았기 때문에, 도쿄 경시청(警視廳)을 중심으로 한 구조는 프랑스 경찰제도의 여러 특징을 갖고 있었다. 그러나 야마가타는 1880년대에 독일식을 따르고 있던 정치제도 및 법제와의 조화를 고려해 독일의 경찰제도로 관심을 돌렸다. 이를 위해 또다시 독일인 고문이 초빙되었다. 이보다 더 중요한 것은 경찰학교(警官練習所) 졸업생 가운데 선발된 교관들을 각 현에 설치된 훈련소에 배치하여 경찰관을 양성했다는 점이다. 군대와 마찬가지로 체계적인 훈련과 직업정신이 강조되었다. 나아가 그때까지 중앙에만 집중되어 있던 경찰조직을 농촌지역으로 확대했다. 전국에 각급 경찰이 1885년에 3,068명이었는데 5년 뒤에는 1만 1,357명으로 증가했다. 이때부터 도심의 교차로뿐 아니라 농촌마을의 중심지에서도 주재소(駐在所)의 모습을 볼 수 있었다.[27]

질서유지에 대한 야마가타의 관심은 일상생활에서 경찰의 통제력을 확대하는 법령으로 이어졌다. 1886년에 제정된 법령은 공무원의 청원을 금지했다. 공공집회를 주최하는 측은 집회의 세부사항, 이유, 참석자 명단을 경찰에 제출해야 했다. 이보다 훨씬 두드러진 조치는 도쿄의 치안을 어지럽히는 사람들을 단속하기 위해 제정된 1887년의 보안조례(保安條例)이다. 이런 식으로 내무대신 야마가타는 모든 비밀결사와 은밀한 집회를 금지했다. 그는 어떤 종류의 집회든 중지시킬 수 있었고, 내란음모나 치안방해가 의심되는 사람은 황거에서 반경 12km 밖으로 추방할 수 있는 권한을 갖게 되었다. 1887년 12월 26일 보안조례가 공포된 후, 경찰은 군사작전을 방불케 하는 삼엄한 단속을 벌여 위험인물로 분류된 정당인 540명을 수도권 밖으로 쫓아냈다. 이렇게 추방된 사람들 중 한 명인 오자키 유키오는 10년 뒤 각료로 임명되기 전까지, 경찰의 호위를 받지 않기로 결심했다고 훗날 회상했다. 당시 그를 도쿄 밖으로 호송하던 경찰관들은 오자키의 고매한 인품에 감화되어, 그가 저항을 시도한다면(이는 당국이 바라던 바였다) 그 자리에서 베어버리라는 지시를 받았노라고 귀띔해주었다고 한다.

 1888년 야마가타는 다른 나라의 지방자치제도를 직접 연구하기 위해 유럽 여행을 떠났다. 1889년에는 처음으로 자신의 내각을 구성하고, 총리와 내무대신을 겸했다. 이 모든 일을 거치면서 야마가타는 여전히 군부 내에서 지위와 영향력을 유지했다. 그의 업적·경력·전략을 관통하는 일관된 원칙은 규율과 신중함이었다. 야마가타는 무방비상태의 무기력한 일본을 경험한 세대였기에, 내부의 적이나 외세가 제국의 안위와 질서를 위협하는 일은 일절 용납하지 않겠다고 다짐했던 것이다.

5. 모리 아리노리와 메이지 교육

우리는 지금까지 여러 대목에서 모리 아리노리(1847~1889)를 만났다. 사쓰마의 젊은 사무라이로서 모리는 해군 연구의 임무를 띠고 1865년 영국에 파견되었다. 그곳에서 화학·물리학·수학 등을 공부하는 동안 '새생명형제단'(the Brotherhood of the New Life)이라는 유토피아적 집단을 창시한 종교지도자 토머스 레이크 해리스의 제자가 되었다. 모리는 그리스도교에 귀의하고, 해리스와 그가 이끄는 공동체를 따라 뉴욕 주(州)에 갔다. 막부가 몰락하자 해리스는 모리에게 새로운 일본의 건설이라는 사명감을 심어주었고, 결국 모리는 귀국하여 신정부에 몸담았다. 뛰어난 영어실력

| 메이지 국가의 건설 |

덕에 모리는 워싱턴 주재 일본대리공사가 될 수 있었고, 그곳에서 교육분야를 연구하는 임무도 맡았다. 중국에 특사로 파견되었다가 런던으로 발령받은 모리는, 애시니엄 클럽*에서 이타가키 다이스케를 허버트 스펜서에게 소개하기도 했다.[28]

모리는 호기심이 강하고 감수성이 풍부하며 성급하고 굉장히 자신만만한 인물이었다. 사무라이의 칼 착용을 금지해야 한다고 섣부르게 주장했다가 한동안 관직에서 물러나야 했고, 일본어 대신 영어를 사용해야 한다는 제안으로 보수주의자들을 격분시켰으며, 평등한 결혼을 주장했고, 후쿠자와 유키치에게 계약결혼의 주례를 맡아달라고 요청하기도 했다. 그는 1889년 태양의 여신 아마테라스를 모시는 이세 신궁을 모독했다는 이유로 한 국수주의자의 손에 목숨을 잃었다.

모리는 1885년 이토 히로부미가 구성한 초대 내각의 문부대신으로 임명되었고, 짧은 재직기간에 제2차 세계대전 전까지 유지된 교육제도를 남겼다. 이 제도에서 초등교육은 중앙정부의 엄격한 통제 아래 천황의 위상을 강조했고, 고등교육은 좀 더 자유롭고 자율적인 분위기로 학생들의 학구열을 북돋우는 데 주력했다.

모리가 물려받은 교육제도는 1872년에 공포된 학제(學制)로, 이에 대한 포고문은 도쿠가와 시대의 훈계식 교육이 안고 있던 문제점을 지적하고 배움이 성공의 지름길임을 강조하면서 메이지 초기 교육개혁의 열정을 전달했다.

> 배움은 성공적인 인생의 열쇠이며, 누구도 교육을 무시할 수 없다. 무지는 사람을 타락과 빈곤에 빠뜨리며 가정을 파괴하고 종국에는 사람의 인생을 망친다. 이 땅에 학교가 세워진 지 수세기가 지났으나, 사람들은 잘못된 가르침으로 인해 정도(正道)를 벗어났다.

* 1823년에 세워진 런던의 명소로, 사회 저명인사들이 드나들던 곳이다.

사무라이와 그 윗사람들만의 고유영역으로 여겨진 탓에, 농민·직인·상인·여성은 배움을 완전히 등한시해왔고 배움의 의미조차 알지 못한다. 심지어 배움을 추구하는 소수의 사무라이와 그 윗사람들조차 배움은 국가를 위한 것이라고 막연히 주장할 뿐, 배움이 성공적인 인생의 밑거름이라는 사실을 알지 못한다.……

차제에 문부성은 학제를 정하고, 수시로 관련규정을 개정해 나갈 것이다. 따라서 앞으로는 마을에 못 배운 집[戶]이 없고, 집안[家]에 못 배운 사람이 없을 것이다.……

모든 사람은 모름지기 이 뜻을 충분히 납득하여 자녀가 학문에 힘쓰도록 해야 할 것이다.[29]

야심찬 목표였으나, 당시에는 선결과제인 중앙집권화가 이루어지지 않았고 재원도 확보되지 않았다. 목표를 실행하는 과정에서 메이지 교육제도의 설립자들은 세 가지 요소를 염두에 두었다. 지역마다 다른 교육제도를 일원화하여 중앙정부의 통제 아래 두는 것, 사무라이 위주의 번교를 출신에 상관없이 재능 있는 학생들을 양성하는 신설 학교로 대체하는 것, 그리고 난립해 있는 공립학교와 사립학교를 단일한 국가교육제도 안에서 재정비하는 것이었다.[30]

학제는 국민교육의 근간을 마련한다는 야심찬 목표를 설정했다. 학제에 따르면 전국을 8개 대학구(大學區)로 분할하고, 각 대학구는 32개의 중학구로, 각 중학구는 다시 210개의 소학구로 분할되었다. 교육행정조직의 모델은 프랑스였다. 별로 놀랄 것도 없지만, 이런 목표를 달성하기에는 재원이 부족했고 그 후 10년 동안 세부적으로 차질을 빚기도 했다. 그러나 국민교육에 대한 열정만은 식지 않았다. 기본적인 의도는 분명했다. 국민교육은 정책의 주요 목표가 되어야 한다는 것이었다. 재정적 한계로 인해 지역사회로부터 지원을 받아야 했고 이에 따라 지역적 다양성을 일부 허용하게 되었으나, 놀랄 만큼 짧은 기간에 심지어 산골마을에서도 학교교육이 이루어지게 되었다. 1875년 조사에 따르면, 당시 운영 중이던 2만여 개의 소학교 가운데 40%는 예전의 데라코야(寺子屋)처럼 사찰에서, 33%는 과거의 사숙(私塾)처럼 민간주택에서, 18%는 새 건물에서 학생들을 가르치고 있었다. 주랑(柱廊)현관이나 탑 같은 세련된 구조물이 가미된 서양식 학교건물은 근대화의 상징이자 시민생활의 중심이 되었다. 시각을 알리는 종이나 북이 설치되어 있던 학교의 탑은 화재를 감시하는 망루의 역할을 겸했고, 학교건물은 예방접종 같은 공중보건 서비스를 제공하는 장소로 이용되기도 했다. 메이지 시대의 문학은 이 인상적인 건물들의 의미에 많은 찬사를 보냈고, 오늘날 일본에서는 지금까지 남아 있는 건물 중 가장 훌륭한 것들을 가려 뽑아 그 역사적 의의를 기념하는 우표를 발행하기도 한다.

정말 중요한 것은 일본국민에게 식자(識字)능력이 보급되었다는 점이다. 리처드 루빈저는 "대부분의 지방관들이 생각하는 새로운 학제의 요체는 궁극적으로 공립 소학교를 세우고, 학생들의 출석률을 높이는 것"이었다고 적고 있다.[31] 등록된 학생의 수는 몇몇 지방에서 더디긴 했지만 꾸준히 늘어났고, 1905년 무렵에는 사실상 초등교육이 보편화되었다. 지방 자료를 분석해보면 극적인 평준화과정을 볼 수 있다. 다양한 종류의 학교가 이미 존재하던 좀 더 '발전된' 지역에서는 새로운 학제의 보급이 느리게 진행되었으나, 상대적으로 외지고 '낙후된' 지역에서는 출석률과 식자능력이 급상승했다. 처음에는 예상대로 남학생수가 여학생수보다 많았으나, 그 격차도 점차 줄어들었다. 이런 성과에도 불구하고 군인들에 대한 통계는 좀 더 냉정한 시각을 갖게 만든다. 도시의 유복한 집안에서 태어나 교육받은 젊은이들은 징집병 가운데 소수였을 것이라는 점을 감안하더라도, 1892년에 육군이 조사한 결과에 따르면 신병의 27%가량이 여전히 문맹이었고 34%는 겨우 까막눈을 면한 정도에 불과했다. 심지어 제1차 세계대전 직전까지도 징집병의 약 4%만이 중학교 이상의 교육을 받았다.[32] 비교론적 관점에서 보면 일본은 주요 서양국가들의 교육수준에 비해 심각한 정도는 아니라 하더라도 얼마간 뒤처져 있었다고 말할 수 있다.

메이지 초기에 교육을 권장하면서 정부가 강조한 것은 미국과 영국의 교육가들이 목표로 삼았던 성취와 자아실현이었다. 소학교에서는 교육가 후쿠자와 유키치가 쓴 책이 널리 사용되면서 '후쿠자와 책'이란 용어가 곧 교과서를 뜻하게 되었고, 중학교에서는 프랜시스 웨일랜드의 『수신론』(修身論) 같은 책과 영어학습에 관련된 교재의 비중이 높았다. 정부는 여러 곳에 외국어 교육 전문학교를 세웠고, 민간의 교육가들과 선교사들이 운영하는 학교는 그보다 더 많았다. 1870년대에는 156개의 영어학교에서 6,000명의 학생들이 배우고 있었다.

10여 년 동안 일본의 교육계는 상당히 많은 혼란을 겪었다. 중앙의 교육당국과 지역공동체 사이에는 팽팽한 신경전이 벌어졌다. 이쓰카이치에 있던 학교처럼 많은 마을학교가 지역유지들의 헌신적인 지원 덕분에 발전해 왔기 때문에, 지역사회는 중앙집권제하에서 신설된 기관들의 지시에 순순히 따르지 않고 반발하거나 타협을 시도했다.[33] 많은 유능한 젊은이들이 일본으로 밀려 들어온 새로운 문화의 영향 속에서 정신적인 방황을 겪었다. 예를 들어 언론인이자 역사가인 도쿠토미 소호(1863~1957)는 구마모토에서 제인스 대위가 가르치던 학교의 학생으로 학교교육을 받기 시작했으나, 7년 동안 일곱 번이나 학교를 옮겨 다니며 유교·영어·그리스도교 등을 접했다. 도쿠토미의 글들을 보면 그가 이 모두에 상당히 정통했음을 알 수 있다.

1880년대 메이지 정부의 입안자들은 교육의 내용과 통제에 관심을 기울이게 되었다. 적지 않은 수의 교육시설이 자유민권운동의 결과로 탄생했다. 도쿄 서부 산촌마을에서 작성된 '이쓰카이치 헌법 초안'의 기초자 지바 다쿠사부로가 막부세력을 돕기 위해 보신 전쟁에 참전했다가 나중에 마을학교에서 자리를 얻었다는 사실을 독자들은 기억하고 있을 것이다. 메이지 천황을 가르쳤던 유학자 모토다 나가자네(元田永孚) 같은 보수주의자들은 그런 마을학교가 '정치토론 집단'이라며 개탄했고, 외국의 학문에 지나치게 의존하는 현상에 대해서도 우려를 표명했다.[34] 문부성은 대부분의 다른 행정부서들과 마찬가지로 할당된 예산의 상당부분을 외국인 교사를 고용하고 유학생을 파견하는 데 쓰고 있었다.

이런 보수세력의 우려는 1881년의 위기 때 극에 달했다. 이미 살펴본 바와 같이 오쿠마 시게노부가 헌법을 조속히 제정해야 한다는 급진적인 견해를 제출한 데 이어 정부의 지원으로 설립된 산업시설의 매각을 공개적으로 비난하며 사쓰마-조슈 번벌에 반기를 들자 정국이 불안해졌다. 모토다는 메이지 천황이 1879년에 공포한 「교학성지」(敎學聖旨)를 무기로 삼아 일본의 혼을 보호하기 위한 전쟁을 개시했다. 「교학성지」는 다음과 같다.

> 교육의 요체, 조상이 남긴 국전(國典)의 대의, 모든 사람이 명심해야 할 경구는 인(仁)·의(義)·충(忠)·효(孝)를 밝혀 지식과 재능을 연마함으로써 인간의 도리를 다하는 것이다. 그런데 근자에는 지식과 재능만을 떠받들며 품행을 깨뜨리고 풍속을 해치는 등 사물의 본말을 그르치고 있는 자가 적지 않다. …… 도덕을 익히기 위해서는 공자를 모범으로 삼는 것이 최선의 길이다. 무릇 사람은 성실함과 단정한 품행을 갖춘 연후에 자신의 그릇에 맞는 다양한 학문을 익혀야 할 것이다.[35]

사실 그 이전부터 군(軍)과 민(民)의 국가를 수립하기 위해 윤리와 일본문학에 더 많은 비중을 두게 되면서, 외국어 교육에 대한 정부의 열기는 사그라지기 시작했다.

잇따른 논쟁의 한 극단에는 학교의 본분은 평민을 천황의 병사로 준비시키는 거라고 생각했던 일부 육군 지도자들의 견해가 있었다. 1941년 일본을 서양과의 전쟁으로 몰고 간 총리의 아버지 육군중장 도조 에이쿄(東條英敎)는 1897년 한 교육단체의 모임에서 다음과 같은 단호한 연설을 했다.

> 여러분 같은 인민의 교육자들은 이 나라의 중요한 학교인 군대에서 사용되는 교육법을 필히 알아야 합니다. 인민이 [육군]학교에 들어갔을 때 용

이하게 훈련을 받을 수 있도록 그들을 교육시키는 것이 소학교의 의무인 것입니다. 여러분은 육군의 어머니나 마찬가지입니다.[36]

새 국가의 안위가 애국적 참여의식의 고양에 달려 있다는 데는 모든 사람이 동의했을지 몰라도, 학교에 이토록 딱딱한 군사적 사명을 부여해야 한다는 데는 그렇지 않았을 것이다.

논쟁의 또 하나의 극단에는 교육가이자 정치평론가인 후쿠자와 유키치가 있었다. 그는 유교와 국수주의의 비실용적이고 비경제적인 도덕관을 배척하고, 자립심을 키우고 실용성을 증진시키는 교육의 필요성을 역설했다. 일본의 각 가정과 학교에서 후쿠자와의 책이 엄청난 인기를 끌자, 모토다를 비롯한 유학자들은 노심초사했다. 1870년대의 교육정책은 1872년의 학제를 기초한 다나카 후지마로(田中不二麿)에게 일임되었는데, 모토다가 비난한 것은 그런 교육정책이 '도리에 어긋난다'는 점이었다.

이토 히로부미 같은 실용적 노선의 정치가들은 국가를 위해 교육을 규정하려는 모토다 같은 교육가들을 경계하면서 좀 더 개방적이고 다채로운 방향으로 나아가려 했으나, 헌법 초안을 작성하는 동안 이토는 더 큰 문제에 신경을 써야 했다. 일단 이토는 모토다가 천황을 위해 준비한 「교학성지」를 신랄하게 비판하고, 모토다가 맡고 있던 천황의 시강(侍講)직을 없앴다. 그러나 그의 승리는 오래가지 않았다. 문부성의 주도권이 보수적 인사들에게 넘어간 것이다. 도덕이 교과과정의 맨 앞에 놓이게 되었고, 1881년 소학교 교사들에게 하달된 새로운 지침은 "천황가에 대한 충성, 국가에 대한 사랑, 부모에 대한 효, 어른에 대한 존경, 벗 사이의 신뢰, 아랫사람에 대한 인자함, 자기에 대한 존중이 인륜의 공도를 이룬다"는 점을 분명히 밝혔다. 도덕에 관한 서양서적의 번역본은 학교에서 사용이 금지되었고, 중앙의 통제가 강화되었다. 유교에 대한 관심이 새롭게 고조되는 가운데 니시무라 시게키(西村茂樹)가 문부성 편서과장(編書課長)에 임명되었다. 이후 도덕교육에 관한 니시무라의 글들은 교과과정의 핵심으로 간주되던 수신(修身) 과목의 기초가 되었다.[37] 또한 학교는 당시 확산되고 있던 자유민권운동으로부터 격리되었고, 교사들은 1880년에 공포된 집회조례(集會條例)에 따라 정치집회나 정치강연에 참가할 수 없게 되었다. 중앙정부가 교육계를 통제할 수 있게 된 데는 재정적 요인이 크게 작용했다. 초창기의 교육은 지방세에 많이 의존했으나, 마쓰카타 디플레이션 기간에 지방의 조세저항이 거세지자 중앙정부는 재정부담을 늘릴 수밖에 없었다. 중앙정부의 지원이 늘어나자 중앙정부의 통제도 강화되었다.

이토가 외국의 헌법을 연구하기 위해 독일에 가 있을 때 당시 런던에 주재하고 있던 모리 아리노리가 이토를 방문했다. 두 사람은 교육에 관해 기본적으로 견해를 같이 한다는 사실을 깨달았다. 이에 앞서 이토는 오스트리아에서 만난 슈타인의 교육사상에 감명을 받아, 그를 일본에 초빙해 교육문제에 관한 조언을 구하고자 했다. 한편 모리는 1870년대 초 워싱턴에 있을 때 미국의 교육제도 연구에 많은 시간을 할애했고, 런던에 머무르는 동안에는 주요 서유럽 국가의 교육전문가들과 친분을 쌓았다. 모리는 지·덕·체의 균형 잡힌 성장을 강조하는 전인교육에 많은 관심을 가졌다. 당시 모리는 일본의 초기 정당운동에 낙담하고 있었다. 그의 눈에는 일본의 정당운동이 너무나 피상적으로 보였기 때문이다. 그는 날이 갈수록 일본의 제도와 관행은 일본 고유의 전통에 기초하는 것이 중요하다고 생각하게 되었다.(모리에게 조언해준 대부분의 서양인들이 전적으로 동의한 것도 모리가 그런 생각을 굳히는 데 일조했을 것이다.)

슈타인을 초빙하려던 계획이 실패하자 이토 히로부미는 모리에게 일본의 교육정책을 맡아달라고 요청했고, 1885년 자신의 첫 내각을 조직할 때 문부대신을 시켜주겠다고 약속했다. 모리는 교육에 관한 상당한 지식을 축적하고 유럽 교육계의 지도급 인사들과 관계를 돈독히 한 후에 귀국했다. 그러나 모리는 교육가라기보다는 정치가이자 행정가였다. 그는 국가건설이라는 대업을 달성하는 과정에서 교육이 어떤 역할을 할 수 있는지에 관심을 가졌고, 개인보다는 국가를 우선시했다. 또한 모리는 유럽으로 떠나기 전보다 내셔널리즘 성향이 강해졌고(이는 서양에서 돌아온 메이지 지도자들 사이에서 공통적으로 나타난 현상이었다), 미래의 교육에서는 천황제의 중요성이 커질 것이라고 확신했다. 그는 교육제도의 유용성과 중요성을 확신하고 소신껏 정책을 추진하는 인물이었다. 중요한 것은 국가였다. 그는 "최상의 방법은 오로지 국가에 초점을 맞추는 것"이라고 주장했다. 교육은 학생을 위한 것일 뿐 아니라 '국가를 위한' 것이기도 했다. 유럽 대륙과 영미의 교육제도를 관찰한 결과, 모리는 국가에 봉사할 엘리트를 양성하는 다원적인 교육제도가 일본이 택해야 할 방안이라고 확신하게 되었다. 국가 간 경쟁에 대한 스펜서의 전망도 모리의 선택에 힘을 실어주었다. 언젠가 그는 "적어도 일본인이라면 누구나 일본을 현재의 삼등국가에서 이등국가로 끌어올리기 위해 노력해야 한다. 이등국가가 되고 나면 다시 일등국가를 향해 나아가야 한다. 그리고 궁극적으로는 세계 최고의 위치에 오르도록 해야 한다"고 말했다. 그럼에도 불구하고 모리는 그리스도교 지도자 토머스 해리스가 유토피아적 공동체에서 주창하던 가치관에 대한 믿음도 간직하고 있었다. 해리스가 강조하던 '규율·우애·[신에 대한] 순종'은 세속적으로 해석되어 모리가 일본의 새로운 사범학교를 세우기 위해 내건 구호가 되었다.

보수주의자들은 모리가 서양학문에 경도되었고 그리스도교에 물들었다는 점을 우려하여 그가 문부대신에 임명되지 못하도록 훼방을 놓았으나, 이토는 흔들리지 않고 자신의 뜻을 관철시켰다. 모리의 전기작가는 "그가 학교제도 전반에 남긴 발자취를 따져볼 때, 근대일본의 문부대신 가운데 모리에 필적할 만한 사람은 아무도 없다"고 썼다.[38]

모리가 문부대신에 취임한 직후 제정한 네 가지 학교령──제국대학령·사범학교령·소학교령·중학교령──은 일본 교육제도의 기틀을 마련했고, 이 제도는 제2차 세계대전이 끝날 때까지 유지되었다. 이제 제국대학을 필두로 일본의 각급 학교를 차례대로 살펴보기로 하자. 제국대학은 여러 교육기관을 통합하여 1877년에 도쿄대학이란 이름으로 창설되었으며, 그 기원은 도쿠가와 시대의 학문소인 쇼헤이코(昌平黌)까지 거슬러 올라간다.*
이처럼 역사와 전통을 자랑하는 제국대학도 인기나 교육의 질 면에서는 많은 사립학교의 도전을 받았다. 최고의 사립대학은 후쿠자와 유키치가 설립한 게이오 대학과 그 맞수인 와세다(早稻田) 대학이었다. 와세다 대학은 오쿠마가 정부에서 축출된 뒤 1882년에 설립했다. 이들 학교와, 근대법 및 외국어 교육을 위해 주로 선교사들에 의해 설립된 사립학교의 졸업생들은 정계·언론계·민간기업에서 중요한 역할을 했다.

모리는 도쿄대학을 '제국'대학으로 명명함으로써 경쟁자들을 압도해버렸다. 제국대학 졸업생들은 다른 학교 출신의 경쟁자들과 달리 어려운 고시를 보지 않고도 관직에 임용될 자격을 얻었다. 두 번째 국립대학이 1897년에 교토에 설립되었으나, '도쿄제국대학'은 일본 교육체계의 최정상에 우뚝 섰다. 우수한 졸업생들은 천황이 주는 상을 받았고, 출세를 보장받았다. 학교운영비도 중앙정부가 전액 부담했다. 이노키 마사미치에 의하면, 대부분의 학생은 "사실상 문민관료, 고급장교, 지주, 호농, 기업가 같은 상류층이나 중상류층 집안의 아들이었고, 극소수만이 구봉건영주나 그 밖의 부호들로부터 장학금을 받는 학생이었." 1937년도 『인사흥신록』(人事興信錄)에 대한 마사미치의 연구는 고급 행정공무원의 73.6%, 사법공무원의 49.7%가 도쿄제국대학 출신이라는 점을 보여준다.[39] 관직에 임용되면 해외에서 공부할 수 있는 기회가 자주 주어졌다. 도쿄대학의 교수진은 압도적으로 많은 수가 모교 출신이었고, 놀랄 만큼 복잡한 인맥이 형성되어 있었다. 학과장은 천황에 의해 직접 임명되었고, 대학총장은 통상 귀족원의 구성원으로 칙임되는 명예를 누렸다.

하지만 도쿄제국대학 학생들은 메이지 유신을 주도한 중심부에서 배출된 것이 아니라, 메이지 초기 세대가 떠난 뒤 일본을 통치하게 될 새로운 엘리트층을 대표한다는 점에 주목해야 할 것이다.

* 도쿄대학은 도쿄개성학교(開成學校)와 도쿄의학교가 합쳐진 것이다. 도쿄개성학교는 쇼헤이코의 후신이고, 도쿄의학교는 종두소(種痘所)의 후신이다.

모리가 주도한 두 번째 개혁은 중학교 제도의 변화였다. 여기서도 모리는 자신이 문부성을 맡기 전부터 추진되고 있던 엘리트주의를 최종적으로 마무리하는 데 기여했다. 1872년의 학제는 비실용적일 뿐 아니라 정부의 취지에도 맞지 않는다는 것이 입증되었다. 그 결과 학생들에게 제국대학 입학을 준비시키는 엘리트 과정인 '고등중학교' 과정과, 평범한 교육을 시키는 보통중학교(尋常中學校) 과정을 구분하게 되었다.[40] 고등중학교에 대해서는 문부성이 직접 감독했고 비용도 전액 중앙정부가 지원한 반면, 보통중학교는 학교가 위치한 현에서 관리하게 했다.

모리는 소학교 교육의 목적은 학생들에게 국가가 무엇인가를 인식시키고 국가에 헌신하겠다는 각오를 다지게 하는 것이므로 애국심 강한 부모들이 비용을 부담하는 게 마땅하다고 생각했다. 그래서 학부모들은 등록금을 내야 했는데, 등록금제도는 게이오 대학의 설립자 후쿠자와 유키치가 초창기의 고질적인 기부 관행에서 탈피하기 위해 도입한 혁신적인 조치였다. 등록금 외에 부족한 금액은 지역사회에서 충당했다. 소학교 4학년까지의 과정이 의무화되고 등록금도 면제된 1900년 이전까지, 농촌지역에서는 교육이 가계에 큰 부담을 주었다. 일부 지역에서는 마쓰카타 디플레이션 기간에 출석률이 하락하기도 했다.

당시에는 교원수가 절대적으로 부족했는데, 이 문제를 해결하기 위해 모리가 도입한 제도는 일본의 교육에 뚜렷한 발자취를 남겼다. 메이지 초기 10년간은 구사무라이나 다양한 이력의 지역교사들이 학교에서 학생들을 가르쳤다. 그러다 보니 학업성취도가 고르지 않았을 뿐 아니라 정치색을 띤 교사들도 섞여 있어 정부의 심기를 불편하게 했다. 이에 대응하여 정부는 1880년에 교사와 학생의 정치집회 참여를 금하는 집회조례를 제정했다. 모리는 학교의 정치화를 막기 위해 사범학교제도를 도입했다. 도쿄고등사범학교(高等師範學校)는 중등학교 교원을 양성했고, 사범학교 졸업생들은 졸업 후 의무적으로 10년 동안 교사로 일해야 했다. 사범학교의 입학절차는 매우 까다로웠다. 현 지사나 시장 등으로부터 추천서를 받아 제출한 후 3개월 동안 진행되는 서류심사에 합격해야 했다.

모리의 또 하나의 업적은 높은 수준의 교육기관과 낮은 수준의 교육기관을 구별하여 전자에는 비교적 많은 '학문'의 자유를 주고, 후자에는 획일적인 '훈육'을 담당하게 한 것이었다. 당대의 영국인이나 미국인과 마찬가지로 모리는 정신적 훈련뿐 아니라 신체적 훈련도 필요하다고 확신하고 있었다. 그런데 불행히도 그는 신체적 훈련의 필요성을, 추가비용이 들지 않는 군대의 훈련교관들을 활용해 충족시켰다. 홀의 말을 인용하자면, 이런 훈련은 "새로운 권위를 부여받은 신세대 교사를 배출했을 뿐 아니라, 일상적인 학교생활에 완전히 새로운 규율체계를 도입했다." 모리에게는 군대를 활용하는 방법에 불과했던 조치가 교사와 교장에게 절대적인 권위를 부여함으로써 자유로운 탐구를 억누르는 분위기를 조성하고 말았다. "연병장의 군기가 암암리에 사범학교의 기숙사·식당·자습실로 확산되었고, 마침내 사범학교의 군사적 분위기는 전국의 교실로 퍼져 나갔다." 결과적으로 "모리의 사범학교 정책이야말로 그가 미래세대에 남긴 심원하고 영구적이며 독특한 유산으로 간주될 수 있을 것이다."[41]

국가를 강조하는 모리의 입장은 메이지 헌법 초안에 관한 추밀원 토론에서도 나타났다. 모리는 장차 의회의 힘을 강화시킬 가능성이 있는 모든 조항에 대해 일일이 이의를 제기했지만 뜻을 이루지는 못했다. 의회는 단지 자문기관의 기능만 해야지 입법권을 가져서는 안되며, 천황의 카리스마를 약화시키는 것은 추호도 용납될 수 없다는 것이 그의 논지였다. 이토는 종종 모리의 장광설을 차단해야 했다.

메이지 시대의 아이러니 가운데 하나는 이 모든 노력에도 불구하고 모리가 신도와 국가의 전통을 모독했다고 주장하는 한 광신자의 손에 살해된 것이다. 메이지 헌법은 1889년 2월 11일에 발포될 예정이었다. 그날 모리는 관복을 차려입은 위풍당당한 모습으로 마차를 기다리고 있었는데, 이미 학생들의 불만에 관해 인터뷰를 하고 싶다고 요청했다가 거절당했던 초라한 행색의 청년이 갑자기 달려들어 모리를 찔렀다. 이 젊은이는 현장에서 모리의 수행원(이 음모에 가담했다는 혐의로 재판에 넘겨졌으나 무죄로 방면되었다)에게 살해되었으나, 헌법발포식에 참석했던 의사들이 현장에 늦게 당도하는 바람에 모리는 숨을 거두었다. 모리를 암살한 젊은이는 "문부대신 모리 아리노리는 [이세] 신궁을 방문했을 때 신발도 벗지 않고 신전의 계단을 올라가서 금기를 어기고 안을 들여다보기 위해 자기 지팡이로 옥렴(玉簾)을 걷어 올렸으며, 관례화된 예조차 올리지 않고 내려왔다"고 모리를 비난하는 선언문을 소지하고 있었다.

모리는 학교에서 유교적 가치관을 심어주어야 한다는 주장에 반대했으나, 그가 사망하고 나자 상황이 급변했다. 1890년 10월 30일, 모토다 나가자네와 그 일파는 메이지 이데올로기의 초석이 된 「교육칙어」 선포와 함께 자신들의 뜻을 이루었다. 야마가타는 일본의 3대 총리가 되었고, 「군인칙유」와 유사한 문서가 필요하다는 데 동의했다. 천황은 신임 문부대신에게 일본인은 "외국의 사상에 쉽게 혹해서 길을 잃고 방황하기 때문에 그들을 위해 국가의 도덕적 근본을 정의하는 것이 필수적"이라고 전했다.[42]

그 결과물이 세간에 천황이 직접 작성한 것으로 알려진 「교육칙어」였다. 1945년까지 「교육칙어」는 모든 사람이 경배할 수 있도록 천황의 초상화와 함께 일본 전역의 학교에 배포되었다. 화재 발생시에는 교사와 교장들이 목숨을 걸고 「교육칙어」를 화염 속에서 구해냈고, 학생들은 그것을 암기했다. 형식적인 면에서 이 문서는 일종의 절충안이었다. 공자에 대해 명시적으로 언급해야 한다는 모토다의 희망은 좌절되었으나, 유교의 오륜이 일본의 전통으로 열거되었다. 오늘날의 독자들에게는 이 문서가 무해하지만 진부해 보일 것이다. 하지만 「교육칙어」의 위력은 그것이 활용된 방식에서 나왔고, 그 표현을 살펴보면 가부장적이고 전지전능한 천황의 권위가 어떻게 그 문서를 읽고 듣는 사람들을 압도했는지 알 수 있다.

짐이 생각건대, 우리 황실의 선조들께서는 넓고 영원한 토대 위에 나라를 세우시고 깊고 단단히 덕을 심으셨으며, 또한 우리 신민은 능히 충(忠)

에 힘쓰고 능히 효(孝)를 행하며 나라 안의 모든 자가 마음을 하나로 합해서 대대손손 미풍을 가꾸어 왔다. 이는 우리 국체(國體)의 정화(精華)이며, 교육의 연원이다. 너희 신민은, 부모에게 효를 행하고 형제를 우애로 대하라. 부부는 화목하고 친구끼리는 서로 믿으라. 스스로 절제하고 공손하며, 뭇사람을 널리 사랑하라. 학문을 닦고 업무를 익히며 지식과 재능을 계발하여 도량 있는 사람이 되라. 나아가 공익을 위해 애쓰고, 언제나 헌법을 존중하며 국법을 준수하라. 위급한 상황이 발생하면, 영원무궁한 황운(皇運)을 위해 용기 있게 자신을 내던져라. 그리하면 너희는 짐의 선량한 신민이 될 뿐 아니라, 선조들께서 물려주신 미풍을 빛내게 될 것이다.

여기에 제시된 도(道)는 사실 우리 황실 선조들의 유훈이자 그들의 자손과 신민이 함께 지켜온 것으로, 고금과 나라 안팎을 막론하고 통용되는 절대적인 것이다. 짐은 너희 신민과 함께 이 도를 가슴에 새겨 그 덕(德)을 함양하기를 간절히 바라노라.[43]

여기서 우리는 히라카와 스케히로(平川祐弘)와 같은 결론에 도달하게 된다. 즉 메이지 유신은 "전세계에서 널리 지식을 구할 것"이라는 「5개조어서문」의 약속에서 드러나듯이 서양으로 눈을 돌리면서 시작되었고 그때까지 일본에서 "천하의 공도"가 실현되지 않았다고 가정한 반면, 「교육칙어」는 고대일본에서 구현된 바 있는 "국체의 정화"가 앞으로의 행동과 신념의 토대가 되어야 한다고 주장함으로써 서구화과정에 종지부를 찍었다고 볼 수 있다.[44]

6. 요약: 메이지 지도자들

세월이 흐르면서 메이지 지도자들에 대한 평가는 심한 변화를 겪었다. 전전(戰前)의 일본에서는 제국 건설에 지대한 공헌을 한 그들의 충성심과 지혜를 칭송했고, 그 업적을 영원히 기념하기 위해 동상과 각종 기념물이 만들어졌다. 전시 일본에서는 무기를 제조할 물자가 절대적으로 부족했던 탓에 대부분의 동상이 파괴되었고, 전후의 글들은 종종 제국의 역사에 대한 종전의 평가를 번복했다.

50년이라는 평화로운 재건기가 지난 오늘날에는 좀 더 균형 잡힌 평가를 내릴 수 있다. 비록 평범한 일본인의 희생과 다른 아시아 국가의 피해를 제물로 삼긴 했으나, 메이지 지도자들과 일본이 눈부신 발전을 성취했다는 것은 움직일 수 없는 사실이다. 하지만 메이지 지도자들이 이룩한 성과는 차치하더라도, 그들이 보여준 리더십의 성격에 관해 생각해보는 것은 여전히 흥미롭다. 우선 주목해야 할 점은 그들이 각 분야의 전문가인 동시에 다방면의 일을 했다는 것이다. 야마가타는 내무대신을 두 번이나 지냈고, 모리와 이토는 외교관, 이타가키는 정부군 참모, 마쓰카타는 지방관을 역임한 경력이 있다. 그들 가운데 어느 누구도 지금까지 기술한 과정에 반드시 필요한 존재는 아니었다. 다시 말해 암살자의 단검이나 개개인의 정치적 쇠락이 엄청난 차이를 만들어낸 것으로 보이지는 않는다는 것이다. 메이지 지도부는 이질적인 집단—야마가타의 완고하고 빈틈없는 계획은 이토의 격의 없고 유연한 태도와 대조를 이루었다—이었으나, 핵심사안에 대해서는 의견이 일치했고 집단의 존폐가 위기에 처할 때는 단합했다.

일본의 개국을 강요한 국제질서는 메이지 지도자들이 보기에 위협적이고 거의 악마적인 것이었다. 그들은 서양을 배우기 위해 여행을 떠났고, 거기에서 살아 있는 지식을 얻고 지울 수 없는 강한 인상을 간직한 채 귀국했다. 지금까지 우리가 살펴본 인물들, 그리고 미처 소개하지 못한 더 많은 인물들은 해외에 다녀오는 것이 자신들의 경력에 보탬이 된다는 것을 알고 있었다. 해외여행을 통해 그들이 만나본 외국인은 한결같이 자신들이 시도하려는 일에 대해 경고했다. 근대적인 제도는 서양에서 수세기에 걸쳐 발전해온 것으로, 동양의 어떤 국가도 그것을 하루아침에 소화할 수는 없다고 서양인들은 말했다. 메이지 시대의 지도자들은 서양인의 생각이 잘못되었음을 입증하고자 했다. 동시에 그들은 국가의 전통을 완강히 고수했기 때문에, 외국에서 초빙된 고문 가운데 어느 누구도 자신이 애초에 원하던 바를 실현하지 못했다. 독일인은 일본의 화족이 강력한 통치자를 보좌하는 영속적인 세습 엘리트를 배출하기를 원했고, 미국인은 민주적인 개인주의를 향한 중단 없는 전진이 이루어지기를 기대했다.

또 하나 분명한 사실은 도쿠가와 시대의 정치적 분할체제하에서 성장한 그들 세대에는 산전수전을 다 겪은 책임감 강한 젊은이가 너무나 많았다는 것이다. 주도권을 쥐고 있던 사쓰마와 조슈 번벌은 어느 누구도 자신들의 아성에 도전하는 것을 용납하지 않았으나, 결정적인 순간에는 망설임 없이 유능한 외부인사를 물색해서 도움을 청했다. 예를 들어 신정부는 경험이 풍부하고 더 이상 정치적 위협이 되지 않는 옛 도쿠가와 막부의 관료들을 놀라울 정도로 자주 관직에 임명했다.

메이지 지도자들은 점진적으로 국가의 틀을 형성해 나간 실용주의자였다. 활기찬 토론과 자신의 견해를 스스럼없이 밝히는 태도는 역사가들에게 깊은 인상을 준다. 이런 측면에서 메이지 지도자들은 다음 세대의 인물들과 큰 차이를 보인다. 후자는 구조화된 관료제 내에서 경력을 쌓아야 했고, 자신들이 대표하는 군사적·정치적 파벌의 중요성을 깊이 인식하고 협상 테이블에 임했기 때문에 더욱 신중해질 수밖에 없었다.[45]

당대에 이루어진 업적에 대해 말하거나 기록하면서 천황의 은덕을 언급하지 않은 메이지 지도자는 한 명도 없었다. 메이지 국가의 발전과 함께 무쓰히토는 그 중심에 있었다. 여러 겹의 보호막이 그를 지켜주었다. 귀족원은 중의원의 정치공세를 차단했고, 추밀원과 내대신, 궁내대신은 내각의 개입을 막아주었으며, 천황 자신의 군통수권은 민간의 간섭을 제압했다. 또한 의회의 언쟁에 대해서는 엄청난 부와 독립성을 보장해주는 토지와 공채를 하사하여 진정시켰고, 대의기구를 견제하기 위해 천황의 각료 임명권을 이용했고, 대중의 무질서를 진압하기 위해 도처에 존재하는 경찰력을 동원했으며, 불충을 다스리기 위해 천황의 통치가 곧 도덕과 정의임을 알리는 조칙을 내렸다. 그리고 무쓰히토 자신은 천황의 이름으로 말하고 행동하며 천황을 통해 자신들의 역할을 궁극적으로 정당화하는 충성스러운 관료들의 보필을 받아 스스로를 절제할 수 있었다.

메이지 천황은 응석부리기나 좋아할 어린 나이에 즉위하여 처음에는 기도 다카요시를 비롯한 여러 사람들을 걱정시켰으나, 성년에 이르러서는 지도자 집단의 일원이 되어 당당히 제몫을 해냈다. 그토록 격동적인 변화를 겪은 일본의 통치자는 아무도 없었다. 메이지 천황의 삶은 외부세계와 철저히 차단된 궁중의 어두운 음영 아래 그림과 시문에 심취한 기품 있는 전통의 후계자로 시작되었다. 또한 시끄러운 현실정치와 담을 쌓고 조상과 혈통에 기초한 엄격한 위계 속에서 조정의 무력함을 한탄하거나 세상을 혐오하는 사사로운 감정을 억누르고 정해진 틀에 맞추어 생활하게 되어 있었다. 그런데 상황이 급변하여 메이지 천황은 전례없이 자신의 영토 전역을 순행하게 되었고, 그의 아우라는 어려운 합의를 이끌어내는 구심점으로 활용되었다. 세계에서 가장 오래된 문관(文官) 전통의 후계자였던 그가 어느 때부턴가 원수의 제복을 입고 어색하게 칼을 찬 채 사진을 찍게 되었다. 사적인 공간에서 우아한 시문을 짓던 그가 이제 호방한 필치로 국가라는 한자를 휘호했고, 인민은 그와 국가를 동일시했다. 그는 근대식 군주이자 통수권자로서 자신의 의무를 묵묵히 수행했고, 외국의 고관들을 위해 황후를 대동하고 가든파티에 참석할 때도 싫은 내색을 하지 않았다. 메이지 지도부 내에서 그가 선호하는 인물들도 점차 분명해졌다. 야마가타보다는 이토를, 모리가 주장하는 근대식보다는 전통적인 수신(修身)교육을, 모험적인 인물보다는 신중한 인물을 더 좋아했다. 그 후 메이지 체제가 뿌리를 내리고 번영하자 성공은 그의 몫이 되었으며, 일본군이 청조의 군대와 러시아군을 차례로 격파하자 그는 일본인이 이룩한 모든 업적의 상징이 되었다. 그의 초상화는 산간벽지의 가정에도 걸려 있었고, 그가 내린 「교육칙어」는 어린 학생들의 입에서 암송되었다.

일본제국

13

 1890년 7월 메이지 헌법하에서 최초의 총선이 실시되었다. 이 선거는 대서양 연안에 인접한 몇몇 나라들의 경계 바깥에서 대의정부를 출범시킨 최초의 시도였고, 일본인은 무사의 통치에서 벗어난 지 불과 20년밖에 안된 국가가 과연 선거를 성공리에 치를 수 있을지 서양의 많은 학자들이 의심하고 있다는 사실을 잘 알고 있었다. 입헌정체는 산업화된 서양 '선진'국의 전유물이었고, 국민들이 '발가락 사이에 끈을 끼우고' 다니는 '미개한' 국가가 입헌정체를 수립할 수 있다고 생각하는 것 자체가 어리석어 보였다. 실제로 일본의 한 유럽 주재 외교관은 전통적인 '나막신'(게다)을 창피하게 여겨 신지 않았다고 한다. 따라서 헌법제정에 이어 치러진 선거는 또 다른 미래에 대한 희망을 나타내는 엄숙한 사건이었다.
 그렇지만 1890년의 총선이 일본인이 최초로 경험한 선거는 아니었다. 메이지 지도부가 이타가키를 관직에 복귀하도록 설득하면서 제시한 타협안의 하나로 1879년부터 부현회(府縣會)가 선거를 통해 구성되었고, 그 후 다종다양한 지방민회(地方民會)가 생겨났다. 부현회와 같은 대부분의 지방민회는 극도로 제한된 권한만 갖고 있었으며, 주로 중앙에서 임명된 지사의 권위를 가려주기 위한 자문기관에 불과했다. 그렇다 하더라도 지방민회는 지사들에게 눈엣가시 같은 골칫거리였고, 지사에 대한 지방민회 의원들의 적대적인 반응은

1880년대 정당운동을 통해 표면화된 불만을 반영하고 있었다.

비슷한 시기에 제정된 메이지 헌법은 자비로운 천황이 권력을 나누어준 관대한 하사품이었다. 그러나 권력을 나누어준 관대한 처사가 천황 본인의 통치권을 축소시키지는 않았고, 헌법은 천황의 절대적인 권력이 유지된다는 점을 분명히 밝혔다. 헌법은 유신정권의 창출자이자 천황의 신하로서 하늘을 찌를 듯한 위세를 누리던 사쓰마·조슈 번벌에 의해 만들어졌다. 그들은 궁중·관료·재계·정계를 가로지르는 상호협조의 강력한 유대를 발전시켰다. 그들 중에서 선택된 내각의 총리는 의회 회기를 중단시키고, 중의원을 해산하며, 정치적 표현의 수위와 정치단체의 결성을 제한하는 명령을 내리고, 선거를 조종할 수 있는 현지사와 하급관리들을 임명할 수 있는 권한을 보유하고 있었다. 한편 중의원 및 귀족원의 의원들은 정부의 지출 증가에 대한 승인을 보류하거나 천황에게 직접 각료에 대한 탄핵을 요청함으로써 정부의 기능을 마비시킬 수 있었다. 헌법은 막연하고 포괄적인 언어로 표현되었고, 따라서 그 의미는 헌법의 테두리 내에서 어떻게 적용시키느냐에 따라 달라질 수 있었다. 장차 일본의 의회정치가 갖추게 될 특징들은 1890년부터 메이지 시대가 끝나는 1912년까지의 정치를 통해 엿볼 수 있다. 따라서 첫 선거와 초기의 내각에 대해 자세히 살펴볼 필요가 있다.

1. 선거

뿌리 없는 급진주의의 가능성을 최소화하기 위해 정부는 국세 15엔 이상을 납부한 남성들에게만 선거권을 주었다. 1890년에는 토지세가 정부세입의 60%를 차지하고 있었으므로, 그 조항은 지주들이 유권자와 당선자의 적지 않은 부분을 차지할 것임을 의미했다.[1] 투표권을 얻은 사람은 45만 365명으로, 구사무라이 계급에 속했던 사람들의 총수와 엇비슷했다. 그러나 대부분의 사무라이는 이미 오래전에 가산을 탕진한 상태였고, 새로운 유권자 집단의 주축은 재산 소유자들이었다. 재산의 중요성은 고액납세자를 귀족원 의원으로 지명하게 한 규정에서 더욱 명백하게 드러난다. 각 대도시와 현에서 세금을 가장 많이 내는 15명은 7년마다 그들 가운데 한 명을 귀족원 의원으로 호선할 수 있었는데, 단 그들의 부는 토지와 상공업에서 발생해야 한다고 명시되었다. 유가증권·채권·주식 등은 '재산'으로 간주되지 않았다.

중의원 300석을 놓고 1,000명 이상의 후보들이 경쟁을 벌였다. 1880년대 후반에 정부의 '연약한' 외교정책에 반대하는 운동을 공동으로 전개함으로써 생기를 되찾은 자유당과 입헌개진당이 후보의 대다수를 배출했다. 그러나 1890년에 이르자 정당간의 공동전선을 유지하기는 어렵다는 것이 밝혀졌고, 양당은 서로 격렬하게 싸웠다. 여기에 각양각색의 군소정당도 가세했다. 모든 선거유세문은 1880년대 정부의 조약개정안을 강도 높게 비난하면서 국가의 위신을 지킬 필요가 있다고 강조했다. 또한 일본이 참여정치를 통해 의사를 결정하는 새로운 시대의 문턱에 서 있다는 기본적인 가정하에, 정당내각 아니면 적어도 '책임'내각, 폭넓은 언론과 집회의 자유, 세금 감면과 정부지출 축소 등을 요구했다. 육군중장 출신의 다니 다테키가 이끄는 집단과 그 밖의 단체들은 방어 위주의 축소된 군대를 요구했고, 예전의 도덕성과 위계로 되돌아가자고 강변했다. 다니 자신은 화족의 일원으로 지명되었고, 1911년에 사망할 때까지 귀족원 의원을 지냈다. 흥미롭게도 이 새 '귀족'은 일반시민에게 투표권을 부여하자는 운동을 펼쳤지만 성공하지는 못했다. 또 다니 같은 보수주의자가 국책을 좌우하는 '근대화론자'들의 팽창주의적이고 군국주의적인 정책을 공격했다는 점도 주목할 만하다. 하지만 아이러니하게도 다니 같은 사람들이 주장한 이런 정책들을 실현할 수 있는 구체적인 방법론이나 유권자들의 결정이 새로운 행정부 출범의 중심이 되어야 한다는 내용은 어디에서도 찾아볼 수 없었다. 선거는 야마가타 아리토모가 이끄는 내각의 감독하에 진행되었는데, 선거 결과에 따라 야마가타가 자리를 옮기거나 해임될 것인지는 명확하지 않았다. 헌법 55조는 "각료들은 천황을 보필해야 하며 이 일에 책임을 진다"고만 규정하고 있었을 뿐이다. 이를 근거로 각료는 천황에 의해 임명되는 것으로 추론할 수 있었다.

선거유세에는 엄청난 선심공세가 뒤따랐다. 금품을 제공하거나 지역의 숙원사업을 지원하겠다는 후보들에게 표를 던지는 것이 관행으로 굳어졌다. 또한 물리적 위협도 횡행했다. 완력을 사용하는 전략은 1880년대 정당정치에 관여한 사람들에게 낯설지 않은 것이었다. 경쟁자들은 자유당의 공공연한 '깡패' 동원을 비난했고, 정당지도자들은 깡패들을 경호원으로 대동하라는 충고를 받곤 했으나, 치명적인 사태가 발생하지는 않았다.

투표율은 예상대로 높았다. 선거권을 얻은 사람들 가운데 97%가 투표했다. 당선자 가운데 191명이 평민, 109명이 구(舊)사족 출신으로, 수세기 동안 내려온 계층과 신분 개념이 빠른 속도로 변화하고 있음을 보여주었다. 당선자 중 125명이 자신의 직업을 농업이라고 적었는데, 이들을 지주라고 봐도 무방할 것이다. 그 다음으로 많은 직업군(33명)은 무역과 상업이었고, 법조인·정부관료·언론인이 그 뒤를 이었다. 연령은 전체의 3분의 2가 43세 이하였다. 제2차 세계대전 발발 전까지 선거정치와 제국의회를 주도한 인물들(과 오자키 유키오처럼 전시에도 언론인으로 명성을 날린 인물들)이 바로 이 선거를 통해 배출되었다는 사실은 놀랄 일이 아니다. 이런 인물들과 그들을 뽑은 사람들은 도쿠가와 시대 농촌을 탈바꿈시켰던 사회적 변화의 주역이었다. 다시 말해 그들은 마을지도자, 토지를 소유한 호농, 지역유지 및 관료 등으로, 지역 현안과 국가적 사안을 논의하고자 이쓰카이치 학교에 모였던 바로 그런 부류의 사람들이었다. 이들은 초기 메이지 정부에 진정서와 건의서를 수없이 제출했고, 농촌사회에서 영향력을 행사하던 명망가들이었다. 그들의 호의와 지지 덕에 미래의 지도자들은 자신의 정치적 텃밭을 단단히 다질 수 있었다. 오랜 기간 의원직을 성공적으로 유지한 인물들—1932년 살해되기 전까지 오카야마에 있는 자신의 지역구에서 계속 출마한 이누카이 쓰요시(犬養毅)와 가나가와에서 연달아 25차례 당선된 오자키 유키오—의 경우, 그런 명망가 집단과 불황·전쟁·세대차를 뛰어넘는 끈끈한 유대를 맺음으로써 사후 자식에게 계승되기도 하는 '강철 선거구'를 유지할 수 있었다. 최근인 1990년대에도 일본 중의원 의원의 40% 이상이 2세 또는 3세 의원이었다.

　R. H. P. 메이슨은 해답을 제시하기에 앞서 "무엇이 그들을 움직였는가?"라는 질문을 던졌다. "기본적으로 독단적인 과세에 대한 반발심리가 중앙집권체제와 사쓰마-조슈 번벌의 권력 독점에 대한 혐오감과 결부되었다."[2] 유권자들은 구질서하에서 획득한 경제력과 지역에서의 영향력에 고무되어 자신의 이해관계에 따라 당당하게 정치적 권리를 행사했다. 여기에는 이 모든 과정을 일본사회의 정당성과 우월성을 보여주는 증거로 간주하려는 편협한 국수주의도 작용했다. 보수 성향의 『니혼 신문』(日本新聞)은 선거를 성공리에 마친 것과 관련해 독자들에게 축하 메시지를 전했다. "어떤 나라보다도 우월한 우리 조국은 천황 폐하를 신성화하고 총리대신이 〔선출된 대표자들에게〕 책임을 지는 제도를 만들어냈다. 책임총리제는 근자에 모든 입헌국가에서 실시되고 있다. ……끝으로 우리가 성취한 바는 황도(皇道)와, 개국 이래 면면히 이어져온 인민의 성정에 의한 것임에 틀림없다."[3]

2. 메이지 헌법하의 정치

『니혼 신문』 논설위원이 이제부터 총리가 새로 선출된 대표자들에게 '책임을 질' 것이라고 경축한 것은 시기상조였다. 메이지 헌법은 각 '국무대신'(國務大臣)에 대해 간단히 언급했을 뿐, 총리나 내각에 대해서는 거론하지 않았다. 행정권도 애매모호하게 규정되었는데, 이는 분명 행정권이 자칫 천황의 권력에 간섭하는 것으로 해석될 여지를 없애기 위함이었다. 총리 선출방식에 대한 설명도 없었다. 관행상 겐로들이 총리 후보를 결정하고 나면 천황이 총리 지명자에게 내각을 구성하도록 명령했다. 이런 명령에 불복한다는 것은 상상하기 어려웠으나, 지명된 자가 내각을 구성하는 데 어려움을 겪을 경우 신병을 핑계 삼거나 자신은 적임자가 아니라고 고사하는 경우가 예상외로 많았다.

메이지 헌법은 많은 권리를 보장했지만, 재산권을 제외한 나머지 권리는 모두 "법률이 정하는 바에 따라"라는 문구에 의해 제한을 받았다. 물론 사유재산은 근대 자본주의 사회의 근간이므로 철저히 보호할 필요가 있었을 것이다. 헌법 제37조는 "모든 법률은 제국의회의 협찬(協贊)*을 필요로 한다"고 명시하고 있다. 의원은 "현행범죄 또는 내란·외환과 관련된 죄를 제외하고는 회기 중 의회의 허락 없이" 체포할 수 없었다.

의회가 영향력을 행사할 수 있는 핵심적인 권한은 재정에 관한 것이었다. 헌법 제64조는 "국가의 세출·세입을 명시한 연간예산안은 제국의회의 협찬을 거쳐야 한다"고 규정하고 있다. 제71조는 "제국의회에서 예산을 합의에 의해 정하거나 예산 수립에 이를 때까지 정부는 전년도 예산을 시행할 수 있다"고 규정하고 있다. 어떤 학자들은 이 조항이 의회의 예산심의권을 치명적으로 약화시킨 것으로 해석하고 있으나, 이는 명백한 잘못이다.[4] 최초의 회기부터 예산은 의회와 정부 간의 첨예한 갈등을 초래한 요인이었다. 예산은 중의원에서 먼저 심의된 후에 귀족원에서 재차 검토되었다. 일본이 전쟁과 팽창의 시대에 접어들자, 메이지 정부는 더 많은 재원을 필요로 했다. 앤드루 프레이저는 "정부의 연간지출은 지속적으로 증가하여 1890년에 8,200만 엔이던 것이 1905년에는 4억 6,400만 엔이 되었다. 전임 내각에 비해 더 많은 세금을 요구하는 후임 내각은 예산안이 통과될 수 있도록 음양으로 모든 수단을 동원해야만 했다"고 말했다.[5] 정부는 의회를 해산할 수 있었고 새로운 총선거를 요구할 수도 있었으며, 그런 일은 실제로 여러 번 일어났다. 그러나 같은 인물들이 계속 의회로 돌아왔으므로 정

* 여기서 '협찬'은 제국의회의 동의를 뜻한다.

부는 더 이상 정당이 지배하는 중의원을 압도할 수 없었다. 1892년에 정부는 경찰력과 폭력조직을 동원해 직접적인 위협을 가함으로써 선거에 개입하고자 했다. 당시 사망자는 10~25명, 부상자는 60~300명으로 추정되었으나, 선거결과에 별다른 영향을 주지는 못했다. 정부의 또 다른 전략은 뇌물이었다. 중의원 의원들은 돈으로, 귀족원 의원들은 명예로운 지위나 개인적 특혜로 매수했다. 야마가타가 자신의 첫 내각을 조직했을 때, 내탕금에서 거의 100만 엔을 받았고 그 돈으로 자유당의 호시 도루와 그 일파에게 넉넉한 후원금을 제공함으로써 그들을 회유했다는 소문이 나돌았다. 총리가 의회로부터 예산을 승인받기 위해 겪어야 했던 고생과 낭패는 내각이 자주 교체된 이유를 설명하는 데 도움이 된다. 예컨대 이토 히로부미도 의원들의 야유를 받은 직후에 백기를 든 적이 있었다.

하지만 의회는 조각에 간섭할 권리가 없었다. 메이지 시대 내내 자신들이 창설한 제도들을 직접 관장했던 원조 메이지 지도부의 지속성은 인류학자들이 '마을 통치'(village governance)라고 묘사할 만한 놀라운 연구거리를 제공하고 있다. 사쓰마-조슈 세력의 지속성은 1880년대에 탄압을 받으면서 헌법제정 과정에서 배제되었던 정당지도자들의 비타협적인 태도를 초래했다. 이제 정당지도자들은 대결의 장에 입성했고, 이 기회를 십분 활용할 작정이었다. 거의 모든 정당지도자가 정적들이 포진하고 있는 내각의 타도를 자신의 사명으로 여겼다. 오자키 유키오의 회고록은 이런 결의를 웅변으로 증명해준다. 오자키는 한 명 이상의 총리를 가차없이 비난할 수 있는 능력을 갖게 되어 정말 기뻤다고 회상하면서, 세간에서 자신의 시도를 중세의 충직한 영웅 구스노키 마사시게(楠木正成)가 최후를 맞이한 '미나토가와'(湊川) 전투에 비유한 일을 자랑스럽게 인용했다.

다음의 표를 잘 분석해보면 많은 사실을 알 수 있다. 첫 번째로 주목할 것은 사쓰마와 조슈의 이해관계를 세심하게 배려하면서 총리 교체가 이루어졌고, 사쓰마 세력이 약화된 뒤에는 조슈 출신의 문관(이토)과 무관(야마가타)이 번갈아 총리직을 맡았다는 점이다. 이들은 한 세기의 3분의 1을 꽉

채운 기간에 서로 논쟁하고 협조하고 투쟁했다. 그들의 경력과 정책은 물론이고 심지어 가족까지 워낙 다방면으로 연결되어 있었기 때문에 어떤 외부인도 권력의 핵심부에 진입할 기회를 잡기가 어려웠다. 앞으로 살펴보겠지만 오쿠마는 이토에 의해 1881년에 정부에서 해임되었다가 마침내 처음으로 기회를 잡았을 때 겨우 4개월을 버텼을 뿐이었다.

넓은 의미에서 겐로들은 서로 동등했고, 동료들이 번갈아 이끄는 내각에 몸담았다. 결과적으로 총리는 동등한 일원들의 명목상 대표에 지나지 않았다. 그들은 말년이나 사후에 국민적 영웅이 되었다. 실제로 그들은 동시대인보다는 역사가들로부터 더 많은 존경을 받아왔다. 이들 지도부의 대부분은 백작작위를 받고 화족에 편입되었으며, 메이지 정부의 힘이 강성해짐에 따라 지위가 급상승했다. 특히 일본이 중국과 러시아에 승리를 거두었을 때, 그들은 축하를 받으며 승진했다. 처음에 이들 실세는 자신이 관장하게 된 주요 성(省)을 독립적인 단위로 발전시키고자 했다. 각 부처 간의 연락과 조율을 담당할 부서를 설치하려는 노력이 있었으나, 대신들이 이

역대 총리, 1885~1912						
이름	재직기간	출신 번	입각 횟수	작위	겐로칭호를얻은해	사망
이토 히로부미	1885~1888	조슈	4번	공작	1889	1909
구로다 기요타카	1888~1889	사쓰마	3번	백작	1889	1900
야마가타 아리토모	1889~1891	조슈	5번	공작	1889	1922
마쓰카타 마사요시	1891~1892	사쓰마	7번	공작	1898	1924
이토(제2차 내각)	1892~1896					
마쓰카타(제2차)	1896~1897					
이토(제3차)	1898					
오쿠마 시게노부	1898, 4개월	사가	5번	후작	1922	1922
야마가타(제2차)	1898~1900					
이토(제4차)	1900~1901					
가쓰라 다로	1901~1905	조슈	6번	공작	1912	1913
사이온지 긴모치	1906~1908	공가(公家)	6번	공작	1912	1940
가쓰라(제2차)	1908~1911					
사이온지(제2차)	1911~1912					

제안에 시큰둥한 반응을 보인 까닭에 흐지부지되고 말았다. 오쿠마조차도 1898년에 4개월 동안 내각을 관장했을 때 동료들을 통제하는 데 큰 어려움을 겪었다. 오쿠마는 당시 워싱턴 주재 일본대사로 있던 호시 도루 때문에 곤욕을 치렀다. 외무대신이 될 자격이 있다고 생각하던 호시는 오쿠마의 지시에 따르지 않고 귀국을 고집했다. 요컨대 이때까지만 해도 도쿠가와 시대의 철저한 신분질서가 무너지고 난 뒤 누구나 수긍할 만한 진정한 위계가 확립되지 않았던 것이다.

제국의회와의 관계에서 난관에 봉착한 총리의 일반적인 반응은 자신은 사임하고 후임자에게 자신 있으면 한번 해보라는 식으로 일을 떠넘기는 것이었다. 메이지 천황은 시보(侍補, 지호)*인 사사키 다카유키에게 오쿠보 도시미치 같은 인물이 반대세력에 당당하게 맞서던 옛 시절이 그립다고 털어놓았다. 또한 천황은 왜 몇 명이 총리직을 독점하는지 의아하게 생각했다. 하지만 앞의 표가 보여주듯이 사실은 여러 명이 번갈아가며 총리를 맡았다. 오히려 총리의 교체속도가 너무 빠른 것이 문제라면 문제였다. 더욱이 오쿠보의 경우 직설적인 태도 때문에 목숨까지 잃어야 했다. 그의 후임자들은 우선 자신이 속해 있는 이익집단의 힘을 키우고 싸움은 뒤로 미루는 안전한 처신을 선호했다. 확실히 이런 체제에서는 전횡을 일삼는 권력은 말할 것도 없고 방자한 권력도 용인되기 힘들었다.

겐로들은 정부가 어떻게 의회를 다루어야 할지 합의를 끌어내지 못했다. 야마가타의 경우 임기를 시작하면서 정부는 의회에서 이루어지는 정당정치보다 상위에 있어야 하며, 정부가 요구하는 법안과 재원을 제공하는 것이 의회의 의무라고 고고하게 선언했다. 곤경에 처하면 의회를 굴복시키기 위해 서슴지 않고 금품을 뿌리거나, 의회를 해산하겠다고 협박했으며 때로는 실제로 그렇게 했다. 이에 비해 이토는 자신이 입안한 헌법을 제대로 작동시키려는 생각에서 좀 더 온건한 노선을 취했고 의회의 협조를 구

---

* 천황 측근의 관직.

하려고 노력했다. 사실 이토는 1891년에 효율적인 정부 운영에 필요한 의회의 의석수를 확보하기 위해 자신이 직접 정당을 결성하는 방안을 고려하기 시작했다. 이듬해에 이토가 정당 결성에 대한 승인을 요청했을 때, 동료들의 반응은 충격에서 분노에 이르기까지 다양했다. 마쓰카타는 이미 언급했듯이 폭력을 동원해 1892년 선거에 개입했고, 이 시도가 실패함으로써 그의 짧은 임기는 끝나게 되었다.

또 다른 책략은 천황을 이용하여 정당을 회유하는 것이었다. 대신들 가운데 천황으로부터 가장 두터운 신임을 받고 있던 이토는 이런 책략을 여러 차례 사용했다. 1893년에 의회가 해군력 증강을 위한 군함건조비용을 예산안에서 삭제하자, 천황은 향후 6년 동안 모든 관료의 봉급을 10% 삭감하고, 매년 내정비(內廷費, 나이테이히)*에서 30만 엔을 하사하겠다는 조서를 공포했다. 천황의 내핍 선언에 중의원은 승복했다. 또 한번은 중의원 의장 호시 도루에게 단단히 화가 난 의원들이 호시를 탄핵하는 상주문을 천황에게 올렸다. 이번에도 이토가 천황을 움직여 이 시도를 좌절시켰다. 천황은 "너희들의 집단행동은 호시를 그 자리에 앉힌 너희들 자신의 잘못을 사죄하겠다는 것인가, 아니면 의회를 해산시킴으로써 짐이 너희들의 잘못을 시정해주기를 바라는 것이냐?"고 물었다. 허를 찔려 기가 죽은 의원들은 회개하는 심정을 나타내기 위함이었다고 해명했다.

문관과 무관의 관계 또한 초기부터 논쟁거리였다. 헌법에는 천황이 육해군을 통수한다고 규정되어 있었고, 각료를 맡고 있던 군인들은 이 규정을 이용해 군부의 예산인상안을 관철시키고자 했다. 1892년 육군대신과 해군대신이 각료회의 참석을 거부하고 사직서를 제출했을 때, 마쓰카타는 총리직에서 물러나려 했으나 천황은 그럴 필요가 없다고 만류했다. 그럼에도 후임자들을 보내달라는 마쓰카타의 요구에 군부가 반응을 보이지 않자 결국 마쓰카타는 사임하고 말았다. 군부의 독립성 문제는 초미의 관심사였

---

* 천황가의 생활비로 국고에서 매년 지출하는 일정액의 돈. 이것은 천황 개인의 돈으로 간주되며, 궁내성에서 관리하는 공금(公金)이 아니다.

| 일본제국 |

는데, 1900년에 야마가타는 내각의 육군대신과 해군대신은 현역 육해군 장성으로 제한한다는 천황의 칙령을 받아내는 데 성공했다. 이때부터 군부는 국방비 증액을 정부에 강요할 수 있는 강력한 무기를 확보하게 되었다. 실제로 국방비는 정부지출 가운데 가장 가파르게 증가하는 부문이었고, 여기에는 외국과의 전쟁이 큰 몫을 차지했다. 1895년까지는 징병연령에 해당하는 청년들 가운데 약 5%만이 징집되었으나, 바로 그해에 청일전쟁이 발발하자 그 비율은 두 배로 증가했다. 또한 추가적인 국가안보의 필요성과 대륙의 이권을 노리는 정책은 앞으로 군대가 계속 확대될 것임을 시사했다. 예산문제를 놓고 의회에서 벌어진 논쟁은 일본 납세자들의 소득세율이 유럽의 납세자들에 비해 훨씬 높다는 사실을 의원들이 분명히 인식하고 있었음을 보여주었다. 유럽에서는 이미 오래전부터 토지세가 아니라 영업세와 소비세가 정부세입의 주요 원천이었다.

    제국의회의 설립은 확실히 일본정치의 규칙을 근본적으로 변화시켰다. 막부가 몰락한 지 불과 20년이 지났을 뿐인데, 독자들은 전혀 다른 세계를 접하고 있다고 느낄 것이다. 일본의 농촌지역에서는 생활환경이 완만하게 변하고 있었지만, 중심지에서는 새로운 제도의 주도권을 장악하려고 경쟁하는 새로운 이해집단 간의 충돌이 막번체제의 관행을 마치 수세기 전의 유물인 양 보이게 만들었다. 겐로들은 그들이 직면한 새로운 도전에 어떻게 대처할 것인지를 놓고 반목하기 일쑤였고, 이런 불화는 정당과 파벌들이 파고들 수 있는 틈을 제공했다. 역으로 이들 정당과 파벌 간의 불협화음은 메이지 정치가들에게 기회를 제공했다. 1890년대를 통해 중의원의 비중은 서서히 커졌고, 1890년대 중반에 이토는 자유당의 이타가키에게 내각의 한 자리를 내어주는 것이 현명하다는 생각을 하기에 이르렀다. 이에 뒤질세라 마쓰카타도 오쿠마를 자신의 내각에 불러들였고, 1898년에 겐로들은 오쿠마-이타가키 내각을 실험해보기도 했다. 오쿠마 내각은 곧 실각했지만, 그럼에도 불구하고 의회 내의 정당들과 공조해야 할 필요성은 더욱 절실해졌다. 2년 후 마침내 이토는 입헌정우회(立憲政友會, 릿켄세이유카이)라는 자신의 정당을 조직해 자유당 소속 중의원 의원들을 대부분 끌어들였다. 그 무렵 조세문제의 쟁점은 근대국가를 건설하는 데 드는 비용을 농촌과 도시 어느 쪽이 더 많이 부담해야 할 것인가 하는 것이었다. 경제적 변화와 산업발달은 이미 결과를 예고하고 있었다. 1890년에 정부세입의 60%를 부담했던 일본농민은 1900년에는 그 절반인 30%를 부담하게 되었고, 이에 비해 소비세(37%)·영업세(8%)·관세(6%)의 비중은 꾸준히 증가하고 있었다.

이 문제는 귀족원에서도 논쟁을 야기했다. 연구된 바에 의하면 처음부터 귀족원 의원들은 중의원 의원들보다는 정부에 대해 다소 덜 까다로웠고, 좀 더 유식했고 설득력이 뛰어났다고 한다. 1898년에는 조세정의에 관한 논쟁이 귀족원 회의를 지배했다. 앤드루 프레이저의 결론을 들어보자.

> 토지세에 관한 의회의 논쟁은 단지 과장된 연출에 불과했던 것일까? 전적으로 그렇지는 않았다. 적어도 그 논쟁은 똑똑한 연사들이 토지세 인상에 대해 찬반의견을 세세하게 진술할 수 있는 기회를 제공했다. 비록 결과는 뻔했지만, 패자들도 할 말은 했던 것이다. 뇌물과 폭력, 의회 안팎에서 이루어지는 조작으로 빈번히 훼손되긴 했지만, 의회정치의 이상은 논쟁을 통해 일본의 과거에서 찾아낸 훌륭한 요소에 호소하고 일본의 미래에 대해 열정적 관심을 표명한 의원들 덕분에 어느 정도 빛을 발했던 것으로 보인다.[6]

1900년 이후 내각의 지휘권은 후임자들에게 이양되어, 이토가 정우회를 이끌 후계자로 지명한 사이온지 긴모치(1849~1940)와 도시에 기반을 둔 헌정당(憲政黨, 겐세이토) 의원들의 지지를 받고 있던 육군대장 가쓰라 다로(1847~1913)가 번갈아 총리를 맡게 되었다. 이로써 정부와 반대세력 간의 일시적 타협이 이루어졌다. 이제 미래의 정치계를 이끌어갈 요인들이 확고히 자리를 잡게 되었다. 정당정치와 무관하게 능력 위주로 선발된 전문관료들, 자신을 천황에게 헌신하는 사심 없는 엘리트 집단의 일원으로 간주하는 군인들, 농촌과 성장일로에 있는 산업지구에서 유권자들의 지지를 확보함으로써 뿌리를 내린 정당정치인들, 갈수록 국가의 주도권을 유지하는 데 어려움이 많았지만 막후의 실력자로서 쉽게 공격을 당하지 않았던 겐로들이 미래의 주역이었다. 어떤 면에서 정당은 외부세력에 의해 흔들리기도 했지만, 입헌정치의 운용에 꼭 필요한 존재임을 입증해 보였다. 과정상의 문제가 없었던 것은 아니지만, 일본은 입헌정치와 대의정치에 성공한 최초의 비(非)대서양권 국가가 되었다. 일본인이 자부심을 느끼는 것은 당연했다.

3. 외교정책과 조약 개정

일본은 여전히 해결되지 않은 주요 외교문제들을 떠안고 헌정시대에 돌입했다. 조약 개정은 달성되지 않았고, 일본의 이웃나라, 특히 조선과의 관계도 아직 정상화되지 않았다.

하지만 그 밖의 문제들은 처리되었다. 국경도 확정되었고, 전근대적인 분할통치방식의 영향으로 인해 애매하게 남아 있던 지역도 정리되었다. 북쪽으로는 1875년 러시아 제국과 협약을 맺어 쿠릴 열도 전체에 대한 일본의 영유권을 확실하게 보장받는 대신 사할린에 대한 이권을 양보했다. 한때 쓰시마와 사쓰마 같은 봉건영지에 일임되었던 조선 및 오키나와와의 국교는 더 이상 허용되지 않았고, 홋카이도에 대한 마쓰마에(松前)가의 음성적인 지배도 용납되지 않았다. 1874년 타이완 원주민들이 류큐 어부들을 살해하자 일본은 보복조치로 타이완 정벌에 나섰다. 일본은 이 정벌에 그다지 성의를 다하지 않았지만, 중국으로부터 류큐에 대한 지배권을 인정받는 성과를 올렸다. 이렇게 해서 1879년에 류큐는 일본에 오키나와 현으로 통합되었으며, 주저하던 류큐 국왕은 도쿄로 소환되어 결국 역사에서 잊혀졌다.[7] 초기 메이지 정부는 시종일관 중앙집권화 정책을 추진했다. 국정에 참여한 것은 여전히 구사무라이 계급이었지만, 그들이 동요하거나 불만을 표출할 경우에는 어김없이 공권력을 동원해 제압했다. 중대한 국면에서 초기 메이지 지도자들은 기도 다카요시가 1869년에 말한 것처럼 강력한 조치가 "일본의 구시대적 관습을 단숨에 일신하고, 해외로 눈을 돌리게 하며, 산업과 기술을 발달시키고, 인민들 사이의 질서와 비방을 중단시킬 것"이라고 주장했다. 해외에서 폭력적인 수단을 행사하면 국내에서는 그럴 필요가 없을 것 같았다. 타이완 정벌은 영웅적인 것과는 거리가 멀었으나(총 573명의 사망자 가운데 12명을 제외한 전원이 열대성 질병으로 사망했다), 국론을 통합하고 정권의 위상을 제고하는 데 기여했다. 또한 개인의 역량을 발휘하는 데도 도움이 되었다. 해외에서의 성공은 곧 권력으로 이어졌으므로 지도자들은 경쟁적으로 해외 근무를 지원했다. 이것이 바로 핵심 지도부가 사이고 다카모리의 정한론을 막은 이유의 하나였고, 기도가 처음에는 그 정책에 찬성했다가 나중에는 반대로 돌아선 이유였으며, 조선에 관한 모든 정책이 최고 지도자들 중 한 명의 개인적인 책임하에 추진된 이유였다. 이리에 아키라(入江昭)의 말처럼, 외교정책은 "국내의 정적들이 경합을 벌인 원인이자 결과였다."[8]

이를 가장 잘 보여주는 것이 조선의 사례다. 1874년 사이고와 이타가키를 비롯한 반대파 인사들이 정부를 떠난 뒤, 그들이 제시한 정책은 다른 사람들의 손에 의해 실행되었다. '자유무역 제국주의'를 실현하기 위해 포함(砲艦)외교를 선택한 것은 20년 전 페리 제독이 전해준 교훈을 메이지 정부가 얼마나 잘 터득했는지 보여준다. 1875년 조선인들은 조선 해역에서 일본 포함에 발포했다. 이듬해 구로다 기요타카가 군사적 지원을 받으며 조선에 특사로 파견되어, 막부 말기에 일본인에게 강요되었던 조약만큼이나 불평등한 강화도조약을 강제로 체결했다. 조선의 세 항구가 무역을 위해 개항되었고, 일본의 치외법권이 인정되었으며, 조선은 청나라의 조공체제로부터 완전한 독립을 선언하게 되었다. 다른 무역국들도 일본의 행동에 편승해 이득을 챙기고자 재빨리 그 뒤를 따랐고, 조선의 문호는 이제 완전히 '개방'되었다. 그러나 중국은 패자였다. 일본과 중국은 1871년에 대등한 조약을 체결했고, 2년 뒤 외무대신 소에지마는 강대국의 외교관들 가운데 최초로 청조 황제를 알현했다. 하지만 타이완 정벌에 대한 협상을 일방적으로 처리하고(청조는 일본이 전투에 들인 비용과 타이완 '발전'에 기여한 공에 대해 보상해야 했다), 오키나와를 강제로 합병했으며, 조선에 대한 청조의 종주권을 부정함으로써 일본은 중국의 신뢰를 잃는 대가를 치렀다.

1876년의 강화도조약은 조선 '문제'에 대한 장기적인 해결책이 되지 못했다. 대신에 그 조약은 조선의 양반 지배층과 젊은 개화파—이들에게 메이지 정부는 근대화의 모델이었다—가 주권을 지키기 위해 치열한 정치적 경쟁을 벌이는 계기가 되었다. 조선의 파벌들은 한반도의 주도권을 놓고 다투던 중국과 일본 중 어느 한쪽의 동정과 지지를 얻기 위해 경쟁을 벌였는데, 이들의 노력은 조선의 주권을 보호하는 데 별로 도움이 되지 못했다. 한반도를 차지하기 위한 중국과 일본의 대결은 1894~1895년의 청일전쟁에서 절정에 달했다. 청일전쟁에서의 승리가 가져다준 만족감은 메이지 정부와 정당 및 소란스러운 제국의회 사이의 관계를 개선하는 촉매로 작용했다.

조선의 복잡한 정세는 세 단계로 전개되었다. 조선의 개항 이후 일본기업들은 재빨리 무역 부문에서 유리한 위치를 선점했다. 그들은 성냥 같은 자국의 초기 공산품을 수출하고, 서양의 상품을 중개하는 동시에 조선의 쌀과 콩을 일본에 수출하는 역할을 대행했다. 1881년 일본의 군사고문단이 조선의 신식 군대 훈련을 돕기 위해 도착했다. 일본의 여러 집단은 이런 사태 전개에 열광했다. 후쿠자와 유키치 같은 교육자들은 조선인 유학생들을 후원했고, 다양한 부류의 활동가들은 한반도와의 긴밀한 관계를 기대했다. 하지만 조선에서는 명성황후 주변의 척족이 주도하던 개화정책이 난관에 봉착했다. 쇄국정책을 고수함으로써 왕조의 활력을 회복하고자 했던 영민한 대원군이 수구파를 등에 업고 반격을 개시한 것이다.[9] 1882년 명성황후 일파는 축출되고, 구식 군대가 일본인 군사고문에 대항하여 임오군란을 일으키자 일본 공관원들은 겨우 목숨만 부지하고 도망쳤다. 중국은 더 큰 혼란을 막기 위해 군대를 파견했고, 더 이상 분쟁을 일으키지 못하도록 대원군을 중국으로 납치했다. 이후 대원군 지지세력과 명성황후 일파는 상대를 견제하기 위해 경쟁적으로 외세를 끌어들임으로써 정국을 혼탁하게 만들었다. 입헌정치 이전의 일본과 마찬가지로 조선의 정치도 외세에 흔들렸다.

수구파가 무리수를 두고 주춤하는 사이, 조선의 개화파는 유리한 기회를 잡았다. 임오군란을 공식적으로 사과하기 위한 사절단이 도쿄에 도착했다. 당시 일본에서는 오쿠마와 그의 추종세력이 막 정부에서 축출되었고, 정당운동이 처음으로 꽃을 피우고 있었다. 메이지 정부의 연약하고 소심한 외교정책을 비난하고 있던 반정부세력은 조선의 젊은이들을 환영했다.

두 번째 단계는 1884년에 찾아왔다. 이번에는 조선의 개화파와 그들의 일본인 동조자들이 무모한 행동을 단행했다.[10] 명성황후 일파가 개화파와 일본에 득이 되지 않는 것으로 판명되자, 그해에 급진개화파는 한성에서 유혈 쿠데타인 갑신정변을 일으켰다. 이들로부터 미리 귀띔을 받은 일본공사 다케조에 신이치로(竹添進一郎)는 본국 정부에 어떻게 해야 할지를 문의했으나, 그 사건에 연루되지 말라는 정부의 회신이 너무 늦게 도착하는 바람에 은밀하게 정변 원조를 막지 못했고, 이 사실은 곧 백일하에 드러났다. 결과는 실패였다. 수구파로부터 급히 지원요청을 받은 청군이 도착하여 정변을 통해 탄생한 친일정부를 몰아냈고, 성난 조선 군중은 40명의 일본인 관리와 주민들을 살해했다. 위기에 직면한 메이지 정부는 추진 중이던 가장 긴급한 사안조차 잠시 중단하지 않을 수 없었다. 외무대신 이노우에 가오루는 조약개정 문제에서 잠시 손을 떼고, 조선에서 일어난 사태를 무마하고 위신을 세우기 위해 한성으로 향했다. 조선 '조정'은 정변과정에서 살해된 일본인의 죽음에 대해 사과하고 관련자 처벌과 불에 탄 일본공사관 개축을 약속했다. 이토 히로부미는 메이지 헌법 준비를 잠시 접고 청조의 고관 리훙장(李鴻章)과 회담하기 위해 톈진으로 향했다. 그 결과 체결된 톈진 조약에서 청일 양국은 조선에서 자국의 군대를 철수하기로 합의하고, 향후 조선에 군대를 파병할 때에는 미리 상대국에 통보하기로 했다. 조선에 대해 '우월한' 지위를 확보한 중국과 일본은 한성에 있는 자국의 공관에 경비대를 주둔시킬 수 있었지만, 개화파를 막 소탕한 중국이 좀 더 유리한 입장에 있었다.

그 사이에 조선의 개화파 지도자들은 일본으로 피신했고, 조선 조정의 요청에도 불구하고 일본은 그들의 송환을 거부했다. 일본 정부지도자들은 그들과 일정한 거리를 유지했으나, 고위층의 후원을 받고 있던 일부 인사들은 장차 일본이 영향력을 발휘하게 될 때 도움을 줄 수 있는 잠재적 인재로서 이 조선인들을 교육하고 보호했다. 하지만 조선에서는 사실상 중국이 우위를 점하는 시대가 이미 도래했다. 리훙장은 자신의 유능한 젊은 부하 위안스카이(袁世凱)를 한성에 파견했다. 위안스카이는 '비공식적인 제국의' 조공체제를 구축해 나갔다. 많은 일본인에게 이런 상황은 매우 절망적으로 비쳐졌다. 정부재정을 지나치게 긴축기조로 몰고 간 마쓰카타 개혁으로 인해 군사력을 확대하기도 어려웠거니와, 조약개정을 위해 애쓰고 있던 일본정부로서는 서양의 호의적인 평가를 받을 필요가 있었다. 대원군은 중국 유배에서 돌아왔으나 세력을 회복하지는 못했다. 조선조정은 러시아의 지원을 얻어 지나치게 친밀관계를 과시하는 중국의 손아귀에서 벗어나고자 했으나 실패했다.

1894년 한성에 주재하고 있던 한 일본인 외교관은 도저히 이해할 수 없다는 듯이 "조선인은 일본인을 마치 짐승 보듯 한다"[11]고 불평했지만, 당시의 무역실태를 보면 조선인의 시선이 고울 수가 없었다. 이리에에 따르면, "1880년대부터 국제무역은 메이지 정부의 진지한 목표로 자리 잡았다."[12] 마쓰카타 디플레이션은 일본상품의 경쟁력을 강화했고, 대(對)조선 수출은 급증했다. 면사, 직물, 일본에서 선적된 서양제품 등을 수출하면서 일본정부는 조선의 전략적 중요성을 깊이 인식하게 되었다.

같은 해에 일본인의 대규모 해외이민이 있었다. 메이지 시대의 문필가들은 서양의 사례를 보고 무역과 팽창이 활기차고 건강한 국가의 징표라고 확신하면서, 팽창과 진보라는 두 가지 의미를 함축한 발전이라는 단어를 남발했다. 통상(通商)·'전쟁'에 관한 글들이 쏟아져 나왔고, 행선지가 조선이든 하와이든 일본인의 해외진출은 메이지 국가가 건강하다는 증거로 제시되었다. 이민을 알선하는 전문업체들이 우후죽순으로 생겨나, 이민자들을 하와이와 북아메리카뿐 아니라 태국에까지 보냈다.[13]

조선과의 정치적 관계가 상당한 차질을 빚게 되었지만, 메이지 정부는 우선적으로 서양과의 조약개정에 매진했다. 관세자주권을 박탈한 불평등조약은 일본의 산업발전을 어렵게 했고, 일본이 얼마 전 조선에 강요했던 바로 그 치외법권의 굴욕은 일본의 열등한 지위를 끊임없이 상기시켰다. 문제는 갈수록 심각해지고 있었다. 1880년대에 이르자 서양열강은 지구상 곳곳으로 제국주의의 손길을 뻗어 새로운 개척지의 부를 착취하고 시장을 봉쇄했다. 1885년 후쿠자와 유키치는 일본이 명심해야 할 것은 서양인에게 나약하고 후진적인 '아시아'의 한 나라, 즉 조선처럼 변화와 근대화에 저항하는 듯이 보이는 나라로 인식되지 않는 것이라고 말했다. 일본은 '아시아를 벗어나야 하며, 일본만의 서구화를 추구해야 한다는 것이었다. 외무경*이노우에는 동료들에게 일본의 의무는 아시아 일각에 서양식 제국을 건설하는 것인데, 서양 패권의 확장으로 그 가능성이 사라지기 전에 제국건설에 착수해야 한다고 말했다. 이는 외교적 평등을 회복하지 않고서는 달성할 수 없는 일이었고, 따라서 일본이 서양의 원칙에 따라 행동할 수 있다는 확신을 서양인에게 심어줄 필요가 있었다. 이를 위해서는 서양식 관습과 행동의 확산을 비롯해 각종 조치를 취해야 했다. 그런데 개항장 문제는 논란의 여지가 많았다. 만약 개항장이 없어지면, 외국인은 어디에나 거주할 수 있는 권리를 갖게 된다. 많은 일본인이 불평등조약과 관련해 참을

---

* 내각 성립 이전의 태정관제하에서 이노우에는 외무경(外務卿)이었다. 1885년 12월 22일 제1차 이토 내각의 성립과 함께 이노우에는 외무대신에 취임한다.

수 있었던 조항 하나는 서양인을 개항장에 묶어둘 수 있다는 것이었다. 하지만 이노우에는 일본 전역에서 매일 서양인을 접하게 되면 일본의 근대화가 촉진될 것이고, 그렇게 이루어지는 '선진' 인종들과의 교류는 위험보다는 혜택이 더 많다고 주장했다. 또한 이노우에는 법적 평등을 단계적으로 서서히 성취하려 했고, 국제무역이나 외국인과 내국인의 잡거(雜居)로 인해 생겨나는 분쟁들을 해결하는 법정에 외국인 판사의 임용을 받아들일 용의가 있었다. 이노우에의 개정안은 일본과 조약을 체결한 모든 열강의 대표들과 1년(1886년 5월~1887년 4월) 동안 회담을 가진 후 윤곽이 잡혔다. 이노우에는 일본의 법제가 완전히 재편될 때까지 외국인이 연루된 사건의 재판에는 외국인 판사가 과반수를 차지할 것이라는 조항을 어쩔 수 없이 개정안에 포함시켰다. 이 사실이 알려지자 민중은 격분했다. 겐로들도 반대의사를 분명히 하면서, 사법성 고문인 프랑스의 법률가 귀스타브 보아소나드에게 자문을 구했다. 농상무대신 다니 다테키는 항의 차원에서 사임했다. 같은 시기에 메이지 정부는 조약 개정에 대한 외국의 승인을 얻기 위해 다양한 행사를 개최했는데, 1887년 화려한 빅토리아풍의 사교장 로쿠메이칸(鹿鳴館)에서 외국 공사들을 초청해 가장무도회를 연 것이 그 대표적인 예다. 로쿠메이칸은 서양의 비위를 맞추는 시대의 상징적 건물로 비난의 표적이 되었다.

정부를 공격할 구실을 찾고 있던 정치평론가와 정치인들은 이 기회를 놓치지 않고 정부가 서양에 비굴하게 아첨하고 있다고 맹렬하게 비난했다. 바로 이런 정황에서 구(舊)자유당의 고토 쇼지로를 비롯한 사람들이 힘을 모아 대동단결운동을 추진했다. 그들은 비록 헌법제정 과정에 참여하지 못했으나, 일본의 완전한 평등·주권·존엄성을 요구할 수 있는 그들의 권리에 대해서는 아무도 이의를 제기할 수 없었다.

이노우에가 자포자기하여 사임한 후에 조약개정의 과제는 오쿠마 시게노부에게 일임되었다. 그는 정당지도자들의 빗발치는 비판을 잠재우기 위해 선택된 비장의 카드였다. 비판세력을 다룰 방법을 모색하던 정부는 현

지사들을 도쿄로 소집하여 조약개정안에 대한 공개토론을 막으라고 지시했다. 1887년 12월에 정부는 보안조례를 제정하고, 이미 살펴본 것처럼 오자키 유키오를 포함해 500명이 넘는 정당지도자들을 도쿄에서 쫓아냈다. 하지만 정부의 조치는 소기의 목적을 달성하지 못했다.

오쿠마는 1888년 초 조약개정 업무에 착수했고 이노우에가 저지른 실수를 피하려 했다. 그는 협상의 세부사항을 비밀에 부쳤고, 자신의 계획이 상당히 진척되기 전까지는 정부의 동료들에게도 내용을 알려주지 않았다. 그는 열강이 일본에 대항해 보조를 같이 할 여지가 있는 일괄 협상 대신 각국과 일대일 협상을 벌이기로 하고, 가장 중요한 조약 상대국으로 판단되는 영국에 노력을 집중했다. 그러나 불행히도 런던의 『더 타임스』가 도쿄에서 타전된 오쿠마 개정안의 골자를 기사화했고, 외국인 판사의 존재는 일본의 새로운 법전이 완성되고 난 뒤에야 단계적으로 사라질 것이라는 내용이 알려지자 다시 한번 반정부세력이 들고일어났다.[14] 일본 전역에서 시위가 발생했고, 원로원은 개정안에 반대하는 민원을 300통 이상 받았다. 결정을 내리지 못하고 곤경에 빠진 구로다 내각은 천황이 참석한 가운데 황거에서 비상회의를 열었다. 논의는 며칠 동안 계속되었다. 10월에 오쿠마는 조약 개정과 관련된 모든 사안을 잠정적으로 보류하는 데 동의했다. 그러나 회의를 마치고 집으로 돌아가던 오쿠마에게 한 국권주의 결사*의 활동가가 폭탄을 던졌고, 이로 인해 오쿠마는 한쪽 다리를 잃고 몇 주 후에 사임했다. 구로다도 사임했고, 오쿠마의 조약개정안에 반대했던 야마가타가 그 후임이 되었다.

이렇게 내용을 상세하게 기술한 이유는 헌정이 시작되기 직전에 민간의 관심과 열성, 분노가 중요한 요인으로 작용하고 있었다는 점을 보여주기 위해서다. 대중의 정치적 요구는 정부지도자들을 상당히 압박했고, 이들은 자신들이 정당정치인—비슷한 문제에 봉착했지만 정부지도자들에 비해

---

* 이 결사의 이름은 현양사(玄洋社, 겐요샤)이다.

근대 역사가들로부터 좀 더 동정적인 평가를 받는 — 못지않게 괴로움을 겪고 있다고 생각했다. 대동단결운동을 통한 반정부세력의 부활, 연속적인 조약개정 시도, 그리고 내각의 교체는 세간의 관심을 집중시킨 민권운동가 오이 겐타로(大井憲太郎)의 재판과 때를 같이했다. 오이 겐타로는 조선에서 게릴라 운동을 전개하기 위해 은밀하게 인력과 자금을 모았던 인물이다.[15] 또한 같은 시기에 추밀원에서 메이지 헌법에 대한 최종 심의가 마무리되고 마침내 헌법이 발포되었다.(그리고 바로 그날 모리 아리노리가 암살당했다.) 그 밖에도 육군은 참모본부 조례에 따라 행정적으로 정비되고 있었다. 정부지도자들이 사면초가에 처했다고 느낀 것은 전혀 놀랄 일이 아니며, 오히려 그런 와중에 평상시와 다름없이 시종일관 제몫을 다했다는 사실이 인상적일 따름이다.

헌정의 출범으로 상황이 개선되긴 했지만 완전히 해결되지는 못했다. 야마가타는 자신의 첫 내각에서 외무대신 아오키 슈조가 기초한 조약개정안을 기각했다. 야마가타의 뒤를 이어 마쓰카타를 총리로 하는 내각에서는 이 문제가 새로운 법전에 대한 논의와 얽혔다. 1892년 마쓰카타 다음으로 이토가 총리직에 올랐을 때, 중의원은 적절한 개정이 이루어지지 않을 경우 조약을 일방적으로 파기해야 한다는 요구를 천황에게 직소했다. 중의원이 그런 취지의 법안을 발의하자, 이토는 일단 중의원을 정회시켰고 얼마 후 아예 해산시켰다. 이렇게 해서 정부는 한숨 돌리고 여유 있게 향후의 진로를 모색했다.

이번에는 메이지 지도부에서 가장 유능하고 흥미로운 인물 중 한 명인 외무대신 무쓰 무네미쓰가 신중하게 개정안을 준비했다.[16] 마침내 1894년 7월에 영국과 새로 체결한 조약에서 영사재판권이 폐지되었다. 5년 뒤에는 관세자주권도 회복되었다. 이와 별도로 맺은 협약에서 일본은 새로운 법제가 실행될 때까지 새로운 조약은 효력을 발휘하지 않는다는 데 동의했다. 헌법이 제정되고 난 뒤에도 정부는 열강의 승인을 받아내는 데 필요한 유연성을 확보하기 위해 개정안이 공론화되지 않도록 주의했다. 중의원은 개정 교섭에 관해 정부로부터 진행상황을 통보받을 헌법상의 권리 유무에 대해 뜨거운 논쟁을 벌인 끝에, 그 권리를 요구하는 건의안을 표결에 부치려 했다. 그러자 무쓰와 이토는 반대의 목소리를 잠재우기 위해 제국의회를 해산한 후 조약개정에 필요한 타협안을 은밀히 마련했다. 몇 가지 조항은 공개적인 토론이 있었다면 비난에 직면했을 테지만, 영국이 개정안을 받아들이도록 하기 위해서는 반드시 필요한 것이었다. 조약 체결국 가운데 가장 강력한 국가와 일단 합의가 이루어지자, 나머지 국가와의 교섭은 신속히 진행되었다. 한편 미국이 일본의 관세자주권을 완전히 허용한 것은 메이지 천황이 사망하기 1년 전인 1911년에 체결된 미일신통상항해조약(美日新通商航海條約)을 통해서였다. 조약개정이 마무리되자, 외국인의 거주지를 제한하지 않는 것이 과연 바람직한지에 대한 오랜 논쟁도 끝이 났다. 이렇게 해서 일본은 메이지 시대가 끝나갈 무렵에야 비로소 반세기에 걸쳐 자국에 열등한 지위를 부여했던 불평등조약의 굴레에서 벗어날 수 있었다.

4. 청일전쟁

처음부터 정당들은 강력하고 자주적인 외교정책을 요구해야 자신들의 입지가 강화된다는 것을 알고 있었다. 군사력 확장을 위한 증세(增稅)에 반대하는 그들의 입장은 서양의 특권과 팽창에 마침표를 찍어야 한다는 그들 자신의 수사적인 언어와 종종 상충되긴 했으나, 정부의 신중한 외교정책이 인기를 얻지 못했던 것은 사실이다. 하지만 일단 조약개정 문제가 마무리되자, 정부는 조선문제를 놓고 청나라와 정면으로 대결하기로 했다.

청나라와의 일전은 전폭적인 지지를 받았다. 제국의회는 전쟁에 필요한 비용을 즉시 가결했다. 대본영(大本營)이 히로시마에 설치되었고, 지지의 사를 표명하기 위해 의회도 그곳에서 열렸다. 천황 역시 히로시마로 향했고, 자신의 지도력을 과시하기 위해 열악한 환경에서 생활했다. 정적들 사이의 증오와 비방은 얼마 후 지상전과 해전의 승전보가 가져다준 환호 속에 파묻혔다. 이 점에서 일본의 경험은 다른 국가들의 경험과 크게 다르지 않지만, 수세기 동안의 상대적 고립과 수십 년 동안의 굴욕과 좌절을 겪은 일본인이 전시에 보여준 단결은 유난히 두드러졌다. 청나라로부터 조선을 '독립'시키기 위해 치르는 전쟁은 국가적 대의에 대한 새로운 인식을 예고하는 듯이 보였다. 언론인 도쿠토미 소호는 자신이 그동안 보란 듯이 맹렬하게 공격했던 정부가 사실은 바로 자신의 정부임을 그때서야 처음으로 깨닫게 되었다고 말했다. 그런 생각을 한 사람은 그만이 아니었다.

이토와 리훙장이 조선문제에 관해 톈진에서 조약을 체결한 뒤 10년 동안 중국은 한성에서 정치적 우위를 점하고 있었다. 리훙장의 심복 위안스카이는 조선을 청나라의 속국으로 삼으려는 모종의 음모를 진행시키고 있었다. 그는 개혁보다는 통제에 더 관심을 쏟았으며, 행정의 근대화와 효율성을 성취하려던 조선 개화파의 시도를 번번이 가로막았다. 1890년대 초반에 조선정부는 후천개벽을 주장하는 동학(東學)을 진압하느라 여념이 없었다.[17] 자력으로 동학군을 제압할 수 없었던 조선정부는 청나라에 지원을 요청했고, 청나라는 군대를 파병하면서 톈진 조약에서 합의된 바에 따라 이 사실을 일본에 통보했다.

1894년에는 한 조선인의 충격적인 피살소식이 일본의 여론을 들끓게 만들었다. 양반가 출신의 청년 김옥균은 1882년의 임오군란을 사과하기 위해 파견된 사절단의 일원으로 일본을 방문했다. 그는 2년 뒤 친일 개화파가 주도한 갑신정변에 연루되었다. 이 실패한 정변은 중국의 개입과 톈진 조약으로 이어졌다. 김옥균은 일본으로 망명했고, 아시아주의자들과 선동가들은 그가 장차 조선의 근대화를 이끌 만한 인물이라고 생각했다. 정부지도자들은 좀 더 신중한 입장을 보였다. 일본정부는 김옥균을 본국으로 송환하라는 조선의 요구를 받아들이지는 않았으나, 당장은 이용가치가 별로 없는 그를 오가사와라(小笠原) 제도로 추방했다. 일본 망명생활에 지친 김옥균은 동료 및 추종자들과 접촉하라는 충고를 듣고 상하이로 향했다. 그러나 김옥균에게 상하이행을 권유했던 것은 함정이었다. 그는 상하이 조계에 있는 한 일본여관의 객실에서 암살당했던 것이다. 얼마간 망설이던 영국 당국은 자신의 관할구역에 들어온 외국인은 추방하지 않는다는 일반적인 규정이 시신에는 적용되지 않는다는 결론을 내리고 김옥균의 사체를 청나라 당국에 인도했다. 청조는 다시 김옥균의 사체를 조선에 인도했고, 조선정부는 '역적'으로 의심되는 자들에게 본보기를 보여주기 위해 사체를 능지처참했다. 김옥균의 처참한 말로는 리훙장의 배신, 일본의 위상과 존엄성의 훼손, 조선의 야만성을 드러내는 증거로 제시되면서 도쿄에서 커다란 반향을 불러일으켰다.

이 사건에 대중이 분노하자, 메이지 지도자들은 조선의 '개혁'이라는 난제를 극적으로 해결하고 청나라의 영향력을 불식할 때가 왔다는 결론을 내렸다. 그들은 그렇게 해도 영국과의 새로운 조약에는 문제가 없을 것이라고 확신했다. 일본정부는 조선정부가 청나라에 동학농민운동을 진압할 군사 원조를 요청한 만큼, 톈진 조약에 의거해 일본도 군대를 파병할 권리가 있다고 결론지었다. 일본군이 도착했을 무렵 동학농민군의 세력은 많이 약화되어 있었지만, 조선에 청나라 군대와 일본군이 동시에 주둔하고 있다는 사실이 무시할 수 없는 문제이자 기회를 야기했다. 오랜 논의 끝에 일본정부는 조선정부에 내정개혁을 요구하는 일에 중국도 끌어들이기로 결정했다. 일본정부는 청나라가 일본의 동참 요청을 거부할 것이라고 예상했고, 그럴 경우 자신들의 군사행동을 정당화할 수 있는 명분이 생길 거라고 계산한 것이다.

일본이 제안한, 아니 좀 더 정확히 말해 요구한 개혁은 모든 면에서 메이지 유신 이후 일본에서 실행된 것과 상당히 유사했다. 일본은 합리적인 정부구조와 전문화된 관료체계, 새로운 사법제도, 합리적인 회계 및 재정, 세제 개혁, 신식 군대의 창설을 요구했다. 도쿄의 지도부는 이런 개혁이 이루어지지 않는 한 조선의 왕정과 주권은 조만간 사라질 것이라고 확신했다.

또 일본의 요구를 받아들이지 않는다 해도, 언젠가는 다른 강대국들이 동일한 개혁을 강요할 것이라고 주장했다. 일본은 그 대열의 선두에 서길 원했다. 동시에 무역, 원자재, 철도 부설 등에서 경제적 이득을 선점하고자 했다. 일본인이 가장 중요하게 생각한 것은 경제적 이권이었지만, 이는 어디까지나 조선의 정치변화에 달려 있었다. 일본의 지도자들은 조선문제를 전략적 차원에서 바라보았다. 외무대신 무쓰가 자신의 책무에 대해 설명하면서 언급했듯이, 일본이 조선의 이익을 위해 팽창정책을 추진한다는 것은 어불성설이었다. "조선의 내정을 요구함에 있어서 우리의 정치적 이익을 뛰어넘는 어떤 다른 이유가 있다고는 생각하지 않으며, 우리 자신을 의협심에 불타 성전을 치르는 군대로 간주하기 위해 노력할 필요도 없다고 생각한다. 중요한 것은 우리의 정치적 이익이며, 다른 것을 위해 우리의 정치적 이익을 희생하는 일은 있을 수 없다."[18] 그러나 부패하고 쇠락한 조선정부를 구하기 위한 진보적 변화의 후원자임을 자처하는 것은 생색내기에 좋은 일이었고, 많은 일본인의 호응을 얻었다.

일본의 요구에 직면한 조선정부는 주저했고, 청나라는 조선의 이런 태도를 은근히 부추겼다. 그러고 나서 청나라는 조선의 근대화를 강요하는 일본의 시도에 합류하기를 거부했다. 1894년 7월 12일 일본정부는 전쟁을 결정했고, 한성 주재 일본공사에게 전쟁을 정당화할 수 있는 "모든 구실을 활용"할 것을 지시했다.[19]

이렇게 해서 전쟁이 벌어졌고, 일본군은 모든 전선에서 승승장구했다. 육군은 평양에서 벌어진 주요 지상전에서 승리했고, 해군은 서해에서 청나라 함대를 격파함으로써 보급선을 확보했다. 청나라의 나머지 함대가 산둥성 웨이하이웨이(威海衛)에 퇴각해 있었으나, 일본군은 청나라 군대의 허를 찔러 육로를 통해 진격하여 웨이하이웨이 항을 점령했다. 청나라의 제독은 사무라이 식으로 자결했고, 그 군인정신에 탄복한 승자들은 그의 시신을 수습할 때 최고의 군사적 예우를 갖추었다. 청나라는 다음 세기에야 대양해군을 재건할 수 있었다.

일본이 청일전쟁에서 승리한 요인은 사회와 군대를 급속히 근대화시켰다는 것이다. 이와 같은 결론을 내린 것은 애초에 청나라의 승리를 점쳤던 외국인들이었다. 이후 위상이 높아진 일본은 '열강'의 대열에 합류했다. 청나라 군대가 다양한 종류의 무기를 소지하고 있던 것과 대조적으로 일본군은 동일한 무기를 갖고 있었다. 제대로 훈련도 되지 않은 굼뜬 청나라 군대와 달리 일본군은 사기가 드높았고, 청나라 지휘관들의 보수적인 태도와는 대조적으로 일본군 지휘관들은 저돌적인 자세와 창의적인 작전능력을 보여주었다. 양측 해군은 모두 유럽의 조선소에서 장비를 구입했다. 청나라 해군이 더 큰 전함을 보유하고 있었으나, 일본의 함장들은 속사포를 사용해 적함의 갑판을 파괴했다. 민첩성·속도·전술에서 모두 일본이 앞섰다. 1895년 봄 리훙장이 강화를 요청하기 위해 시모노세키에 당도했을 때는, 이미 일본군이 청나라 함대를 무찌르고 뤼순(旅順)과 랴오둥(遼東) 반도, 산둥의 웨이하이웨이를 점령한 뒤였고, 일본의 정치평론가들은 베이징으로 진격할 것을 강력히 요구하고 있었다. 총리 이토 히로부미가 일본을 대표해 시모노세키로 갔는데, 협상조건이 청나라측에 가혹하리라는 것은 불을 보듯 뻔했다.

시모노세키 조약은 중국이 19세기에 조인한 조약 가운데 가장 타격이 큰 것이었다. 이 조약은 영토의 할양, 최혜국 대우 보장, 거액의 금전적 보상을 포함하고 있었고, 중국의 주권을 심각하게 위협하는 일본의 제국주의적 팽창의 새로운 전기가 되었다. 일본은 서양 제국주의 대열에 합류한 듯이 보였고, 일본이 청나라로부터 얻어낸 조건은 불평등조약체제의 핵심인 최혜국 대우 조항에 의거해 다른 열강에도 즉시 적용되었다. 중국은 조선의 독립적 지위를 인정했다. 또한 타이완과 훌륭한 두 항구 다롄(大連)과 뤼순이 있는 랴오둥 반도를 일본에 할양했다. 이 불평등조약을 통해 일본은 과거 서양열강에 부여되었던 특권을 고스란히 양도받았다. 게다가 양쯔 강 운항과 상하이에 공장을 열 수 있는 권리를 부여받아 장차 막대한 재정적 이익을 얻게 된다. 7년에 걸쳐 지급받게 된 2억 냥(약 3억 엔)의 배상금은 일본이 소모한 전쟁비용의 상당부분을 벌충했다.

바로 이 시점에서 유럽이 개입함으로써 진정한 열강이 되기 위해서는 아직도 할 일이 남아 있음을 메이지 국가에 상기시켜주었다. 독일·러시아·프랑스가 담합하여 "아시아의 평화를 위해서는" 청나라로부터 할양받은 랴오둥 반도('남만주')를 되돌려주는 것이 최선이라고 일본에 충고했고, 도쿄 정부는 이 충고를 따르지 않을 수 없었다. 이에 대한 부분적인 보상으로 배상금은 증가했으나, '삼국간섭'이 야기한 분노와 굴욕감은 돈으로 삭힐 수 없는 것이었다. 천황은 일본인에게 역경 속에서도 침착하게 자신의 본분을 다하라고 훈계했다.

청일전쟁은 흔히 일본의 여론과 내셔널리즘에 한 획을 그었다고 이야기되곤 한다. 청일전쟁의 결과 하나는 중국에 대해 일본인이 품고 있던 존경심이 무너졌다는 것이다. 전쟁이라는 이례적인 상황 속에서 사상 최초로 일본인과 중국인 사이에 대대적인 접촉이 이루어졌다. 그리고 일본의 지식인들이 그동안 학문과 성현(聖賢)의 나라로 상상해왔던 중국의 이미지는 고국에 소식을 전하는 일본병사들의 목격담과 편지에서 여지없이 무너졌다. 뤼순을 점령한 뒤 일본군이 무장해제된 청나라 병사와 민간인에게 저지른 폭력은 상호간의 혐오감을 증폭시켰다. 동시에 일본인은 판화·신문·노래를 통해 적을 비방하고 때로는 악마적 존재로 부각시켰다. 예를 들어 판화는 서양인의 모습을 한 완벽하게 훈련된 일본군이 군기 빠진 오합지졸을 맞아 침착하게 싸우는 장면을 묘사했다. 노회한 정치가 리훙장은 유럽의 후견인들—얼마 후 청나라로부터 새로운 이권을 대가로 '보상받은'—을 동원해 일본의 육해군 병사들이 획득한 전과를 강탈한 교활하고 신뢰할 수 없는 인물로 매도되었다.[20] 한편 조선인은 노동력이 부족했던 일본군에 의해 징용되어 노무자로 일하게 되면서 중국인보다 천대받는 존재로 전락했다.

대중은 청일전쟁을 폭넓게 지지했으며, 지식인들은 일본이 조선을 중국으로부터 해방시켰다는 주장을 받아들이고 승리감에 도취했다. 후쿠자와 유키치는 청일전쟁을 "문명을 발전시키려는 국가와 문명의 발전을 저해하려는 국가 간의 전쟁"으로 보았고, 그리스도 교단의 지도자 우치무라 간조(內村鑑三)는 청일전쟁을 '의거'라고 규정했다. 그렇지만 1994년의 연구[21]는 그때까지 철도가 보급되지 않아 청년들이 한참을 걸어가야 입영열차를 탈 수 있었던 일본의 오지에서는 전혀 다른 상황이 연출되었음을 보여준다. 돈을 받고 징병을 면제해주는 일이 흔했고, 징병을 기피하는 경우도 적지 않았다.

정부는 천황의 신격을 고양하는 데 전쟁을 잘 이용했지만, 정작 무쓰히토 자신은 그 전쟁에 그다지 열의를 보이지 않았던 것 같다. 훗날 밝혀진 바에 따르면, 천황은 전쟁이 자신의 생각은 아니었다고 불평했고, 이세 신궁의에 모신 조상들에게 승전보를 고하라는 제안을 거부했다고 한다. 시모노세키 조약의 내용이 알려지자, 일부 일본인은 환상에서 깨어났다. 우치무라는 '의거'가 결국 '약탈전쟁'으로 판명되자 통탄을 금치 못했다. 군대 축소를 주장했던 전직 육군중장 다니 다테키 같은 보수적인 인사들은 영토 획득을 무분별하고 비생산적인 행위라고 생각했다. 실제로 타이완 '평정'은 몇 년의 시간과 6만 명의 군사를 필요로 했고, 청일전쟁보다 더 많은 사상자를 냈다. 그렇지만 비판적인 사람들은 소수에 불과했다. 천황의 본심이 일반에 알려질 리 만무했고, 우치무라와 다니 같은 사람들의 우려는 일본의 기개를 만천하에 떨쳤다고 열광하는 자축 분위기에 압도되었다. 천황의 군사들은 당대의 영웅이었고, 천황은 승리를 거둔 지휘관들의 공로를 치하하며 작위를 하사했다. 제국의회가 그때까지 논란을 빚고 있던 예산안을 흔쾌히 가결하고, 이토가 정당지도자 이타가키 다이스케에게 내각의 각료직을 내주었다는 점까지 감안하면, 전쟁이 일본의 내정에 중대한 영향을 끼쳤음은 분명하다.

그러나 청일전쟁은 조선 '문제'를 해결하는 데는 실패했다. 전쟁 초기에 일본은 한성 궁정의 통제권을 장악했다. 하지만 전쟁의 명분이 조선의 '독립'인데, 고종이 일본의 손아귀에서 벗어나 중국의 보호를 요청하자 일본으로서는 상당히 당혹스러웠다. 이 문제에 관해 조선정부로부터 도움을 기대할 수는 없었다. 일본이 취한 기묘한 첫 조치는 최근에 중국 유배에서 돌아온 대원군을 앞세워 친일정권을 구성한 것이었다. 하지만 대원군은 일본을 신뢰하지 않았고, 일본이 쉽게 조종할 수 있는 만만한 상대가 아니었다. 1894년 8월부터 일본은 '개화'파에게 힘을 실어줌으로써 일본의 경제적·정치적 영향력을 확대하는 작업에 착수했다. 조일 공동위원회가 "소집되어 조선의 독립과 자치를 공고히 하는 데 필요한 사안들을 결정"했다.[22] 그러나 독립과 자치라는 용어는 조선에서 중국의 영향력을 제거한다는 아주 특별한 의미를 갖고 있었다. 다음으로 일본은 조선정부와 양국맹약(兩國盟約)을 체결하여 일본군의 이동과 군수품 수송에 편의를 제공하게 했다. 하지만 개혁은 더디게 진행되었고, 일본의 언론은 일본인이 조선의 독립을 위해 싸우고 있는 동안 조선인들은 어쩔 줄 몰라 우왕좌왕하고 있다고 격분했다.

이제 도쿄는 메이지 원훈의 한 명으로 조선에 대해 잘 알고 있는 이노우에 가오루를 특명 전권공사로 파견했다. 이노우에를 선택한 데는 정치적 의미도 없지 않았다. 사쓰마 출신의 사령관들이 청일전쟁의 여러 전투에서 그 수에 비해 상대적으로 훨씬 많은 승리를 거두자, 외교전에서 승리할 기회는 조슈 출신에게 주어졌던 것이다.

이노우에는 고압적인 자세로 나왔다. 그는 고종에게 천황이 자신을 파견했으며, 자신은 조선의 조정에서 수구파를 일소해 나갈 것이라고 말했다. 당시 일본인은 자신들의 최근 경험에 비추어 조선을 바라보았고, 지혜롭고 노련한 개혁적 인사들의 주도로 조정에 활력을 불어넣으면 조선이 위기를 타개할 수 있을 것이라고 생각했다. 물론 그것은 오산이었다. 메이지 개혁가들은 교토 정계에 휘말리는 대신 천황을 도쿄로 데려오는 방법을 택했다. 조선에서도 이런 획기적인 조치를 취하지 않는 한, 조정의 분위기를 쇄신하기는 어려웠다. 더욱 중요한 것은 모든 개혁이 외세에 맞서 자국의 영향력을 강화하는 데 혈안이 된 일본인들에 의해 추진되었다는 사실이다.

일본이 다른 열강의 눈치를 보지 않은 것은 아니지만, 조선인이 배제된 개혁이 성공할 가능성은 크지 않았다.

이노우에는 곧 자신감을 잃었다. 그는 외무대신 무쓰 무네미쓰에게 "조선인은 말과 행동이 달라 믿을 수가 없다"는 전신을 보냈다. 또 다시 관직을 박탈당한 대원군은 얼마 후 일본인을 몰아낼 계획을 도모했고, 명성황후 일파는 일본에 대해 더욱 적대적으로 변했다. 이노우에가 대원군 대신 선택한 개화파 박영효도 그다지 신뢰할 만한 인물이 아니라고 판단했다. 표면적으로는 내정개혁이 계속되었다. 1895년 봄에는 약 40명의 일본인 고문관들이 궁내부·내각·경무청·우정국 등에 자리를 잡았고, 그들의 권력과 영향력은 지속적으로 커져갔다. 이노우에는 조선에서 일본의 경제적 지배력을 강화하고 더 많은 이권을 얻기 위해서는 차관이 필요하다고 판단했다.

그러나 도쿄의 지도부는 조선의 개혁을 위해 자금을 마련해야 한다는 제안을 별로 반기지 않았다. 삼국간섭에 굴복하자 정부의 인기는 다시 하락했고, 이노우에가 조선인들에게 약속한 금액을 배정하기 위해서는 제국의회의 승인이 필요했다. 결과적으로 문서상의 개혁과 실질적인 개혁 사이의 간극이 점점 더 벌어졌다. 단발령을 비롯하여 사회의 전 부문에 영향을 미치는 각종 개혁조치가 나왔으나, 경계심을 버리지 않았던 수구파는 대체로 그런 조치들의 시행을 지연시킬 수 있었다. 11개월 동안 조선의 개혁에 매달렸으나 성공을 거두지 못한 이노우에는 1895년 9월에 일본으로 돌아갔다.

이노우에의 후임인 퇴역장성 미우라 고로는 더욱 강경하게 나왔다. 그는 도쿄로부터 특별한 지시를 받지는 않았으나, 정치무대의 외곽에서 다시 기회를 노리고 있던 대원군의 지지를 얻기 위해 명성황후 일파를 처리할 정변 음모를 꾸몄다. 성공 가능성을 높이기 위해 미우라는 일본의 애국단체 두 곳의 자객들을 끌어 모았다. 이들은 조선인 복장을 하고 정변 당일에 공모자들과 합류했다. 1895년 10월 7일, 조선인과 일본인이 뒤섞인 일군의 무리가 궁중에 난입하여 명성황후를 찾아내어 살해하고 궁내부 대신도

죽였다. 이 잔혹한 행위는 신분과 국적을 초월하여 모든 사람을 경악시켰다. 미우라는 신속히 일본으로 소환되었고, 공모 여부에 대해 재판을 받았으나 증거 불충분으로 풀려났다. 이렇게 되자 도쿄의 외무성은 한성 주재 외국공사들을 달래고 사건을 무마하기 위해 외교관 고무라 주타로(小村壽太郞)를 파견했다. 이노우에는 고종에게 사과하는 서신을 휴대하고 조선을 다시 방문했다.

그 사이에 조선에서는 러시아의 세력이 커지고 있었다. 얄궂게도 일본의 기원절인 2월 11일에 고종과 왕세자는 아관파천을 감행했다. 일본정부의 강압적인 책략과 경솔한 행동, 그리고 조선인들의 계속된 불신으로 인해, 일본이 조선에서 한 일이라곤 중국의 영향력을 러시아의 영향력으로 대체한 것뿐이었다.

5. 제국주의 외교

시모노세키 조약이 체결된 후 동아시아에서는 한동안 제국주의의 압력이 거세졌다. 산업화에 추동된 팽창주의는 근대국가의 숙명인 것처럼 보였다. 팽창에 따르는 금전적·인적 비용을 거론하면서 비난한 사람들도 일부 있었지만, 국가의 명예를 위해 그런 부담을 감수하고자 하는 사람들이 훨씬 많았다. 태평양 연안까지 서진한 미국은 거기서 멈추지 않고 사모아의 일부를 장악했고, 배후에서 쿠데타를 획책하여 하와이를 점령했으며, 1898년에 스페인을 격파한 뒤에는 필리핀까지 지배하게 되었다. 필리핀 점령은 결코 쉽게 결정된 일이 아니었으나, 그 배경은 일본이 조선을 점령한 것과 대동소이했다. 만약 필리핀 제도를 무주공산으로 내버려둔다면, 다른 열강이 소유권을 주장하고 나설 것이 뻔했다. 스페인과 전쟁을 치를 무렵 미국의 언론은 청일전쟁 기간의 일본언론만큼이나 열광적이었다. 필리핀 병합은 미국과 일본이 새로운 방식으로 대치하는 계기가 되었다. 서양열강의 경우와 마찬가지로 일본에서도 제국주의가 정치·경제·문화의 구심점이 되었다.

세계정치 이론가들, 즉 그 시대를 지정학적 관점에서 바라보던 사람들은 국방의 중요성을 강조했다. 앨프레드 세이어 머핸 제독은 "국방이란 단순히 우리 영토의 방위만 의미하는 것이 아니라 우리의 정당한 국익—그것이 무엇이든, 어디에 있든—을 방어하는 것을 의미한다"고 말했다. 일본에서는 야마가타가 중요한 국가문서에서 일본의 주권선(主權線)과 이익선(利益線)을 구분하면서 유사한 견해를 피력했다. 조선은 후자의 범주에 속했다. 제국주의는 산업화의 자연스러운 부산물이기도 했다. 중국으로부터 받은 배상금의 상당부분은 야하타(八幡) 제철소에 투입되었는데, 제철소가 생기자 중국의 점결탄(粘結炭)과 철광석에 대한 관심이 높아졌다. 제국주의 과정의 중심에는 국민적 자부심이 있었다. 도쿄의 『아사히 신문』은 사설에서 제국주의란 국가조직을 통해 보여주는 국위선양의 표현이라고 주장했다. 이는 인접국의 영토를 점령할 필요성을 직접 언급한 것은 아니었지만, 자국의 경제에 필수적이라 여겨지는 자원에 대한 배타적 전유권을 다른 국가에 넘겨줄 수 없다는 의지를 천명한 것이었다.

이런 추세는 다양한 방식으로 표현되었다. '군국주의자'들은 정치적 주도권을 염두에 두고 중국의 일부와 조선이 일본의 통치하에 놓이게 될 것이라고 주장했다. 이웃나라의 고난에 좀 더 민감했던 '아시아주의자'들은 노골적인 공세를 안타까워했고, 아시아의 이웃과 좀 더 친근한 관계를 맺어야 한다고 주장하면서 조선·중국·동남아시아에서 망명한 개혁적인 인사들을 지원했다. 아시아주의자들의 열정은 계층의 장벽을 뛰어넘었다. 7세기부터 천황가와의 인연을 맺어온 집안의 자제이자 1895~1904년에 귀족원 의장을 지낸 고노에 아쓰마로도 그 집단의 일원이었다. 고노에는 중국에 관한 연구와 중국과의 교류를 장려하는 동아동문회(東亞同文會)를 결성했고, 조선의 독립을 지지했으며, 군비확장을 비난했다. 그러나 그는 외국인에게 거주의 자유를 인정한 조치에 강력하게 반발했을 뿐 아니라 열렬한 대(對)러시아 강경론자로서 만주 주둔 러시아 군대의 철수를 요구하는 국민동맹회(國民同盟會)를 이끌었다.[23]

1880년대 자유민권운동의 이상주의를 간직한 활동가들은 김옥균과 쑨원 같은 인물들이 자신의 조국을 이끌며 '아시아의 갱생'에 일조하기를 기대하면서 부지런히 그들을 도왔다. 이런 활동에 필요한 정치적 지원과 재정적 원조를 얻기 위해 그들은 엉뚱한 세력과 가망 없는 제휴를 맺기도 했다. 그러나 자신들의 순수한 동기를 과신한 나머지, 군부의 자금까지 넙죽 받아 스스로 대의명분을 훼손시키면서도 이를 깨닫지 못했다.[24]

청일전쟁 직후 제국주의 침략의 새로운 단계가 '조계 쟁탈전'과 함께 시작되었다. 청나라의 군사적 나약함을 간파한 열강은 자국의 전략적·경제적 이익이 걸려 있는 지역에 대한 우선권을 확보하기 위해 발 벗고 나섰다.

삼국간섭에 참여했던 국가들이 중국에 보상을 요구하면서 아시아의 질서를 위협하는 새로운 세력으로 떠오르자 일본은 긴장을 늦출 수 없었다. 프랑스는 중국 남부의 광둥을, 독일은 산둥을 요구했다. 무엇보다 불쾌한 것은 3년 전 일본이 어쩔 수 없이 포기해야 했던 랴오둥 반도에 대해 러시아가 25년의 조차권을 러시아가 요구한 것이었는데, 결국 청조는 이 요구를 들어주었다. 이와 함께 북쪽으로 시베리아 횡단철도와 연결되는 동청(東淸)철도 부설권 및 운행권도 러시아에 넘어갔다. 러시아를 견제하기 위해 영국은 일본군이 철수한 뒤 산둥의 웨이하이웨이 항을 점령했고, 남쪽으로는 주룽(九龍) 반도를 포함한 홍콩 식민지에 대해 99년간의 조차권을 얻어냈다.

일본도 이에 뒤질세라 타이완과 마주하고 있는 푸젠(福建) 성에 대한 지배력을 강화했다. 그 직후에 미국이 푸젠 성에 있는 한 항구에 관심을 표명하자, 일본의 이 발 빠른 행보가 유용한 것이었음이 입증되었다. 하지만 일본은 갑작스럽게 불붙은 조차지 쟁탈전에서 별로 재미를 보지 못했다. 청조의 붕괴가 임박했다는 이야기가 떠돌았고, 도쿄의 지도부는 이 모든 일이 심상치 않다고 판단했다. 당시 오쿠마 시게노부는 '중국의 보전(保全)'

을 옹호하는 연설과 논설로 명성을 떨쳤다.

중국인들도 불안하기는 마찬가지였다. 1899년 만주족 통치자들과 서양 열강을 몰아내려는 비밀결사 의화단(義和團)이 산둥에서 봉기했다. 의화단운동이 중국 북부에서 확산되는 동안, 베이징 조정의 일부 배외주의자들은 그들과 힘을 합치면 외세를 몰아낼 수 있을지도 모른다고 생각했다. 주로 선교사들을 겨냥한 반외세 테러리즘은 베이징까지 번졌고, 1900년 여름에는 외국 공사관들을 포위 공격했다. 이 사건은 국제사회의 개입을 유발했다. 일본은 의화단을 진압하는 데 중요한 역할을 했다. 일본이 파병한 1만 명의 군사는 다른 열강의 병력을 전부 합친 것과 비슷한 인원이었다. 러시아는 만주라고 불리는 중국의 동북 3성을 점령했고, 의화단이 진압된 뒤에도 계속 그곳에 군대를 주둔시켰다. 중국 북부에 관심을 가지고 있던 영국·미국·일본은 러시아의 동북 3성 점령을 신축(辛丑)조약*에 위배되는 행위라고 경고했지만, 러시아는 중국과 러시아 양국간의 문제일 뿐이라고 응수했다.

이에 대한 일본의 반응은 러시아와 합의를 도출하려는 시도와, 군사력을 증강해 일전을 치르려는 결의 사이에서 오락가락했다. 조선에 대한 일본의 지배권을 보장하는 대가로 만주에서 러시아의 우위를 인정한다는 내용의 제안이 여러 번 오갔지만 도쿄 정부는 합의를 끌어내지 못했다. 더욱이 러시아가 조선 북부를 점령하려 한다는 의심이 들기 시작하자 상황은 더욱 악화되었다. 러시아와의 협약을 모색하는 안은 유럽 순방에 나선 이토 히로부미의 노력을 끝으로 백지화되었다. 그가 없는 사이에 가쓰라 내각은 영국과 동맹을 맺는 다른 해결책을 마련하고 있었다.

1902년에 체결된 영일동맹은 이후 20년 동안 일본 외교정책의 근간이 되었다. 그것은 1945년 이후 미국과의 동맹이 반세기 동안 담당한 것과 똑같은 역할을 했다. 영일동맹에 의거해 영국과 일본은 제4의 열강이 러시아

---

* 1901년 의화단운동을 진압한 8개국 연합군이 청조와 체결한 불평등조약. 베이징 의정서라고도 한다.

와 손을 잡을 경우 공동 대응하기로 약속했다. 이는 일본이 러시아와 전쟁을 벌이더라도 다른 나라의 개입을 두려워할 필요가 없다는 것을 의미했다. 영일동맹은 일본이 마침내 국제사회에서 완전히 자리를 잡았다는 징표였다. 일본은 이제 세계 외교무대의 당당한 일원이 되었다.[25] 향후 10년 동안 국제체제는 동맹외교에 의해 좌우되었고, 합의내용은 몇 년 동안 비밀에 붙여지기도 했다. 이런 동맹관계는 표면상 자국의 안보 강화를 노린 것이었지만 사실상 자유로이 개입할 수 있는 여지를 박탈했기 때문에 미국을 제외한 모든 열강을 점차 옥죄었다. 그렇지만 일본의 입장에서 볼 때 영국과의 동맹에는 위험성이라고는 거의 없고 분명한 이점만 있었다. 일본은 자국의 안보와 직결된 사안에 한해 세계정세에 개입했고, 제1차 세계대전 때는 별로 기여한 것도 없이 독일이 보유하고 있던 중국의 조차지와 태평양의 섬들을 챙겼다.

든든한 원군을 얻은 일본은 이제 러시아 제국과 진지한 협상에 착수할 수 있었다.[26] 여론은 러시아에 직접 대항하는 편을 선호했다. 정치인·문필가·지식인들은 정부의 강경한 자세를 촉구하는 운동을 벌였다. 하지만 러시아는 일본이 그저 허세를 부리는 것 정도로 생각했다. 도쿄 주재 러시아 공사는 러시아 황제가 일개 사단만 동원해도 일본군은 꽁무니를 뺄 것이라고 말했다고 한다. 러시아는 작은 아시아 국가와 진중히 협상을 하느니, 이해관계가 얽혀 있는 서양열강과 회담하기를 원한다는 뜻을 내비쳤다. 일은 더디게 진행되었다. 러시아 황제가 8월부터 크리스마스 전까지 수도를 비운 탓에 일본의 제안에 대한 회신이 차일피일 연기되자, 일본은 이를 일부러 모욕을 주려 한 것이라고 받아들였다. 야마가타 아리토모를 비롯한 겐로들은 신중한 태도를 취했지만, 차세대 외교관과 군인들은 회신이 지연되는 데 대해 분노했다. 이토 히로부미는 평화적 해결에 대한 희망을 버리고 강경론에 뒤늦게 합세했다. 그는 1903년에야 러시아가 협상할 뜻이 없다는 것을 확신하게 되었다.

가쓰라 내각은 1904년 2월에 전쟁을 하기로 결정했다. 러일전쟁은 10

년 뒤에 발발한 제1차 세계대전에 비해서는 비용도 적게 들고 덜 참혹했지만, 미래의 전장에서 일어날 무서운 일들을 예고했다. 참호전·철조망·기관총은 엄청난 인명을 앗아갔다. 랴오둥 반도의 전초기지 뤼순 항을 점령하기 위해 벌어진 치열한 전투에서 일본군 사령관 노기 마레스케(乃木希典)는 5만 8,000명의 부하를 잃었고, 러시아는 3만 1,000명을 잃었으며, 펑톈(奉天, 오늘날의 선양〔瀋陽〕)을 놓고 벌어진 최후의 대격전에서는 일본군 7만 명, 러시아군 8만 5,000명의 사상자가 발생한 것으로 추정되었다. 해전에서 러시아는 더 큰 피해를 입었다. 일본은 뤼순과 블라디보스토크의 러시아 태평양함대를 봉쇄하기 위한 기습과 함께 해전을 개시했고, 이듬해 봄 쓰시마 해협에서 연합함대 사령관 도고 헤이하치로(東鄕平八郎)가 이끄는 일본의 전함은 전세를 만회하고자 지구의 절반을 돌아온 러시아 발트함대를 사실상 모조리 침몰시켰다. 이런 승리는 근대 일본 육해군의 무용담을 만들어냈다. 장차 만주에 관한 논의들은 뤼순에서 메이지 세대가 치른 희생을 상기하자는 결의를 바탕으로 이루어졌고, 풍전등화의 위기에 처한 일본을 영도한 메이지 천황은 나라의 정신적 지도자로 숭상받는 존재가 되었다.

일본은 또한 국제사회의 인정은 물론 찬사까지 받게 되었다. 선전포고를 하기 전에 러시아 해군에 개시한 공격작전에 대해 런던의 『더 타임스』는 "해전사에 길이 남을 대담한 행동"이라고 묘사했고, 노기 마레스케 사령관의 병사들이 뤼순에서 죽음을 불사하며 보여준 용맹한 군인정신은 세계의 이목을 집중시켰다. 러시아와 전쟁을 벌이는 데 필요한 자금을 일본은 뉴욕과 런던에서 조달할 수 있었고, 미국 및 영국 여론의 호의를 사기 위해 파견된 원로급 인사 가네코 겐타로와 스에마쓰 겐초(末松謙澄)는 성공리에 임무를 완수했다. 미국의 시어도어 루스벨트 대통령은 전쟁에 지친 양국의 요청을 받고 1905년 뉴햄프셔의 포츠머스에서 강화회담을 중재했다.

포츠머스 강화조약을 통해 러시아의 랴오둥 반도 조차권과 남만주철도 부설권이 일본에 양도되었고, 북위 50도 이남의 사할린은 일본의 영토가 되었다. 아마도 가장 중요한 것은 조선에 대한 일본의 지배를 러시아가 인정하게 되었다는 점일 것이다. 이제 일본은 세계 각국이 동경해 마지않는 열강의 일원이 되었다. 보어 전쟁으로 자국의 무능함에 대한 아픈 기억을 갖게 된 영국에서는 애국심과 충성심의 부활을 요구하는 '일본 배우기' 운동이 일어났다. 아시아 전역에서도 일본이 제국주의 강대국 중 하나를 이겼다는 사실이 다종다양한 내셔널리스트들의 찬탄을 자아냈다. 중화민국 초대 총통 쑨원은 수에즈 운하를 건너다가 자신에게 일본인이냐고 묻는 아랍인을 만나게 된 경위를 훗날 회상했다. 그 아랍인은 "극동에서 러시아로 돌아가기 위해 배로 수송되는 대규모 러시아 군대를 목격했고," 이를 통해 러시아가 패배했다는 것을 알게 되었다고 한다. 쑨원은 "위대한 아시아인의 한 사람으로서 이 아랍인의 기쁨은 끝이 없는 듯했다"고 적고 있다.[27]

6. 한국 병합

모든 사람이 쑨원이 말한 아랍인의 기쁨을 공유했던 것은 아니다. 일본 내에서조차 러일전쟁의 피해와 비용을 거론하며 이의를 제기하는 사람들이 있었다. 청일전쟁의 '약탈적' 결과로 인해 냉정을 되찾은 그리스도 교단의 지도자 우치무라 간조는 반전 입장을 취하게 되었다. 우치무라와 그 밖의 지식인들은 『요로즈초호』(萬朝報)라는 자유주의 성향의 일간지에서 자신들의 의견을 개진했으나, 얼마 후 경영진은 전쟁 지지로 노선을 바꾸었다. 또 다른 사람들은 여기서 훨씬 앞서나갔다. 이제 막 시작된 사회주의 운동의 창시자들은 『공산당선언』의 번역서를 출간했다는 이유로 검열에 희생되기 전 두 달 동안 『헤이민 신문』(平民新聞)을 발행하면서 반전기사를 실었다. 전쟁을 지지하는 논조는 대체로 열광적이라기보다는 숙명론적이었고, 당시 등장한 노래와 민요는 청일전쟁 당시의 도취감과는 대조적으로 고향에서 멀리 떨어져 있는 병사들의 역경을 강조했다.(「아! 이역만리, 만주의 붉은 땅」은 지금까지 인기 있는 고전 가요이다.)

일본에서 어느 정도 상반되는 견해가 공존하고 있었다면, 자국의 독립이 청나라·러시아·일본 사이의 지배권 다툼을 어떻게 조종하느냐에 달려있다는 사실을 오랫동안 인식해왔던 조선에서는 모든 상황이 분명했다. 이 3국 가운데 가장 집요했던 일본을 견제할 수 있는 상대가 사라져버렸던 것이다. 일본의 영향력은 고종이 러시아 공사관에 피신해 있는 동안 잠시 약화되었지만, 러시아의 우세는 오래가지 않았다. 1897년에 조선정부의 수구파는 고종을 황제로 추대하여 그의 위상을 높이려는 칭제건원(稱帝建元)을 추진했다. 10월에 황제즉위식이 거행되었고, 이제 일본 및 중국의 황제와 같은 호칭을 갖게 된 고종은 그들과 대등한 위치에 있음을 주장할 수 있었다. 국가(國歌), 어기(御旗) 및 군기가 만들어져 근대 국민국가의 표면적인 특징이 갖추어졌고, 군권도 더욱 강화되었다. 이제 고종황제는 의정부의 결정을 번복할 수 있는 권한을 갖게 되었고, 황실은 전국의 광산에 대한 관할권과 값비싼 인삼에 대한 전매권을 행사하고 각종 소비세를 직접 징수함으로써 재정을 개선했다. 이는 일본이 한국의 변화를 주도하기 위해서는 궁정에 더욱 신경을 써야 함을 의미했다.

그럼에도 불구하고 이 중앙집권체제의 토대는 매우 취약했다. 관료들의 관직은 당혹스러울 정도로 자주 교체되어, 7년 동안 무려 27명이 총리대신을 지냈다. 미국인 목사 호레이스 앨런은 워싱턴에 "한국에는 실질적으로 중앙정부가 존재하지 않는다"고 보고했다. 한국의 독립을 크게 기대하는 사람은 별로 없었다.

일본이 러일전쟁에서 승리를 거둔 데는 한국의 협조가 필수적이었다. 일본은 전쟁을 선포하기도 전에 한국에 군대를 파견했고, 2월 23일 일본공사는 한국정부를 구워삶아 한국의 '독립과 영토 보전'을 보장하는 대신 일본군의 군사전략에 필요한 지점을 임시로 수용할 수 있도록 해주는 한일의정서(韓日議定書)를 체결했다. 한국의 반일 지도자들은 일본으로 압송되었다. 이런 강압적인 조치에 대한 분노로 한국에서는 여론이 들끓고 소요사태가 빈발했다. 한국정부는 5월에 평양에서 일본군이 러시아군을 물리치기 전까지는 어느 편을 들지 공식적인 입장을 완전히 결정하지 않았다. 평양전투 이후에 고종은 러시아와의 외교관계를 단절했다.

전황이 호전되자 일본은 조선에 대한 야심을 본격적으로 드러내기 시작했고, 1905년 5월 가쓰라 내각은 일본의 목표를 공식적으로 결정하게 되었다. 일본은 한반도에 육해군 기지를 상설하고, 한국의 외교와 재정에 개입하며, 한국의 우편 및 전신망을 관리하고, 전반적인 경제개혁을 감독한다는 내용이었다.[28] 이 같은 결정은 향후 일본의 행보를 예상하게 해주었고, 러일전쟁이 진행되면서 일본의 지배력은 한층 강화되었다.

이런 과정을 지켜보면서 놀라거나 분노한 외국인은 거의 없었다. 오히려 정반대로, 일본과 한국의 현격한 국력 차이를 감안할 때 그것은 당연한 귀결이라고 생각하는 것 같았다. 일본은 미국의 필리핀 병합과 한국에 대한 일본의 지배권을 상호 인정한 1905년 7월의 가쓰라-태프트 밀약으로 미국의 묵인을 얻어낸 데 이어, 한 달 뒤에는 제2차 영일동맹을 체결하여 영국의 인도 지배를 인정하는 대가로 한국 내 이권을 보장받게 되었다. 당시 국제사회에서 일본이 좋은 평판을 받고 있었던 반면 한국의 정치는 결코 그렇지 못했다. 앨런 목사는 워싱턴에 이렇게 보고했다.

> 우리가 만약 감상적인 이유로 이 〔대한〕'제국'의 독립을 도와준다면, 심각한 실수를 범하는 게 될 것이다. 이 사람들은 스스로를 지배할 능력이 없다.……
> 알다시피 나는 열성 친일파는 아니지만, 가혹한 관료들의 압제에서 인민을 해방시키고 질서를 확립하고 상업을 발전시키기 위해 문명화된 민족이 이 순박한 아시아인들에 대한 통치권을 접수하는 조치에 대해 반대하지도 않는다.[29]

이와 유사하게 미국의 정치가 겸 언론인 조지 케넌도 고위직 관료의 끊임없는 교체 때문에 좌절감을 느끼고 있던 일본인 고문들에게 동정을 표시했다.[30] 그는 물었다.

> 각 부의 대신들이 1~2주 만에 사임하는 것을 용인함으로써······책임을 회피하고 아무런 행동도 취하지 않으려고 하는 정부와 무엇을 도모할 수 있겠는가? 대한제국 황제는 카드 패에 비유할 수 있는 20~30명의 인물군을 거느리고 있다. ······그 카드를 뒤섞어 다시 돌려봐야 보직만 바뀔 뿐 등장인물은 그 밥에 그 나물이다.

다른 사람들과 마찬가지로 케넌은 일본인이 무엇을 할 수 있는지에 대해 지대한 관심을 가지고 있었다. 그는 "그것은 거대한 실험이며, 성공할 수도 실패할 수도 있으나, 필리핀에서 유사한 실험을 시도하고 있는 우리로서는 주의 깊게 지켜봐야 한다"고 말했다.

그러나 도쿄의 지도부는 향후 어떤 조치를 취해야 할지 전혀 합의가 이루어지지 않은 상태였다. 한국의 협조 가능성과 현실대처 능력을 의심하던 군부지도자들은 한국 병합을 원했지만, 국제사회의 반응에 촉각을 곤두세우고 한국의 능력에 대해 덜 회의적이었던 이토 히로부미는 확신이 서지 않았다. 이런 상황에서 나온 절충적 조치가 1905년 11월에 체결된 을사조약이었다. 일본은 이제 "한국이 국력을 갖추었다고 인정되는 시점이 올 때까지" 한국의 외교에 대한 전권을 행사할 수 있게 되었다. 한국의 황제를 내알(內謁)할 수 있는 권한을 가진 통감이 한성에 주재하고, 일본정부가 필요하다고 판단하는 다른 지역에도 이사관(理事官)을 설치해 일본인들이 사무를 관장한다는 내용도 포함되었다.

이 '협약'의 성격은 1990년대까지 한일간 논쟁의 불씨를 제공했다. 보수적인 일본정부의 지도자들은 그 조약이 모든 법적 요건을 갖추었기 때문에 완벽하게 유효한 것이라고 주장했다. 1992년에 한국의 학자들은 그 문서에 고종의 직인도 서명도 없다고 반박했다. 어떻게 보면 이 논쟁은 부질없는 것이다. 그 '협약'을 거부할 경우 극단적인 결과를 각오해야 할 것이라고 한국인들을 협박하며 이토가 주저하는 한국정부에 강제한 것임에 틀림없기 때문이다. 이토 자신은 미래에 대한 확신을 공언했다.

> 나는 귀국에 자멸을 강요하고 있는 것이 아니며, 귀국이 우리나라와 비슷한 위치에 이를 만큼 발전할 수 없다고 생각하는 것도 아니오. 나는 귀국이 과감하게 앞으로 나아가면 우리와 동등한 지위에 이를 정도로 진보하여 서로가 협력할 수 있는 날이 올 것으로 기대하고 있소.[31]

이토는 자신의 소신을 입증할 수 있는 기회를 부여받았다. 그는 1905년 12월 한국통감에 임명되었다. 이 메이지 지도자가 자신의 경력에서 마지막으로 떠안게 된 과제를 어떻게 수행했는지 간략히 살펴보도록 하자. 통감직을 수락하기 전에 이토는 한국에서 민간부문뿐 아니라 군사정책까지 총괄할 수 있는 전권을 확보했다. 겐로 중에서도 가장 영향력 있는 인물이 아니라면 상상도 못할 일이었다. 1930년대에는 설사 이토와 같은 위치의 인물이라도 그런 전권을 위임받을 수는 없었다. 이토는 젊은 시절을 회상하며 이렇게 생각했다. 메이지 유신의 성과를 떠올리면서, 자신이 한국에서 해야 할 일들이 40년 전 자기와 동료들이 조국에서 했던 일들과 너무나 흡사하다고. 이토는 한국인의 저항을 예상했지만, 그것은 메이지 초기의 사족 반란과 마찬가지로 잘못된 아집이며 무망한 행동이라고 생각했다. 그는 고종을 정치로부터 격리시키고, 일본인 고문들에게 협조적인 관료들에게 실권을 주려고 했다. 그래서 한국정부에 많은 공을 들였다. 하지만 한국정부는 그의 존재를 불쾌하게 여겼고, 이토가 데려 온 일본인 고문들은 강력한 저항에 부딪혔다. 불청객인 일본인들이 지원하는 '부강'책이 메이지 일본에서처럼 지지를 얻을 수 있으리라 기대하는 것은 애초부터 무리였다. 일본정부는 이 사실을 깨닫지 못했던 것 같고, 이토 자신도 이상하게 이 점에 대해서는 둔감했다.

상황은 한국의 독립이 좌절되는 방향으로 치달았다. 외국의 도움이 더욱 절실해진 고종황제는 영국의 언론인 한 명을 미국에 보내 조선의 입장을 밝히게 했으나, 아무런 소용이 없었다. 1907년에는 헤이그 만국평화회의에 밀사를 파견했지만, 외교적 인정을 받는 데 실패했다. 이 무렵 야마가타는 병합 쪽으로 마음을 굳혔으나, 이토는 사이온지 내각의 지지를 받아 마지막 절충안을 시도하기로 했다. 한일신협약은 모든 고위 관료에 대한 임명권을 포함해 제반 법률과 행정적 결정을 승인하는 권리를 통감에게 부여했고, 이에 따라 이토는 외교권뿐 아니라 내정까지 장악하게 되었다. 1907년 7월 고종은 퇴위를 강요받았다. 이후 고종은 황국 민족주의의 상징이 되어, 제위에 있을 때보다 퇴위한 뒤에 더 큰 역할을 했다. 전국에서 저항의 불길이 타올랐다. 한국인들은 '의병'을 일으켜 고종의 퇴위에 반대했고, 그 숫자와 규모는 시간이 갈수록 불어났다. 이들은 점차 거만해지는 일본인의 태도에 분개했으며, 특히 일자리와 토지, 부를 찾아 한국으로 몰려들고 있던 일본인들을 증오했다. 대한제국 군대는 강제로 해산되었다. 하지만 이 조치는 대규모의 훈련된 무장세력이 의병운동에 합류하는 계기가 되었다. 이토는 그들을 불만에 찬 사무라이 정도로 생각했을지 몰라도, 사실상 무장투쟁세력은 전국적인 지지와 성원에 힘입어 일본인뿐 아니라 일본에 협력하는 한국정부에 대해서도 전쟁을 선언하고 나섰다. 전장에 나선 수만의 의병을 진압하기 위해 일본은 대규모 진압작전을 수행해야 했다. 일본군은 결국 의병을 진압했지만, 이 과정에서 저항세력에 협력한다고 의심되는 무고한 사람들을 무수히 살해했다. 한편으로는 일본에 협력함으로써 일신의 영달을 꿈꾸는 한국인들도 있었다. 한동안 일본의 후원을 받은 일진회(一進會)라는 대규모 조직은 한국의 완전한 병합을 주장하는 선전활동을 벌임으로써 사회적 불안을 고조시켰다.

이토는 자신의 접근방식이 성과를 거두지 못한 데 좌절감을 느끼며 1909년 초여름에 통감직에서 물러났다. 그는 병합의 가능성을 완전히 배제하지는 않았지만, 자신이 지원하는 개혁에 대해 한국인들이 자발적으로 협조하고 순응할 것으로 기대했지만, 안정된 친일체제가 구축되지 않자, 이토는 기존의 입장을 철회했다. 1910년 8월에 친일파 내각은 통감부에서 한일병합조약에 조용히 서명했다. 이 일은 일본이 분노한 한국민중의 저항에 대처할 수 있는 시간을 벌기 위해 일주일 후에 공포되었다. 8월 말에 발표된 메이지 천황의 조서에 의해 한일병합조약은 공식화되었다.

> 짐은 동양의 평화를 영원히 유지하고 제국의 안전을 장래에 보장하는 일이 필요함을 생각하여, 또 항상 한국이 화란(禍亂)의 연원이 되고 있음을 고려하여……이제 영구히 한국을 병합하기로 했다. ……모든 〔한국〕민중은 직접 짐의 신하가 되어 강복(康福)을 증진할 것이며, 산업무역은 치령(治平)하에 현저한 발달을 보게 될 것이다.

이 무렵 이토 히로부미는 이미 이 세상 사람이 아니었다. 그는 1909년 10월 러시아 대표단을 만나기 위해 방문한 하얼빈(哈爾濱)에서 안중근이라는 젊은 한국인에게 살해당했다. 안중근은 한학을 공부하다가 자신의 학교를 세웠으며, 병합이 임박하자 만주국경을 빠져 나가 의병부대를 조직하고 한국의 독립을 위해 투쟁했다. 안중근의 이력은 이토의 스승인 요시다 쇼인의 경력에 견줄 만하다. 오늘날 안중근의 동상은 이토의 통감부가 있던 서울에 세워져 있다. 이웃나라의 주요 정치인을 암살한 인물이 국민적 영웅으로 추대되는 경우는 안중근 외에는 별로 없을 것이다.

7. 국가와 사회

1912년 메이지 시대가 막을 내릴 무렵, 일본 제국주의는 굳건히 뿌리를 내리고 있었다. 일본의 한국 병합은 국제사회의 비난을 거의 받지 않았다. 미국(가쓰라-태프트 협정, 1905), 영국(제2차 영일동맹, 1905), 러시아(대륙의

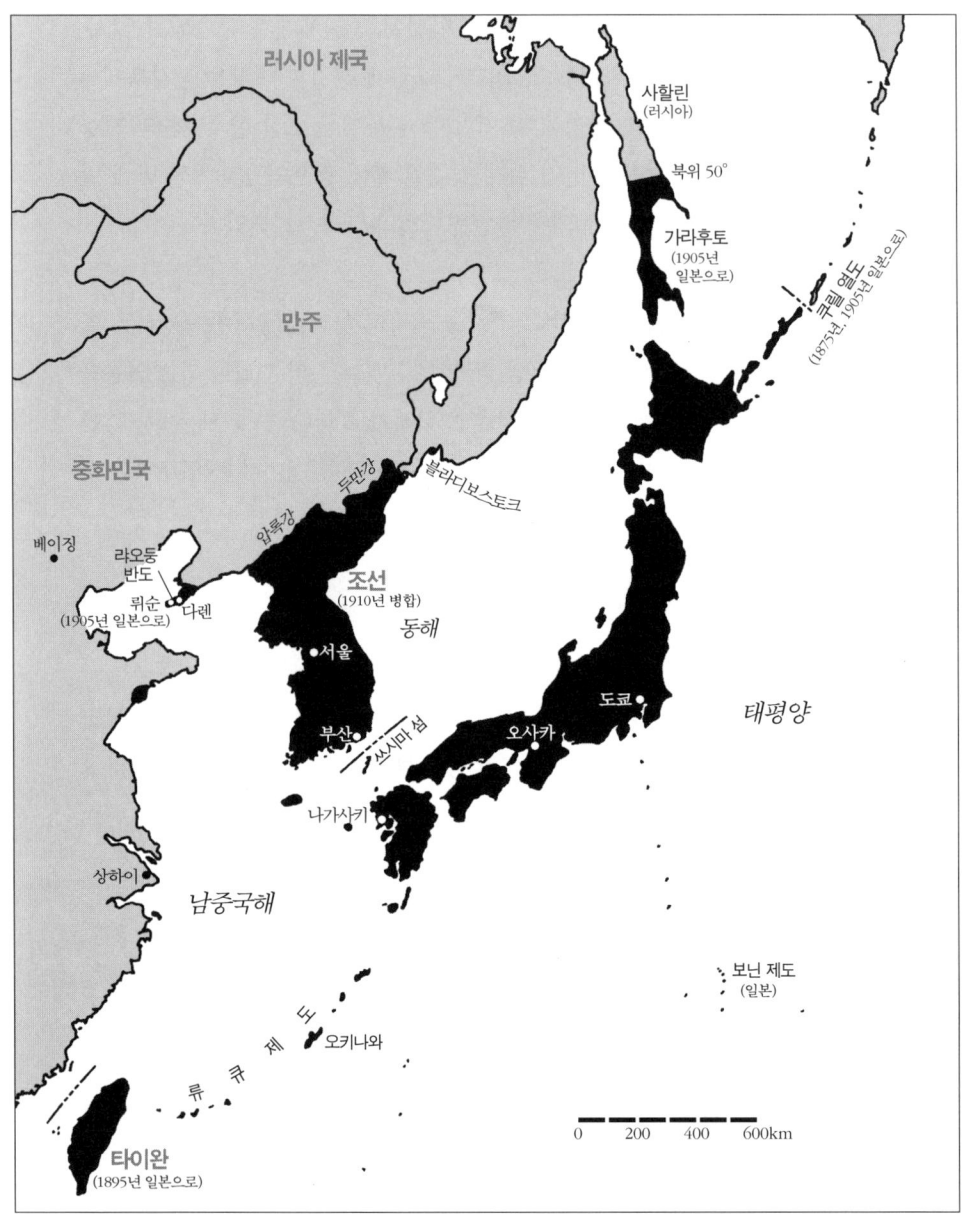

6. 메이지 시대의 일본제국(1910). 일본은 1875년에 쿠릴 열도에 대한 영유권을 확보했고, 1879년에는 류큐 제도를 통합했으며, 청일전쟁 후인 1895년에 타이완을 얻었고, 1905년에는 랴오둥 반도에 대한 조차권을 획득했으며, 끝으로 1910년에는 한국을 병합했다.

| 일본제국 |

국경을 확정하고 조약상의 이권을 명기하는 협약, 1907, 1910, 1912)와 맺은 협약은 일본의 입지를 강화해주는 듯이 보였다. 일본은 다른 강대국과 대등한 지위로 격상되었다. 1905년에 도쿄의 영국 공사관은 대사관으로 승격되었고, 다른 열강도 신속하게 유사한 조치를 취했다. 중국 주재 외교관들은 여전히 공사급인 반면 도쿄에 파견된 외교관들은 대사급이라는 사실은 일본인에게 무척 반가운 일이었다. 한국에 주재하던 모든 외교관은 이미 철수했다.

오래된 문제가 해결되자 새로운 문제가 대두되었다. 대륙을 관리해야 하는 부담이 커지면서 거액의 국방비가 지출되었다. 20년 전 야마가타가 한반도까지 확대했던 '이익선'의 범위가 훨씬 넓어졌고, 어제의 우방이 내일의 적이 될 수도 있는 상황에서 제국의 육해군은 더 많은 예산을 요구했다. 중국으로부터 받은 전쟁배상금은 철강업에 투입되어 중공업 육성의 밑거름이 되었다. 제국의 팽창과 산업은 상승작용을 일으켰다. 일본은 자력으로 선박을 건조하기 시작했다. 수출용 상선의 수요가 급증했고, 대형 전함 드레드노트급 전함의 출현으로 이전의 군함들이 갑자기 쓸모없어지면서 새로운 해군을 건설해야 했기 때문이다. 일본은 이 새로운 경합의 장에 경쟁자들과 거의 대등한 자격으로 뛰어들었다. 장차 제국의회에서 벌어질 논쟁은 더 많은 사단을 창설하고 더 많은 전함을 건조하기 위한 예산의 규모와 배정에 중점을 두게 된다.

20세기 초에는 인구분포가 급속히 변화하면서 일본의 농촌과 도시 사이에 새로운 균형이 형성되었다. 메이지 유신 초기인 1873년에 일본의 인구는 3,500만으로 추산된다. 이 수치는 1891년에 4,100만으로 증가했고, 1913년에는 5,200만에 달하게 되었다. 종자개량과 비료 덕분에 농업생산성은 향상되었으나, 1900년 무렵에는 생산이 한계에 달해 식량을 수입하기 시작했다. 이때까지 농업은 정부세입의 상당부분을 부담했으나, 앞에서 언급했듯이 1900년 이후에는 소비세·소득세·영업세의 비중이 상대적으로 커졌다. 인구는 대체로 도시에서 증가했다. 새로운 상업도시와 공업도시들이 과거 도쿠가와 시대에 다이묘들이 에도에 갈 때 경유했던 태평양 연안의 도로를 따라 형성되었다. 고베(神戶)·오사카·나고야·요코하마·도쿄가 새로운 중심지였다.

하지만 이런 도시화 추세에도 불구하고 일본의 유권자는 농촌지역에 편중되었다. 재산을 보유하고 있고 연간 최소 15엔 이상의 세금을 내는 납세자에게만 선거권이 주어졌기 때문에 지주와 부농이 유권자의 대부분을 차지했다. 이런 상황은 선거권 취득요건을 재산세 10엔으로 낮춘 1900년에도 여전했다.

인구 성장과 식량 수요 증가는 자연스럽게 이민에 대한 논의로 이어졌다. 한동안 한국은 비교적 인구가 적어 많은 일본인 이민을 수용할 수 있을 것으로 생각되었고, 타이완에 대한 기대도 높았다. 열성주의자들은 이를 국력 신장의 자연스러운 산물이라고 말했다. 하지만 대부분의 이민자들은 하와이와 미국의 부와 대지에 더 큰 매력을 느꼈다. 러일전쟁이 끝나고 한참 동안 미국과 그 부속지역들은 타이완이나 한국보다 많은 수의 일본인을 끌어들였다. 이리에 아키라에 따르면, "그런 추세는 자신만만한 팽창주의 논리와 일본의 우방국이라는 미국의 이미지에 의해 유지되었다."[32] 러시아에 승리를 거둔 후 일본은 동서를 가리지 않고 전방위적으로 팽창할 수 있다는 자신감을 갖게 되었다. 한 신문은 "평화기의 전쟁이 이미 시작되었다. 나팔이 울리고, 전쟁의 함성이 들린다. 우리 국민은 적진을 향해 돌진할 준비가 되어 있는가?"라는 사설을 실었다. 해외로의 팽창을 국가의 급선무로 보는 사람도 있었다. 언론인들은 용감한 일본인들이 세계로 진출하여 일본인의 패기와 능력을 과시해야 할 것이라고 앞다투어 역설했다. 해외이주계획은 우방국이 이민자들을 환영할 것이라는 순박한 가정하에 시작되었다. 한 언론인은 일본인과 미국인은 지구상에서 가장 진보적인 국민이며, 미국 서부의 광활한 공간은 미일의 합작에 안성맞춤인 장소라고 말했다. 불행히도 미국인은 그렇게 생각하지 않았고, 그 결과 미일관계는 위기를 맞게 되었다.

| 일본제국 |

  20세기의 첫 10년은 '황화론'(黃禍論)이 전세계의 신문지상을 달구던 시기이기도 했다. 일본정부의 지도자들은 이런 시류에 경각심을 가지고 신중한 태도를 취했으나, 오쿠마 시게노부 같은 사람들은 일본이 자국민의 권리를 더욱 과감하게 주장해야 한다고 말했다. 오쿠마는 미국인이 일본인 이민자들의 능력을 알고 나면 그들이 중국인이나 다른 아시아 민족들보다는 서양인에 훨씬 가깝다는 사실을 인정하게 될 것이라고 자신했다. 하지만 이민자들이 현지에서 멸시와 차별에 직면하자, 미국에 대한 일본의 국민정서는 악화되었다.

  따라서 러일전쟁은 미일관계에 복합적인 유산을 남겼다. 우선 미국의 차관은 일본의 야심찬 노력을 재정적으로 후원하는 데 중요한 역할을 했고, 전력(戰力)이 한계에 이르렀음을 인식하고 있던 일본정부 관계자들은 포츠머스 강화조약을 중재해준 루스벨트 대통령의 역할에 감사했다. 그러나 평범한 일본인의 입장은 이와 전혀 달랐다. 정부측의 무성의한 태도 때문에 상황이 어떻게 돌아가는지 잘 모르고 있었고, 조금만 더 싸우면 러시아를 격파할 수 있다고 막연하게 믿고 있었다. 더구나 자신들의 피땀 흘린 노력이 당연히 보상을 받게 되리라 생각하고 있던 일본인들은 포츠머스 강화조약에 전쟁배상금에 대한 조항이 없다는 사실을 알고서 분통을 터뜨렸다. 그들의 주요 정보원인 신문들은 강화조약을 섣부른 처사라고 비난하면서 굴욕감과 수치심을 표명했다. 포츠머스에서 조약이 체결되던 1905년 9월 5일, 강화조약에 반대하는 시위가 도쿄 중심부의 히비야(日比谷) 공원에서 벌어졌다. 수많은 군중이 조약 거부를 촉구하면서 일본군이 계속해서 싸울 것을 요구하기 위해 황거로 연결되는 다리로 향하다가, 경찰의 강경 진압에 밀려 쫓겨났다. 곧 도쿄 전역에서 폭동이 일어나 며칠 동안 계속되었고, 다른 도시로도 확산되었다. 정부는 질서회복을 위해 계엄령을 선포할 수밖에 없었다. 분노한 군중들은 도쿄에서만 250채의 건물을 파괴했는데, 여기에는 내무대신의 관저와 유일한 친정부 성향의 신문사도 포함되어 있었다. 9곳의 경찰서와 수백 군데의 주재소가 불에 탔다. 17명의 사망자를 포함해 1천여 명의 경찰과 민간인이 부상했다. 신뢰할 수 없는 정부를 겨냥한 이런 대중적 분노는 가부장적 정부가 국가를 감사히 여기는 인민에게 기대했던 반응과는 자못 동떨어진 것이었다. 앤드루 고든의 사려 깊은 분석에 따르면,

> 자본주의를 촉진하고 근대국가를 창설한 한정된 엘리트 집단에 의해 유지되던 강도 높은 통제는 근대 일본사를 연구하는 많은 학자들의 눈에 두드러진 특징으로 보이지만, 민중의 역사는 훨씬 복잡하고 모순적인 특징을 드러낸다. 엘리트층의 통제는 제한적이었고, 위로부터의 혁명은 사실상 민중의 정치의식에 불을 지폈다.[33]

히비야 폭동이 일어난 근본이유가 도시 군중의 불만이었다는 것은 분명하지만, 당대의 목격자들은 그 폭동에서 반미(反美)감정의 단초를 발견했다. 히비야 폭동은 점차 껄끄러워지고 있던 미일관계를 악화시켜 상호간의 불신을 증폭시켰다. 이런 불신은 미국에서 하와이와 서부지역 이민자들에 대한 인종주의적 편견으로 표출되었다. 미국의 일부 군사지도자들은 일본인들의 동태에 촉각을 곤두세우고 있었다. 예컨대 샌디에이고 근방에서 스케치북을 들고 다니던 일본인 학생이나, 컬럼비아 강 하구에서 지도를 들고 있던 일본인이 간첩혐의로 육군성에 보고되기도 했다. 어떤 미육군 소령은 미국 서해안에 거주하는 1만~2만 명의 일본인은 퇴역군인으로 무장을 한 채 전투태세를 갖추고 있다고 보고했다. 미해군 당국은 육군에 비해서는 피해망상이 덜했지만, 1907년 루스벨트 대통령의 요청으로 (일본의 도발에 대비한) '오렌지' 전쟁계획에 착수했다. 이 계획의 골자는 전체 해군함대를 대서양 기지에서 태평양 연안으로 이동시키는 것이었고, 이를 계기로 '백색함대'라 불리던 미 해군의 주력선 16척이 세계일주에 나섰다. 이 함대가 1908년에 일본을 방문했을 때, 미국인들은 뜻밖의 환대를 받고 놀랐다고 한다. 하지만 일본해군은 미국을 미래의 잠재적인 적으로 간주했고, 1907

| 일본제국 |

년에 러시아·미국·프랑스를 가상의 적으로 설정한 전쟁 시나리오가 준비되었다. 미국과의 충돌이 불가피하다는 주장에 회의적이던 일본의 고위층은 미국에서 날아온 보고에 적잖이 당황했다. 하지만 그들은 러일전쟁 이후 급변하는 국제정세 속에서 국방을 튼튼히 하고 경계태세를 갖추어야 할 필요성을 역설했다. 도쿄의 당국자들은 언론인이나 논평가들과 달리 머나먼 이국의 해안가로 이민간 가난한 농민들의 운명에는 별 관심이 없었다. 1908년 외무대신 고무라 주타로는 제국의회 연설에서 이민자들이 겪는 위기의 심각성을 문제삼는 사람들을 비판했다. 그는 장차 일본의 이권이 걸려 있는 동북아시아 지역으로 이민을 보내는 것이 더욱 중요하다고 주장했다. 이 무렵에 일본이 '만주'에 대한 배타적 이권을 노리고 있다는 사실이 알려지자, 윌러드 스트레이트를 비롯한 미국의 관리들은 분노했다. 요컨대 일본인은 러시아를 물리치기 위해 희생을 치렀지만 그 노고를 보상받지 못했다. 오히려 새롭고 더 큰 부담이 일본의 납세자들을 기다리고 있었다.

메이지 지도자들은 서양열강에 비해 일본이 상대적으로 약하다는 사실을 이번 경험을 통해 절감했고, 앞으로는 좀더 신중할 필요가 있다는 교훈을 얻었다. 따라서 일본 언론인들과 달리 대부분의 지도부들은 일본을 떠난 농민들의 딱한 처지를 걱정하기보다는 미국과 서양의 지도층과 원만한 관계를 유지하고자 노력했다. 야마가타와 이토를 비롯한 지도자들은 서양의 동의를 구한 뒤에 자신들의 구상을 실행에 옮겼고, 경험상 일본과 미국의 국력 격차가 굉장히 크다고 확신하고 있었다.

그러나 후임자들은 달랐다. 메이지 후기에 이르자 그들은 과거의 위대한 업적에 대한 설교에 넌더리를 냈으며, 선배들의 지도편달에 얽매이지 않고 최전선에서 자신들의 입지를 확보하려고 분투했다. 늙어 가는 겐로들을 의사결정 과정에서 배제하거나 그들의 정보망을 차단하기는 어려웠으나, 가토 다카아키(加藤高明, 1860~1926)와 고무라 주타로(1855~1911) 같은 외교관들은 자율성을 확보하기 위해 애썼고, 그로 인해 선배들의 미움을 사게 되었다. 이런 현상은 군부에서도 마찬가지였는데, 가쓰라 다로와 특히 다나카 기이치(田中義一, 1864~1929)는 군비 확충과 국가의 팽창을 열렬히 주장했다.

이런 세대교체의 분위기는 정치권에서도 표면화되었다. 메이지 초기에 신설된 제도하에서 성장한 차세대 지도자들은 '덴포기의 노인들'에 대해 조바심을 드러냈다. 의회의 지원을 얻기 위해 각료직을 제공하는 데 신물이 난 이토는 1900년에 앞서 살펴본 대로 자신의 정당을 결성했다. 그가 입헌정우회를 창당하면서 염두에 두었던 것은 사회적 기반을 잡은 신뢰할 수 있는 사람들로 구성된 정당이었다. 다시 말해 이토의 의도는 관료, 부유한 사업가, 토지를 보유한 농촌의 유지, 지식인 등의 '가진 자'들로 이루어진 정당을 세워 불만 많은 '못 가진 자'들의 공격으로부터 정부를 보호하려는 것이었다. 그러나 막상 정당결성이 가시화되었을 때는 신당이라기보다는 구(舊)자유당에 새로운 사람들과 지도자들이 가세하고 있는 형국이었다. 이타가키 같은 연로한 인물들은 정당정치 무대에서 사라졌고, 좀더 젊고 저돌적이고 야심만만한 사람들이 그들을 대신했다. 세대교체를 꿈꾸는 호시 도루는 이토와 함께 일하는 것에 대해 솔직한 심경을 털어놓았다. "우리는 오랫동안 노인들이 우리를 이끌어가게 하지는 않을 것이다. 일단 토대만 잡히고 나면, 이토를 비롯한 노인들을 차례차례 몰아내고 우리가 하고 싶은 대로 하자."

그런데 결과적으로 그의 기대는 무산되었다. 이토의 계획을 처음부터 곱지 않은 시선으로 보고 있던 야마가타 아리토모는 이토가 이런저런 준비를 할 겨를도 없이 알아서 잘해 보라며 사임해버렸다. 이토는 야마가타의 속내를 꿰뚫어보고 "이건 야마가타가 적이 대열을 갖추기도 전에 기습을 가하는 것과 마찬가지다"[34]라고 불평했다. 1900년 총리 자리에 앉자마자 이토는 귀족원이 자신의 정당내각 방안에 노골적으로 반감을 드러내고 있다는 것을 알게 되었다. 천황의 조서로 귀족원의 반발은 무마되었지만, 군부의 지원을 얻는 데 어려움을 겪은 이토는 다시 한번 사임을 결심했다.

이토는 자신과 함께 영국으로 유학을 떠났던 조슈 번의 오랜 벗 이노우에 가오루(1835~1915)에게 차기 총리직을 맡아달라고 제안했다. 한번도 내각을 구성해본 적이 없는 유일한 겐로 이노우에는 장차 내각을 구성하기 위해 사전에 여러 인물을 접촉했으나, 그들은 하나같이 고사하거나 병중(病中)이었다. 육군대신 가쓰라도 신병을 이유로 육군대신직을 계속 맡아달라는 이노우에의 요구를 거절했다. 이노우에가 가쓰라를 설득하는 데 실패했다는 소식을 동료들에게 전하자, 그들은 가쓰라한테 총리 자리를 권유해보라고 충고했다. 결국 가쓰라는 주저하는 척하다가 이 제안을 수락했는데, 사실 이것은 야마가타가 미리 짜둔 복잡한 계략이었다.

이제 제2선의 지도자들이 주도권을 잡았다. 이토는 추밀원 의장이 되어 정계에서 물러났고(그의 마지막 임무는 한국통감이었다), 입헌정우회를 최후의 겐로 사이온지 긴모치에게 넘겼다. 메이지 시대가 끝날 때까지 가쓰라와 사이온지는 비교적 조화를 이루며 총리직을 번갈아 맡았는데, 우선 가쓰라가 1901년부터 5년 반 동안, 사이온지는 3년 반 동안 총리직에 있었고, 그 다음에는 다시 가쓰라가 3년, 사이온지가 마지막 1년을 장식했다. 하지만 호시 도루는 "노인들을 몰아낼" 때까지 살지 못하고 1901년에 한 사립학교 교장에게 암살당했다. 암살자는 호시 도루 살해동기에 대해서, 호시에게 개인적인 원한은 없지만 호시가 거리낌없이 뇌물을 챙긴 것은 "천황 폐하로부터 인민대중에 이르기까지 나라에 가당치 않은 누"를 끼치는 일이었기에 그렇게 했다고 밝혔다.[35] 입헌정우회의 실질적인 주도권은 하라 다카시(原敬)에게 넘어갔고, 그는 20년 후 정당지도자로서 내각을 구성하는 최초의 인물이 된다. 상황이 이렇게 전개되자 한때 자유민권운동의 대변자 노릇을 하던 사람들도 권력에 다가가기 위해서는 정치 엘리트와의 관계가 중요하다는 사실을 인식하게 되었다. 사실 히비야 폭동을 야기한 원인 가운데 하나는 입헌정우회가 내각을 지지하는 대가로 총리직을 사이온지에게 넘기기로 하라와 사이온지 그리고 가쓰라 간에 밀약이 있었기 때문에 국민의 기대와 달리 의원들이 포츠머스 강화조약에 반대하지 않았다는 것이다. 물론 국민은 그런 밀약이 있었다는 점을 눈치 채지 못했다.

군부 내에서는 야마가타의 조슈파가 계속 영향력을 행사했기 때문에 세대교체에 따른 변화가 두드러지지 않았지만, 실제로 아무 일도 없었던 것은 아니다. 제국 육군의 관료화는 '삼두'(三頭)체제의 등장과 함께 완성되었다. 육군대신·참모총장·교육총감(敎育總監, 1898년에 신설)이 군사정책을 결정하는 3대 요직이 되었다. 1898년에 군부는 오쿠마-이타가키 내각의 육군대신 및 해군대신에게 천황의 특별조서를 내려, 자신들이 민간 정치인들을 위해 복무하는 것이 아니라는 점을 천명했다. 1900년에 야마가타는 그동안 관행으로 이루어지던 '군부대신 현역무관제'(軍部大臣現役武官制) 공식화하는 천황의 칙령을 받아냈다. 이후 육군대신과 해군대신은 현역무관 중에서 임명하게 되었다. 이 원칙은 1913년에 완화되었지만, 1936년에 부활되었다. 군부는 자신의 요구가 받아들여지지 않으면 내각의 성립 자체를 저지할 수 있는 강력한 무기를 갖고 있는 셈이었다.

이런 상황은 군사교육이 동시대의 민간인들과 전혀 다른 배경과 가치관을 가진 장교단을 양산하기 시작하면서 더욱 심각해졌다. 장교들은 통상적으로 기본교육을 받고 나면 보통 학생들과는 다른 과정을 밟았다. 중·고등학교 기간에 교련과 규율을 몸에 익힌 장교 지망생들은 사관학교로 진학했고, 그 중 운이 좋은 소수의 사관생도는 육군대학에 갈 수 있었다. 이런 교육과정을 마친 군인들은 보통 일본인과는 분명히 달랐으며, 난마처럼 얽힌 국정문제에 대해 단순한 해법을 제시하기 일쑤였다.

군부는 정치를 멀리 하라는 경고가 담긴 「군인칙유」를 따르겠다고 선언했지만, 실제로 모든 정치적 결정이 군사문제와 연관되어 있었으므로, 자신을 '천황의 병사'로 여겼던 군사지도자들은 천황을 등에 업고 문민관리와 정치인들에게 도전했다. 제1세대 군사지도자들은 전문화가 이루어진 20세기 이전에 이미 형성되어 있었고, 미래의 정치인은 이토가 한국에서 행사한 것과 같은 전권을 행사할 수 있을 것 같지는 않았다. 중국과 러시아에 대한 승리는 군부에 위신과 힘을 더해주었다. 전쟁이 끝날 때마다 혁혁한 전과를 올린 사령관들은 새로 귀족작위를 받았고, 언론과 국민교육은 군인들의 용맹성과 헌신을 강조했다. 언론은 문민정치에 대한 불만을 부채질했다. 정치인들은 걸핏하면 추문과 비리에 연루되어 여론의 도마 위에 올랐고, 국민의 눈에는 정치인의 부패가 직업군인들의 사심 없는 태도와 아주 대조적으로 보였다.

메이지 말기에 이르러 문민관료제는 20세기의 형태를 갖추게 되었는데, 그 내부에서는 세대차이가 두드러졌다. 메이지 초기와 중기에는 구사무라이 출신 관료들이 관직을 장악했고, 이들의 임용에는 후원자들의 입김이 크게 작용했다. 하지만 세기가 바뀌자 제국대학을 졸업하고 정부관리가 되는 사람들의 비율이 높아졌고 이들이 맡은 역할도 점차 중요해졌다. 1893년의 문관임용령(文官任用令)은 향후 관리 임용절차의 기초가 되었으며, 이때부터 관리는 시험을 통해 선발되었다. 공직은 하나의 전문직으로 확립되었고, 내각의 모든 성(省)은 직위와 직급에 따라 위계적으로 조직되었다. 교육이 관료사회에 진입하는 관건이었다면, 도쿄제국대학(그리고 교토제국대학)을 졸업하는 것은 출세의 지름길이었다. 메이지 정부의 초석을 놓은 사람들은 파벌정치와 엽관제(獵官制)를 경계했고, 엘리트 관료들의 자율성과 안정된 지위를 보장하기 위한 조치를 취했다. 1899년에 야마가타는 정당의 당원이 관리가 되는 길을 제한하기 위해 문관임용령을 문관분한령(文官分限令)으로 개정했다. 이후 정당의 영향력이 커지면서 관리들도 내각의 교체에 어느 정도 관심을 보이기 시작했다. 하지만 내각이 바뀌어도 관료사회 내부의 자리 이동이 있었을 뿐 외부인사가 영입되는 일은 없었다.

내부적으로 관료제는 연공서열에 따라 조직되었다. 따라서 같은 해에 시험을 보고 관리가 된 사람들은 동기생이 되었다. 이와 마찬가지로 제국 육군도 사관학교를 졸업한 기수를 중심으로 뭉쳤다. 메이지 시대를 통틀어 이런 동기생 집단은 소규모였기 때문에 훗날 고위직 집단을 형성하는 데 큰 영향을 미쳤다. 예를 들어 외무성에서는 외교관과 영사를 임용하기 위한 고등시험이 1894년에 처음 실시되었다. 제2차 세계대전 종전(終戰) 후 일본의 유력 정치인이 되는 요시다 시게루(吉田茂, 1878~1967)는 1906년 도쿄제국대학 법학부를 졸업하고 제12회 외무성 고등시험에 응시했다. 이 해에 합격한 동기생은 정확히 11명이었다. 그 중에는 1937년 중일전쟁 발발 당시 외무대신이었던 히로타 고키(廣田弘毅)도 있었다. 이듬해의 합격자 중에는 제2차 세계대전 때 일본이 나치 독일 및 이탈리아와 체결한 삼국동맹을 기획한 마쓰오카 요스케(松岡洋右)가 있었다. 업무수행 능력과 시험성적 사이에는 별로 상관관계가 없었다.(요시다는 공동 꼴찌였고, 히로타는 수석이었다.)[36] 이렇게 좁은 문을 통과한 사람들은 오랫동안 과장·총영사·대사·대신을 지내며 서로 친분을 쌓았다. 따라서 고시제도는 위계적인 동시에 유능한 인재에게 개방된 공직사회를 만들어냈다. 외무성과 대장성이 전문 부처로서 가장 명성이 높았지만, 다른 부처도 유사하게 전문화 양상을 보였다. 메이지 후기에 관리가 된 사람들은 특정 부처—외무성이든, 대장성이든, 농상무성이든—의 설치 당시부터 제2차 세계대전 때까지 일본의 관료사회를 주도했다.

경제변화에 대해서는 이후의 장에서 다룰 것이다. 여기서는 다만 그런 경제변화에 수반된 사회변화의 성격을 언급하고자 하는데, 이 역시 중요한 문제다. 메이지 시대가 끝날 때까지 내수 및 수출의 생산성과 전통산업 및 근대산업이 급속히 성장했고, 이들 사이의 관계는 경쟁적이라기보다 상호보완적이었다. 다시 말해 위로부터의 성장과 아래로부터의 성장이 함께 진행되었던 것이다. 1890년대까지 전통적 부문—농업과 어업—은 식량을 생산해 인구를 먹여 살렸을 뿐 아니라, 견직물을 수출하여 외화를 벌어들임으로써 필요한 물자를 수입할 수 있게 해주었다. 청일전쟁과 러일전쟁은 이런 패턴에 변화를 가져왔고 그것을 가속화했다. 전시에 정부지출은 급증했고, 청나라의 전쟁배상금과 1905년에 미국 및 영국에서 들여온 차관은 산업화과정을 촉진했다. 그 결과 경제적 이익을 추구하는 기업가들의 영향력과 힘이 증대되었다. 1880년대부터 형성되기 시작한 재벌그룹의 최고경영자들은 금맥과 인맥을 통해 명실상부한 파워엘리트의 구성원으로 자리

잡았다. 겐로 이노우에 가오루는 미쓰이와 이해관계를 맺고 있었고, 미쓰비시는 오쿠마와 관련된 도시 정치운동에 자금을 대주는 동시에 그것으로부터 도움을 얻었으며, 은행가 시부사와 에이이치(澁澤榮一)는 정부정책에 영향력을 행사할 수 있었고, 마쓰카타는 주고은행(十五銀行, 화족은행)에 돈을 맡긴 화족들과의 연줄을 이용해 그 은행이 조선업과 철도 부설에 자금을 대도록 했다. 국가의 목표가 개인의 소비보다 우선시되는 상황에서 이런 정경유착은 성장과 분배에서 가장 중요시되어야 하는 것들을 왜곡시켰음에 틀림없다.

그럼에도 불구하고 지주들이 도시로 이주하면서 강화된 도시화 추세는 정당과 정치에 영향을 미쳤고, 이는 메이지 헌법이 제정된 후 첫 10년 동안 나타났던 정당과 정부 간의 격심한 갈등이 가쓰라와 사이온지가 번갈아 총리직을 맡은 그 다음 10년 동안 타협과 흥정으로 바뀐 사실을 설명하는 데 도움을 준다. 오자키 유키오를 비롯한 몇몇 이단자를 제외한 나머지 정치인들은 행동을 같이했다. 이들은 평화시에는 군부를 비난하면서도 막상 전시에는 예산을 지원해주었고, 정부정책이 유약해 보일 때는 이를 비판했으며, 각종 이권을 챙기기도 하고 선심공세를 펴기도 했다.

생활양식과 생활수준도 변화하고 있었지만, 다른 부문에 비해 그 속도는 매우 느렸다. 위에서 살펴본 대부분의 사건은 핵심 권력층에서 발단되었고 일본의 도시에서 전개된 것이다. 농촌서민들의 일상생활은 메이지 시대 내내 별로 변한 게 없었다. 소작인의 삶은 여전히 고단하고 궁핍했으며, 유명한 소설 속에 묘사된 소작인들은 우리가 상상할 수 있는 최저수준의 생활을 했다. 그들은 진흙바닥의 허름한 집에서 맨발로 혹은 짚신을 신고 지냈으며 생선이나 육류는 거의 구경도 못하고 쌀보다 훨씬 거친 곡물을 먹으며 연명했다.[37] 비교적 독립적인 자작농의 생활이 눈에 띄게 변한 것도 20세기에 접어들 무렵이었다. 수잔 핸리의 지적처럼 그들에게 찾아온 변화에는 과거의 상류층 또는 사무라이들의 생활양식이 하향 보급된 것과 외국에서 들어온 요소가 혼재되어 있었다. 우선 주택이 개량되었다. 농촌

주민들은 진흙 위에 다다미를 깔았고, 집 주위로 넓은 처마를 둘렀으며, 창호지나 유리를 댄 미닫이문을 달아 집이 좀 더 밝고 깨끗해 보이도록 했다. 오랫동안 평민에게 금지되었던 기와는 예전의 단색조 마을에 다양한 색채를 더해주었다. 세기의 전환기 무렵에는 램프가 그 후에는 전기가 보급되어 해가 지고 나서도 활동할 수 있게 되었다. 여유가 있는 사람들은 도정된 쌀을 일상의 주식으로 삼았고, 음식에 맛을 더하는 간장이나 된장이 일반화되었다. 생선이나 육류가 서민의 식단에 오르내리는 횟수도 늘어났다. 도시에서는 인력거 대열 옆으로 마차가 다녔고, 메이지 후기에는 전차와 철도를 이용해 도시로 출근하거나 물건을 사러 갈 수 있었다. 메이지 중기가 되자 도쿠가와 시대의 상투는 도시에서 거의 자취를 감췄고, 후기에는 일본 전역의 남성들이 단발을 했다. 그 후에는 챙이 없는 모자나 중절모로 머리를 가렸다. 구두는 비싸기도 하거니와 불편한 경우가 많아 널리 보급되지 않았으나, 메이지 초기에 맨발로 지내거나 짚신을 신었던 서민들은 나막신을 찾게 되었다. 메이지 시대의 남성들을 찍은 많은 사진 속에서 우리는 구식과 신식의 결합을 볼 수 있다. 예컨대 중산모, 기모노, 나막신이 공존하고 있었다. 의원들의 양복 착용이 보편화된 의회가 열리면 도시의 양복점은 성수기를 맞았다. 복식의 변화에는 메이지 후기의 전쟁들도 큰 역할을 했다. 대다수 일본인에게 "새로운 생활양식을 전파하고 신식 물건에 대한 선호도를 높인 힘은 군대에서 기인한 것으로 볼 수 있다. 센고쿠 시대의 전란들이 16세기의 생활상을 바꿔놓았던 것처럼, 메이지 시대의 생활상을 변모시킨 것은 바로 세기의 전환기에 발발한 청일전쟁과 러일전쟁이었다."[38]

메이지 문화

14

 메이지 시대의 역사는 근대 국민국가 형성기의 시대구분과 거의 일치한다. 새로운 제도가 수립되는 과정, 그 다음에는 그것이 정치·경제·외교 분야에서 실행되는 시기, 그리고 결국 전쟁을 도발하는 제국주의 세력으로 국제사회의 주목을 받게 되는 19세기 말엽으로 구분될 수 있는 것이다. 반면에 메이지 문화는 시대별로 파악하기가 훨씬 어렵다. 하지만 그것에 대한 연구를 통해 당시에 진행되고 있던 사회적 변용과정의 핵심적 차원을 파악할 수 있다.

 메이지 문학사에 대해서는 많은 연구가 이루어졌다. 도널드 킨의 권위 있는 연구와 역량 있는 여러 전문가의 번역 덕분에 서양독자들도 메이지 시대의 대표작들을 직접 접할 수 있다. 하지만 메이지 미술은 그다지 주목을 받지 못했고, 종교도 관심의 대상이 되지 못했다. 이런 주제들을 이 책의 한정된 지면에서 제대로 다루기는 어렵겠지만, 메이지 시대의 정신에 크나큰 영향을 미친 흥미로운 관심사이기에 간략하게나마 언급하고자 한다.[1]

 메이지 문화의 발전단계는 넓은 의미에서 메이지 근대화의 단계와 일치한다. 그 둘은 분명히 다르지만, 파도처럼 밀려드는 서양의 문물에 일본이 어떤 식으로든 대응해야 했던 시대적 상황의 산물이라는 점에서는 유사하다. 네덜란드의 역사가 요한 호이징가의 은유를 적용하면, 여기서 파도란 그것이 만나게 되는 지형과 저항에 따라 다른 지점에서 부서질 수 있지만 그럼에도 불구하고 하나의 단일한 조류였다. 그리고 그 조류는 모든 것을 삼켜버릴 듯했다. 이로카와 다이키치의 표현처럼 "1860년대와 1870년대에 구미 문명이 일본에 미친 영향은 문화교류의 역사에서 흔히 볼 수 없는 외상(外傷)과 파괴를 수반했다. ……한동안은 전통문화를 수호하려는 어떤 사고방식도 국가가 직면한 절체절명의 위기를 외면하는 안일함으로 치부되었다. 적진에 침투하여 적과 맞설 수 있는 문명의 무기를 획득한 후 그것을 국익을 위해 사용해야 했다."[2] 이런 식으로 표현하면 그 과정이 무슨 복수극 내지는 신파극처럼 보일지 모르지만, 메이지 문화의 형성과정에 국민적 분투의 요소가 스며 있다는 사실을 기억하는 것은 중요하다.

이런 이분법적 사고는 그 시대를 풍미했던 두 가지 사자성어에 응축되어 있다. '文明開化'(분메이카이카)는 새로운 것을 획득해야 할 필요성을 상징했고, '富國强兵'(후코쿠쿄헤이)은 그것을 통해 이룩될 바람직한 결과를 가리켰다.

비록 메이지 유신은 옛 제도로의 회귀로 포장되었지만, 일본이 국제경쟁에서 살아남기 위해서는 동시대, 즉 근대세계의 도구들을 획득할 필요가 있다는 점이 이내 분명해졌다. 문제는 적절한 도구들을 취사선택하고, 그 도구들과 가장 잘 어울리는 전통적 요소들이 무엇인지 모색하는 것이었다. 메이지 시대 중기와 말기에는 새롭고 근대적이면서도 일본적인 문화를 발전시킬 필요가 있다는 인식이 팽배했다. 이 과정에서 전통 자체도 정의되고 선별되고 체계화되어야 했다. 정도의 차이는 있겠지만 이런 현상은 갑자기 서양의 도전에 직면했던 다른 전통문화에서도 나타났다. 모든 국가가 이 문제를 각기 다른 방식으로 해결했지만, 비서양국가 중 최초로 서양의 도전에 직면했던 일본의 경험은 대규모의 문명충돌에 대한 통찰을 제공할 수 있을 것이다. 메이지 시대의 작가들은 자신의 임무를 깊이 자각하고 있었다. 1902년에 소설가 나쓰메 소세키(夏目漱石)는 일기에 이렇게 썼다. "혹자는 일본이 30년 전에 깨어났다고 하지만, 사실 일본은 화재경보를 듣

| 메이지 문화 |

고 바로 자리를 박차고 나온 것과 같았다. 이는 진정한 각성이라기보다는 완전한 혼돈이었다. 일본은 서둘러 서양문화를 흡수하려 했고, 그 결과 그것을 소화할 시간적 여유를 갖지 못했다. 일본은 문학·정치·산업, 그 밖의 모든 분야에서 진정으로 깨어나야만 한다."[3] 이것이 메이지 시대의 지식인·예술가·사상가들이 스스로 설정한 목표였다.

1. 복고!

우선 도쿠가와 후기 문화의 여러 측면이 메이지 시대의 노력을 가능하게 해주었다는 점을 명심할 필요가 있다. 또한 당시에 사용되었던 구호를 통해 시대의 움직임을 살펴보는 것도 좋은 방법이다. 첫 번째 구호인 '復古(훗코)!'는 중국에서 수입한 유교문화의 굴레에서 벗어나려는 운동이었다. 가모노 마부치(賀茂眞淵)와 모토오리 노리나가(本居宣長)처럼 위대한 국학자들은 진정 본질적으로 일본적인 것이란 무엇인가 하는 문제와 씨름하면서, 시원적 순수함이나 소박하고 낭만적인 긍정성과 정직성을 정의하고 회복하는 일에 전력했다. 이런 작업의 정치적 차원은 천황의 통치를 복원하고 무사의 전횡을 근절한다는 이상이었다.

어떤 면에서 국학자들은 이미 일본문화를 재정의하고 있었다. 미술에서는 야마토 회화의 서사적 전통이 중국적인 가노(狩野)파의 형식적인 우아함을 대체했다. 도공들은 고풍스러운 양식을 열렬히 추구했다. 그리고 1860년대에 교토 어소(御所)를 복구한 목적도 잃어버린 것을 되찾자는 취지였다.

복고운동에는 다른 측면도 있었다. 토착의 신과 신화에 대한 강조는 자연을 신성시하는 세계관을 만들어냈고, 자연스러운 것이 진실하고 좋은 것의 기준으로 회복되었다. 신도가 창조된 것이 아니라 자생한 것임을 강조하는 작업은 생명력과 포용력, 실용성의 논리를 동반했다. 국학사상의 마지막 입장은 다른 전통에서 유래한 모든 유용한 것을 받아들이면서 이를 일본의 전통이라고 주장한 히라타 아쓰타네(平田篤胤)에게서 찾아볼 수 있다. 고대를 찬양하다 보니 먼 옛날에 일본이 타국의 문화적 요소를 차용한 사정에 대해 언급해야만 했다. 다수의 학자들은 이런 문화적 차용에 대해 조상들은 대륙에서 들어온 문화에 지나치게 의존하긴 했지만, 유용하고 실용적인 것은 주저 없이 받아들였다는 식으로 설명했다. 19세기에 외국 문물을 수용한 것도 같은 논리로 정당화될 수 있었다. 모리 아리노리가 1876년에 청나라의 지도자 리훙장(李鴻章)과 벌인 논쟁은 이를 완벽하게 대변했다. 리훙장은 모리의 양복을 경멸하는 눈초리로 바라보며 그의 일본인 조상들도 그렇게 입었는지 물었다. 그렇지 않다고 모리는 답했다. "원래 그들이 입었던 중국식 복장은 더 이상 실용적이지 않습니다. 일본은 항상 다른 문화에서 일본에 가장 잘 어울리는 것을 취해왔는데, 다시 한번 그렇게 했을 뿐이지요."(그는 계속해서 리훙장의 조상들도 만주족 정복자들이 규정했던 관복을 입지 않았음을 상기시켰다. 마찬가지로 일본도 독자적인 선택을 했을 뿐이라는 것이었다.)

앞에서 살펴본 것처럼 실제로 고제를 완전히 회복하고 신도의 신정을 구현하려는 시도는 얼마 안 있어 메이지 지도층에 의해 거부되었다. 고제는 원용되는 경우도, 방치되는 경우도 있었다. 하지만 천황제만은 예외였다. 사라진 과거의 의식과 아우라는 국가를 근대화하는 작업에 동원되었다. 예를 들어 1868년 4월에 선포된「5개조어서문」은 과거로 치장되어 있었다.[4] 역사가들은 보통 '공론'에 따라 '구래의 누습(陋習)'을 타파하겠다는 어서문의 '진보적' 요소를 강조해왔지만, 이에 못지않게 중요한 것은 그 선포식을 통해 천황의 중심적 위치 ─ 전설적인 초대 천황 진무의 권력을 물려받은 ─ 가 확인되었다는 사실이다. 산조 사네토미는 젊은 천황을 대신하여 그것을 낭독했고, 선포식에 참석한 411명의 공경·제후는 복종을 맹세했다. 이는 천황을 정치화하고 천황제를 보증하는 효과를 노린 것이었다. 존 브린의 말에 따르면 "일방통행식의 의례적 담화는 천황과 의정(議

定, 기조)*의 관계를 새롭게 정립하기 위해 고안되었다. 즉 제후에게는 개인적 의제나 관심을 벗어던질 것을 권유하고, 공가에게는 전근대적이고 보수적인 조정생활을 청산하고 스스로 천황의 충성스러운 신하임을 선언하게 하는 것이었다." 이런 극적 장치를 통해 초기 메이지 지도자들은 자신들의 위치를 과시했고, 그들의 권력이 천황의 주권에 의거하고 있음을 천명했다.

문화적인 면에서 주목할 만한 것은 옛 문물에 대한 긍정이 물질적 근대화에 대한 거부를 뜻하는 것은 아니었다는 점이다. 천황과 천황제에 대한 이데올로기적 지지를 제외하면 고제는 근대성을 수용할 수 있는 텅 빈 그 무엇이었다. 근래의 '악'이었던 무사의 통치와 중국 지향적인 세계관은 고대는 물론 근대에도 들어맞지 않았다. 불교에 대한 가혹한 박해도 일본의 복고운동에 뿌리를 둔 것이었지만 그리 오래가지는 않았다. 생활의 중요한 일부를 박탈당한 서민들은 경악과 분노를 표출했고 수많은 폭동을 일으켰다. 서민은 '고대'의 신들을 격상시키면서 자신들에게 익숙한 풍습을 매도하는 정부의 행동에 반항하지 않을 수 없었다. 예컨대 1873년에는 에치젠에서 정토진종(淨土眞宗)의 신도 2만 명이 대규모 봉기를 일으켰다. 봉기 지도자들은 단발령과 종교개혁 같은 정부시책을 그리스도 교도들의 은밀한 획책이라고 비판했다. 신년행사, 8월의 오본, 본오도리(盆踊り)†를 금지하는 조치에 심한 반대가 뒤따른 것은 놀랄 일이 아니었다.5) 1871년에 신정부는 천민을 가리키는 '에타'(穢多)·히닌(非人)의 호칭을 없앴다. 혜택을 받게 된 당사자들은 기뻐했지만, 이 새로운 '평민'(헤이민)들 때문에 신분체계가 무너지고 질서가 문란해질 것을 우려한 이웃주민들은 거세게 반발하고 항의했다. 게다가 그때까지 반(半)자치적으로 운영되던 공동체 속에서 어느 정도 보호를 받으며 살아왔던 천민들은 이제 시민의 모든 의무를 지고 세금도 납부해야 하는 처지가 되었다. 새 행정당국이 자신들을 특

---

* 메이지 정부의 주요 관직. 황족·공가·유력제후가 의정에 임명되었다.
† 8월 15일 밤에 마을사람들이 모여 조상의 영혼을 맞이하고 위로하는 의미에서 추는 원무(圓舞).

별히 잘 봐줄 것 같지도 않았다. 새로운 질서에 의해 부정적인 영향을 받은 집단은 비단 농촌주민만이 아니었다. 사무라이가 지배하던 도시에서 활동하던 많은 서비스업 종사자들이 고용주 겸 고객인 사무라이 계급에 의존해 왔는데, 사무라이의 특권과 수입이 없어지자 도시생활의 이점도 순식간에 사라져버렸다. 한동안 130만에 육박하던 에도와 도쿄의 인구는 60만으로 줄어들었고, 메이지 시대의 프롤레타리아트를 특징적으로 보여주는 수많은 인력거꾼은 19세기 말까지 골치 아픈 사회문제가 되었다.

2. 문명개화! 입신출세!

고제를 활용하는 일이 정치적 상징이나 의식을 위해 중요했던 것만큼, 일본의 대다수 젊은이를 강하게 자극한 것은 서양을 본받아 일본을 근대화하고 개인적으로 성공하겠다는 일념이었다. 이 목표는 메이지 초기의 개혁에 대한 열정과 낙관주의를 표출하는 두 개의 구호 즉, 문명개화와 입신출세로 표현되었다. 그런데 이 두 목표는 전혀 상충되지 않았다. 일본이 근대세계의 물질문명에 뒤늦게 합류한 탓에 불리한 처지에 놓여 있으며 실제로 부유한 국가들 틈에 낀 가난한 나라라는 정확한 상황인식이 있었기 때문이다. 일본은 '자신의 입지를 다져야' 했고, 이를 위해서는 일본시민이 각자의 본분을 다해야만 했다. '나라를 위하여'는 기업인으로부터 지식인과 작가에 이르기까지 모든 사람의 입에 오르내리는 문구가 되었다.

　메이지 초기는 낙관주의가 지배하던 시기였다. 농민들은 새로운 지방행정제도에 대해 우려했고 사무라이는 새로운 질서하에서 자신들에게 주어진 몫에 대해 불평했지만, 지식인들은 사회를 개조하겠다는 이상주의적 확신—이런 확신은 제2차 세계대전 직후인 1945년에야 다시 나타나게 된다—을 공유하고 있었다. 세상이 새로 시작되는 듯했다. "우리에겐 역사가 없다." 이는 한 젊은 학생이 외국인과 메이지 시대의 엘리트를 상대로

| 메이지 문화 |

일하던 독일인 내과의사 에르빈 밸츠에게 항변한 말이었다. "우리의 역사는 오늘 시작된다." 서양을 경험한 적이 있거나 서양에서 교육받은 지식인들은 대단히 유리한 입장에 서게 되었다. 등대에서 교육기관에 이르는 모든 것을 구축하기 위해 정부가 초빙한 외국인 고문이나 교사들도 마찬가지였다. 이들은 자신들을 위해 특별히 신축된 서양식 주택에 살았고 넉넉한 봉급을 받았다.[6] 그들은 영어로 가르쳤는데, 그 결과 첫 세대의 학생들은 19세기 영국과 미국의 고전을 직접 배울 수 있었고, 이후 쏟아진 번역서의 혜택을 톡톡히 본 다음 세대에 비해 영어실력이 월등했다.[7] 사람들의 향학열이 그토록 높았던 시기는 역사상 유례를 찾아보기 힘들다.

물론 이런 자기계발 열풍을 주도한 인물은 후쿠자와 유키치였다. 서양에 대한 그의 연구는 도쿠가와 후기에 널리—거의 보편적으로—읽혔고, 메이지 초기에 '후쿠자와 책'은 보통명사가 되었다. 그의 저서『세계 각국편람』(世界國盡)은 1869년에 불교의 교리문답처럼 암송에 적합한 운율을 띤 형식으로 만들어져 학교에서 사용되었다.『학문을 권함』(學問のすすめ)은 당대의 텍스트가 되었고, 1875년에 출판된『문명론의 개략』(文明論之槪略)은 현재의 '반문명화' 상태에서 문명화를 향해 나아가야 할 일본의 당면과제에 대한 세계사적 전망을 제시했다.[8] 그는 또한 일본에서 가장 걸출한 교육자였다. 그가 유신시대에 도쿄의 구(舊)다이묘 저택에 설립한 게이오의숙은 일본의 명문 사립대학으로 발전했다. 후쿠자와는 또한 등록금을 받고 학교행정을 조직화함으로써 기부와 후원에 의존하던 낡은 전통을 깨뜨렸다. 그는 여기에 만족하지 않고 영향력 있는 신문을 창간하여 정기적으로 기고하면서, 정부에 빌붙으려는 악의 무리를 비난하고 개인의 책임감을 강조했다. 그는 일본인이 '문명의 정신'으로 무장할 필요가 있다고 썼다. 근대세계의 특징은 서양의 물질적인 성취가 아니라 문명의 정신이라는 것이었다.

나카무라 마사나오(中村正直)도 문명개화를 이끈 주요 인물이었다. 1832년에 태어난 그는 쇼헤이코(昌平黌)에서 전통적인 교육을 받은 후 막부의 어유자(御儒者)가 되었고, 1866년에는 영국유학을 떠났다. 2년 후 일본에 돌아올 무렵 그는 서양의 학문과 그리스도교에 심취해 있었다. 그 역시 사립학교를 설립했고, 교육자와 정부관리로서의 경력을 쌓아갔다. 그는 후쿠자와, 모리 아리노리 등의 '계몽주의' 인사들과 함께 1873년(메이지 6년)에 메이로쿠샤(明六社)를 결성했다. 메이로쿠샤는 일본의 근대화를 진전시킬 방법을 논의하기 위해 정기적인 모임을 갖는 엘리트 집단이었다. 이 모임에서 이루어진 많은 논의는 기관지 『메이로쿠 잡지』(明六雜誌)를 통해 발표되었다. 이 잡지는 후원자들이 1875년의 언론규제조치에 항의하는 뜻으로 자진 폐간하는 바람에 단명하고 말았다.[9]

하지만 나카무라의 가장 큰 공헌은 새뮤얼 스마일스의 『자조론』을 『서국입지편』(西國立地編)이란 제목으로 번역 출판한 것이다. 이 흥미로운 책은 한 세대를 풍미한 텍스트가 될 정도로 그 영향력과 가치가 대단했다. 스마일스는 일종의 '성공담' 작가였는데, 그가 전하려던 19세기의 소박한 개인주의 복음을 가장 잘 구현한 인물은 증기기관차를 발명한 조지 스티븐슨이었다. 스티븐슨은 "내가 했던 것처럼 참고 견뎌라!"라고 말하며 노동자들을 독려했다고 한다. 『자조론』은 『성격론』, 『검약론』과 함께 3부작을 이루는 책으로 저자가 젊은이와 노동자들에게 성공에 이르는 길을 제시하는 조언들을 담고 있다. 몽상·연애·나태함에 대한 과장된 경고는 사무라이의 의무감과 상인의 검약정신을 자존심의 징표로 여기던 땅에서 커다란 반향을 불러일으켰다.[10] 스마일스의 목표는 사람들에게 활력을 불어넣는 것이었는데, 일본의 독자들은 도쿠가와 시대에 서민교화에 나섰던 연사들이 청중들의 마음을 사로잡기 위해 강조했던 검약정신과 스마일스의 주장이 일맥상통함을 감지했음에 틀림없다. 메이지 시대의 일본에서 스마일스의 설교는 국가의 목표와도 부합했다. 자신의 인생목표를 달성하려고 애쓰는 개별 노동자에게 절실하게 필요한 교훈은 불리한 국제환경에서 고군분투하던 일본에게는 더욱 절실했다. 이미 살펴본 것처럼 자유민권운동의 초기단계에 도사 번의 사무라이들은 입지사(立志社, 릿시샤)를 조직했다.

| 메이지 문화 |

계몽과 자기계발은 일본인이 열정적으로 추구하던 지상가치였다. 정부 지도층이 천황을 위해 전근대의 신비로운 아우라를 복원하고자 노력하고 있을 때, 지식인들은 전통의 상당부분을 타파할 준비가 되어 있었다. 이들의 노력은 새로운 사회건설이라는 대의명분을 위한 것이었기에 거의 비판을 받지 않았다. 모리 아리노리는 일본어를 버리고—최소한 공식적인 용도로는—영어를 사용하는 것이 현명한 일인지도 모른다고 제안했다. 후쿠자와는 비꼬듯이 차라리 일본을 그리스도교 국가로 선포하는 것이 어떠냐고 응수했다. 비록 소수만이 새로운 신앙을 진지하게 받아들이겠지만, 그러한 선포 자체가 서양에 깊은 인상을 남길 것이 아니겠냐는 취지에서였다. 일본어가 구어적 커뮤니케이션의 매체로서 적절하고 실용적인지에 대한 논의도 있었다. 유교사회는 구어의 경박함을 천시하고 문어를 숭상했다. 과연 일본어가 문자로 의미를 전달하는 세련된 식자층의 지적 수준을 담아낼 수 있을 것인가? 후쿠자와는 메이로쿠샤 모임에서 의자 위에 올라가 타이완 출병계획에 대해 의견을 개진함으로써 이를 해결했다. 그는 일장연설을 끝낸 후 옆사람에게 다소 냉소적인 태도로 자신이 말한 것을 이해했는지 묻고 그렇다는 사실을 확인받았다. 후쿠자와는 방금 자신이 의사전달의 매체로서 일본어가 유용한지에 대한 문제를 해결했다고 지적했다. 후쿠자와는 사실 굉장한 달변가였으며, 게이오 의숙의 미타(三田) 캠퍼스에 세운 강당에서 정기적으로 강연을 했다.

메이지 초기에는 사숙이 우후죽순처럼 생겨났다. 대부분은 한 개인이 세운 것으로 설립자가 사망하거나 전업을 하게 되면 문을 닫는 1인 기업이나 마찬가지였지만, 일부는 살아남아서 사립학교나 사립대학이 되었다. 프로테스탄트 선교사들은 그 중요한 후원자였다. 영어와 서양의 법(두 가지 다 가르치는 학교도 있고 한 가지만 가르치는 학교도 있었다)을 배워야 한다는 시대적 요청과 새로운 사회에 자신의 이름을 남기려는 메이지 청년들의 들끓는 야망으로 인해 열정적인 젊은 학생들이 끊임없이 배출되었다. 대부분의 학교는 새 시대의 중심인 도쿄에 있었지만, 예외적인 경우도 있었다. 열렬한 젊은 그리스도 교도 니이지마 조(新島襄, 1843~1890)는 불교의 아성에 정면으로 도전하기 위해 고도(古都) 교토에 그리스도교 계통의 도시샤(同志社) 영어학교―도시샤 대학의 전신―를 세웠다. 니이지마 자신은 도쿠가와 말기에 일찌감치 일본을 떠나 미국에서 공부했다. 그는 이와쿠라 사절단이 도착했던 1872년에도 여전히 미국에 머물고 있었는데, 그의 강인한 자립심에 감탄한 기도 다카요시가 그를 설득하여 사절단의 통역으로 합류하게 했다. 일본으로 돌아온 후 니이지마와 그가 설립한 학교는 일본에 큰 힘이 되었다.

3. 그리스도교

이미 살펴본 것처럼 이와쿠라 사절단은 일본의 그리스도교 금지령 때문에 해외 순방 중 비난과 질책에 시달렸다. 이를 계기로 메이지 정부는 1873년에 그리스도교 금지령을 폐지했다. 초기 메이지 정부는 1865년에 막부 당국에 의해 체포된 그리스도 교도의 석방을 거부했을 뿐 아니라, 1870년에는 박해를 확대하여 우라카미(浦上) 지역에서 그리스도 교도로 의심되는 3,000명가량을 색출한 뒤 일본 각지에 유배를 보냈다. 외국공사들의 항의에도 불구하고 그리스도 교도들은 이와쿠라 사절단의 조언에 따라 석방될 때까지 계속 박해를 당했다. 이 죄수들은 1873년에 마침내 고향으로 돌아갔지만 600명 이상이 유배 중에 사망했다.

그럼에도 불구하고 신교(信敎)의 자유를 향한 그리스도 교도의 의미심장한 행보는 중단되지 않았다. 1859년에는 네덜란드계 미국인 성직자 귀도 버벡이 나가사키에 도착했다. 선교활동은 여전히 불법이었지만 외국인 공동체의 요구에 의한 목회활동은 가능했다. 프린스턴 대학에서 교육받은 의사이자 성직자인 제임스 헵번도 같은 해 가나가와(요코하마)에 도착했다. 요코하마는 막부세력의 중심에 가까웠지만, 중심에서 멀리 떨어진 나

| 메이지 문화 |

가사키에 있던 버벡은 사쓰마·조슈·도사·사가 출신의 젊은 사무라이들과 함께 일할 수 있었는데, 이 중 일부는 훗날 메이지 정부의 지도자가 되었다. 그들은 버벡과 함께 영어를 공부하면서 버벡에게 무수한 질문을 했다. 메이지 유신 이후 해외사절단 파견을 처음 제안한 사람이 바로 버벡이었고, 이와쿠라 사절단도 그의 조언에 많은 빚을 졌다. 더욱이 버벡은 네덜란드 개혁교회나 뉴저지 주 뉴브런즈윅에 위치한 럿거스 대학과 유대를 맺고 있어서, 외국인 교사들을 추가로 모집하는 데도 핵심적인 역할을 했다.

남북전쟁을 경험한 르로이 L. 제인스 대위는 아마 버벡에 의해 발탁된 사람들 가운데 가장 중요하고 흥미로운 인물일 것이다. 구마모토 번은 근대식 군대를 양성하기 위해 그를 초청했다. 1871년에 도착한 제인스는 그를 위해 지은 근사한 양옥을 제공받았고, 젊은 사무라이 학생들을 완벽히 교육시키는 책임을 맡았다. 이 학생들은 부모세대에 통용되던 지혜가 오류인 것처럼 여겨지는 시대에 성장했기 때문에 불안감을 느끼고 있었고, 그런 만큼 새로운 지식을 배우려는 결연한 의지를 갖고 있었다. 따라서 스승인 제인스를 전적으로 믿고 따랐다. 제인스는 학생들이 과학과 수학은 물론이고 종교도 배우기를 바랐으며, 저녁에 자신의 집에서 열린 자유토론시간에 그들을 깊이 감복시켰다. 얼마 후 그의 수제자 35명이 구마모토를 굽어보는 작은 산*에 모여 다음과 같은 주장을 담은 문서(奉敎趣意書)에 서명했다.

> 그리스도교를 공부하며 우리는 깊이 깨닫고 각성했다. 배우면 배울수록 우리는 더 큰 열정과 희열로 충만하게 되었다. 나아가 우리는 이 신앙이 전 제국에 선포되어 인민의 몽매함을 없애주길 강력히 희망한다. ······결국 애국자로서 우리의 임무는 일신의 안위를 돌보지 않고 분연히 일어나 이 가르침의 공명정대함을 알리는 것이다. 우리는 이를 위해 혼신의 힘을 쏟을 것이고 그럴 목적으로 여기에 모였다. ······현재 인민의 다수가 그리

* 하나오카 산(花岡山).

스도교를 반대하고 있기 때문에, 여기 모인 우리 중 단 한 명이라도 신앙을 저버린다면 다수의 비웃음거리가 될뿐더러 우리가 하나로 단결한 목적도 사라지게 된다.

이 젊은이들은 '구마모토 밴드'(熊本バンド)라 불리게 된다. 여기에는 근대 일본에서 가장 중요한 역할을 했던 지식인·출판인·종교인이 포함되어 있었다. 서명한 문서의 내용이 말해주듯 그들은 스스로를 애국자라고 생각했다. 사실 그리스도교 사무라이들은 국민을 계몽하기 위해 자신을 희생하고 고난을 겪을 준비가 되어 있었다. '하나로 단결한'이라는 말로 표현된 연대감 또한 선명했는데 이는 그들이 150년 전 47인의 로닌처럼 자신들의 행보를 공들여 준비했기 때문이다. 또한 곧 닥치게 될 비판과 박해를 두려워하지 않았다. 처음에 그들을 백안시하던 동료학생들은 이내 그들을 논박했으며, 가족들은 그들을 집안에 감금하거나 다른 식으로 압력을 행사해 새로운 종교를 포기하도록 종용하는 경우도 많았다. 그러나 심지가 굳은 대부분의 청년들은 입장을 바꾸지 않았다. 훗날 도쿄 최대 교단의 지도자가 되는 고자키 히로미치(小崎弘道)는 "유교에서 그리스도교로 개종하는 과정에서" 자신이 "하나를 받아들이기 위해 하나를 버린 것이 아니라, 그리스도교가 유교의 정신과 참뜻을 충족시켜준다고 믿었기 때문에 그것을 끌어안았다"고 썼다.[11] 동시에 자신들의 신앙을 옹호함으로써 '보국'(報國)하려는 학생들의 결심과 무사도 정신은 미래에 출현할 내셔널리즘의 가능성과 발전을 잉태하고 있었다. 이런 개종사태가 서양식의 근대적 군사학교를 원했던 구마모토 당국의 환영을 받지 못했음은 말할 나위도 없다. 구마모토 현은 1876년 임기가 끝나자 제인스를 해고했고 학교를 폐쇄했다. 제인스의 제자들은 니이지마 조가 미국해외선교위원회의 원조를 받아 교토에 세운 도시샤 영어학교로 전학했다.

또 다른 그리스도교 지도자들은 훨씬 북쪽에 위치한 교육기관에서 배출되었다. 구마모토의 경우와 마찬가지로 가장 감수성이 예민한 시기의 학생

| 메이지 문화 |

들을 감화시킨 것은 미국인 교사의 개인적인 감화였다. 존 하우스에 의하면, "철학적 방어의 기술은 〔일본의 전통적 관점을〕 설득력 있게 포장해줄지는 몰라도, 페리 함대에 의해 야기된 것과 같은 비상사태 때 도쿄 만(灣)을 방어하는 것만큼 절박하지는 않았다. 서양에 대한 지식은 궁극적으로 스스로에 대한 불안감을 낳았다."[12] 제인스는 '선교사'가 아니었고 사실 곧 선교조직에서 빠져 나오게 되지만, 자신감 있는 그리스도교 평신도로서 더 많은 영향을 미쳤다. 이는 북부지방에서도 마찬가지였다.

1876년 일본정부는 당시 매사추세츠 농과대학 학장이던 윌리엄 S. 클라크를 고용하여, 홋카이도 개발을 위한 개척사 정책의 일환으로 삿포로에 세울 예정이던 새 학교의 교과과정을 관장하도록 했다. 일본정부는 클라크에게 교육에 전념해달라고 당부했지만, 그가 학생들과 사적으로 접촉하는 것을 막을 수는 없었다. 클라크는 홋카이도에 아주 잠시 머물렀고 사실상 이듬해에 미국으로 돌아갔지만, 그 짧은 기간에 구마모토의 제인스와 마찬가지로 학생들에게 지대한 영향을 미쳤다. 얼마 지나지 않아 학생들은 그리스도교의 가르침이 서양문명의 중심이며 따라서 일본의 갱생에 필수적이라고 확신하게 되었다. 제인스의 학생들은 모두 구마모토 출신이었지만 삿포로에는 정부시책에 따라 북부의 여러 현에서 유능한 젊은이들이 모여들었다. 클라크는 교정을 떠나면서 올라타고 있던 말의 고삐를 죄며, 교문까지 배웅 나온 학생들에게 "청년들이여, 이 늙은이처럼 야망을 가져라!"라고 외쳐서 일본의 전설적인 인물이 되었다.[13] 일본인의 뇌리에서 두 단어('이 늙은이처럼')는 곧 잊혔지만, 그 도전의식은 그의 말을 마음에 새긴 근대 일본의 한 세대에게 계속 영감을 불어넣었다.

삿포로 농학교에서는 머지않아 종교적 자각이 일어났는데, 이를 부채질한 것은 첫 개종자 집단이 행사한 거의 강제적인 사회적 압력이었다. 이런 상황에서 근대 지성계와 종교계의 두 거물 우치무라 간조(1861~1930)와 니토베 이나조(新渡戶稻造, 1862~1933)가 등장했다. 우치무라는 '무(無)교회'운동의 창시자였고, 니토베는 국제주의자로서 퀘이커 교도이자 교육자였다. 두 사람 모두 미국에서 공부했다. 니토베는 미국에서 돌아와 타이완 식민정부에서 농업경제학자로 일한 뒤 도쿄 제1고등학교 교장으로 취임했다. 제1차 세계대전 후에 일본이 강대국으로 국제연맹에 가입했을 때는 국제연맹 사무차장으로 근무했다.[14]

우치무라는 그리스도 교도 가운데 가장 흥미로운 인물이다. 처음에 동료들의 압력으로 그리스도교를 받아들인 그는 곧 부모를 설득하기에 이른다. 그는 유학자였던 아버지에게 중국어로 된 사도 바울의 전기를 보여주며 아버지의 경계심을 누그러뜨렸다. 1880년대의 미국 유학을 통해 그는 자신이 약속의 땅이라 믿었던 곳을 직접 체험했다. 『나는 어떻게 그리스도 교도가 되었나?』라는 자서전에서 그는 다음과 같이 적고 있다. "그리스도교 미국에 대한 나의 생각은 고상하고 종교적이고 청교도적이었다. 나는 찬송과 기도가 울려 퍼지는 반석 위의 예배당을 꿈꾸었다. 나는 헤브라이즘이 평범한 미국인의 대화를 지배하고, 지품(智品)천사와 할렐루야와 아멘이 거리의 공통된 언어일 거라고 생각했다." 현실은 좀 달랐다. 그는 침통한 듯이 말을 이어갔다. "그랬다. 헤브라이즘은 적어도 한 가지 의미에서는 신앙심을 표현하는 공통의 언어였다. 우리가 극도의 경외심을 갖지 않고는 입에 올려본 적이 없는 말들이 노무자, 마부, 구두닦이, 혹은 좀 더 버젓한 직업을 가진 사람들의 입에서 흘러나왔다. 조그만 잘못에도 일종의 종교적 맹세가 뒤따랐다." 이에 못지않게 놀라운 것은 자신이 거듭 중국인으로 오인되었다는 점이었다. "차에서 나와 같은 자리에 앉았던 말쑥한 차림의 신사가 자신의 회색 턱수염을 빗기 위해 나에게 빗을 빌려달라고 했다. 그는 빗을 돌려주면서 우리 이교도의 국가에서 그런 경우에 적절한 인삿말로 건네는 감사하다는 말 대신에 '여보게 존, 자네 세탁소는 어디에 있나?'라고 물었다." 이럴 때 그가 적고 있듯이 고국이 새삼 소중하고 사랑스럽게 여겨졌음은 물론이다. 우치무라는 자신의 신앙을 잃지 않고 오히려 심화시켰지만, 고국에 대한 자긍심도 간직했다. 교회나 선교단체에서 강연할 때 그는 청중들이 자신에게서 '길들여진 코뿔소'의 모습을 보려 한다고 느꼈다. 곧 그는 스스로 만족할 수 있는, 완전히 독립적이고 일본적인 신앙을 구축했고, 조물주와의 영적 교섭을 통해 '직업적인 성직자'가 되지 않는다는 조건하에서 그리스도 교도로 남아 있기로 했다. 일본에 돌아오자마자 그는 생계를 위해 제1고등학교의 교사직을 받아들였고, 저녁과 주말에는 비공식적인 성서 읽기 모임을 조직했다. 니토베의 퀘이커 활동과 마찬가지로, 우치무라의 활동에서도 모든 일본인에게 친숙한 불교도 조직인 '고'(講)와 비슷한 것이 발견된다. 우치무라는 특히 외국의 선교회에 의존하지 않으려고 애썼다.

우치무라의 독립심은 곧 색다른 시험을 받게 되었다. 신성한 천황의 후광을 입고 유교윤리에 입각한 교육을 요구하는 「교육칙어」가 학교 의례에서 낭독되었을 때, 동료들은 그 권위를 인정했지만 조물주보다 더 높은 권위를 받아들여도 될지 확신할 수 없었던 우치무라는 이러지도 저러지도 못했다. 나중에 그는 「교육칙어」에 경의를 표해도 신앙에 위배되는 것은 아니라고 결론을 내렸지만, 이미 그의 망설임은 불경행위에 해당한다는 지적을 받았고 이어서 거센 비난에 직면한 그는 사임할 수밖에 없었다. 그 후 그는 자유기고가와 윤리교사로 일했다. 그의 펜 끝에서 책과 논문, 칼럼이 쏟아져 나왔다. 그가 만든 토론회와 연구회는 '무교회' 운동의 구심점이 되었고, 이 운동은 20세기 중반까지 도시의 지식인들에게 지속적인 영향을 미쳤다. 하지만 전통윤리의 옹호자들은 우치무라의 예를 거론하며 그리스도교가 충성심이나 애국심과 양립할 수 없다고 주장했고, 문부성은 그리스도교 계열의 학교에 다니는 학생들에 대해 병역면제 특권을 없애버렸다. 사실 우치무라 같은 사람의 애국심은 의심할 여지가 없었다. 그의 묘비는 '두 J,' 즉 예수(Jesus)와 일본(Japan)에 대한 사랑을 입증하고 있다. 이런 각종 압력 속에서 일본의 많은 그리스도교 교육기관, 특히 도시샤 대학은 학생들에게 불이익이 가지 않도록 외국 선교단체의 통제에서 벗어나려고 노력했다.

그리스도교의 영향을 보여주는 세 번째 조류는 의사였던 조지프 헵번이 일찍이 선교활동을 한 바 있는 요코하마 항의 외국인들에게서 시작되었다. 하지만 1880년대 말부터 일본의 유력 그리스도 교도들은 외국 것을 혐오하는 토착정서를 감안할 때, 자신과 제자들이 외국의 지배로부터 자유롭다는 사실을 입증해야 한다는 지속적인 압력에 시달렸다. 이런 문제가 표면화된 것은 메이지 헌법이 발포된 뒤였다. 이 무렵 일본의 내셔널리즘은 성공적인 대외전쟁으로 탄력을 받고 있었고, 보수적인 지식인들은 천황의 신성함과 국민적 우월성에 대한 새로운 이데올로기를 개발하고 있었다. 그리스도교는 정신의 자율성과 양심의 자유를 옹호한다는 점에서 메이지 시대의 지적 풍토에서 중요한 자극제였고, 사회개혁과 정치변화에도 주도적인 역할을 했다. 1880년대에 그리스도교 열풍은 대단했으며, 신문에는 세례를 받은 저명한 정치가나 사회지도자의 이름이 자주 오르내렸다. 그러나 10년 뒤에는 이 조류가 180도로 바뀌어버렸다.

　메이지 시대의 그리스도교는 지역적으로는 도시, 교파적으로는 프로테스탄트에 편중되어 있었다. 물론 1861년 홋카이도의 하코다테에 도착한 걸출한 러시아 신부 니콜라이(드미트리에비치 카사트킨, 1836~1912)의 노력으로 간토(關東) 지방에 정교회 교단이 조직되었고,[15] 여러 농촌지역에서는 가톨릭 선교사들이 활동하고 있었으나, 이들의 영향력은 제한적이었다. 프로테스탄트 쪽에는 구사무라이 계급 출신으로 고등교육을 받아 능력과 교양을 갖춘 지도자들이 압도적으로 많았다. 이들이 일찍감치 성공할 수 있었던 것은 당시의 국제정세와 관련이 있다. 이와쿠라 사절단은 버벡의 의견을 무시하고 방문국 명단에 가톨릭 국가도 포함시켰는데, 직접 둘러본 결과 세계질서를 지배하고 있는 것은 미국·영국·독일 같은 프로테스탄트 국가였기 때문이다. 그리스도 교도들은 특히 사회개혁과 초기 사회주의 운동에서 중요한 역할을 했다. 한동안 그리스도교 지도자들은 자신만만하고 환희에 차 있었다. 니이지마는 다음과 같이 적고 있다. "옛 일본은 무너졌고, 새로운 일본이 승리를 거머쥐었다. 낡은 아시아 체제는 조용히 사라지고, 아주 최근에 이식된 유럽의 새로운 사상이 튼튼하고 무성하게 자

| 메이지 문화 |

라고 있다. ……일본은 낡은 옷을 벗어버렸다. 일본은 더 나은 것을 받아들일 준비가 되어 있다. ……일본의 지도자들은 더 이상 전제적 봉건제의 구태를 용납하지 않을 것이며, 낡아빠진 아시아의 도덕과 종교교리에 만족하지도 않을 것이다."[16]

그의 낙관은 성급했다. 1880년대 후반에 고조된 보수주의 물결은 이런 추세를 견제하고 되돌리기 시작했다. 정부의 조약 개정 실패는 국민의 통한과 환멸로 이어졌고, 지나친 서구화 풍조는 불가피하게 내셔널리즘이라는 역류를 만들어냈다. 천황의 아우라를 구현한 제도적 장치가 완비된 뒤에는, 정부나 그 지지자들과 타협하는 것이 바람직하고 때로는 필요하기도 했다. 1890년대에 접어들면서 신문에는 교회를 떠난 사람들의 이름이 이따금 거론되곤 했다. 불교 지도자들도 발언권을 회복했고, 창조론에 도전한 진화론 사상에서 위안을 얻었다. 세기의 전환기에 세계적인 종교회의가 열릴 무렵에는 광적인 신도 지지자들에게 수모를 받아왔던 불교가 일본의 전통을 대표하게 되었다. 메이지 초기에 불교에 가해졌던 박해의 위험과 치욕은 옛일이 되었다. 더 이상 불교를 탄압할 명분이 사라졌던 것이다.[17] 이런 상황에서 구마모토와 삿포로의 그리스도교 지도자들이 신앙의 본질을 지키기 위해 발휘한 결단력과 수완은 일본제국이라는 독특한 사회에서 보편성과 특수성을 어떻게 융화시킬지 고심한 흔적을 선명하게 보여준다.

4. 정치와 문화

정치생활이 변할 것이라는 확신은 메이지 초기에 낙관주의가 유행하게 된 중요한 요인이었다. 정부지도자들은 「5개조어서문」에 '회의'(會議)에 대한 조항을 넣어 동료 엘리트들을 안심시키는 한편 천황의 아우라를 토대로 공공질서를 확립하고자 했지만, 대다수 국민은 다른 종류의 정치질서를 원했다. 최근에 학자들은 일본사회의 구석구석을 뜯어고치고자 했던 당대의 각종 탄원서와 건백서를 모아 여덟 권의 두툼한 책으로 펴냈다. 메이지 초기의 양상은 우리가 생각하는 것보다 훨씬 역동적이었으며, 지방의 지도층은 중앙정부가 권력을 완전히 장악하기 전까지는 기탄없이 의사를 표명했고 상당한 독립성을 유지하고 있었다.[18] 봉건지배하의 분할된 행정체계 덕에 가능했던 지방자치가 그들의 확신과 용기를 키워주었던 것이다. 1871년부터 10년 동안 일정한 형식의 대의제를 요구하는 130건의 건백서가 정부에 제출되었으며, 이미 살펴보았듯이 대중의 정치참여를 갈망하던 당시의 분위기 속에서 자유민권운동에 대한 기대는 눈덩이처럼 커졌다.

이 열정은 문화적으로 표현되었다. 지방의 엘리트는 한학과 한시에 능했고, 그 중 많은 사람들이 자신의 감정을 유장하고 심오한 시로 나타냈다. 1880년대에는 시회(詩會)를 구성하는 것이 유행이었다. 이름난 시인들은 시골마을 지도자들이 쓴 시를 교정해주고 돈을 받아 생활했다. 쉽게 예상할 수 있겠지만, 선구적인 '근대화론자' 후쿠자와 유키치는 시대의 정치적 희망을 표현하는 데 앞장서달라는 요구를 자주 받았다. 그는 오늘날 가나가와(神奈川) 현에 속해 있는 8개 군(郡) 2만 3,555명의 주민들로부터 의회 개설을 요구하는 건의서 초안을 부탁받았다.

1881년 정부는 1880년대 말에 헌법이 제정될 것이라는 천황의 약속을 발표했고, 초기의 정당들은 헌법제정 전에 자진해산하는 것이 현명하다고 판단하여 1884년과 1885년에 당을 해체했다. 이때 정치적인 변화와 자유를 갈망하던 일본인들은 엄청난 양의 소설을 쏟아냈다. 그 중 다수는 영국의 정치소설가 에드워드 불워 리튼과 벤저민 디즈레일리를 모델로 삼은 야심찬 젊은 정치인들이 쓴 것이었다. 이러한 이야기들은 어색하게도 고대 그리스나 최근의 서양을 배경으로 하고 있는데, 용감하게 자유주의를 지지함으로써 정계에 입문하려는 고귀하고 야심만만한 젊은이들이 주인공이라는 공통점을 갖고 있었다. 이들 작품은 『자조론』과 셰익스피어, 『로빈슨 크루소』 등의 영문학 번역서가 엄청난 인기를 누리던 문학적 환경에서 등장했다.[19] 정치소설은 대부분 낭만적이고 과장적인 표현양식에 적합한 한자와 일본어의 복잡한 조합으로 구성되었다. 이런 작품 중에서 가장 유명한 소설은 아마도 『가인과의 기이한 만남』(佳人之奇遇)일 것이다. 이 소설은 펜실베이니아 대학을 졸업하고 1884년에 일본으로 돌아온 아이즈 출신의 젊은 사무라이 도카이 산시(東海散士)가 쓴 것으로, 필라델피아에 살고 있는 주인공이 자유의 종에 깃든 의미를 사색하는 장면과 함께 시작된다. 주인공은 그곳에서 입헌정부를 수립하기 위해 투쟁하는 스페인인 투사의 딸과, 정치범이었던 아버지를 잃은 아일랜드 미녀를 우연히 만난다. 이에 뒤질세라 중국인 집사마저 만주족의 전제에 항거하는 열사로 밝혀진다. 이 책은 본질적으로 민주화운동과 억압에 대한 저항의 목록이다. 이런 내용에 민주화된 일본이 아시아의 근대화를 주도할 것이라는 약속이 더해진 것은 의미심장하다. "조선은 사절단을 보낼 것이고 류큐 제도는 일본의 지배를 받게 될 것이다. 그렇게 되면 극동에서 위대한 과업을 성취할 기회가 무르익을 것이다." 이 책은 굉장한 인기를 누렸다. 샌섬의 말을 빌리면, "일본의 외진 산골마을에서도 이 책을 주머니에 넣고 다니지 않는 젊은이가 없을 정도였다. 책 곳곳에 등장하는 한시는 전국 각지에서 운치 있게 암송되었다."[20]

　메이지 일본에서 개인적 성취나 야망이라는 테마가 그토록 각광받았던 것은 사회와 경제의 급속한 발전으로 계층구조가 채 확립되지 않은 상황에서는 그런 테마들이 종종 현실화될 수도 있었기 때문이다. 구마모토 현 출신의 한 형제가 좋은 예다. 도쿠토미 로카(德富蘆花, 본명은 겐지로[健次郎], 1868~1927)는 신문에 12개월 동안 연재했던 『회상기』(思出の記)[21]를 1901년에 출간하며 유명해진 소설가이다. 찰스 디킨스의 『데이비드 카퍼필드』를 전범으로 삼았음에 틀림없는 이 작품은 관대하고 격조 있는 일본의 전(前)자본주의 사회에 대한 향수 어린 시선을 통해 메이지 초기의 각종 투쟁을 바라본다. 소설 속 주인공의 배경은 아버지가 향촌의 사무라이였던 도쿠토미 형제의 실상과 일치했다. 아버지는 근대사회의 경쟁에 제대로 대비하지 못한 인물이다. 아버지를 일찍 여의고 아직 학생이었던 주인

공은 마을의 건달들과 어울려 다니는데, 엄하고 용기 있는 어머니 덕분에 탈선의 길에서 빠져 나온다. 어머니는 아들이 마음을 다잡고 가족의 신분과 명예를 회복하기 위해 노력하지 않으면 아버지의 무덤에서 자결하겠다고 아들을 야단친다. 도쿠토미 소설의 영역자는 다음과 같이 말했다. "20세기의 첫 10년 동안 수천 명의 젊은이가 쉽게 소설의 주인공과 자기를 동일시할 수 있었던 것은 단지 그의 인내심과 신명나는 활력 때문이라기보다는 그의 이야기에서 뚜렷하게 부각되는 일본적 요소 때문이었다. 과부가 된 어머니에게 효도하기 위해 실추된 기쿠치(菊池)가의 명예를 되찾고 독립하려는 야심, 서양문학과 서양의 이상인 자유에 대한 도취, 불타는 애국심과 일본을 근대화하고 '발달'시키려는 열망 등의 요소가 대의제 정부의 설립과 함께 도래할 유토피아에 대한 낭만적 전망으로 결정화(結晶化)되었다." 도쿠토미 로카는 상대적인 의미에서 이런 이상을 제대로 실현하지 못한 셈인데, 이는 그보다 훨씬 더 유명하고 성공적이었던 형의 그늘에 가려 있었기 때문이다.

도쿠토미 소호(德富蘇峰, 본명은 이이치로〔猪一郎〕, 1863~1957)는 구마모토 밴드에 참가했던 제인스 대위의 제자 가운데 가장 어린 축에 속했다. 그는 구마모토 양학교가 폐쇄된 뒤 도시샤에 입학했지만, 중퇴하고 구마모토로 돌아와 학교〔大江義塾〕를 세웠다. 그는 학생들에게 자유와 개인주의의 이상을 심어주려고 노력했다. 수년 뒤 한 학생은 이 학교의 활기를 이렇게 묘사했다.

> 한쪽에서는 이이치로의 노부(老父) 기스이(淇水)가 낡아빠진 방석에 앉아 허연 수염을 쓰다듬으며 스펜서의 『윤리학의 원리』를 강의하고, 다른 쪽에서는 우리의 이이치로 선생이 프랑스 혁명에 대해 열변을 토하고 있었다. 그의 강의가 절정에 이르면 학생들은 자기도 모르게 광란상태에 빠져들어 뛰고 춤추며 칼을 휘두르고 기둥을 두드렸다.

모든 학생은 연설 클럽에 가입해야 했는데 이 학생은 큰 부담을 느꼈다.

> 나는 친구들의 달변에 정말이지 기가 죽었다. ……그런데 자칭 자유와 민권의 옹호자인 나는 로베스피에르와 당통을 찬양하고 워싱턴과 크롬웰을 인용하며 콥든과 브라이트에 대해 자신감을 갖고 열정적으로 토론하는 연사들의 지식에 부끄러움을 느꼈다.[22]

1886년에 도쿠토미 소호는 조국의 미래에 대한 자신의 스펜서적 관점을 상술한 『장래의 일본』(將來之日本)을 출판했다. 그는 장차 군인이 상인으로 대체될 것으로 보았고, 그때 일본이 맡게 될 중심적인 역할을 구상했다. 그는 다음과 같이 예견했다.

> 일본은 태평양의 부두, 동양의 거대한 메트로폴리스, 국제무역의 중심지가 될 것이다. 수천 개의 굴뚝에서 나오는 연기가 태양을 가릴 것이다. 배의 돛대는 숲의 나무만큼이나 무수해질 것이다. 송곳·지레·망치가 사방으로 울려퍼지는 증기기관차의 소리와 합창하고, 말과 각종 교통수단이 내는 소리가 청천벽력처럼 들려올 것이다. 이 얼마나 즐거운 일인가![23]

미래의 환경 훼손에 대한 이 들뜬 시각이 메이지 독자들의 심금을 울렸고, 이 책은 도쿠토미 소호에게 명성을 안겨주었다. 1887년 그는 민유샤(民友社)란 출판사를 설립하고 일본 최초의 근대적 종합지 『국민의 벗』(國民之友, 고쿠민노토모)을 정기적으로 펴냈다. 그리고 1890년에는 『국민신문』(國民新聞, 고쿠민 신문)을 창간했다. 그가 청년시절의 이상을 초지일관 추구했다고 말할 수 있으면 좋겠지만, 국제사회에서 일본이 봉착한 운명이 그를 내버려두지 않았다. 청일전쟁 후에 일본이 중국의 랴오둥 반도를 강제 반환해야 했던 일을 계기로 그는 정부에 대한 반감을 재고하게 되었다. 그는 장차 총리가 될 가쓰라 다로 장군과 친분을 맺었고, 정계의 주요 인사와도 가깝게 지냈다. 내가 그를 면담했던 1951년에 그는 점령군에 의해 공직에서 추방된 상태였다. 제2차 세계대전 기간에 대일본문학보국회 회장을 맡아 전쟁동원에 앞장선 전력이 있었기 때문이다. 그의 가공할 문학적 재능은 일본의 선전포고문에도 일부 반영되어 있다. 면담 당시 그는 문필가로서의 능력을 근대 일본의 여러 지도자에 대한 정평 있는 전기를 쓰는 데 쏟아붓고 있었다. 또한 도쿠가와 시대의 역사를 다룬 100권짜리 역사서 『근세일본국민사』도 집필했는데, 이 책은 오늘날 연구자들에게 중요하고 가치 있는 업적으로 인정받고 있다.

도쿠토미의 민유샤는 젊고 긍정적이며 서양을 흠모하는 작가와 지식인들을 끌어들였다. 1880년대 후반에 민유샤는 세이쿄샤(政敎社)의 도전에 직면했다. 세이쿄샤는 지나친 서양 추종을 경고하며 일본과 일본주의의 미덕 및 중요성을 강조했는데, 그 기관지로는 『일본』(日本, 니혼)과 『일본과 일본인』(日本及日本人, 니혼토니혼진)이 있었다. 도쿠토미 소호와 그 추종자들은 개인주의를 함양하고 전제적인 가족관계의 폐습을 일소하기 위한 사회개혁을 촉구했으며, 갈수록 교육이 획일화되는 현상에 우려를 나타냈다. 이와 대조적으로 세이쿄샤의 작가들은 효와 충이라는 전통적 가치를 뚜렷이 인식하고 수호할 필요가 있다고 강조하면서, 그 소중한 가치를 잃어가는 사회의 도덕적 해이에 경종을 울렸다. 천황은 1890년 헌정의 출범과 함께 「교육칙어」를 공포했다. 「교육칙어」는 충효가 "우리 국체의 정화"임을 밝히고 국가가 보수주의와 전통의 편에 서 있음을 천황가의 무게를 실어 단호하게 선언했다. 독일에서 공부한 철학자 이노우에 데쓰지로(井上哲次郎)는 문부성의 권고로 「교육칙어」와 도덕성에 관한 논평을 쓰기 시작했다. 최초의 「교육칙어」 봉독식에서 경례를 거부했던 우치무라 간조에 대한 비난을 주도한 것도 이노우에였다. 정부가 조약 개정을 매듭짓고 1895년 청일전쟁에서 승리하자, 세이쿄샤의 대의명분이 우위에 서게 되었다.[24] 1890년대에는 민법전 논쟁이 가열되었다. 초기에 공포된 민법을 놓고 천황에 대한 충성의 예비단계인 가족 내의 유대가 약화되었다는 비판이 제기

| 메이지 문화 |

되었다. 1898년에 발표된 수정 민법에서는 호주(戶主)가 강력한 권한을 행사하는 사무라이 가족제도가 모든 일본인의 모범으로 제시되었다. 민유샤가 주춤거린 적은 없었지만, 이미 언급했듯이 도쿠토미 소호 자신은 청일전쟁 이후 강경한 국가팽창주의 입장으로 선회하여, 정부에 대한 독립적인 비평가가 아니라 열렬한 지지자가 되었다.

공공정책, 개인의 삶, 광범위한 여론의 추이를 통해 살펴본 메이지 시대의 면면은 이 장의 서두에 나온 호이징가의 파도 은유를 연상시킨다. 밀려드는 서양의 사상·이상·모델에 대한 첫 번째 단계의 반응은 사상과 여론을 개조하고 변용하려는 긴박한 움직임이었다. 국가를 활성화하기로 결심한 정부는 과감하게 급속한 변화를 시도했다. 그 후 상황을 재고해보니 거대한 바닷물이 파도가 되어 고래의 일본을 휩쓸어버리지 않게 하려면 그것에 저항해야만 한다는 인식이 생겨났다. 정부는 부국강병이라는 기본강령은 고수하되 지킬 수 있는 것은 지키는 방향으로 정책을 추진했다. 면밀히 검토해본 서양세계는 전적으로 자비롭지도 않았고 그렇다고 일방적이지도 않았다. 이렇게 해서 변화의 추는 제자리로 돌아왔다. 일본은 아무리 끊임없이 변해도 여전히 일본이었다.

5. 국가와 문화

국가는 메이지 문화의 형성에 중요한 역할을 담당했다. 정부는 한편으로는 정통성을 확보하기 위해 천황가의 의식과 신비감을 활용하면서 복고운동을 전개했고, 다른 한편으로는 국내의 합리화와 근대화를 이루고 외부로부터 인정받기 위해 문명개화운동을 후원했다.

개혁관료들은 규제·분류·중앙집권화를 통해 궁극적으로 사회를 통제하려는 강한 욕망을 보였다. 번이 폐지되고 사무라이의 의무를 없애자 앞서 살펴보았듯이 사무라이와 무기, 각종 자원이 넘쳐났다. 관료들은 번을 크기에 따라 세 범주로 나누었고 주민을 등록시켰으며 생산력과 자원을 면밀하게 조사했다. 예술에 대해서도 비슷한 조치가 취해졌다. 1874년에 모든 음악가·무용수·배우가 당국에 등록되었고, 수입에 따라 세 등급으로 나뉘었다. 음악·공예·미술을 교육하는 모든 학교의 교장은 당국에 보고해야 했다. 사립학교에 대한 실태조사는 공립학교 체제로 전환하기 위한 정지작업이었다. 사찰과 신사에 대해서도 분류와 실태조사가 이루어졌다. 사회는 점진적으로 평준화되었고, 새로 조사·분류된 예술은 근대국가에 얼마나 유용한지에 따라 평가되었는데, 불필요하다고 판단되는 것은 푸대접을 받았다. 여러 범주를 좀 더 상세히 살펴보기로 하자.

언어와 표기법

정부는 표준어 발달에 일일이 개입하지는 않았지만 분명 일정한 역할은 수행했다. 초기에는 일본어 표기를 위해 한자를 계속 사용하는 것이 효율적인지에 대해 의구심이 자주 표출되었다. 도쿠가와 시대의 난학 연구자들은 이미 서양 알파벳의 실용성을 칭송한 바 있다. 메이지 초기의 마에지마 히소카(前島密)는 한 걸음 더 나아가 "선조들이 무분별하게 중국문화를 수입하면서 들여온 불편한 상형문자"를 폐지하자고 주장했다. 1875년에는 도쿠가와 시대와 메이지 시대의 유력 관료이자 지식인이었던 니시 아마네[25]가 『메이로쿠 잡지』에 기고한 글에서 한자폐지론을 주장했다. 그의 예측에 따르면 미래에는 "어린이도 어른의 글을 읽을 수 있고, 무지한 자도 자신의 생각을 기록할 수 있을 것이다. ……유럽의 모든 문물이 전부 우리 것이 될 것이다. ……우리는 이렇게 좋은 것을 도입할 수 있었던 게 우리 국민성의 미덕 때문이라고 세계에 자랑할 수 있을 것이다. 아마 세계는 할 말을 잃을 것이다." 몇 년 후 모리 아리노리는 한술 더 떠 영어를 일본의 국어로 채택하자고 제안했다.

다수 의견은 일본어를 지키되 표기법을 단순화하고, 도쿠가와 시대 젊은이들이 학교에서 배웠던 딱딱한 한문 대신 구어를 활용하자는 것이었다.

| 메이지 문화 |

메이지 식으로 표현하자면 우아한 것과 통속적인 것의 중도를 택한 셈인데, 그런 방식을 발전시켜 완성하는 데는 족히 40년이 걸렸다. 작가들은 평범한 시민이 이해할 수 있는 것이 무엇인지 확인하기 위해 종종 음악회장이나 강당을 찾았는데, 이때 정치집회를 감시하는 수단으로 경찰들이 주로 사용하던 속기(速記)가 한몫했다고 한다.[26] 최종 해결안을 얻는 데는 수십 년이 걸렸다. 후타바테이 시메이(二葉亭四迷)는 1887년과 1889년 사이에 전통소설 『뜬구름』(浮雲)[27]을 두 가지 버전으로 발표했는데, 두 번째 버전은 좀 더 '근대적'이고 구어체에 가까운 언문일치체(言文一致體)로 서술되었다. 그 후 공립학교의 의무교육이 실시되자 교육제도를 통해 표기와 어휘가 표준화되었다.

음악

'우아한 것'과 '통속적인 것'의 구별은 음악에서 특히 두드러졌다. 고대의 적절한 '의식과 음악'으로 돌아가는 작업을 진두지휘하던 정부는 국민, 특히 어린이를 교화하는 데 음악을 활용할 가능성을 염두에 두고 있었다. 메이지 정부는 도쿠가와 후기의 오락이 지닌 통속적인 분위기를 정리·정돈하는 데 최선을 다했다. 음악 개혁에 중요한 역할을 했던 이자와 슈지(伊澤修二)는 에도 서민문화의 많은 부분이 「5개조어서문」에서 타파하기로 한 구래의 '누습'이라는 사실을 분명히 했다. 그에 따르면

> 일본의 서민음악은 식자층에게 무시당하면서 수세기 동안 가장 비천하고 가장 무지한 사회계층의 수중에 있었다. 그것은 도덕이나 물질문화를 발전시키지 못했고, 곡조가 대단히 비윤리적이었다. ……음악은 국가의 위신에 먹칠을 하고 있다.[28]

결과적으로 메이지 시대의 엄숙주의자들에게 연예인과 그들의 후원자는 교화의 대상이었다. 무용수·음악가·배우를 양성하는 학교는 별도로 관리

되었다. 막부의 보호를 받던 '헤이쿄쿠'(平曲)*는 그 후원자들과 함께 쇠락했고, 대표적인 헤이쿄쿠의 명인은 마사지사로 생을 마감했다. 하지만 일관성을 유지하기란 어느 정부에게나 힘든 일이다. 사쓰마와 조슈의 서민적인 가요들은 비와(琵琶)† 반주에 맞춰 애창되었고, 특히 간사이 지방 출신의 신진 관료들 사이에서 인기를 끌었다. 이 음악의 상당부분은 세련된 에도의 사무라이들이 시골뜨기의 취미로 간주하던 것이었다. 그들은 이 음악의 후원자들을 경멸조로 '이모자무라이'(芋侍, 변변치 못한 사무라이라는 뜻)고 불렀다고 한다.

한편 과거 엘리트층의 전유물이던 음악이 새로운 생명력을 얻어 널리 확산된 경우도 있다. 노(能) 극의 음악은 한동안 위기에 빠진 듯했지만, 해외순방에서 돌아온 이와쿠라 도모미는 그것이 일본식 오페라가 될 수도 있겠다는 생각을 갖고 있었다. 그는 젊은 천황을 자기 집으로 초대하여 연주회를 열었고, 곧 다수의 화족이 그의 뒤를 따랐다. 지난날 노를 접할 수 없었던 서민들도 이제는 그것을 즐길 수 있게 되었다.

고대의 궁정음악인 가가쿠(雅樂)는 정형화되고 곡목도 거의 무용지물이 되는 대가를 치렀지만 아무튼 되살아났다. 궁내성의 가가쿠 악사들은 황실의 보호 아래 상당한 영향력을 행사할 수 있었고, 심지어 초기의 군악대와 서양음악에도 영향을 미쳤다.

서양음악은 군악의 형태로 일본에 들어왔다. 1863년 가고시마를 포격하고 불태운 자국 함대의 성공을 축하하던 영국 군악대는 부두에서 그들의 연주를 들었던 사람들에게 함포만큼이나 깊은 인상을 남긴 듯하다. 사쓰마에서는 관리들이 군사제도를 근대화하면서 요코하마에 있던 영국 군악대장에게 사쓰마의 군인들을 교육시켜달라고 부탁했다. 사쓰마가 왕정복고 전투에서 승리한 후인 1871년에 그들은 일본 군악대의 핵심 구성원이 되었다. 영국인 군악대장은 『고금화가집』(古今和歌集, 고콘와카슈)에 수록된

* 비와(琵琶) 반주에 맞추어 헤이케 이야기(平家物語)를 노래로 표현한 것.
† 중국에서 전래한 비파를 개량하여 만든 일본의 전통악기.

| 메이지 문화 |

충성의 시가에 곡을 붙여 「기미가요」(君が代)를 만들어냈다. 천황의 지배에 대한 엄숙한 송가인 이 노래는 훗날 일본의 국가가 된다.

군가와 행진곡은 왕정복고 전투를 통해 유명해졌다. 공립학교가 발달하자 각 학교는 곧 스티븐 콜린스 포스터의 멜로디를 편곡하여 학생용 창가(唱歌)를 만들었다. 예를 들어 「날아라 작은 소리개야, 하늘 높이!」 같은 노래는 「스와니 강」을 일본식 곡조로 바꾼 것이다.[29]

문부성은 일찍이 1871년에 음악을 공립학교의 정규과목에 넣었다. 이자와 슈지는 1875년 미국에 파견되었다. 보스턴에서 교육자 루터 메이슨에게 음악교육을 받은 후 그는 일본의 음악교육 개혁을 위해 메이슨을 초빙해야 한다고 주장했다. 그는 메이슨이 신시내티에서 보스턴으로 오고 나서 보스턴의 학교음악을 획기적으로 개편했다고 적고 있다. 메이슨이 도착했을 때

> 사람들은 음악의 혜택을 잘 알지 못했다. ……어떤 학교에서는 고전음악이 지배적이었고, 또 어떤 학교에서는 통속적이고 저급한 거리의 노래가 판을 쳤다. ……(메이슨은) 유럽 각국에서 최고의 노래—옛 것이든 새 것이든—를 수집한 다음 미국의 기존 음악에 동화시켜 훌륭한 학교음악을 만들어내는, 요컨대 음악에 국민적 요소를 가미하는 독창적인 시스템을 고안했다.[30]

이것은 메이지 관료들이 원하던 바로 그것이었다. 메이슨은 1880년 일본에 와서 2년 동안 많은 일을 했다. 그의 지도하에 마련된 음악교과서에는 주로 서양 멜로디에 일본어 가사를 붙인 노래가 절반 정도 수록되었다. 가가쿠나 고토(琴)의 곡조를 응용한 노래도 있었다. 하지만 교육당국은 첫 교과서에 「오륜가」(五倫歌)와 같은 곡을 추가할 것을 고집했다. 1891년에 제시된 문부성 지침은 "음악의 아름다움도 중요하겠지만, 무엇보다도 윤리의식의 배양이 기본원칙이 되어야 한다"는 점을 분명히 했다. 이런 면에서

일본은 미국이나 그 밖의 19세기 국가와 크게 다르지 않았는데, 빅토리아 시대의 공교육도 고도로 규범적이고 도덕적이었기 때문이다. 예컨대 프랑스 제3공화정 때도 예술과 공교육을 관장하는 부서가 있었다. 이 부서의 존재는 예술활동이 전체 국민에게 생산적이고 자기 규제적인 삶에 대한 공통의 전망을 제시해준다는 논리로 정당화되었다.

미술
메이지 정부의 미술정책은 상당부분 도쿠가와 시대의 미술에 기초했다. 네덜란드인은 서양음악을 소개하는 데는 거의 아무런 역할도 하지 못했지만, 미술에 관한 한 19세기에 중대한 영향을 미쳤다. 시바 고칸(司馬江漢) 같은 일본화가들은 네덜란드 화집에서 본 그림의 정확성과 사실성에 깊은 감동을 받았다. 그것에 비하면 전통적인 중국화나 일본화는 어린애 장난처럼 보인다고 그는 말했다. 혹시 있을지도 모를 적의 침략에 대비하여 요새를 구축할 필요가 있다고 느낀 정부는 화가들을 고용해 현장을 스케치하고 지도를 작성하게 했다. 도쿠가와 시대의 이학(異學, 나중에는 양학) 연구기관은 지도제작 및 소묘에 관한 회화교육을 실용적인 학문으로 취급했다.

메이지 정부는 한 걸음 더 나아갔다. 미술정책은 이토 및 이노우에와 함께 영국에서 공부했던 조슈 출신의 사무라이가 주도했다. 야마오 요조(山尾庸三, 1837~1917)는 영국에 7년 동안 머물면서 글래스고에 있는 기술학교인 앤더슨 대학을 졸업하고 귀국했다. 고부(工部) 대학교(제국대학 공과대학의 전신)를 신설하는 책임을 맡은 그는 앤더슨 대학 동창인 헨리 다이어를 초청했다. 이들은 합심하여 취리히 종합기술학교를 모델로 해서 학교를 세웠다. 공부대학교에는 8개의 학부가 있었는데 그 중 하나가 건축이었다. 1876년에 설치된 부속 미술학교에는 회화과와 조각과가 포함되었다. 회화의 안토니오 폰타네시와 조각의 빈센초 라구사, 건축의 조반니 카펠라티 등을 비롯한 주요 교수들은 이탈리아인이었다. 1873~1885년에 고부 대학교는 총 47명의 외국인 교사를 고용했는데, 이 수치는 당시 일본정부

| 메이지 문화 |

가 고용한 외국인이 총 500명 가량이었음을 감안할 때 상당히 많은 것이었다. 학생들은 일본 전역에서 모집되었고, 입학생은 메이지 초기에 정해진 각 번의 규모(대·중·소)에 따라 할당되었다. 우리는 공정성을 기하기 위한 이 세심한 배려에 주목할 필요가 있다. 메이지 지도자들은 한편으로는 중앙정부의 통제력을 유지하기 위해 여러 모로 노력을 기울였지만, 다른 한편으로는 각종 신설 기구에 모든 지역의 대표가 골고루 참여할 수 있도록 신경을 썼다. 이는 그들이 대의기구를 구성할 필요가 있다는 데 동의한 사실과도 무관하지 않았다. 고부 대학교는 오쿠마 시게노부의 주장으로 설치된 공부성(工部省)이 철도·광산·제철·등대·전신·조선을 발전시키기 위해 추진한 식산흥업정책(殖産興業政策)의 산물이었다.

정책입안자들은 실용성에 매달렸을지 몰라도 교사와 학생들은 그들 나름의 관심사를 갖고 있었다. 폰타네시는 음울한 색채를 사용하고 그림의 형상을 불분명하게 처리하여 분위기 있는 캔버스를 선보였는데, 그의 제자들은 이런 화풍을 모방했다. 이미 살펴본 것처럼 서양화의 도입은 1880년대에 국수주의자들의 반발을 불러일으켰으며, 다른 분야에서 그랬듯이 미술계에도 불충이라는 비난이 쏟아지기 시작했다. 1881년 대표적인 서양화가 가와카미 도가이(川上冬崖)가 유언비어를 퍼뜨리고 외국인에게 지도를 판다는 혐의로 기소되어 충격을 던져주었는데, 이 일은 1820년대의 지볼트 사건을 환기시킨다. 가와카미의 자살로 마감된 이 사건은 거대한 보수화의 조류를 표출한 것으로 해석할 수 있다. 하지만 다른 분야에서는 실험이 계속되었다. 건축 부문에서는 영국의 건축가 조사이어 콘더가 설계한 건물들, 특히 1883년에 완공된 로쿠메이칸(鹿鳴館)이라는 서양식 사교장이 시대적 기념물이 되었다.[31]

외국인이 초기 메이지 문화 건설에 중요한 역할을 한 것은 사실이지만, 중요한 것은 이들이 어디까지나 일본인, 특히 정부의 통제하에 있었다는 점이다. 아마 외국인들의 재량에 맡겼다면 이국적인 오리엔트에 대한 그들의 생각이 표출되었을 것이다. 즉 건축에서는 사찰과 탑의 사라센 양식이 강조되었을 것이고, 궁정에서는 기모노를 입게 되었을 것이다. 하지만 대개의 경우 일본인은 서구화에 충실하기를 원했다. 이토는 「황실전범」을 제정할 때 천황의 가족은 일본옷을 그대로 입어야 한다는 독일 전문가의 제안을 거부했고, 미술평론가 오카쿠라 덴신(岡倉天心, 1862~1913)은 아들에게 영어를 완벽하게 구사하기 전에는 서양인 앞에 기모노를 입고 나서지 말라고 경고했다. 정부의 각종 위원회는 서양인들이 제출한 설계안을 승인하는 경우보다 거절하는 경우가 많았는데, 너무 '동양적'이라는 게 주된 이유였다.

얼마 지나지 않아 새로운 교육기관을 졸업한 일본의 전문가들이 외국인의 도움 없이 정책을 추진할 수 있게 되었다. 그 후 일본이 1895년 청일전쟁과 1905년 러일전쟁에서 승리를 거두며 국제사회에서 입지를 굳히자, 천황의 위엄을 과시하려는 새로운 풍조가 발달했다. 1908년에 황태자가 거주하는 동시에 서양의 국빈을 맞이하는 아카사카 이궁(赤坂離宮)이 건설되었다. 이것은 베르사유 궁전을 본뜬 듯한 화강암 건물이었다. 메이지 말기인 1914년에 완공된 거대한 붉은 벽돌 구조물인 도쿄 중앙역은 흔히 암스테르담 역과 비교되곤 하는데, 그것은 잘못이다. 두 역은 외형상 유사해 보이지만, 실은 큰 차이가 있다. 암스테르담 역은 중심 상업지구와 항구에 개방되어 있는 경제활동의 상징인 반면, 도쿄 역은 황실의 편의를 위해 세워진 것으로 세련된 중앙대합실은 시민보다는 천황을 위한 것이었다.[32]

서양에서 온 고용인들이나 방문객들은 지나친 서구화 풍조를 개탄하면서 부디 토착 전통을 보존하라고 권유하곤 했다. 대표적인 예는 하버드 대학을 졸업하고 철학을 가르치러 1878년 일본에 온 어니스트 페널로사(1853~1908)의 활동이다. 일본에 온 그는 일본 전통미술의 애호가가 되었고, 과도한 근대화정책을 한탄했다. 그는 붓 대신 연필로 그림을 가르치는 것이 잘못이라 생각했고, 전통양식의 회화를 고수하는 화가들을 돕기 위해 최선을 다했다. 그는 자신의 제자이자 동료인 오카쿠라 덴신과 함께 도쿄미술학교와 일본회화협회를 설립했다. 그리고 1890년에 보스턴 미술관의

| 메이지 문화 |

동아시아 프로그램을 관장하기 위해 미국에 돌아간 뒤에도 몇 권의 중요한 저서를 통해 동양문화를 널리 알리는 자신의 임무를 계속했다. 페널로사는 전통미술을 '구원'하는 데 주도적인 역할을 했다고 평가받아왔다. 그가 중요한 인물임에는 틀림없지만, 그에 대한 평가는 어쩌면 과장된 것일 수도 있으며 당시의 문화적·정치적 조류를 반영한 것일지도 모른다. 페널로사는 개인적으로 엄청난 전통미술품을 모아서 수집가와 미술관에 팔아넘겼고, 그의 책은 외국인의 목소리를 빌리는 것이 유리하다는 점을 간파한 일본 보수주의자들의 환영을 받았다.[33] 그러나 일본미술의 전통이 말살될 위험에 처하지는 않았다. 미쓰이의 경영자 마스다 다카시(益田孝) 같은 일본인 수집가와 탐미주의자들의 건의를 받아들여, 정부는 중요한 문화재를 국보로 지정하고 국외 반출을 금했다. 페널로사가 사후에 얻은 명성은 시대의 추세를 옹호하기 위해 똑똑한 외국인의 의견을 차용하는 일본인의 편의적 사고방식을 잘 보여준다. 제2차 세계대전 후에 일본인들은 교토가 폭격을 면한 공로를 어이없게도 하버드 대학의 미술사가 랭던 워너에게 돌리기도 했다. 마찬가지로 경영 컨설턴트 에드워즈 데밍은 일본 경영진의 사고방식을 뜯어고쳤다는 명성을 얻었는데, 사실 일본의 산업관리는 오래전부터 서양의 발전상황과 보조를 맞추고 있었다.

1880년대의 혼란기를 거친 후 일본의 화가들은 여러 유파로 확연히 분리되어 비교적 고립된 상태에서 발전했다. 일본화(日本畵, 니혼가)로 알려진 신(新)전통화는 새로운 차원에서 전통적 주제를 탐구했고, 파리 콩쿠르를 연상시키는 국전은 저명한 화가들의 관심과 노력을 이끌어냈다. 가노파의 전통규범에서 이탈하는 것을 비난했던 페널로사 같은 미술사가의 보수주의로 말미암아 그 작품들은 최근에야 정당한 평가를 받기 시작했다.[34] 한편 이에 견줄 만한 집단으로는 유화를 그리는 서양화파가 있었다. 이들은 유럽의 회화를 모델로 삼아 독자적이고 생동감 있는 전통을 발전시켰는데, 이들도 요즘 들어서야 진지하게 조명되기 시작했다.[35]

문학

새로운 문화형식을 이루기 위한 투쟁이 가장 분명하고도 면밀하게 기록되어 있는 분야가 문학이다. 따라서 이 분야가 서양학자들의 가장 큰 관심을 받아온 것은 결코 우연이 아니다.36) 여기서는 지면관계상 개략적인 설명만 제시하고자 한다.

도쿠가와 말기에 오면 겐로쿠 시대의 문화적 성취는 한참 뒤처진 것이 되었다. 글을 읽고 쓸 줄 아는 사람들이 늘어나고 도시화가 진행되면서 두드러지게 서민오락시장이 커졌지만, 질적인 면에서는 최하층의 기호와 특성에 영합하는 수준 낮은 것이 대부분이었다. 가부키는 점점 사악하고 타락한 인물을 다루었다. 사람들이 문신(文身)과 같은 관행에 집착하게 된 것도 비슷한 논리로 설명할 수 있다. 큰 인기를 끌었던 『슬율모』(膝栗毛, 서양에는 "Shanks Mare"로 번역됨)*는 일본의 주요 간선도로를 따라 여행하는 두 건달의 모험을 그리고 있다. 일반적으로 소설은 하류층에 호소력을 가졌던 것으로 보인다. 세련된 취향의 교양 있는 일본인들은 소설을 경멸했음에 틀림없다.

결과적으로 일본 근대화 초기의 문학적 실험은 풍자작가와 이야기꾼에게 기회를 제공하는 데 그쳤다. 그 후 메이지 시대의 일본인들은 서양에서는 소설이 사회적·심리적 비평의 주요 형식으로 정착되었다는 사실을 알고서 크게 놀랐다고 한다. 앞서 언급했던 정치소설은 디즈레일리와 불위 리튼의 영향을 크게 받았다. 유럽의 다른 전통에 대한 지식이 늘어나자, 러시아 소설이 작가들의 관심을 끌게 되었다. 러시아 소설은 특히 일본 최초의 근대소설로 평가되는 『뜬구름』의 작가 후타바테이 시메이의 번역작업을 통해 널리 알려졌다. 하지만 메이지 시대의 위대한 작품, 즉 20세기의 모든 일본인에게 회자된 작품들은 20세기 초반에 탄생했다. 그 주역 나쓰메 소세키(1867~1916), 모리 오가이(森鷗外, 1862~1922), 시마자키 도손

---

* 짓펜샤 잇쿠(十返舍一九)가 20여 년에 걸쳐 쓴 장편소설 『동해도중슬율모』(東海道中膝栗毛, 도카이도추히자쿠리게)의 약칭.

| 메이지 문화 |

(島崎藤村, 1872~1943)은 명작을 남겼고 새로운 문화를 창조하는 문제에 진지하게 몰두했다.

소세키는 에도의 마치나누시(町名主)를 지낸 서민의 아들로 태어났다. 부모가 원치 않은 아이로 태어난 그는 다른 집에 양자로 들어갔다가 양부모의 불화로 다시 돌아와 친부모를 조부모로 생각하며 자랐다. 늦둥이가 태어난 데 당황했던 부모도 그 오해를 바로잡으려 하지 않았다. 다소 불우한 환경에도 불구하고 그는 1884년 도쿄 제1고등학교*에 입학하고 후에 도쿄제국대학에도 입학하는 등 성공의 지름길을 달릴 수 있었다. 그는 영어교육을 제대로 받았는데, 영어실력은 번역물이 많지 않았던 그의 세대에서는 필수 덕목이었다. 그는 "일본처럼 가난해서 세인트 폴 성당 같은 위대한 기념물을 지을 기회가 없는 나라에서는 건축가가 되어봐야 아무런 영예도 얻지 못할 것"37)이라는 형의 충고에도 불구하고 건축가가 되겠다는 생각을 품고 있었다. 1893년에 대학을 졸업한 소세키는 도쿄 고등사범학교의 영어교사로 임명되었다. 하지만 그는 곧 마쓰야마(松山)에 있는 중학교에서 근무하기로 결정함으로써 앞날이 보장된 '출세가도'에 관심이 없음을 보여주었다. 그 후 구마모토의 제5고등학교로 다시 옮긴 그는 1900년에 국비로 2년간 영국유학을 떠났다.

소세키는 아무런 준비도 없이 떠났고 검소하게 생활해야 했다. 그는 풍족한 생활을 하던 외교관이나 상인과는 아무 관계도 맺지 않고 런던에서 외롭고 고통스러운 나날을 보냈다. 일본으로 돌아와서는 계약에 따라 제국대학의 영문과 교수직—라프카디오 헌(Rafcadio Hearn) 때문에 유명해진 자리—을 받아들여야 했다.38) 소세키는 친구들의 만류에도 불구하고 계약기간이 끝나자 곧바로 사직했다. 그러고는 매년 한 편의 연재소설을 쓴다는 조건으로 『아사히 신문』(朝日新聞)에 입사했다.

메이지 사회의 공인된 가치와 목표를 담담하게 무시하는 이런 태도는

---

* 당시의 명칭은 도쿄대학 예비문(豫備門)으로 오늘날의 교양학부에 해당한다. 1886년에 도쿄 제1고등중학교로, 1894년에 다시 도쿄 제1고등학교로 개칭되었다.

소세키를 시대의 이단아로 만들었다. 한편 그는 런던에 체류하는 동안 신경쇠약 증세를 보이기 시작했다. 소세키는 일본의 국수주의자들을 경멸했지만 서양문화의 우월성을 맹신하는 사람들도 조롱했다. 1905년에는 "서양을 지나치게 숭배한 나머지 자신과 자국의 독특한 개성을 잃어버리는 것은 가련한 일이다. ……작가들은 우리의 고유한 자질을 개발할 수 있는 문학적 기술을 터득해야 한다"고 말하기도 했다. 소세키는 일본문학을 위해 영문과 교수직을 포기했고, 자신만의 언어, 나아가 일본적인 언어를 발달시켰다. 평론가들의 지적처럼 그는 어느 정도 '국가를 위해서' 글을 썼지만, 승전 이후 일본을 휩쓸었던 자만과 내셔널리즘의 물결―모든 것을 독특한 일본정신으로 돌리는―에 대해서는 냉소적이었다. 한 강연에서는 "우리가 국가를 위해 화장실에 가거나 세수해야 하는가?"라고 물었으며, '나의 개인주의'라는 또 다른 강연에서는 "일본이 당장 쓰러지거나 비참하게 파괴되지 않는 한, '내셔널리즘! 내셔널리즘!'이라고 외치며 돌아다닐 필요는 없다고 본다"고 말했다.

소세키가 원숙기에 쓴 소설들은 등장인물의 사실적인 심리묘사가 돋보인다. 소세키의 주인공들은 극한의 고독 속에서 대개 자아와 속절 없는 싸움을 벌이며 괴로워한다. 그들은 사회와 도덕이 급변하는 시대에 살고 있는 사람들이다. 소세키의 시대에는 언문일치의 문제가 만족스럽게 해결되어 초기 산문의 현란하고 과장된 문구가 배제된 유려한 산문이 출현했다. 그나 동료들이 썼던 언어는 근대 일본어로 손색이 없다.

『마음』(こころ)은 아마도 소세키의 소설 가운데 가장 흡인력이 강한 작품일 텐데, 에드윈 매클렐런의 섬세한 영역 덕분에 서양에도 널리 알려져 있다. 메이지 시대와 20세기 일본의 중요한 시기를 배경으로 하는 이 소설의 주제는 고독과 소외이다. 중심 사건은 1912년 7월 메이지 천황의 죽음이다. 장례식을 알리는 조포가 터지는 순간, 수천 명의 목숨을 희생시키며 뤼순 항 전투에서 승리했던 노기 마레스케 대장이 중세 사무라이의 '순사'(殉死) 전통에 따라 자살했다. 이 죽음은 수십 년 전 세이난 전쟁에서 자신이

| 메이지 문화 |

지휘하던 연대의 깃발을 빼앗겼던 잘못에 대한 속죄인 동시에 점점 사라져 가는 도덕성을 회복하라는 대(對)국민 호소였다. 그의 부인도 남편의 뒤를 따랐다. 이 사실을 알게 된 소세키의 주인공 센세이(先生) 역시 자살로 생을 마감하면서 그 동기를 밝히는 장문의 편지를 자기보다 나이어린 친구에게 남기는데, 이 부분이 이 작품의 하일라이트이다. 이 소설은 어떻게 보면 지나간 시대에 대한 애가였다. "내게는 메이지 시대의 정신이 천황과 함께 시작되었고 천황과 함께 끝난 것으로 여겨진다네"라고 센세이는 썼다. "나는 그 시대에 성장한 나나 다른 사람들이 아직까지 살아 있는 것은 시대착오적이라는 느낌에 사로잡혀 있다네. ······아마 자네는 내가 왜 죽으려고 하는지 분명히 이해하지 못할 테지. 내가 노기 장군이 자살한 이유를 완전히 이해할 수 없듯이. 나와 자네는 다른 시대에 속해 있고 그래서 서로 생각이 다르네. 우리 사이의 간극을 메우기 위해 우리가 할 수 있는 일은 아무것도 없다네."[39] 매클렐런이 지적했듯이, 이 소설을 읽으면 그들이 "바로 메이지 시대의 아이들이었고 지적으로나 사회적으로나 뿌리를 잃은 사람"이었다는 점, 그리고 "소설가로서 그들의 주요 관심사는 격변의 시대에 태어난 대가를 치러야만 했던 당시의 상황을 묘사하는 것"이었다는 점을 느끼지 않을 수 없다.

　모리 오가이의 인생행로는 나쓰메 소세키와 전혀 달랐다. 그는 도쿄대학 의학부를 졸업하고 군의관이 되어 독일에서 4년간 공부했다. 당대의 문학비평에 해박해져서 돌아온 그는 여러 잡지에 이를 소개했다. 또한 일본 문화의 근대화논쟁에 동참했고, 결국 "외래문화의 수용은 스트레스를 주고 정신적 공허감을 남길 가능성이 있다"는 결론에 이르게 되었다. 이 공허감은 오가이의 말년을 사로잡았다. 보링의 표현처럼 그는 "과거와의 치명적인 단절을 초래하지 않으려면 서양의 문화와 사상을 어느 선까지 수입해야 하는가"라는 문제를 제기했다.[40] 오가이도 군대 상관들과의 관계가 껄끄러웠다는 점에서는 이단아였지만, 그럼에도 군의관으로서 탁월한 경력을 쌓았고 공중보건 및 의학 분야에 크게 기여했다. 그는 문학계에서도 과학적 업적에 버금가는 중요한 일을 해냈다. 소세키의 『마음』에 등장하는 센세이와 마찬가지로, 죽음으로 메이지 천황을 따르려 했던 노기 대장의 충격적인 할복소식을 접한 오가이는 자신의 저술활동과 일본사를 다시 생각하게 되었다. 그 결과 나온 것이 면밀한 연구를 통해 일본사의 폭력적 사건을 생생한 자연주의적 기법으로 다룬 일련의 역사소설이다.[41]

오가이는 근대 일본에서 가장 존경받는 지식인이자 작가 중 한 명이다. 하지만 거의 학자와 같은 태도로 엄밀하게 정확성을 추구한 탓에 소설가로서의 비중은 시마자키 도손에 미치지 못한다. 소세키가 고독과 자아를 묘사하는 심리적 깊이 면에서 두드러졌고, 오가이가 역사적 작업에 뛰어났다면, 도손은 일본전통에 뿌리를 두고 자의식을 파헤치는 데 탁월한 기량을 발휘했다. 사실 그의 많은 작품은 20세기에 유행한 소설형태인 '사소설'(私小說)의 전조였다. 사소설은 작가가 자기 내면의 투쟁과 불확실성을 그대로 드러내는 형식이다. 도손의 가장 유명한 작품은 『동트기 전』(夜明け前)[42]으로, 이 반(半)자전적 소설은 도쿠가와 말기 국학의 가르침을 신봉하는 단순한 인물을 동요시킨 변화와 비극을 묘사하고 있다. 소설의 주인공인 당주 아오야마 한조에 대해서는 메이지 유신을 논하면서 이미 몇 차례 언급했거니와, 도손 자신이 도쿠가와 시대의 간선도로 나카센도(中山道)의 쇠퇴로 부와 지위를 잃은 당주의 아들이었다. 이런 개인적 체험에서 장엄함과 비극이 결합된 작품이 탄생한 것이다.

이데올로기와 역사학

메이지 시대의 이데올로기는 정부관료들의 관심과 학자 및 사상가들의 노력이 긴밀하게 맞물리면서 발전해 나갔다. 하지만 역사 분야, 특히 일본 고대사 연구에서는 국가의 영향력이 두드러졌다.[43]

메이지 시대에 이루어진 정치개혁과 제도개혁의 회오리는 일본인의 역사의식에 지대한 영향을 미쳤다. 역사는 유교적 전통에서 늘 중요한 학문 분야 가운데 하나였고, 도쿠가와 시대의 학자들은 역사서술에 크게 기여했

| 메이지 문화 |

다.[44] 오규 소라이 같은 학자의 영향 속에서 사실과 고증을 중시하는 풍토가 조성되면서 역사서술의 표준은 한층 엄격해졌다. 아라이 하쿠세키(新井白石) 같은 학자들은 무사지배체제의 우월성을 설명하고 정당화하는 시대구분법을 발전시킴으로써, 과거 천황과 공가가 지배하던 정치구도의 결함을 신랄하게 지적했다. 유교적 합리주의는 난학을 흡수함으로써 이론적 기반을 넓혔다. 도쿠가와 말기에 오사카의 상인 겸 학자인 야마카타 반토(山片蟠桃, 1748~1821) 같은 유학자들은 난학의 영향을 받은 실학사상을 내세우며, 태양의 여신 아마테라스나 고대 신도의 건국신화를 부활시키려는 모토오리 노리나가를 비롯한 국수주의 학자들의 시도를 터무니없다고 반박했다.

도쿠가와 시대의 걸출한 유학자들이 추구한 작업과 메이지 시대에 발달한 근대적 역사서술 사이에는 상당한 연속성이 있었다. 이는 역사가 시게노 야스쓰구(重野安繹, 1827~1910)의 저작에서 선명하게 드러난다. 사쓰마의 향촌 사무라이의 아들로 태어난 시게노는 뛰어난 재능으로 단숨에 지위와 명예를 얻었다. 그는 16세에 사무라이 양성을 위해 설치된 번교에서 강의했고, 25세에는 막부의 학문기관 쇼헤이코에서 한시와 산문을 가르쳤다. 사쓰마가 메이지 유신에 성공한 뒤에는 수사국(修史局)을 이끌었고, 메이지 천황 앞에서 강의도 했다. 시게노는 한학과 실증적 연구 분야에서 오규 소라이의 전통을 계승한 가장 뛰어난 학자로 알려지게 되었다. 그는 중국과 더욱 긴밀한 관계를 맺는 것이 바람직하다고 강조했고, 학생들을 중국에 장기유학을 보내자고 제안했다. 또한 중국인처럼 중국어를 말하고 읽는 법을 배울 필요가 있다고 주장하며, 일본에서 한문을 읽는 전통적인 방식인 훈독(訓讀)의 문제점을 지적했다.[45] 한편 시게노는 서양사의 방법론에도 깊은 감명을 받았다. 영국의 외교관 오거스트 마운지가 1879년에 세이난 전쟁에 대한 역사책을 발표하자, 시게노는 그 접근방식이 동아시아의 전통적인 편년체와는 전혀 다르다는 사실에 주목했다. 그와 수사국의 동료들도 그 사건에 대한 문서기록을 수집했지만, 시게노의 눈에 비친 마운지의 책은 단순한 자료의 나열 이상이었다. "사실 진술에만 매달리는 일본이나 중국의 역사서와 달리 서양의 역사서는 원인을 탐구하고 결과를 고찰하면서 주제에 대한 구체적인 설명과 시대상황에 대한 선명한 그림을 제공해준다. 그 형식과 방법이 우리에게 많은 교훈을 준다는 데는 의심의 여지가 없다."[46]

1888년에 제국대학에 임시편년사 편찬괘가 설치되자, 수사국을 대표하던 두 명이 제국대학 문과대학 교수 겸 편년사 편찬괘 위원으로 부임했다. 한 명은 시게노였고, 다른 한 명은 1871~1873년에 이와쿠라 사절단을 수행하며 그들의 행적을 기록한 역사학자 구메 구니타케(久米邦武)였다. 이 둘은 모두 일본고대사를 신화 중심의 서술방식에서 해방시키는 데 앞장섰고, 이윽고 몇 가지 역사적 추정의 사실성과 인물의 실존 여부에 의문을 제기했다. 1890년에 시게노는 한 강연에서 황위를 놓고 경합하던 14세기 남북조기(南北朝期)의 충신으로 오랜 세월 칭송받아온 고지마 다카노리(兒島高德)의 존재에 대한 뿌리 깊은 믿음을 반박했다. 곧이어 그는 천황에게 충성을 바친 귀감으로 오랫동안 추앙되어온 구스노키 마사시게(楠木正成)의 실재에 대해서도 의문을 제기했다. 이 모든 주장은 비상한 관심을 끌었고, 시게노는 '말살박사'라는 별명을 얻었다.[47]

시게노가 대표하는 고증학적 전통에 독일 역사과학의 권위가 더해졌다. 1887년에 위대한 레오폴트 폰 랑케의 제자 루트비히 리스가 신설된 제국대학 사학과 교수로 초빙되었다. 유대인이었던 탓에 독일의 대학에서 자리를 구할 수 없었던 리스는 1902년까지 제국대학에 재직했다. 그는 세계사를 가르치는 것 외에도, 역사과학을 하나의 학문분과로 일본에 정착시키는 데 중요한 역할을 했다.[48] 독일의 영향은 사료편찬에 대한 일본인의 열정을 보충해주었고, 시게노와 구메는 수사국에서 제국대학으로 자리를 옮겨 사학자로서 학문적 역사연구에 착수하게 되었다. 랑케의 영향은 추가적 부산물을 낳았다. 랑케는 유럽의 사례에 비추어 볼 때 대외관계가 근대국가 생성의 핵심요소임을 확신하고 있었다. 일본이 도쿠가와 시대에 유럽과 달

| 메이지 문화 |

리 상대적으로 고립되어 있었음에도 불구하고 근대국가로 부상한 것은 19세기 개항의 결과라는 주장이 성립될 수 있었다. 이에 따라 대외관계에 관련된 문서를 수집하려는 야심찬 계획이 진행되었다.

이처럼 메이지 시대에 부쩍 커진 서양의 영향과 '문명개화'의 새 시대에 대한 낙관적 풍토는 고증과 이성을 중시하는 유교적 이상을 한 단계 더 끌어올렸다. 후쿠자와나 『일본 개화소사』(日本開化小史)를 쓴 다구치 우키치(田口卯吉) 같은 인기작가들은 일본을 세계사적 맥락에서 조망하고자 최선을 다했다. 하지만 '부국강병'의 구상은 천황의 권력과 신성함이라는 아우라를 최대한 활용하여 강대국을 건설해야 한다는 초기의 신념에 기대고 있었다. 학자와 지식인들이 저작을 통해 서로를 지지하면서 일본의 국제적 명성 획득에 필요한 근대화를 가속화하는 한 아무런 문제도 없었다. 하지만 새로운 제도가 정착되고 교육을 받은 서민의 참여가 늘어나면서 사회가 점차 개방되자, 넓은 의미의 '역사'가 공중(公衆)의 논쟁이 되었다.

이런 논쟁이 가열되는 데는 다소 시간이 걸렸다. 1880년대 후반에 보수적이고 내셔널리즘적인 잡지들이 등장하면서 그런 논쟁이 예견되기도 했으나 실제로 논쟁이 본격화된 것은 1890년대였다. 이 무렵에는 헌법이 제정되었고, 국가는 천황의 「교육칙어」에 의거하여 관습과 도덕을 규정하는 규범적 역할을 주도하고 있었다. 사립학교와 반관반민(半官半民) 학교의 철학자와 교육자들은 시민이 간직해야 할 '올바른' 태도와 신념이 무엇인지 제시하기 시작했다. 또한 일본은 아시아 및 유럽의 경쟁국들과의 전쟁에서 승리하면서 내셔널리즘적 자부심에 젖어들기 시작했다.

1892년에 구메 구니타케는 「신도는 하늘에 제사 지내는 낡은 풍속이다」(神道は祭天の古俗)라는 논문을 『사학회잡지』(史學會雜誌)에 게재했다. 이 논문은 곧 대중적인 역사잡지 『사해』(史海)에 전재되었다. "신도 자체는 근대적 요구에 부응할 수 없으며, 나무가 죽은 가지와 잎을 떨어뜨리듯 우리는 쓸모 없는 요소들을 벗어던져야만 한다"[49]고 구메는 주장했다. 하지만 문제는 근대국가의 건설자들이 신도를 '쓸모 없는' 것으로 생각하기는

커녕 자신들의 임무를 완수하는 데 반드시 필요한 것으로 여겼다는 사실이다. 많은 보수주의자와 신도 추종자들은 황실, 태양의 여신 아마테라스, 이세 신궁 사이의 역사적 연관성을 공식적으로 거부한 구메의 논조에 격분했다. 구메는 곧 언론의 신랄한 비판을 받았고,『사해』의 편집인 다구치 우키치는 구메의 주장을 옹호하기보다는 논쟁을 반기는 눈치였다. 얼마 후 신도 추종자들이 구메의 집 앞에서 시위를 벌였고, 자칭 전문가들이 그를 조사하겠다며 끼어들었다. 이들은 5시간 동안 구메와 논쟁을 벌였다. 모든 원시종교의 공통적 기원과 특성을 보여주려 했다는 구메의 설명에도 불구하고 이들의 흥분은 조금도 가라앉지 않았다. 마침내 구메는 자신의 주장을 철회하거나 적어도 '더 이상의 연구를 유보'하는 것으로 입장을 바꾸기로 결심했다. 그의 태도 변화가 언론에 보도되었지만 이미 사태는 돌이킬 수 없을 정도로 악화되었다. 반대자들은 궁내성과 문부성에 그의 교수직 박탈을 요청했다. 구메는 동향(사가 현) 출신인 오쿠마 시게노부가 설립한 도쿄전문학교(와세다 대학의 전신)로 옮겼다. 이 학교 임용을 위해 그가 제출한 이력서는 그의 운세가 급변했음을 집약적으로 보여준다.

   1889년 2월 23일 일등관(一等官)으로 승진.
        2월 27일 5등 훈위(勳位)를 받음.
              서보장(瑞寶章)을 받음.
   1892년 2월 29일 종오위하관(從五位下官)이 됨.
        3월 4일   사임을 명받음.
        3월 20일 명에 따라 사임.[50]

구메는 강의와 저술활동을 계속했지만 정부가 후원하는 수사국과의 관계는 단절되었다. 이렇게 해서 20년 전에 "전세계의 지혜를 구하"고자 서양에 파견된 이와쿠라 사절단의 서기는 일본의 신화적 과거를 모독했다는 혐의를 받고 희생되었다.

 존 브라운리의 연구(1997)는 구메가 자신의 해임에 침묵했다고 지적한다. 1903년에 오쿠마가『개국 50년사』중 신도에 관한 장을 기고하라고 권

| 메이지 문화 |

했을 때, 그는 훨씬 더 신중하고 겸손한 태도를 보였다. 정부가 1925년에 그의 초기 저서—그는 여기서 천황의 불운에 대한 과거의 역사서술을 논의함으로써 전근대사의 결점을 예시하고자 했다—를 검열하기로 했을 때조차도 그는 침묵을 지켰다. 이는 나이가 들면서 좀 더 보수적으로 변한 탓도 있겠지만, 그보다는 공식 이데올로기와 천황을 지지해야 한다는 요구를 애국적으로 수용했기 때문일 것이다.

더욱 놀라운 점은 필화사건이 일어났을 때 수사국이나 제국대학에 있는 구메의 동료 중 단 한 사람도 그를 두둔하지 않았다는 것이다. 이는 국가신화의 해석을 둘러싸고 다른 학파 사이에서 오랜 논쟁이 있었기 때문일 수도 있고, 개인적으로 남의 일에 공연히 개입하는 것을 두려워했기 때문일 수도 있다. 시게노 역시 잠시 뒷전으로 밀려나기는 했지만 해고된 적은 없었다. 내막을 잘 알고 있던 사람들의 침묵은 아마도 국익이 최우선이라는 암묵적 합의에서 기인했던 것 같다. 또한 전문가들은 세미나와 학술잡지를 통해 자신들의 연구를 계속할 수 있어야 하지만, 만에 하나 혼동이나 의심으로부터 공중을 보호해야 할 책임도 있다는 공감대가 있었다. 공중이 더 많은 교육을 받고 논쟁에 참여할 수 있게 되자, 검열은 더욱 매력적인 수단이 되었다. 그래서 1887년에는 아무 문제 없던 구메의 책이 수십 년이 지나 검열을 받게 되었던 것이다.[51]

하지만 가장 효과적인 통제는 사회적이고 내면적인 것이었다. 1930년대 이전까지는 국가가 강제수단을 동원할 필요가 별로 없었다. 일본의 사회와 양심에 내재하는 요소들이 그 역할을 해주었기 때문이다. 전문직 엘리트들은 상아탑 안에서 자신의 자유를 유지할 수 있는 한, 신도 근본주의자들이 논쟁에 끼어들어도 침묵을 지키기로 했다. 얼마 지나지 않아 수사국은 논쟁 대신 문서를 수집하고 사료를 편찬하는 본연의 업무로 돌아갔다. 브라운리의 말을 빌리면 "말살박사와 공격적인 동료들의 짧은 전성기는 지나갔다. 신들과 고대 천황들의 시대는 학문적 처형을 모면했다."[52]

메이지 말기인 1911년에 정부는 전문가들이 교과서에 쓸 수 있는 것을 규정해줌으로써 역사해석에 더욱 노골적으로 개입했다. 쟁점은 14세기 남조와 북조의 황실에 관한 것이었다. 놀랍게도 이 시기에는 로마와 아비뇽이 교황권을 놓고 맞서고 있었다. 일본에서는 어느 황실의 계보가 정통성을 갖는가 하는 문제가 사회적·이데올로기적 변화와 깊이 관련되어 있었으므로 이 문제에 대해 먼저 언급할 필요가 있다.

명실상부하게 메이지 일본이 '도래'했다. 두 차례의 전쟁은 메이지 일본에 승리를 안겨주었고, 정부는 승리의 영예가 천황의 것이라고 생각했다. 1894~1895년의 청일전쟁 기간에 천황은 귀족원과 함께 대본영이 있는 히로시마로 이동했다. 천황은 개인적으로 그 전쟁에 아무런 열의도 보이지 않았고 조상의 혼백을 모신 이세 신궁에서 전황을 고하는 것도 거부했음에도 불구하고, 통수권자로서의 본분을 무시할 수 없었기 때문에 1900년에 일본은 베이징의 '의화단'에게 포위되어 있는 선교사들을 구하는 데 중요한 역할을 함으로써 근대적 이미지를 부각시켰다. 약탈을 자행한 다른 연합국 군대들과 대조적으로 일본군은 모범적으로 행동했다. 일본은 영일동맹으로 세계 최강의 해상강국과 협조할 수 있었다. 하지만 특히 서양세계의 주목을 끌었던 것은 러일전쟁 중 뤼순 항에서 죽음을 두려워하지 않고 진군했던 시골청년들의 영웅적인 군인정신이었다. 이는 몇 해 전 보어 전쟁에서 영국군이 보여준 행위와 대조를 이루었고, 영국에서는 '일본 배우기' 운동이 일어났다. 승전과 병사들의 희생으로 메이지 천황의 아우라는 다시 한번 빛을 발했다. 일본의 장년층은 일본정신의 중요성을 보여주는 새로운 증거에 고무되었다. 많은 메이지 시대 인물의 회고록이 이런 자부심을 뚜렷이 증언하고 있는 것은 당연한 결과였다.

이전의 자유주의자와 회의주의자들도 이런 분위기에 편승했다. 한 명의 예외적인 인물은 그리스도교 지도자 우치무라 간조로, 앞서 살펴보았듯이 그는 천황의 「교육칙어」에 대한 경례를 거부했다. 원래 '의로운' 전쟁이라 여겼던 전쟁에서 청나라에 승리한 후 영토까지 점령하려 하자 우치무라는 환멸을 느꼈고, 이후 평화주의자가 되어 러시아와의 전쟁에 반대했다. 그러나 같은 세대의 다른 일본인들은 그렇지 않았다. 도쿠토미 소호는 총리 가쓰라 대장과의 유대를 굳건히 했고, 그의 『고쿠민 신문』은 승리의 필요성을 소리 높여 외쳤다. 논설을 통해 도쿠토미는 강대국으로서의 일본의 지위를 유지하는 데 필요한 희생을 받아들이라고 국민들에게 거듭 촉구했다. 퀘이커 교도이자 우치무라의 삿포로 시절 친구인 니토베 이나조는 1899년에 무사숭배를 설명하고 예찬하는 『무사도』를 출판했다. 이 책은 러일전쟁 발발 무렵 유명해지면서 여러 언어로 번역되었다. 시어도어 루스벨트 대통령은 자녀들에게 한 권씩 사줄 만큼 이 책이 마음에 들었다고 한다. 니토베는 "압록강·한국·만주에서 승리한 것은 우리의 손을 이끌어주고 우리의 심장을 뛰게 한 선조들의 정신이다. 용맹한 우리 조상들의 혼백은 죽지 않았다"고 선언했다. 니토베는 무사도로 근대의 물질주의와 실용주의에 대항할 수 있다고 보았고, "일본인이 마음속 깊이 보증하고 이해하는 왕국의 씨앗은 무사도로 피어난다"고 했다. 하지만 무사도는 쇠퇴하고 있었고, 니토베는 그것이 그리스도교로 대체되기를 바랐다. 그러면서도 "독립된 윤리규범으로서의 무사도는 사라질지 모르지만……그 힘은 이 땅에서 소멸되지 않을 것이다. 무사의 용맹 또는 시민의 명예를 가르치는 학교는 파괴될 수 있어도, 그 빛과 영광은 그 폐허 너머로 오랫동안 살아남을 것이다"라고 확신했다.[53]

대부분의 일본인은 이런 자부심을 공유했고, 심지어 우치무라조차 벽장 속에 숨어서 몇 번이나 만세를 외칠 수밖에 없었다고 털어놓았다. 그럼에도 엄청난 전쟁비용이 들어갔을 뿐 아니라 전쟁이 끝난 뒤에도 더 많은 사단과 전함을 지원하기 위해 계속 세금이 늘어나자 산업화나 도시화에 수반되게 마련인 긴장이 고조되었다. 사람들은 승리에 환호하고 천황을 존경하는 한편 정부와 관료가 승전의 혜택을 폭넓게 나누어주지 않는다고 비난했다. 러일전쟁을 지원하기 위한 대중동원이나 연등행렬은 정치적 움직임으로 비화될 가능성이 있는 행사였다. 일본의 대도시에서는 무수한 행진이 이어졌는데, 수백 건은 경찰의 허가를 받았지만 명백히 비정치적인 수천

건의 행사는 허가 없이 진행되었다. 이런 상황에서 일단 전쟁의 총성이 멈추자, 심리적 보상 대신 사회적 보상을 요구하는 운동이 일어났던 것이다.

도쿄에서는 1905년과 1918년 사이에 몇 차례 대규모 폭동이 일어났다. 그 중 최초이자 최대 규모였던 것은 러일전쟁을 마무리한 포츠머스 강화조약에 반대하는 히비야(日比谷) 폭동이었다. 앞서 언급했듯이 폭도들은 전쟁으로 인한 엄청난 부채를 탕감할 수 있는 배상금을 받지 못하자 일본이 속았다고 느꼈고 이를 정부의 무능 탓으로 돌렸다. 그들은 도심에서 난동을 부리며 도쿄의 주재소 70%를 파괴했다. 고베와 요코하마에서도 폭력사태가 잇따랐다.[54] 나중에는 전차요금 인상이나 세금 인상에 대한 반대, 강력한 대(對)중국정책 요구, 의회의 다수 의견을 무시하는 정부의 행태에 대한 비판, 해군 비리 성토, 남성의 보통선거권 요구 등을 전면에 내세운 폭동이 줄줄이 일어났다. 그 후 1918년에는 쌀값이 치솟자 다시 폭동이 일어나 도쿄에서만 178명이 체포되었다. 이런 소요의 다양한 원인은 늘어나는 도시인구의 불만과 고통 위에 누적되었고, 이런 현실을 바라보며 보수주의자들은 불안을 감추지 못했다.

그때까지 살아남은 연로한 메이지 지도자들에 의해 구성된 비정당내각은 그런 불만의 표출에 뒤늦게, 그리고 서툴게 대응하기 일쑤였다. 예를 들어 1908년의 세금 인상 반대운동에 대해 정부가 해결책으로 내놓은 것은 농촌생활 개혁을 위한 지방개량운동이었다. 내무성은 마을 신사의 관리를 합리화하고 중앙집권화함으로써 농촌자치 지지자들을 소외시키려 했다. 농회(農會)가 설립되었고, '정신적 지도력'을 제공할 것이라는 기대 속에 청년회가 조직되었다. 이에 뒤질세라 육군은 퇴역군인들의 전국조직인 제국재향군인회를 창설하여, 한 지지자의 표현대로 "국체를 보호하며 사악하고 물질적인 외국의 사상이 일본에 유입되는 것을 막도록 했다." 가끔 용감한 퇴역군인들이 부유한 지주에 대항하여 이미 확립된 마을의 위계를 위협하는 경우도 있었지만, 원래의 의도는 제국에 봉사하는 기본단위인 마을을 안정시키려는 것이었다.[55] 무엇보다 이 대중운동의 절정은 검약하고 성실

| 메이지 문화 |

하라는 천황의 훈계였다. '모든 신민'이 일치단결하고, 생업에 충실하며, 가정을 알뜰하게 꾸리고, 양심의 명령과 의무감에 순종하며, 솔직하고 진실한 태도를 보이라는 것이었다. 국민은 소박함을 지키고 겉치레를 피하며 어떤 탐닉에도 빠지지 않고 꾸준히 노력하도록 교화되어야 했다. 이런 정서는 호소이 헤이슈(細井平洲) 같은 서민적인 학자들의 연설을 들은 도쿠가와 시대의 마을사람들에게 익숙한 것이었다. 그러나 그때는 적어도 전쟁에서 목숨을 바치라는 요구는 없었다. 분명한 것은 "관리와 무사뿐 아니라 서민도 각자 뜻한 바를 이루어 불만이 없도록 해야 한다"고 선언한 1868년 「5개조어서문」의 내용에서 조금도 진전된 것이 없다는 사실이다.

그러나 불만은 엄존했고 그럴 만한 합당한 이유도 있었다. 관심은 온통 정부와 도시의 근대화에만 쏠렸고, 메이지 시대의 사회적 변화과정에서 유발된 불평등은 간과되었다. 도시에는 많은 농촌지주의 자금을 유혹하는 투자기회가 있었고, 그 자식들을 손짓하는 교육과 취업의 기회가 있었다. 정부측 표현을 빌리면 이 과정에서 많은 농촌마을이 덜 '건강'하게 되었고 사회적 응집력이 약화되었다. 사실주의라는 새로운 틀 안에서 작업하던 소설가들은 농촌의 궁핍함과 비참함을 생생하게 묘사했다. 1910년에 발표된 나가쓰카 다카시(長塚節)의 『흙』은 중요한 민족지적 문서로 남아 있다. 이 책에 묘사된 농촌생활이 나쓰메 소세키에게는 다소 거부감을 준 것 같다. 나쓰메는 1912년판에 다음과 같은 무미건조한 서문을 적었다.

『흙』의 주인공들은 농민 중에서도 가장 가난한 사람들이다. 이들은 교육도 받지 못했고 체면도 없다. 이들의 삶은 흙 밖으로 기어 나오는 구더기와 같다. ……(작가는) 짐승과 다를 바 없는 이들의 가난한 생활을 세세하게 묘사하고 있다.[56]

일본 동북부에서는 극심한 흉년이 들어 어려움이 더했다. 1905년에는 이상한파가 닥쳐 수많은 농민반란을 초래했던 1780년대의 덴메이 기근과

1830년대의 덴포 기근 이래 가장 적은 수확량을 기록했다. "미야기(宮城) 현의 수확량은 평년의 20%에 불과했다. 그 결과 현의 주민 약 28만 명이 궁핍해졌다."[57] 피해지역에는 땅과 일자리를 잃은 사람과 부랑자들이 넘쳐 났고, 이들이 광산과 도시 빈민가에서 천하고 고된 일이라도 해서 생계를 유지하려고 떠나는 통에 농촌생활의 면모가 바뀌었다.

일본사회가 나아가고 있는 방향을 깊이 우려하는 목소리도 쉽게 찾을 수 있다. 기타무라 도코쿠(北村透谷)는 재능 있는 시인이자 수필가로, 자유민권운동에 활발히 참여한 그리스도교 개종자였다. 그는 개인주의와 권위라는 주제와 씨름하다 1892년에 자살했다. 그는 메이지의 이상이 실현되지 못했다는 사실에 좌절감을 느끼고 1891년에 다음과 같이 기록했다.

> 표면상 메이지 문명은 이루 헤아릴 수 없는 진보를 뽐내지만 얼마나 많은 사람이 그것을 향유하고 있는가? 각 가정의 실상을 주의 깊게 살펴보라. 눈 내리는 추운 날 얼마나 많은 집에서 따뜻한 불로 가족들의 뺨을 붉게 만들 수 있는가? 핏기 없는 뺨의 어린 소녀나 책 없이 길거리를 배회하는 소년은 일일이 셀 수도 없을 정도였다. ……겉보기에는 세상이 화려하고 점점 위엄을 갖춰가는 듯하지만, 조금만 눈을 돌리면 갈수록 악화되는 상황, 질병과 빈곤으로 병들어가는 사람들이 목격된다. ……가난한 사람들은 갈수록 멸시받는 반면에 부자들은 갈수록 거만하고 사치스러워진다면, 한 나라에 이보다 더한 재앙이 어디 있겠는가?[58]

대다수 일본인은 자신의 사회를 담담하게 받아들였다. 물론 실제로 형편이 나아졌거나 아니면 상황이 호전될 것이라는 희망을 품고 있는 사람도 많았다. 소설가 요시카와 에이지(吉川英治, 1892~1962)는 사무라이 출신의 아버지가 메이지 시대의 상업에 적응하지 못했던 탓에 찢어지게 가난하게 자랐다. 그의 회상은 어린아이의 눈에 비친 시대상을 보여준다.

| 메이지 문화 |

사무라이의 생활방식을 상기시키는 엄격하고 전통적인 이런 습관들을 가정생활에서 고수하고 있는 사람들은 제3자에게 가난하게 보이는 것을 수치스러워했다. 어떤 면에서 그 시대 사람들은 가난의 원인을 정치나 사회제도에서 찾으려는 생각을 해보지 않았다. 가난은 개인의 잘못으로 간주되었고, 가난한 사람들을 말 그대로 열등한 인간으로 차별하는 경향이 강했다. 그래서 가족들은 하층생활로 떨어지는 것을 죽기보다 두려워했다. 실제로 어려움을 겪게 되더라도 그 사실을 숨기고 겉치레라도 하려 했다. ……복지제도가 알려지지 않았던 그 시대에는 이웃도 모르는 사이에 일가족이 굶어 죽는 일이 다반사로 일어났다. 절박한 상태에 있던 우리 부모님 역시 주변이 모자란 사람이었다.[59]

하지만 일부는 시대상황에 저항했다. 미약하나마 사회주의운동도 진행되었고, 이 운동에서는 그리스도 교도들이 중요한 역할을 했다. 사회주의를 학습하던 집단이 일찍이 1898년에 조직되었고, 1901년에는 사회민주당이 결성되었으나 경찰에 의해 그날로 금지조치를 당했다. 자유민권운동의 열렬한 지지자이며 사회주의 연구에도 적극적이던 고토쿠 슈스이(幸德秋水, 1868~1911)의 생애는 메이지 시대와 거의 일치한다. 1901년에 그는 제국주의를 '20세기의 망령'이라고 공격하는 책을 출판했고, 이듬해에는 사회주의의 본질에 관한 책을 썼다. 러시아와의 전쟁이 임박하자 그는 그리스도교 지도자인 우치무라 간조와 함께 자유주의적인 신문의 칼럼을 통해 평화주의를 주창했는데, 결국 그 신문은 반전 입장을 철회했다. 고토쿠는 곧 다른 사람들과 힘을 합해 주간지 『헤이민 신문』을 창간했다. 이것 역시 금지되었지만, 그 전에 그들은 카를 마르크스의 『공산당 선언』의 첫 일본어 번역판을 냈다.

잠시 수감되었던 고토쿠는 샌프란시스코로 가서 6개월을 머물렀다. 그곳에서 1906년의 지진을 경험했는데, 이 체험을 통해 아나키즘으로 기울었다. 그는 기존 제도 안에서 사회정의 실현을 위해 노력하는 것이 부질없다는 확신을 갖고 일본으로 돌아와 총파업과 직접행동을 주도했다. 그의 급진적인 노선은 1907년에 재결성된 사회주의 정당의 분열을 가속화했다. 고토쿠는 급진 좌파의 명망 있는 지도자가 되었다. 그가 이끌던 과격한 집단에는 그의 내연의 처도 가담했다. 이들은 메이지 천황의 목숨을 노리는 음모를 꾸미다가 1910년 경찰에 체포되었다. 이들에 대한 '대역사건(大逆事件) 재판'은 비밀리에 진행되었고, 재판기록은 일반에 공개되지 않았다. 1911년에 고토쿠와 11명의 사회주의자들은 교수형을 당했다. 이 사건은 자유주의를 신봉하던 많은 지성인에게 충격을 안겨주었다. 소설가 도쿠토미 로카는 제1고등학교에서 했던 유명한 강연에서 젊은 학생들에게 다음과 같이 말했다.

> 반역자를 두려워해서는 안된다. 스스로 반역자가 되는 것도 걱정할 필요가 없다. 새로운 것을 모색하려는 시도는 언제나 반역으로 불려왔다. …… 두려워해야 할 것은 정신의 죽음이다. 믿으라는 것만 믿고 말하라는 것만 말하고 하라는 것만 하는 것, 마치 주형에서 빼낸 인형처럼 껍데기로 존재함으로써 안정된 삶을 추구하는 것, 자아의 독립에 대한 자신감과 자기발전에 대한 믿음을 상실하는 것, 이 모든 것이 정신의 죽음이다. 인생은 반역이다.[60]

하지만 이런 메이지 초기의 목소리는 메이지 후기의 체제 순응적 분위기에서는 시대착오적인 설교로 들리게 된다. 대부분의 지식인은 대역사건을 국가에 대한 개인의 저항이 쓸모 없는 짓이라는 증거로 보았던 것 같다. 이 사건으로 말미암아 지식인들은 은인자중하면서 정치문제에 개입하지 않는 것이 현명하다는 생각을 굳히게 되었다.

역사가나 교과서 저자들에게 대역사건은 뜻밖의 또 다른 반향을 불러일으켰다. 단일한 교과서가 지적인 획일화에 한몫을 하게 된 것이다. 검정교과서 채택을 둘러싼 뇌물 스캔들이 계속 터지자 문부성은 1903년에 국정교과서 제도를 도입했다. 이 제도의 중심에는 수신(修身) 과목이 있었다. 수신 교과서는 충성과 애국이라는 시민의 미덕을 강조했고, 일본을 '이에(家) 국가'—황실이 만세일계의 정점에 서 있고, 거기서 다시 신화 속의 신들과 연결되는—로 묘사했다. 역사·지리·언어 과목은 이런 틀에 들어맞는 정해진 역할을 수행했다. 교과서는 한국 병합 후의 1910년, 제1차 세계대전이 끝난 1918년, 만주국 수립 후인 1933년, 제2차 세계대전 직전인 1941년에 각각 개정되었다. 1918년판을 제외한 모든 개정판은 내셔널리즘적인 내용을 한층 강화하는 경향을 띠었다. 다른 사회에 대한 설명이나 일본인이 아닌 위인에 대한 이야기는 줄어들었고, 일본과 일본의 영웅 그리고 일본의 은혜로운 사회질서를 부각시키는 내용이 늘어났다.

대역사건 재판이 벌어진 1911년에는 일본사에서 그리 두드러지지 않던 시기가 돌연 치열한 논쟁의 중심이 되었다. 러일전쟁 직후에 교원들로 구성된 애국단체들은 1336년부터 1392년까지의 역사에 대해 유권해석을 내려달라는 대중운동을 전개했다. 그 시기에는 북조와 남조의 두 조정이 각각 교토와 요시노에 자리잡고 경합을 벌이고 있었다. 1911년 1월에 도쿄의 주요 일간지는 정부가 남조정통론을 선호하는 것으로 추정되기는 하지만, 1910년의 교과서만 봐서는 어느 조정이 정통성을 갖는지 불분명하다며 문제를 제기했다. 정치가와 지식인들이 곧 논쟁에 합류했다. 일부는 고토쿠와 같은 아나키스트들이 사실만 중시하는 무가치한 역사교육의 위험성을 이미 보여주었다고 주장했다. 하늘에 두 개의 태양이 있을 수 없듯이 땅에도 두 명의 군주가 있을 수 없다는 것이 일본인의 철석 같은 믿음이었다. 그런데도 교과서는 그런 믿음에 반하는 일이 역사에서 실제로 일어났다고 서술하고 있었으니 문제가 생긴 것이다. 얼마 후 내각이 나섰으나 사태를 수습하기는커녕 논쟁에 휘말려 하마터면 실각할 뻔했다. 총리였던 가쓰라 대장은 아마 이런 문제에 그다지 흥미가 없었을텐데, 훗날 자신에게 이만큼 큰 시련은 없었다고 회상했다.

이 소동은 문제가 되는 시기를 남조로 명명하여 북조가 정통성을 결여했음을 분명히 해야 한다는 문부성의 결론으로 마무리되었다. 도쿄제국대학에서 이 시대를 다루는 강좌는 '요시노 조정'(吉野朝廷)으로 다시 명명되었다. 남조를 위해 싸운 신하나 무사들, 특히 시게노 교수에 의해 실존 자체를 의심받았던 구스노키 마사시게는 판화와 조각의 주인공으로 각광받았다. 문제의 1910년판 교과서의 해당 부분 집필자는 2년 휴직 처분을 받았고 다수의 다른 권위자들도 대중적 가치보다 사실을 우선시했다는 이유로 공공연히 비판받았다. 일본의 역사가들은 대부분 침묵을 지켰고, 브라운리가 표현한 대로 진리를 추구하는 학문과, 조국의 신성함을 부각시키는 유용하고 고무적인 허구를 일본국민에게 가르치는 교육을 구분했다.[61]

메이지 문화는 이처럼 모순을 안고 있었다. 한편으로는 서양을 모델로 근대화를 이룩해야 한다는 절실한 요구가 있었고, 다른 한편으로는 천황은 물론 그 후광에 기대고 있는 사람들의 권위까지 떠받들기 위해 고대신화를 근대에 맞게 윤색해야 할 책무도 있었다. 이 두 가지 가치가 충돌했을 때는 당연히 국가의 권위와 정통성을 우선시해야 했고, 관료들은 제국대학의 교수들을 국가적 요구에 부응해야 하는 문화공무원으로 간주했다.

그러나 메이지 시대의 문화적 추동력에 대해 반드시 언급해야 할 점은, 새로운 문화를 창조하고 정의하는 과정에서 일본인들이 전통 역시 창조하고 정의했다는 것이다. T. S. 엘리엇은 "새로운 예술작품이 창조될 때 일어나는 일은 그것에 선행했던 모든 예술작품이 만들어졌을 때도 일어났던 일이다"라고 말했는데, 이것은 학문과 제도에도 통용되는 진실이다. 통치체제와 의례는 새로운 목적에 봉사하기 위해 폭넓게 재창조되었다. 예컨대 궁정음악인 가가쿠의 경우 원래 즉흥적이고 흥겨웠던 음악이 엄숙하고 경외감을 불러일으키는 음악으로 바뀌었다. 메이지 시대의 일본인은 '전통' 자체가 완성되었다고 선언했다.

전통을 출발점으로 삼거나 전통을 강조하기 위한 선결과제는 과거에 일본이 어떠했는지를 정의하는 것이었다. 사무라이의 지배체제와 문화가 거부된 상황에서 무엇으로 그 모델을 대체할 것인가? 전통을 새로 정립하는

| 메이지 문화 |

과정은 문인들의 사례에서 가장 명확하게 드러났고, 그 가운데 일부는 자신의 세대를 대변하는 흥미로운 존재였다. 소세키와 오가이는 서양문학에 견줄 만하고 서양의 관심을 끌 수 있는 새로운 문학적 전통을 세우고자 노력했다. 그들은 목표를 달성했지만, 오래된 전통이 이 역할을 하지 못할 것임을 분명히 알고 있었다.

그렇다면 무엇이 가장 중요하고 지속적인 과거의 기념물이 될 수 있을까? 문화적 전범이 될 만한 것은 무엇일까? 모토오리 노리나가 같은 18세기의 국학자들은 이런 질문을 어느 정도 예상한 듯 일본의 전통을 중국의 전통에서 분리하려고 했다. 덕분에 메이지 지식인들의 임무가 가벼워졌을지도 모른다. 하지만 모토오리는 정화와 '회귀'를 의도했을 뿐 새로운 것을 세울 작정은 아니었다. 새 것을 세운다 함은 옛 것과의 단절을 의미했다. 메이지 시대의 일본인은 영국으로 치면 빅토리아 시대에 살고 있었고, 실제로 빅토리아풍의 인간이었다는 사실을 덧붙여야 할 것이다. 서양이 존경하고 이해하는 것에 대한 지대한 관심은 그런 현실감각을 강화했고, 그들은 빅토리아 시대의 예절과 유교의 예절을 혼합했다. 아마도 이런 종류의 질문은 근대의 모든 개발도상국을 괴롭혔을 것이다. 따라서 '후발주자' 중에서 최초로 이런 문제와 씨름한 일본의 경험은 전통의 창조라는 테마에 대해 대단히 흥미로운 교훈을 준다.

50년 동안 치열한 노력이 경주된 결과, '메이지' 시대는 따로 구분해서 살펴보아야 할 만큼 결정적인 변화가 일어난 시기라고 보는 시각이 일본인의 저술과 사고에서 일반화되었다. 1910년대에는 메이지 시대를 전환기로 보는 의식이 그런 관점을 개진한 저자들에게만 국한되지 않고 서민들에게까지 보편화되기에 이르렀다. 이런 의식의 상징이 되는 두 가지 기념물이 있다. 하나는 교토의 헤이안 신궁으로, 교토 정도(定都) 1,100주년을 기념하기 위해 8세기의 당풍(唐風) 건축을 모방해 1895년에 건립되었고, 교토 천도를 주도했던 간무(桓武) 천황에게 헌정되었다.

두 번째 기념물은 도쿄의 메이지 신궁으로, 10만 명 이상의 근로봉사에 의해 1920년에 건립되었다. 자갈이 깔린 신궁의 넓은 길은 장엄한 숲을 지나 신도를 상징하는 웅장한 도리이(鳥居)와 손을 정화하는 데미즈야(手水屋), 전통양식의 사전(社殿)으로 이어진다. 외원(外苑)의 쇼토쿠 기념회화관(聖德紀念繪畵館)에는 메이지 시대의 주요 사건을 묘사한 거대한 서양식 벽화들이 전시되어 있다. 메이지 천황에 대한 숭배의 상징인 이 신궁에는 그의 유품이 곳곳에 보존되어 있는데, 그 중에는 그가 즐겨 타던 준마의 박제도 있다. 메이지 신궁을 둘러보면 나쓰메 소세키가 메이지 천황의 죽음과 마지막 사무라이 노기 대장의 자살을, 한 시대의 끝을 상징하는 것으로 선언했던 이유를 납득할 수 있다. 그렇지만 신궁은 미래도 가리키고 있다. 가장 붐비는 새해 연휴에는 가족들이 알록달록한 기모노를 입은 아이들을 신궁에 데리고 와 데미즈야에서 참배를 하게 하기 때문이다.

전간기(戰間期)의 일본

15

메이지 다음 시대는 정연하고 논리적인 구분이 불가능하다. 메이지 시대는 메이지 천황(메이지라는 연호는 사후에 메이지라는 인물과 하나가 되었다)이 시대의 변화를 몸소 완벽하게 상징했기에, 1912년 7월 그가 세상을 떠나자 한 시대가 끝났다는 공감대가 형성되었다. 다이쇼(大正)라는 연호를 부여받은 그의 후계자는 건강이 좋지 않았고 정신질환 같은 당혹스러운 증상을 보였기 때문에, 1922년부터 아들 히로히토(裕仁)가 섭정이 되어 부친을 대신해 천황의 직무를 수행했다. 그리고 1926년에 다이쇼 천황이 사망하자 연호는 쇼와(昭和)로 바뀌었다. 1920년대는 흔히 '다이쇼 시대'로 언급되지만 사실 다이쇼 천황은 단지 1922년까지 명목상의 통치를 했을 뿐이다. 그는 살아서나 죽어서나 미미한 존재였다.

차라리 러일전쟁 때부터 만주사변이 일어난 1931년까지의 25년을 근대일본사의 다음 시대로 보는 편이 훨씬 낫다. 이 시대는 메이지 시대 말기 및 군국주의 부활기와 겹치지만, 모든 측면에서 일본인의 삶에 중요한 발전이 이루어진 시기라 할 수 있다. 전간기는 모순과 역설의 시기이기도 하다. 일본은 19세기 제국주의의 특징인 영토 확장이 마무리될 무렵, 강대국 대열에 합류했고 제국의 반열에 올랐다. 그 결과 일본의 이미지는 새로 탄생한 천황제 국가에서 제국주의적 특권의 완강한 옹호자로 돌변했다. 일본 육해군의 군사력은 세계의 군사력 기준이 막 바뀌려던 시점—제1차 세계대전의 참화가 군비확장에 대한 혐오감을 불러일으켜 무절제한 군비경쟁을 지양하고 군비를 축소해야 한다는 분위기가 팽배하기 직전—에 세계수준에 이르렀다. 정치지도자들은 메이지 시대였다면 환영받았을 정도로 대의제를 확대했지만, 이는 해외의 혁명과 급진주의라는 새로운 충격에 자극받은 민중의 기대에는 미치지 못했다. 급진주의를 억압하려는 정부의 경계심과 경찰의 과잉반응은 대의정부를 향해 나아가는 발걸음을 방해했을 뿐이다. 제1차 세계대전과 그 여파는 1923년의 간토 대지진과 더불어 지식인과 도시민의 사회의식에 심대한 변화를 가져왔다. 몇 가지 면에서 이 시기에는 민주주의가 성장한 반면에 민권은 퇴보했는데, 민주주의와 민권에 대한 일본사회의 관심은 지대했다.

1. 정당내각을 향한 발걸음

메이지 헌법은 행정의 책임 소재 면에서 교묘할 정도로 모호했다. 주권과 모든 문제에 대한 최종 권위는 천황에게 있었지만, 이와 동시에 오류가 드러나는 일이 없도록 천황은 실질적인 정치참여로부터 보호되어야 했다. 그 결과 관련자는 많지만 아무도 궁극적인 책임을 지지 않는 일종의 흥미로운 다원주의가 탄생했다. 총리의 권한은 상대적으로 약했고, 특히 메이지 초기에는 각료들의 정치적 비중이 총리에 뒤지지 않았다. 각료들은 비교적 독립적인 조직을 이끌었다. 지방정부와 전국경찰을 책임지는 내무성과 사법성이 특히 강력했다. 또 이론상으로 군통수권자는 천황이므로 육군대신과 해군대신은 천황에게 직접 보고를 올렸으며, 이들은 각 군의 참모본부에서 추천하는 현역 장군과 제독 중에서 선발되었다. 1913년과 1936년 사이에 육해군 대신은 현역군인이어야 한다는 조건이 일시적으로나마 철회된 것은 의미심장한 진전이었지만, 군부는 여전히 정치과정에 막강한 영향력을 행사했다. 그 밖에도 몇몇 강력한 기구가 선출직인 중의원의 통제 너머에 존재했다. 천황이 임명하는 위원들로 구성된 추밀원은 헌법의 해석이나 국가시책과 관련된 중요한 결정을 담당했다. 화족과 칙임의원으로 이루어진 귀족원은 야마가타 아리토모와 같이 실질적인 지명권을 행사하는 정부측 인사의 영향을 받기가 쉬웠다. 전쟁에서 연승을 거둔 뒤에는 전공을 세운 군인들에게 하급 화족의 작위가 남발되었다. 나중에는 주요 기업인, 고액 납세자, 저명한 학자들도 천황의 칙임을 받아 귀족원의 일원이 되었다. 이런 상황에서 일정액 이상의 세금을 납부하여 선거권을 유권자들에 의해 선출된 중의원은 권력의 한 축이긴 했지만 모든 면에서 열세를 면치 못했다. 하지만 중의원은 예산안 승인이라는 중요한 헌법상의 권한을 갖고 있었다.[1]

이 권한 때문에 내각은 중의원의 협조가 필수적이라는 점을 차차 깨닫게 되었고, 중의원과 쉽지 않은 협상을 벌이는 과정에서 사쓰마-조슈 번벌은 내부의 분열을 잠재우고 외양상 견고하고 단합된 전선을 과시해야만 했다. 처음에 이들은 정당이 당파적 분열의 근원이라 생각해 고압적인 태도를 보이며 의원들에게 정부에 협력해야 할 책임이 있음을 설교했다. 이런 전략이 실패하면 천황의 칙령을 통해 국면을 전환했는데, 이 전략을 자주 쓰는 것은 무소불위한 천황의 권위를 훼손할 위험이 있었다. 천황은 경외심을 불러일으키는 신성한 존재였고, 그 신비한 힘을 개인의 정치적 이익을 추구하기 위해 잘못 사용하는 것은 일종의 모독이었다. 청일전쟁이 끝난 1895년에 겐로들은 메이지 유신에 기여한 결함 없는 정당지도자들을 내각에 합류시키는 것이 현명한 처사라는 점을 깨달았다. 이타가키 다이스케와 오쿠마 시게노부가 이토 히로부미와 마쓰카타 마사요시 밑에서 각료를 맡았다. 1898년에 겐로는 이토의 생각대로 두 정당의 지도자가 공동으로 내각을 이끄는 실험을 해보았지만 내분으로 곧 실패했다. 그러자 이토는 직접 정당을 결성하려는 생각을 갖게 된다. 그는 중의원의 협조를 구하기 위한 정치적 협상에 지쳤다고 털어놓았다. 용병을 다루는 대신 자신의 사병이 필요했던 것이다. 그의 동료들, 특히 야마가타는 처음에 이 발상에 극구 반대했다. 이타가키-오쿠마 내각에 이어 총리가 된 야마가타는 정부를 정당의 통제로부터 보호하기 위해 육해군대신을 현역 무관으로 제한한다는 칙령을 확보했다. 이에 따라 군부는 육해군대신을 내각에서 빼내거나 후임자를 인선하지 않음으로써 내각을 방해하거나 무너뜨릴 수 있었다.

1900년에 이토는 자신의 뜻대로 입헌정우회(보통은 줄여서 정우회라 부름)를 결성했다. 입헌정우회의 당원 대부분은 헌법 기초자의 든든한 보호막 속에서 권력을 얻으려고 몰려든 구자유당 지지자들이었다.

야마가타는 여전히 이토의 생각에 반대했다. 그는 이토의 정당이 채 자리를 잡기도 전에 그를 자신의 후임 총리로 지명했고, 이토가 구성한 새 내각의 활동을 은밀하게 방해했다. 곧이어 그는 천황을 설득하여 이토를 추밀원장에 임명하게 했으며, 따라서 이토는 어쩔 수 없이 입헌정우회 총재직을 사이온지 긴모치에게 넘기고 정당정치에서 손을 떼게 되었다. 얼마 후 이토는 한국통감에 임명됨으로서 국내정치에서 완전히 배제되었다.

이처럼 겐로는 분열되어 있었다. 입헌정치의 초기 몇 년간 총리직은 사쓰마 출신과 조슈 출신의 지도급 인사가 번갈아가며 맡았다. 1900년 이후 사쓰마는 10년 이상 이 자리를 차지하지 못했고, 야마가타의 군부 후계자 가쓰라 다로와 이토의 정당을 물려받은 사이온지가 총리직을 주고받는 새로운 현상이 나타났다. 바야흐로 조슈의 세상이 열린 것이다. 하지만 그 세계 안에서도 두 명의 권력자, 상이한 대외정책, 문관과 무관이 경쟁을 벌였다. 메이지 시대의 마지막 10년 동안은 어느 정도 정형화된 신사적인 경쟁이 두드러졌다. 이런 형태의 경쟁은 과거 반세기 동안 줄곧 이어져왔고, 새로운 세력이 자신들의 지위를 위협할지도 모른다는 인식을 공유한 사람들 사이에서만 가능한 것이었다. 어느 쪽도 '실패'해서는 안되었고 체면을 잃는 일이 없도록 절묘한 노력이 기울여졌다. 우리는 앞에서 이노우에 가오루가 1901년에 내각 구성을 저지당한 자초지종을 살펴본 바 있다. 당시 가쓰라는 신병을 이유로 육군대신직을 고사했다. 하지만 겐로들이 개인의 신

| 전간기(戰間期)의 일본 |

상보다 국가를 먼저 생각하라며 총리직을 제의하자 기꺼이 수락했다.

가쓰라의 복귀는 놀라운 결과를 낳았다. 그의 재직기간 중에 영국과의 동맹이 체결되고 러시아와의 일전이 결정되었으며 러일전쟁에서 승리를 거두었다. 하지만 러시아로부터 배상금을 받아내지 못한 포츠머스 강화조약의 내용에 반대하는 대규모 히비야 폭동이 일어나 가쓰라는 사임할 수밖에 없었다. 그는 사이온지를 후임자로 추천했다. 그리고 사이온지는 1908년 군비축소 논쟁에 휘말려 물러나면서 다시 가쓰라를 후임자로 추천했다. 이 시기에는 한국 병합이 가쓰라의 업적으로 인정되었고, 덕분에 그는 공작 작위를 받아 명문가 출신의 사이온지와 같은 반열에 올랐다.

이런 식의 정권교체를 가능하게 해준 것은 사이온지가 이끄는 정우회와 가쓰라 사이의 실무적 협정이었다. 가쓰라는 원만한 국정운영을 위해 정우회 의원들의 지지가 필요했고, 이들은 비용이 많이 드는 선거운동을 치르지 않기 위해 그가 총리의 특권인 중의원 해산권을 행사하지 않기를 원했다. 다시 말해 가쓰라는 운신의 폭이 좁았다. 완고한 성격의 가쓰라는 이런 한계에서 벗어나고자 이토처럼 자신의 정당 결성을 생각해보았지만, 그의 조언자이자 겐로인 야마가타는 여전히 반대했다. 1911년에는 다시 사이온지가 총리에 취임했다. 그는 메이지 천황의 마지막 투병기간 동안 총리직에 있었지만, 군부와의 갈등으로 1년여 만에 실각했다. 이때 사이온지는 겐로 역할을 맡아달라는 요청을 받았는데, 이로써 그는 겐로로 추대된 마지막 인물이 되었다. 1922년에 야마가타가, 1924년에 마쓰가타가 사망한 후 사이온지는 1940년에 세상을 떠날 때까지 천황에게 신임총리의 선임에 관해 조언했다.[2)] 가쓰라는 내대신 겸 시종장(侍從長)으로 승격되어 조용히 정계에서 물러났다. 야마가타는 정당에 대한 자신의 생각을 바꾸지 않았다.

사이온지의 명망에 힘입어 정우회는 권력에 접근할 수 있었지만, 이 정당에서 가장 중요한 인물은 공가 출신의 사이온지가 아니라 하라 다카시(1856~1921)였다. 그는 1918년에 처음으로 정당정치인이 주도하는 정당

내각을 구성했다. 하라의 경력과 성격은 권력이 여전히 대중의 통제 바깥에 있던 일본에서 성공적인 정당정치인의 자질이 무엇이었는지를 대변해준다.

하라는 대의정치, 특히 중의원에 대한 헌신적 태도로 일관했다. 일찍이 그는 '구사무라이'라는 자신의 계급을 스스로 포기했고, 귀족원 의원직 제의를 거듭 고사했다. 귀족원 의원이 되면 중의원직에서 사퇴해야 했기 때문이다. 당대의 논객들은 이런 그를 '위대한 평민'이라고 칭송했다. 사실 그는 혼슈 북부에 위치한 난부(南部) 번의 최상류계층에서 태어났기 때문에 그의 집안은 다른 동료나 경쟁자들보다 월등했다. 그가 두각을 나타낸 것은 출신지역 때문이기도 하다. 난부 번을 비롯한 동북부지역 출신은 전반적으로 메이지 정권에서 두각을 나타내지 못했다. 하라는 서민의 뜻을 대변하기 위해 애썼지만, 특별히 그들의 환심을 사려고 하지는 않았다. 서민들이 진심으로 그를 따랐던 까닭에, 하라의 정치경력을 좌우할 위치에 있던 지도자들은 그를 위험한 경쟁자로 간주했다. 그는 1880년대의 자유민권운동에 참여하지 않고 관료로서 경력을 쌓기 시작했다. 외무성의 여러 요직을 거쳤고, 특히 외무대신 무쓰 무네미쓰와 가깝게 지냈다. 또한 『오사카 마이니치 신문』(大阪每日新聞)의 편집국장을 맡기도 했고 사업을 한 적도 있었다. 다시 말해서 그는 메이지 체제의 일부분이었고, 신뢰감을 줄 수 있는 경력의 소유자였다. 게다가 정치적 결정에 능수능란하게 개입했다. 그는 1900년에 입헌정우회가 결성될 때 중요한 역할을 했고, 그 후로는 당과 중의원의 교섭을 위해 노력했다. 더욱 중요한 것은 그가 이익유도형 정치*에 뛰어난 수완을 보였다는 점이다. 군부의 숙원사업이던 전국 규모의 광궤(廣軌)철도† 공사계획을 폐기하고, 대신 각 지방에 철도·도로·다리·항만 등을 건설하여 유권자들을 만족시키는 정치적으로 인기 있는 프로젝트를 시행한 것이 대표적인 사례이다. 동시에 하라는 당시 가장 유력한 겐

---

* 특정 선거구의 이익을 위해 공공사업을 유치하는 정치.
† 철로의 폭이 1,524mm 또는 1,688mm인 철도.

로였던 야마가타에 주목하고 그의 신뢰를 얻기 위해 최선을 다했다. 이 노력은 여러 해 동안 별로 소득이 없었다. 하지만 마침내 하라가 권력을 장악했을 때, 노병 야마가타는 단호한 정책을 통해 사회질서를 유지하는 그에게 칭찬을 아끼지 않았다고 한다.[3]

메이지 시대 마지막 10년의 특징이 된 순차적인 정권교체는 다음 시대가 시작되자마자 무너졌다. 가쓰라는 메이지 천황의 사후 몇 달과 사이온지가 사임하기 전 몇 달의 공백기에 궁정에서 새 천황의 정치고문 역할을 수행했다. 사이온지가 2개 사단을 증설하자는 군부의 요청을 거부하자, 격노한 육군대신 우에하라 유사쿠 대장이 사임했다. 군부는 자신들의 요구가 받아들여지지 않는 한, 후임자를 지명하지 않을 기세였다. 내각을 구성할 수 없었던 사이온지는 1912년 12월에 사임했다. 이어지는 일련의 사태는 '다이쇼 정변'(大正政變)이라 불리게 되는데, 이 정변은 정당내각이 정착되는 중요한 계기가 되었다.

사이온지가 더해졌음에도 영향력이 현저히 약해진 겐로들은 거듭 모임을 갖고 후임 총리를 물색했다. 야마가타의 심복 가운데 여러 인사와 접촉했지만 아무도 사이온지로 인해 불거진 문제를 떠안으려 하지 않았다. 12월에 가쓰라는 이 난국을 타개하기 위해 시종장직을 사임하고 자신의 세 번째 내각을 구성했다. 정계는 충격에 휩싸였고 각계각층에서 원성이 터져 나왔다. 특히 정당내각의 시대가 왔다고 생각했던 정치인들은 경악을 금치 못했다. 그들은 가쓰라가 약속을 어겼고, 젊은 천황에 대한 의무를 다하지 못했으며, 황실을 정치판에 끌어들였다고 비난했다. '호헌'(護憲)을 위한 정치적 제휴가 광범위하게 추진되었다. 한편 가쓰라는 입헌동지회(立憲同志會)라는 신당을 결성하기 위해 중의원의 비(非)정우회 혹은 반(反)정우회 세력을 규합했지만, 오랫동안 누적된 분노의 표적이 되고 말았다. 무소속 출신의 오자키 유키오(尾崎行雄, 1859~1954)는 일본 의회사에 길이 남을 명연설을 통해 가쓰라의 운명을 결정지었다. 의회 질의 중에 그는 가쓰라와 그의 관료 동지들을 천황의 등 뒤에 숨어 있는 겁쟁이들이라며 신랄하게 비난했다. "천황은 그들의 방어벽"이며 "칙령은 그들의 실탄"이라고 열변을 토했다. 가쓰라는 치욕을 견디지 못해 사임했고 얼마 지나지 않아 사망했다. 오자키의 연설은 새로운 의회시대의 개막을 상징했다.

그렇지만 정당정치로 가는 과정은 험난했다. 가쓰라의 후임은 '사쓰마' 출신의 '해군'제독 야마모토 곤노효에(山本權兵衛)였다. 하지만 야마모토 내각은 해군이 외국기업, 특히 독일기업과의 무기거래에서 뇌물을 받은 비리가 드러나면서 금방 실각했다.

다시 혼란에 빠진 겐로는 안정을 희구하며 마지막으로 같은 세대의 오쿠마 시게노부에게 기회를 주었다. 이미 노령에 접어든 오쿠마는 결코 젊은 시절의 풍운아가 아니었다. 그는 가쓰라가 결성한 입헌동지회가 중의원 내에서 자신을 지지해줄 것을 기대하며 총리직을 수락했다. 입헌동지회 소속 의원들 다수가 오쿠마의 정치적 계보에 속했기 때문이다. 하지만 내각을 실제로 주도한 것은 외무대신 가토 다카아키(加藤高明, 1860~1926)였다. 가토는 행정의 모든 측면에 지대한 영향력을 행사하고 있었기 때문에 오쿠마의 신임을 받던 일부 심복들조차 당황할 지경이었다. 이누카이 쓰요시(犬養毅, 1855~1932)는 입각을 거부했고, 오자키 유키오도 법무대신 자리를 수락하긴 했지만 '가토 내각'이 되지 않을까 우려했다. 오자키는 훗날, 오쿠마는 "여든이 넘자 망령이 들기 시작했다. ……그는 아무 생각도 없는 사람으로 변했다. 하나의 문제에 대해 상반되는 두 의견을 동시에 지지하는 경우가 드물지 않았다"[4]고 회상했다.

영국대사를 지낸 바 있는 가토는 영국을 유난히 좋아했다. 야마가타는 종종 그를 '우리의 영국신사'라고 비꼬듯 부르기도 했다. 하지만 야마가타가 볼 때 가토의 진짜 문제는 대외정책을 직접 관장하려는 독단적인 태도였다. 그는 겐로들과 의논을 하거나 그들에게 정보를 제공하는 관례에 따르지 않았다. 앞으로 살펴볼 21개조 요구의 건도 자신의 생각을 완고하게 밀어붙이기보다는 겐로들의 신중한 조언을 구해야 옳았을 것이다. 그의 태도가 문제시된 것은 오쿠마 내각에서는 외교가 중추적 역할을 했기 때문이다. 번벌이 지배하던 시대에는 일본의 정책이 상호간의 긴밀한 협력 속에서 결정되었는데, 이제 이런 협력체계가 느슨해지고 때로는 삐걱거리는 상황이 도래한 것이다.

취임 후 오쿠마는 의회를 해산하고 새 선거를 요구했다. 이 선거에서 입헌동지회가 압승을 거두면서 1900년 창당 이후 입헌정우회가 누려왔던 절대적 우위에 종지부를 찍었다. 정치적인 면에서 내각은 의회 안에 강력한 지지세력을 얻은 셈이었다. 말 많은 늙은 총리는 뻔한 일반론만 늘어놓았지만 그래도 조용한 전임자들보다 인기가 좋았다.

하지만 오쿠마의 임기는 그리 길지 않았다. 1916년에 군부와 조슈의 지도자들은 오쿠마를 데라우치 마사타케(寺內正毅) 대장으로 교체하는 데 성공했다. 야마가타는 데라우치가 강력한 지도력을 회복해주기를 바랐지만 이 환상은 곧 깨어졌다. 데라우치는 중의원에서 입헌동지회와 입헌정우회의 협조를 구하지 않고 통치하려 했지만, 역사의 시계를 되돌리려는 그의 노력은 처참하게 실패했다. 1918년에는 자연재해와 경제난이 겹쳐 쌀소동(米騷動)이 일어났고, 정부는 다시 한번 궁지에 몰렸다. 7월에 도야마(富山) 현의 한 어촌에 살고 있는 여성들이 쌀값 폭등과 미곡상들의 매점매석 행위에 격분하여 오사카 시장으로 운반하기 위해 쌀을 선적하는 선착장에서 시위를 벌였다. 여기서 촉발된 쌀소동은 일본 동부의 거대한 공업도시들로 요원의 불길처럼 퍼져 나갔고, 부자와 경찰을 겨냥한 시위·공격·폭동으로 전국이 혼란에 빠졌다. 정부는 질서를 회복하기 위해 경찰력뿐 아니라 군대까지 투입하는 초강수를 두었다. 그 결과 약 2만 5,000명이 체포되고 6,000명이 기소되었으며, 벌금형에서 사형에 이르는 다양한 처벌이 내려졌다. 쌀소동으로 인한 사회적 동란은 하라의 정당내각을 탄생시킨 중요한 요인이었다. 사태를 성공적으로 수습할 수 없었던 일본정부는 새 총리가 필요했던 것이다.

이 무렵에는 구세대가 정당내각을 승인해줄 것을 기대하는 분위기가 팽배했지만 관료, 귀족원 의원, 겐로와 군부는 여전히 망설이고 있었다. 그럼에도 쌀소동의 여파로 다른 대안은 없는 듯했다. 신중하게 처신하고 있던 하라는 마침내 기회를 잡았다. 그는 데라우치와의 충돌을 피했고 심지어 야마가타의 마지못한 경의까지 얻어냈다. 하라 내각은 그가 암살당한 1921년까지 지속되었고, 진정한 정당정치의 희망을 보여주었다. 하지만 하라가 죽은 뒤에 보수세력은 여전히 유권자의 의견을 무시하고 '독립적인' 내각이 사분오열된 의회와 협상할 수 있는 시스템을 꿈꾸었다. 이를 위해 두 명의 제독 야마모토와 가토 도모사부로(加藤友三郞)를 총리로 기용했지만, 이 정치적 실험은 통치의 필수조건으로 정착된 대중의 지지를 끌어내는 데 실패했다. 다음으로는 전문관료를 총리로 임명하는 중도적인 전략을 택해, 기요우라 게이고(淸浦奎吾)를 수반으로 하는 내각이 구성되었다. 하지만 이 내각은 고작 6개월밖에 버티지 못했다. 불운한 기요우라 정부는 광범위한 '호헌'운동에 직면했고, 그 결과 입헌정우회와 헌정회(憲政會, 1916년에 입헌동지회가 채택한 새 당명)와 혁신구락부(革新俱樂部)가 손을 잡고 1924년 여름 가토 다카아키를 총리로 하는 연립내각*을 구성했다. 이제 정당내각이 미래의 일본을 지배할 것이 확실해 보였다. 와카쓰키 레이지로(若槻禮次郞)나 하마구치 오사치(浜口雄幸) 같은 대장성의 영향력 있는 관료, 다카하시 고레키요(高橋是淸) 같은 유력 은행가, 시데하라 기주로(幣原喜重郞) 같은 외교관, 심지어 다나카 기이치(田中義一) 같은 유력한 장성들까지 '하늘에서 내려와'(일본어로 이를 '아마쿠다리'〔天下り〕라 하는데, 태양의 여신 아마테라스가 손자를 땅에 내려보내 열도의 왕국을 다스리게 했다는 신화에서 유래한 표현이다) 정치지도자로서 새로운 진로를 모색했다.

전간기의 역대 총리와 내각을 일람하면, 일본정치의 몇 가지 흥미로운 사실이 드러난다. 그 중 하나는 내각의 잦은 교체이다. 메이지 시대의 내각은 1885년부터 러일전쟁이 일어난 1905년까지 11번이나 바뀌었다. 반면에 총리직은 단 6명이 번갈아가며 맡았다. 러일전쟁과 만주사변 사이에도

---

* 이 연립내각을 호헌3파 내각 또는 가토 다카아키 내각이라고 한다.

| 전간기(戰間期)의 일본 |

내각교체는 자주 일어나 무려 18번이나 내각이 바뀌었으며, 총 14명의 총리가 기용되었다. 안정을 추구하려는 시도는 성공을 거두지 못했다. 후임 총리를 추천하던 겐로들은 헌정이 만들어낸 다원적 제도를 수용함과 동시에 갈수록 목소리를 높이고 있던 유권자들의 요구에 부응할 수 있는 체제를 결코 마련하지 못했다. 총리가 그렇게 자주 바뀌었다면 일상적인 의사결정은 점점 더 관료집단의 손에 맡겨질 수밖에 없었을 것이다. 법안을 발의하는 것은 어디까지나 관료들이었기 때문이다.

또한 역대 총리의 사망률이 높다는 점도 인상적이다. 가토 도모사부로와 가토 다카아키는 재직 중 자연사했지만, 하라·하마구치·이누카이 세 명은 재직 중 암살당했다. 특히 하라와 하마구치는 탁월한 재능을 가진 아까운 인물이었다.

러일전쟁과 만주사변 사이의 역대 내각 일람		
총리	제국의회의 지지기반	실각 사유
사이온지 긴모치, 1906~1908	입헌정우회	육군의 군비증강 요구
가쓰라 다로(제2차), 1908~1911	입헌정우회	예산 운용의 우선순위
사이온지(제2차), 1911~1912	입헌정우회	2개 사단 증설 요구
가쓰라(제3차), 1912~1913(2개월)	입헌동지회	'다이쇼 정변'
야마모토 곤노효에 제독, 1913~1914	입헌정우회	해군의 군납 비리
오쿠마 시게노부, 1914~1916	연정	겐로의 결정
데라우치 마사타케 대장, 1916~1918	입헌정우회	쌀소동
하라 다카시, 1918~1921	입헌정우회	암살
다카하시 고레키요, 1921~1922(6개월)	입헌정우회	총리직 대행
가토 도마사부로 제독, 1922~1923	입헌정우회	재직 중 사망
야마모토 제독(제2차), 1923(3개월)	입헌정우회	황태자 습격사건
기요우라 게이고, 1924(6개월)	없음	정우회/헌정회의 반대
가토 다카아키(제1-2차), 1924~1925, 1925~1926	연합/헌정회	재직 중 사망
와카쓰키 레이지로, 1926~1927	헌정회	금융공황
다나카 기이치 대장, 1927~1929	입헌정우회	히로히토의 불만
하마구치 오스치, 1929~1931	입헌민정당	암살
와카쓰키(제2차), 1931(8개월)	입헌민정당	만주사변
이누카이 쓰요시, 1931~1932(5개월)	입헌정우회	암살

총리가 되지 않고 날카로운 필봉을 휘둘렀던 오자키 유키오는 훗날 자신의 회고록에서 이에 대해 반추하고 있다. 흔히들 군인은 국가를 위해 목숨을 걸었던 사람으로 간주하는 반면 문민 지도자와 정치가는 권력에 굶주린 이기적이고 부패한 인간으로 경멸하는 경향이 있는데, 실상은 그 반대라는 게 오자키의 생각이었다. 군대에서는 계급이 높을수록 개인적으로 희생될 가능성이 낮다. 최고사령관은 보통 폭력이 난무하는 전장에서 멀리 떨어진 안전한 곳에 있었기 때문이다. 하지만 문민 지도자들의 경우 그와 반대로 직위가 높을수록 개인적으로 위험에 처하기 쉬웠고, 총리는 그 중에서도 가장 위험한 자리였다.

3명의 현직 총리가 암살당한 것은 모두 대외정책과 관련이 있었다. 하라는 워싱턴 회의에서 조인된 해군력 감축안을 밀어붙이다가 이에 반대하는 우파에게 희생되었고, 하마구치도 런던 해군군축회의에서 결정된 감축안에 대한 해군의 반발을 제어하려다 암살당했으며, 이누카이는 일본군의 상하이 사변을 저지했다가 중국에서 막 돌아온 청년 해군장교들에게 살해되었다. 군부의 특권에 민간 정치인이 개입하려 할 때마다 어김없이 폭력이 행사되었던 것이다.

정당지도자들이 정치권력에 가까이 다가가면서 변했다는 점은 그리 놀랄 일도 아니다. 자유민권운동 초기에 그들의 지지자는 소수였고 대부분 시민과 지방의 유지들이었다. 권력을 독점하고 있던 사쓰마-조슈 번벌을 비난하기는 쉬웠다. 천황이 직접 국회 개설을 약속한 시점에는 특히 그랬다. 그러나 메이지 시대의 제도적 틀 안에서는 정당지도자들이 천황제의 일부가 되거나 아니면 천황을 자신들의 체제로 끌어들여야 했다. 오자키의 말처럼 "천황의 등 뒤에 숨을" 필요가 있었던 것이다. 초기의 시위나 공중집회에는 주요 정치인들이 참여했는데, 러일전쟁 강화조약에 반대하는 히비야 폭동이 일어날 무렵에는 자유민권운동의 열성분자들이 이를 주도하게 된다. 하지만 전간기의 군중은 규모도 더 커지고 거칠어졌으며 연설에는 별로 관심이 없었다. 이제는 도시의 노동자나 빈민의 힘이 커지기 시작했고, 정치인들은 점차 의사당 안에서 자기들끼리만 의견을 주고받았다. 메이지 초기의 지도자들은 '인기'가 있었지만, 어디까지나 화족 사이에서의 인기였다. 그들은 새로운 도시 민중과는 공통점이 거의 없었고, 민중도 그들에 대해 의구심을 품고 있었다.

검열과 억압

정당지도자들이 국가의 제도적 틀 안으로 흡수된 것은 의원들이 시민사회의 제도나 개인의 권리에 그리 큰 관심을 보이지 않았다는 사실을 의미할 수도 있다. 책임감 있는 지식인들은 부쩍 목소리가 커진 광범위한 민중을 끌어안기 위해 참정권 확대가 긴요하다고 느꼈다. 하지만 민중의 일부는 이미 선거규정을 고치는 정도에 만족하지 않고 시스템 자체를 바꿀 필요가 있다고 주장하고 나섰다. 고토쿠 슈스이를 비롯한 아나키스트들에 대한 대역사건 재판과 처형(1911)이 비밀리에 진행된 것은 정부가 급진주의를 두려워한다는 징표였다. 볼셰비키 혁명의 파장은 보수주의자와 자유주의자 모두에게 경각심을 일깨우고, 정부가 억압적 수단을 마련하는 계기가 되었다. 1920년대가 되자 의회 안에서도 억압적 법안에 반대하는 경고의 목소리가 나왔다. 특히 도시에 기반을 둔 정당의 일부 지도자는 억압정책에 대해 우려를 표명했다. 가쓰라가 1913년에 결성한 입헌동지회는 1916년에 헌정회로, 1927년에 입헌민정당으로 당명이 바뀌었는데 이 과정에서 별로 달라진 것은 없었다. 1920년대에 이 당의 유력 의원들은 지나친 경계가 역효과를 낼 수도 있다고 경고하곤 했다. 그러나 반의회적 급진주의가 등장하자, 내무성과 사법성이 강경노선을 취해야만 한다는 데 이견을 보이는 사람은 거의 없었다.

정부는 공중집회에 대한 통제를 강화했는데, 이는 1927년 다나카 기이치 대장이 이끌던 입헌정우회 내각에서 가장 두드러졌다. '불온사상'에 대한 법적 규제도 더욱 엄격해졌다. 물론 출판은 언제나 검열의 대상이었고, 메이지 초기에도 참방률(讒謗律)과 신문지조례(新聞紙條例)가 제정되어 언론탄압의 방편으로 이용되었다. 1900년의 치안경찰법은 특히 급진단체의 조직과 급진사상의 전파를 막기 위해 고안된 것이었다. 사실주의와 자연주의라는 새로운 사조가 점차 문인들을 사로잡게 되자, 경보국(警保局) 내 도서과(圖書課)는 '문학'에도 신경을 곤두세웠다. 경찰의 검열망에 걸려들지 않은 작가는 거의 없었다. 모리 오가이는 1910년에 다음과 같이 기록하고 있다. "경찰은 발표되는 모든 작품에서 자연주의와 사회주의의 혐의를 찾기 시작했고, 문인과 예술가들은 자연주의자나 사회주의자가 아닌지 의심받았다. 그리고 누군가가 '불온한 양서'(洋書)라는 표현을 만들어냈다. ……번역을 한다는 것은 그 위험한 책들을 유통시키는 행위였다."[5] 고토쿠 슈스이의 대한 대역사건 재판과 오스기 사카에(大杉榮, 1885~1923)를 비롯한 일군의 아나키스트의 출현은 이러한 우려를 증폭시키기에 충분했다. 오스기 사카에는 자신이 얼마나 어이없게 체포당했는지 소개하고 있다. 그는 어느 날 밤늦게 친구와 집으로 돌아가고 있었는데, 요시와라(吉原) 유흥구를 지날 즈음 창문을 깨뜨린 취객으로 인해 벌어진 소동을 목격하게 되었다. 곧 이 주정꾼과 가게주인 주변으로 사람들이 모여들었고, 주인은 피해보상을 받을 요량으로 경찰서로 가자고 우겨댔다. 오스기는 사태를 파악한 후 해결에 나섰다.

이 사람은 지금 돈이 한 푼도 없소. 내가 피해를 보상하리다. 그리고 끝냅시다. 무슨 일이 있을 때마다 경찰서에 가는 것은 좋지 않소이다. 되도록 당국에는 신고하지 맙시다. 대부분의 일은 이렇게 현장에 있는 사람들끼리 해결할 수 있소.

술집에서 나온 사람들은 고개를 끄덕였다. 방범대원도 동의했다. 구경꾼들 역시 같은 생각이었다. 유일하게 의견이 다른 사람은 순사였다. 처음부터 못마땅한 표정으로 나를 노려보고 있던 그가 끼어들었다.

"당신은 사회주의에 대해 이야기하고 있소. 그렇지 않소?"

"그렇소. 그래서 어떻다는 것이오?" 내가 되받았다.

| 전간기(戰間期)의 일본 |

"사회주의를 논한 죄로 당신을 체포합니다. 따라오시오."

"웃기는 일이군! 당신이 가자면 가지." 나는 그 경찰관의 손을 뿌리치고 바로 길 건너편에 있던 니혼즈쓰미(日本堤) 경찰서로 몰려갔다. 그러자 경찰서의 경부보(警部補)는 그 순사에게 나를 비롯해서 함께 온 사람들을 유치장으로 데려가라고 명령했다. 이 사건은 당시 한 신문에 "오스기 외 몇 명 체포"라고 보도되었다.[6]

이 터무니없는 사건에 대해서는 고위당국자가 사과를 했지만, 오스기는 두 번의 신문지조례 위반, 두 번의 치안경찰법 위반, 전차요금 인상 반대시위에서 '폭동을 선동한' 죄 등으로 총 6년에 걸쳐 감옥살이를 했고, 비극적인 죽음을 맞았다.

1909년에 급진주의의 움직임을 감지한 가쓰라 내각은 새로운 신문지법(新聞紙法)을 통과시킴으로써, 오스기와 같은 좌익 과격분자들을 단속할 수 있는 편리한 수단을 경찰에 제공했다. 편집인이나 출판인은 책을 펴낼 때 주의를 기울이는 편이 현명하다는 사실을 깨달았다. 작가나 편집자들이 생각해낸 방법 하나는 경찰의 주의를 끌 만한 단어에서 한자(漢字)를 한두 자 빼는 것이었다. 그들은 연속적으로 사용되는 동일한 단어에서 계속 다른 글자를 빼는 식으로 조작을 했는데, 이렇게 함으로써 가독성을 유지하면서도 독자들에게 위험을 감수한다는 전율을 느끼게 해주었다. 이런 식의 대응에는 경찰이 진상을 파악하지 못할 만큼 어리석거나 형식적으로 법을 지키는 데 그칠 것이라는 가정이 깔려 있었다.

또 다른 방법은 진실을 얼버무리고 희화화하는 것이었다. 1921년에 한 신문사가 친일조선인의 살인사건을 다룬 방식이 대표적인 예이다. 식민 당국에 협력할 것을 주장하던 조선의 친일언론인 민원식(閔元植)이 도쿄의 데이코쿠 호텔에서 조선의 독립운동가로 추정되는 인물에게 살해되었다.

일본의 벗이란 명예를 부여받은 그의 시신은 조선으로 보내졌다.『호치신문』(報知新聞)은 이 사건을 보도하면서 굳이 위험을 무릅쓰지 않았다.

기사에 따르면 '빈겐쇼쿠'(민원식의 일본식 발음)는

> 갑자기 조선으로 돌아가기로 결심했다. ……총리, 내무대신, 체신대신, 철도대신이 빈씨에게 작별인사를 했다. 역장의 안내를 받으며 빈씨는 그를 위해 특별히 화환으로 장식된 2등 객실로 들어갔다. 기차가 출발할 무렵 조선총독부 정무총감 미즈노(水野) 박사는 조선의 신사가 앉아 있는 객실로 다가가 말없이 그에게 인사했다.[7]

1925년의 치안유지법은 일본제국에서 경찰의 억압이 최고조에 달하는 계기가 되었다. 이미 1911년에 경시청에 설치된 특별고등경찰과는 조선인·노동자·외래사상을 감시하고 각종 검열과 중재를 전담하면서 정부의 우선순위가 무엇인지 보여주고 있었다. 치안유지법은 남성의 보통선거권을 인정하는 법률이 가결된 직후에 제정된 것으로, 확대된 참정권이 야기할 수도 있는 위험에 대처하려는 조치였다. 초기 공산주의 운동을 의식해 만들어진 이 법은 "'국체'(천황제) 변혁이나 사유재산제도를 부인할 목적으로 단체를 결성한 자, 그리고 그 목적을 충분히 인지하고도 그런 단체에 가입한 자"를 겨냥한 것으로 "[유죄임이 밝혀진 자는] 10년 이하의 징역 또는 금고에 처할 수 있다"고 규정하고 있다.[8] 또한 그런 목적을 실행하기 위해 협의하거나 선동하는 행위를 금하는 조항도 포함하고 있다. 3년 후에 이 법은 더욱 엄하게 개정되었다. 국체 변혁에 대한 논의, 즉 천황제에 의문을 제기하는 행위는 사형에 처할 수도 있다는 조항이 추가된 것이다.

이런 조항들이 가혹한 것은 사실이지만, 그렇다고 해서 전간기의 일본을 경찰국가로 묘사하는 것은 과장이라고 할 수 있다. 그런 표현은 앞으로 전개될 숨 막히는 군국주의 시대에나 어울릴 것이다. 공권력이 동원되는 양상은 어느 정당이 권력을 장악하느냐에 따라 달라졌다. 입헌정우회 내각은 전반적으로 경찰력의 사용을 묵인하는 편이었는데, 이는 1928년 3월 15일 다나카 기이치 내각이 경찰의 일제단속을 허가했을 때 절정에 달했다. 이때 1,600명이 체포되고 노동자와 소작인의 정치조직이 해체되었다. 몇 달 뒤 젊은 천황 히로히토의 즉위식이 임박하자 보안을 지나치게 우려한 나머지 더 많은 사람이 '구금'되었다. 수감 중의 가혹행위와 취조로 여러 명이 목숨을 잃었다는 것은 의심의 여지가 없는 진실이지만, 공식적으로 사형이 집행된 것은 단 한 차례뿐이었다. 그것은 1940년대 초반에 소련의 첩자 리하르트 조르게에 의해 퍼져나간 간첩망을 소탕할 때였다. 가혹한 치안유지법은 헌정회/입헌민정당의 집권기에는 덜 엄하게 적용되는 경향이 있었다. 다나카 정부의 전략은 입헌민정당 의원들의 거센 반발에 부딪혔다. 그들은 정치개혁만이 사회불안에 대한 진정한 해답이며, 지나친 폭력은 아무것도 해결할 수 없을 뿐더러 더 많은 체제전복 기도를 초래할 것이라고 경고했다.

정치적 의제

이른바 '다이쇼 데모크라시'가 전간기에 얻은 실질적인 성과는 무엇이었을까? 특정 목표와 제안이 얼마나 달성되었는지 점검하는 것은 무리일 것이다. 다이쇼 데모크라시의 목적은 국민을 위해 정부를 통제하는 것이었기 때문이다. 중의원이 정부 내의 유일한 선출기관이라는 점에서 의회는 중의원에 의해 통제되어야 했고, 정당들이 중의원을 장악하기 위해 경쟁했다는 면에서 '민주주의'란 실제로 정부가 정당들에 의해 구성되고 운영되는 현상을 의미했다. 겐로, 화족, 추밀원, 군부의 저항이 상당했으므로 이들 집단으로부터 최종적인 권위를 빼앗는 데는 엄청난 노력이 필요했다. 1890년부터 1953년까지 연속해서 의원에 당선된 중진 정치인 오자키 유키오는 밀실에서 만들어진 모든 내각을 무너뜨리기 위해 노력하는 것을 자신의 의무로 여겼다고 회상하고 있다. 그렇게 해야만 입헌정체가 실현될 수 있다는 것이다. 게다가 헌법을 부여해준 것은 천황이었으므로, 헌정을 요구하는 것은 국민의 권리이기도 했다. 그리고 천황을 대표한다고 주장하는 무리들이 그 권리를 침해하는 것은 천황의 서약에 위배되는 것이었다. 1912

~1913년과 1924년의 '호헌'운동——'헌정'정신에 완전히 위배되는 것으로 보이던 가쓰라 및 기요우라 내각을 성토한——에 대한 광범위한 민중적 지지는 이러한 관점이 정치권뿐 아니라 일반인에게까지 퍼져 있었음을 보여준다.

호헌운동은 민중의 의지를 반영할 수 있는 폭넓은 (남성의) 보통선거권에 대한 요구로 이어졌다. 의회정부 초기에는 투표권 획득에 필요한 세금 납부기준을 충족시킨 유권자가 50만 명가량에 지나지 않았다. 메이지 시대가 끝나기 전에도 참정권 확대를 위한 노력은 계속되고 있었다. 1897년에 이미 남성의 보통선거권을 청원하기 위한 조직이 결성되었다. 흥미로운 것은 애초부터 참정권운동의 목표가 예방적이고(그 지도자들이 유럽에서 목격했던 사회적 혼란의 싹을 자르려 했다), 긍정적인(유권자의 수가 더 많아지면 대중의 의견이 더욱 중요해진다는 사실을 인식했다) 것이었다는 점이다. 이타가키가 건백서를 제출한 1874년에 그랬듯이, 참정권운동에는 내셔널리즘과 외교정책의 방향도 함축되어 있었다. 참정권운동 지도자들은 일본이 3국간섭에 굴복한 데 대한 대중적 분노가 투표에 반영된다면 더 효과적일 것이라고 느꼈다. 1905년 포츠머스 강화조약을 성토하는 과정에서 발생한 히비야 폭동은 그런 잠재력을 보여주었다.

남성의 보통선거권을 요구하는 청원서는 1900년에 처음 중의원에 제출되었고, 그 후 여러 차례 같은 요구를 담은 법안이 제출된 끝에 1911년 중의원에서 근소한 표차로 가결되었다. 하지만 귀족원에서 동의하지 않는 바람에 무산되었다. 1916년 요시노 사쿠조(吉野作造) 교수는 "참정권의 확대와 선거법의 엄격한 적용은 일본이 해결해야 할 가장 시급한 과제"라고 말했다. 일본이 제1차 세계대전에서 민주주의를 표방하는 강대국들과 동맹을 맺게 되자 이런 견해가 지지를 얻었고, 1919년에 헌정회는 보통선거권 요구를 받아들이기로 했다. 다수당인 입헌정우회는 여전히 반대했다. 선거권을 얻기 위한 재산세 기준은 1900년에 15엔에서 10엔으로, 1919년에는 다시 3엔으로 낮아졌지만, 고정자산이 없는 도시노동자에 비해 농촌

| 전간기(戰間期)의 일본 |

의 지주가 월등하게 유리하다는 문제점은 그대로 남아 있었다.

제1차 세계대전이 끝난 후 몇 년 동안은 보통선거권에 대한 대중의 지지가 사그라지는 듯이 보였다. 부분적인 이유로는 참정권운동을 강력하게 지지하던 도시노동자의 상당수가 선거정치에 등을 돌리기 시작했다는 점을 들 수 있다. 선거권 확대가 급진주의의 도래를 막을 수 있는 방책이라고 생각했던 사람들로서는 발등에 불이 떨어진 셈이었다. 1924년에 가토 다카아키가 이끄는 연립내각이 등장하자, 헌정회의 보통선거권 지지자들이 힘을 얻었고 1925년에 법안이 가결되었다. 이 법안은 신중하게 마련되었다. 이 무렵 여성의 참정권을 주장하는 운동도 시작되었지만, 선거권은 사적·공적 부조를 받지 않는 25세 이상의 남성에게만 주어졌다. 그 후 개혁주의자들이 선거연령을 낮출 것을 건의했지만, 아무런 추가조치가 취해지지 않았다. 1945년 일본의 패전 이후 연합군 점령기에 일본인 남녀 모두에게 선거권이 부여되기 전까지는.

1925년 법안은 몇 가지 단점에도 불구하고 그 시기의 가장 중요한 정치적 성과로서 성공적이고도 의미심장한 결과를 초래했다. 그때까지 총선은 보통 새로 집권한 내각의 요청에 의해 치러졌는데, 전임 내각에 대한 유권자들의 불만이 계파와 돈에 의한 선거 '관리'와 결합하여 새 내각을 중의원의 다수파로 만들어주는 역할을 했다. 그래서 선거는 마치 국민투표 같은 기능을 했고, 새로운 내각을 승인해주는 데 지나지 않는 경우가 많았다.

최초의 보통선거는 이런 전통이 지속되기를 기대하던 총리 다나카 기이치 장군의 요청에 의해 1928년에 실시되었다. 유권자수는 약 325만에서 1,250만으로 네 배나 늘어났다. 개표 결과는 다나카의 예상을 뒤엎는 것이었다. 그의 내각은 간신히 승리를 거두었다. 다나카의 입헌정우회는 219석을 얻었고, 야당인 입헌민정당은 217석을 얻었으며, 나머지 30석은 19만 표를 획득한 군소정당의 후보(24석)와 '프롤레타리아트'를 대변하던 정당의 후보(6석)에게 돌아갔다.

정당이란 어떤 존재였을까? 한편으로 그것은 직업정치인들의 집단이었는데, 그 구성원 중 일부는 실망스러울 정도로 원칙을 무시하면서 우왕좌왕했다. 계파의 보스에 대한 충성심이 강하고 인지도가 높은 현직 의원들은 자신의 선거구를 안전하게 지킬 수 있었다. 오자키 유키오는 일본에는 진정한 정당은 없고 단지 파당이 있을 뿐이라며 개탄한 바 있다. 하지만 분명한 것은 그 자신도 한 정당에 오래 머무른 적이 없고, 한때 자신의 파당을 조직하려고 시도했다는 사실이다. 다른 한편으로 정당은 권위적인 것과는 거리가 멀었다. 하라 다카시가 맹활약하던 시절의 입헌정우회조차 민선자문위원회를 두고 당의 실무진이 의뢰한 중요한 사안을 논의하도록 했다. 정당은 일본의 정치적 다원주의를 구성하는 다른 요소들과 마찬가지로 한 개인의 헤게모니에 종속되지 않았다. 유권자수가 증가함에 따라 정당은 더욱 강력해졌고, 이미 지적했듯이 지도부는 관료나 군장교로 행정경험을 쌓은 인물들을 영입하기 시작했다. 이들은 정당이 영향력과 권력을 획득하는 지름길이라고 보았고, 권력욕에 사로잡혀 있던 정당은 그런 외부인사들이 자신들에게 정치적 승리를 가져다줄 수 있을 것으로 기대했다. 이런 세태를 완벽하게 보여주는 실례가 입헌정우회에서 다나카 대장을 총재로 선출한 일이었다. 다나카는 자신의 정치적 야심과 대외정책을 지지해줄 기반이 필요했고, 그를 새로이 영입한 입헌정우회는 강력한 후원자가 필요했다.

입헌민정당의 마지막 총리 하마구치 오사치(1870~1931)도 비슷한 경우이다. 1870년 고치 현(高知縣, 과거의 도사 번)에서 태어난 그는 1889년에 하마구치 집안의 양자가 되었고, 1895년에 제국대학을 졸업한 후 고등시험을 거쳐 대장성에 들어갔다. 그는 일본 각지의 세무행정을 감독하면서 초고속 승진을 거듭했고, 1917년에 고토 신페이의 추천으로 입헌동지회에 입당하면서 관직에서 물러났다. 고토는 젊은 시절에 의사로서 이타가키를 진료했던 경험이 있으며 그 후 외교관, 행정가, 제국건설자로 다양한 경력을 쌓은 인물이다. 하마구치는 1915년 도사 지역구에 처음 출마해 당선되었고, 오쿠마 내각에서 대장성 부대신을 맡았다. 1924년 가토 다카아키 내각에서는 대장대신이 되었고, 가토의 후임인 와카쓰키 내각에서는 내무대

| 전간기(戰間期)의 일본 |

신을 지냈다. 이 무렵 그는 정당과 내각의 저명한 지도자로 입지를 굳혔으며, 1927년에 헌정회가 입헌민정당으로 재편될 때 총재로 추대되었다. 다나카 정부가 실각하자 하마구치는 내각을 구성하라는 천황의 명을 받았고, 자유민권운동의 발상지인 고치 현 출신으로는 최초의 총리가 되었다. 일본의 정치체제는 대중을 사로잡는 달변가를 만들어내지도 요구하지도 않았다. 하마구치의 지지기반인 도사는 중앙에서 멀리 떨어져 있었고 규모도 작았지만, 용기와 능력을 갖춘 인물들을 배출했다.

혹자는 남성에 대한 보통선거권 부여가 열광적인 반응을 불러일으켰으리라 생각할지도 모른다. 보통선거권 쟁취는 1912년의 다이쇼 정변에서 군중을 움직이게 한 원동력이었고, 1924년 제2차 '호헌'운동의 공식 목표였다. 그것은 민주개혁의 희망을 간직한 좌익 지도자로부터, 일본이 국제관계에서 강력한 대외정책을 펼치기 위해서는 국민의 지지가 필요하다고 믿고 있던 우익 지도자에 이르기까지 많은 사람이 동의할 수 있는 주제였다. 그러나 반대하는 사람들도 있었다. 요시노 사쿠조는 1916년에 "일본 지식인 중 다수는 보통선거권에 대해 엄청난 오해나 격한 반감을 갖고 있다"고 썼다. 도시노동자들은 한때 참정권운동을 지지했지만, 그 분위기가 점차 과격해지자 등을 돌리는 사람이 늘어났다. 또 밀실정치와 부패 같은 일본정치의 양상에 염증을 느낀 집단도 개혁가들에게 환호를 보내기보다는 개인의 실존적 문제에 침잠하게 되었는데, 여기에 대해서는 다음 장에서 살펴볼 것이다. 그리고 다나카 정부가 1928년 선거에서 참패한 자유주의자와 좌파를 억압하고 초창기의 프롤레타리아 정당들을 와해시키려는 정책을 추진하자, 낙관주의자들조차 대의정치의 효율성에 의구심을 품기 시작했다.

그럼에도 불구하고 정당내각의 업적은 높이 평가할 만하다. 하라, 가토 다카아키, 하마구치 같은 강력한 총리들은 군부와의 관계를 재정립하려는 의지를 표명했다. 하라는 워싱턴 회의가 끝난 뒤에, 가토는 4개 사단 폐지를 통해, 하마구치는 런던 회의가 끝난 뒤에 그런 시도를 했다. 유감스럽게도 이들은 모두 재직 중 사망했는데, 둘은 암살당했고 가토는 자연사했다. 세 사람은 모두 일본이 전후 민주주의라는 세계적 추세에 발맞추려면 권력 구조의 변화가 필수적이라는 점을 깨닫고 있었다. 그들은 자유주의는커녕 중도적인 입장에도 미치지 못하던 귀족원과 추밀원의 권한과 구성을 변화시킬 필요가 있다고 생각했다. 자유주의와 민주주의를 꽃피우기 위해서는 일본의 신임 천황을 1930년대 국수주의자들의 바람대로 '현인신'(現人神)으로 칭할 게 아니라 입헌군주로 봐야 한다는 관념도 정당내각시대의 산물이었다.

하마구치 내각이 출범한 1920년대 말에는 요시노 사쿠조 같은 지식인들이 10년 전에 설정해둔 목표가 실현되리란 희망이 있었다. 입헌민정당이 집권하기 전, 하마구치의 '그림자 내각'은 노사관계를 개혁하고 지주-소작인 관계를 개선하며 지방선거 투표권을 여성에게 확대하고 선거연령을 낮추는 등 괄목할 만한 의제를 마련했다. 외교 분야에서는 직업외교관인 시데하라 기주로가 외무성에 복귀하여, 국제협력에 바탕을 둔 합리적인 중일관계를 정립하는 데 전념했다. 당시 중국에서는 20년 동안의 간헐적인 내전이 끝나고 국가적인 (그리고 내셔널리즘적인) 통일 열기가 고조되고 있었다. 유감스럽게도 경제난과 군부의 불복종으로 대(對)중국정책은 무산되었고, 1931년 한 암살자의 손에 하마구치가 살해되면서 한 시대가 막을 내렸다. 모든 문제점에도 불구하고 이 시대는 중요한 변화를 가져왔다.

2. 세계 속의 일본

러일전쟁 이후 일본은 아시아의 최강국이었다. 그 후 20년 동안 일본은 세력을 확장해 국제연맹의 상임이사국이 되면서 세계 5대 강국으로 대접받았다. 머지않아 이 놀라운 변신은 일본에 대한 세계인, 특히 아시아인의 인식을 크게 변화시켰다. 메이지 일본은 제국주의 열강의 억압에서 벗어난

| 전간기(戰間期)의 일본 |

새롭고 활기찬 국가의 이미지를 창출했지만, 타이완·한국·랴오둥을 식민화하기도 했다. 제1차 세계대전 동안 붕괴된 국제질서가 일본의 야욕을 부추겼다. 일본이 동아시아의 개혁과 재건을 주도하는 역할 모델이 되기를 원하는 사람들도 있었고, 여전히 서양을 팽창주의의 모델로 간주하는 사람들도 있었다. 그리고 메이지 지도자들이 늙어감에 따라, 그들이 만들어놓은 정치체제도 민족자결·국제협력·국민참여를 지향하는 세계에서 왠지 구식으로 보이기 시작했다. 전세계에서 군주제와 제국이 무너져 내리고 있었다. 오스만 제국, 독일 제국, 오스트리아-헝가리 제국, 러시아 제국, 중화제국이 모두 10년 안에 해체되었다. 이러한 세계질서의 격변에 제대로 대응하지 못했다고 일본의 지도자들을 비난할 수는 없을 것이다. '소일본' 지지자와 '대일본' 지지자처럼 뚜렷한 소신을 가진 사람들도 있었지만, 대다수 일본인은 막연히 자국의 위엄과 중요성을 인정받아야 한다고 생각했을 뿐, 자신들이 아시아에서 봉착한 새로운 도전에 어떻게 대처해야 할지 모르고 있었다.

중국문제가 먼저

선결과제는 중국문제였다. 몇 세기를 버티던 중화제국은 서양 제국주의의 공격과 정부의 무능, 근대사에서 가장 격렬한 몇 차례의 봉기로 무너졌다. 역사적으로 일본의 안정은 중국의 내부사정과 관련이 있었다. 태평양을 사이에 두고 멀리 떨어져 있었던 까닭에 대륙의 침략으로부터 안전했던 일본은 평화 속에서 번영을 구가했다. 15~16세기에 일본에서 벌어진 폭력사태는 명조가 붕괴한 후 새로운 만주족 정부(청조)의 의도를 확신할 수 없던 상황에서 비롯된 것이었다. 아편전쟁이 발발하여 서양이 중국을 침략하자 일본은 위기감을 느꼈고, 이 위기감이 메이지 유신을 촉발했다. 메이지 일본은 중화제국의 일부 제도를 모방했다. 연호제정, 과거제도를 발전시킨 관료선발 시험제도, 천황의 조서에 규범적·도덕적 의미를 부여하는 것 등은 모두 중국에서 유래한 것이었다.[9] 19세기 말경에 유럽 열강이 중국을 분할할 조짐이 보이자, 일본의 정치인과 여론 주도층은 '중국의 보전'이 중요하다고 경고했다. 일본이 러시아에 승리하고 제1차 세계대전으로 유럽의 관심이 상호간의 파괴로 쏠리자 새로운 상황이 조성되었다. 중국의 개혁적인 정치가와 진지한 학생들은 일본의 사례에서 자국을 위한 교훈을 찾았다.

메이지 시대 말기에 일군의 이상주의적 일본인들은 중국의 개혁과 부흥을 위해 일하는 것이 일본의 운명이자 자신의 개인적 책무라고 느꼈다. 이들 중 다수는 자유민권운동에 정치적 뿌리를 두고 있었고, 중국이 메이지 근대화의 정수를 수용하리라는 다소 순진한 견해를 갖고 있었다. 그들은 아시아의 전통을 소생시키는 일이 시급하다고 굳게 믿었으며, 이를 위해서는 중국의 변혁이 관건이라고 보았다. 혹자는 일본이 상황을 주도해나가기를 원했으나, 혹자는 단지 역사의 전환기에 봉사한다는 일념으로 일했다.

미야자키 도텐(宮崎滔天, 1870~1922)은 이런 결의를 보여주는 좋은 예이다. 구마모토에서 태어난 그는 도쿠토미 소호가 세운 학교에서 교육을 받았다. 이를 계기로 서양의 민주주의와 혁명이론에 심취하게 되었지만, 그것을 제대로 이해하지는 못했던 것 같다. 도쿄에서 정신적으로 방황하다가 한때 그리스도교로 개종했으나, 선교사들 사이의 지나친 경쟁에 충격을 받고 '아시아의 구원'으로 관심을 돌렸다. 그와 그의 형은 중국으로 건너가 자신들의 인생을 걸 만한 영웅을 찾기로 했다. 그는 조선의 개혁가 김옥균과 친분을 쌓았고, 태국에 돈벌이하러 온 일본인 이민자들과 함께 일하면서 동남아시아에서 중국을 발견해보려는 희망을 품기도 했다. 마침내 1895년 일본이 청나라에 승리를 거둘 무렵, 그는 쑨원을 자신의 영웅으로 삼기로 했다. 당시 쑨원은 무장봉기에 실패한 후 일본에 망명해 있었다. 동남아시아에서 활동하던 중국인 혁명가들의 계획에 깊이 빠져든 그는 영국 당국에 의해 싱가포르에 억류된 적도 있었다. 그는 쑨원을 위해 일본 전역에서 무기와 자금을 끌어모았다. 그리고 쑨원이 내셔널리즘과 유신의 비결을 배우고자 도쿄의 중국 유학생들을 규합하여 중국동맹회(국민당의 모체)

를 결성한 뒤에는 혁명이라는 대의명분을 위해 헌신했다. 당시 오쿠마의 심복이던 이누카이 쓰요시는 중국의 정세를 파악하기 위해 그를 지원했고, 일본의 군인들도 순수하지만은 않은 의도를 가지고 무기 수집을 도와주었다. 미야자키는 쑨원의 여러 조직을 위임받아 관리했으며, 자신이 흠모하는 영웅과 고락을 함께 나누었다. 그와 동료들은 아시아 전역에 새롭고 위대한 메이지 유신을 전파하는 '지사'임을 자처했고, 중국의 친구들(쑨원과 마찬가지로 이들은 중국 변경을 여행할 때면 일본인으로 가장했다)도 그들의 이상주의와 순수함을 믿어 의심치 않았다. 러일전쟁 이후 근대세계 최초의 대규모 유학 붐을 타고 일본으로 건너온 수천 명의 중국학생들은 문화를 교류하고 정치적 교분을 맺는 유례없는 기회를 맞았다.[10]

일본문제가 먼저

'대륙 낭인'(大陸浪人, 다이리쿠로닌)으로 알려진 사람들은 일본의 정치구도에서 변방에 있었다. 겐로나 집권세력은 일본이 서양과 교섭하면서 아시아에 제국을 수립하는 전략을 통해 유럽식으로 목적을 달성하고 있다고 생각했다. 그들은 다른 나라의 해방을 지원하기보다는 자국의 특권을 주장하고 보호하려는 의도를 갖고 있었다. 쑨원은 일본을 떠나라는 조용한 권고를 (자금과 함께) 받았다. 일본은 시모노세키와 포츠머스에서 얻은 경제적·군사적 이권을 일련의 외교교섭을 통해 보장받게 되었는데, 이는 중국의 내셔널리즘 회복이라는 일부 인사들의 여망을 저버리는 것이었다. 1905년에 체결된 제2차 영일동맹은 1907년에 더욱 강화되었고, 러시아와의 협약은 1907년·1910년·1912년·1916년에 이루어졌다. 프랑스와는 1907년에 협약을 맺었고, 1908년에 미국과는 루트-다카히라 협정을 맺었다. 일본은 중국을 둘러싸고 유지되고 있는 현상태를 변함없이 영속시키기 위해 모든 노력을 아끼지 않았다. 그 모든 협약에서 일본은 자국의 '특수한 입장'을 확실하게 인정받았으며, 이에 대한 반대급부로 현재 일본에 득이 되고 있는 제국주의 질서에 도전할 생각이 전혀 없음을 천명했다. 하타 이

쿠히코(秦郁彦)의 표현대로 '대일본주의' 옹호자들이 '소일본주의' 주창자들을 압도하고 있었으며,[11] 일본정부는 열성적인 아마추어들이 '아시아의 부흥'을 위해 추진하던 계획을 그다지 신뢰하지 않았다.

　1911년 10월에 중국에서는 신해혁명(辛亥革命)이 일어났고, 몇 주 만에 세계에서 가장 오래된 제국이 무너졌다. 비틀거리던 청조는 근대화된 베이양(北洋) 군의 지도자 위안스카이(袁世凱)에게 도움을 청했으나, 돌아온 것이라곤 혁명세력에게 항복하고 어린 황제―나중에 마지막 황제 푸이(溥儀)로 알려졌다―를 폐위하라는 권고였다. 이 일을 완수한 위안스카이는 혁명파와 협상을 벌여 중화민국의 초대 정식 대총통이 되었다.

　위안스카이는 일본의 한국침략을 방해하는 데 일조했다는 이유로 일본의 반감을 샀고, 신해혁명의 주요 지도자들을 폭력을 사용하여 제거함으로써 중국의 혁명가들에게 인기를 잃었다. 사이온지 정부는 신중하게 대처했다. 혁명을 지지하던 자유주의자들은 처음에는 환호하며 혁명세력에 무기를 공급하기 위해 온갖 노력을 기울였지만, 거대한 역사의 드라마가 본격적으로 전개되자 그들이 개입할 수 있는 여지는 별로 없었다. 일본군 수뇌부는 중국의 질서회복을 위한 국제적인 협력에 동참하는 방안과 좀 더 야심만만한 조치를 은밀하게 후원하는 방안 사이에서 오락가락했다. 연로한 야마가타는 서양이 결국에는 일본에 적의를 갖게 될 것이므로 중국과 선린관계를 맺을 필요가 있다고 느꼈다. 하지만 중국 동북 3성에 걸쳐 있는 만주족의 본거지 '만주'에 대해서는 생각이 달랐다. 청조의 붕괴가 가시화되자 야마가타는 만주에 대한 특권을 강화함으로써 일본의 영토를 중국 동북부로 확장할 수 있는 '천재일우의 기회'를 사이온지의 신중함 때문에 놓쳤다고 생각했다. 일부 군장교들은 대륙에서 일본의 세력을 확대하기 위해 만주와 몽골에 친일 '자치' 정권을 세우려고 몇 차례 시도했다. 훗날 입헌정우회 총재가 되는 다나카 기이치 장군 휘하의 육군참모본부는 위기상황에서 군사력 증강이 시급한 문제라고 생각했고, 육군대신의 2개 사단 증설 요청을 구실 삼아 사이온지를 축출하는 데 성공했다. 다이쇼 정변 때 가쓰

| 전간기(戰間期)의 일본 |

라가 재등장한 것은 앞서 설명한 바 있다. 주목할 만한 점은 중국의 불안한 정세가 빠른 속도로 일본에까지 파급되어 정치와 정책—이미 겐로들의 수중에서 벗어나기 시작한—에 복합적인 영향을 미쳤다는 것이다.

1913년 여름, 위안스카이 정권에 대한 불만이 고조되어 '제2차 혁명'이 일어났으나 쑨원 세력은 뜻을 이루지 못했다. 위안스카이의 고민은 중국 전역에서 성(省)의 수장인 도독(都督)과 성의 군사지도자들이 불만을 표출하고 있다는 것이었다. 실권은 중앙정부로부터 각 성 정부로, 민간인의 손에서 '군벌'이라 불리는 군인들에게로 넘어갔다. 그 어느 때보다 일본의 원조가 절실했던 쑨원은 즉시 일본으로 돌아와 여기저기에 도움을 청했다.

중국문제는 유럽에 전쟁이 터지면서 미궁으로 빠져들었다. 총리는 오쿠마 시게노부였지만, 일본의 정책을 수립하는 주요 인물은 외무대신 가토 다카아키였다. 일본은 영일동맹에 의거해 연합군에 합류했으나, 이권이 걸려 있지 않은 지역에는 개입할 생각이 없었다. 호위구축함을 지중해에 파견한 것을 제외하면, 일본은 중국 산둥 성에 있던 독일의 조차지와 독일이 점령하고 있던 남태평양의 섬들을 획득하여 독일 침략자들을 동방에서 몰아내는 일에만 전념했다.

이런 상황에서 '21개조 요구'가 나왔다. 이 요구는 우선 위안스카이가 이끄는 무도한 중국정부를 신뢰할 수 없다는 일본의 의중을 드러내고 있다. 일본은 기회를 잡았을 때 중국의 손발을 묶어둘 필요가 있다고 판단했던 것이다. 둘째, 1905년 러시아로부터 넘겨받은 남만주 조차권의 기한이 얼마 남지 않았는데, 그 지역을 제대로 개발하기 위해서는 그 기한을 연장할 필요가 있었다. 셋째, 독일로부터 빼앗은 산둥 반도의 조차지는 언젠가는 중국에 '반환'하기로 되어 있었지만 반환시기와 세부사항은 정해져 있지 않았다. 일본정부로서는 일단 그 지역의 관리권을 중국으로부터 공식 인정을 받을 필요가 있었다. 넷째, 청일전쟁 배상금으로 세운 일본 최초의 제철소인 야하타 제철소는 1901년 가동을 시작한 후로 중국의 원자재에 대한 의존도가 높았다. 일본의 기업가들은 한커우(漢口)에 있는 한예핑(漢

冶萍) 공사와 긴밀한 관계를 맺고 중일합작으로 자원을 관리하고자 했다. 다섯째, 더 이상 제3국에 연안도서를 할양하지 않겠다는 중국측의 약속을 받아내려는 것이었다.

이런 내용을 골자로 하는 5개항 21개조의 기밀문서가 베이징의 외교부에 전달되었다. 마지막 다섯 번째 조항은 협상이 곧 시작될 것 같다는 사실이 알려진 뒤 추가된 사족 같은 희망사항에 불과했다. 엄밀히 말하면 문서의 내용은 '요구'라기보다는 '요청'에 가까웠다. 그럼에도 불구하고 그 문서는 중국의 주권을 심각하게 침해하는 것이었고, 심지어 재정과 행정을 책임질 일본인 고문을 초빙하라는 무리한 제안까지 담고 있었다.

오쿠마와 가토는 전술상 엄청난 실수를 저질렀다. 대표단은 고압적이었고 심지어 중국인의 감정을 상하게 했으며 다른 관련국들에게도 시치미를 떼며 부정직한 태도로 일관했다. 몇 년 뒤 중화민국은 이 일에 관련된 외교관들을 사절로 보내겠다는 일본의 제안을 받아들이지 않았다. 서양, 특히 미국의 적극적인 지지를 등에 업은 신생 중국정부는 호재를 만난 셈이었고, 능숙하게 일을 처리했다. 도쿄에서는 외무대신 가토가 자기 선에서 문제를 해결하려고 노력했다. 그러나 중국이 외국의 여론을 자국에 유리하게 조성하자, 이 일에서 배제되었던 겐로들이 분개했다. 이들은 상세한 정보를 요구했고, 실익과 국가의 위신을 지키기 위해 최선을 다했다. 일본정부는 제5항을 완전히 삭제한 상태에서 중국정부에 최후통첩을 보냈고, 마침내 중국측의 수락을 받아냈다. 중국정부가 최후통첩을 받은 날(1915.5.7)과 수락한 날(1915.5.9)은 중국에서 '국치일'로 기념되고 있다.

제1차 세계대전으로 인해 유럽 열강의 관심은 중국에서 멀어졌지만 평화를 누리고 있던 미국의 경우는 달랐다. 미국은 '젊은 중국'(young China)—많은 사람이 미국의 선교 및 교육 활동의 산물이라고 생각했던—의 발전을 환영했다. 특히 우드로 윌슨 대통령과 국무장관 윌리엄 제닝스 브라이언은 중국에 지대한 관심을 보였다. 윌슨의 중국대사인 폴 라인시는 중국정부와 보조를 맞춰 일했다. 브라이언은 '중국의 주권을 침해

| 전간기(戰間期)의 일본 |

하는 어떤 행위도 용납하지 않겠다고 엄중히 경고했는데, 1933년 만주국이 세워진 뒤에는 국무장관 스팀슨이 같은 취지의 발언을 한다. 일본은 이렇게 해서 제1차 세계대전 동안 상당한 비용을 치르고도 미미한 성과밖에 거두지 못했다. 중국에서 주도권을 행사할 기회를 모조리 잃어버렸을 뿐 아니라, 일본의 대외정책에 대한 미국의 불신을 샀을 뿐 아니라 그것을 키웠다. 전쟁 막바지에 일본은 미국·영국·프랑스와 함께 시베리아에 군대를 파견했다. 각국이 내세운 동기는 달랐지만 궁극적으로는 볼셰비키를 타도하기 위한 것이었다. 시베리아에 출병한 일본군의 규모가 다른 나라에 비해 훨씬 컸기 때문에, 일본은 시베리아 동부를 점령할 의도를 가진 게 아니냐는 의혹을 받았다. 실제로 일본군은 다른 나라들이 군대를 철수한 뒤 한참이 지난 1922년까지 시베리아에 주둔해 있었다.[12]

1919년의 3·1운동과 5·4운동

제1차 세계대전이 끝날 무렵 일본을 바라보는 아시아 인접국들의 시선은 싸늘하기만 했고, 손상된 일본의 이미지는 쉽게 만회될 것 같지 않았다. 중국의 혁명파는 물론이고 자유주의자들도 21개조 요구에서 드러난 일본의 강대국 정치에 환멸을 느끼게 되었다. 일본이 시베리아에 개입하게 된 데는 소련과 중국의 국경을 이루는 아무르 강 남쪽으로 볼셰비키 세력이 확산되는 사태에 대한 우려가 한몫 했다. 데라우치 정부는 상당액의 자금('니시하라〔西原〕차관')을 투자해 보수적인 북부의 군벌을 지원함으로써 북방의 국경을 안정화시키고자 했다. 하지만 이 '근대화된' 병력은 막 시작된 군벌들간의 내전으로 이내 괴멸되었다. 그러나 일본의 이미지에 가장 큰 타격을 입힌 것은 한국의 3·1운동과 중국의 5·4운동을 무력으로 진압한 일이었다.

　제1차 세계대전에서 연합국이 승리한 후 아시아 전역에는—특히 학생과 지식인들 사이에서—새롭고 좀 더 정의로운 세계질서가 도래하리라는 희망이 널리 퍼져 있었다. 우드로 윌슨이 자국의 주권을 되찾아줄 것이라는 한국인의 믿음처럼 이런 바람은 일면 절실하면서도 순진한 것이었지만, 중국의 식자층도 일본이 독일로부터 빼앗은 점령지를 반환할 것이라는 기대를 품고 있었다. 21개조 요구는 그 일이 쉽지 않을 것임을 보여주었다. 그러나 파리 회의, 베르사유 조약, 국제연맹을 통해 그 문제가 시정되리라는 믿음이 있었고, 실제로 윌슨 대통령도 그렇게 되길 바라고 있었다. 유감스럽게도 베르사유에서 인종적 평등의 원리를 선포하자고 요구하다 거절당한 일본은 경제적·영토적 이권을 양보할 의사가 전혀 없었고, 이 문제에 관해 유럽 동맹국들의 지지를 받고 있었다.

한국의 민족주의 지도자들은 국제연맹과 전후처리가 자신들에게 아무런 도움이 되지 않자, 1919년 3월 1일 민족의 독립을 요구하는 비폭력시위를 벌이기로 했다. 이 날짜는 조국독립의 순교자로 간주되던 고종 황제의 장례식에 맞춘 것이었다. 주요 종교집단의 지도자들은 1918년부터 자신들의 입장을 해외에 알리는 계획을 추진해왔고, 장례식이 치러지던 날 서울은 상복을 입은 추모객들로 인산인해를 이루었다. 민족 대표들은 독립선언서를 낭독한 뒤 순순히 체포되었다. 깜짝 놀란 조선총독부는 엄청나게 잔인하고 야만적인 방식으로 대응했다. 일본측 기록에는 약 500명이 사망하고 1,500명이 부상당한 것으로 되어 있지만, 해방 후 한국에서 추정한 바로는 그보다 훨씬 많은 7,000명 이상이 죽고 14만 5,000명 이상이 부상당했다. 일본의 교과서는 1980년대까지도 이 비폭력적인 항거자들에 대한 살육을 '폭동'진압이라고 언급하여 한일관계를 악화시켰다.[13]

이 사건을 계기로 세계 각국의 비난이 쏟아졌고, 일본 내에서도 반군국주의 정서가 조성되었다. 하라의 입헌정우회 내각은 식민지 행정관들을 선임하고 정책을 수립할 때 군부의 영향력을 축소하려는 움직임을 보였고, '문화정책'을 펼침으로써 무자비한 폭력이 초래한 난국을 수습하고자 했다. 이런 조치에도 불구하고 한국의 독립선언에 대한 대응방식은 일본의 식민지배에 오점을 남겼고, 아시아의 근대화를 주도한다는 일본의 수사에 먹칠을 했다.

| 전간기(戰間期)의 일본 |

　일본에 대한 중국 내 여론도 별로 좋지 않았다. 한국의 3·1독립운동이 무력 진압된 지 2개월 뒤에 일어난 5월 4일의 시위는 근대중국 내셔널리즘의 여명을 알리는 신호탄이었다. 5·4운동이 일어나게 된 것은 베르사유 조약으로 산둥의 독일 조차지를 중국에 반환하지 않고 일본의 수중에 남겨두기로 한 데 대해 중국인이 참을 수 없는 울분을 느꼈기 때문이다. 파리 강화회의 결과를 수락한 데 책임이 있는 중국의 관리들은 베이징에서 대중적 분노의 표적이 되었다. 중국의 희망이 좌절되자 전국에서 대규모 시위가 발생했다. 5월 4일 13개에 이르는 전문학교와 대학의 학생들이 운집해 조약을 성토하고 친일파로 간주되던 교통총장 차오루린(曹汝霖)의 집으로 몰려갔다. 그는 이미 도망가고 없었다. 이 '5·4운동'은 전통과 순종에 맞서는 거대한 문화적 반란으로서 손색이 없다. 중국공산당은 전통사회와 전통문화로부터 멀어지고 있던 당시의 분위기 속에서 탄생하고 성장했다. 중요한 것은 한때 중국혁명의 발판이자 서양의 위협에 대처하는 근대국가의 모범으로 간주되던 일본이 중국을 위협하는 최대의 제국주의 세력으로 대두되었다는 점이다. 중국 내의 반일시위와 중국을 대하는 일본의 무례한 태도가 서로 상충하면서, 장차 분쟁이 일어나리라는 것은 불을 보듯 뻔했다.
　다행히 이 두 사건이 전간기의 중일관계나 한일관계의 전모를 보여주는 것은 결코 아니었다. 한·중·일 세 나라의 관계는 너무나 가깝고 복잡다단해서 내셔널리즘에서 기인하는 혐오감이라는 한마디로 요약할 수는 없다. 일본의 문인(文人)들은 중국을 여행하며 따뜻한 환대를 받았고, 일본에서 공부한 중국인 유학생들도 친절하게 지도해준 스승들에 대한 좋은 기억을 안고 돌아갔다. 심지어 식민주의의 상처를 가장 크고 직접적으로 경험한 한국에서도 전간기에 일본에서 교육을 받고 기회를 잡으려는 신세대 학생들이 늘어났으며, 일본기업과 협력하여 한국에 근대적인 회사를 세우려는 기업가들도 적지 않았다.[14] 이런 상호접촉과 호의적인 감정이 살아남을 수 있었다는 사실은, 이런 것들을 무색하게 만들어버린 일본제국주의가 없었다면 동아시아가 얼마든지 연대와 우호의 기회를 증대해 나갈 수도 있었음을 시사하는 척도로 보인다.

국제주의: 국제연맹과 워싱턴 체제

일본은 새로 탄생한 국제연맹에서 영예로운 지위를 얻었고, 이로써 국제연맹은 이제 일본의 외교에서 영일동맹을 대체하게 되었다. 이미 언급했듯이 삿포로 농학교를 나온 도쿄의 교육가 니토베 이나조가 국제연맹 사무차장에 임명된 것은 일본의 위상이 높아졌고 국제주의 시대가 개막되었음을 보여준 상징적인 사건이다. 일본의 신세대 지식인·교사·학생들은 새로운 시대에는 국제 협상무대에서 자국이 제 목소리를 낼 수 있을 것이라는 부푼 희망을 공유하고 있었다.

그 밖의 사람들, 그리고 대부분의 메이지 세대는 새로운 국제질서에 심각한 결함이 있다고 생각했고, 영일동맹이 사라진 마당에 일본이 마땅히 기댈 수 있는 곳이 없다는 사실을 개탄했다. 니토베처럼 낙관적이고 헌신적이며 국제주의적인 인물도 아시아의 문제를 해결하는 데는 국제연맹이 별로 도움이 되지 않을 것이라고 논평했다. 그는 일본의 가장 중요한 우방인 미국과 소련이 모두 회원국이 아니라는 점과, 약소국들이 불만을 털어놓는 장에 불과한 국제연맹이 아시아 유일의 강대국인 일본의 영향력을 제한할 수도 있다는 점을 지적했다.[15] 하지만 이전에도 영미 중심의 세계관에 휘둘리지 말고 신중을 기해야 한다는 경고는 있었다.

일본의 최고 귀족 명문가의 자제이며 후지와라(藤原)씨*의 후손인 고노에 후미마로(近衛文麿, 1891~1945)는 사이온지 긴모치를 수행하여 파리 강화회의에 참석했다. 교토 제국대학 철학과를 막 졸업한 이 젊은 공작은 '영미 평화주의'의 전망에 의문을 제기하는 짧은 논문을 발표해 사이온지를 당황시켰다. 고노에는 '가진' 강국과 '못 가진' 강국을 구분했다. 그는 연합국측이 지금 평화를 열심히 부르짖는 것은 이미 원하는 것을 다 가지고

---

* 황실과의 통혼과 뛰어난 정치적 수완으로 9~12세기 일본 조정을 지배했던 씨족.

있는 그들로서는 주요 관심사가 현상을 유지하는 것이기 때문이라고 주장했다. 또한 그들은 모든 잘못을 자신보다 뒤늦게 침략에 나선 독일에 뒤집어씌우고 있다고 지적했다. 불안해진 사이온지는 젊은 고노에가 자신의 생각을 겉으로 드러내지 말 것을 당부했으나, 사실 많은 일본인이 새로운 국제질서의 이점에 대해 의구심을 갖고 있었다. 과거에도 내셔널리스트들이 영일동맹의 혜택에 대해 의문을 제기한 바 있지만, 이 새로운 기구는 영일동맹이 제공했던 외압으로부터의 보호마저도 앗아가 버릴 것처럼 보였다. 또한 앞으로는 옛 동맹에서 많은 것을 기대할 수도 없었다. 미국과 영국이 점점 긴밀히 협력하게 되자 영국과의 동맹이 유용할 것인지에 대한 의문이 커졌기 때문이다. 혹시 미국과 대결하게 될 경우 영국이 일본을 지지하지 않을 것은 뻔했고, 일본은 양대 강국에 맞설 만한 힘이 없다는 점도 사실이었다.

한편에서는 이런 지역주의에 반대하며 국제주의를 외쳤는데, 그 결실이 해군력 감축에 관한 워싱턴 회의였다. 가장 중요한 사실은 참가국들이 모두 전쟁 중에 대대적인 해군력 증강에 착수했다는 것이다. 어떤 나라도 평화시에는 늘어난 군사비를 감당할 수 없었으므로, 각국은 미래의 경쟁에서 불이익을 받지 않는 선에서 해군력 감축에 합의할 필요가 있었다. 둘째로 영일동맹은 1922년에 개정되거나 폐지될 예정이었다. 일본이 미국과 전쟁을 할 경우 영국이 일본을 편들지 않을 것은 자명했으므로, 결국 새로운 안보구도로 그것을 대체하는 수밖에 없었다. 끝으로 정치적 난맥상을 드러내며 휘청대는 중화민국 문제를 처리하기 위해서는 열강이 하루속히 협력적인 조치를 취해야 했다. 최근까지만 해도 유럽에 쌓여 있던 군사장비가 이제 아시아로 밀려 들어왔다. 따라서 회의를 소집해 이런 문제들을 논의하지 않을 수 없었다.

확신에 찬 정치적 이단아 오자키 유키오는 전후 유럽을 돌아본 후 군비 억제에 대한 상호협약 없이는 안보가 유지될 수 없다는 사실을 깨달았다. 그가 상정한 안은 중의원에서 압도적 표차로 부결되었지만, 그는 전국을 누비며 대규모 군중을 대상으로 군축의 필요성을 역설했다. 그는 여론을 알아보기 위해 모든 집회에서 우편엽서를 배포했는데, 그에게 돌아온 3만 1,519개의 엽서 가운데 92%가 그의 안에 찬성했다. 분명 많은 일본인은 국제적인 협조를 바라고 있었다.

워싱턴 회의에 참석한 일본측 대표는 주미대사 시데하라 기주로와 귀족원 의장 도쿠가와 이에사토(德川家達), 그리고 해군제독 가토 도모사부로였다. 이 회의는 '워싱턴 체제'라고 할 만한 상호 연결된 협력 네트워크를 만들어냈고, 이것은 태평양정책과 1920년대의 안보에 관한 기본구도를 제시했다.

미국·영국·일본·프랑스가 조인한 4개국 협정이 영일동맹을 대체했다. 당사국들은 태평양지역의 현재 상황을 존중하고 어느 한 국가가 위협을 받을 경우 서로 논의할 것을 선언했다.

해군력 감축의 규모는 뒤이은 협상의 쟁점이었다. 일본에서는 '함대파'(艦隊派)가 8척의 전함과 8척의 순양함을 건조하자고 주장하고 있었다. 영국과 미국의 안은 모든 주력함—전함과 순양함—의 건조를 중단하고, 일본 전함의 총톤수를 미국 및 영국의 60%로 제한하자는 것이었다. 일본 협상단은 10:7의 비율을 주장했지만, 결국 폐기될 전함 몇 척을 새 전함으로 교체한다는 조건으로 10:6이라는 수치를 받아들였다. 어쨌거나 일본 안보의 핵심은 하와이, 싱가포르와 일본을 제외한 태평양 지역에 더 이상 해군기지를 세우지 않는다는 약속을 다른 열강이 지키는 데 달려 있었다. 일본의 함대파는 이에 불만을 표시했지만, 가토 제독의 권위는 해군의 반대를 잠재우기에 충분했다.(그렇지만 이미 지적했듯이 하라 총리의 암살을 막지는 못했다.) 전례없는 이 감축협약은 태평양의 평화를 가져오는 듯했다. 워싱턴 협약은 주력함에 대해서만 적용되었으나, 1930년에 열린 런던 회의에서는 소형 함선까지 규제의 대상에 포함시켰다는 점을 명심할 필요가 있다. 항공모함은 여전히 미래의 문제로 간주되어 규제되지 않았는데, 미래의 공군력에 자신감을 갖고 있던 일본은 건조 중이던 전함 몇 척을 정비

| 전간기(戰間期)의 일본 |

하여 항공모함으로 개조할 계획을 세웠다.

마지막 조약인 9개국조약*은 중국의 주권을 보호하기 위한 것이었다. 중국과의 '불평등조약'으로 이익을 얻은 국가들은 중국의 영토 주권을 존중하고 '문호개방'을 유지하며 중국이 통일과 안정을 이루는 데 협조할 것을 약속했다.

1920년대 초에 일본은 워싱턴에서 이루어진 합의를 지키려는 움직임을 보였다. 산둥의 구(舊)독일 조차지는 중국에 반환되었다. 일본군은 시베리아와 북부 사할린에서 철수했고, 고토 신페이의 주도하에 신생 소련 정부와의 관계정상화가 추진되었다. 일본은 해군력 감축안에도 순순히 따랐고, 얼마 동안은 중국의 관세 개정을 위한 공동 노력에도 적극적으로 참여했다. 하지만 이 모든 일에 관해 일본 내 여론은 분열되어 있었다. 하라 총리는 암살당했고, 군부에는 육해군을 확대하려는 파벌이 있었으며, 일각에서는 팽창정책을 주장했다. 그러나 일본의 지도자들이 새로운 국제질서의 이점을 발견할 수 있으리라 생각할 만한 이유들도 분명 있었다.

배일(排日)이민법의 파장

군축협상은 불신과 의혹에 시달렸고, 워싱턴에서의 협약은 미국에서 이민 문제가 다시 불거지면서 수포로 돌아갔다. 이 문제는 일본이 '자발적으로' 이민을 제한하기로 한 '신사협정' —1970년대 자동차 부문의 '수출자주규제(輸出自主規制) 조치'와 유사한— 에 의해 해결되는 듯이 보였으나, 1920년대에 다시 한번 쟁점으로 떠올랐다. 미국 동부에서는 유럽 동부와 남동부에서 건너온 엄청난 수의 이민자로 인해 이민배척 정서가 고조되었고, 서부에서는 반(反)동양 선동이 일련의 외국인 토지법 제정으로 이어져 이민자들은 토지를 소유하기는커녕 임대하기조차 어려웠다. 1922년에 미국 대법원은 상위법의 규정에 의거하여 일본인은 귀화를 해도 미국시민이

* 위에서 언급한 4개국 외에 이탈리아·네덜란드·포르투갈·벨기에·중국이 조인했다.

될 수 없다고 판시했다. 캘리포니아 주가 1920년에 외국인 토지법을 통과시키자 곧이어 다른 15개 주도 유사한 법안을 마련했다. 이런 분위기 속에서 의회는 새 이민법을 제정하게 되었다.

1924년의 이민법을 접한 일본인의 분노를 이해하려면 그 법안이 얼마나 쓸모 없는 것이었는지 인식할 필요가 있다. 미의회는 1921년에 국가별 쿼터제를 채택했다. 이는 북유럽 국가들에 특혜를 준 것으로, 이들의 쿼터는 거의 차는 법이 없을 만큼 넉넉했다. 이 쿼터제는 1910년 당시 미국에 거주하던 외국인 이민자수의 3%까지 입국을 허가하는 것이었다. 1923년에는 기준연도가 1920년으로 바뀌었고, 입국허가자의 수는 2%로 축소되었다. 한 단체는 기준년도를 1890년으로 정하고 일본의 쿼터를 246명으로 줄이자고 주장했는데, 이 안조차 완전한 배제를 원하는 이민배척주의자들을 만족시키지는 못했다. 확정된 법안은 시민권을 취득할 수 없는 자들의 이민을 전면 금지하는 것이었다.

일본인의 감정을 지나치게 자극할 것을 우려한 미국무장관은 주미 일본대사 하니하라 마사나오(埴原正直)에게 일본이 신사협정을 준수할 의향이 있음을 강조하라고 충고했다. 하니하라는 이에 따르면서도, 의회에 상정된 배일이민법이 원만한 미일관계에 '심각한 결과'를 초래할지 모른다며 우려를 표명했다. 이 발언은 상원의원 헨리 캐벗 로지로부터 '은근한 협박'이라는 비난을 받았고, 결과적으로 법안 가결을 도와준 꼴이 되었다. 새 이민법에 대해 미국의 여러 기관과 주요 신문들은 개탄을 금치 못했다. 특히 일본의 선구적인 국제주의자들은 배일이민법이라는 직격탄을 맞고 오랫동안 영향력을 행사하지 못했다. 그 중 가장 유명한 인물이라고 할 수 있는 니토베 이나조는 이 모욕적인 법안이 폐지되지 않는 한 두번 다시 미국 땅에 발을 들여놓지 않겠다고 맹세했으며, 제네바를 오갈 때도 상당한 불편을 감수하고 미국을 경유하지 않았다. 니토베는 일생을 바쳐 '태평양을 잇는 가교'가 되고자 했지만, 이 사건으로 그 다리는 무너져버렸던 것이다.

| 전간기(戰間期)의 일본 |

중국 내셔널리즘의 출현

워싱턴 체제는 중국 내셔널리즘의 발흥에 적절히 대응하는 방안을 놓고 벌어진 열강의 의견충돌로 결국 와해되었다. 일본인은 이 문제를 둘러싸고 국론분열 양상을 보였는데, 워낙 중대한 사안이었기 때문에 당시에 채택된 외교정책은 국내정치의 주요 쟁점이 되었다.

일본이 중국의 내셔널리즘에 공감을 표시할 만한 이유는 충분했다. 양국은 공히 동아시아의 문명 발달에 기여했고, 서양의 강압에 의한 불평등 조약의 부당성을 통감했다. 사실 지구상에 일본만큼 많은 자국민이 중국에 살고 있는 나라는 없었으며, 일본만큼 많은 중국전문가를 가진 나라도, 중국의 문화와 문명에 대한 지식이 일본만큼 풍부하게 축적되어 있는 나라도 드물었다. 유감스러운 점은 쑨원과 함께 일하며 '중국문제 먼저' 해결하기 위해 노력한 사람들이 다수가 아니었다는 것이다. 몇몇 저명한 학자들은 '중국'은 국가라기보다는 문명에 가까우며, 국민과 국가를 도외시하고 가족과 마을에 집착하는 중국인이 일본인과 같은 방식으로 근대세계에 적응할 가능성은 크지 않다고 주장했다. 이는 탁월한 중국전문가 나이토 고난(內藤湖南) 교수의 『지나론』(支那論)이라는 베스트셀러의 논지였다.[16] 이 입장에 동조하는 사람들은 만주 지배와 제국주의의 개입, 외국의 영향으로 신세대 중국인이 등장하기 시작했다는 사실을 대수롭지 않게 여겼다. 5·4운동 참가자들은 중국을 외세의 침략 앞에 무기력한 존재로 만들어버린 유교 전통을 타파하고 민주주의와 과학을 옹호해야 한다고 주장하면서 사회 및 문화의 획기적인 변화를 예고했다. 정치적 변화의 예로는 광저우에 있던 작은 정당인 국민당이 소련의 지도와 후원 덕에 상당한 세력으로 성장한 것을 들 수 있다. 장제스(蔣介石)가 교장을 맡고 있던 황푸(黃埔) 군관학교는 근대적 무기와 전술로 무장하고, 중국의 노동자 및 학생들과 함께 일할 선전가와 활동가를 체계적으로 양성했다.

북중국의 주요 군벌들은 1924~1925년에 서로 치열한 전투를 벌이다 세력이 크게 약화되었다.[17] 남중국에서는 이를 호기로 삼아 국민당과 공산당이 1926년 국공합작을 결성하여 '북벌'에 나섰다. 북벌군이 난징에 당도했을 때 반(反)외세 정서와 무질서로 인해 비중국인에 대한 폭력행위가 많이 발생했다. 외무대신 시데하라는 이를 저지하려는 다른 열강의 행동에 동참하기를 거절했다가 심한 질책을 받았다. 이어서 국민당군이 상하이에 이르자 장제스는 유혈 쿠데타를 일으켜 국공합작의 파트너인 공산당세력을 몰아냈다. 유혈사태에서 살아남은 공산당원과 그 지지자들은 우한(武漢)으로 퇴각했고, 얼마 지나지 않아 이들은 소련인 고문들과도 결별했다. 장제스는 베이징까지 북진하여 중국통일에 박차를 가했다.

중국의 정치적 격랑은 일본정치에 직접적인 영향을 미쳤고, 대(對)중국 정책은 주요 쟁점이 되었다. 난징에서 일어난 사건에 강력히 대응하지 못한 일본의 위신과 명예는 실추되었다. 하지만 중국 중남부의 상업중심지와 일본의 장기적 관계를 염두에 둔 시데하라는 흔들리지 않았다. 장제스가 상하이에서 공산당을 탄압함으로써 국민당의 거취에 대한 시데하라의 예상은 적중한 것으로 보였지만 라이벌인 입헌정우회는 다른 공격거리를 찾았다.

이 공격을 주도한 인물은 입헌정우회의 요청으로 1925년에 퇴역한 노련한 전쟁영웅 다나카 기이치(1864~1929) 대장이었다. 정우회 지도자들은 그가 자신들을 정치적 난국에서 벗어나게 해줄 것으로 기대했다. 러시아에서 싸운 경험이 있는 다나카는 일본의 북방 국경에 관한 한 권위자임을 자처했다. 러일전쟁 때 그는 군벌의 우두머리 장쭤린(張作霖)을 도와주었다. 청조가 무너지면서 실질적인 권한은 각 지방의 군벌에게 넘어갔는데, 그 중에서도 장쭤린은 일본의 지원을 받던 펑톈군 덕분에 만주에서 가장 강력한 세력으로 부상했다. 장쭤린은 베이징 가까운 곳에 포진하고 있었기 때문에 그의 정치적 영향력은 막강했다. 일본에서는 다나카가 전국적인 네트워크를 갖춘 재향군인회를 조직하는 데 일조했다. 그는 하라 총리 밑에서 육군대신을 지냈고, 노쇠한 야마가타가 1922년 사망한 뒤에는 육군참모본부 내 '조슈파'의 좌장 역할을 했다. 그런 그가 이제는 입헌정우회

| 전간기(戰間期)의 일본 |

의 총재직까지 맡음으로써 그는 정부의 수반이 될 수 있는 충분한 자격을 갖게 되었다. 1927년의 금융공황(앞으로 논의될 것이다)으로 헌정회 정부가 무너지자, 다나카는 입헌정우회를 이끌면서 이 정치적 공백기를 메웠다.

총리를 맡고서 한 달 뒤 다나카는 일본인 거주자의 생명을 보호하고 부수적으로 장제스의 베이징 진입을 저지하기 위해 일본군을 산둥 성 지난(濟南)으로 이동시켰다. 상황은 아주 미묘했다. 일부 민간인과 외교관들은 전에 난징에서 일본인이 받았던 것과 같은 공격을 미연에 방지하는 것이 현명하리라 생각했지만, 다나카의 뒤를 이은 군 수뇌부는 굳이 위험을 무릅쓰면서 대륙의 정치에 개입하려 하지 않았다. 하지만 별다른 충돌은 없었고 일본군은 이내 철수했다. 일본에서 군사훈련을 받은 바 있는 장제스는 잠시 직무를 중단하고 도쿄를 방문하여 다나카와 회담을 가졌다. 둘은 서로 합의에 이르렀다고 생각했다. 장제스는 일본이 북방의 군벌을 지원하는 것은 바람직하지 않다고 지적했고, 다나카는 장제스에게 반공(反共) 입장을 고수하면서 중국 중남부의 정치를 안정시키는 데 전념하라고 권유했다.

이들의 회합은 공염불에 그쳤다. 장제스의 북벌군은 곧장 베이징으로 진격했다. 베이징은 일시적으로 장쭤린의 지배하에 있었는데, 그는 다른 유력 군벌의 우두머리와 마찬가지로 자신을 국민정부의 지도자라고 생각하고 있었다. 만약 모든 것이 순조로웠다면 장제스의 북벌군은 베이징에서 펑톈군을 물리치고 장쭤린을 내쫓은 뒤 그의 잔당을 소탕하기 위해 베이징과 펑톈을 가로막고 있는 험준한 산길을 넘어 만주로 진격했을 것이다. 그러면 일본은 자국의 이익에 몹시 중요한 지역에서 중국의 국민당세력과 맞닥뜨리게 되었을 것이다. 심지어 국제주의자인 외무대신 시데하라조차도 만주와 중국을 구별하고 있었고, 군국주의자 다나카는 중국의 내셔널리즘을 견제할 수 있는 완충지대인 만주에 장쭤린을 남겨둘 필요가 있다고 생각했다.

1927년 여름 다나카는 외무성의 대표, 육해군성, 참모본부의 수뇌부로 구성된 동방회의를 개최하여 일본의 우선순위를 조정하려 했다. 이 모임의 예기치 않은 산물 중 하나가 '다나카 상주문'(Tanaka Memorial)*이라 불리게 된 정체불명의 문서였다. 이 문서는 일본의 중국 점령을 위한 체계적 계획을 담은 것이라고 알려졌다. 문서의 출처가 정확히 밝혀진 적은 없지만, 문서 작성자에 대해서는 중국 공산당원에서부터 일본 내 다나카 반대파에 이르기까지 여러 설이 분분했다. 유감스럽게도 괴문서의 내용은 일본의 향후 움직임과 어느 정도 맞아떨어졌고, 그래서 이 문서가 위서가 아니고 진본일 것이라는 믿음이 퍼지게 된 듯하다.

난상토론이 벌어진 끝에 동방회의에서 합의된 사항은, 새로 등장한 국민당 정권이 일본이 요구하는 안정된 반공정부라는 기준을 충족시킬 것 같으므로 협력의 대상으로 삼을 수 있지만, 그러기 위해서는 장쭤린이 만주에서의 지위를 유지할 수 있도록 일본이 지원하는 것을 중국정부가 인정해야 한다는 것이었다. 다나카에게 이는 장쭤린을 베이징에서 철수시켜 국민당 군대가 추적하기 힘든 만주의 펑톈으로 보낸다는 뜻이었다.[18]

위험은 이내 찾아왔다. 중국으로 돌아간 장제스는 북벌을 재개하여 베이징으로 진격할 준비를 했다. 1927년 12월 다나카는 이 지역의 분쟁 가능성을 감안할 때 군대를 다시 산둥에 파견하여 일본인과 일본의 이권을 보호하는 것이 현명한 처사라고 생각했다. 그는 병력을 칭다오(青島)에 파견하면 장제스 군대의 진로를 방해하지 않으면서 필요할 경우 동원할 수도 있겠다고 보았던 것이다. 하지만 현지 사령관은 자신이 실상을 더 잘 알고 있다고 생각하여 북방의 군벌이 퇴각한 지난으로 군대를 이동했다. 예상대로 일본군과 중국 국민당군이 5월에 충돌했다. 무력충돌이 발생한 원인을 파악하고 현지에서 사태를 원만하게 해결하려는 시도는 수포로 돌아갔다. 일본의 군부가 이를 국가의 명예가 걸린 일로 여겼기 때문이다. 일본군은 중국이 자신들의 요구를 받아들이지 않자 지난을 점령했다. 이 지역을 접

* 일본에서는 '다나카 메모랜덤'(田中メモランダム)라고 부른다.

수한 일본군은 계엄령을 선포하고 1929년까지 주둔했다.

문제는 여기서 그치지 않았다. 장쭤린이 다나카의 제안대로 베이징을 비우고 펑톈의 본거지로 돌아간 뒤, 랴오둥(뤼순과 다롄) 반도와 남만주철도의 보안을 맡고 있던 일본 관동군 참모들은 장쭤린과 계속 협력할 게 아니라 자신들의 우월한 힘을 발휘하여 만주를 장악할 때가 왔다고 보았다. 일본의 군부 내에서는 '중국문제'와 '만몽(滿蒙)문제'에 대한 논의가 점차 활기를 띠었다. 참을성 없고 조급한 청년장교들은 역사를 앞당길 기회를 잡았다고 생각했다. 고모토 다이사쿠(河本大作) 대령은 장쭤린이 탄 기차가 만주로 들어올 때 객차가 폭파되도록 폭탄을 설치했다. 자신의 무모한 행동을 계기로 고위층이 어떤 대응책을 강구할 것이라는 고모토의 희망은 착각에 지나지 않았다. 아무런 추가조치도 취해지지 않았던 것이다. 아버지의 펑톈군을 물려받은 장쭤린의 아들 장쉐량(張學良)은 자신의 입지를 굳힌 후 베이징에 둥지를 튼 신생 국민당 정부에 충성하겠다고 선언했다. 장제스는 이에 대한 화답으로 그를 '동북변방군'(東北邊防軍) 총사령관에 임명했다. '만몽문제'에 집착했던 일본정부에게 이 상황은 장쭤린이 살아 있던 1928년 6월 이전보다 훨씬 안 좋은 것이었다.

천황과 장군

다나카 총리 자신도 곤경에 처했다. 정부는 장쭤린이 사망하게 된 열차폭발사고의 원인은 알 수 없는 테러 행위에 의한 것이라고 공표했다. 하지만 야당 의원들은 일본군이 지키고 있는 지역에서 어떻게 그런 일이 일어날 수 있는지 의문을 제기하며 진상조사를 요구했다. 더 심각한 것은 젊은 천황 히로히토가 다나카에게 사건의 경위를 물은 것이다. 다나카는 진상을 조사하여 만약 군이 관련되어 있으면 관련자를 처벌하겠다고 약속했다. 다나카가 이 약속을 이행하려 하자, 이제 그를 기성 정치인으로 보는 옛 동료들이 반대하고 나섰다. 육군 수뇌부는 고모토에 대한 처벌은 제국 군대의 이미지에 회복할 수 없는 상처를 주게 되고, 중국 및 국제 문제에 있어서 일본의 입장을 난처하게 만들 것이라고 주장했다. 최선의 방법은 문제를 덮어두는 것이라는 게 그들의 생각이었다.

그래서 다나카는 천황과의 약속을 지킬 수 없었다. 히로히토 천황의 준엄한 질타에 당황한 다나카는 1929년 7월에 사임했고 이로부터 두 달여 뒤인 9월 말에 사망했다. 이 사건은 다나카뿐 아니라 히로히토에게도 충격을 주었다. 제2차 세계대전 직후 전범자로 기소될 가능성이 배제되지 않은 상황에서 히로히토는 궁정 관리들에게 『쇼와 천황 독백록』(昭和天皇獨白錄)을 구술했다. 그는 여기서 다나카의 해임이 자신의 역할의 한계를 깨닫게 해준 결정적인 사건이었다고 술회하고 있다.

> 다나카가 다시 내게 와서 이 문제를 조용히 해결하고 싶다고 말했다. 그때 나는 노한 어조로 왜 전에 약조한 것과 전혀 다른 말을 하느냐고 물었다. 사임해야 마땅하다고 생각하지 않소?

곧 이름 모를 고위관료들이 궁중에서 모종의 음모를 꾸미고 있다는 소문이 돌았다. 소문을 듣고 놀란 겐로들은 천황의 소임이 무엇인지에 대해 간언했다. 히로히토는 이렇게 덧붙이고 있다.

> 지금 생각하면 내가 젊어서 경솔했던 탓에 그렇게 이야기한 것 같다. 어쨌든 나는 그런 식으로 내 의사를 표명했다. 그러자 다나카는 사직서를 제출했고 다나카 내각이 총사퇴했다. 내가 듣기로 고모토는 군사재판에 회부될 경우 일본의 음모를 낱낱이 폭로할 것이라고 말했다고 한다. 나는 군사재판이 취소되어야 했던 이유를 납득했다. ……이 사건 이후 나는 내각이 내게 올리는 모든 보고를 가납하기로 마음먹었다. 설령 개인적으로 반대 의견을 가졌더라도.[19]

이 진술을 통해 고모토가 단독으로 행동한 것이 아니었다는 점과, 장쭤린의 실해는 3년 뒤에 실현될 직접적인 군사행동의 염원을 표출한 것이었다는 점을 알 수 있다.

"국권의 발동인 전쟁을 포기하다"
이 모든 일이 일어나는 동안 다나카는 또 다른 어려움에 처해 있었다. 지금까지의 논의에서 입헌정우회와 입헌민정당의 차이가 일부 드러났는데, 주로 입헌민정당의 긍정적인 측면이 부각된 것 같다. 그러나 입헌민정당의 구성원 역시 어디까지나 대중의 지지를 갈구하는 정치인들이었다. 이들은 1928년에 반대파의 정략을 본떠, 다나카가 천황의 특권을 모독했다고 비난했다. 이 정쟁의 발단은 켈로그-브리앙 조약*이었는데, 이 조약을 둘러싼 논쟁은 면밀한 검토를 요한다. 당시 문제가 되었던 표현이 전후 일본국 헌법 제9조—"일본국민은 국권의 발동인 전쟁을 영구히 포기한다"—에도 재등장하기 때문이다.

켈로그-브리앙 조약은 프랑스 외무장관 아리스티드 브리앙과 미국 국무장관 프랭크 켈로그 간의 협상에서 비롯되었다. 이들은 전쟁을 국가정책의 도구로 사용하지 않기로 합의했다. 이처럼 양국간의 합의로 시작된 조약이 모든 강대국을 포함한 62개국 간의 국제협약으로 전환되었다. 각국 정부는 "인민의 이름으로" 전쟁을 "국가정책의 수단으로" 사용하는 행위를 위법화하기로 했다. 우치다 야스야(內田康哉) 백작이 대표로 참석한 일본은 파리 조약에 최초로 조인한 15개국 중 하나였다. 한동안 이 조약은 보편적인 인정을 받게 될 것처럼 보였다.

하지만 입헌정우회의 처사에 분개하고 있던 야당인 입헌민정당은 "인민의 이름으로"라는 문구가 국체에 위배되며 전쟁 개시와 종료를 선언할 수 있는 천황의 대권을 침해하는 위헌적인 것이라며 공격을 개시했고, 일부 우익 신문도 맞장구를 쳤다. 하지만 지각 있는 논객들은 조약에 동의하면

---

* 일명 부전조약(不戰條約).

서, 만약 자국 대표가 파리에서 승인한 합의사항이 제국의회의 승인을 받지 못한다면 일본은 국제여론의 비난을 면치 못할 것이라고 지적했다. 야당은 이에 굴하지 않고 추밀원, 특히 골수 보수주의자인 추밀원 의장 이토 미요지(伊東巳代治)를 논쟁에 개입시켰다.[20] 열띤 토론 끝에 파리 조약을 비준하면서 추밀원은 다음과 같은 단서를 달았다.

> 제국정부는 파리 켈로그-브리앙 조약 1조에 나오는 "인민의 이름으로"라는 문구가……제국헌법의 조항에 비추어볼 때 일본에 한해서는 적용될 수 없는 것으로 본다고 선언하는 바이다.[21]

우치다는 이 모든 사태에 항의하는 뜻으로 사임했다. 그는 반대파의 비판으로 인해 자신의 협상능력이 도마 위에 올랐을 뿐 아니라 국가의 위신이 실추되었다고 느꼈다. 이 문제가 해결된 후 입헌민정당은 재집권했고, 시데하라 기주로가 다시 외무대신을 맡았다. 우치다는 1930년대에 강경파로 복귀하게 된다.

파리 조약은 훗날 일본사에 두 가지 영향을 미쳤다. 첫째, 제2차 세계대전 후에 일본의 전쟁책임을 묻기 위해 소집된 극동국제군사재판소는 켈로그-브리앙 조약이 침략전쟁을 불법화했으므로 그런 전쟁을 기도한 국가의 지도자들은 법의 심판을 받아야 한다고 판결했다.

하지만 두 번째 영향이 더 중요하다. 1946년 일군의 미군 장교들이 더글러스 맥아더 장군의 사령부에 모여 일본의 신헌법을 기초했다. 맥아더 장군이 친필로 그들에게 전달한 몇 가지 지침 중 하나는 평화주의 원칙을 헌법에 명기해야 한다는 것이었다. 구체적인 표현방식을 놓고 고심하던 그들은 파리 조약을 참고해 제9조의 전쟁포기 조항을 만들어 넣었다. 신헌법의 어떤 조항도 "국권의 발동인 전쟁을 포기한다"는 유명한 구절만큼 활발한 토론과 논의를 촉발하지는 못했다. 이 조항 때문에 신헌법은 '평화헌법'이란 명칭을 얻었다.

3. 경제적 변화

일본경제는 전간기에 변용을 맞이했다. 그 토대가 된 것은 메이지 시대의 제도개혁이었다. 다시 말해 경제적 변혁에 필요한 제반 여건이 이미 갖추어져 있었다. 예컨대 금융구조는 이미 1900년에 완성되어 있었다. 주식공모를 통해 설립된 수백 개의 시중은행이 일반시민의 요구에 부응했다. 상장주식회사 형태로 조직된 이들 은행은 서양의 사업방식을 채택한 최초의 기관이라 할 수 있는데, 일본인의 일상생활에서 중요한 역할을 담당했다. 하지만 장차 제국의 팽창에 대비하기 위해 정부가 지도하는 은행들——그중 하나가 일본권업은행(日本勸業銀行)이다——도 있었다. 번이 폐지된 뒤 다이묘들의 자산을 보전해주기 위해 설립된 주고 은행(十五銀行)과 마찬가지로, 이런 국립은행들은 철도나 조선 같은 국가 기간산업에 투자하여 이익을 보장받았다. 일본이 근대에 이룩한 경제성장은 전통경제를 위기에 몰아넣지 않았을 뿐 아니라 그것으로부터 도움을 받았다는 점에서 주목할 만하다. 원자재를 수출하고 과거에 전통적인 방식으로 생산되던 소비재를 수입하던 인도나 인도네시아의 식민경제와 달리, 일본은 내수용 상품을 국내에서 생산했다. 이런 정책을 예고한 것은 1884년 마에다 마사나(前田正名)가 제안한 방대한 분량의「흥업의견」(興業意見, 고교이켄)이었다. 이 문서는 미국 건국 초기에 알렉산더 해밀턴이 작성한 문서에 비견된다. 마에다는 일본의 성장력을 높이는 데 긴요한 물품만 수입하고, 대중을 위한 생필품 생산은 기술력 향상을 통해 시대상황에 적응한 전통 제조업자들이 맡아야 한다고 주장했다. 러일전쟁 전까지는 소수의 일본 노동자만이 '근대적' 부문——주로 정부, 안보, 교육——에 고용되어 있었다. 이 부문이 급속하게 성장할 수 있었던 것은 전통적 방식을 활용하는 중소기업에서 일하던 노동자의 수가 훨씬 많았기 때문이다. 1910년까지만 해도 방적기의 87%는 수동이었다.[22] 정부가 초기에 세운 공장에서는 값비싼 수입기계가 사용되었지만, 중소 제조업자들은 재래식 방식에 약간의 기술적 변화를 가미하여 일본인의 요구에 부응했다. 20세기 전까지는 일상생활에 큰 변화가 없었기 때문에 전통 부문이 얼마든지 내수용품을 공급할 수 있었다. 노동자의 3분의 1 이상은 10인 이하의 소규모 작업장에서 일했으며, 농가의 20%는 가내수공업 방식으로 비단을 생산했다. 성냥 같은 '근대적' 수출품도 같은 방식으로 생산되었다. 성냥 제조업자는 지방의 은행에서 대출받은 돈으로 재료와 설비를 마련한 후 몇 가구를 묶어 조를 짰다. 같은 조에 속한 가구들은 나무를 쪼개 작은 나뭇개비를 만들고 나뭇개비 끝에 연소성 물질을 입히고 성냥갑을 만들고 상표를 붙이고 완제품을 포장하는 작업을 서로 분담했다. 시드니 크로카워에 따르면, "이 '제조업자'들은 수백 명을 고용하여 각자 자기의 집에서 일하게 했는데, 품삯이 워낙 박했기 때문에 온 가족이 장시간 일해야 먹고 살 수 있었다."[23]

전통경제와 근대경제는 적어도 20세기에 접어들기 전까지는 나란히 움직였다. 이후 근대 부문의 규모와 비중이 커지면서 거기에 종사하는 사람들이 전통 부문 종사자들을 수적으로 앞지르게 된다. 그래서 20세기 전반부—제2차 세계대전 이후 경제가 급성장하기 전까지—의 일본경제는 흔히 '이중경제'라고 묘사되었다.

크로카워와 그 밖의 권위 있는 연구자들은 일본의 경제성장이 서양의 초기 산업화과정과 다른 경로를 밟은 것은, 일본정부가 '부국강병' 정책을 펴는 데 필수적인 경제발전을 적극적으로 주도했기 때문이라고 본다. 대부분의 일본인은 정부의 우선순위와 목표를 수용했다. 초창기에 수익을 올리지 못하던 기업—주로 사무라이 출신의 정부관료가 운영하던—에 대한 과감한 투자를 정당화한 것은 미래를 내다본 장기적인 안목이었다. 하지만 일단 이 기업들이 이익을 내기 시작하자, 적지 않은 수의 비(非)사무라이 사업가들이 기회를 놓치지 않고 뛰어들었다. 초기의 섬유산업이 그런 경우에 해당한다. 시골에서 올라온 소녀들은 직업소개소를 통해 공장에 고용되어 기숙사에 살면서 일을 했는데, 처우가 너무나 형편없어 야반 도주하는 여공이 많았다고 한다.[24]

| 전간기(戰間期)의 일본 |

    정부는 간선철도와 조병창은 직접 관리하기로 했다. 더욱 인상적인 것은 표준화, 품질 향상, 수익성 제고를 위해 취해진 행정지도의 패턴이다. 1914년까지 전국에 확산된 마을 단위 협동조합은 농업발전을 위해 조생종의 보급을 통한 증산, 모판의 공동관리와 반듯한 모심기를 통한 경지의 효율적 사용, 충분한 시비(施肥), 배수시설 개선 등을 추진했다. 또한 정부의 지도 아래 지방·현·전국 단위의 동업조합이 결성되었다. 이 과정에서 도쿠가와 시대의 나카마와 사회조직이 참조되고 활용되었다.

    1880년대의 마쓰카타 디플레이션 이후 일본경제는 몇 차례 하강국면을 겪기도 했지만 전반적으로 꾸준히 성장하는 추세였다. 1886년과 1920년 사이에 국민총생산은 6배나 증가했다. 하지만 같은 시기에 인구도 증가했기 때문에 1인당 생산성은 해마다 평균 1.8%씩 성장했을 뿐이다. 게다가 국가(정부)의 지출이 개인의 소비에 비해 급속히 늘어난 탓에 일상생활의 변화는 더뎠다.

    두 차례의 전쟁은 경기를 활성화시켰고 정부지출의 증대와 임금인상을 초래했다. 그러나 전쟁으로 인한 호황은 이내 전후의 불황으로 이어졌다. 불황은 내수 부진과 막대한 군사비 지출—새로 획득한 영토를 점령하고 방어하며 아시아와 세계 무대에서 더 큰 역할을 수행하기 위해 필요한—의 결과였다. 일본의 납세자들은 '평화 보너스'를 받아본 적이 없었다. 청일전쟁 이후 일본인은 3국간섭에 대한 울분을 삼키며 '와신상담'했지만, 그런 분위기는 강화조약의 대가로 중국으로부터 막대한 배상금을 받은 덕에 일부나마 진정되었다. 정부는 제철소를 세우기 위해 몇 번씩 의회에 예산을 신청했으나 번번이 거절당했다. 마침내 의회의 승인을 얻은 정부는 배상금의 상당액을 야하타 제철소 건설에 사용했다. 이는 중공업 진흥을 위한 중요한 조치였다. 야하타 제철소는 1901년부터 가동을 시작했다. 하지만 이것만으로는 부족했다. 앞서 살펴보았듯이 21개조 요구에 중국 우한에 있는 한예핑 공사와의 합작 조항을 집어넣은 것은 점결탄과 철광을 수입에 의존해야 했기 때문이다.[25] 그러나 러일전쟁에서 승리하고도 일본은 배상금을 받지 못했고(도쿄의 대중이 격분한 이유였다), 뒤이어 한국 및 남만주 침략과 해군 근대화를 추진하는 데 엄청난 군사비가 들어갔다. 정부는 지방개량운동, 성실과 검약을 강조하는 천황의 조서(戊申詔書)로 사태를 무마하려 했다. 이에 대해서는 뒤에서 다시 언급할 것이다.

그런데 일본인이 '부국강병'의 구호에 희생되어 빈국강병의 운명을 걷게 되었다고 결론짓는 것은 과장이다. 두 전쟁은 근대 부문의 성장을 극적으로 앞당겼다. 일본은 무기류와 평화시에 사용되는 기계들을 더 이상 수입하지 않았다. 선박 및 무기 생산에는 엄청난 보조금이 지급되었다. 러일전쟁 중 일본에 군함을 공급하던 유럽의 조선소들은 중립을 표방했지만, 일본은 점차 자립도를 높여갔다. 1905년과 1915년 사이 일본해군이 요청한 77척의 선박 중 일본에서 건조되지 않은 것은 7척뿐이었다. 1914년에 일본은 자력으로 증기기관차를 생산할 수 있는 단 5개국 — 나머지는 프랑스·독일·영국·미국 — 에 들게 되었다.

이런 경험을 바탕으로 일본은 제1차 세계대전이 제공한 상업적 기회를 놓치지 않고 큰 이득을 보았다. 일본이 입은 인명 및 재산상의 손실은 미미했다. 서양의 선진경제는 상호간의 파괴로 인해 일본의 손길이 미치지 않던 식민지 시장조차 착취할 여력이 없었다. 일본의 근대 부문은 이 공백을 파고들 준비가 되어 있었다. 러일전쟁 중에 도입한 차관 때문에 적자상태에 있던 국제수지가 급속히 개선되어, 일본의 지위는 채무국에서 채권국으로 바뀌었다. 일본의 국민생산은 매년 9%씩 늘어나 전쟁 중에는 40% 이상 증가했다. 메이지 시대에는 수입의존도가 높던 주요 분야인 철강산업도 수익을 올리기 시작했다. 섬유산업도 빠른 속도로 성장했고, 시모노세키 조약으로 중국 현지에 대한 투자와 생산을 확대할 수 있었다. 일본인이 소유한 중국 내 방적시설은 10배나 증가했다.[26] 국내에서는 민간자본이 근대산업에 투자하여 유례없는 수익을 올리고 있었다. 새로운 기업가들의 성공과 자신감은 1917년에 설립된 공업구락부로 상징되는데, 이 모임은 신경제를 만들어낸 주역들이 사교를 나누면서 사업을 구상하기 위한 것이었다.

| 전간기(戰間期)의 일본 |

　이제는 노동력이 부족했다. 임금은 급상승했고 전반적인 물가수준도 동반 상승했다. 매점매석과 투기행위로 인해 치솟은 미곡가격은 1918년의 쌀소동을 야기한 요인이 되었다. 공업분야에서는 전기를 동력원으로 사용하는 경우가 급증했다. 물론 서양의 기준으로 보면 전기사용량이 그리 많은 것은 아니었다. 예컨대 1919년에는 5~14인 규모의 공장 가운데 4분의 1이 전력에 의존했다. 하지만 이 수치도 1914년 이후에 네 배나 증가한 것이었다. 크로카워는 "군수산업이나 기간산업과 대조적으로 내수용 또는 수출용 소비재를 생산하는 산업은 주로 노동집약적인 소규모 형태를 유지했고 기술혁신을 수용하는 속도가 더뎠다"[27]고 말한다.

　제1차 세계대전의 경기부양 효과는 이전의 전쟁보다 훨씬 컸지만, 제1차 세계대전 이후 국제경쟁의 재개로 유발된 경기침체의 여파도 만만치 않았다. 일본은 심각한 인플레이션을 겪게 되어 전쟁 중에 개발한 시장을 유지하기도 어려웠다. 정부는 1918년 쌀소동을 낳았던 쌀값 인상을 막기 위해 타이완과 한국에서 쌀을 수입하도록 장려했다. 결국 농민들은 전후의 경기침체기에 수입곡물과 경쟁해야만 하는 처지가 되었다. 1920년대의 경제는 심각한 불황에 빠졌고, 1923년 요코하마-도쿄 중심지를 강타한 지진으로 악화되었으며, 1927년의 금융공황으로 피폐해졌다. 정치적 자유를 얻기 위해 수십 년 동안 투쟁했던 일본인에게 대륙 침략은 디플레이션과 불황의 늪에 빠진 경제적 난국을 타개하기 위한 고육지책일 수도 있었다는 점에 주목할 필요가 있다.[28]

　일본은 그 어느 때보다 국제경제의 중요성을 절감했다. 일본은 과거에 비해 화학 및 중공업 분야의 자립도가 훨씬 높아졌지만, 섬유를 비롯한 저비용 소비재 수출에 크게 의존했다. 따라서 비용과 임금의 인플레이션을 중단시켜 경쟁력 있는 가격수준을 회복하는 것이 급선무였다. 한동안 기업들은 전시와 같은 규모의 투자와 팽창을 지속했으나 1920년에 주문이 뚝 끊기면서 급기야 '거품'이 터지고 말았다. 전쟁 덕분에 사라졌던 수출입 불균형이 다시 나타났고, 주가는 곤두박질쳤다. 특히 신규 사업이나 투기적인 기업은 형편없는 실적을 보였다. 경제계의 거물인 재벌은 대부분 이런 난관을 헤쳐 나갈 수 있었다. 사실 재벌은 곤경에 빠진 신생기업 중에서 알짜를 골라 헐값에 매입함으로써 자신의 경제적 위상을 강화해 나갔다. 하지만 이런 행태로 인해 재벌은 비난의 대상이 되었다. 1921년 9월 '신주의단'(神州義團)의 조직원 아사히 헤이고(朝日平吾)가 거대한 야스다 재벌의 창업자 야스다 젠지로(安田善次郎)를 암살했다. 그는 당시의 부패를 신랄하게 꼬집는 성명을 남겼다. 가난한 사람들에게는 아무런 희망도 없는데, 간악한 부자들은 법률을 교묘히 이용해 이득을 챙기 있다는 것이었다. 새롭게 다이쇼 유신을 시도하는 것도 중요하지만, "매국적 백만장자를 응징하는 것보다 긴급한 일은 없으며 그들을 단호히 암살하는 것만이 유일한 해결책이라며," 그는 "목숨을 걸고 대사를 결행하라. 이를 통해 혁명의 길을 준비할 수 있다"[29)고 결론지었다. 이 파괴적인 테러리스트의 통렬한 비난은 1930년대에 국수주의자들이 정치가와 기업가에게 가하게 될 반자본주의적 폭력보다 10년 앞서 나온 일회성의 고독한 몸짓에 지나지 않았으나, 경제상황이 악화되면 정치적 긴장도 고조된다는 사실을 일깨워주었다.

하라 내각은 일본의 재정정책을 금본위제로 되돌리기 위해 전시 인플레이션을 억제할 방도를 강구했다. 1897년에 금본위제를 택한 것은 메이지 정부가 거둔 성과 중 하나였다. 전쟁이라는 비상사태를 맞아 일본은 무역 상대국들과 함께 금본위제를 포기해야 했다. 일본의 중요한 교역대상인 미국은 1919년에 금본위제로 돌아갔지만, 일본은 이듬해에 찾아온 불황으로 결정을 미루고 있었다. 갈수록 상황은 악화되었다. 1923년 9월 1일 도쿄-요코하마 지역이 지진과 지진으로 인한 40시간의 화재로 황폐화되었다. 당시 건물 12만 채가 파괴되고 45만 채가 소실되었으며, 사상자가 14만 명에 이르고 25만 명이 일자리를 잃은 것으로 추정된다. 1909년의 국가자산은 860억 엔 정도였는데, 지진으로 인한 피해가 100억 엔에 이르는 것으로 추산되었다. 재난의 규모를 감안할 때 긴축과 환율 인하 같은 조치를 조기에 시행하기란 불가능했다. 정부는 '진재(震災) 어음'을 발행하여 대대적인 지원에 나섰으나, 이로 인해 그 후 여러 해 동안 재정정책이 계속 꼬이게 되었다. 재건으로 수입이 급증했다. 예컨대 도쿄 니혼바시(日本橋)의 금융 중심가에 있던 본사를 잃은 미쓰이는 즉시 미국 건축사무소(트로브리지 앤 리빙스턴)와 건설사(스튜어드 앤 코)에 미쓰이 본관 신축을 의뢰했다. 이 웅장한 건물은 1929년에 완공되었다.[30] 이런 상황에서 금본위제로 조속히 복귀하기란 불가능했다.

지진이 발생하기 전에도 전후의 무분별한 투기로 인한 소소한 공황이 몇 차례 있긴 했지만, 1927년에 찾아온 공황은 금융계를 그야말로 위기에 빠뜨렸다. 타이완 은행에서 대출을 받아 설탕무역을 하던 스즈키(鈴木) 상사가 파산하자, 타이완 은행을 비롯한 여러 은행이 줄줄이 문을 닫았다. 여기에는 주고 은행(十五銀行)도 포함되었는데, 주고 은행의 경영자들은 세계 선박시장이 포화상태에 이르렀음에도 불구하고 고집스럽게 조선업에만 투자하고 있었다. 해군력 감축안에 따라 몇 척의 선박 건조가 취소되자 은행의 사정은 더욱 나빠졌다. 재직 중 사망한 가토 다카아키의 뒤를 이은 와카쓰키 레이지로 내각은 금융공황으로 실각했다. 이 공황은 중국정책을 둘러싼 정치적 적대감에서 연유한 것이었기에 미연에 방지하거나 적어도 완화시킬 수는 있었다. 일본은행은 부실한 타이완 은행을 지원하기 위해 추밀원의 승인을 얻으려 했지만, 추밀원은 이 건과 전혀 무관하다는 이유로 승인을 거부했다. 장제스의 국민당군이 난징에서 외국인에게 폭력을 행사한 사건을 외무대신 시데하라는 애써 모른 체하려고 했는데, 추밀원이 그의 처사를 못마땅하게 생각한 것이다. 토머스 샐로는 최종 분석을 통해 금융공황의 원인 제공자는 "은행들에 대한 지급 청구가 쇄도하는 사태를 막아보려는 일본은행의 시의적절한 제안을 거부한 추밀원"이며, 그 밑바탕에는 "'우유부단한 시데하라'의 대(對)중국 외교정책에 대한 추밀원의 불만"이 깔려 있었다고 결론지었다.[31] 주고 은행이 파산하자 구다이묘 집안은 엄청난 자산손실을 입었다. 예를 들어 사쓰마의 시마즈(島津)가는 자산평가액 650만 엔이 졸지에 18만 엔으로 줄어드는 것을 지켜봐야 했다. 주고 은행에서 자금을 융통하던 가와사키(川崎) 조선소 같은 대기업도 순식간에 심각한 재정난에 처하게 되었다. 1913년부터 주고 은행을 공식 금고로 사용하던 황실의 손실도 막대했다. 와카쓰키 내각은 무기력했다. 전국 예금액의 11%와 주고 은행 도쿄 지점 예금액의 약 3분의 1이 한꺼번에 인출되었다. 대장대신은 예금주들의 신뢰를 회복하려는 절박한 심정에서 서둘러 일면(一面) 은행권을 찍어 출납계원의 창구에 보란 듯이 쌓아놓게 했다. 32개 은행이 업무를 중단했다.

이런 정황에서 와카쓰키는 사임했고, 다나카 기이치 장군의 입헌정우회가 내각을 관장하게 되었다. 다나카는 노련한 재정관료 다카하시 고레키요를 대장대신으로 임명했다. 다카하시는 20일간의 예금지급 유예조치(모라토리엄)를 선포하고 그 기간에 타이완 은행을 재정비했다. 새 내각은 은행의 지불준비금 한도를 높이도록 하고 은행의 합병을 장려했는데, 그 결과 은행수는 3분의 1로 줄어들었다. 재벌이나 재벌연합 같은 건실한 기업은 건재를 과시했다. 하지만 대기업은 일본사회 전반으로 지배력을 확장하는 과정에서 거센 비난에 직면하게 되었다.

시데하라의 중국정책을 '시정'하는 과정에서 다나카가 직면한 문제에 대해서는 널리 알려져 있으므로, 경제에 자신감을 불어넣기 위해 그의 내각이 기울인 노력에 대해 살펴보기로 하자. 대장대신 다카하시는 통화팽창정책의 옹호자로, 20세기 초 하라의 주도하에 입헌정우회가 추진하던 '경기부양책'으로 돌아가 경제성장을 도모했다.[32] 정부의 넉넉한 재정지출로 기업활동에 유리한 환경이 마련되었고, 중소 하청공장의 수가 늘어났다. 그리고 이들 간의 치열한 경쟁으로 생산가격은 낮게 유지되었다. 정부는 직접 통제에 나서지는 않았지만 카르텔 결성을 지원했고, 보호무역원칙에 입각해 농산물에서 철강에 이르는 각종 상품의 수입을 억제했다.

1929년에는 다나카가 실각하고 하마구치 오사치를 앞세운 입헌민정당이 집권했다. 입헌민정당은 책임 있는 재정정책을 약속하고 국제적 추세인 금본위제로 조기 복귀할 것임을 선언했다. 하마구치는 대장성에서 잔뼈가

| 전간기(戰間期)의 일본 |

굵은 인물이었다. 그는 다카하시 고레키요의 과도한 재정지출정책을 비판한 바 있고 가토 다카아키 내각에서 대장대신, 와카쓰키 내각에서 내무대신을 지냈다. 하마구치는 영국에서 공부하고 미국에서 경험을 쌓은 은행가 이노우에 준노스케(井上準之助)를 대장대신으로 임명했다. 1923년 대장대신을 맡기 전에 이노우에는 일본은행 총재로서 지진 후의 혼란한 정국을 수습하는 데 일익을 담당했다. 그 후 귀족원 의원으로 활동하던 그는 1927년에 금융공황이 일어나자 일본은행 총재직에 복귀했다가 대장대신으로 입헌민정당 내각에 합류했다.

이번에는 1929년에 시작된 대공황으로 모든 계획이 엉망이 되어버렸다. 건전한 재정을 지향하던 이노우에는 통화수축정책을 단호하게 추진했고, 1930년에 일본을 금본위제로 되돌려놓았다. 하지만 결과적으로 이노우에의 정책은 최악의 시기에 나온 것이었다. 영국은 같은 해에 금본위제를 폐기했고 미국도 곧 같은 조치를 취했다. 경제위기가 고조되는 시기에 그 어느 국가도 자유무역을 우선시하지 않았다. 하마구치 내각은 시데하라 기주로를 외무대신으로 임명하여 국제협력과 무역에 바탕을 둔 정책을 추진하고자 했다. 일본은 1930년 장제스의 국민정부를 공식적으로 인정했다. 그리고 같은 해 하마구치는 워싱턴 회의에서 결의된 선박 보유 쿼터를 소형 함선에까지 확대 적용하기로 한 런던 해군군축회의의 결정을 강제로 밀어붙이려다 해군의 반발에 부딪혔다.

두 사람 모두 실패했다. 시데하라의 외교정책은 관동군이 저지른 폭력행위로 인해 빛을 잃었고, 하마구치는 국수주의자에게 살해당했다. 일시적인 정치적 공백기를 거쳐 이누카이 쓰요시가 이끄는 입헌정우회 내각이 들어섰다. 다카하시가 다시 대장대신이 되어 통화팽창정책을 재개했다. 이누카이는 1932년에, 다카하시는 3년 뒤에 살해되었다.

이 사건들에 대해서는 곧 다시 논의할 것이다. 여기에서는 각국의 통화정책이 제1차 세계대전 이후의 시대적 특징인 국제주의의 퇴조를 알리고 있었다는 점에 주목할 필요가 있다. 외국과의 교역이 활발히 이루어져야

원자재 수급에 차질이 없는 일본에게 이런 추세는 매우 치명적이었다. 이런 상황에서 조국에 아무런 영예도 안겨주지 못한 군사적 도발은 일본의 고립을 부채질했다. 나카무라 다카후사(中村隆英)는 외교적 고립의 경제적 차원을 이렇게 묘사하고 있다.

> 일본 금융계와 영미 금융계 사이의 신뢰와 협조는 [1931년 이후] 점차 냉각되었다. 1905년의 러일전쟁 이후 일본 금융계가 쌓아온 이 신뢰와 협조 덕분에 일본은 간토 대지진 이후 외자를 유치할 수 있었고, 1920년대에 지방의 어음과 전력회사의 어음을 계속 유통시킬 수 있었다. 그러나 만주사변, 만주국 건설, 상하이 사변 등으로 인해 모건 은행의 토머스 러몬트는 일본에 대한 우호적인 태도를 버리게 되었다. 국제 금융관계의 냉각은 일본이 심각한 국제수지 적자에 봉착했을 때 더 이상 외국의 도움을 기대할 수 없게 되었음을 의미했다.[33]

하지만 전간기의 일본에 이처럼 어두운 면만 있었던 것은 아니다. 다음 장에서는 반대로 밝은 면에 대해 살펴보기로 하자.

다이쇼 문화와 사회

16

다이쇼 시대는 1926년에 다이쇼 천황이 사망하기까지 불과 15년간 지속되었으며, 앞선 메이지 시대나 다가올 군국주의 시대와는 달리 하나의 시대로서 특별한 의미를 갖고 있지는 않다. 그럼에도 불구하고 의회민주주의를 향해 나아가는 과정에서 참신한 변화가 감지되던 시기였다. '다이쇼 데모크라시'는 제1차 세계대전 이후 분출되고 있던 코즈모폴리터니즘, 사회적 불만, 개혁 등의 새로운 조류를 상징적으로 나타내는 말이다. 당대의 모든 일본인은 이러한 변화를 의식하고 있었다. 변화를 반기든 꺼리든, 새로운 변화를 실감하지 못한 사람은 없었다. 근대국가 건설이라는 시급한 지상과제가 해결되자 해방감이 만연하게 되었다. 고등교육과 공업이 발달하고 도시인구가 증가함에 따라 새로운 사회가 모습을 드러내기 시작했다. 정치와 경제의 내적 분화가 진행되었고 성차(gender)도 새롭게 정의되었다.

1. 교육과 변화

새 시대의 일본인은 과거에 비해 양질의 교육을 받고 더 많은 지식을 갖게 되었다. 1898년에 4년제 소학교의 취학률은 69%에 이르렀고, 메이지 시대가 끝날 무렵에는 100%에 육박했다. 1907년에는 의무교육이 6년으로 늘어났다. 여학교와 실업계 학교는 청소년들을 새로운 사회의 유능한 직장인으로 키워냈다. 특히 도쿄에는 좀 더 높은 수준의 교육을 담당하는 전문학교들—대부분 외국어 학교로 출발했던 것이다—이 우후죽순으로 생겨났다.

교육제도에서 가장 독특하고 중요한 것은 제국대학의 예비교육기관 역할을 하던 8개의 국립고등학교였다. 그 중에서도 도쿄에 최초로 설립된 제1고등학교가 가장 중요한데, 세칭 '일고'(一高, 이치코)로 불렸다. 이 제도는 1880년대에 문부대신을 지내며 일본 전전 교육의 기틀을 마련한 모리 아리노리의 업적이다. 출세 지향적인 공부벌레와 번듯하게 차려입은 부잣집 아들들이 모두 국립고등학교에 다녔다. 이 학교들은 서양의 언어와 학문에 큰 비중을 두었지만, 초기의 여러 해 동안은 질적으로 낮은 수준에 있었다. 수업의 상당부분을 맡은 서양인들 가운데 일부가 자격 미달이었던 것이다.

번교나 사숙에서 수학한 메이지 엘리트들은 건전한 가치관을 교육받지 못한 세대에게 국가의 미래를 맡기게 되지나 않을까 우려했다. 모리 아리노리는 이 문제를 해결하기 위해 이중적인 교육제도를 만들었다. 형편만 되면 누구나 갈 수 있는 5년제 중학교는 신국가 건설에 일조할 유능한 시민을 양성하는 교육기관이었다. 반면에 고등학교는 2년(곧 3년으로 연장되었다) 동안 인문주의적이고 일반적인 지식을 폭넓게 가르쳐 대학교육에 대비하게 하는 곳이었다. 그러니까 고등학교는 애당초 미국대학의 학부에 해당하는 교육기관으로 설립된 것이었지만, 실제로는 부강한 일본을 이끌어나갈 충성스러운 지도층을 양성하는 중앙집권적이고 위계적인 기관이 되었다. 이런 학교를 졸업한 책임감 있는 엘리트들은 장차 정부와 사회에서 지도력을 발휘하여 지난날의 무질서를 극복하는 데 중추적 역할을 할 것으로 기대되었다.[1]

이 같은 학교제도를 개척한 교육계의 선구자 중 일부는 유학생활을 통해 외국의 교육현실을 깊이 있게 체험했다. 교토 제3고등학교의 초대 교장

오리타 히코이치(折田彦市)는 미국 프린스턴 대학을 졸업한 최초의 일본인으로, 지·덕·체의 고른 계발을 강조하던 제임스 매코시 총장의 교육방침에 깊은 감명을 받고 귀국했다. 또 도쿄의 일고를 7년 동안 이끌었던 니토베 이나조는 존스 홉킨스 대학과 독일의 할레 대학에서 학위를 받았다. 그러나 국립고등학교의 특징적인 가치와 교풍은 지극히 일본적인 것이었다. 메이지 시대가 막을 내리던 무렵의 독특한 학생문화는 거칠고 난폭한 남성성을 중시하고, 학생지도에 대해 반감을 표하며, 제3자의 개입을 용인하지 않고, 개인주의와 개인의 우수성을 강제로 억누르는 한편, 평생의 우정을 보장해줄 긴밀한 유대를 조장하는 것이었다. 적어도 학생들은 당시의 풍토를 그런 식으로 이해하고 있었다.

학생들은 대개 사회에 만연한 황금만능주의를 경멸했다. 일고의 교가는 "무코가(向ヶ) 언덕 위에 선 다섯 기숙사의 건아들, 우리의 의기는 하늘을 찌르는데, 저 아래 속세를 굽어보니, 평범한 일상의 꿈에 찌들어 있네"라고 노래하고 있다.[2] 기숙사는 주로 '자치적'이고 자율적으로 운영되었으며, 교정은 외부인에게 개방되지 않았다. 교직원들은 혈기왕성하고 독단적인 청년들의 행동에 대해 관용을 베풀었다. 훈육용 조치에 대한 시위나 폭동이 빈번했고, 일반 교사는 물론 교장조차 학생집회에서 비판의 대상이 되었다. 니토베는 대중매체에 도덕에 관한 수필을 기고하여 학교의 명예를 실추시켰다는 비판에 직면한 적이 있는데, 미리 준비한 사직서를 낭독함으로써 위기를 모면했다. 충격을 받은 학생들이 사직서를 제출하지 말라고 애원했던 것이다. 기숙사는 지저분하기로 유명했으며, 그곳에 살았던 학생들도 마찬가지였다. 굽 높은 나막신을 질질 끌고 다니던 이 추레하고 단정치 못한 무리는 에도 '협객'과 유신 '지사'의 근대판 화신이었다. 니토베는 『무사도』에서 다음과 같이 말하고 있다.

빗질도 하지 않은 머리에 낡고 해진 옷을 걸치고 길다란 지팡이나 책 한 권을 든 젊은이가 세속적인 일은 안중에도 없다는 듯이 거리를 활보하는 모습을 본 적이 있는가? 그는 바로 학생이다. 그에게는 지구가 너무 좁고 하늘도 그리 높지만은 않다. 그는 우주와 인생관에 대해 자신만의 이론을 가지고 있으며, 공중누각에 살면서 영묘한 지혜의 말을 양식으로 삼는다. 그의 두 눈에서는 야망의 불꽃이 번득이고, 그의 마음은 지식을 갈망한다. 빈곤은 그를 계속 전진시키는 자극제에 불과하며, 세속적인 재화는 그의 인격을 속박할 뿐이다. 그는 충성심과 애국심으로 가득 찬 믿을 수 있는 사람이며, 자진해서 국가명예의 수호자가 된다. 그가 지니고 있는 이 모든 미덕과 결점은 무사도의 마지막 잔재이다.[3]

성배를 찾는 외로운 구도자라는 니토베의 묘사는 학생생활의 일면만 포착한 것에 불과하다. 국립고등학교의 학생들이 유대를 맺는 과정은 특별한 의식에 의해 강화되기도 했는데, 동조하지 않는 학생들에게는 종종 잔인한 폭력이 가해졌다. 운동부의 부장이나 기숙사의 대표가 학교생활을 주도했다. 제도화된 폭동(그들이 '폭풍'이라 부르는)에 소집된 학생들은 반쯤 발가벗은 상태에서 서로 싸워야만 했다. 동성애는 허용된 듯하지만[4] 여성과 놀아나다 발각되면 '주먹깨나 쓰는' 학생 대표로부터 구타를 당하는 것이 관례였다. 이 의식은 촛불이 켜진 운동장에서 다른 학생들이 조용히 지켜보는 가운데 행해졌다.[5] 시간이 흐르면서 특히 니토베가 일고의 교장을 맡았던 시기(1906~1913)에 잔인한 교풍은 일부 완화되었고, 내면적이고 지적인 생활을 위한 새로운 장이 마련되었다. 도널드 로덴에 따르면 "1910년 무렵이 되면 [학교생활의 본질에 관한] 논쟁은 잠잠해지고, 고등학교의 특성상 문화와 내적 자아를 중시해야 한다는 의견이 널리 퍼졌다."[6] 교과과정은 언제나 외국어에 초점을 두었으므로 수업의 3분의 1 이상이 외국어 교육에 할애되는 경우가 흔했다. 간단한 신문이나 소책자를 펴내는 문학회나 학회가 많이 생겼고, 학생들이 발표한 에세이와 시는 다이쇼 시대의 지적 풍토를 반영하고 거기에 영향을 주었다. 엘리트 의식은 조금도 약화되지 않았지만, 이제 주먹 센 학생 못지않게 머리 좋은 학생도 지위와 명예를 누릴 수 있게 되었다.

다이쇼 시대의 작가들은 내적 자아를 탐구했고 학생들은 그들의 작품을 탐독했다. 20세기 급진주의도 교정에 파고들었는데, 특히 독일철학과 마르크스주의 이론은 부르주아 물질문명을 비판할 때 사무라이의 금욕주의를 능가하는 세련된 무기가 되었다. 그 결과 동/서 또는 전통/근대 같은 단순한 이분법을 뛰어넘는, 일본적인 동시에 국제적인 기원을 갖는 사상이 출현했다.

두드러진 현상은 철학에 대한 집요한 관심이었다. 작가 아쿠타가와 류노스케(芥川龍之介)는 일고의 학생들이 "칸트보다 더 철학적"이라고 촌평했는데, '데칸쇼'(데카르트·칸트·쇼펜하우어의 준말)에 대한 집착을 풍자한 학생가요를 잘 아는 사람이라면 아마 고개를 끄덕였을 것이다. 이 모든 과정을 통해 엘리트가 계속 배출되었다. 학생수는 전간기에 급증했다. 8개이던 고등학교의 수는 1918년의 고교 증설 조치 이후 4배나 불어났다. 도시 이름을 따서 일본 각지에 설립된 새 학교들은 대도시에서 비교적 멀리 떨어진 곳에 위치해 있었다. 신설 학교들은 오래된 명문고의 전통을 따라잡으려 최선을 다했지만 그 명성에 미치지는 못했다. 오히려 신설 학교의 수가 늘어날수록 오래된 학교의 명성은 더욱 높아졌다. 고등학교와 대학의 등급이 진로에 영향을 미쳤으므로 학생들 사이의 경쟁은 치열했다.

이론상 각 국립고교 졸업생은 한 곳의 제국대학에 입학이 보장되었다. 학생수가 증가하자 이들을 수용하기 위해 더 많은 대학이 필요했다. 도쿄의 제국대학은 1886년에 모리의 주도로 기존의 기관들을 통합하여 설립된 것이다. 최초로 설립된 국립대학으로 수도에 위치한 이 대학은 학제의 정점에 서 있었다. 제국대학의 초기 임무는 외국의 학문을 보급하고 정부관료를 양성하는 것이었다. 일본의 기본 인명록인 『인사흥신록』(人事興信錄)을 분석한 결과 메이지 엘리트의 대다수는 대학을 다니지 않았으나 대학을 나온 사람들은 대부분 제국대학 출신이라는 사실이 밝혀졌다. 하지만 차세대 관료들에게는 대학 졸업이 필수조건이었다. 1897년에 교토 제국대학이 설립되었고, 뒤이어 센다이(仙臺, 1907), 후쿠오카(1910), 삿포로(1918), 경성(1924), 타이베이(1928), 오사카(1931), 나고야(1939)에 제국대학이 들어섰다. 그 과정에서 오래된 제국대학, 특히 도쿄제국대학의 명성은 더욱 높아졌다.

모든 교수는 공무원 신분이었고 따라서 문부성의 지침과 재정지원에 민감할 수밖에 없었다. 그럼에도 불구하고 많은 교수, 특히 법학과 교수들은 국가의 통제로부터 일정한 자율성을 유지하고 있었다. 하지만 일단 사상과 가르침이 상아탑을 벗어나 대중에게 파급될 경우에는 학문의 자유가 엄격히 통제되었다. 가끔은 교육관료들과 자칭 정통의 수호자들이 압력을 행사해 교수들을 물러나게 하거나 해고하기도 했다. 이런 일은 아주 드물었지만, 몇몇 중요한 사례는 일본 시민사회의 근간을 뒤흔들 정도로(때로는 건설적으로, 때로는 파괴적으로) 큰 영향을 미쳤다. 이런 사건이 일어나면 교수들은 으레 사분오열하면서 제도를 개인보다 우선시하는 경향을 보였고, 대학을 위험에 빠뜨리기보다는 문제를 일으킨 인물을 배제하는 길을 택했다.[7] 국립고등학교의 경우와 마찬가지로, 제국대학의 수가 늘어나도 최초로 설립된 유력한 제국대학인 도쿄제국대학의 위상은 오히려 더 높아졌다. 이 학교의 교수진은 다른 제국대학을 설립하고 지도 편달하는 데 큰 역할을 했다. 대학은 또한 정부관료가 될 수 있는 지름길이었다. 정부 각 부서에는 도쿄제국대학 졸업생들이 수두룩했다. 게다가 일본에서 가장 뛰어난 작가와 가장 안목이 높은 독자들이 모여 있는 수도 도쿄에 자리 잡고 있다는 점도 유리하게 작용했다. 이에 따라 일본은 점차 중앙집권적인 사회로 변모해갔다.

제1차 세계대전 기간에는 사립학교를 통한 교육기회도 대폭 확대되었다. 1918년의 대학령(大學令)으로 대학 설립규정이 완화되자, 많은 전문학교가 대학의 지위를 얻게 되었다. 1930년에 일본에는 30개의 대학이 있었고 등록 학생수는 약 4만 명, 연간 졸업생수는 1만 5,000명이었다.[8] 동향 출신이라는 연줄이나 지인의 소개장만 있으면 관공서나 회사에 어렵지 않게 취직되던 메이지 시대에 비해 공식교육의 비중이 훨씬 커졌다. 실제로 교육기관의 수가 크게 늘어난 결과 일류학교의 졸업장도 더 이상 좋은 직장을 보장해주지 못했다. 신설 학교나 변변찮은 학교를 졸업한 학생들에게 일자리 구하기는 하늘의 별 따기였다. 일본사회, 특히 정부는 점차 새로운 엘리트층의 수중에 넘어갔고, 정실보다는 재능을 중시하는 방향으로 변해 갔다.

제국대학들도 분명히 권력과 명망의 위계를 이루고 있었는데, 이는 설립순서와 지리적 위치에 따른 것이었다. 대도시의 국립대학은 처음부터 국가와 사회에 대한 봉사를 목적으로 설립되었다. 도쿄제국대학과 교토 제국대학에는 각각 7개의 학부가 있었다. 각 학부에 소속된 학과는 독일식으로 학과장과 교수, 강의 진행을 도와주는 조교들로 구성되었다. 이 두 학교의 총학생수는 일본 전체 대학생수의 3분의 1에 달했다.

특히 도쿄제국대학의 법학부는 명예의 상징이자 정부관료의 등용문이었다. 그 결과 능력주의와 학벌주의의 기이한 결합이 탄생했다. 누구에게나 입학의 기회는 열려 있었고 시험을 통해 당락이 결정되었지만, 일단 기회의 문에 들어서고 나면 특권이 보장되었다. 특히 정부관리들의 승진은 주로 출신학교의 지명도에 따라 좌우되었다. 어떻게 보면 지난 시대와 별로 변한 것이 없었다. "세상에는 남보다 뛰어난 능력을 가진 인재가 있게 마련이며, 이 타고난 엘리트가 사회를 이끌어 나가야 한다는 확신"[9]이 일본 전역에 퍼져 있었다.

2. 도쿄제국대학 법학부

이런 상황에서 도쿄제국대학 법학부 교수들은 깍듯한 예우를 받으며 엄청난 영향력을 행사했다. 이들은 넉넉한 재정지원과 장기간의 해외연수 같은 혜택을 누렸다. 또한 교육과 정부기관을 이어주는 역할을 했다. 수제자들이 정부의 요직을 독차지하고 있었기 때문이다. 법학부 교수들은 학계의 권위자일 뿐 아니라 공중의 지도자이기도 했다. 각급 정부기관의 장들 — 주로 제자들이다 — 은 으레 그들에게 연구용역을 의뢰했고, 출판인들은 당대의 쟁점에 대해 그들의 고견을 들려달라며 원고를 청탁했다. 정년퇴직을 한 교수들은 일류 사립대학의 정중한 초빙을 받아들여 10년쯤 더 강단에 섰다.

다이쇼 시대에 도쿄제국대학 법학부에는 세 명의 걸출한 교수가 있었다. 첫 번째 인물은 헌법학자인 미노베 다쓰키치(美濃部達吉, 1873~1949)이다. 독일에서 공부한 미노베는 천황이 국가의 한 기관이라는 이론을 발전시켰다. 이른바 천황기관설은 미노베가 제국대학에 몸담고 있던 32년 동안 정설로 받아들여졌다. 그는 널리 존경을 받았고 그의 관점이 개진된 책은 필독서가 되었다. 또한 미노베는 귀족원 의원으로 칙임되기도 했다. 하지만 미노베의 견해는 천황의 절대주권을 주장하는 학자들로부터 신랄한 비판을 받게 되었다. 그는 우익 히스테리의 희생양이 되고 말았지만, 전간기 내내 다이쇼 데모크라시의 상징적인 존재로 군림했다.[10]

요시노 사쿠조(1878~1933)는 세간의 이목을 집중시키면서 다이쇼 데모크라시의 이론적 지도자로 부상했다. 요시노는 센다이 제2고등학교 시절에 그리스도 교도가 되었다. 그리스도 교도이자 사회주의자인 아베 이소오(安部磯雄)와 함께, 그는 '구마모토 밴드'의 일원인 에비나 단조(海老名彈正)가 이끌던 도쿄 혼고(本鄕) 교회의 열성적인 청년회원이었다. 법학부를 졸업한 뒤에는 위안스카이가 대총통으로 있던 중국에서 교편을 잡았는데, 이때 쑨원의 혁명운동에 상당한 관심을 갖게 되었다. 이후 모교에 자리를 잡은 그는, 구미에서 몇 년 더 연구할 기회를 갖게 되었다. 그리고 1914년 자신이 목격한 새로운 세계질서와 보조를 맞추기 위해서는 일본의 정치를 개혁해야 한다는 확신을 품고 귀국했다.

요시노가 정치지도자와 시민에게 도덕성이 중요하다는 점을 확신하게 된 데는 그리스도교의 영향이 컸다. 헤겔 철학도 그의 사상을 형성하는 데 기여했다. 그가 지향하는 도덕적 질서는 인간은 원래 선한 존재라는 믿음에 근거해 있었다. 그는 메이지 지도자들의 공헌을 인정하면서도, 그들이 서둘러 근대국가를 건설하는 과정에서 편협한 내셔널리즘을 조장했다고 비판했다. 이제 좀 더 보편적인 목표를 세우고, 교육과 확대된 인민의 참여를 통해 그것을 달성할 필요가 있었다. 요시노는 그리스도교의 신화적 요소에 대해서는 그다지 관심을 갖지 않았고, 일본 천황에 관련된 신화도 시간이 지나면 사라질 것으로 생각하여 무시했다. 필요한 것은 인품과 자질을 겸비한 사람들이 일본을 이끌어 나가는 것이었다.[11]

요시노의 가르침은 대학생들에게만 국한되지 않았다. 그는 공개강좌를 통해 많은 지역주민을 상대로 강의했고, 자유주의를 지향하는 대중적 월간지에 시사평론을 연재하여 유명해졌다. 그는 정부가 참정권을 확대하고 개인의 권리를 철저히 보호하며 의회의 권한을 강화함으로써 민중의 뜻을 제대로 반영할 필요가 있다고 주장했다. 또한 귀족원의 권한을 제한하고 추밀원을 폐지 또는 축소하는 것이 중요하다고 생각했다. 그는 자유주의 학생단체의 조직화에 크게 기여했고, 공개토론에서 극우 이론가의 공격을 막아내며 학생들의 영웅이 되었다. 또한 1926년에는 사회민중당(社會民衆黨) 결성에도 참여했다. 그의 학문적 업적도 매우 인상적이다. 그는 초기 메이지 시대의 사료를 보존하고 간행하는 프로젝트를 주도했다. 주로 관리들이나 관심을 보이던 그런 분야를 체계적으로 연구했다는 점은 특기할 만하다. 요컨대 요시노는 자신이 일본의 지도자에게 기대하던 자질―도덕적 헌신, 숭고한 이상, 개인적 용기―을 두루 갖추고 있었다.

일본제국에서 민주주의를 지지하는 사람이라면 누구든지 메이지 헌법에 선포된 천황의 주권이라는 문제를 피해갈 수 없었다. 하지만 요시노는 개인적으로 이 문제에 괘념치 않았다. 피터 두스에 따르면, 그는 야훼에 대한 원시적 관념과 마찬가지로 천황제도 언젠가는 그 주술적 아우라가 벗겨질 것이라고 주장했다. 그는 천황을 인간이자 시민인 군주로 간주했다. 동시에 독자들이나 제자들이 아직은 자신의 생각을 받아들일 준비가 되어 있지 않다는 사실도 간파했다. '데모크라시'의 통상적 번역어인 민주주의는 주권재민 사상을 함축한 용어였다. 요시노는 '민중 중심의' 혹은 '민중에 기초한'다는 뜻을 가진 민본주의(民本主義)라는 번역어를 선호했다. 그는 민중 주권은 "애초부터 군주제를 신봉해온 일본 같은 국가에는 적합하지 않다"고 적고 있다. 반면에 그가 선호하던 민본이라는 용어는 군주의 통치를 민중의 여망에 부응하도록 유도하는 제반 조치에 적용될 수 있다는 것이었다.(또한 요시노가 강조하거나 언급하지는 않았지만 민본이라는 말에는 유교적 관념도 내포되어 있다.) 요시노는 당시 겐로나 관료들이 민중을 골칫거리로 간주하여 그들을 선도하기보다는 관리하고자 한다고 느꼈다. 제1차 세계대전으로 인한 번영은 새로운 귀족정치를 낳았고, 이제 일본에는 부당하게 법의 보호를 받는 새로운 특권층이 생긴 듯했다. "근자에 들어 자본가들이 힘을 얻었고 마침내 그들의 거대한 자금력이 공익을 유린하는 지경에까지 이르렀다." 이들 이익집단의 요구를 모른 체 할 수 없었던 일본의 정치인들도 미덥지 못하기는 마찬가지였다. 요시노는 "의원들의 비리가 자주 발생하는 것은 아마 일본의 특성인 모양"이라며 신랄하게 비판했다. 일본이 직면한 문제는 도덕적이고 개인적인 것이었는데, 이런 문제는 참정권을 확대하고 책임의식을 고양시킴으로써 해결될 수 있다고 보았다. 그는 1916년에 "세계의 문명국가 대부분은 주저 없이 남성의 보통선거권을 채택했다"고 지적했다. 실제로 러시아와 일본만이 뒤처져 있었다. 요시노는 기본적으로 인간의 본성을 낙관적으로 파악했기 때문에, 선거권 개혁만 이루어지면 교육과 책임의식이 좀 더 나은 미래에 대한 희망을 보장하게 되리라고 믿었다. 하지만 그는 일본이 그런 방향으로 움직이기 위해서는 시간이 더 필요할 것이라는 점을 인식하고 있었다. 이미 살펴본 바와 같이, 남성의 보통선거권이 법제화되는 데는 실제로 9년이 걸렸다.[12]

요시노는 자신이 설파한 내용을 실천에 옮겼다. 그는 교수직을 사임하고 『아사히 신문』의 논설위원이 되었는데, 이 신문이 검열문제에 봉착하자 강단에 복귀하여 학생들을 가르쳤다. 그의 글은 시대적 한계를 안고 있으며 모순되는 점도 없지 않지만,[13] 메이지 헌법을 계기로 시작된 정치개혁에 진전을 이루려는 가장 사려 깊은 시도의 하나로 꼽힌다.

요시노는 카리스마를 가진 인물이었으며, 1918년 도쿄제국대학에서 결성된 신인회(新人會, 신진카이)의 주요한 지적·학문적 후원자였다. 이 단체는 요시노가 남성의 보통선거권에 관심을 가진 학생들과 함께 했던 비공식적인 모임에서 성장해 나왔다.

신인회는 사회문제와 국제문제에 대한 학생들의 관심이 증대했음을 보여주는 단체였다. 다이쇼 시대의 첫 10년 동안에는 1918년의 쌀소동에 뒤이은 전쟁 특수, 중국과 중유럽의 제정 붕괴, 러시아 혁명으로 인해 각광받게 된 아나키즘과 공산주의적 유물론, 윌슨이 주창한 국제주의의 고결한 수사 등으로 일본 전역이 들끓었다. 요시노는 이런 문제들을 논의하기 위해 특히 유능한 학생들과 비공식적인 모임을 가졌다. 이 기회를 통해 다른 대학의 학생들—도쿄와 교토의 제국대학에 다니는 학생들과, 요시노의 친구인 아베 이소오를 추종하는 와세다 같은 명문 사학의 학생들—이 서로 만날 수 있었다. 고등학교에서는 토론회와 사회과학 연구회가 이와 비슷한 역할을 했다. 토론에 참가한 사람들은 변화의 분위기를 의식하면서 자신들만의 좁은 울타리에서 벗어나 다른 집단에 속한 사람들과의 대화를 모색했다.

헨리 스미스의 지적처럼,[14] 이 첫 단계는 낭만적이고 이상주의적이며 꽤나 산만했다. 1918년 12월에 신인회를 조직한 소수의 학생들은 "인류의 해방을 향한 새로운 조류를 발전"시키고 "현대일본의 합리적 개조를 위한 운동"을 추진할 것을 제안했다. 그들은 (남성의) 보통선거권 획득을 위해 헌신했지만, 이는 어디까지나 '민중'에 대한 폭넓은 헌신의 일환이었다. 그들이 자임한 임무는 민중을 교육하고 궁극적으로 인도하는 것이었으나, 그러기 위해선 먼저 자신들과 같은 생각을 가진 다수의 학생들을 규합해야 했다.

10년이라는 활동기간에 신인회의 회원은 300명을 넘은 적이 없었다. 그러나 도쿄제국대학 법학부에 토대를 두고 있었던 만큼 신인회는 강렬한 인상을 주는 영향력 있는 단체였다. 회원 중에는 재학생뿐 아니라 졸업생도 있었다. 쑨원의 으뜸가는 일본인 제자인 미야자키 도텐의 아들이 회장이었으므로 이 조직은 말할 것도 없이 일본의 대외정책과 식민정책에 비판적인 입장을 취했다. 학생운동을 이끌어 이름을 날린 아카마쓰 가쓰마로(赤松克麿)도 신인회 회원이었다. 그와 미야자키는 장차 사회주의 운동의 거물급 지도자가 된다. 와세다 대학에서는 아베 이소오의 제자들이 신인회에 가세했다.[15]

1920년대에 접어들자 일본에서는 자유주의적이고 급진적인 학생들이 갖가지 불만을 털어놓았다. 전쟁이 끝나자 경기가 침체되어 취업시장이 꽁꽁 얼어붙었다. 노동자들의 파업은 사회적 불만을 반영했다. 아시오 동산(足尾銅山)에서 유출된 광독(鑛毒)은 강물을 오염시키고 수십 만 농가의 생계를 위협했다. 정부는 규제책을 내놓았으나 실행에 옮기지 않았고, 결국 주변의 분지 일대가 황폐해졌다. 이 사건은 문제가 불거지고 주민들의 항의가 시작된 1877년부터 거의 한 세기를 끌어오다가 1974년에 주민들이 집단소송에서 승소하면서 마무리되었다.[16]

공업도시들은 극심한 빈곤에 시달렸고, 그리스도 교도이자 사회주의자인 가가와 도요히코(賀川豊彦) 같은 사람들은 그런 현실을 비판했다. 의회가 남성의 보통선거권 문제에 대해 미봉책으로 일관하고 있었다는 것도 심각한 문제였다. 또한 반군국주의 운동도 일어났다. 1922년에는 전국적인 학생조직인 학생연합회(學生連合會)가 결성되었고, 이듬해에는 군비감축으로 할일이 없어진 군인들에게 일자리를 제공할 목적으로 고등학교에 군사교육을 도입하려던 군부의 정책이 학생들의 반대에 부딪혔다. 비록 소기의 목적을 달성하진 못했으나, 대규모 학생시위는 학생들의 관심을 불러일으키는 데 성공했다.

물론 보수주의자들은 육군대신의 연설에 야유를 보내는 학생들의 파괴적인 행동을 개탄했다. 더욱이 학생들이 이제 시작된 공산주의 운동에 관심을 갖고 있다는 사실에 충격을 금치 못했다.

일본공산당은 1922년에 결성되었으나, 현 상황에서는 소수의 엘리트에 의한 모반보다는 대중을 교육하고 조직화하는 작업이 더욱 시급하다는 야마카와 히토시(山川均)의 제안에 따라 1924년에 해체되었다.[17] 공산당은 1925년에 재건되었지만, 같은 해에 치안유지법이 통과되어 국가의 억압장치가 한층 강화되었다. 그러니 공산당의 활동이라고 해봐야 소수의 헌신적인 개인들이 음모나 꾸미는 것이 고작이었다. 당의 간부진은 후쿠모토 가즈오(福本和夫)가 이끄는 지식인들로 구성되었다. 급진적인 학생들은 공산당의 도전을 흥미롭게 여겼지만, 이로 인해 학생조직도 관의 의혹을 사게 되었다. 한동안 정부는 학생들이 주도한 시위에 대해 놀라우리만큼 너그러웠지만(전후에도 비슷한 상황이 재연되었다), 1928년 3월 다나카 정권은 경찰의 일제단속을 대대적으로 실시하여 학생운동과 신인회에 치명타를 가했다.

처음부터 우익 열성분자들은 자신들이 급진주의로 규정한 것과 최선을 다해 싸웠다. 좌우 양측은 상대에게 뒤질세라 세력을 강화하고 있었다. 신인회는 우익단체 흑룡회(黑龍會)가 후원하던 낭인회(浪人會)의 도전에 직면한 요시노를 지지하기 위해 학생들이 결성한 것이었다. 좌익 학생들의 활동은 우익 학생단체에 반향을 불러일으켰다. 도쿄제국대학 법학부 내에도 우익 학생들이 있었다. 이들이 추앙하던 영웅은 요시노와 특히 미노베 다쓰키치를 신랄하게 비판하던 우에스기 신키치(上杉慎吉, 1878~1929) 교수였다. 우에스기도 처음에는 자신의 논적들과 놀랄 만큼 비슷한 경로를 밟았다. 그 역시 그리스도 교도로 시작해 도쿄제국대학 은사들의 총애를 받아 교수에 임용되었다. 초기 저작에서 천황의 권력이나 천황과 국가의 관계에 대한 그의 입장은 미노베와 그리 다르지 않았다. 하지만 1906년에 독일로 유학을 간 우에스기는 게오르크 엘리네크의 국가론을 접하게 된다. 그는 신성불가침의 천황 주권에 대한 확고한 옹호자가 되어 귀국했고, 그 결과 기존의 헌법해석과 수업내용을 수정하게 되었다. 얼마 후에는 천황을 국가의 한 기관으로 보는 동료 교수 미노베 다쓰키치의 입장을 공식적으로 문제 삼기 시작했다. 문부성이 중학교 교사들의 모임에 미노베를 초청해 강연을 요청했을 때, 우에스기는 혼비백산하여 학문적 논의를 위해 개발된 이론을 어린 학생들을 가르쳐야 하는 교사들에게 전파해서는 안된다고 주장했다. 관료들도 그의 생각에 동의했다. 앞에서 살펴본 것처럼, 가쓰라 내각은 이미 교과과정에서 남조와 북조의 황실 가운데 어느 쪽에 정통성을 부여할 것인가를 놓고 고심하고 있었는데, 이제는 교수와 학문의 역할에 관한 새로운 문제에 직면했다. 우에스기는 미노베가 그 강연요청을 받아들일 이유가 없으며, 만약 그렇게 한다면 학문과 정치 사이의 선을 넘어서는 것이라고 주장했다. 우에스기-미노베 논쟁은 쟁점에 관한 의견을 양극화하고, 헌법해석에 대한 학문적 논쟁을 이데올로기에 대한 논쟁으로 치닫도록 정치화했다. 우에스기는 우익의 총아로 떠올랐고, 죽을 때까지 군부지도자들의 존경을 받았다. 천황의 절대적 권위를 강력하게 옹호하는 그의 이론은 몇 년 뒤 군국주의자들이 미노베와 그의 저서에 공격을 퍼붓는 발판이 되었다.

우에스기는 요시노 사쿠조를 존경하는 신인회 학생들이 부러웠던지, 보수적인 학생들을 부추겨 '칠생사'(七生社)라는 단체를 조직하게 했다. 칠생사는 천황을 위해 7번이나 목숨을 바칠 것을 맹세했다는 14세기의 무사 구스노키를 기리는 단체였다. 칠생사의 열성분자들은 자유주의 및 좌익 학생 그룹의 모임을 방해하고 이들에 대한 정보를 수집하는 데 주력했다. 메이지 시대의 역사가 시게노 야스쓰구는 구스노키 이야기를 날조된 신화라고 일축했지만, 천황 중심의 이에(家) 국가라는 이데올로기가 득세한 상황에 시게노가 보여준 유교적 합리성은 발붙일 곳이 없었다.

우에스기의 입장에 많은 사람들이 동조했다. 그는 학생들에게 인기가 있었고(혹자는 그의 학점이 후해서였다고도 한다), 자신의 입장을 관철시키기 위해 주저 없이 학내외의 지지세력을 동원했다. 일례로 무정부주의 사상가 표트르 크로포트킨에 대한 논문을 발표한 모리토 다쓰오(森戶辰男)

| 다이쇼 문화와 사회 |

교수의 재판을 들 수 있다. 1920년에 당국은 그를 기소했다. 첫 번째 판결은 모리토에게 유리하게 나왔지만, 우에스기를 추종하는 학생들의 성원을 등에 업은 고위 문부성 관료들은 대심원 판결에서 자신들이 바라던 결과를 얻어냈다. 모리토는 3개월의 금고형을 받았고 대학에서 쫓겨났다. 신인회 회원들이 항의시위를 했지만 아무 소용이 없었다. 도쿄대학 바깥에도 우에스기를 따르는 사람들이 많았다. 도쿄제국대학 법학부를 졸업한 미노다 무네키(蓑田胸喜)도 그 중 한 명으로, 게이오 대학에서 몇 년 동안 학생들을 가르치다가 국체명징(國體明徵)에 몰입하게 된 인물이다. 아무튼 이런 식의 지나친 검열은 분명 문제가 있는 것이었다. 정부관리들은 논쟁에 휘말려들지 않으려 했지만, 쟁점이 공론화되어 언론의 조명을 받게 되면 여론에 따르는 것 외에는 달리 방도가 없었다.

지금까지 학계의 정상에 서 있던 주요 인물들에 대해 살펴보았다. 물론 법학부에는 이 밖에도 비중 있는 인물들이 더 있었다. 헵번이라는 미국인 은행가의 기부금으로 미국헌법학 교수직이 마련되었는데, 이 자리는 미국에 유학 중이던 다카기 야사카(高木八尺, 1889~1984)가 맡기로 예정되어 있었다. 그가 귀국하기 전까지는 니토베가 임시로 맡았다. 요시노처럼 그리스도 교도이던 다카기는 공중의 논쟁에 전혀 흔들리지 않는 고결한 인품의 소유자였다. 하지만 학계의 주변부에서는 어떤 일이 일어날지 예측할 수 없었다. 일부 학자들은 교육자나 지성인이라는 호칭을 들을 만한 가치가 없었다. 한 학생은 사립대학인 니혼대학(日本大學)의 식민지 경제학과 학과장을 외국인혐오증이 있는 대중선동가로 기억했다. "그는 수업 중에, '상하이에 갔더니 '개와 황인종 출입금지!'라는 푯말이 있었다'는 이야기를 했다. ······그리고는 우리에게 물었다. '이런 난국을 타개하기 위해 여러분은 무엇을 해야 하는가?' 그는 미국에서 공부했고 당대의 문제를 연구하는 교수였지만, 이런 선동적인 연설에 자신을 바쳤다."[18]

3. 다이쇼 청년: '문명'에서 '문화'로

신인회의 자유주의자들과 칠생사의 우익 학생들은 사회개혁과 이데올로기에 골몰했을지 몰라도, 훨씬 많은 학생들, 특히 국립고등학교 재학생들은 정체성과 개인적 발전 같은 문제에 관심을 쏟았다. 메이지 시대의 청년들은 자신과 새로운 국가를 위해 성공해야 한다는 일념에 사로잡혀 있었다. '국가를 위해서'는 앞서 지적했듯이 거의 모든 행동에 수반되는 주문(呪文)과도 같았다.

전간기에는 이런 풍조가 퇴색했다. 국민국가가 건설되고 일본이 강대국 대열에 들자, 사람들은 사회구조와 사회정의에 대해 생각하기 시작했다. 메이지 시대의 청년들은 사회가 '문명'의 등급에 따라 위계화되어 있다는 후쿠자와의 문명론을 배우며 자랐다. 그들이 직면한 과제는 그 개화의 사다리를 타고 올라가는 것이었고, 일본은 높은 단계의 문명을 성취했다. 이제 문제가 되는 것은 '문화'였다. 행위보다는 존재가, 성취보다는 느낌이 중요해졌다. 집단적인 국민적 위기감은 개인적·실존적 위기감으로 대체되었다. 이전 세대가 상투적인 구호를 주문처럼 외웠다면, 새로운 세대는 내면의 성찰과 회의적 태도를 중시했다. 메이지 시대의 투쟁을 체험한 연장자들은 이런 변화를 혐오와 경멸의 눈으로 바라보았다. 1880년대에 독자들을 전율시켰던 『신일본의 청년』의 저자 도쿠토미 소호도 변화를 탄식했다. 그는 다이쇼 청년들이 방종하고 나약하며 개성도 목표도 없다고 적고 있다.[19]

미래의 엘리트가 될 국립고등학교 학생들의 학창시절은 이런 세태를 생생하게 전해준다. 청소년기는 정체성과 인생의 목적에 대한 의문이 가장 강렬한 시기이므로, 그 시기의 생활상은 학생들이 어떻게 살아왔고 장차 어떻게 성장하게 될지를 알려주는 지표가 된다. 사카모토 료마의 동료들은 외세가 일본을 짓밟는 현실과 여기에 적절히 대처하지 못하는 일본의 지도자 및 제도의 무능함에 격분하여 궐기했다. 다음으로 도쿠토미 소호의 동료들은 서양의 행동을 모방하기로 했고, 미야자키 도텐은 아시아 구원에

| 다이쇼 문화와 사회 |

일조함으로써 서양의 지배를 무력화하기로 결심했다. 다이쇼 초기의 청년들은 바깥이 아니라 안으로 눈을 돌렸다.

일본인이 '고뇌하는 청년'으로 알려진 젊은 세대의 존재를 의식하게 된 계기는 1903년에 일어난 한 고등학생의 자살사건이었다. 장래가 촉망되는 명문가 출신의 일고생 후지무라 미사오(藤村操)가 자신의 실존적 고민을 토로한「절벽 앞의 단상」(巖頭の感)이란 글을 나무 그루터기에 새겨두고 닛코(日光)의 게곤(華嚴) 폭포에 투신했던 것이다. 일본에서 자살이 드문 일은 아니었지만, 후지무라의 이야기는 뉴스의 일면을 장식했고, 그가 남긴 말들은 다른 학생들에게 깊은 인상을 심어주었다. 청년들은 그의 넋을 기리는 노래를 부르고, 그의 죽음을 애도했으며, 간혹 그의 행동을 따라하기도 했다. 특히 주목할 만한 것은 이 사건이 일본이 러시아와의 전쟁을 준비하고 있던, 남성적 용기가 요청되던 시점에 그토록 많은 관심을 끌었다는 점이다. 학생들이 고민에 빠진 데는 일상적이지 않은 이유도 있었지만, 정체성이나 인생의 목적이 초미의 관심사였다는 사실은 노력과 성공이라는 메이지 시대의 열정이 더 이상 학생들을 매료시키지 못했음을 보여준다.[20]

고등학교의 새로운 분위기가 철학과 정체성에 대한 탐구를 중심으로 이루어졌다는 사실은 학생문화에 대해 시사하는 바가 크다. 학생들은 삶과 그 의미에 대한 극도로 개인적인 성찰을 담은 두 권의 책을 탐독했다. 아베 지로(阿部次郞)의『산타로의 일기』(三太郞の日記)와 구라타 햐쿠조(倉田百三)의『사랑과 인식의 출발』(愛と認識との出發)은 오랫동안 굉장한 인기를 누렸다. 이 두 책은 강박감에 사로잡혀 있던 젊은 독자들에 대해 많은 것을 말해준다. 두 책 모두 의식의 흐름에 따라 인생을 성찰한 것으로, 서양(주로 독일) 작가의 이름과 사상으로 가득 차 있었다. 아베의 주인공 산타로는 "자기 '내면의 목소리'가 자신의 세속적 사고방식을 질타하는 것을 들으며 몇 시간 동안 책상에 앉아" 사색에 잠긴다. 구라타의 책은 자신의 내적 갈등과 철학적 인식상의 변화를 논하는, 대단히 사적인 짧은 에세이들로 이루어진 에세이집이었다. 각각 1914년과 1921년에 출간된 두 책은

학생들의 생활과 관심사를 짐작하게 해준다.

덧붙이자면 저자들이 독자들의 공감을 얻을 수 있으리라 확신하고 그런 책에 서양의 인물이나 사상을 거리낌 없이 언급한 것은 전간기에 코즈모폴리터니즘이 유행했음을 입증한다.[21] (이 학생들의 할아버지들은 분명히 그에 못지않게 고답적인 태도로 중국의 고전문학을 인용하고 있는 책들을 읽으며 성장했다.)

다이쇼 시대에 일본인은 유럽 철학의 거의 모든 주요 저작을 저렴한 번역판으로 읽을 수 있었다. 도쿄제국대학 철학부를 졸업한 이와나미 시게오 (岩波茂雄, 1881~1946)는 중고서점을 열어 출판계에 첫발을 내디뎠고, 나쓰메 소세키와 친분을 맺었다. 소세키의 『마음』은 이와나미쇼텐(岩波書店)에서 펴낸 최초의 대형 베스트셀러로 이때부터 이와나미는 중요한 철학서적들을 속속 출판했다. 그 다음에는 주요 저서의 문고본을 출판하는 새로운 시장을 개척했다. 그가 설립한 출판사의 로고 밀레의 「씨 뿌리는 사람」은 당대의 서양사상을 전파하는 출판사의 역할을 상징하고 있었다.

번역물에 의존하지 않고 서양사상을 직접 연구하는 사람들도 많았다. 대학·정부·실업계에서 엘리트 코스를 밟고 있는 사람들에게는 고용주의 후원으로 유학 특전이 주어졌다. 수백, 어쩌면 수천 명의 일본인이 전간기에 서양으로 유학을 떠났는데, 대부분은 독일로 갔다. 이들의 목표는 한결같이 코즈모폴리턴한 국제주의였다. 니토베 이나조가 '태평양을 잇는 가교'가 되는 데 일생을 바쳤다면, 주요 학자들은 동서양의 철학세계를 잇기 위해 최선을 다했다.

일본에서도 서양사상을 직접 접할 수 있었다. 라파엘 쾨버(1848~1923) 교수는 1893년부터 1914년까지 도쿄제국대학에서 학생들을 가르쳤고 죽을 때까지 일본에 살았는데, 독일 관념철학을 대표하는 인물로 막대한 영향을 미쳤다. 그는 다수의 탁월한 문인들이 쓴 글 속에 그 흔적을 남기고 있다.

당시의 철학적 탐구가 낳은 가장 인상적인 산물은 근대 일본에서 가장

| 다이쇼 문화와 사회 |

영향력이 컸던 철학자 니시다 기타로(西田幾多郞, 1870~1945)의 생애와 저작에서 발견된다. 1911년에 출판된 『선(善)의 연구』는 대단히 난해함에도 불구하고 폭발적인 인기를 얻어 앞서 언급한 아베 및 구라타의 작품과 함께 학생들의 '필독서'로 꼽혔다.

　니시다의 지적 편력을 보면 고등학교의 문화가 끈끈한 우정뿐 아니라 평생 이어지는 지적 교류를 낳을 수도 있다는 사실을 알 수 있다. 그는 가나자와의 제4고등학교를 다녔는데, 이곳에서 그는 비범한 재능을 지닌 동급생들을 만났다. 그 중에는 선불교를 서양에 소개한 스즈키 다이세쓰(鈴木大拙, 1870~1966)도 있었다.[22] 니시다는 졸업을 앞두고 갑자기 학교를 중퇴했는데, 아마도 문부성이 파견한 사쓰마 출신의 새 행정관들과 마찰을 빚었기 때문인 것 같다. 그럼에도 불구하고 그는 도쿄제국대학 입학시험에 합격했다. 하지만 국립고등학교 졸업장이 없었던 그는 '특수'과정에 등록을 해야 했고, 도서관과 그 밖의 연구시설들을 이용할 수 없었다. 대학을 졸업하고 일자리를 찾을 때도 어려움을 겪었다. 그렇지만 그는 좌절하지 않고 학문에 정진했다. 쾨버 교수는 서양사상을 직접 접할 수 있도록 라틴어와 유럽어를 익히라고 그를 격려했다. 졸업 후 일자리를 찾지 못한 동안 니시다는 선(禪)을 연구했다. 그는 경험을 중시하면서 개인의 감각을 고찰하는 작업에 착수했는데, 이는 자신이 읽은 것을 참선을 통해 얻은 것과 연결시키는 작업이었다. 10년 동안 제4고등학교에서 교편을 잡은 그는 옛 스승의 강력한 추천으로 교토 제국대학에 자리를 얻을 수 있었다. 교토에서 경력을 쌓아가는 동안, 그의 주변에는 비슷한 생각을 가진 동료들이 속속 모여들었다. 이들은 철학계의 '교토 학파'로 알려지게 된다. 훗날 이들은 경험·의지·국민성을 강조함으로써 이상주의적이고 낭만적인 내셔널리즘이 출현하게 되는 지적 토대를 제공했다는 비판을 받기도 했다. 이사야 벌린의 지적처럼 신칸트 학파의 사상은 정신의 내적 영역과 양심의 자율을 강조하기 때문에 분명 후대의 저급한 학자들이 국민정신의 화신으로 자처하고 나서는 데 악용될 소지가 있었던 것은 사실이다.[23] 그러나 미래에 전개될 비극에 빌미를 제공했다고 해서 이 철학자들을 비난하는 것은 억지일 것이다.

바이마르 공화국의 문화적 다양성은 유학을 떠나는 일본인들에게 또 다른 매력이었다. 무라야마 도모요시(村山知義, 1901~1977)는 그리스도교 신학과 철학을 공부하러 독일에 갔다가 새로운 문화를 접하고 아방가르드 예술로 전향했다. 그는 일본으로 돌아와 '구성주의' 예술을 주창하면서, 마보(MAVO)라는 단체를 이끌었다. 마보의 회원들은 학구적인 예술과 그것을 지원하는 기성체제를 경멸했다. 그들은 지진 발생 후 도쿄가 겪은 무질서 속에서 전후 유럽의 상황에 견줄 만한 그 무언가를 발견하고, 새롭고 혁명적인 문화를 구축하고자 했다. 집 잃은 사람들을 위해 임시로 세운 흉한 막사에 추상적인 장식을 하기도 했고, 세련된 카페를 만들기도 했다. 마보 회원들은 기이한 복장과 외양을 통해 자유를 표현했다. 정치에 환멸을 느낀 그들은 국가와 자신을 둘러싼 부르주아 문화를 철저하게 외면했다. 예술운동으로서의 마보는 단명했지만, 그래픽 디자인에는 상당한 영향을 미쳤다. 무라야마는 나아가 연극과 무용을 개혁하는 작업까지 시도했다. 마보 집단과 이들의 운동은 생활양식 면에서 도발적일 정도로 '근대적'이었고, 신체의 자유를 긍정했다. 또한 문학에서는 에로틱하고 그로테스크한 것이 유행하기도 했다. 보수적인 동시대인들은 이 모든 것에 경악을 금치 못했다.[24]

하지만 다이쇼 시대의 일본에서 가장 설득력 있는 문화적·철학적 비판의 도구는 마르크스주의였다. 마르크스의 저작은 일찍부터 소개되었다. 고토쿠 슈스이의 『헤이민 신문』은 러일전쟁 발발 전에 『공산당 선언』을 번역·출판했다. 정치는 부패하고 자본가는 탐욕스럽고 정부는 경직되어 강압 일변도이던 경기침체기에 『공산당 선언』은 새로운 반향을 불러일으켰다. 지적인 측면에서 마르크스주의는 무엇이 잘못된 것인지에 대해 통합된 관점을 제시했으며, 공산주의 운동의 제도적 지원을 받아 행동강령을 세웠다. 주변에 만연한 물질만능주의를 경멸하던 까다로운 이상주의자들은 물론이고 헤겔을 접한 바 있는 철학도들도 마르크스주의가 제공하는 포괄적인 대안에 매료되었고 때로는 압도되기까지 했다. 이미 지적한 것처럼 신인회 학생들은 1920년대 중반에 점점 마르크스주의의 매력에 빠져들었는데, 바로 그 무렵에 정부는 '불온사상'을 몰아내기 위해 새로운 법안과 제도를 마련했다.

1920년대에는 사회과학적 분석의 주류는 마르크스주의였다고 해도 과언이 아니다. 문부성의 조사에 의하면 좌파 학생들은 대부분 출신배경이 좋았고, 그들 대부분이 '겸손하고' '예의 바르고' '착실하고' '근면했다'고 한다. 걱정스러운 것은 정부·실업계·학계에서 필요로 하는 그런 자질이 엉뚱한 곳에 쓰이고 있다는 점이었다.

메이지 시대 사회주의자들은 도덕주의를 신봉했고 대부분은 그리스도교도였다. 그들은 초기 자본주의의 부당함에 저항했고, 사회주의 질서가 20세기의 진보를 보장해줄 것이라 생각했다. 정부 장학금으로 유럽의 대학원에서 공부한 신세대 마르크스주의 좌파 지식인들은 본교로 돌아가 경제학이나 정치학 교수로 재직했고 학계의 기둥이 되었다.[25]

새로운 외래사상의 소용돌이 속에서, 해체되어가는 전통적 가치들을 보존하기 위한 연구로 눈을 돌린 인물도 있었다. 야나기타 구니오(柳田國男, 1875~1962)는 일본민속학의 선구자이다. 야나기타의 다양한 경력—정부관리, 신문기자, 시인—에서 가장 중요한 부분은 서민들의 신앙과 생활양식을 기록하기 위한 끊임없는 답사였다. 그는 일본 특유의 국민성을 설명해줄 민담과 풍속을 집대성하고자 노력했다. 100여 권의 저서와 1천여 편의 논문을 통해 그는 시대를 초월하는 특수한 문화적 패턴에 대한 열정을 드러냈다. 그는 자신이 한때 몸담았던 중앙정부가 강요하는 획일성으로 인해 이런 소중한 문화가 파괴되고 있다고 느꼈다.[26]

교토 제국대학의 철학교수 구키 슈조(九鬼周造, 1888~1941)는 그와는 상당히 다른 접근방식을 취했다. 장기간 유럽에서 공부한 그는 귀국 후 일본의 전통과 취향을 재평가하려 했다. 일본의 문화와 미의식을 서양의 그

것과 본질적으로 다를 뿐 아니라 우월한 것으로 보려고 노력했던 몇몇 메이지 인물의 전통을 이어받아, 구키는 문화와 멋이라는 면에서 진정 일본적인 것의 정수를 보여준 19세기 덴포 시대에 초점을 맞추었다. 지대한 영향을 미친 논문 「이키의 구조」(いきの構造)에서 그는 일본문화의 배타적 완결성과 일본사회 고유의 특성을 강조했다. 놀랍게도 구키가 칭송한 취향(いき)은 특히 에도 같은 대도시에 살던 부유한 도시민들의 것이었다. 니토베는 일본에 대한 외국인의 이해를 증진시키고자 사무라이 윤리를 강조하는 글을 썼지만, 자국민을 상대로 글을 쓰던 화족 출신의 구키는 까다롭고도 세련된 취향으로 풍류와 식도락을 즐기던 덴포 시대의 도시민들을 당대의 자본주의자들과 극명하게 대비시켰다. 물론 두 사람 모두 향수에 젖어 연구를 진행했다.[27]

4. 여성

여성운동도 제1차 세계대전을 전후한 시기에 도시 중산층 사이에 팽배했던 해방 분위기를 만끽했다. 이런 운동이 일본에서 일어났다는 사실 자체는 그리 놀랄 일이 아니다. 일본여성은 평등을 쟁취하기 위한 투쟁에서 대부분의 선진국 여성들에 비해 더 큰 장애에 부딪혔지만, 오직 스웨덴·뉴질랜드·오스트레일리아·영국만이 여성에게 투표권을 부여하고 있던 1918년에 일본에서 여성의 참정권운동이 벌어지고 있었다는 점은 주목할 만하다. 장래의 여성운동 지도자들은 참정권 확대로 남성이 얻게 된 이익의 일부를 공유할 수 있으리라 기대했지만, 그런 일은 일어나지 않았다. 실제로 근본적인 개혁은 제2차 세계대전이 끝나고 메이지 민법이 폐기된 후에야 이루어지기 시작했다. 메이지 민법은 사무라이의 가족적 이상에 기초한 것으로, 가부장적 권위와 가계의 영속성을 강조했다. 유산은 장자에 의해 상속되었고, 부인은 남편의 재산에 대해 자기 몫을 주장하지 못했으며(부인

| 다이쇼 문화와 사회 |

의 재산은 남편의 것이 되었지만), 자식에 대해서도 아무런 법적 권한이 없었다. 물론 메이지 시대의 부인은 사무라이의 부인과 마찬가지로 실제로는 이런 규정이 시사하는 것보다 훨씬 중요한 존재였을 것이다. 그들은 자식들에게 없어서는 안될 존재였고 가계를 꾸려 나가는 주체였지만, 신분상의 보장은 거의 누리지 못했다. 철학자 니시다 기타로는 독일어로 쓴 일기에 아버지가 자신의 아내를 내쫓았을 때 심한 스트레스를 받았다는 우울한 기록을 남겼다.

산업화와 함께 여성노동자의 수는 꾸준히 증가했다. 하지만 섬유공장에서 계약직으로 일하던 대부분의 여성노동자들은 스스로를 표현할 수 있는 능력도 기회도 없었다. 그보다 더 많은 수의 여성들이 벽지와 낙후된 지역에서 남성들과 함께 거칠고 힘든 일을 했지만, 그들 역시 여성운동을 위한 기반을 마련하지는 못했다. 하지만 이와 동시에 여성들이 전화교환원·매표원·사무원 등으로 일하게 되면서 근대적 부문에서 여성의 비중이 점점 커졌다.

페미니스트의 활동은 1911년부터 시작되었다고 볼 수 있다. 이 해에 히라쓰카 라이테우(平塚雷鳥, 1886~1971)가 『청탑』(靑鞜, 세이토)*이라는 문예지를 창간하며 여성운동을 시작했다. 『청탑』 창간호의 권두언은 "나는 신여성이다"로 시작된다. "진정한 신여성이 되는 것이 나의 일상적인 소망이다. 진정 영원히 새로운 것은 태양이다. 나는 태양이다." '신여성'들은 규범에서 벗어나는 돌출행동으로 종종 동시대인들을 놀라게 했다. 히라쓰카는 한 소설가와의 동반자살 미수사건으로 처음 세간의 관심을 모았다. 그 소설가는 나중에 생각을 바꿔 자신들의 연애에 대한 소설을 썼다. 귀족집안의 딸이자 유명한 극작가였던 미모의 야나기와라 뱌쿠렌(柳原白蓮)은 규슈 석탄갑부와의 애정 없는 결혼생활을 버리고, 쑨원의 오랜 친구 미야자키 도텐의 아들이며 신인회의 지도자인 미야자키 류스케(宮崎龍介)와

---

* 청탑이란 '파란 스타킹'이라는 뜻으로, 18세기 영국에서 인습에 반하는 여성을 'Blue Stocking'이라고 부르던 데서 유래했다.

달아나 세상을 떠들썩하게 했다. 불행한 결혼에 얽매여 있던 상류층 여인들의 수를 감안할 때, 이런 도피행각이 그리 많지 않았다는 사실이 오히려 더 놀랍다.

얼마 후 청탑운동은 활력을 잃었지만 또 다른 조직들이 여성운동을 이어나갔다. 1920년에 신부인협회(新婦人協會)가 발족되었다. 2년 뒤에는 1900년에 제정된 치안경찰법이 개정됨에 따라, 그때까지 일체의 정치활동에서 배제되었던 여성들이 정치집회에 참가할 수 있게 되었다. 출판사들은 여성잡지를 발간하여 시류에 편승했다. 바야흐로 여성 참정권운동을 개시할 여건이 조성되었다.

이 운동을 이끈 인물은 이치카와 후사에(市川房枝, 1893~1981)이다. 그녀는 아버지가 어머니를 학대하는 것을 보고 자라면서 여성운동에 투신하게 되었다. 이치카와는 진정한 선구자로, 나고야 신문의 첫 여성기자로 사회생활을 시작했다. 1918년에는 도쿄로 자리를 옮겨 히라쓰카 라이테우를 만났고, 1921년에는 미국으로 건너가 2년 반 동안 공부했다. 귀국 후 그녀는 부인참정권획득기성동맹회(婦人參政權獲得期成同盟會)를 결성했다. 이 단체는 전시의 규제로 더 이상 아무 활동도 할 수 없게 된 1940년까지 존속했다. 답보상태에 빠진 참정권운동은 전후 여성에게 보통선거권을 부여한 연합군의 조치로 비로소 일단락되었다. 그후 이치카와는 참의원 선거에 출마하여 당선되었다.[28] 비록 전전의 참정권운동은 실패했지만, 불운했던 하마구치의 민정당 내각이 시·정·촌의 대표자 선출에 여성이 참여할 수 있도록 부인공민권(婦人公民權) 법안을 마련했다는 점은 주목할 만한 일이다.

여성운동은 변화와 해방을 열망하던 다이쇼 시대정신의 일부로 간주되어야 한다. 1919년에는 잡지의 명칭과 내용에 시대의 정신을 담은 자유주의적 종합월간지 『개조』(改造, 가이조)가 창간되었다. 잡지의 임원들은 앨버트 아인슈타인과 마거릿 생어의 일본 순회강연을 기획했다. 마거릿 생어의 강연은 생어의 추종자로 일본여성의 산아제한을 주장하던 이시모토 시즈에(石本靜枝)*의 요청으로 추진된 것이었다. 하지만 산아제한은 정부시책에 정면으로 배치되는 것이었다. 당국은 처음에는 모든 수단을 동원해 생어의 강연을 저지하려 했으나, 나중에는 한발 물러나 공개석상에서 산아제한에 대해 이야기하지 않는다는 조건하에 생어의 입국을 허락했다. 이런 과정에서 대중에게 생어의 일본 방문소식이 널리 알려지는 바람에 오히려 순회강연은 엄청난 관심을 끌어 모았다.[29]

5. 노동

도시의 노동력은 전간기에 급속히 늘어났다. 일본인의 생활은 점차 학교와 공장을 중심으로 이루어졌다. 고용주들은 노동자의 안정과 질서를 촉진할 방법을 모색했고, 노동자들은 급료 인상과 노동조건 개선을 위해 투쟁했다. 일본의 독특한 발전과정으로 인해 쌍방의 노력은 일본사뿐 아니라 비교연구의 측면에서도 매우 흥미롭다.

전간기에 일본의 노동자들이 직면한 문제들은 매우 현실적인 것이었다. 제1차 세계대전 기간의 벼락경기에 이어 나타난 급격한 인플레이션은 1918년의 쌀소동을 촉발했고, 타이완과 한국에서 쌀을 수입하기로 한 정부의 조치는 지주-소작인의 분쟁이 증가하고 있던 농촌에 심각한 문제를 야기했다. 하지만 기업가들은 노동문제의 심각성을 진지하게 받아들이는 대신, '이에 국가'에서 면면히 이어져온 친근한 온정주의의 '미풍'을 과장하는 편법을 택했다. 입법부나 행정부의 간섭은 노동자의 작업장을 화기애애한 장소로 만들어주는 가족적 친밀감을 훼손할 뿐이라는 것이 그들의 주장이었다. 하지만 상황을 제대로 파악하고 있던 정부관리들은 어느 정도의 노동착취가 자행되고 있는지 알아보기 위해 조사에 착수했다. 또한 국제노

* 훗날 중의원 의원 가토 간주(加藤勘十)와 재혼한 뒤에 성(姓)을 바꿔 가토 시즈에가 되었다.

동기구(ILO)처럼 전간기에 탄생한 새로운 국제기구의 존재도 의식하지 않을 수 없었다. 일본은 강대국에 속했고 국제연맹에서도 그렇게 인정받고 있었다. 정부가 나서지 않으면 누가 일본의 노동자들을 대변할 것인가?

　제2차 세계대전 이후 일본의 노사관계를 안정시키는 데 기여한 '종신고용'과 '호봉'제도는 흔히 일본 전통문화의 산물이라고 간주되어왔다. 신분관계와 (허구의) 가족관계는 전통사회가 근대사회로 순탄하게 이행하는 데 도움을 주었을 것이다. 도쿠가와 시대에 경제적·정치적 관계는 주로 가족 용어로 표현되었고, '부모'에 해당하는 상급자는 하급자들이 바치는 충성에 대해 합당한 보상을 해야 할 의무가 있었다.

　하지만 이런 해석은 더 이상 통용되지 않는다. 당시 일본의 노사관계는 문화적 전제나 편향과 일치하는 측면도 없지 않았으나, 면밀히 검토해보면 노사간의 대립과 투쟁 속에서 상당한 실험을 거쳐 정립된 것이었음이 명백히 드러난다.[30]

　무엇보다 눈길을 끄는 것은 일본의 도시노동력이 고도로 밀집해 있었다는 점이다. 이 때문에 노조 결성의 가능성이 점쳐지기도 했다. 1900년에 대략 4,400만이던 일본의 인구는 1920년에 5,600만으로 증가했다. 제1차 세계대전 이후의 도시발전은 해외무역에서 두각을 나타내고 있던 태평양 연안의 거대한 항구들과 인근 도시들에 집중되었다. 과거에 체결된 불평등조약에서는 무역의 기회를 '조약에 명시된 항구'로 제한했지만, 세기가 전환될 무렵 그런 조항은 유명무실해졌다. 또한 내륙 수송로, 통신, 항만시설이 발달하자 이들 도시의 중요성은 더욱 커졌다.[31] 고베와 요코하마는 오사카와 도쿄라는 거대도시 인근에 들어선 새로운 항구도시였다. 그 결과 도시지구가 확장되었고, 이들 도시는 최초로 근대적 대중교통과 교외전차(郊外電車)의 혜택을 입게 되었다. 이 교통수단들은 비료로 쓸 도시의 쓰레기를 논밭으로, 근교의 통근자를 직장으로, 쇼핑객을 상점으로 실어 날랐다. 전간기가 끝날 즈음, 도쿄와 오사카 주변의 넓은 평야는 세계에서 가장 인구밀도가 높은 지역에 속하게 되었다. 제2차 세계대전 이후의 급속한

| 다이쇼 문화와 사회 |

경제성장기에 인구는 더욱 과밀화되었다. 오늘날 도쿄를 중심으로 한 수도권 일대는 약 3,500만 명의 주민을 수용하고 있는데, 이는 메이지 유신이 일어날 당시의 일본 총인구보다 많은 수치이다.

대부분의 도시노동자들은 농촌마을 출신이며, 장남이 아닌 탓에 미래를 기대할 수 없는 사람들이었다. 농촌은 이미 18세기에 포화상태였다. 도쿠가와 시대에는 번과 번 사이의 이주를 제한하여 인구과밀을 초래했다. 농민들은 소출도 잘 나지 않는 고지를 개간하거나 산비탈의 작은 논이라도 개간해야 했다. 하지만 비옥한 계곡에서도 장남 이외의 아들들은 불리했다. 메이지 민법은 장자상속을 원칙으로 삼고 있었으므로 나머지 아들들은 으레 일거리를 찾아 도시로 향했다. 장손은 보통 조상의 묘가 있는 고향에 남아 있었다. 경기가 좋을 때는 농촌인구가 봇물 터지듯 도시로 이동했다. 불경기에는 노동자들이 잠시 안식처를 찾아 고향으로 돌아가기도 했지만, 대다수는 도시에 남아 최저임금을 받고 일하거나 작은 가게를 꾸리면서 경기가 회복될 때까지 버텼다. 영세한 생산자들은 어떤 규모의 도시에나 존재했지만, 큰 회사에 납품하기 위해 대도시나 그 주변에 자리잡고 있는 경우가 많았다.

중소기업의 '노동자'와 자본집약적인 대기업의 '노동자' 사이에는 중대한 차이가 있었다. 대기업은 주로 정부의 '부강'정책과 연계해서 설립되었다. 조선소·조병창·중공업은 여러 해 동안 이윤을 내지 못했기 때문에 납세자들이 낸 돈으로 정부가 지원해주어야 했다. 하지만 일본이 통화팽창정책을 펼치며 시장을 확대해 나가자 민간기업가들도 이윤을 나누어 가지려고 뛰어들었다. 러일전쟁은 이런 변화의 첫 단계였다. 하지만 진정한 전환점이 된 것은 제1차 세계대전 특수로 인한 벼락경기였다.

소비재를 생산하는 경공업 부문은 사정이 달랐다. 초기의 메이지 정부는 공기업을 통해 경공업에 투자하는 방안을 모색해보았지만 이내 포기했고, 그 후 국내 소비재 시장은 전적으로 민간인의 수중에 넘어가게 된다. 회사의 규모는 천차만별이었으나, 대부분 소규모였고 인구가 많은 대도시에 인접해 있는 경우도 별로 없었다. 여러 해 동안 섬유산업이 민간경제의 주축을 이루었다.

이 두 기업구조는 각기 다른 성격의 노동자를 필요로 했다. 섬유노동자 중에는 모집책들이 농촌을 돌아다니며 데려온 여성이나 소녀들도 있었다. 그들은 주로 교활한 수법으로 신뢰할 수 없는 조건을 내걸며 직공들을 모집했다. 노동자들은 비참한 조건에서 고달프게 생활했다.[32] 하지만 일정 기간만 계약직으로 일했던 그들은 조직결성은 고사하고 서로 어울릴 기회도 거의 없었으므로 장차 일어날 노동운동의 기반을 닦지는 못했다. 그들이 불만을 표출하는 방법은 투쟁이 아니라 도주였다.

공중보건과 복지를 담당한 정부관리들은 노동조건을 잘 알고 있었고, 이들이 조사한 실태는 노동개혁의 기본방향을 제시했다. 1903년에는 노동현장의 실태와 공장노동자들의 여건을 상세히 다룬 포괄적인 조사서 『상공사정』(商工事情)이 발간되었다. 이를 바탕으로 1911년에는 공장법(工場法)이 제정되어 12인 이상을 고용한 사업장에 대한 안전기준을 마련했다. 이 법에 의하면 노동자의 나이는 최소한 12세 이상이어야 했고, 여성과 15세 이하 소년의 일일 작업시간은 12시간을 초과할 수 없었다. 이런 규제는 결코 심한 것이 아니었지만, 기업가들이 목청을 높여 반대하는 바람에 법이 시행되기까지는 5년이 걸렸다.

군수물자를 생산하는 대규모 공장은 다른 문제를 안고 있었다. 그것은 수입된 기술의 사용법을 훈련시키고 노동력을 안정적으로 유지하는 일이었다. 메이지 정부는 막부와 번으로부터 다수의 조병창과 조선소를 접수했고, 그 중 실적이 괜찮은 곳들은 새 정부나 정부와 관련 있는 기업가들에 의해 인수되었다. 앤드루 고든이 중점적으로 연구한 조선소와 조병창의 전형적인 경영방식은 일단 서양기술자를 고용해 기술을 전수받은 후 돌려보내는 것이었다.[33] 일반 노동자는 주로 오야카타(親方, 현장감독)에 의해 채용되는데, 이들은 회사와 노동자의 매개역할을 했다. 회사는 오야카타에 대한 노동자들의 충성심을 회사에 대한 충성심으로 전환시키기 위해 고심했다. 회사측에서는 오야카타가 자발적으로 그 역할을 해주기를 원했다. 소설가 요시카와 에이지(吉川英治)는 사무라이 출신의 무능한 아버지 탓에 집안이 가난했는데, 오랫동안 고생하던 어머니를 돕기 위해 요코하마 부두의 선구(船具)공장에 취업했던 소년시절의 경험을 다음과 같이 회상하고 있다.

> 추천장을 가지고 선구공장에 갔을 때, 시험을 보지 않아서 매우 놀랐다. 그 사람들은 내 나이밖에 묻지 않았다. 나이토(內藤)씨는 내 진짜 나이(17세)를 말해서는 안된다고 주의를 주었다. 회사가 규정한 선구공의 최저연령은 19세였다. 그래서 나는 19세라고 말했다. 나는 곧장 잡역부서에 배치되었다. 모든 부서——전기·기계·금속 등을 담당하는 부서가 있었다——가운데 우리 부서가 가장 말단에 속했다. 우리는 강인한 체력을 요하지만 별다른 기술은 필요 없는 잡다한 일을 했다.

요시카와의 부서에도 일종의 오야카타가 있었다.

> 우리 부서에는 100명이 넘는 노동자가 있었는데, 17~18명 정도로 편성된 여섯 조로 나뉘어 있었다. 이렇게 나눈 이유는 경쟁을 부추기려는 것이었다. 각 조에는 조장과 부조장이 있었다. 아침에 제일 먼저 하는 일은 조장이 오야카타의 사무실로 가서 그날의 일거리를 받아오는 것이었다. 부두에 있는 선박을 도색하거나, 앞바다에 머물고 있는 외국선박에 가서 정박준비를 하는 것 등이 주요 일과였다.[34]

요시카와가 묘사하고 있듯이, 그의 일은 언제나 힘들고 때로는 매우 위험했으며 보수도 적었다. 하지만 그 와중에도 부서 내에서는 일종의 동료애가 싹텄다. 부원들은 쥐꼬리만한 봉급을 고향에서 애타게 기다리고 있는 가족들을 부양하는 데 사용하기도 했지만, 때로는 흥청망청 낭비해버리기도 했다. 요코하마 선구공장에 대한 그들의 충성심(의무감은 말할 것도 없고)은 당연히 약했다.

얼마 지나지 않아 기술이 발달하면서 상황은 급변했다. 생산방식의 합리화는 요시카와가 묘사한 주먹구구식 작업방식을 대체했는데, 이에 따라 노동자들의 사기를 북돋아주던 동료애도 사라졌다. 그들이 공유하고 있는 것이라곤 비참함 정도였다. 메이지 시대의 공장노동자들은 토머스 스미스가 지적한 대로 밑바닥 계층으로 간주되었고 아무런 존중도 받지 못했다. 1913년 한 신문에 보낸 노동자의 편지에는 "지역주민들이 우리를 멸시하기 때문에, 우리는 멸시받지 않으려고 공장 문을 나서면 옷을 갈아입고 상인이나 학생인 척합니다. 아마 우리 모두가 동시에 작업복을 입고 거리를 활보한다면, 사람들은 우선 우리의 수가 많다는 사실에 놀랄 것이고 우리의 행동거지가 반듯하다는 사실에 다시 한번 놀랄 것입니다"라는 탄식이 담겨 있었다.[35]

회사 내에서도 이들은 극심한 신분상의 차별을 당했고 정당한 대우를 받지도 못했다. 소설가 마쓰모토 세이초(松本淸張)는 『아사히 신문』의 광고부에서 근무하다가 그만두고 군에 입대했는데 훗날 이렇게 적었다.

> 군대생활은 내게는 일종의 계시였다. 부대에 도착했을 때 들었던 말은 모두 사실이었다. "여기서는 사회적 지위·부·나이는 중요하지 않다. 모두가 절대적으로 평등하다." 나는 다른 신병들과 평등하게 생활하면서 인생이란 살아볼 만한 것이라는 묘한 느낌을 갖게 되었다. 아사히에서 나는 거대한 바퀴의 나사 하나에 불과했을 뿐 아니라 아무 가치도 없는 나사였다. ……신문에서는 나의 존재 자체를 인식할 수 없었다. 군대에서 나는 중요한 존재였다. 공장에서 찾아볼 수 없던 인간적인 조건을 발견했다는 사실이 신기하게도 내게 생기를 불어넣었다.[36]

군대가 결코 상하구분이 없는 곳이 아니라는 점을 감안할 때, 군대가 직장보다 훨씬 평등하다는 마쓰모토의 진술은 직장의 실태에 대해 시사해주는 바가 크다.

메이지 후기와 다이쇼 초기에 일본의 대기업 노동자들은 처우개선과 임금인상을 요구하기 시작했다. 공장노동자들은 도시에서 벌어진 시위나 항의행렬에서 상당한 비중을 차지했다. 이들은 자신들이 새롭고 포괄적이며 가치판단이 개입된 단어인 '국민'(고쿠민)의 일원으로 간주되어야 한다고 주장하기 시작했다.[37]

초기 일본 노동자들의 연대는 서양에서와는 달리 동업조합의 형태로 발전하지 못했는데, 도쿠가와 체제의 정치적 분권화로 인해 지역적인 길드를 뛰어넘는 조직이 발달하기는 어려웠으리라 생각된다. 막 출현하기 시작한 노조의 성격은 기업에 따라 크게 달랐다. 제1차 세계대전 이전에 중공업 공장에서 발생한 분규는 총 75건이었지만, 그 중에 노조가 개입한 쟁의는 하나도 없었다. 그럼에도 불구하고 사려 깊은 기업가들이나 초창기의 노동운동 지도자들은 통괄적인 노동조직을 갖추는 것이 노사평화를 위해서도 바람직하다는 사실을 깨달았다.

1912년에 결성된 '우애회'(友愛會, 유아이카이)는 그러한 인식의 산물이었다. 우애회는 도덕적이고 개량적인 목표로부터 출발했다. 그 정강은 우애와 협력을 통한 상호부조, 인성의 함양, 지식의 심화, 기술의 개발, 노동자의 지위 향상을 위한 공동의 노력을 요구했다. 다소 의아하게 생각할 사람도 있겠지만, 시부사와 에이이치(澁澤榮一)와 같은 동정적인 자본가들도 우애회를 지지했다. 초창기에 수천 명에 불과하던 우애회의 회원은 1918년에 3만 명으로 늘어났다.

제1차 세계대전은 노동자의 기대감뿐 아니라 불만도 고조시켰다. 기업은 굉장한 호황을 누리고 있었는데도 인플레이션으로 인해 노동자의 실질임금은 하락했다. 민간기업가들이 속속 중공업 분야에 뛰어들면서 노동시장이 확대되었다. 노동자의 수가 급증하자 이들의 선택폭도 넓어졌다. 1917년에 우애회는 70건의 노사분규에 개입했는데, 이는 메이지 유신 이래 일본에서 발생한 전체 노사분규의 수와 맞먹는 것이었다.

이렇게 되자 정부와 기업이 적대적으로 돌아섰고, 다수의 우애회 지부가 강제로 폐쇄되었다. 1921년에 우애회는 명칭을 일본노동총동맹(日本勞働總同盟, 약칭은 총동맹)으로 바꾸었는데, 온건한 입장은 그대로 유지했다. 머지않아 우애회는 노동운동의 보수파가 되었다. 하지만 초기에는 노동자들을 성공적으로 조직화했기 때문에 경찰의 끊임없는 탄압을 받았다.

법의 준수를 강제하는 기관들은 1900년에 제정된 치안경찰법의 17조를 무기로 휘두를 수 있었다. 치안경찰법은 청일전쟁 중에 일어난 노동쟁의의 여파 속에서 제정되었는데, 특히 17조는 다른 사람에게 노조가입을 권유하거나 단체교섭과 파업에 참여한 사람들을 처벌할 수 있도록 규정했다. 이 조항은 1926년까지 폐기되지 않았지만, 경찰도 시대에 뒤떨어진 그 조항을 곧이곧대로 집행하지는 않았다. 그럼에도 노동운동가들에게는 가공할 위협이었다.

1921년에는 전후의 경기침체로 한가해진 가와사키와 미쓰비시 조선소의 노동자들이 대규모 노동쟁의를 일으켰다. 일본에서 이보다 규모가 큰 노동쟁의는 제2차 세계대전이 끝난 뒤에 발생하게 된다. 총동맹 간부들은 약 3만 5,000명의 노동자들을 고베 시내로 이끌고 나와 단결권과 단체교섭권을 주장하는 대대적인 시위를 벌였다. 이들은 또한 공장을 점거하고 생산을 통제하겠다는 계획을 발표했다. 이에 정부는 군대를 동원하고 경찰력을 증강시켰다. 기업주들도 자체적으로 구사대를 파견했다. 파업은 한 달 반 동안의 투쟁 끝에 진압되었는데, 이 과정에서 수백 명이 체포되고 최소한 한 명이 사망했다. 비록 파업은 실패했지만 중대한 결과를 가져왔다. 그때까지 노동조합을 허용하던 기업들이 점점 조합에 적대적으로 변해갔고, 많은 노동지도자들은 평화적 시위의 가능성에 회의를 품기 시작했다.

생디칼리슴을 신봉하는 소규모 집단은 남성 보통선거권과 같은 개혁안에 대한 신뢰를 완전히 잃었고, 체제 전복 외에는 달리 방도가 없다는 결론을 내렸다. 일본공산당은 앞서 언급했듯이 1922년에 결성되었다. 비록 공산당은 이듬해 경찰의 단속으로 만신창이가 되었지만, 우애회와 총동맹에서 활동한 바 있는 일부 당원들은 더욱 급진적인 해결방안을 모색해 나갔다. 1921년의 파업은 이처럼 양측의 입장을 더욱 강경하게 만들었다. 선구적인 아나키스트 오스기 사카에는 1923년의 대지진 발생 직후 경찰에 구금된 상태에서 잔인하게 살해되었다. 같은 해 12월에도 최소한 10명의 다른 당원들이 자경단원 노릇을 하며 멋대로 법을 집행하던 경찰과 군인들에 의해 살해되었다.[38]

이처럼 경영진과 경찰이 노동조직의 숨통을 막으려 할 때, 뜻밖에도 정부관리들이 노동계에 구원의 손길을 보냈다.[39] 농상무성 관리들은 노동조건 실태조사를 통해 노동문제에 관심을 표명한 바 있는데, 그들의 의지가 처음으로 반영된 것이 1911년의 공장법이었다. 게다가 개혁적인 인사들—대부분이 그리스도교 계열의 사회주의자였다—은 정부가 노동자 보호를 위해 법률을 제정할 필요가 있다고 오랫동안 주장해왔다. 노동자들이 대기업에 대해 큰 불만을 갖고 있다는 증거가 드러나자, 정부관료들은 신속하게 노사관계에 대한 새로운 조사에 착수했다.

일본의 학자와 관리들은 빌헬름 독일*을 비롯한 유럽 각국이 '사회문제'에 대처한 방식을 알고 있었고, 조만간 분명히 표면화될 사회적 갈등을 막아보겠다며 결의를 다졌다.[40] 제1차 세계대전 후에 영국에서 노동당이 세를 확대하자 유럽은 또 다른 사회정책의 예를 선보였다. 한편 1917년 러시아에서 볼셰비키 혁명이 일어나자 급진주의를 근절할 대책이 시급해졌다.

이런 상황에서 새로운 관료집단이 출현했다. 사쓰마-조슈 번벌은 대학을 졸업한 새로운 집단에게 자리를 내주었는데 이들 신세대 가운데 다수는 유학열풍 속에서 서양을 직접 체험했다. 정책입안자들의 비중이 큰 일본에서 이런 변화의 충격은 강력할 수밖에 없었다. 특히 직접적인 영향을 받은 곳은 농상무성으로부터 사회문제에 대한 관할권을 넘겨받은 내무성이었

---

* 마지막 황제 빌헬름 2세(1888~1918년 재위) 때의 독일을 말한다.

다. 1920년에 내무성은 사회국을 신설했다. 정부정책의 시행은 관할권을 둘러싼 관료들의 경쟁에 의해 영향을 받기도 했다. 내무성 사회국은 사회문제를 개혁적 견지에서 바라보았지만, 경찰통제권을 가진 사법성은 강경책을 선호했다. 개혁과 참정권이라는 당근을 내미는 사회국과, 경찰의 억압이라는 채찍을 휘두르는 사법성 가운데 어느 쪽이 주도권을 쥘 것인가 하는 문제는 정당내각 수립을 둘러싼 더 큰 정치적 투쟁의 영향을 받았다.

1920년대에 일본은 양당정치 구도에 가까워지게 된다. 즉 제국의회는 권력을 양분한 두 정당과 몇몇 소수정당으로 구성되었다. 권력의 양대 산맥은 1880년대의 자유민권운동에 뿌리를 둔 두 집단이었다. 자유당의 핵심세력은 입헌정우회에 입당했고, 입헌개진당 의원의 상당수는 (가쓰라의) 입헌동지회에 흡수되었다. 입헌동지회는 헌정회로 이름이 바뀌었다가 1927년에는 입헌민정당이 되었다. 입헌정우회와 입헌동지회는 '정당'이라기보다는 정치인들의 조합에 가까웠다. 자신의 선거구에서 많은 유권자를 확보하고 있던 독립적인 정치인들은 자주 당적을 옮겼다. 오쿠마의 추종자로 정계에 입문한 오자키 유키오도 정파를 초월한 무소속의 대변자로 입지를 굳히기 전까지는 입헌정우회를 들락날락했다. 의회정치의 초창기에 오쿠마를 추종한 또 다른 인물 이누카이 쓰요시는 몇 년 동안 무소속으로 있다가 입헌정우회에 입당했다. 잦은 당적 변경은 이데올로기나 소신의 문제와는 무관했다. 양대 정당은 모두 '부르주아적'이었고, 천황제를 옹호했으며, 제국주의를 지지했다. 그럼에도 불구하고 두 당은 강조하는 바가 달랐다. 셀던 개런의 연구가 보여주듯이, 어느 쪽이 집권하는가에 따라 정책의 우선순위가 달라졌다.

농촌지역에서 압도적인 우위를 보이던 입헌정우회는 공공사업 유치를 통해 표밭을 관리했다. 그러나 당 지도부는 중공업, 강경한 외교정책, 강력한 군대를 지향하고 있었다. 이에 비해 헌정회/입헌민정당은 주로 상업이 발달한 도시지역의 지지를 받았고, 정책도 도시에 역점을 두었다. 정우회가 집권할 경우 대장성을 맡은 다카하시 고레키요는 성장 위주의 경제정책을 추진했고, 야당인 입헌민정당은 책임 있는 재정정책을 주문하면서 무역 상대국과의 수지균형을 유지해야 한다고 주장했다. 어느 부처의 어떤 관료들이 두각을 나타낼지는 어느 당이 집권하느냐에 달려 있었다. 특히 노동문제에 관해서는 양당의 입장차이가 분명했다. 개런은 헌정회/입헌민정당의 지도자들이 다나카의 입헌정우회 내각이 사용하던 억압적인 정책을 성토하면서 민권과 노동권을 상당히 중시하는 좀 더 자유주의적인 대안을 제시했다고 기록하고 있다. 이런 자유주의적인 추세를 억누를 경우 정우회가 발본색원하고자 하는 바로 그 급진주의를 부추길 뿐이라는 게 헌정회/입헌민정당의 주장이었다. 하지만 이 차이를 지나치게 강조하는 것은 잘못일 것이다. 1925년의 치안유지법은 헌정회의 가토 다카아키가 내각을 이끌던 시기에 제정되었다.

노동법 제정에 대해 입헌정우회 주류는 극구 반대했고, 헌정회/입헌민정당은 찬성했다. 양당이 교대로 권력을 장악하게 되면서, 노동정책도 사법성의 억압 일변도 정책과 내무성 사회국의 관료들이 제시하고 헌정회/입헌민정당 지도자들이 지지하던 좀 더 개혁적인 입장 사이에서 왔다 갔다 했다.

가토 연립내각에서는 와카쓰키 레이지로가 내무대신을 맡았는데, 그는 사회국에서 노사관계에 대한 법안을 준비한 바 있는 전직 관료였다. 사회국의 초안은 입헌정우회가 많은 조항에 반대하는 바람에 내각 심의과정에서 개혁성이 크게 떨어졌다. 와카쓰키는 중의원에 제출할 법안이 준비되고 있을 즈음 가토 총리의 사망으로 총리직을 승계했다. 연립내각을 깨고 야당이 된 입헌정우회는 의회에서 법안 통과를 저지했다. 와카쓰키 내각은 소수파와 무소속 의원들의 도움을 구했지만, 앞서 살펴보았듯이 1927년 금융공황의 희생양이 되고 말았다. 이 시점에서 와카쓰키가 사퇴하고 다나카 대장이 이끄는 입헌정우회 내각이 정권을 인수하자, 노동법안 옹호자들은 실의에 빠졌다. 다나카는 1928년 2월 중의원을 해산하고 총선거를 실시했다. 이미 지적했듯이 이 선거는 남성의 보통선거권이 보장된 후 처음으로 실시되는 선거였는데, 그 결과 헌정회/입헌민정당과 백중세를 보인 입헌정우회는 소수 정당과 연합하여 정권을 유지할 수 있었다. 선거가 끝나자 다나카는 3월에 대대적인 단속을 실시했다. 이제 노동자들이 단결권을 보장받을 전망은 별로 없어 보였다. 사법성은 오히려 1925년의 치안유지법을 강화하는 개정안을 마련했고, 이어서 자금을 지원하여 '사상통제'를 담당하는 특별고등경찰을 전국에 배치함으로써 감시체제를 강화했다. 야당의 대변인들은 이견을 억누르려는 정부의 서투른 대응책을 비난하면서, 참여민주주의만이 급진주의의 확산을 막을 수 있는 효과적인 방안이라고 경고했다. 야당의 노력에도 불구하고 노동자 및 소작인의 조직과 그 지도자들은 상당한 타격을 입었고, 오랫동안 그 후유증에서 벗어나지 못했다. 주요 조직은 파괴되었고, 이와 더불어 1개월 전의 총선에서 19만 표를 얻었던 노동농민당(勞働農民黨)도 사라졌다.

하지만 다나카의 시대도 오래가지는 않았다. 그는 만주의 군벌 장쭤린을 살해한 장교를 문책하겠다는 약속을 어김으로써 젊은 천황 히로히토의 신임을 잃었고 결국 사임했다. 하마구치 오사치가 이끄는 입헌민정당 정부가 새로 들어서자, 노동법안을 제정할 수 있는 새로운 전기가 마련되었다.

하마구치 내각은 몇 가지 개혁안을 준비했다. 사회국장이었던 요시다 시게루(吉田茂, 전후에 총리를 지낸 외교관 요시다 시게루와는 동명이인이다)는 다시 노사관계법안을 마련했다. 이 법안의 조항들은 그때까지 제안된 어떤 법안보다도 노동조합에 대한 법적 보호를 강화한 것이었다. 사회국의 농업문제 전문가들은 경작자의 권리를 강화하기 위해 농지임차에 관한 개정법안을 마련했다. 지방정부 선거에서 여성의 참정권을 확대하는 법안도 준비되고 있었다. 시데하라 기주로가 외무대신으로 복귀하자, 일본은 중국에 적극 개입하던 다나카의 정책을 수정하여 장제스의 국민당 정부를 공식적으로 인정하게 된다. 하지만 갈등의 불씨는 남아 있었다. 중국은 21개조 요구안 협상에 참여했던 한 외교관을 주중 일본공사로 임명하는 데 반대했고, 입헌정우회의 내셔널리스트들은 이를 쟁점화하려고 했다.

문제는 여기에 그치지 않았다. 일본은 런던 해군군축회의의 결정을 마지못해 받아들였다. 하마구치는 반대파를 누르고 공석 중인 해군대신직을 겸했으나, 조약비준을 둘러싼 투쟁이 잇따랐다. 천황의 '통수권'을 침범했다고 비난받고 있던 하마구치는 우익 암살자의 습격을 받아 중상을 입었다. 또 다른 불안요인도 있었다. 보수적인 재정정책을 펴던 대장대신 이노우에 준노스케가, 사실상 국제 비단시장을 붕괴시켜 일본 농촌에 심각한 결과를 초래하게 되는 세계공황이 임박한 시점에 금본위제로 돌아갈 것을 고집했던 것이다.

노동법안이 의회에 상정되자 엄청난 반대의 목소리가 쏟아져 나왔고, 시데하라는 죽어가는 하마구치 대신 그 안을 통과시킬 임무를 지게 되었다. 설상가상으로 외무대신 시데하라는 관동군의 만주사변 촉발로 인해 어수선해진 시국을 수습해야 했다. 노동법은 얼마 후 더 큰 위기를 맞아 유야무야되고 말았다.

노동운동은 목적하던 바를 대부분 달성하지 못했다. 경찰과 민간 폭력조직은 노동운동에 우호적인 지도급 인사들을 공격했고 나머지 세력도 침묵하게 만들었다. 비교적 진보적인 관료들이 준비한 법안들은 전쟁기간에 더욱 권위적으로 변한 국가지도자들에 의해 폐기되었다. 그럼에도 불구하고 노동운동이 힘과 미래에 대한 약속을 보여주고 순종과 급진주의 사이에서 중도적인 입장을 취했기 때문에 전간기 일본의 산업발전은 서서히 내실을 갖추게 되었다.

6. 농촌마을의 변화

일본의 농촌은 다른 지역에 비해 변화가 더뎠으나, 전간기에는 농촌사회에도 주목할 만한 변화가 일어났다. 그 원인은 기본적으로 노동자들의 경우와 같다. 농촌사람들은 자신들의 희생이 국가를 위한 것이라는 이야기에 넌더리가 났고, 자신들의 희생을 대가로 특권층이 이득을 보는 현실에 울분을 느꼈으며, 다른 지역 사람들이 더 큰 정의를 요구하고 있다는 사실을 깨달을 만큼 충분히 교육도 받았고 글도 깨쳤다. 게다가 자신들이 소작료로 내는 곡물을 팔아서 지주들은 엄청난 이윤을 챙긴다는 사실도 간파했을 것이다.

러일전쟁이 끝난 뒤에도 일본은 여전히 농촌 중심의 사회였다. 도시가 급성장하긴 했지만 대다수의 일본인은 여전히 크고 작은 마을에 살고 있었다. 그리고 국가의 정신적·사회적 건강은 농촌의 안정에 달려 있다는 폭넓은 공감대가 형성되어 있었다. 국가의 궁극적인 기반이 농업이라는 관점은 중농주의적 유교사상에서 유래한 '농본주의'라는 말로 표현되었다. 일부 반(反)근대주의자들은 일본이 서양의 화려한 겉모습에 현혹되어 자신의 뿌리를 잃어버리고 있다고 개탄했지만, 대부분의 일본인은 도시의 해악을 물리칠 수 있는 진정한 보루는 건강한 농촌이라고 생각했다.

하지만 안타깝게도 농촌은 그리 건강하지 못했다. 대부분의 농촌주민은 근대화의 혜택을 거의 누리지 못했다. 제1차 세계대전이 끝난 시점에 전체 농지의 약 40%가 소작인에 의해 경작되고 있었다. 이 비율은 해마다 유동적이긴 했으나, 제2차 세계대전 이후 농지개혁이 실시되기 전까지는 거의 변하지 않았다. 소작료는 보통 수확의 50%를 현물로 내는 게 일반적이었고, 소작인은 그것을 의무적으로 지주의 곡식창고까지 갖다주어야 했다. 소작인은 또한 지주를 도와주어야 했다. 지주와 소작인의 관계에서 지주의 지위는 '주인'이었다. 따라서 일부 온정주의적인 요소에도 불구하고 그 관계는 기본적으로 주종관계였다고 보는 편이 타당할 것이다. 소작인은 소작권을 보호받지 못했고, 지주의 눈밖에 나면 곤경에 처했다.

그렇지만 지주-소작인 관계는 상당히 다양한 양상으로 나타났다. 지주가 농촌에 살지 않는 경우도 있었다. 부재지주 중에는 타지에서 근무하는 교사들처럼 이미 마을을 떠났지만 집안의 토지를 내놓기 싫어하는 사람들도 있었고, 대리인을 통해 소유지를 관리하면서 땅을 늘리는 데 혈안이 된 전문 사채업자들도 있었다. 물론 농촌에 거주하는 지주가 더 많았다. 소수의 대지주—최고의 대지주들은 일본 서해 연안을 따라 살고 있었다—는 마름을 통해 소작인들과 접촉했다. 마름은 소작인들보다 형편이 나았다. 이들 사이의 관계는 위계적으로 구조화되어 있었다. 하급 사무라이가 영주의 저택에 들어갈 수 없는 것처럼 일반 소작인은 지주 집의 문턱을 넘어갈 수 없었다. 모든 일은 꼼꼼하게 처리되었다. 가나자와 인근에는 오래된 지주의 저택을 개조하여 만든 박물관이 몇 군데 있는데, 그곳에 가면 산더미처럼 많은 회계장부, 전표, 소작료 영수증을 볼 수 있다. 하지만 대부분의 지주는 가진 땅이 너무 적어 추가로 토지를 빌려야만 수지가 맞는 지주 겸 소작인이었다. 자신의 소유지와 빌린 땅을 합쳐도 그 면적이 아주 좁은 경우가 흔했다. 이는 농민 대다수의 경제자립도가 극히 낮았음을 입증해준다.

소작계약은 주로 구두로 이루어졌기 때문에, 지주에게 착취당하거나 쫓겨날 상황에 처한 소작인에게는 아무런 안전장치가 없었다. 계약서가 작성된 경우에도 그 내용은 소작인의 약점을 적나라하게 드러낼 뿐이었다. 한 계약서에서 소작인은 이렇게 말하고 있다. "자연재해로 인해 흉년이 든 해에는 직접 상황을 조사해보시고 적정한 선에서 소작료를 감면해주시기 바랍니다. 하지만 관리 부실로 제 경작지에서만 수확이 감소했다면, 소작료를 감해달라고 요구하지 않겠습니다. 당신이 어떤 이유로든 저와의 계약을 종료하기로 결정할 경우에도 아무런 이의도 제기하지 않을 것입니다."[41]

메이지 시대 말기에는 근대사회의 몇 가지 측면이 농촌사회의 구조에도 영향을 미쳤다. 그 중 하나는 교육이었다. 지주의 아들이 소작인의 아들과 같은 교실에 앉아 공부하게 되면서 지주의 아들이 멍청하고 소작인의 아들이 똑똑할 수도 있다는 사실을 알게 되자 사람들의 인성과 태도는 과거와 크게 달라졌다. 다른 하나는 군대였다. 시골까지 뻗어 있던 제국재향군인회 조직도 중요한 역할을 했다. 소작인이 전투에서 용맹을 떨치면 군대 내에서 지주와 소작인의 관계가 역전될 수도 있었다.

제1차 세계대전은 농촌문제를 전면에 부각시켰다. 쌀값이 상승하자 값이 오를 때까지 쌀을 창고에 쌓아둘 수 있는 지주는 이익을 챙겼지만, 소작료를 내고 나면 당장 먹을 것을 제외한 나머지 곡물을 시세와 상관없이 내다 팔아야 했던 소작인들은 그렇지 못했다. 앞서 언급했듯이, 1918년의 쌀 소동은 일본해(동해) 연안의 어촌에서 시작되어 급속히 다른 지방으로 확산되었다.

소작쟁의는 전간기에 다반사로 일어났다. 농촌사람들은 자신들이 번영에서 소외되고 있다는 사실을 알고 있었다. 소작료는 그대로인데, 지주들은 전시의 인플레이션으로 엄청난 이익을 보고 있었던 것이다. 소작쟁의 발생건수는 가파르게 증가했다. 1917년에 173개에 불과하던 소작인조합의 수는 전시의 벼락경기가 끝나고 경기침체가 시작된 1923년에 1,530개로 늘어났고, 1927년에는 36만 5,322명이 4,582개의 조합에 가입해 있었다. 이 기간의 쟁의는 가장 도시화되고 교육수준이 높으며 진보적 지도자들의 활약이 돋보이던 일본 중부에서 집중적으로 발생했다. 앤 워즈오의 지적에 따르면,[42] 소작인조합의 지도부는 대개 이익을 추구하며 신분상승을 꿈꾸던 소작인들이었지만, 일반 조합원은 경작지도 협소하고 경제적으로 궁핍한 소작인들이었다.

1917년은 소작인들의 저항에 한 획을 그은 해였다. 그해의 작황은 평년 이하였고, 소작인들은 소작료 감면을 요구했다. 나고야에서 그리 멀지 않은 아이치(愛知) 군 나루미마치(鳴海町)에서는 800명의 소작인과 70여 명의 지주가 관련된 쟁의가 발생했는데, 처음에는 소작료 감면 요구로 시작되었다가 점차 논의 보수 및 수리시설에 필요한 노동력 문제와 소작권 보장 문제로 비화되었다. 지방법원과 경찰이 적극 개입했으나 소용없었다. 분쟁이 더욱 격화되자 교토 대학의 기지모토 로조(雉本朗造) 교수가 앞장서서 소작인의 영구적인 소작권 보장을 위한 중재 및 조정을 시도했다. 심리일자는 다가오는데 너무나 많은 소작인이 시위를 벌이자 당국은 일정을 연기하는 게 최선이라고 생각했다. 전면적인 합의는 1923년에 나고야 현 지사가 개입하고 나서야 겨우 이루어졌다.[43] 이런 종류의 쟁의는 전쟁 중에 계속 증가하면서 농촌지역의 합의구조가 얼마나 취약한가를 보여주었다. 지주들은 자구책으로 지주조합을 결성했고, 관료들은 사태가 극단으로 치닫는 것을 우려했다.

도어는 지식인들이 소작인들을 조직화하는 데 중요한 역할을 했다고 지적한다. 앞서 언급한 자유주의와 좌익사상의 파고가 소작인의 조직화를 조장했고, 국제적 동향은 그것을 한층 강화했다. 국제노동기구는 소작인의 단체교섭권을 지지하는 결의안을 통과시켰다. 태동기의 일본공산당은 지주의 땅을 몰수해야 한다고 주장했다. 일본공산당은 곧 불법화되었지만, 그리스도교를 믿는 사회주의자들, 특히 고베에서의 빈민구제활동으로 유명한 가가와 도요히코(賀川豊彦, 1888~1960)는 토지공유화를 장기적인 목표로 설정했다.

노동문제와 마찬가지로 정부관료들은 농촌문제의 핵심을 파악하고 있었고, 소작관련법을 만들기 위해 노력했다. 하지만 이들의 노력은 제국의회의 지주 대표들이나 로비스트들의 이해와 충돌했다. 양대 정당의 소속 정치인들 역시 이 문제에 이해관계가 걸려 있었지만, 농촌의 유지들과 더욱 밀착된 쪽은 주로 입헌정우회였다. 입헌민정당 후보들은 1928년의 선거운동에서 소작 관련 법안의 필요성을 주장했다. 이렇게 불씨는 남아 있었다. 워즈오의 말을 빌리자면 "소작인은 분명히, 그리고 많은 경우 의식적으로 신분상의 불평등이라는 제도와 관행에 저항하고 있었다."[44]

그럼에도 불구하고 1920년대 후반에는 소작쟁의가 줄어들기 시작했다. 소작인조합은 대부분 작은 마을 단위로 결성되었다. 행정구역상의 마을 전체를 포괄하는 조합을 만들기란 매우 힘든 일이었고, 그것을 넘어서기란 불가능에 가까웠다. 정부의 강력한 탄압이 그런 결과를 낳았을지도 모른다. 그러나 정부는 다양한 방식으로 소작인조합을 감시하고 조합의 활동을 방해하긴 했어도 강경책을 쓰지는 않았다. 강경책은 1928년의 일제단속처럼 좌익분자들을 소탕하는 데 주로 사용되었다. 더욱이 정부는 더 큰 충돌을 방지하기 위한 조치를 취하기도 했다. 1924년에 제정된 소작쟁의조정법은 소작쟁의를 처리하는 공식적인 수단이 되었다. 1926년에는 일정한 요건을 갖춘 소작인들에게 저의 토지매입비용을 대출해주도록 하는 법안이 통과되었다. 정부는 또한 초기의 산업조합법을 개정하여 많은 소작인조합이 주장하던 단체행동의 근거를 제공했다.

소작인과 노동자가 협조할 수 있었다면 그 힘은 배가되었을 것이다. 1926년에 결성된 노동농민당(勞働農民黨)의 지도부는 이를 위해 최선을 다했지만, 대부분의 농민은 계급투쟁에 나설 배짱도 없었고 자신들의 삶과 도시노동자의 삶에서 어떤 유사점도 발견하지 못했다. 어쨌든 다나카 정부가 1928년 노동농민당을 무력화함으로써 그 가능성마저 사라졌다.

대공황이 일본농업에 영향을 미치자 소작쟁의의 발생지와 발생빈도가 달라졌다. 일본에서 가장 발달한 지역에 소작인조합이 급증했던 현상은 높아진 기대수준을 반영한 것으로 볼 수 있다. 하지만 1920년대 후반에는 그런 기대가 고난을 딛고 일어서려는 필사적인 노력에 가려져버렸다. 소작쟁의는 이제 비교적 낙후된 일본의 주변부에서 증가하고 중심부에서는 서서히 퇴조했다. 하지만 대공황의 여파는 일본 전역을 엄습했다. 국제 비단시장이 붕괴되면서 누에고치 가격은 한 해에 47%나 폭락했다. 쌀값도 곤두박질쳤다. 1926년의 소득지수를 100으로 볼 때, 농가소득은 1931년에 33으로 하락했고 1934년에 겨우 44로 회복되었다. '농촌의 위기'에 대한 전반적인 합의가 이루어진 가운데 정부의 구제책이 쏟아졌다.

1931년의 만주사변과 함께 시작된 위기상황에서 물자가 부족해짐에 따라 농민들은 상대적으로 여유를 누렸다. 일본이 갈수록 고립되자 정부는 한정된 식량의 분배에 대한 통제를 강화했다. 지주는 토지와 농산물에 대한 처분권을 정부의 지시에 따라 새로 설립된 협동조합으로 넘겨야 했다. 지주들은 자신의 소유지분을 마음대로 처분할 수도 없고, 소작인과의 계약조건을 임의로 정할 수도 없는 처지가 되었다. 소농과 소작인들은 징집된 아들이 집으로 부쳐주는 돈 덕분에 주머니가 좀 더 두둑해졌고, 근대 일본 역사상 처음으로 지주에게 끓리지 않는 당당한 입장에 서게 되었다. 이런 정지작업이 이루어진 상태에서 일본은 제2차 세계대전 이후 연합군에 의해 강행된 농지개혁을 맞게 된다.

7. 도시의 문화

전간기 일본에서는 새로운 서민문화가 발전했다. 오사카와 에도 같은 대도시들은 이미 도쿠가와 시대에 조닌들이 만들어낸 생동감 넘치는 서민문화를 향유했다. 구키 슈조가 자신의 논문 「이키의 구조」에서 이상으로 삼은 것이 바로 이들의 여가활동에서 나타난 세련된 취향과 까다로운 미의식이었다. 근대를 향해 질주하던 메이지 시대에는 그런 여유가 별로 없었다. 국가건설의 과업을 추진하며 엄격한 도덕기준을 지향하던 시대정신 속에서 여가활동이나 소비는 바람직하지 못한 것으로 비쳐졌다. 이미 살펴본 것처럼 메이지 유신 이후에는 한때 도시의 인구가 줄어들었다. 생산에 종사하지 않던 사무라이 소비층이 수입원을 잃었기 때문이다. 하지만 러일전쟁 무렵에는 새로운 패턴의 도시생활이 발달했다. 도시인구는 급증했지만, 새로 유입된 인구는 농촌에서 이주해온 노동자들이었다. 신세대 소비자들은 도쿠가와 시대의 까다로운 무사들에 비해 훨씬 서민적이었고 그 수도 월등히 많았다. 그들에게 필요한 것은 한가로운 사람들에게나 어울릴 법한 격조 높은 풍류가 아니라, 사무실과 공장에서 수행해야 하는 고되고 단조로운 노동으로부터의 해방이었다. 시골에 남아 있는 친척들보다 자급능력이 훨씬 떨어지던 그들은 옷과 먹을거리를 구입해야 했고 분수에 맞게 기분전환도 해야 했다. 매춘은 널리 퍼져 있었다. 재능 있는 게이샤와의 값비싼 쾌락은 부유하고 힘 있는 사람들의 몫이었고, 서민들은 술집이나 카페의 여급과 맥주잔을 기울이며 끊임없이 잡담을 늘어놓는 정도에 만족해야 했다. 맥주가 일본에서 대중화된 것은 일본이 중국의 독일조차지를 점령했을 때 그곳의 맥주기술자와 생산설비가 일본에 건너오면서부터이다.

당대인들의 표현대로 문화·소비·취향의 '대중화'가 나타났다. 메이지 말기부터 시작된 이 과정은 제1차 세계대전 기간의 번영과 함께 촉진되었고 대지진 이후 더욱 가속화되었다. 기술과 산업화의 산물이 서민들의 생활을 바꾸기 시작했다. 보통사람들도 사진·음반·영화를 즐길 수 있게 되었다. 메이지 시대의 윤전기가 윤전 그라비어·컬러·오프셋 인쇄로 발전해나감에 따라 신문시장도 성장했다. 1923년에는 『아사히 그래프』가 첫선을 보였다. 국가의 빈틈없는 통제에도 불구하고 새로운 매체들은 상업과 오락 산업이 성장할 수 있는 활기차고 자유분방한 수단을 제공했다.

1923년 9월 1일의 지진은 중대한 전환점이었다. 지진이 가져온 무질서와 파괴가 마보 구성주의자들이나 그 밖의 급진주의자들에게 잠시나마 자유로운 활동의 장을 마련해주었다. 재건작업은 20세기의 가장 중요한 관료 중 한 명인 고토 신페이(1857~1929)의 지도 아래 신속하게 진행되었다.[45] 폐허로 변한 정든 거리 한가운데로 큰길이 뚫렸고, 신중한 재건을 위한 야심찬 청사진이 제시되었다. 특히 오래된 상업지구 '시타마치'(下町)는 지진의 피해가 심했고, 그래서 도시생활의 중심은 '야마노테'(山の手) 쪽으로 옮겨갔다.

지진 후에 도쿄 주민들은 상당히 달라진 환경에서 살게 되었다. 지진 발생 전 도쿄에는 다이묘들의 정원으로 사용되던 녹지들이 섬처럼 흩어져 있었다. 이때까지만 해도 도쿄의 규모는 그리 크지 않았고, 주거지구는 야마노테라 불리는 내부 순환철도의 노선을 따라 부채꼴로 펼쳐져 있었다. 오늘날 여러 철도와 지하철 노선이 교차하는 주요 환승역인 시부야(澁谷)와 신주쿠(新宿) 부근은 농촌에 가까웠고, 간혹 눈에 띄는 논과 과수원들이 전원생활의 정취를 간직하고 있었다. 그런 도쿄가 지진 뒤에는 완전히 다른 도시가 되었다. 배들이 지나다니고 저녁이면 연희가 펼쳐지던 성 주위의 해자에는 도로·철도·지하철이 들어섰다. 점점 줄어들고 있던 녹지는 1945년에 도시가 두 번째로 파괴된 후 거의 사라졌다.

에도 시대 은화 주조·발행기관의 이름을 딴 긴자(銀座)는 도쿄의 명소가 되었다. 중앙의 니혼바시 지역에는 자본주의의 새로운 상징인 대형 은행들이 즐비했다. 교바시(京橋)에서 신바시(新橋)까지는 백화점, 고급 상점, 카페가 대로변과 골목을 따라 늘어서 있었다. 최초의 지하철은 소비자와 노동자를 시부야에서 긴자까지 15분 만에 데려다주었다. 점차 증가하고 있던 도시의 대중을 겨냥한 소비문화도 형성되었다.

대중은 이제 대부분 글을 읽고 쓸 줄 알았다. 1930년 무렵 일본 성인의 90%가량이 최소한 6년 동안의 초등교육은 받았기 때문이다. 이들의 관심을 끌기 위한 다양한 출판물이 줄을 이었고, 신문 발행부수도 크게 늘어났다. 1918년과 1932년 사이에 신문지법에 의거해 등록된 정기간행물의 수는 3,123종에서 1만 1,118종으로 늘어났고, 대도시에서 구독자가 가장 많았던 일간지『오사카 마이니치 신문』(大阪每日新聞)의 발행부수는 1912년 26만 부에서 1921년에는 67만 부로, 1930년에는 150만 부로 증가했다.[46] 신문의 성격도 바뀌었다. 메이지 시대의 신문은 대의명분을 전달할 목적으로 특정인 또는 특정 집단에 의해 간행되는 경우가 많았다. 하지만 거대한 자금이 투입되면서, 신문사는 대기업의 자회사로서 이사회·편집진·기자단을 거느리게 되었다. 주요 신문사에 입사하려는 대학 졸업생들은 입사시험을 치러야 했다. 처음에는 지원자가 별로 없었지만, 1920년대 후반에 이르자 50:1 이상의 경쟁률을 기록할 정도로 지원자가 쇄도했다. 막대한 자금이 투입된 만큼, 경찰에 의해 정간조치를 당할 경우 주요 일간지는 큰 타격을 입을 수밖에 없었다. 신문사는 언론 관련법이 얼마나 자의적으로 해석될 수 있는지 알고 있었기 때문에, 중요한 국가적 사안에 대해서는 신중한 입장을 취하는 경향이 있었다. 그 결과 신문의 내용은 어느 정도 획일화되었고, 이 획일성은 언론탄압이 완화된 20세기 후반에도 일본 언론의 특징으로 남게 되었다. 그렇다 하더라도 전간기의 언론은 남성의 보통선거권과 같은 대중적인 개혁안을 강력하게 옹호하는 과감한 태도를 보이기도 했다. 하지만 군국주의와 제국주의가 대중의 지지를 받게 되는 1930년대에는 몸을 사리게 된다.

이 시기의 출판물에는 특수한 독자층을 겨냥한 수백 종의 잡지도 있었다. 진지한 독자들은 『중앙공론』(中央公論, 주오코론) 같은 월간지에서 요시노 사쿠조의 사려 깊은 민본주의론, 당대의 정책이나 정치에 대한 논의, 연재소설 등 꽤 많은 읽을거리를 찾을 수 있었다. 좀 더 대담하고 비판적인 논조의 『개조』는 1930년대에 검열관들의 따가운 눈총을 받았다. 『부인공론』(婦人公論, 후진코론)과 『주부의 벗』(主婦の友, 슈후노토모)은 더 많은 독자들에게 다가갔다. 노마 세이지(野間清治, 1878~1938)는 1911년에 고단샤(講談社)를 설립했다. 고단샤라는 이름은 무용담·복수담·미담 등의 역사적 일화를 들려주는 전통적인 이야기꾼 고단시(講談師)—급속히 사라져가고 있던—에서 따온 것이다. 고단샤는 역사적 서사를 담은 책부터 출판하기 시작하여 재정적 기반을 닦았다. 얼마 후 고단샤는 일본 최대의 출판사가 되었는데, '고단샤 문화'가 대중문화의 동의어로 통할 정도였다. 이 출판사는 특히 독자들의 관심사와 시장의 반응에 민감했고(지금도 마찬가지다), 대중적인 읽을거리를 제공하는 데 타의 추종을 불허했다. 이와나미쇼텐이 중요한 도서의 염가판을 제공한 반면에 고단샤는 온갖 종류의 책을 다 출판했다. 하지만 양사의 성공비결은 모두 작고 값싼 문고본을 간행했다는 데 있었고, 다른 출판사들도 재빨리 이 전략을 모방했다.

일본은 이렇게 해서 소비사회를 향한 장도에 올랐다. 시세이도(資生堂) 화장품이나 라이언 치약 같은 신상품이 신문·잡지의 광고란에 등장하고 상점에 모습을 드러냈다. 하지만 대중소비의 새로운 시대를 상징하는 곳은 어디까지나 백화점이었다. 메이지 시대의 대형 상회들은 에도 시대의 전통에 따라 포목을 전문으로 취급했다. 그렇지만 시대의 흐름에 발맞추어 그들이 취급하는 품목도 점점 다양해졌다. 1920년대에 이르자 긴자에 늘어선 신식 고층빌딩은 다양한 국산품과 수입품을 전시하여 쇼핑객들의 눈길을 사로잡았다. 보통 꼭대기 층에는 어린이들이 즐길 수 있는 놀이공간이나 작은 동물원이 있었고, 식당과 화랑이 그 밑에 있었으며, 지하에는 간식거리나 멋지게 포장한 선물을 찾는 도시인들을 위해 조리식품과 특산품을 파는 매장이 있었다. 한동안 부자들은 판매원을 집으로 부를 수도 있었고, 직접 가게를 찾아간 경우에도 돗자리에 편히 앉아서 사무원이 공손히 가져다주는 물건을 구경할 수 있었다. 하지만 백화점의 진열이 점점 화려해지고 누구나 볼 수 있는 상품목록이 배포되면서, 손님들은 직접 백화점을 찾아가서 원하는 물건을 골라야 했다. 몇 년 동안 상점에 들어가는 방식은 전통예절을 따랐다. 즉 손님은 신을 벗은 다음 상점에서 제공하는 슬리퍼를 신고 들어갔고, 쇼핑이 끝나면 출구에 가지런히 놓인 신발을 신고 나왔다. 하지만 지진 이후 백화점들은 손님들이 신발을 신은 채 들어오도록 변화를 주도했다. 바닥에는 다다미 대신 원목과 대리석이 깔렸고, 대중은 신발을 갈아 신는 불편 없이 백화점에 드나들 수 있었다.[47]

도시의 유흥구는 그 수가 증가했을 뿐 아니라 한층 다양해졌다. 1913년에 정치가이자 유능한 경영자였던 고바야시 이치조(小林一三)는 오사카 근처의 휴양도시 다카라즈카(寶塚)에서 여성만 출연하는 가극을 선보여 사람들을 끌어모았다. 다카라즈카 가극이 폭발적인 반응을 얻자, 재능 있는 전속배우들을 양성하는 학교까지 생겨났다. 다카라즈카 가극은 제2차 세계대전과 전후 재건기에도 변함없는 인기를 누렸다. 극단은 전속 스타들을 '남장려인'(男裝麗人)이라고 선전했고, 이들은 웅장한 무대에서 화려한 공연을 펼쳤다. 이들의 가극은 국제적인(1927년에 초연된 「나의 파리」는 아시아의 이색적인 국가들을 거쳐 파리까지 가는 여정을 다룬 여행담이다) 면과 일본의 근대성과 제국을 은근히 미화하는 국수적인 면을 동시에 갖고 있었다. 다카라즈카 극단은 성장을 거듭해 1934년에는 도쿄에 극장을 세웠다. 이들이 대단한 성공을 거두자 1922년에는 쇼치쿠(松竹) 소녀가극단이 결성되어 서로 경쟁을 벌이게 되었다. 다카라즈카는 노래를, 쇼치쿠는 춤을 내세워 현란한 무대를 선보였는데, 수백 명의 소녀를 무대에 올린 일부 공연은 할리우드의 뮤지컬만큼이나 호화로웠다. 이들의 공연은 엄청난 관중을 불러모았고, 특히 젊은 여성과 중산층의 사랑을 받았다. 가부키와 노가 남성만 출연하는 극이었던 것에 비해, 다카라즈카는 '깨끗함, 올바름, 아름

다움'을 공식 모토로 내걸고 까다로운 중산층의 기호를 충족시켰다.[48]

도시가 성장하고 인구가 증가함에 따라 상업적 개발의 규모도 달라졌다. 주민들이 시내의 직장과 쇼핑가를 오고갈 때 이용하는 교외전차는 대도시 근교에 주택가가 형성되는 데 일조했다. 교외전차의 터미널은 주요 통근철도인 야마노테선의 역이었고, 그 역사에 세워진 철도개발업자 소유의 백화점들은 새로운 소비의 중심지가 되었다. 이런 현상은 도쿄뿐 아니라 고베·오사카·나고야 같은 다른 대도시에서도 마찬가지였다. 이들 도시도 근교와 시내를 연결해주는 교외전차노선을 중심으로 발달했다. 근대 일본에서 가장 성공한 개발업자라고 말할 수 있는 쓰쓰미 야스지로(堤康次郞)에 대한 최근의 연구에 따르면, 쓰쓰미는 "1912~1926년에 다이쇼 데모크라시의 발흥에 크게 감명을 받았다. ……그는 중산층 소비자가 급증할 것이라는 사실을 예견했고, 그들을 겨냥해 1920년대의 3대 유망사업—철도·근교주택·산정휴양지—에 투자했다."[49]

각지에 우후죽순으로 생겨난 카페는 사람들이 만나서 음료를 마시며 휴식을 취하는 장소가 되었다. 에드워드 사이덴스티커는 1920년대에 긴자의 술집이 두 배로 늘었다고 말한다. 제니퍼 와이젠펠드에 따르면 카페는 최신식이었다. 반갑게 손님을 맞이하는 여급의 시선에서 다소 퇴폐적인 분위기가 감돌았지만, 그래도 카페는 문화를 교류하는 새로운 장이었다.[50] 카페의 단골손님이던 인기작가들은 그곳을 묘사하거나 이야기의 무대로 사용했다.

이 만화경적 변화 속에서 잃어버린 것에 대한 향수도 커졌다. 메이지 시대에는 에도 시대와 그 문화를 그리워할 만한 정서적 여유가 별로 없었지만, 충분한 시간적 거리가 확보되자 에도 문화는 아련한 동경의 대상이 되었다. 때로는 좀 더 최근에 일어난 역사적 사건에 대한 향수도 나타났다. 한 작가의 주장에 따르면, 마주치는 사람들마다 모조리 베어버리는 허무주의적 검객의 이야기가 유행한 것은 고토쿠 슈스이와 아나키스트들을 처형한 대역사건 재판의 영향이었다.[51] 메이지 자유민권운동의 선각자들은 우

| 다이쇼 문화와 사회 |

상화되었다. 도사의 충신 다케치 즈이잔과 사카모토 료마를 묘사한 연극은 관객들의 열화와 같은 성원에 힘입어 일본 전역에서 공연되었다. 쓰루미 슌스케(鶴見俊輔)에 따르면, "에도 시대의 이 영웅들보다 다이쇼 데모크라시의 대의에 크게 기여한 인물은 아무도 없었다." 메이지 후기에 일본에 도입된 영화도 엄청난 인기를 누렸다. 영화의 주인공은 대부분 충직한 사무라이들이었다. 유신시대의 정치에 대한 묘사는 단순히 교훈적 이야기에 그치지 않았다. 왕정복고파는 물론 도쿠가와 막부를 지지하던 반대파에게도 그들만의 영웅이 있었다. 메이지 시대의 위대한 지도자들은 사라졌고 그들의 후계자들, 즉 추밀원과 귀족원을 지배하던 소심한 노인들은 대중의 사랑을 받지 못했다. 일관된 반체제적 메시지를 담고 있는 경우가 많았음에도 불구하고 일본에서 전쟁기간에 상영되던 사무라이 영화들이 위험한 군국주의를 전파한다는 이유로 연합군에 의해 금지되었다는 것은 다소 역설적이다.

만화와 만화가도 대중문화의 주역이었다. 1923년에 창간된 『아사히 그래프』에는 인기 있는 미국 만화를 번안한 작품들이 연재되기 시작했고, 얼마 지나지 않아 호쿠사이(北齋)*를 비롯한 일본화가들의 회화적 전통에 의거한 독창적인 일본만화가 쏟아져 나왔다. 오카모토 잇페이(岡本一平, 1886~1948)와 같은 주요 만화가들은 앨버트 아인슈타인이나 마거릿 생어의 방문 같은 중요한 행사를 만화로 기록했다. 장차 만화산업의 소비자가 될 사람들은 어린 시절에 매일 자전거를 타고 나타나 골목 어귀나 공터에서 그림을 보여주며 설명을 해주던 이야기꾼들에게 매료되었다. 이 전통은 제2차 세계대전 때까지도 사라지지 않았지만 그 후에는 오래 지속되지 못했다.

민속학의 아버지 야나기타 구니오의 역할에 대해서는 이미 언급했다. 그는 그때까지 남아 있던 과거의 습속을 수집하고 분류하여 보존했다. 다

* 우키요에(浮世繪)라는 판화 형식의 풍속화로 유명한 화가(1760~1849).

른 민속학자들은 미래를 위해 현재를 열심히 기록했다. 도시를 텍스트로 삼은 이 학자들은 도쿄의 거리와 유흥구를 가득 메운 각 계급·남녀·직공·화이트칼라가 어우러져 만들어내는 다양한 풍경에 매혹되었다. 한 연구자의 말을 빌리면 그들은 "도덕과 관습을 담고 있는 상이한 담론을 통해 사회관계의 균열상"을 기록했고 "그렇게 함으로써 모든 사람에 의해 공유되는 듯이 보이면서도 젠더와 계급에 따라 차별화되고 있던 새로운 문화의 구축과정에 대한 심오한 인식을 드러냈다."[52]

한편 서민과 보통 물건의 중요성을 충분히 인식하고 있던 학자들은 대량생산의 산업사회에서 사라져가던 일상생활의 여러 측면을 구제하기 위해 과거로 눈을 돌렸다. 야나기 무네요시(柳宗悅, 1889~1961)가 이끈 민예운동은 사회와 문화가 돌이킬 수 없이 변하고 있다는 인식의 또 다른 표현이었다. 그는 미술사가로 출발했고 문예동인지 『시라카바』(白樺)의 일원이었다. 1916년에 한국을 여행한 그는 서민들이 직접 만들어서 사용하는 도자기의 아름다움에 심취했다. 그 중에서 최고의 도자기들은 오랫동안 일본의 다도 연구가와 도예가들로부터 주목을 받아왔다. 야나기는 일본의 전통적인 일상생활에서 사용하는 질박한 생활도구에 깃든 격조 높은 아름다움을 되살리고자 했다. 그는 당대의 걸출한 두 도예가 하마다 쇼지(浜田庄司, 1894~1978) 및 가와이 간지로(河井寬次郎, 1890~1966)와 의기투합했다. 이들과 그 추종자들은 근대의 대량생산품에 밀려날 위기에 처한 전통 도자기의 예술적·정신적 중요성에 대한 인식을 새롭게 했다. 소박하지만 견고한 도쿄의 전통건축물에 들어선 일본민예관은 그들의 노력을 상징하게 되었다. 시골 가마에서 구워진 생활 도자기가 명품 대접을 받았고, 사가(佐賀)에서 생산된 청화백자— 한때 도쿠가와 시장에 넘쳐났던—는 수집가들의 애장품이 되었다. 민예운동의 지도자들은 탁월한 안목뿐 아니라 남다른 용기의 소유자이기도 했다. 야나기는 서울에 조선민족미술관을 세웠고, 조선의 독립을 지지하는 글을 발표하기도 했다. 하마다는 오키나와의 직물과 도안을 높이 평가했고, 일본의 군국주의 지도자들이 오키나와를 완전히 일본화하기 위해 온갖 궁리를 짜내고 있을 때 오키나와 주민들에게 방언을 사용하라고 권장했다. 이들이 과거의 소박한 물건에 경의를 표한 것은 20세기 일본의 강요된 중앙집권화와 획일화에 대한 불만과 무관하지 않았다.

8. 전간기

이 시기의 정치와 사상은 놀라울 정도로 다원주의적이었다. 러일전쟁에 의해 촉진되었고 제1차 세계대전 기간에 절정에 달한 급속한 산업화는 메이지 개혁이 초래한 변화의 의미를 실감나게 했다. 그 변화의 목표는 강대국들과 어깨를 나란히 하며 동북아를 지배할 수 있는 일본을 만드는 것이었다. 하지만 그 과정에서 분출된 에너지는 일본사회의 구석구석에 혼란을 불러일으켰다. 여성은 자신에게 부여되었던 '현모양처'의 역할에 싫증을 느끼기 시작했다. 노동운동은 공업구락부 회원들의 확고한 지배에 도전하기 시작했고, 소작쟁의는 농촌생활의 혼란을 알리는 신호였다. 교육의 확산은 외래사상을 쉽게 접할 수 있게 해주었고, 근대적 교통수단은 전근대적인 지역을 새로운 산업중심지 및 도시와 연결시켰다. 도시화는 새로운 대중문화를 만들어냈다. 일본사회는 그 어느 때보다도 다변화되었고, 세계를 향해 활짝 문을 열게 되었다. 근대세계의 생산물과 갈등을 접한 일본은 더욱 국제주의적이고 코즈모폴리턴한 곳으로 변했다. 그러나 서양의 문학과 사상이 갈수록 많이 번역되어 나오고 일본의 학계와 문화계에 독자적인 구조와 메커니즘이 정착됨에 따라, 일본의 지식인들은 일어 번역서가 아닌 원서를 통해 서양과 조우했던 메이지 시대의 선배들에 비해 사고의 폭이 좁아졌다.

메이지 시대에는 세계 각국에 등급을 매기는 명확한 기준이 있었지만, 이제 일본의 세계관은 다소 모호해지고 복잡해졌다. 일본은 강대국 대열에 끼었으나, 어느 국가를 모방의 대상으로 삼아야 할지가 불확실해지면서 다양한 가능성을 시험해야 하는 기로에 섰다. 19세기에 선진국들을 움직이게 했던 제국주의적 열정은 식어갔고 자립과 협조를 논하는 분위기가 무르익었다. 중국·러시아·오스트리아-헝가리·독일·터키에서는 군주제가 공화제로 대체되었다. 1880년대에 혈기왕성하게 분투하는 청년의 이미지를 풍기던 일본은 어느덧 불안에 떨며 갈팡질팡하는 장년이 되어 있었다.

일본 내에서는 근대국가의 건설자들이 어렵게 일구어낸 메이지 시대의 정치적 합의가 사라지고 있었다. 메이지 국가의 권력은 표면상으로는 천황에게 집중되었지만, 실제로는 군사·외교·정치 등을 책임지는 별도의 기구로 분산되었다. '겐로'들은 이 기구들을 조율할 수 있었다. 그들은 동지애를 발휘하며 제도를 적절히 운용할 수 있었던 반면, 후계자들은 젊은 날 함께 투쟁하며 유대를 맺은 동지가 아니었다. 천황의 보호막 아래에서 운신하려던 가쓰라의 시도가 비참한 말로를 맞은 것은 새 시대가 도래했으며 새로운 주역과 전략이 필요해졌다는 신호였다. 외적 요인(대공황)에서 시작된 경제적 어려움과 내적 요인에서 비롯된 외교적 위기는 성장에 제동을 걸어 1930년대의 불안정한 정국을 낳았다.

중일전쟁

17

얼핏 보면 1930년대 일본사의 방향은 1920년대의 그것과 현격하게 다르기 때문에, 두 시기 사이에 심각한 단절이 있었으리라고 가정하기 쉽다. '군사정변' 혹은 '파시즘' 같은 용어가 자주 사용되는 것도 그 간극을 강조하기 위해서이다. 하지만 다른 조건들을 고려하면 해석과 이해의 문제는 좀 더 복잡해진다. 근대 일본사의 기본방향은 정당정치에 의한 '민주주의'였는가, 아니면 1930년대에 기승을 부린 군국주의였는가? 어느 것이 정도에서 벗어난 것이었는가? 이런 질문에 대해 과거의 학자들은 어느 한쪽만 강조하는 경우가 많았다. 이를테면 1920년대의 민주화 시도는 일본이 국력을 길러 제국을 구축해가는 과정에서 일시적으로 나타난 현상이었을 뿐이라거나, 군국주의는 민주적인 근대세계로 나아가는 필연적인 추세에 끼어든 일부 집단의 막간극에 불과했다는 식으로 설명하는 것이다. 어느 입장을 취하느냐에 따라 20세기 후반의 정책과 그 영향에 대한 평가도 달라진다. 일본의 정치체제와 정신상태가 실제로 군국주의로 인해 심하게 훼손되었다면, 패전 후의 재건은 거의 모두 새로운 방향설정을 필요로 했을 것이다. 그런 게 아니었다면 제국주의를 지지하던 집단의 영향력을 제거하는 조치만으로도 1920년대의 민주화 추세를 이어나갈 수 있었을 것이다.

앞으로 전개될 이야기를 보면 어느 쪽도 받아들일 수 없다는 점이 분명해질 것이다. 1930년대의 수많은 성취는 사실 대중문화와 참여정치의 발전이 선행되지 않았다면 불가능했을 것이다. 또한 군부의 득세와 지배가 근대 메이지 국가의 제도적 틀에 뿌리박고 있었다는 것도 사실이다. 1930년대에 접어들면서 제일 먼저 눈에 띄는 현상은 정책의 우선순위가 바뀌고 권력의 축이 이동했다는 것이다. 변화를 조절하고 중재해줄 근대국가 건설자들의 영향력이 사라졌고, 이데올로기에서 군대에 이르기까지 그들이 창안한 통치기구는 이제 나름의 동력을 갖게 되었다. 그들이 만든 제도는 반대를 일삼는 강력한 관료와 이익집단을 탄생시켰다.

세대교체도 일정한 역할을 했다. 비록 최고위층이 건재를 과시했지만, 그들을 대표하여 중도노선을 모색하고 있던 사이온지 긴모치조차 무기력한 노인에 불과했다. 한편 일본의 나약함을 절감하며 스스로를 단련시키는 경험을 해보지 못한 신세대 지도자들은 메이지 지도자들과 달리 지나치게 당당하고 자신만만했다.

국제정세에 대한 일본의 판단도 크게 변했다. 대공황의 여파로 국제주의를 지지하는 세력은 국내외적으로 약화되었다. 자본주의의 퇴조에 직면하여 세계 각지에서 국가가 경제와 정치를 주도하는 새로운 지배형태가 부상하는 듯했다. 독일과 이탈리아에서 파시스트 지도자들이 성공을 거두면서, 일본이 지침으로 삼아왔던 열강의 구도가 변했다. 이웃 중국에서는 새로운 내셔널리즘 세력이 러일전쟁 이후 일본이 남만주에서 행사해온 지배권을 분쇄할 기회를 엿보고 있었다. 동북아에서 러시아의 세력이 회복되는 것도 25년 전의 충돌이 재연될까 두려워하는 일본 정책입안자들의 걱정거리였다. 이런저런 쟁점들은 사람들을 사분오열시켰다. '군부'가 하나로 똘똘 뭉쳐 있었던 것도 아니고, '문민'정부의 평화주의자들이 군부의 준동에 시종일관 반대했던 것도 아니다. 다양한 집단이 제휴하여 침략을 획책했고, '다이쇼 데모크라시'에 발달한 대중매체가 팽창과 전쟁이라는 새로운 도전을 선동했다.

| 중일전쟁 |

1. 전쟁의 발단: 만주사변

중국의 동북 3성——랴오닝(遼寧), 지린(吉林), 헤이룽장(黑龍江)——은 청조의 지배계급인 만주족의 고향으로, 중국 바깥에서는 흔히 '만주'라 부른다. 만주족은 한족이 이 지역으로 이주해 오는 것을 막으려 했지만, 이 규제는 19세기에 사문화되었다. 그 지역은 러허(熱河) 성과 함께 만리장성 바로 북쪽에 위치해 있었고, 산하이관(山海關)은 수도 베이징이 있는 허베이(河北) 성으로 들어가는 관문 역할을 했다. 20세기에 일본이 자주 거론하던 이른바 '만몽(滿蒙) 문제'에는 만주 외에 줄곧 만주족의 지배를 받아 왔던 내몽골——가장 중요한 부분은 차하르(察哈爾) 성이었다——도 포함되었다. 1911년에 청조가 무너지자, 만몽지역은 정치적 진공상태에 빠진 것으로 간주될 정도로 불안정했고 인구도 희박했으며 소련의 남침에 대한 방어도 허술하기 짝이 없었다. 이미 1823년에 정치경제학자 사토 노부히로(佐藤信淵, 1769~1850)는 일본의 팽창은 "손쉽게 얻을 수 있는 지역, 즉 중국으로부터 탈취할 수 있는 만주에서 시작되어야 한다. 청조 쇠퇴의 호기를 이용하면 그 일이 그다지 어렵지는 않을 것이다"[1)]라고 말했다. 그가 살던 시대에는 이 말이 팽창정책을 웅변한 수사에 지나지 않았으나, 한 세기 뒤에는 그 주장에 더 큰 무게가 실리게 된다.

일본은 포츠머스 조약을 통해 러시아로부터 만주에 대한 조차권을 넘겨받았고, 10년 뒤 21개조 요구안을 통해 조차권의 기한을 연장함으로써 이 지역에 대한 지배를 강화했다. 랴오닝 성의 랴오둥 반도 끝자락에 해당하는 남만주에는 뤼순 항과 다롄 항이라는 방어기지와, 창춘(長春)에서부터 남쪽으로 다롄까지 이어지는 동청철도의 구간——이후 남만주철도라 불리게 되는——이 있었다.

이 지역의 행정은 관할권이 중복되는 복잡한 형태를 띠고 있었다. 처음에는 외무성이 주무 부처였으나, 제1차 세계대전 후에는 일사불란한 지휘계통을 갖춘 군부가 우위에 서는 구도로 바뀌었다. 다만 하라 총리의 집권기에는 관료들이 득세했다. 랴오둥 반도의 조차지를 통치한 것은 관동도독부(關東都督府)라는 관료조직으로, 도독은 천황에 의해 임명되었다. 하지만 어떻게 보면 전략상 가장 중요한 자리는 남만주철도 주식회사(이하 만철)의 총재였다. 정부와 민간의 막대한 자본이 투자된 이 조직의 관리는 정부가 도맡았다. 만철의 초대 총재는 타이완에서 제국 건설에 이바지했던 고토 신페이였다.(앞서 언급했듯이 그는 1923년 지진이 발생한 뒤 도쿄의 재건도 담당했다.) 만철은 중국 동북부에서 제국주의를 지탱하는 경제적 원동력이었다. 만철은 안산(鞍山)·푸순(撫順)·옌타이(煙台)의 탄광을 관리했고 그 밖의 광산과 전기 및 창고회사도 경영했다. 철도노선을 따라 일본은 경찰을 배치하고 조세업무를 관장하며 공공시설과 교육기관을 통제했다. 만철에 투자된 넉넉한 자금은 각종 조사와 연구에 사용되기도 했는데, 점차 중요성을 인정받고 있던 만철 조사부의 활동에는 일본 최고의 학자들도 일부 참여했다.[2] 도시에도 영사관을 보호한다는 명목으로 경찰이 배치되었다. 주요 도시에 들어선 영사관과 항구는 외무성 관할이었다. 장차 일본의 지도자가 될 인물들 가운데 다수가 만주에서 경력을 쌓고 능력을 인정받았다. 전후에 총리로 활약하는 요시다 시게루도 만주의 영사로 부임하면서 명성을 떨치기 시작했다. 일본이 위기에 처했을 때 탁월한 외교적 수완을 발휘한 마쓰오카 요스케(1880~1946)는 요시다보다 1년 뒤에 외무성에 들어갔는데, 그 역시 외무대신이 되기 전에 만철의 이사 및 총재로 일했다. 그는 만주와 몽골이 일본의 '생명선'이라는 유명한 말을 하기도 했다.

안보는 관동군(關東軍)이 맡았다. 관동은 순수한 의미의 중국(전통적으로 한족이 지배하던 지역)과 만주 사이의 관문, 즉 산하이관의 동쪽이란 뜻이다. 관동군의 행정적 위상은 여러 차례 변화했는데, 1931년에는 육군대신과 육군 참모본부의 직속부대가 되었다. 관동군의 힘은 철로 1.6km당 투입된 인원의 비율로 가늠할 수 있다. 관동군은 일본의 지방 연대에서 2년마다 교체 투입되는 1개 사단, 독립된 6개 수비대대로 구성되었다. 1925년에는 육군대신 우가키 가즈시게(宇垣一成) 대장이 병력감축을 단

40. 신생 만주국의 '집정'(執政)으로 추대된 청조의 마지막 황제 푸이가 1935년 도쿄를 방문하여 6월 9일 히로히토 천황(왼쪽)과 함께 관병식에 참석했다.

41. 1936년 2월 26일에 청년장교의 반란(일명 2·26사건)이 일어나자 도쿄 시내에 급히 바리케이드가 설치되었다.

42. 전쟁이 격화되자 내셔널리즘과 국가 신도의 결합이 한층 강화되었다. 1941년 야스쿠니 신사에서 거행된 봉안식에서는 전년도 전사자들의 넋을 기리는 1만 4,975개의 계수나무 가지가 헌정되었다.

43. 1945년 3월의 대공습으로 도쿄의 대부분이 파괴되었다. 이 사진은 불에 탈 수 있는 것은 모조리 타버린 뒤 폐허로 변한 간다(神田) 지역을 찍은 것이다.

44. 쇼와 천황 히로히토의 일생: (위) 공습으로 파괴된 수도의 피해상황을 점검하는 모습. (아래 왼쪽) 국가원수로서 군대를 사열하는 모습. (아래 오른쪽) 항복 후 서민들을 만나는 모습.

45. 일본이 주권을 회복한 직후인 1952년 노동절에 황거 앞 광장에서 발생한 폭동은 연합군의 점령 이후 일본의 사회적·정치적 긴장을 반영한다.

46. 요시다 시게루는 총리직에서 사임할 당시 별로 인기가 없었지만, 은퇴하자마자 전후 겐로의 역할을 맡았다.

47. 에도와 베이징 시대에 혼잡함이 그지없던 니혼바시(日本橋. 그림 10, 14, 24 참조)는 오늘날 도심의 고가도로에 가려 잘 보이지도 않는다.

| 중일전쟁 |

행하여 다소 축소되었다가 소련군이 동아시아로 복귀함에 따라 다나카 기이치 총리에 의해 원래 규모로 회복되었다.[3)] 관동군 참모 고모토 다이사쿠 대령은 1928년의 군벌 장쭤린 암살을 사주했다. 앞서 지적했듯이, 다나카는 이 사건을 조사하기로 한 히로히토 천황과의 약속을 지키지 못해 실각했다. 한편 두 명의 비범한 장교가 고모토의 뒤를 이었는데, 이들은 1931년에 본국으로 돌아갈 예정이었다.

이타가키 세이시로(板垣征四郎, 1885~1948) 대령은 동료인 이시하라 간지(石原莞爾, 1889~1949) 중령과 마찬가지로 오랫동안 군 수뇌부를 장악하고 있던 조슈파와는 거리가 멀었다. 그는 북부의 이와테(岩手) 현에서, 이시하라는 야마가타(山形) 현에서 태어났다. 둘 다 육군사관학교와 육군대학에서 두각을 나타냈다. 약간 선배인 이타가키는 관동군 작전참모부를 이끌었다. 이후 그는 만주국 군정부(軍政部)의 최고고문이 되었고, 1937년에는 고노에 후미마로 총리의 부름을 받고 육군대신에 취임했다. 장군으로 승진한 그는 지나 파견군 총참모장으로 중국에 돌아갔다. 일본이 항복한 뒤 그는 도쿄에서 열린 극동국제군사재판에서 A급 전범으로 분류되어 재판을 받고 1948년에 처형되었다.

그의 후배이자 동료인 이시하라는 더욱 흥미로운 이단아이다. 그는 육군대학을 차석으로 졸업하면서 소중한 '천황의 검'을 하사받았다. 그는 어쩌면 니치렌(日蓮)종의 영향으로 전쟁에 대한 종말론적 전망을 갖고 있었을 수도 있다. 제1차 세계대전이 유럽을 파멸시켰다는 사실을 알고 있던 오자키 유키오 같은 일부 민간인은 무장해제와 국제주의를 주창했지만, 많은 일본인과 육군대학 생도들은 전혀 다른 결론을 내렸다. 독일에서 3년 동안 공부하면서 프리드리히 2세, 나폴레옹, 폰 몰트케* 등의 저서를 탐독한 이시하라는 귀국 후 육군대학에서 강의한 '세계최종전쟁론'을 구상하게 되었다. 그는 일련의 대전이 계속되다가 결국에는 아시아의 맹주 일본과

* 덴마크 및 오스트리아와의 전쟁에서 혁혁한 전과를 올린 프로이센의 육군참모총장.

서양의 지도국가 미국 사이에 최종전이 벌어질 것이라고 전망했다. 하지만 그런 전쟁은 비행기가 중간에 연료를 보충하지 않고도 세계를 일주할 수 있을 정도로 기술이 발달하기 전까지는 발생하지 않을 것이므로, 그 전에 만주를 점령하여 소련과의 일전을 위한 보급기지로 개발할 필요가 있다는 것이 그의 논지였다. 1937년 참모본부의 작전부장이던 이시하라는 이 거대한 전략적 계획에 부합하지 않는다는 이유로 중국과의 전쟁에 반대했다. 그의 반항아적 태도와 외고집은 그의 군 경력에 도움을 주지는 못했다. 하지만 그는 덕분에 더 큰 화를 면할 수 있었다. 전쟁이 끝난 뒤 열린 극동국제군사재판에서 자신의 죄를 묻는 검사들에게 그는 일본과 미국의 전쟁에 책임을 져야 할 사람은 일본을 무자비한 국제질서의 위험으로 몰아넣은 페리 제독이라고 되받아쳤다.[4)]

만주사변은 결코 독단적인 군인들의 불복종으로 인해 발생한 사건이 아니었다. 그것은 치밀한 준비와 계획의 산물로서, 여러 요인이 복잡하게 얽혀 있는 상황에서 일어났다. 우선 1928년 소련이 5개년계획을 발표하자 북방의 적이 커가고 있다는 두려움이 생겼다. 중국공산당도 만주 일각에서 당의 지배력을 강화하면서 불안감 조성에 일조했다. 펑톈에서 아버지 장쭤린의 권력을 물려받은 장쉐량이 1928년에 국민당 지도부에 합류하고 이듬해에 시데하라가 장제스의 국민당 정부를 인정하자, 랴오둥의 조차지에 대한 일본의 자치권이 침해받을지 모른다는 우려가 더해졌다. 한국의 국경에 인접한 북간도에서는 일본의 식민통치를 피해 온 한국인 이주민과 중국인 사이의 충돌이 잦았는데, 일본인들은 이런 상황이 자칫 자국민에 대한 '분노'로 비화되지 않을까 우려했다. 남만주의 일본 정착민들, 특히 청년동맹은 신변보호를 요청하는 목소리를 높였다.

1929년 여름 이타가키와 이시하라는 연구회를 조직하고 활발한 토론을 벌였다. 이시하라는 동료들에게 자신의 전쟁이론을 강연했다. 그 결과물로 일본의 만주 점령 3단계 계획서가 나왔다. 한편 다른 군 장교들은 중앙정부를 혁신할 더욱 원대한 계획을 짜고 있었다. 하마구치 총리는 5년 전 병

| 중일전쟁 |

력감축을 단행했던 우가키 장군을 육군대신에 임명했고, 우가키 장군은 일련의 인사조치를 통해 군부를 확실하게 장악하고자 했다. 관동군 참모들의 교체일자가 가까워질 무렵, 도쿄에 있던 하급장교들은 우가키의 입장을 잘못 이해하여 군부가 정권을 인수하는 데 그가 앞장설 것이라는 생각을 갖기 시작했다. 1931년에 이른바 3월사건이 발생했다. '사쿠라회'(櫻會) 소속의 영관급 장교들과 참모본부의 고이소 구니아키(小磯國昭), 다테카와 요시쓰구(建川美次) 등은 민간의 우익 이론가 오카와 슈메이(大川周明)의 주장에 고무되어 총리 집무실(치명상을 입은 하마구치를 대신하여 시데하라가 지키고 있던)과 의사당을 점거하고 수천 명의 군중을 동원하면, 군부가 계엄을 선포한 뒤 질서를 회복할 강력한 지도자로 우가키를 내세울 수 있으리라 판단했다. 하지만 그런 일은 일어나지 않았다. 우가키는 주저했고, 군수뇌부는 만주사태가 더 시급하다고 생각했으며, 군중은 움직이지 않았다. 미수로 끝난 이 사건은 극비에 부쳐졌다. 주모자들은 전보발령을 받았고, 그 중 일부는 관동군으로 갔다.

  4월에 사이온지 공은 암살자의 총탄에 쓰러진 하마구치를 대신할 새 총리를 추천해야 했다. 완전한 반전을 시도하려다 또 다른 폭력사태를 부를 것을 우려한 그는 와카쓰키 레이지로를 총리로 추천했다. 시데하라는 여전히 외무대신 자리를 지키고 있었지만, 그 역시 어려움을 겪고 있었다. 순조롭게 진행되던 난징 국민당 정부와의 협상은 중국의 신뢰를 받고 있던 시데하라의 심복 사부리 사다오(佐分利貞男) 중국공사가 의문사하면서 미궁에 빠졌다.(자살인지 타살인지 밝혀지지 않았지만, 후자의 가능성이 더 컸다.) 3월사건의 실패한 영웅 우가키의 뒤를 이어 육군대신에 임명된 미나미 지로(南次郎) 대장은 대장대신 이노우에 준노스케가 추진하던 추가 예산감축안에 맞서기 시작했다. 군부의 기류가 심상치 않다는 소문에 외무성은 긴장했고, 사이온지는 육군대신 미나미에게 천황이 군의 자중과 군사행동 연기를 원한다는 뜻을 분명히 전했다. 한편 만주의 소요를 내심 기뻐하던 입헌정우회 간사장(幹事長) 모리 가쿠(森恪)는 모든 정당의 대표에게 만몽

875

'문제'를 정치논리에 적극 활용하라고 충고했다.

음모는 본국보다 만주에서 훨씬 성공적이었다. 만주사변의 신호탄이 된 폭발사고가 일어나기 며칠 전, 불만에 찬 일본인 몇 명이 관동군 사령부에 모였다. 1923년에 오스기 사카에를 살해했던 아마카스 마사히코(甘粕正彦)도 일본 우파가 제공한 자금을 들고 그곳에 와 있었다. 장쭤린 암살을 사주했던 고모토 다이사쿠 대령은 더 많은 자금을 확보하고 있었다. 위기를 빙자하여 오만과 과욕과 거짓이 활개를 쳤다. 관동군 장교들은 도쿄의 참모본부 요인들과 연락을 취하고 있었다. 이들은 개인적으로는 관동군의 작전에 찬성했지만 시기가 적절한지 의심하고 있었던 탓에 3월사건으로 실의에 빠져 있던 다테카와 요시쓰구를 현장에 급파하여 주의를 촉구하고 작전의 연기를 요구하려 했다. 다테카와의 임무가 무엇인지 알고 있던 관동군 음모자들은 그가 도착하자 거나한 술판을 벌여 시간을 끌었다. 이튿날 아침 다테카와가 자신의 임무를 수행하고자 했을 때는 펑톈 북쪽에 위치한 류탸오거우(柳條溝)의 만철 선로 위에서 이미 폭탄이 터진 후였다. 중국군 복장의 시체 몇 구가 만철의 치안을 맡고 있던 관동군 경비대의 철통 같은 경계태세를 입증하는 증거로 제시되었다. 관동군은 그 중국병사들이 폭탄을 설치하여 동북아를 위험에 빠뜨렸다고 주장했다. 피해는 비교적 미미해서 다음 남행열차는 펑톈에 정시에 도착할 수 있었다. 그럼에도 불구하고 '사변'은 발생하고야 말았다. 이시하라는 관동군 사령관 혼조 시게루(本庄繁)의 반응에 촉각을 곤두세웠다. 그가 자신들의 작전을 내심 환영한다 하더라도 도쿄의 주의조치를 무시할 수 없을까 봐 걱정했던 것이다. 하지만 그것은 기우였다. 혼조는 관동군 초소에 대한 조사를 서둘러 마무리했고, 이시하라는 그가 펑톈에서 외무성 관리들과 접촉하지 못하도록 막았다. 계획이 성공하기 위해서는 혼조의 협조가 꼭 필요했기 때문이다. 대규모 펑톈군을 거느리고 있던 장쉐량 역시 암초가 될 수 있었다. 하지만 그는 전쟁 도발을 피하기 위해 휘하 지휘관들에게 어떤 경우에도 일본군의 공격에 대응하지 말라는 명령을 내림으로써 오히려 사태를 방조하고 말았

| 중일전쟁 |

다. 이시하라가 사태를 해결하기 위해서는 군사행동에 나서야 한다고 재촉하자, 혼조 사령관은 잠시 생각한 뒤에 "좋소. 내가 책임질 테니 그렇게 하시오"라고 말했다.

몇 시간 만에 관동군은 펑톈군을 상대로 소기의 군사적 목적을 달성했다. 일단 무력행사가 시작되자 어쩔 수 없는 군사행동이었다는 변명이 추가작전을 정당화하는 데 동원되었다. 도쿄의 문민정부는 관동군의 조치가 질서를 유지하기 위한 것이었고, 더 이상의 확전은 고려하지 않고 있다는 거짓약속을 내놓았다. 책임질 만한 자리에 있던 사람들은 사건의 파문을 가라앉히고 정국을 수습하려고 애썼다. 참모본부나 육군성에 포진해 있던 영관급·위관급 장교들은 마침내 만몽'문제'가 해결될 기미가 보이자 기쁨을 감추지 못했다. 도쿄에서는 본국 정부를 노리는 음모가 진행되고 있다는 소문 때문에 긴장감이 감돌았다. 초조해진 정부는 사태를 악화시키지 않으려고 소문을 못 들은 척하려 했지만, 그럴수록 혼란은 커져만 갔다. 상황은 심각하게 돌아갔다. 만주에서 사건이 발생한 지 몇 주 뒤, 참모본부의 러시아 반장 하시모토 긴고로(橋本欣五郎) 중령은 사쿠라회의 강경파 군인들과 모의하여, 각료회의가 열릴 때 공중폭격을 가해 내각을 완전히 제거해버리자는 기상천외한 구상을 했다. 그렇게 되면 우익 군중들이 육군성과 참모본부를 에워싸고 군사정권 수립을 요구할 것이라는 발상이었다. 결국 미수에 그친 이 '10월사건'을 주동한 죄로 하시모토는 20일 동안 연금되었다. 이 경미한 처벌은 어떤 불미스런 사건도 일어나지 않았음을 강조하려던 상관들의 결정이었다. 하시모토의 이름은 양쯔 강에 떠 있던 미국 군함 파나이호를 폭격한 사건과 관련하여 10년 후에 다시 등장한다.

이 정도의 기강해이와 테러리즘이 일본의 안정을 일거에 위협할 수 있었다는 것은 놀랍기조차 하다. 그러나 우리는 1920년대 일본사회의 저변에 체제에 대한 불신이 팽배해 있었다는 요인을 감안해야 한다. 이미 살펴본 것처럼 자본가에 대한 산발적인 테러가 자행되고 있었고, 1928년에 만주에서는 군인들이 반란을 일으켰다. 육군 내부에서는 우가키처럼 군축을 계획하고 실행하던 집단과 그런 조치를 규탄하던 집단 간에 반목이 극심했다. 우익 논객들은 급속한 산업화의 결과로 사회적 급진주의가 출현할 것을 우려하면서, 자신들의 직접적인 행동을 농촌을 '구제'하는 조치라고 정당화했다. '중국문제'에 대한 끊임없는 논쟁과 정부의 '연약'외교에 대한 비판을 귀 아프게 들어온 사람들은 드디어 이런 문제들을 처리하기 위한 조치가 취해지고 있다는 안도감을 느끼기도 했다. 하시모토처럼 성급한 청년장교들은 이시하라나 이타가키 같은 참모장교들의 지원 없이는 아무것도 이룰 수 없었고, 참모장교들도 최소한 상급자의 암묵적 승인을 얻을 필요가 있었다. 더욱 심각한 폭력사태가 일어날지도 모른다는 두려움에다 군부의 유대감이 더해져 상급자들은 하급자들의 음모를 눈감아주거나 묵인했다. 일본 내에서 울려 퍼지던 '개혁'에 대한 요구는 해외로 진출하여 난국을 '타개'하자는 메아리로 돌아왔다. 군의 행동주의자들은 일본사회와 정치체제가 이상 징후를 보이며 그릇된 방향으로 나아가고 있다는 의구심을 퍼뜨리는 데 앞장섰다. 그 정치체제의 수호자인 겐로 사이온지와 연로한 정치인들은 경제공황과 국제적인 오명 때문에 골머리를 앓고 있었다. 이들은 권력을 움켜쥔 채 한발 뒤로 물러나 언젠가는 자신들의 시대가 다시 오기를 희망하고 있었다.

만주에서 관동군이 취한 군사행동을 과연 전술이라고 부를 수 있을지 모르겠으나, 어쨌든 그 전술 덕에 관동군 수뇌부는 융숭한 대접을 받았다. 1932년 9월 8일 혼조 대장과 그의 참모진은 궁성에서 마치 정복영웅처럼 환대받았다. 황실에서 제공한 마차가 역까지 마중 나와 그들을 태우고 유명한 '니주바시'(二重橋)를 건너 황거로 향했다. 오찬 후 만주의 군사문제에 대한 혼조의 보고에 이어 온갖 질문이 쏟아졌는데, 히로히토 천황은 그 '사건'이 모종의 음모라는 이야기에 근거가 있느냐고 물어 참석자들을 깜짝 놀라게 했다. 좌중에 침묵이 감돌았다. 모든 사람의 시선이 쏠린 가운데, 혼조는 일어나서 예를 갖춘 후 다음과 같이 말했다. "저 역시 그 사건이 일부 군인과 사단에 의해 계획된 것이란 이야기를 들었습니다만, 감히 천황 폐하께 장담하건대 관동군이나 저는 그 일에 전혀 관련된 바가 없습니다." 참석자들 중에 끼어 있던 이시하라는 "누군가 천황 폐하께 말도 안되는 소리를 하고 있군"이라고 중얼거렸다고 한다.[5]

만주에서 관동군은 계속 진격하면서 공중폭격과 신속한 작전수행을 통해 동북 3성을 모두 점령했다. 일본은 이제 9개국조약과 파리 켈로그-브리앙 조약을 명백히 위반했다. 선진국들은 세계공황의 충격으로 경제적 어려움을 겪고 있었고, 각국의 국민은 중국의 내전과 마적 이야기를 워낙 많이 접한 터라 일본을 비난해야 할지 말아야 할지 갈피를 잡을 수가 없었다. 군부를 통제할 수 없었던 일본의 문민관료들은 타국의 정부에 약속한 사항을 이행하지 못했고, 해외에서뿐 아니라 일본 국내에서도 폭력이 판을 쳤으며, 국제무대에서 일본의 외교관들은 쓸데없이 허세를 부리고 호전적인 태도로 일관했다. 군부의 인정을 받아야 출세할 수 있다는 사실을 깨닫게 된 일본의 관료들과 외교관들은 수많은 국내외용수사를 쏟아내게 되었다.

혼조 대장이 궁성에서 환대를 받는 동안, 동북 3성에 대해 중대한 조치가 취해졌다. 1931년 12월 13일 불운한 와카쓰키 정부는 퇴역군인 이누카이 쓰요시가 이끄는 입헌정우회 내각으로 교체되었다. 1932년 1월 3일 관동군은 점령하지 않겠다고 약속했던 진저우(錦州)를 접수했다. 며칠 뒤 외무성과 육해군의 대표들이 모여 만주에 독립국을 세우기로 합의했다. 이튿날 한국인 이봉창이 사쿠라다(櫻田) 문 밖에서 천황이 탄 마차에 폭탄을 투척했고, 이 일로 이누카이 총리가 사의를 표명했지만 수리되지는 않았다. 그 다음 주에는 상하이에서 일본 승려 몇 명이 살해되었는데, 이로 인해 베이징 지역에서 철수 중이던 중국 제19로군과 일본 해군 육전대 사이에 교전이 벌어졌다. 한편 이누카이 총리는 중의원 선거를 요구했다. 입헌정우회 대변인은 만몽 문제의 해결책을 모색하는 것이 중요하다고 역설했고, 선거 결과 입헌정우회는 입헌민정당을 압도했다. 또 다른 폭력사태가 이어졌다. 1월 31일 니치렌종 승려 이노우에 닛쇼(井上日召, 1886~1967)가 혈맹단(血盟團)을 결성하고 자본주의적 국제질서를 상징하는 저명인사를 암살할 자원자를 모집했다. 전 대장대신 이노우에 준노스케(2월 9일)와 미쓰이의 회장 단 다쿠마(團琢磨) 남작(3월 5일)이 혈맹단원들에게 희생되었고, 다른 단원들은 상하이 전투에서 돌아온 해군장교들과 공모해 5월 15일에 이누카이 총리를 관저에서 저격했다. 이런 일이 벌어지고 있는 동안 관동군은 2월 5일 하얼빈을 장악하여 만주에 대한 지배력을 강화했다. 국제연맹이 현장조사를 위해 파견한 리튼 조사단이 도착한 직후인 3월 1일에는 '독립국' 만주국의 건국이 선언되었다. 관동군은 새 만주국의 수도를 신징(新京, 창춘의 새 이름)으로 정했고, 군벌에 의해 자금성에서 추방되어 지난(濟南)에 피신해 있던 청조의 마지막 황제인 선통제(宣統帝) 푸이(溥儀)를 새 국가의 집정(執政)으로 앉혔다. 9월 15일에 일본은 일만의정서(日滿議定書)를 교환하고 만주국을 정식으로 승인했다. 제국의회의 중의원은 이미 석 달 전에 만장일치로 만주국에 대한 외교적 승인을 지지했다. 파리 조약의 일본대표였던 외무대신 우치다 야스야(內田康哉)는 의회에서, 방해세력에 대해 '초토(焦土) 외교'로 응수할 만반의 준비를 하고 있다고 호언장담했다. 일본식 국제주의인 시데하라의 중국정책과 실로 10여 년간 동아시아를 지켜온 워싱턴 회의의 질서는 이렇게 막을 내렸다. 1894년 근대성과 진보의 주체를 자임하며 청나라와 전쟁을 벌였던 일본은 이제 자신의 의지대로 중국 동북부를 통치하겠다는 입장을 천명했다.

　리튼 조사단이 보고서를 제출한 10월 2일까지 일본은 이미 독자적인 행보를 취하고 있었으므로 협상의 여지는 별로 없었다. 일본측 협상대표인 마쓰오카 요스케는 제네바로 돌아갔다. '만주사변' 자체를 계획했던 이시하라 중령도 그를 감시하기 위해 동행했다. 리튼 조사단은 일본과 중국을 방문했고, 만주에서 6주 동안 진상규명을 위해 노력했다. 일본군의 철수를 권고한 조사단의 판결은 일본에게 결코 유리한 것은 아니었으나, 일본의 대의명분까지 훼손하는 것도 아니었다. 하지만 연맹총회에서 일본의 만주 점령이 부당하다는 결의안이 압도적으로 가결되자, 마쓰오카는 일언반구도 없이 대표단을 이끌고 퇴장해버렸다. 그는 이미 일본이 세계여론의 희

| 중일전쟁 |

생양이라고 주장해 듣는 이들을 경악시킨 바 있었고, 일본에 대한 판결이 나사렛 예수에 대한 판결처럼 시간이 지나면 바뀌게 될 것이라고 예언했다.[6] 일본은 국제연맹에서 탈퇴한다고 공표했다. 하지만 대표단은 여전히 연맹의 여러 전문기구와 협조를 계속했다. 단 몇 주 만에 일본은 1868년 이후 추구해왔던 외교적 목표—강대국들과의 협조를 통한 동등성 확보—를 대담하게 포기했던 것이다.

구질서의 이상 속에서 성장했던 자유주의적이고 보수적인 지도자들이 직면해야 했던 딜레마를 이해하기란 그다지 어렵지 않다. 대부분은 결단을 내리지 못하고 여론이 다시 바뀌기만을 바라고 있었다. 이를 위해서는 일본이 협조외교를 완전히 또는 영구히 포기한 것이 아니라는 점을 서양 각국에 납득시키는 동시에 서양의 비난이 영구적인 유대 단절을 의미하는 것이 아니라는 점을 일본인에게 확신시킬 필요가 있었다. 해외에 넓은 인맥을 보유하고 있는 저명한 외교관들이 런던의 『더 타임스』를 비롯한 언론기관에 회유의 메시지를 보냈다. 한때 국제연맹의 사무차장이었고 이민법이 있는 한 다시는 미국 땅을 밟지 않겠다고 맹세했던 니토베 이나조는 생각을 바꾸어 병든 몸을 이끌고 미국을 순회하며 일본의 입장을 설명했다. 그는 일본으로 돌아오지 못했다. 정부가 급히 번역한 리튼 보고서의 내용이 지나치게 단호하고 도발적이라고 판단한 일군의 자유주의 학자들은 부드러운 표현이 자신들의 대의에 도움이 될 것이라는 헛된 희망을 품고 유명한 영국의 외교관 겸 학자인 조지 샌섬과 함께 밤새도록 문서를 다시 번역했다. 하지만 모든 면에서 정국을 주도하는 것은 군부인 듯했다. 1933년 1월 일본군은 베이징으로 들어가는 관문인 산하이관을 점령했고, 한 달 뒤 중국군은 일본의 급작스런 최후통첩을 받고 러허 성을 비웠다. 아직 만주국의 국경도 분명히 정해지지 않은 상태였지만, 일본은 만주국의 위상 정립과 방어에 박차를 가했다.

2. 만주국: 제국의 동점(東漸)

일단 관동군이 만주 전역을 점령하자 점령지를 어떻게 처리할 것인가 하는 문제가 대두되었다. 관동군 참모들은 반자치적 국가를 세우기로 결정하고 반대세력이 나타나기 전에 일을 마무리하고자 준비를 서둘렀다. 타이완이나 한국과 같은 식의 '식민지'는 불필요한 도발일 것이고, 나아가 본국 정부에서 파견된 식민지 관료들의 통제하에 놓이게 될 것이다. 반면에 반자치적 국가를 세우면 '독립국'이라고 주장할 수도 있고 일본과 동맹관계를 맺기에도 적합하다는 판단이었다. 이시하라는 자신의 원대한 전략적 목적을 달성하는 데 만주국 수립이 필수적이라 보았고, 심지어 새로 만주국 국적을 취득하기 위해 일본 국적을 버릴까 고심하기도 했다. 그 자신은 공화국 체제를 지지했는지는 모르지만, 아무래도 만주의 통치자를 내세우는 편이 모양새가 좋을 것 같았다. 청의 마지막 황제로 1909년부터 1912년까지 통치했던 푸이는 일본측의 끈질긴 설득 끝에 1932년 만주국의 집정이 되었다. 2년 뒤 그는 '강덕'(康德)이라는 연호를 받고 '만주제국정부'의 황제로 즉위했다. 황제가 된 푸이의 지위는 형식상으로는 히로히토 천황과 대등했다. 그가 1935년 6월 도쿄를 방문했을 때, 두 사람은 천황의 마차에 나란히 앉아 요요기(代々木)에서 거행된 제국군대의 관병식을 지켜보았다.

만주는 메이지 초기에 개척된 홋카이도 이후 일본이 처음으로 발견한 새로운 개척지였을 뿐 아니라 개발 가능성도 큰 곳이었다. 이미 많은 인구가 살고 있던 타이완이나, 일본보다 오래된 정치체제를 갖고 있던 한국에 비해 만주는 상대적으로 비어 있는 공간으로 (잘못) 인식되었다. 처음부터 만주사변은 일본에서 열렬한 환영을 받았다. 대공황으로 많은 사람이 궁핍해졌고, 일신의 영달에만 급급한 부패한 정치인들의 이미지에 국민들은 식상해 있었다. 이럴 때 터져 나온 관동군의 장쾌한 승전보는 국민의 감정을 사로잡았다. 처음에 펑톈군이 상부의 명령에 따라 항전도 하지 않았다는 사실을 감안할 때, 관동군의 승리를 영웅적 행위로 칭송하는 것은 값싼 애

| 중일전쟁 |

국주의의 발로에 불과했다. 차라리 잘 훈련되고 사기도 충천했던 중국군을 물리친 상하이 사변에서 영웅을 찾는 편이 옳았을 것이다. 그렇다 하더라도 1만 병력의 관동군이 그 몇 배나 되는 펑톈군을 만주에서 몰아낸 속도는 인정받을 만했다.

국민의 반응이 중요해진 것은 전간기에 발달한 대중매체가 널리 보급되어 있었기 때문이다. 그 중 상당수는 상업성을 띠고 있었지만, 그럼에도 그 영향력과 중요성은 줄어들지 않았다. 오사카판과 도쿄판 뿐만 아니라 근교의 위성도시에서도 발행하고 있던 거대신문인 『오사카 마이니치 신문』과 『아사히 신문』은 자극적인 표제와 유쾌한 이야깃거리로 전국을 석권했다. 판매부수가 늘어나자 신문사들은 주식회사로 발전했다. 자금 동원력이 커진 신문사는 특파원을 전선까지 실어 나르고 기사와 사진을 신속히 전달해 줄 비행기까지 구입했다. 종이가 부족해져 배급제가 실시되기 전까지 무수한 잡지들이 신개척지에서 벌어지고 있던 일을 상세히 전했다. 인기를 누리던 고단샤는 "몇 종의 잡지에 관동군의 사기를 북돋울 섹션을 마련했다." 여기에 라디오도 가세하여, 전국적으로 전력이 급속하게 보급되고 있던 시대에 보병대의 총성을 생생하게 전했다.[7)]

하지만 군국주의를 반대하는 목소리가 전혀 없었던 것은 아니다. 군부는 반군국주의 역풍을 잠재우기 위해 사상 최초로 서민들과의 접촉을 시도했다. 군부는 전선에서 돌아온 장교들을 강연장으로 보냈고, 유명한 학자와 여행가들을 동원해 만주에 관한 심포지엄을 열었다. 조사된 바에 따르면 이런 전략은 그때까지 회의적인 반응을 보이던 대학생들에게도 영향을 미쳤다고 한다. 가장 효과적인 것은 '국방국가'(國防國家)의 필요성을 역설하는 캠페인이었다. 신문의 호들갑과 강연장의 수사는 소련이 대륙에서 되살아나는 위험한 사태, 일본은 자원이 부족한 국가라는 사실, '가진 것' 많은 강대국들과 경쟁해야 하는 일본의 불리한 처지, 페리의 흑선(黑船)으로 시작된 서양의 침략사 등을 일본인의 뇌리에 각인시켰다.

지식인들은 이런 캠페인에서 빠지기는커녕 오히려 여러 면에서 앞장섰다. 근자에 공황으로 취업난을 겪었던 대학생들은 새로운 제국에서 할 일이 많아질 것이라는 전망과 함께 밝은 미래를 기약할 수 있었다. 1920년대에는 마르크스주의가 사회과학계를 지배했지만, 정통파의 압력과 위협이 거세어지면서 학계의 분위기도 변했다. 그러나 국가와 관료가 경제발전을 주도해야 한다는 관념은 만주국의 계획성장을 추진하던 군부의 의도와 맞아떨어지면서 그대로 유지되었다. 일본은 1928년에 실시된 소련의 5개년계획에 때늦은 찬사를 보내면서 1936년에 제1차 5개년계획을 발표했다. 새로운 도전과제가 제시되고 새로운 가능성이 타진되었다. 게다가 만주국의 독립이라는 외양은 낡은 제국주의를 초월하는 길을 제공하는 듯이 보였다. 그것은 소련의 계획경제, 이탈리아의 조합주의,* 독일의 국가사회주의, 미국의 뉴딜 정책만큼이나 근대적인 것이었다.

그 계획은 사회와 경제에 대한 면밀한 연구를 통해 수립되었고, 국내외에서 연구소의 수가 크게 증가했다. 명문대학 졸업생들은 일자리를 잡을 수 있었다. 더욱 놀라운 것은 만철의 후원을 받는 만주의 연구기관들이 대규모 프로젝트를 진행하면서 국내에서는 특별고등경찰의 감시대상인 마르크스주의 및 좌파 학자들까지 환영했다는 사실이다. 1941년 태평양전쟁이 발발한 뒤로 사상통제의 손길이 만주까지 뻗치기 전에는, 혁명적 변화와 사회 개조를 외치던 많은 일본인이 대륙에서 일자리를 찾았다.[8]

만주는 다양한 재능을 가진 사람들을 끌어들였다. 일본의 좁은 공간과 붐비는 도로에서 답답함을 느끼던 도시계획자들은 새 수도에 대로와 공원을 건설했다. 경력을 쌓으려는 학자들은 신징의 '건국대학'에서 기회를 얻었다. 수송 전문가들은 만철과 동청철도(1934년 소련으로부터 매입했다)를 보완하는 광궤(廣軌) 철도를 놓을 수 있었다. 다롄에는 호화로운 야마토(大和) 호텔을 위시하여 관광 호텔이 주요 철도변을 따라 우후죽순처럼 생

---

* corporatism. 사회 전체를 국가에 종속되는 조합들로 구성하여 일정한 권리와 의무를 갖는 자율적 직능집단의 정책결정 참여를 유도함으로써 안정된 사회질서를 구현하고자 하는 입장이다. 이때 조합은 공동체적이며 유기체적인 의미를 내포하고 있다.

겨냈고, 일본에서도 볼 수 없는 세련된 최신식 객실시설을 갖춘 특급 '아시아'호가 한때 만주에서 생산된 콩을 실어 나르던 철도를 따라 일본인 관광객을 실어 날랐다.

만주를 중공업기지로 육성하려는 열기 속에서 거대한 자본이 투입되었다. 루이스 영의 말마따나 만주는 본국에서 막대한 군사력 증강계획이 수행되고 있던 시점에 자본과 자원을 빨아들이는 블랙홀이 되었다. 그 자본의 대부분은 국가가 보증하는 채권이었다. 민간기업들은 신중한 입장을 취했고, 주요 재벌기업들이 그 부담을 상당부분 짊어져야 했다. 하지만 신흥재벌 닛산(日産)은 회장인 아이카와 요시스케(鮎川義介)와 군부의 유착관계를 등에 업고 군수품 공급이라는 특혜를 누리며 철강업에 뛰어들었다. 이런 과정에서 불가피하게 모순과 갈등이 발생했다. 중국시장에 대한 의존도가 높았던 섬유산업은 일본상품불매운동의 영향으로 만주에서 그 비중이 크게 축소되었다. 또 섬유 수출업자들의 이익은 관동군 참모의 이익과 상충했다. 본사를 일본에 둔 섬유회사들은 수출을 극대화하기 위해 낮은 관세를 원했는데, 만주국 당국자들은 중공업을 재정적으로 지원하기 위해 관세수입이 절실히 필요했던 것이다. 대륙의 정책입안자들이 전횡을 일삼자 괜찮은 조건으로 출발했던 사업이 자본만 잠식하는 결과를 낳는 경우가 비일비재했다. 기업가들은 군사계획가들이 만든 정책을 공공연히 비판했고 심지어 경멸하기까지 했다.

방문객들은 질서 정연한 항구, 말쑥한 기차, 호화로운 호텔 뒤에 숨어 있는 가혹한 현실을 목격했다. 관동군은 조직적인 저항을 사전에 차단했으나, 내륙의 치안은 여전히 골치 아픈 문제였다. '만주국' 군대와 경찰이 창설되었지만, 그 후로도 10년 동안 게릴라와 '비적'—이들은 대부분 국경을 넘어온 공산주의자들이었다—을 제압하기 위해서는 꾸준한 노력이 필요했다. 이들의 활동을 차단하기 위해 일본은 지방의 경찰조직과 연락을 취할 수 있는 '집단부락'을 늘려 나갔고, 만주국을 '왕도낙토'(王道樂土)라고 적극 찬양함으로써 민족주의와 급진주의의 확산을 막으려 했다. 1930

년대에 이런 노력은 비록 완전한 성공을 거두지는 못했으나 점차 효과를 발휘했다. 혹독한 기후 덕에 겨울에는 게릴라들의 식량 보급을 차단할 수 있었다. 일본인들은 수많은 보고서, 도표, 조사 등을 효율적으로 활용함으로써 서서히 치안문제를 극복해 나갔다.[9] 허술한 국경은 항일게릴라들이 무기를 반입할 수 있는 빌미를 제공하기도 했으나, 일본에 유리하게 작용하기도 했다. 일본인들은 국경의 서부와 남부에서 이루어지던 조직적인 아편 밀매를 통해 수익을 올렸다. 아편 보급로는 분열되어 있던 군벌들과 중국의 우익이 조약항의 치외법권(이는 물론 아편전쟁의 산물이었다)이라는 보호막을 이용하여 발달시킨 것이었다. 일본이 만주를 지배하면서 내몽골에서부터 중국의 북부와 중부까지 이어지는 보급로를 공식적으로 보호하자 아편 거래량이 크게 늘어났다. 최근에 출판된 꼼꼼한 기록들은 아편이 여러 지역에서 중국으로 유입되던 체계적인 경로를 보여주는데, 이란에서 미쓰나 미쓰비시의 기선에 실려 들어오는 경우도 있었다.[10]

만주국을 향한 일본 이주민의 행렬이 줄을 이었다. 그들 대부분은 도시 출신이었다. 행정직이나 수송 관련 직종이 인기를 끌었고, 도시지역에서 일본인 인구는 꾸준히 늘어났다. 하지만 관동군 참모들은 특히 북쪽 국경을 따라 방어기지를 구축할 수 있는 농촌 입식자를 원했다. 메이지 초기의 홋카이도 정착지도 이와 비슷한 둔전병(屯田兵, 돈덴헤이)을 중심으로 조성되었다. 그러나 과거에 하와이나 미국 서부연안으로 농민들을 유혹했던 것과 달리 그들을 만주로 가라고 설득하기는 쉽지 않았다. 북태평양철도를 따라 이어지는 미국 서북부의 평원을 '바나나 벨트'라고 미화했던 제이 힐의 선전활동을 모방하여, 일본 내 소작인과 토지 없는 농민들을 유혹하는 대대적인 만주 이민 선전이 시작되었다. 농장과 입식지를 소유하고 가축도 키우면서 가족을 충분히 부양할 수 있는 '낙원'이라는 장밋빛 전망에다 이주보조금까지 제공되었다. 이 제안을 받아들인 사람들에게 주어진 땅은 만주국 정부가 중국인으로부터 터무니없는 가격에 사들이거나 미경작지로 분류하여 거의 강탈하다시피 한 것이었다. 입식자들은 기후나 지형에 익숙해지기 어려웠을 뿐 아니라 약속과 달리 농기구도 지급받지 못했다. 많은 이들은 중국농민을 고용하여 농사를 짓거나 아예 소작을 주기도 했다. 농업생산고가 증가하긴 했지만 그들이 희망했던 것에는 훨씬 못미쳤다. 전황이 악화되고 소련의 공격 가능성이 커지자, 정부는 나머지 가족들을 국경에 방치한 채 건장한 남성 입식자를 징발하는 냉혹함을 보였다. 놀랍게도 타성에 젖은 관료들은 아무런 희망도 보이지 않는 만주 이민을 계속 진행했다. 나가노 현에서는 1945년 5월까지도 중국으로 이민을 보냈다. 입식자는 만주에 거주하던 일본인의 14%에 불과했지만, 전쟁이 시작된 1945년 8월에 민간인 사상자의 거의 절반을 차지했다.[11] 마침내 피난을 가라는 이야기를 들었을 때, 대부분의 농가는 교통수단도 없었고 식량도 거의 없었다. 전쟁이 끝나자 일본어도 모르는 일본인 수십 아니 수백 명이 일가친척을 찾겠다는 실낱 같은 희망을 안고 일본을 방문했다. 달리 살아남을 방도가 없다고 생각한 절박한 어머니들이 절친한 중국인들에게 맡기고 갔던 아이들이었다.

3. 군인과 정치

메이지 지도자들은 천황을 보필하는 자신들의 지위를 확보하기 위해 천황에게 군통수권을 부여하는 법적 근거를 마련했다. 1882년 육해군 장병들에게 내린 「군인칙유」는 정치에 개입하지 말라는 경고를 담고 있지만, 제도적으로 문민관료가 군의 뜻에 반하는 결정을 내리기란 쉽지 않았다. 한 가지 중요한 예외는 예산의 배정과 승인으로, 이는 제국의회의 권한이었다. 일본이 자국의 전략적 이익을 확대해 나가자, 사단 증설이나 군함 건조를 위한 자금을 내놓으라는 군부의 압력이 점차 거세어졌다.

하지만 천황에게 군사적 결정을 일임할 수는 없었으므로 그를 보필할 수 있는 자문기구가 필요했다. 천황은 자문단의 진언을 재가할 뿐 사견을 제시하지는 않는 것이 통례였다. 이때 자문기구가 작동하는 한 가지 방식은 육군 참모총장과 해군 군령부총장이 천황에게 보고한 후 천황의 훈령을 육군대신과 해군대신을 통해 내각에 전달하는 것이었다. 중요한 작전은 육군대신, 해군대신, 육군 참모총장, 해군 군령부총장, 이와 같은 직책을 맡았던 전임자들, 대장과 제독 중 천황에 의해 임명된 자들로 구성되는 최고 전쟁지도회의에서 논의되었다. 또 위기상황에는 원수부회의가 소집되었다. 이들이 어떤 결론을 내리면, 이를 기초로 육해군 고위 장성들이 연락회의를 열어 어전회의에 상정될 안건을 준비했다. 이 모든 과정 내내 천황은 전통적으로 침묵을 지켰다. '통수권'을 둘러싼 무성한 논의에도 불구하고 권한과 책임은 분산되었다. 메이지 헌법에 의해 통수권을 부여받은 천황이 친재(親裁)하기보다는 군 수뇌부의 자문을 구하는 이 제도는 서로 뜻이 맞는 소수의 겐로들이 막후에서 의견을 조율해주던 시절에는 순탄하게 운영되었지만, 1930년대가 되자 상황이 완전히 변했다.

   군부 내의 의사결정이 최종단계에 이르기 전까지 민간정치인이 개입할 수 있는 여지는 전혀 없었다. 반면에 군인들은 외곽 '정치'를 통해 내각을 타도할 있는 수단을 확보함으로써 정치에 영향을 미쳤다. 1900년의 칙령은 육군대신이나 해군대신이 현역군인이어야 한다고 못 박았고, 1920년대에 그 규정이 완화되었을 때에도 군인들은 여전히 정치적으로 중요한 존재였다. 1885년과 1945년 사이에 내각은 43번 교체되었고 총리는 30명이었는데, 그 중 절반이 군인(대장 9명과 제독 6명)이었다. 또한 내각의 494개 민간 관료직 중에서 115개가 장군과 제독의 차지였다. 군인들의 비율은 메이지 시대에 높았고 다이쇼 시대에 낮아졌다가, 항복 이전의 쇼와 시대에 다시 늘어나 165개의 관직 가운데 62개를 군인들이 차지했다. 하지만 대장성만큼은 군부가 침범하지 못했다.[12]

   이누카이 쓰요시와 항복결정을 내릴 당시의 총리였던 스즈키 간타로(鈴木貫太郞) 사이의 내각을 일람하면 군부의 영향이 커지고 있었음을 알 수 있다. 또한 군부의 하극상, 국제정세에 대한 오판, 제국회의 내 지지기반

| 중일전쟁 |

구축 실패 등으로 인해 정국이 불안했음도 쉽게 알 수 있다. 이누카이는 살해되었고, 오카다 게이스케(岡田啓介)는 암살은 모면했지만 청년장교들의 반란으로 입지가 형편없이 약화되었다. 사이토 마코토(齋藤實)와 하야시 센주로(林銑十郞)는 부당한 대우를 받는다고 느끼고 있던 의회를 다룰 수 없었고, 히로타 고키(廣田弘毅)와 하야시는 육군을 격노케 했다. 고노에 후미마로는 제1차 내각 때는 자신의 대중국정책이 실패하면서, 제2차 및 제3차 내각 때는 전쟁으로 치닫는 시대적 조류를 저지하거나 지연시키지 못하면서 실의에 빠져 사임했는데, 사실 전쟁 분위기가 조성된 데는 그 자신의 책임도 없지 않았다.

사이온지는 1940년에 사망할 때까지 마지막 겐로로서 총리에게 조언하는 일을 했다. 80대에 접어든 사이온지는 궁중의 고관들과 국사를 논했는데, 그 중에는 내대신 마키노 노부아키(牧野伸顯)와 궁중의 요직을 두루 거치며 유력한 궁중 정치가가 된 기도 고이치(木戶幸一)가 있었다. 사이온지는 실로 근대국가의 진정한 정치 엘리트들과 함께 일했던 것이다. 마키

1931~1945년의 내각 일람	
총리	실각 사유
이누카이 쓰요시, 1931~1932년 5월 15일	암살
사이토 마코토 제독, 1932~1934년	부패 혐의
오카다 게이스케 제독, 1934~1936년	청년장교반란(2·26사건)
히로타 고키, 1936~1937년	의회에서 모욕당했다는 육군대신의 주장
하야시 센주로 대장, 1937년(4개월)	선거 패배
고노에 후미마로, 1937~1939년	중일전쟁의 후유증
히라누마 기이치로, 1939년(8개월)	독소 불가침조약에 대비하지 못함
아베 노부유키 대장, 1939~1940년	의회의 불신임
요나이 미쓰마사 제독, 1940년(6개월)	육군의 반대
고노에(2차), 1940~1941년	외무대신 마쓰오카 제거
고노에(3차), 1941년 7월~10월(3개월)	워싱턴 협상 실패
도조 히데키 대장, 1941~1944년	사이판 함락
고이소 구니아키 대장, 1944~1945년 4월	오키나와 침공
스즈키 간타로 제독, 1945년 4월~8월	항복

노는 오쿠보 도시미치의 아들이었고, 기도는 기도 다카요시의 손자였다. 다른 궁중의 고관들도 사이온지와 의논했고, '중신'(重臣, 주신)이라 불리던 전직 총리들뿐 아니라 육군대신과 해군대신, 정당의 지도자들도 그를 찾아와 조언을 구했다. 이누카이가 1932년 2월에 요청한 선거에서는 입헌정우회가 압승을 거두었다. 5월에 총리가 살해되자 입헌정우회는 스즈키 기사부로(鈴木喜三郞)를 후임 총재로 임명했고, 따라서 그가 총리에 지명되는 것은 기정사실이나 마찬가지였다. 하지만 사이온지는 스즈키를 극단주의자라고 생각했기 때문에 좋아하지도 신뢰하지도 않았다. 육군대신과 해군대신은 또 다른 정당내각의 수립 자체를 거부했다. 야당인 입헌민정당 역시 스즈키가 이끄는 입헌정우회 내각을 탐탁치 않게 여겼다. 사이온지는 조선총독을 지낸 바 있는 퇴역 제독 사이토 마코토로 하여금 '거국일치' 내각을 구성하게 하는 대안을 택했다. 사이토는 양당 의원들의 지지를 받기에 무난한 인물로, 국가적 위기상황에서 초당적으로 내각을 이끌 수 있으리라는 판단에서였다. 비정당 내각을 구성하도록 한 이 결정은 엄청난 결과를 초래했다. 이후 제2차 세계대전이 끝나기 전까지 정당내각이 발붙이지 못했기 때문이다. 그렇지만 만주와 상하이에서의 무력충돌, 암살, 국제사회의 비난 등으로 위기에 봉착해 있던 그 시점에 대부분의 일본인은 사이온지의 결정이 타당하다고 보았다.

이렇게 사이온지를 비롯한 '보수파' 정치인들은 조금씩, 그리고 어쩔 수 없이 군의 요구를 들어주기 시작했다. 또한 이 과정에 천황이 직접 개입하지 않도록 최선을 다했다. 히로히토는 심기가 몹시 불편했다. 그는 자신의 위신과 후광을 활용하여 친재에 나서려고 마음 먹었던 것 같다. 사이온지는 두 가지 문제를 염두에 두고 있었다. 하나는 입헌군주의 역할에 대한 소신을 지키는 것이었다. 천황의 개입은 메이지 헌법의 정신에 위배된다는 것이 사이온지의 주장이었다. 다른 하나는 사이온지가 감지하고 있던 육군 내의 급진적 기류였다. 청년장교들 사이에서 불경스러운 말들이 오간다는 소문을 들은 사이온지는 천황의 안위, 나아가 천황제 자체의 존폐문제를

걱정하지 않을 수 없었다. 이는 사이온지의 태도에 결정적인 영향을 미친 요인이었다.[13]

파벌주의의 거센 파고와 경직된 이데올로기로 인해 제국군대는 말도 많고 탈도 많은 조직이 되었다. 야마가타 아리토모가 이끄는 조슈 번벌은 메이지 초기 이래 군 수뇌부를 장악해왔다. 1922년에 세상을 떠난 야마가타는 마지막 순간까지 권력을 유지했지만, 그가 택한 후임자들은 신통치 못했다. 가쓰라 다로는 다이쇼 첫 해에 자신의 제3차 내각을 구성한 후 사망했고, 그 뒤를 이은 데라우치 마사타케는 형편없는 총리라는 핀잔을 듣다 1919년에 죽었다. 차기 총리직은 시베리아 출병을 수행한 후 러일전쟁 기간에 만주에서 활약했던 다나카 기이치에게 넘어갔다. 1925년 입헌정우회 총재가 되기 전, 그는 참모본부에서, 그리고 하라 내각의 육군대신으로 재향군인회와 청년단을 조직하는 데 앞장섰다. 그는 대륙정책의 구상에도 관여했으나, 앞서 언급한 대로 1929년 장쭤린 살해사건에 대한 수사 약속을 지키지 않아 천황의 진노를 샀고, 이로 인해 사퇴한 후 얼마 안 있어 죽었다. 조슈파의 다음 지도자는 우가키 가즈시게(1868~1956)였다. 우가키는 사실 조슈가 아닌 오카야마(岡山) 출신이었지만, 정당(헌정회/입헌민정당)의 협조를 구하는 다나카의 방식을 답습했다. 그는 가토 다카아키와 하마구치 오사치 내각에서 육군대신으로 일하다 조선총독으로 부임하기 위해 사임했다. 1931년 3월사건의 주모자들은 우가키가 자신들을 지원해 계엄 정부의 총리를 맡아주기를 기대했으나 그는 이 기대를 저버렸다. 이 일로 군부와의 관계가 소원해진 우가키는 1937년에 총리로 지명되었으나 군부의 반대로 내각을 구성하지 못했다. 이듬해에 우가키는 고노에 후미마로 밑에서 잠시 외무대신을 지냈지만, 외무성의 위상을 약화시키는 조치에 항의하며 사임했다.[14]

조슈파의 장기집권은 국외자들의 반감을 불러일으켰다. 이들은 조슈파의 지배를 거부하며 조슈파를 보수적인 정치적 파벌주의자들이라고 비난했다. 조슈파의 고위직 독점에 대한 적대감이 육군 분열의 한 원인이었다면, 예산 지출 우선순위에 대한 의견 충돌은 육군과 해군 사이의 반목을 가져온 요인이었다. 러일전쟁 후 해군 지도부는 나포한 러시아 선박의 일부를 보수했다. 하지만 영국의 드레드노트급 전함이 등장하자 좀 더 근본적인 조치가 필요하다는 사실을 깨닫고 대규모 건함계획을 요구하게 되었다. 육군은 이에 맞서 대륙에서 새로운 책임을 수행하는 데 필요하다며 2개 사단 증설을 요구했다. 이 요구는 1912년에 사이온지와 가쓰라를 실각시킨 '다이쇼 정변'의 배경으로 작용했다. 육군은 1914년 야마모토 내각이 해군 군납비리로 사퇴한 뒤 우위를 점하게 되었다. 그리고 대륙 진출의 새로운 계기(21개조 요구, 베이양 군벌에 대한 데라우치의 '니시하라' 차관 제공, 특히 시베리아 출병)가 된 제1차 세계대전은 신중한 겐로가 지배하는 오랜 관행에 종지부를 찍었다.[15]

1914년 야마모토 총리는 현역장성 중에서 육군대신이나 해군대신을 임명해야 한다는 규정을 완화해 퇴역장성을 육해군대신에 임명할 수 있도록 했다. 이에 대응해 육군 수뇌부는 참모본부의 권한을 강화함으로써 군사문제에 문민정부가 개입할 가능성을 봉쇄하려 했다. 하지만 제1차 세계대전은 군부에 대한 일본사회 전반의 지지를 약화시켰을 뿐 아니라 군부 핵심세력의 분열을 초래했다. 이미 설명했듯이 일본은 반(反)군국주의와 무장해제라는 국제적 조류에 동참하고 있었다. 이런 조류가 육군 내 파벌들을 단합시킬 수도 있었지만, 서유럽의 호전적인 국가들이 이룩한 것과 같은 수준으로 육군을 근대화시킬 것인가 하는 문제를 둘러싸고 내분이 생겼다. 다나카 기이치는 참모본부에 있을 때부터 육군의 2개 사단 증설과 시베리아 출병을 강력하게 지지해왔지만, 불안정한 전간기를 맞아 이제 일본이 어려운 선택을 해야 한다는 점을 깨닫게 되었다. 그는 군의 근대화와 병력 감축을 통해 일본의 성장을 도모하기로 결심했다. 그가 중공업 우선정책을 내세우던 입헌정우회 지도부와 제휴한 것도 상황논리에 따른 결단이었다. 우가키는 비록 야당과 손을 잡았지만 그런 목표를 공유했다. 1922년에 육군대신 우가키는 기존 육군사단의 병력을 감축하여 국방비를 절감했고,

| 중일전쟁 |

1924년에는 4개 사단을 한꺼번에 폐지했다. 1931년에 다시 육군대신이 된 우가키는 근위사단 해체까지 제안했다. 이러한 조치는 반대파의 강력한 저항에 부딪혔다. 군축 반대론자들은 기술적으로 우위에 있지 않은 대륙의 적들에 대해서는 불굴의 정신과 뛰어난 기동력으로 무장한 재래식 군대로 맞서야 한다고 주장했다. 표면적으로는 근대화 옹호론자들이 우위에 있었지만 반대세력도 만만치 않았다. 가장 강력한 반대자는 우에하라 유사쿠(上原勇作) 대장으로, 그는 10년 이상 육군대신과 참모총장을 역임한 사쓰마 번벌의 핵심인물이었다. 군 근대화보다는 '정신'에 희망을 걸었던 군인들은 황도파(皇道派)에 집결했다. 1930년대를 혼탁하게 만들었던 아라키 사다오(荒木貞夫, 1877~1966)가 황도파의 주장을 대변하는 인물이었다.

육군 지도자들을 분열시킨 또 다른 쟁점은 중국의 국민당 정부에 대한 일본의 정책이었다. 대부분은 장제스의 난징 정부를 인정하려는 시대하라의 움직임이 동북아에서 일본의 지위를 위협하는 것이라 보고 그 지역에 대한 전면적인 통제를 주장했다. 관동군 참모 장교들은 당연히 그렇게 생각했고, 참모본부에도 그런 주장에 동조하는 세력이 많았다. 중국에 대한 첩보는 다양한 경로를 통해 수집되었다. 중국의 주요 군벌들은 사령부에 일본장교들을 두고 있었고 때로는 그들을 고문으로 기용했다. 중국에서 수집한 첩보를 처리하는 핵심부서는 참모본부의 제2부였다. 이 부서에는 육군대학을 우수한 성적으로 졸업한 장교들이 배치되었는데, 이들이 직접 정책을 입안하는 위치로 진급되는 경우는 드물었다. 그럼에도 불구하고 그들은 육군성의 동료들에 비해 전략적으로 훨씬 유리한 위치에 있었다. 육군성은 내각의 다른 성들과의 관계에 있어서 제약이 따랐기 때문이다.

1920년대 후반에 새롭고 때로는 위험한 형태의 파벌주의가 사관학교 동기생들 간의 유대를 통해 발전했다. 이 수평적 집단은 술자리를 겸한 심야토론을 통해 세를 불리면서 상급자들의 신중함을 참지 못하는 군인들을 양산했다. 이들은 구질서의 상징을 제거하는 직접적인 행동을 통해, 위험을 감수하는 극단적인 정책을 추구하는 인물에게 힘을 실어준다는 단순한 해결책을 모색했다. 이 테러리스트들에게는 구체적인 계획이 없었다. 이누카이의 암살자 중 한 명은 법정에서 이렇게 해명했다. "우리는 우선 파괴부터 생각했습니다. 재건의 책임에 대해서는 생각해보지 않았습니다. 하지만 일단 파괴가 이루어지고 나면 누군가 재건의 책임을 맡아줄 것으로 예상했습니다." 1930년대 전반에 육군대신을 지낸 아라키 사다오 대장이 그들의 영웅이었다. 그들은 아라키가 제시한 황도(皇道) 정신과 부활하는 일본이라는 애매하고 불투명한 전망을 진리로 오인했다. 아라키는 그들이야말로 사심 없는 애국자이며 자신들이 열정적으로 믿고 있는 대의를 위해 망설임 없이 목숨을 바치는 훌륭한—때로는 다소 빗나간—일본정신의 귀감이라고 생각했다. 유감스러운 것은 그들이 다른 사람들의 생명을 빼앗는 것도 주저하지 않았다는 점이다. 이들의 과격함으로 인해 보수파 대다수는 일본의 진로에 대해 국민에게 경고하기 전에 몸을 사릴 수 밖에 없었다.

만주사변 이후 1936년까지 5년 동안 이런 국수주의와 파벌주의가 결합하여 일본은 온건파가 발붙이기 힘든 위험한 장소가 되었다. 육군 최고위직에 오른 아라키 대장은 육군대신으로서의 영향력을 이용해 자신의 동료 마자키 진자부로(眞崎甚三郞)를 참모차장에 임명했고, 이들은 힘을 합쳐 다나카와 우가키가 이끄는 조슈파를 축출했다. 이는 육군 감축과 군사 근대화를 추진하고 정당과 협조하여 영미 양국을 자극하지 않으려 하던 조슈파에 대한 보복이었다. 일본은 근대적 기계를 맹신할 게 아니라 전통적 가치에 의존해야 한다고 아라키 일파는 생각했다. 혹자는 근대적 무기가 비인간적이라고 비난하기도 했다.

이데올로기와 '정신'을 강조하던 아라키는 육군대신으로 재직하는 동안 다소 비현실적인 모습을 보여주었다. 그는 소련과의 충돌이 불가피하다고 느꼈고, 심지어 1934년에는 동청철도 매입에 반대하기도 했다. 일본이 소련을 물리치면 당연히 전리품으로 획득할 수 있다는 이유에서였다. 그는 '농촌'을 보조하기 위해 군사 근대화계획을 연기시켰고, 일본정신의 우월성을 지나치게 확신한 나머지 소련의 공군력 증강에 대해서는 신경도 쓰지 않았다.

이 기간에 일본의 정책은 계속 서양을 자극했다. 국민당 정권이 러허 성을 장쉐량에게 넘겨주자, 관동군은 만주국 방어에 긴요한 지역이라며 러허 성을 점령해버렸다. 만리장성 이북의 모든 지역이 이제 일본의 지배나 보호를 받게 되었고, 만리장성 이남에서도 분쟁이 잇따랐다. 지방 군벌들과 계속 마찰을 빚고 있던 난징 정부의 군대는 관동군 사령관들의 협박을 견디다 못해 어쩔 수 없이 1933년 5월에 정전협정 —탕구(塘沽) 정전협정—을 맺었다. 이로 인해 베이징-톈진 평원의 북부는 비무장지대가 되었고, 만주사변 이후 계속되던 중국군과의 교전은 사실상 종료되었다. 관동군 사령관들이 스스로 내건 조건을 지키기만 했다면 평화가 회복될 수도 있었을 것이다. 난징의 국민당 정권은 그 지역에 대해 형식적인 주권을 유지했지만, 실권은 일본군에 저항하지 않던 지방군벌의 손에 넘어갔다. 일본은 후에 중국 중부로 진출할 때도 같은 수법을 사용했다. 제임스 크라울리의 말을 빌리면, 야전사령관들의 지휘하에 무모한 팽창을 계속하던 관동군의 움직임은 기본적으로 상부의 승인을 받은 것이었다.[16]

1934년 4월 외무성 정보부장 아모 에이지(天羽英二)는 중일관계는 중일 양국이 알아서 해결할 문제이며, 중국에 대한 서양열강의 정치적·경제적 개입이나 원조는 상황을 그르칠 뿐이라는 성명을 발표했다. 사실상 일본은 아시아식 먼로주의를 주창함으로써 워싱턴 체제의 구도가 수명을 다했음을 공표한 것이었다. 무장해제, 중국에 대한 협조외교적 접근, 상호보장체제는 이제 허울 좋은 수사에 불과했다. 제임스 크라울리는 "1933년 12월에 이르자 일본정부는 군사력에 대한 자신감을 바탕으로 소련, 중국 국민당 정부, 영국과 미국의 영향을 무력화시키려는 외교정책에 전념하게 된다"[17]고 썼다.

1934년 오카다 제독의 뒤를 이어 사이토 제독이 총리에 오르자 아라키의 활약이 시작되었다. 그는 소련과의 충돌을 예상하면서 '1935년의 위기'가 임박했다고 줄기차게 주장했다. 다가올 장기전에 대비해 한시바삐 국력을 길러야 한다는 경고였다. 군사 근대화의 지지자였던 나가타 데쓰잔(永田鐵山)은 아라키에 의해 보병여단장으로 전출되었다가, 다시 중장으로 승진하여 육군성의 요직인 군무국장으로 돌아왔다. 육군성은 총력국방의 중요성을 천명한 「국방의 본의와 그 강화의 제창」을 발표했는데, 이 팸플릿에는 전쟁이 "창조의 아버지이며 문화의 어머니"라는 눈에 띄는 구절도 있었다.

그런데도 오카다 내각의 외무대신 히로타 고키가 난징 정부와의 합의 가능성에 관심을 보이자, 군인들은 공식회담이 시작될 경우 중국이 '무례'하게 나올지도 모른다고 주장하면서 재빨리 일본군 야전사령관들과 중국 현지 지도자들과의 합의를 이끌어냈다. 허잉친-우메즈 협정(1935년 6월 10일)*과 친더춘-도이하라 협정(1935년 6월 23일)†은 북중국에서 국민당의 세력이 커질 위험을 사전에 차단하기 위한 것이었다.

하지만 이런 협정들은 국내에서 일어난 반란—1877년의 세이난 전쟁 이래 가장 큰 반란—의 그늘에 가려 크게 주목받지 못했다. 반정부 음모 가담자들에 대해 단호한 조치를 취해왔던 나가타 데쓰잔 중장이 자신의 집무실에서 아이자와 사부로(相澤三郎) 중령에게 살해되었다. 아이자와에 대한 공개재판은 국수주의적 감상주의의 공연장이 되었고, 선동자들은 피고의 도덕성과 애국심을 찬양했다. 여론의 분위기가 묘하게 흘러가자 외무대신은 난징 쪽과 문제를 해결해보려는 모든 시도를 포기했다. 오랫동안 별 문제없이 받아들여졌던 '천황기관설'의 주창자 미노베 다쓰키치 교수도 느닷없이 타도의 대상이 되었다. 급기야 그는 귀족원에서 사임했으며, 그의 책들은 소각되고 판금조치를 당했다. 미노베는 아라키 대장과 마자키 대장을 제거하려던 통제파(統制派)와 여기에 맞선 황도파 사이의 격심한 내분으로 인해 죄없는 희생양이 되었다고 볼 수 있다.

---

* 중국국민군군사위원회 베이핑 분회 대리위원장 허잉친(何應欽)과 지나 주둔군 사령관 우메즈 요시지로(梅津美治郎)가 체결한 협정으로, 허베이와 차하르에 대한 일본의 점령을 인정했다.
† 차하르 성 주석대리 친더춘(秦德純)과 펑텐 특무기관장 도이하라 겐지(土肥原賢二) 사이의 협정.

| 중일전쟁 |

 이렇게 흥분된 분위기 속에서 민간의 극단주의자 집단이 청년장교들과 공모해 1936년 2월 26일에 반란을 일으켰다. 육군 1사단은 만주로 파병될 예정이었다. 이런 상황이 5년 전 이시하라와 이타가키가 관동군에서 전출되기 직전에 만주사변을 일으킨 것과 마찬가지로 반란을 촉발했다. 때늦은 눈이 내리던 겨울날, 암살단은 권력을 쥐고 있는 주요 보수인사들을 제거하기 위해 행동을 개시했다. 전임 총리로 내대신을 맡고 있던 사이토 제독(78세), 육군 '3대' 요직 중 하나인 육군 교육총감 와타나베 조타로(渡邊錠太郎) 대장(62세), 대장대신 다카하시 고레키요(82세)가 침실에서 잠을 자다가 총을 맞고 죽었다. 시종장인 스즈키 간타로 제독(69세)은 중상을 입었지만, 남편을 자기 손으로 보낼 수 있게 해달라고 간청한 아내 덕분에 목숨은 건졌다. 암살단의 우두머리는 그녀에게 제독이 국가를 위해 죽는 것이라고 설명하고 바닥에 쓰러져 있는 늙은 제독에게 예를 표한 후 떠났다. 다른 군인들은 사이토의 전임 내대신 마키노 노부아키 백작(75세)을 처치하기 위해 하코네(箱根) 산기슭의 유가와라(湯河原)에 있는 여관을 급습했다. 경비를 맡고 있던 경찰이 군인들과 총격전을 벌이는 사이에 마키노는 딸과 간호사, 경찰 한 명과 함께 뒷문으로 달아났다. 암살단의 가장 중요한 임무는 총리를 제거하는 것이었다. 군인들은 신속하게 총리관저를 점거했지만 총리는 벽장에 숨었다. 반란군은 오카다 총리의 비서를 총리로 오인하고 살해하는 실수를 저질렀다. 죽은 것으로 알려졌던 오카다는 며칠 후 변장을 하고 관저를 빠져 나가는 데 성공했다. 그렇지만 그의 정치생명은 완전히 끝나버렸다.
 암살단들이 각자의 임무를 수행하는 동안 근위사단의 장교들은 병사들을 이끌고 궁성 진입을 시도했다. 그들은 천황의 신병을 확보하는 것이 거사의 성패를 좌우한다고 생각했고, '천황 곁의 간악한 자'들을 일소하려 했다. 천황을 안경쓴 소심한 청년으로 생각했던 그들은 군사정권을 수립하려는 자신들의 고결한 뜻을 히로히토에게 전하고 마자키 진자부로 대장을 총리로, 아라키 사다오를 내무대신으로 내세워 '쇼와 유신'을 단행하고자 했

다. 천황이 주저할 경우, 뜻을 이루기 위해 현장에서 할복할 준비가 된 청년 장교도 있었다.

하지만 궁성 진입 시도는 실패로 끝났다. 그들은 위조한 출입증을 제시하고 별 문제 없이 궁성에 들어갈 수 있기를 바랐는데, 근무 중이던 경비사령관은 이미 암살과 관련된 정보를 입수하고 그들의 출입을 막아버렸다. 반란군은 당연히 육군 고위층에 자신들의 동조세력이 있다고 믿고 있었지만, 황도파 지도자들이 사건 발생 초기에 머뭇거리는 동안 히로히토가 진노하는 바람에 사태는 그들에게 불리해졌다. 며칠 동안 일본에서는 메이지 국가의 건설자들이 막으려 했던 천황의 친정(親政)이 펼쳐졌다. 천황은 오카다 제독의 후임자를 지목하지 않음으로써 사실상 궁정이 내각의 기능을 수행하도록 했다. 육군 수뇌부는 최초의 성명서에서 이 반란을 '봉기'라고 묘사했지만, 이 용어는 결국 미묘한 의미상의 차이가 있는 '반역'으로 대체되었다. 좀 더 신뢰할 수 있는 부대들이 도쿄로 차출되어 1사단의 핵심세력을 진압했다. 반란 주동자들은 동기의 순수성을 인정해준 초기의 성명서에 만족을 표했지만, 뜻밖에도 그들이 저지른 일은 결코 용서받지 못했다. 상황이 이렇게 급변한 데는 분명히 히로히토 천황의 반대와 진노가 결정적인 역할을 했다. 사이온지 계열의 궁중고관들은 노련하게 대처했다. 이들은 후임 내각의 지명을 막아 반란군을 초조하게 만들었고 최종적으로 주동자들에게 투항을 명했다.

이번에는 반역적인 테러리스트들의 무도한 행동에 관용을 베풀지 않았다. 가담자 중 1,483명이 수사를 받았고 124명이 기소되어 비공개 군사재판에 회부되었다. 장교 19명, 하사관 73명, 사병 19명, 민간인 10명이 별도의 재판정에 섰다. 재판은 과거와 같은 법정 소란이나 선동을 방지하기 위해 극비리에 진행되었고, 재판관들은 피고들이 범행동기에 대해 장황한 변명을 늘어놓지 못하게 했다. 재판은 두 달 만에 끝났다. 13명의 장교와 4명의 민간인은 사형을 선고받았고, 나머지 50명은 그보다 경미한 처벌을 받았다. 육군 수뇌부 중에서는 마자키 대장을 비롯한 세 명만이 기소되었다.

| 중일전쟁 |

마자키는 무죄 방면되었고 나머지 두 명도 가벼운 형을 선고받았다. 반란의 정신적 지주였던 우익 사상가 니시다 미쓰기(西田稅)와 기타 잇키(北一輝, 뒤에서 상세히 설명할 것이다)는 처형되었지만, 거사자금을 지원한 재정가는 수사만 받고 기소되지 않았다. 대부분의 일본인은 이 결과에 당혹했다. 언론과 많은 논객들이 청년장교들의 '신실함'을 칭송했고, 심지어 최초의 육군 성명서는 그들의 행동을 승인하는 듯이 보였기 때문이다.

내막을 아는 사람들은 청년장교들이 이용만 당한 뒤 후원자들에게 버림받았다고 느꼈다. 우가키 대장은 자신의 일기에서 이렇게 지적했다.

> 이 악당들이 양 손에 각각 성냥과 호스를 들고는, 불을 붙이는 동시에 불을 끄고, 청년장교들을 선동했다가 숙청하고, 그들의 대의를 옹호하는가 싶더니 어느새 정색을 한 채 그들을 진압했다고 공치사하는 모습은 역겹기 그지없다.

이 반란과 그 주동자들을 경솔하게 처리해서는 안된다는 글들이 수없이 쏟아졌다. 청년장교들 중에는 인맥이 좋은 경우가 많았는데, 당시 천황의 시종무관(侍從武官)이던 혼조 대장의 사위도 그 중 한 명이었다. 혼조는 주모자들이 천황에게 '신실'했음을 주장하며 사위에 대한 선처를 간청했으나 소용없었다. 만약 반란자들이 황거를 점거했다면, 육군 수뇌부는 다른 판단을 내렸을지도 모른다.

이 정도 규모의 반란과 폭력사태는 더 이상 발생하지 않았다. 육군 수뇌부는 이제 선동가보다는 관료형 인물, 즉 기강과 효율성을 우선시하는 집단에 의해 지배되었다. 기겁한 문민각료들과 제국의회는 육군의 예산을 대폭 늘려주었고, 얼마 후에 중일전쟁이 발발하자 일본인의 관심은 온통 해외로 쏠리게 되었다. 불복종과 반란은 한 번 더 일어났다. 10년 뒤 제국주의 일본이 막을 내릴 때 항복에 반대하던 청년장교들이 다시 궁성에 난입하여 라디오 방송국을 점거하고 항복방송을 사전에 차단하여 항복결정을

번복시키려고 했지만, 역시 실패하고 말았다.[18]

유혈반란은 오래 지속되지 않았으나 일본사에 뚜렷하게 각인되었다. 서양의 여러 국가와는 달리 관료들의 조직적인 통솔에 순순히 따르지 않던 일본에서 집단 히스테리가 만연했던 것은 어찌 보면 당연하다. 청년장교들의 용기와 이상주의──아무리 빗나간 것이라 할지라도──가 동시대인은 말할 것도 없고 소설가 미시마 유키오(三島由紀夫) 같은 전후의 낭만주의자에게까지 호소력을 발휘했던 것도 같은 맥락에서 이해할 수 있을 것이다.[19] 1988년에는 그때까지 알려지지 않았던 궁정기록이 발견되어 다시 한번 이 파란만장한 시대에 대한 대중적 관심을 불러일으켰다.[20]

반란이 진압되자 유혈사태를 초래한 육군 내의 파벌주의가 위축되었다. 통제파는 황도파와 우가키 일파를 완전히 제거하여 논란의 불씨를 잠재우고자 최선을 다하고 있었다. 군인들은 어떤 종류의 정치적 제휴(우가키는 정당의 지도자들과 밀접한 관련을 갖고 있었다)도 기피하게 되었다. 1937년 천황이 우가키에게 조각을 명했을 때, 육군이 이를 저지하고 나섰다. 기타오카 신이치(北岡伸一) 교수의 표현대로, 이제 부처 이기주의가 파벌주의를 대체했다. 육군대신은 참모총장에 비해 영향력이 현저히 줄어들었다. 대장대신 다카하시의 견제로 어느 정도 동결되어 있던 육군의 예산은 무려 33%나 증가했다. 내분을 수습하고 확전에 대비하려는 신임 관료들이 막대한 재정 지출을 감행한 결과였다. 미래는 도조 히데키(東條英機) 대장 같은 냉철한 관료적 인물의 손으로 넘어갔다.[21]

4. 국체명징운동과 복고주의

2월 26일의 유혈사태로 인한 충격 속에서 육군 수뇌부에 의해 단행된 '숙군'은 반란군이 겨냥했던 사람들이나 반란에 동조했던 사람들의 경력을 결코 끝장내지 못했다. '조슈' 주류인 우가키와 '황도파'의 지도자 아라키는

| 중일전쟁 |

육군의 고위직에서 물러났지만 다른 직책을 맡아 재등장한다. 하마구치 내각에서 육군대신을 지냈으며 1931년 3월사건 음모자들의 희망이었던 우가키는 사이토 제독에 이어 1931년부터 1936년까지 조선총독을 지냈다. 1936년의 반란이 진압된 뒤 총리로 지명된 우가키는 군부의 반대로 좌절했지만, 고노에 내각에서 히로타 고키의 후임 외무대신이 되었다. 몇 달 뒤에 그는 흥아원(興亞院, 대동아성[大東亞省]의 전신)이 신설되면서 외무성의 지위가 격하되자 이에 항의하는 뜻에서 사임했고, 이후 모든 공직에서 완전히 물러났다.[22] 1931년의 10월사건 발생 후에 총리를 지냈고 1936년 2월에 반란을 일으킨 장교들에게 온정의 눈길을 보냈던 아라키가 고노에 내각의 문부대신으로 복귀한 것은 더욱 충격적이고 불길한 일이었다. 그는 문부대신으로서 온 국민의 정신을 재무장시키는 운동에 착수했다. "나는······일본인이다"라는 의식을 일본인의 정체성을 구성하는 제일 중요한 요소로 각인시키겠다는 운동이었다. 모든 학생과 국민은 '이에 국가' — 부모이자 신의 후손인 자애로운 천황을 정점으로 하는 만세일계의 위계적 구조 — 에 뿌리를 둔 국체에 대해 고마운 마음을 가져야 했다. 국체는 외경심을 불러일으키는 동시에 반드시 지켜내야 한다는 결의를 다지게 하는 그 무엇이었다.[23]

이런 자아도취적 관점의 산물은 모호할 수밖에 없었다. 정부는 일본의 군사적·도덕적 우위를 입증하기 위해 신화적 전통을 환기시켰다. 1937년 문부성은 「국체의 본의」(國體の本義)를 발표하고 이를 전국의 학교와 언론기관에 배포했다. 초안은 도쿄제국대학의 저명한 일본문학 연구가에 의해 작성되었는데, 특별위원 및 관료들이 수정한 최종 문안은 더욱 모호해졌다. 8세기에 기록된 고대 구전설화로부터 무수히 많은 신의 이름을 인용하고 있는 그 문서는 신비하면서도 심오해 보였다.[24] 메이지 시대의 궁중관리들이 일본고대사의 어휘를 부활시킨 것은 근대국가에 의례적 기반을 제공하기 위해서였지만, 1937년에 그런 언어에 담긴 사상을 원용한 것은 일본이 서양의 문화와 제도를 받아들이는 대신에, 실제로는 존재한 적도 없

는 일본이라는 통일적 실체로 '회귀함'을 뜻했다. 1880년대에 후쿠자와는 '탈아입구'(脫亞入歐)를 주장했는데, 이제 그 구호를 뒤집으려는 목소리가 울려 퍼졌다.[25]

이는 1920년대 후반부터 농본주의와 일본적 특성을 강조하는 운동이 전개된 결과였다. 과거 농업사회의 미덕을 찬미하던 사람들은 자본주의의 영향과 사치스러운 도시생활, 그리고 그로 인한 정치의 부패를 비난했다. 곤도 세이쿄(權藤成卿, 1868~1937)와 다치바나 고자부로(橘孝三郞, 1893~1974)는 일본이 농본주의를 포기하고 그릇된 자본주의를 추종하게 된 것을 통탄하는 글을 많이 썼다. 그들은 서양식 대의정부가 당파투쟁을 제도화하고 일본 사회조직의 가족적 패턴을 오염시켰다고 주장했다. 실제로 근대 관료국가의 창시자들은 일본적 전통의 핵심을 이루는 농촌의 가치를 벗어던지려고 애썼다. 다치바나는 나아가 미덕과 국가를 천황과 동일시하면서, 남성들은 형제애로 똘똘 뭉쳐 천황이 바라는 바를 이루기 위해 목숨을 바칠 각오를 다져야 한다고 촉구했다. 곤도는 국가를 수호하는 기축인 조정(朝廷)이 서양화된 근대식 궁정에 의해 모독당하고 있다고 느꼈다. 앞서 언급한 니치렌종의 승려 이노우에 닛쇼는 혈맹단을 결성하여 청년단원들에게 자본주의 특권층의 지도자들을 하나씩 제거하는 임무를 맡겼다. 이슬람 사상과 동양철학을 공부한 오카와 슈메이(大川周明, 1886~1957)도 자본가와 고위관료를 사회에서 제거해야만 일본을 아시아 부흥의 중심지로 만들 수 있다고 믿었다. 그렇게 되면 일본은 서양 제국주의의 물질적 영향에서 해방된 모범적인 국가로서 아시아인을 정신적으로 인도할 수 있다는 것이었다.

조금 다른 이야기지만, 멸시받고 힘없는 사람들을 대변하던 그들은 근대사회를 대표하는 교양인이었다. 그런 그들이 근대사회로부터 등을 돌리거나, 오카와의 경우처럼 자신의 '근대적' 명망을 근대성을 비난하는 데 활용한 것이다. 그들은 1930년대 초에 일어난 음모나 테러에 깊숙이 관련되어 있었다. 그들의 선동에 특히 쉽게 넘어간 것은 해군과 육군의 청년장교

| 중일전쟁 |

들이었다. 이들은 자신의 말을 무비판적으로 추종하는 신병들을 지휘하는 한편 군의 관료적 틀에 매여 있었다. 따라서 휘하 장병들이 떠나온 '고향의 사정'과 자신들이 체험하는 관료제의 실정과 특권을 동시에 통탄할 수 있었다. 벤 아미 실로니는 그 모든 '고향' 이야기에도 불구하고 1936년 반란을 주동했던 청년장교들이 대개 육군 고위층 집안과 인연을 맺고 있었다고 지적한다. R. P. 도어의 말대로 그들은 농촌사람보다는 농촌에 더 많은 관심을 기울였다.[26]

전혀 다른 관점에서 자본주의 정치제도를 비판한 인물도 있었다. 국가사회주의의 옹호자 기타 잇키(1883~1937)는 사회 특권층의 진정한 아웃사이더였다. 일본 서해 사도(佐渡) 섬에서 태어난 그는 와세다 대학의 강의를 청강했고, 사회주의 저작에 심취했다. 이런 성찰의 산물이 『국체론 및 순정사회주의』(國體論及び純正社會主義)라는 얇은 책이었는데, 이 책은 나오자마자 금서가 되었다. 그는 고토쿠 슈스이 등의 다른 사회주의자들과 친분을 쌓았고, 중국혁명에 관심을 기울였다. 1911년에 신해혁명이 일어났을 때, 그는 정기적으로 일본의 아시아주의자들, 특히 흑룡회 지도자인 우치다 료헤이(內田良平)에게 두꺼운 보고서를 보내고 있었다. 기타는 중국에서 혁명이 실패하게 된 주요 요인은 혁명군에게 절대적으로 부족한 자원을 충분히 공급하지 못한 일본 자본주의의 탐욕이라고 보았다. 일본이 자체적으로 사회와 제도를 단호하게 개조하지 않는다면, 아시아에서 일본의 역할은 제한적일 수밖에 없다는 게 기타의 결론이었다. 1919년 5·4운동 기간에 중국을 방문해 반일감정을 직접 경험한 그는 아시아의 문제가 일본에서 연유한 것이라는 생각을 굳히게 되었다.

이런 배경에서 기타 잇키는 조합주의적인 국가상을 제안했다. 사적인 탐욕과 권력은 국가가 주도하는 기업으로 대체되어야 하고, 심지어 천황도 황실의 재산을 사사로이 사용할 게 아니라 연봉을 받아 생활하는 '민중의 천황'이 되어야 한다는 것이다.[27] 기타는 분명 농본주의자는 아니었다. 그는 전근대적인 일본의 미덕보다는 당대의 국가사회주의를 선호했다. 이런 계획을 담고 있는 그의 책은 엄격한 검열의 대상이었고, 출판사는 몇 섹션—특히 천황에 관한 섹션—을 완전히 백면으로 처리해야 했다. 자본가의 부패를 이렇게 비판하면서도 기타는 자본가들이 보험에 드는 심정으로 그에게 제공한 기부금과 승용차를 받았다. 그러나 그의 급진주의는 누구보다도 청년장교들 사이에서 인기가 높았다. 1988년에 발견된 한 문서를 보면, 1936년의 반란군은 권력을 접수할 예정이던 마자키 내각에 기타를 정무대신으로 추천할 계획이었다. 그는 2·26사건이 발생한 뒤 반란음모로 기소되어 처형된 6명의 민간인 중 한 명이었고, 총살당하기 전 "천황 폐하 만세"라는 구호의 제창을 거부했다.

내셔널리즘과 민족문화론의 조류는 사회의 상층부까지 파고들었다. 학자들 중에서 천황을 유일한 가치의 척도로 숭배해야 한다고 주장하는 데 앞장선 사람은 히라이즈미 기요시(平泉澄, 1895~1984)였다. 그는 국체 이론가이자 전도사였다. '황국사관'(고코쿠시칸)으로 알려진 그의 역사해석은 대단한 호응을 얻었고, 회의주의적인 학자들은 그에 맞서 싸워야 했다. 도쿄제국대학 국사학과[28]를 졸업한 히라이즈미는 중세 일본의 종교와 문화에 대한 전문가로 유명했다. 1930년에 유럽으로 떠난 그는 독일·영국·오스트리아·이탈리아의 대학에서 공부하면서 자신의 역사관을 정립했다. 귀국한 이듬해에는 1333년의 겐무 신정(建武新政)*에 관한 권위 있는 저서를 펴냈다. 이 실패한 시도는 남조와 북조 간의 경쟁으로 이어졌고, 앞서 살펴본 바와 같이 20년 전에는 그 해석을 둘러싸고 치열한 논쟁이 벌어진 바 있다. 히라이즈미는 그런 쟁점에 탐닉했던 것으로 보인다. 그는 당대 일본의 불만세력을 규합하여 '쇼와 유신'의 주창자로 나섰고, 자신의 강의 일부를 제자들에게 맡기기 시작했다. 전운이 감돌던 무렵 도쿄제국대학에 입학했던 역사학자 이로카와 다이키치는 하라이즈미의 제자들을 다음과 같이 묘사했다.

* 고다이고(後醍醐) 천황이 가마쿠라 막부를 타도하고 천황의 친정을 추진했던 정치.

| 중일전쟁 |

도쿄제국대학 국사학과에 입학했을 때, 나는 히라이즈미 기요시의 제자들이 "일본해군의 지도자들은 암암리에 미국과 영국에 우호적이고 평화를 옹호한다. 때가 오면 그들을 처단해야 할 것이다"라고 말하는 것을 들었다. 그들은 모든 것을 흑백논리로 파악했고 미치광이처럼 이야기했다. 하지만 그들은 아무런 자료나 증거도 제시하지 않았고, 나는 그들의 말을 반신반의할 수밖에 없었다.[29]

히라이즈미 자신은 제국대학 근처에 있던 사립학교에서 강의했다. 얼마 지나지 않아 청년장교들은 내셔널리즘과 천황제의 대의를 강조하는 일본 최고의 역사가를 따르게 되었다. 그는 만주로 진출한 일본군의 초청을 받고 새 만주국의 집정 푸이에게 강의를 했다. 2·26쿠데타 계획에도 연루된 듯하지만, 한 발짝 뒤로 물러나 천황의 동생인 야스히토 친왕이 반란군에 동조하지 않도록 설득하는 데 한몫했다. 히라이즈미 일생일대의 영예는 1941년 천황의 선전포고문 작성을 도와달라는 부탁을 받은 일이었다.

마지막으로 언급해야 할 것은 국수주의 단체이다. 사상보다는 행동을 앞세운 애국단체가 사방에서 마구 생겨났다. 이들은 존경과 멸시, 합법과 불법의 교차점에서 번성했고, 상황에 따라 회유와 위협이라는 수단을 번갈아 사용했다. 흑룡회는 이들의 대부 격인 강력한 단체였다. 만주국이 세워지기 훨씬 전부터 흑룡회는 아무르 강이 일본의 북쪽 국경이었다고 주장했는데, 이들의 활동은 소련에 맞선 강력한 대외정책을 선동하는 데 그치지 않았다. 이 조직은 자신들의 뿌리를 자유민권운동에서 찾았으며, 아시아의 내셔널리스트인 쑨원과 김옥균이 일본과 협력하여 자유를 쟁취하도록 지원했다. 또 일본의 자본주의 사회를 극도로 비판했고 '쇼와 유신'을 활발히 추진했다. 흑룡회는 맹목적으로 서양을 모방해온 교육제도에 반대하고, 만세일계에 기초한 명징한 국체가 서양 제국주의의 멍에를 지고 있는 아시아 각국에 자애로운 통치를 베풀 수 있다고 주장했다. 국가주의 운동을 주도한 도야마 미쓰루(頭山滿, 1855~1944)의 경력은 일본근대사의 연속성을 보여준다. 후쿠오카에서 사무라이의 아들로 태어난 그는 반정부활동으로 투옥되는 바람에 세이난 전쟁에 참가하지 못했다. 석방된 뒤 자유민권운동 규슈 지부를 조직했으나, 얼마 지나지 않아 조약개정에 미온적인 정부를 성토하는 운동에 앞장서게 된다. 1889년 외무대신 오쿠마 습격사건에 개입했고, 한일병합을 촉구했으며, 중국과의 협력을 기대하며 쑨원을 지원했다. 그 후 수십 년 동안 그는 정계와 재계의 외곽에서 상황을 조정하고 자금을 원조하는 막후 실력자로 큰 영향력을 행사했다. 제2차 세계대전이 발발할 무렵에는 언제나 전통의상에 턱수염을 늘어뜨린 위대한 애국 노인의 모습으로 국민화합을 호소하는 신문사설을 썼다. 마지막에 도야마와 겨루던 논객은 도쿠토미 소호였다. 1880년대의 두 이단아는 서로 다른 길을 걸었지만 결국에는 내셔널리즘의 양대 거목이 되었다.

5. 경제: 복구와 자원

일본의 중국침략, 1930년대 초반의 정치적 혼란, 육군 내 파벌주의가 부른 유혈사태, '쇼와 유신'을 위한 선동은 모두 세계 대공황기에 일어났다. 공황을 맞아 각국이 경제적 내셔널리즘을 추구한 결과 국제무역체제가 무너졌다. 국제 비단시장의 붕괴는 일본의 농촌 수천 곳을 황폐화시켰을 뿐 아니라, 천연자원을 수입할 재원을 마련하기 위해 수출을 늘려야 하는 일본경제 자체를 마비시켰다. 국제자본주의 질서는 무너진 것처럼 보였다. 세계 각국이 보호무역정책을 실시하고 통화위기가 은행의 파산으로 이어지자 투자가 중단되었다. 중농주의자들은 상상 속의 에덴 동산으로 돌아가자고 했고, 개혁가들은 국가의 행정통제를 강화하자고 했다. 그러나 어느 누구도 현재의 체제가 나름의 길을 가고 있다는 사실을 부인할 수는 없었다.

그렇지만 일본은 다른 자본주의 국가들에 비해 상대적인 이점을 갖고 있었다. 일본은 이미 1927년에 와카쓰키 내각을 실각시킨 금융공황을 겪었고, 이후 은행의 통폐합을 통해 금융권의 내실을 다짐으로써 살벌한 국제경쟁을 헤쳐 나갈 준비가 되어 있었다. 정부가 잠시 도입한 금본위제는 극심한 디플레이션을 유발하여 농촌경제를 압박했지만 수출 경쟁력을 높이는 긍정적인 면도 있었다. 일본은 다른 선진 경쟁국들보다 먼저 위기에 처했던 만큼 회복하는 속도도 더 빨랐다.

경쟁적이던 시장을 카르텔이나 합병이 지배하게 되자 독과점 문제가 대두되었다. 새로 합병된 철강회사가 철의 97.5%와 강철의 51.5%를 생산했고, 새로운 트러스트가 신문시장의 90%를 장악했다. 금융·기계·전력과 맥주 같은 소비재 분야에서도 새로 합병된 기업이 더 크고 더 강력한 재벌은행을 등에 업고 경제를 지배하게 되었다. 일본국민은 재벌에게 곱지 않은 시선을 보냈다. 재벌은행은 금본위제가 실시된 짧은 기간에 환투기로 막대한 차익을 올려 비난을 받았다. 농촌의 피폐함을 통탄하던 작가들은 그것을 새로운 경제귀족들의 번영과 대비시켰다. 미쓰이의 회장 단 다쿠마 남작처럼 정치권과 유착한 기업가를 암살하는 사람에게는 범행동기의 순수함을 칭송하는 목소리가 끊이지 않았다. 상대적 박탈감이 가장 컸던 곳은 대도시 근교의 농촌지역이었다. 단 남작, 외무대신 이노우에, 총리 이누카이를 살해한 자들이 모두 도쿄 외곽의 이바라키(茨城) 현 출신이라는 것은 결코 우연이 아니었다.

이 경제적 비상시기에 대장 대신에 취임한 사람은 다카하시 고레키요(高橋是清, 1854~1936)였다. 근대 일본의 지도자 가운데 다카하시보다 경력이 화려하거나 이야깃거리가 많은 인물도 없다. 에도에서 태어나 센다이번 사무라이의 양자로 들어간 다카하시는 외국인 가정의 사환으로 일하면서 영어를 공부했고(나중에는 모리 아리노리의 집에서도 일했다), 도쿄제국대학의 전신인 개성학교에 입학했다. 그는 투기에도 손을 대고 은광 개발도 시도했으나 모두 실패한 후, 자신이 재정 분야에 자질이 있다는 사실을 깨달았다. 일본은행과 요코하마 정금은행(橫浜正金銀行)에서 승진을 거듭하던 그는 야마모토 내각의 대장대신으로 취임하면서 입헌정우회에 입당했고, 하라 다카시 내각에서도 대장성을 이끌었으며 하라가 사망했을 때는 잠시 총리직을 대행했다. 다카하시는 다나카 기이치 내각의 대장대신으로 복귀해 금융공황의 해결사 역할을 했다. 그 후 1931년부터 1936년까지 6개월의 휴지기를 제외하곤 이누카이·사이토·오카다 총리 밑에서 대장대신으로 일하다가 2·26사건 때 암살당했다.

나카무라 다카후사에 따르면 다카하시는 초기 케인스주의자였다.[30] 그는 재임 중에 정부지출을 현저히 늘렸고, 생산력 제고와 내셔널리즘적 정책을 통해 산업화에 박차를 가했다. 또한 변동환율제를 채택하여 엔화의 가치를 40%가량 평가절하시켰고, 국채를 발행하여 농촌 구제와 군비 증강을 위한 비용을 충당했다. 저금리와 높은 환율, 재정지출 확대가 맞물려 경기는 빠른 속도로 회복되었고, 여기에 수출까지 증가하자 경제는 성장세에 접어들었다. '국가비상사태'나 '국방국가' 같은 말이 국내의 번영과 해외 팽창을 도모하는 정책을 정당화하기 위해 널리 사용되었다. 국내산업을 보호하기 위해 관세가 인상되었다. 환율이 올라가 수입비용이 상승하자 국내 투자가 늘어났고, 화학 및 중공업 분야의 경쟁력이 높아졌다. 낮은 금리는 농촌의 재건을 가능하게 했고, 의료보험을 비롯한 각종 사회보장정책은 국민의 복지를 증진시켰다. 군비지출은 성장을 재개하는 데 중요한 항목이었지만, 많은 사람들이 생각하는 것만큼 결정적인 역할을 했던 것 같지는 않다. 중화학공업 분야의 생산량 가운데 군수품이 차지하는 비중은 1930년대 초에 가장 높았고 1936년에는 감소했다. 물론 경기회복의 초기단계에서는 군수산업이 특별히 중요한 역할을 했을 것이다.

상황이 이랬던 만큼 만주와 화베이(華北)에서 이루어진 군사행동에 언론과 독자들이 열광적인 반응을 보인 것은 충분히 납득할 수 있다. 많은 사람들, 특히 근대경제 부문에 종사하는 도시노동자들은 형편이 좋아졌다고 느꼈다. 1937년 중일전쟁이 발발한 뒤로 세상이 얼마나 좋아 보였는지를 몇 년 후에 한 도시노동자는 이렇게 회상하고 있다.

| 중일전쟁 |

기계공들은 군수품 경기를 환영했다. 우리는 돌파구를 애타게 기다려왔다. 그때부터 우리는 정말 바빠졌다. 중국소식이 사방에서 들렸다. 심지어 우리 아버지도 『아사히 그래프』를 구독했다. 매호마다 중국에 파병된 군인들의 사진이 잔뜩 실려 있었기 때문이다. 1937년 말에는 전국에 일하지 않는 사람이 없었다. 처음으로 나는 아버지를 부양할 수 있었다. 전쟁은 전혀 나쁜 게 아니라는 생각이 들었다. 숙련된 노동자인 나는 1938년, 1939년, 1940년에 열심히 일했고 돈도 많이 벌었다. 초과근무가 참으로 많았다! 나는 자주 일자리를 바꾸었는데 새 직장은 언제나 이전 직장보다 나았다. 하지만 1940년에는 숙련공 징발제가 도입되어 일자리를 옮겨 다니는 것이 금지되었다.[31]

1936년 암살될 무렵 다카하시의 정책은 완전고용을 달성했고 경기부양에도 성공했다. 그는 이제 인플레이션 요인을 억제하는 것이 바람직하다고 생각했다. 그러나 그의 후임자들은 각각 5년과 6년에 걸친 육군과 해군의 증강계획을 승인했다. 1937년의 정부예산은 전년에 비해 거의 40%나 늘어났지만, 7월에 중일전쟁이 발발하자 3개월 만에 거의 소진되었다. 그 결과 악성 인플레이션이 발생하여 공업부문에 필수적인 원자재 수입비용을 더욱 상승시켰다. 기업가들은 미래의 가격인상을 기대하며 수입품을 쌓아두었고, 무역수지는 날이 갈수록 악화되었다.

바이 가오의 분석에 따르면, 이런 요인들이 점차 '관리경제'를 유도했고 결국에는 통제경제를 만들어냈다.[32] 정부지도자들은 새로운 위원회들, 특히 내각기획원(1937년 10월)을 설치했고, 의회는 일부 산업을 통제하기 위한 법안(1931년의 중요산업통제법)과 수입규제 법안(임시자본조정법과 수출입품임시조치법)을 가결했고, 1938년에는 국가총동원법이 공포되었다. 이들 법령에 의거하여 정부는 회사를 설립하고, 수입품의 분배·운반·소비와 수입 대체품의 제조에 대한 명령을 하달하며, 노동력 및 노동조건을 관리하고, 공장과 광산의 운영·사용·수용을 지시하는 권한을 행사할 수 있었다.

1930년대 중반 일본의 지도자들은 세계가 달러·파운드·엔 블록으로 분할되고 있다고 보았다. 소련 블록이 빠진 것이 눈에 띄는데, 그때까지 소련의 대외무역은 중요한 요인이 아니었기 때문일 것이다. 그렇지만 일본군은 1936년에 소련의 5개년계획이 완료되면 소련과의 일전이 불가피할 것이란 전망(이른바 1936년 위기설)을 기정사실화하고 있었다. 만주국에 대한 이시하라 간지의 비전은 이제 일련의 계획으로 공식화되었다. 이것은 그가 서양과의 일전에 앞서 벌어질 것으로 확신하고 있던 소련과의 전쟁에 대비하기 위한 계획으로, 그 골자는 만주의 자원——철·석탄·알루미늄·금·산업용 소금·농산물(주로 콩)——을 이용해 일본을 중심으로 하는 동북아 블록을 창출하고 강화한다는 것이었다. 또한 한국은 석탄·철·알루미늄·마그네슘·면·모를, 화베이(華北)는 석탄·면·모·소금·육류를 제공하는 기지로 삼을 예정이었다. 하지만 중국은 완전히 수중에 들어오지 않았기 때문에, 육군 지도자들은 중국의 지방군벌들과 공조하면서 난징의 국민당 정부를 압박하는 전략을 선호했다.

계획은 그럴듯했지만 이 '엔 블록'은 엄청난 지출을 통해 만주국을 급속히 산업화한다는 희망에 근거한 헛된 꿈에 지나지 않았다. 또한 석유처럼 필수적인 원자재를 구입하느라 소중한 금 보유고가 줄어들고 있었고, 블록 내에도 금 생산지는 없었다. 이로부터 구미의 제국주의자들이 남아시아를 지배하는 것이 불공평하다는 불만이 터져 나왔다. 단지 그곳을 먼저 차지했다는 이유만으로 그들이 베트남·말레이시아·필리핀·인도네시아의 귀중한 자원을 독차지한다는 것은 부당하다는 푸념을 늘어놓으며, 일본은 자기 몫을 찾을 방도를 모색했다.

모순도 많은 시기였다. 위에 인용한 숙련기계공은 전쟁이 가져온 번영 덕분에 생활이 아주 좋아졌다고 느꼈지만 훨씬 더 많은 노동자들, 특히 섬유산업에 종사하는 사람들은 국가의 우선순위가 중공업으로 전환됨에 따라 고통을 겪고 있었다. 게다가 원자재를 주로 수입에 의존해야 하는 일본은 국제경쟁에서 상대적으로 불리한 입장에 놓이게 되었다. 수출 감소와

| 중일전쟁 |

무역수지 악화는 그로 인한 인플레이션과 함께 실질임금을 감소시키기 시작했다. 야스바 야스키치(安場保吉)는 이러한 모순을 다음과 같이 아주 분명히 요약하고 있다.[33] 일본은 경공업 부문의 수출에 기초하여 불황에서 성공적으로 탈출하고 있었을 뿐, 군사력 증강에 필요한 중화학공업에는 미처 대비가 되어 있지 않았다. "군사력 증강과 그로 인한 중공업의 확장은 천연자원에 대한 수요를 엄청나게 증가시켰기 때문에, 그때까지 실감해보지 못했던 천연자원 부족이 마침내 현실화되었고 무역수지는 악화되기 시작했다." 군사력 증강과 제국주의적 팽창은 피할 수 없는 문제인 것 같았다. 경제위기가 임박했다는 경고는 적중했고, 우려는 현실로 나타났다.

이런 사태가 벌어지는 것을 지켜본 많은 사람들은 정치 및 군사 정책의 분별력과 실효성을 의심하게 되었지만, 사회의 어느 부문에서도 저항은 표출되지 않았다. 수출산업과 재벌은행을 지배하는 사람들은 전시에 내야 할 세금에 대해서는 부담스러워하면서도 생산능력 확충과 주력산업 교체를 위한 정부의 대출과 각종 지원에 대해서는 회심의 미소를 지었다.

중국과의 분쟁으로 야기된 위기는 노동계 지도자들의 단결을 가져왔다. 당시 노동자들은 우파 조직과 좌파 조직으로 분열되어 있었지만, 위기에 처한 것으로 보이는 국가를 지탱하기 위해 우파가 이끌고 좌파가 따르는 모습을 보여주었다. 질서를 안정시키고 생산성을 향상시키기 위한 정부의 조치는 작업환경을 개선했고 노동조직을 질식시켰다. 내무성 관료들은 작업장의 안전기준을 강화하고 효율성을 제고하기 위해 노력했다. 육군 내부의 폭력이 종식된 시기에 노사간의 공공연한 분쟁도 끝이 났다. 얼마 후 분출된 중국에 대한 적대감은 노사관계를 안정시키는 데 도움을 주었다. 군부는 앞장서서 급진 노동운동을 억압하려 했고, 이로 인해 대기업의 열렬한 지지를 받았다. 노동조합은 얼마 후 파업을 하지 않겠다고 선언했다. 중일전쟁이 발발하자 전일본노동총동맹(全日本勞働總同盟) 지도부는 "우리의 임무는 국난을 맞아 산업전선에서 싸우는 전사로서 국가의 후방을 지키는 것"이라는 결의안을 내놓았다. 이들은 나아가 노동자와 기업을 대표하는 협의회를 구성하자고 제안했지만, 정부도 나름대로 생각이 있었다. 1938년에 국가의 통제하에 산업보국회(産業報國會, 산교호코쿠카이)를 조직하기 위한 정지작업이 시작되었다. 6,000개가 넘는 회사의 500만 노동자가 가입했다. 노동조합은 1940년에 금지되었다. 노동자들의 이직을 규제한 조치는 아이러니하게도 전후 일본에서 높이 칭송받은 '종신고용'의 발판이 되었고, 자유로운 노동운동은 1945년에 일본이 항복할 때까지 금지되었다.

6. 좌파의 전향

일본이 대내외적으로 위기에 처했다는 인식은 국체명징운동에서 표출되고 육군의 파벌주의에서 내파된 강렬한 민족주의를 배경으로 '일본으로 돌아가자'는 복고주의를 불러일으켰다. 이러한 인식은 좌파 급진주의자를 사회로 돌려보내는 전향(轉向, 덴코) 운동으로 이어졌다. 1920년대에는 사회문제와 정치경제를 연구하는 사람들 사이에서 마르크스주의가 압도적인 인기를 얻었다. 공중도덕을 수호하려는 국가의 감시자들은 이런 세태에 아연실색했고, 1928년 3월에 경찰은 일제단속을 통해 급진주의자와 급진주의 용의자들을 대거 체포했다. 이 단속은 노동운동의 중심세력을 무너뜨리고 지하 공산당을 제거했지만, 수사관들은 마르크스주의 코즈모폴리터니즘에 오염된 자들 중 다수가 지적이고 뛰어난 청년들이라는 사실에 계속 혼란을 느꼈다. 그들을 구원해준 것은 만주사태와 국제적 위기감이었다.

1933년 일본공산당 위원장 사노 마나부(佐野學, 1892~1953)가 당 중앙위원 나베야마 사다치카(鍋山貞親)와 함께 공산당에서 탈퇴한다는 옥중성명서를 발표했다. 사노 마나부는 도쿄제국대학 재학시절에 요시노 사쿠조가 결성한 신인회의 일원이었고, 후에 공산당을 이끌다가 1929년 상하이에서 체포되었다. 이들은 만주에서 벌어진 일련의 사태에 대한 반대를 철회했고, 한국과 타이완의 자치가 필요하다는 신념도 굽혔다. 가장 중요한 점은 '천황제'(덴노세이)가 일본의 제도개혁에 장애가 된다는 생각을 버렸다는 것이다. 이는 1933년 코민테른 강령에 명시된 바와 배치되는 입장이었다.

공산당 최고 지도자 두 사람의 전향은 정치범으로 수감되어 있던 사람들에게 강력한 영향을 미쳤고, 집단전향이라고 부를 수밖에 없는 현상을 초래했다. 한 달 안에 급진적 사상과 행동으로 구금되어 있던 미결수 45%(1,370명 중 614명)와 기결수 34%(393명 중 133명)가 전향서를 썼다. 3년 안에 국가전복 기도로 기소된 사람의 74%(438명 중 324명)도 전향을 선언했다.

이 집단전향은 심리적·이론적 측면에서 굉장한 관심을 끌었다. 다양한 형태의 강압적 심문이 행해진 것은 분명했지만, 수사관들은 공연한 논쟁이나 협박으로 피의자들을 자극하지 말라는 경고를 받고 있었다. 급진주의자들은 나이도 젊고 대부분의 경찰보다는 교육수준도 높았다. 경찰은 전쟁과 비상시국으로 인해 해체위기에 직면해 있는 소중한 고향과 가정으로 그들을 '돌려보내'기 위해 온갖 노력을 기울였다. 수사관을 위한 지침서에는 수감자들이 부모의 정을 떠올리도록 닭고기 계란덮밥(오야코돈부리〔親子丼〕)을 제공하면서 심문을 시작하라는 권고도 들어 있었다. 경찰은 이데올로기에 대해서는 단 한마디도 하지 않았고, "어머니가 얼마나 걱정하시겠나" 따위의 감정에 호소하는 발언으로 수감자의 마음을 움직이려 했다. 권위에 대한 반발심을 불러일으킬 수 있다는 이유로 아버지에 대해서는 일절 언급하지 않았다.[34] 이런 전략에는 은근히 사람을 질리게 하는, 독특하게 일본적인 그 무엇이 숨어 있었다. 물론 완강한 반항아들은 형편없는 음식을 제공받고 가혹한 취조를 당했다.

전향운동의 영향은 사회과학과 마르크스주의 이론의 측면에서 더욱 중요하다. 1930년대 초에는 뛰어난 역사가와 사회과학자들이 정치적 행동과 직결되는 이론적 쟁점에 관해 논쟁을 벌였다. 주로 메이지 유신의 본질을 둘러싼 것이었다. 유신은 혁명적 발전이었는가? 그렇다면 일본은 다음 단계로 나아가 사회민주주의 혁명을 추진해야 할 것이다. 유신은 불완전한 '위로부터의' 개혁에 불과했는가? 그렇다면 일본은 근대화 단계에 진입하기 이전에 우선 유신부터 초월해야 할 것이다. 실제로 일본은 혁명을 할 준비가 되어 있는가, 아닌가? 이 논쟁은 『일본 자본주의 발달사 강좌』라는 제목의 7권짜리 책으로 이와나미쇼텐에서 발간되어 1945년 이전에는 개개인의 사고를 형성하는데, 그 후에는 공적인 논쟁을 촉발하는 데 크게 기여한 필독서가 되었다. 이 논쟁에 관한 방대한 양의 참고문헌은 논쟁이 얼마나 치열하고 진지하게 진행되었는지를 반증해준다.

전향수들은 공산주의는 포기했지만 마르크스주의까지 완전히 버리지는 않았다. 그들은 자본주의란 지배계급이 억압받는 노동자에 의해 창출된 잉여가치를 착취하여 권력을 유지하는 시스템이라는 기본 명제를 부정했다. 또한 국제 부르주아지가 국제 프롤레타리아트를 착취한다는 마르크스주의의 코즈모폴리턴적인 측면도 거부했다. 일본은 특수한 경우이기 때문에 계급투쟁에 매달려서는 안되며, 모든 계급의 협력을 통해서만 진정한 사회개혁을 달성할 수 있다는 것이었다. 이는 내셔널리즘이 마르크스주의 이론과 결합한 결과였다. 메이지 시대 새뮤얼 스마일스의 독자들이 일본을 세계 속의 약소국이라고 생각했다면, 쇼와 시대의 학자들은 개인적·국가적 차원의 경험에 바탕을 두고 일본을 국제자본주의에 의해 착취당하고 있는 '프롤레타리아의' 땅이라고 보았다. 일본의 제국주의는 자본의 잉여가 부족한 상황에서 생존을 위해 선택한 자구책이므로 서양의 제국주의와는 근본적으로 다르다는 것이었다.

이런 입장은 공산주의자들의 대규모 전향이 일어나기 전에 이미 자유주의적이고 급진적인 작가들의 저작에서 일부 예견되었다. 예컨대 고노에 후미마로의 쇼와 연구회 회원이었던 다카하시 가메키치(高橋龜吉)는 일본의 한국·타이완·만주에 대한 지배는 국제 경쟁체제에 의해 강요된 과도기적인 것으로, 더욱 착취적인 서양의 제국주의와는 다르다고 주장했다. 팽창

| 중일전쟁 |

은 사실상 역사적 진보일 뿐 아니라 일본의 사명을 위해 불가결한 것이라는 게 그의 논지였다.[35]

1930년대의 많은 저작에서 다음과 같은 가정이 거듭 발견된다. 일본은 자원이 부족하기 때문에 불리하고, 인구압으로 고통을 겪고 있으며, 역사적 후진성의 희생양이 되었는데, 외국의 비판자들은 인종적 편견 때문에 일본이 안고 있는 문제를 이해할 수 없다는 것이다.

그렇다고 해서 지식인들 사이에서 아무런 이견이 없었던 것은 아니다. 우익 비평가들은 비난의 대상이 될 만한 인물이나 사상을 어렵지 않게 찾아낼 수 있었다. 천황기관설을 주장한 미노베 교수가 박해받은 것과 마찬가지로, 우익의 주장이 제도권의 뒷받침을 받는 경우 운 나쁘게 지목된 개인은 거의 생매장될 지경이었다. 하지만 여러 차례 위기를 넘기며 살아남은 대학 자치의 전통도 있었다. 사회문제에 대한 학생들의 관심이 고조되자 자연히 교육 당국이 예의 주시하게 되었다. 교육 당국은 교수들에게 문제가 있다고 생각했고, 이로 인해 교육관료들과 교수진의 충돌이 잦았다. 미노베 다쓰키치 교수와 우에스기 신키치의 반목이 보여주듯이, 안타깝게도 대학교수들의 저항은 이데올로기적·개인적 파벌주의 앞에서 무력해지기 일쑤였다. 대학 당국은 위기가 발생하면 타협책을 찾는 경향이 있었다. 교육관료들에게 정면으로 맞섰다간 대학 외부에서 설쳐대는 자칭 애국자들의 비난이 쏟아질 텐데, 군부나 민간의 우파와 연결된 그들을 감당하기가 어려웠던 것이다.

이런 상황에서 1931년 한 사립대학에서 행한 강연으로 물의를 빚은 교토 제국대학의 다키가와 유키토키(瀧川幸辰) 교수에게 문부성이 사임을 권고하자, 이에 대한 항의표시로 법대 교수 전원이 사표를 제출했던 일은 대단히 인상적이다. 그러나 결국 문부성은 목적을 달성했다. 끈질긴 압력과 장기간의 협상 끝에 문부성은 세 교수의 사표를 수리했는데, 여기에는 다키가와의 것도 있었다. 학자들은 승산 없는 싸움에서 정면대결을 피하고 뒤로 한발 물러났다. 여기서 두 가지 점에 주목할 필요가 있다. 하나는 교육의 확대와 교육기관의 증가로 인해 대학교수들의 지위가 메이지 시대의 선배들에 비해 현저히 약화되었다는 점이다. 다른 하나는 곤경에 처한 교수를 동료 교수들이 단합하여 감싸주는 경우가 드물었다는 점이다. 중일전쟁 발발 후로는 사상을 자유롭게 교환하거나 공적인 쟁점에 대해 발언할 기회가 급격히 줄어들었다. 국가시책에 반대하는 사람들이 택할 수 있는 것은 침묵이나 모호한 간접화법뿐이었다. 도쿄제국대학 경제학부는 이미 마르크스주의자와 비(非)마르크스주의자로 양분되어 있었는데, 1938년에 유능한 젊은 교수 몇 명이 경찰에 검거되었다. 1심에서 아리사와 히로미(有澤廣巳, 뒤에서 상술할 것이다)와 아베 이사무(阿部勇)를 제외한 나머지는 모두 무죄로 방면되었다. 정부는 항소했고 2년 뒤의 재심에서도 거의 비슷한 판결이 나오자 다시 상고심을 신청했다. 이 '교수 그룹' 사건은 시간을 질질 끌다가 아리사와와 오우치 효에(大內兵衛)는 6년 만에, 가와이 에이지로(河合榮治郎)는 4년 만에 혐의를 완전히 벗게 되었다.[36]

이 사건들은 경각심이 부족하다는 대중의 비판을 피해보려고 안절부절하던 관료들이 표현과 사상의 자유를 심각하게 침해한 대표적인 사건이었다. 하지만 더욱 충격적인 점은 일본의 정책과 공격성의 저변에 깔려 있는 기본전제에 대한 공적인 논의와 검토가 부재했다는 것이다. 앞으로 살펴보겠지만 1940년대에 접어들면 정부에 대한 비판이 아예 불가능해진다. 언제 지식인의 비판적 기능이 상실되었고 왜 항의나 경고의 목소리를 내는 사람이 그토록 적었는가라는 문제에 관심을 가진 전후 일본의 지식인들은 그런 자유를 행사해야 한다는 강박관념에 사로잡히게 된다.

7. 관리경제를 위한 계획

국가전복을 기도한 용의자들을 추방하는 이런 조치로 인해 일본에서 가장 우수한 젊은 경제학자들이 교수직에서 쫓겨나 만철이나 도쿄의 다른 연구

| 중일전쟁 |

기관에서 일하게 되었다는 것은 아이러니가 아닐 수 없다. 휴직(유급인 경우도 있었다)을 당한 사람들의 공개적인 연설이나 집필은 금지되었지만, 생각하는 것까지 막을 수는 없었다. 다른 사람의 이름으로 책을 내는 사람도 있었고 출판을 하지 않은 사람도 있었지만, 이들은 모두 일본의 경제적 곤경이라는 문제와 씨름했다.

이들 중 가장 중요한 몇 명이 쇼와 연구회에 임용되었다. 쇼와 연구회는 고노에 후미마로(1891~1945)가 다양한 국책을 제시하기 위해 1936년에 설립한 연구기관이었다. 이 조직은 도쿄제국대학의 유력한 정치학자 로야마 마사미치(蠟山政道)가 이끌었다. 그의 임무는 앞날이 불투명한 일본의 구조적 변화에 대비하는 계획을 입안하는 것이었다. 정치·외교·경제·교육을 비롯하여 그 어떤 분야도 간과되지 않았다. 자본주의 질서는 모든 선진국에서 해체되고 있는 듯했다. 미국의 뉴딜, 독일의 국가사회주의, 이탈리아의 조합주의, 소련의 공산주의 경제는 한결같이 국제질서의 항구적인 변화를 시사하는 것처럼 보였다. 고노에의 두뇌집단은 일본의 상황에 가장 적합한 변화의 방향을 결정하는 임무를 맡았다. 고노에는 초연하고 진중한 인물로 좀처럼 속내를 드러내지 않았는데, 앞서 언급한 대로 파리 강화회의가 열리기 직전에 '가진' 나라들의 기득권과 '영미 위주의 평화주의'에 대한 경고를 담은 글을 발표하여 명성을 얻었다.

소련 모델은 사회질서를 무자비하게 파괴하는 가장 쓸모 없는 것으로 간주되었지만, 소련이 5개년계획은 이미 만주국에서 채택되었다. 카리스마 있는 지도자에 의존하는 파시스트 국가의 대중동원은 일본에 전혀 적합하지 않은 것으로 판단되었지만, 제1차 세계대전의 경험에 뿌리를 둔 구조화된 경제와 경제계획의 개념은 별개의 문제였다. 어쨌든 일본정부는 외국의 유용한 예를 일본에 적용시키는 작업이 가능할 뿐 아니라 꼭 필요하다고 진단했다. 이를 위해 관 주도로 위에서부터 개혁을 추진하면 고질적이던 행정부의 부처 이기주의도 극복할 수 있을 것 같았다. 고노에를 추종하던 '혁신관료'들과 평화적 '쇼와 유신'을 준비하던 혁신운동세력이 좀 더 효율적이고 단일화된 정치체제를 만들어낼 수 있을 것이라는 기대가 고조되었다. 메이지 헌법은 성역으로 남겨두기로 했다. 그 애매모호한 일반성은 막다른 길에 다다른 듯한 일본을 소생시킬 이질적인 정책들을 포괄할 수 있었기 때문이다. 이상이 일본의 젊은 지식인들을 열광시킨 전망이었다. 나름의 미래를 전망하며 들떠 있는 것은 태평양 건너편에 있는 루스벨트 대통령의 젊은 참모들만이 아니었던 것이다. 1937년 고노에가 권력을 잡았을 때 내각서기관장에 취임한 가자미 아키라(風見章)는 고노에의 연구회가 구상한 정책으로 무장하고 있었다.[37]

이러한 추세가 그 집단의 젊은 일원으로 전후 경제의 주요 입안자가 된 아리사와 히로미(1896~1988)의 생애와 어떻게 교차했는지 살펴보기로 하자. 아리사와가 경제학 공부를 시작할 무렵, 1918년의 쌀소동과 제1차 세계대전 이후의 경기불황으로 사회 전반에는 위기감이 팽배했고 경제의 구조적 결함에 관심을 기울여야 한다는 진단이 나오고 있었다. 새로 설립된 도쿄제국대학 경제학부의 젊은 강사 아리사와는 일본에서 가장 유능하고 급진적이라고 알려진 젊은 지식인들과 함께 하게 되었다.

1926년 아리사와는 2년 동안 독일로 유학을 떠났고, 그곳에서 마르크스주의에 대한 이해를 심화했다. 또한 제1차 세계대전 기간에 독일경제가 직면했던 문제에 대해 폭넓은 지식을 쌓았고, 독일 사상가들이 만든 '총력전' 이론에 일가견을 갖게 되었다. 그는 1928년 경찰의 일제단속에 의해 많은 친구와 동료들이 검거되고 있던 시점에 도쿄로 돌아왔다. 하지만 그는 한 눈팔지 않고 일본 자본주의의 임박한 위기에 관해 토론하는 일련의 세미나를 조직했다. 만주사변 발발 뒤에는 실제로 총력전을 준비할 필요가 있다는 생각을 굳혔다. 그는 국가총동원 체제의 토대를 마련하기 위해서는 국가가 생산의 각 분야에 개입해야 한다고 결론지었다. 그의 관심은 이제 장래에 총리가 되는 고이소 구니아키 같은 육군 참모의 생각에 가까워진다. 고이소는 '국방국가'(國防國家)의 이상을 실현하기 위해 필요한 수단을 연구하는 학회를 조직한 바 있다. 제1차 세계대전 중의 미국과 독일의 경험

| 중일전쟁 |

을 대조하여, 아리사와는 일본처럼 자원이 부족한 나라의 경우 자원의 효율적인 통제와 배분이 무엇보다 중요하다고 주장했다. 그 후 일본이 중일전쟁에 돌입하게 되자, 대규모 전쟁에 필요한 포괄적인 정책의 틀을 준비했다. 그는 불필요한 중복과 경쟁에서 오는 낭비를 없애고 적재적소에 자본을 배정할 수 있는 '국가자본주의'가 필요하다고 생각했다. 그의 연구 중 다수는 채 완성되기도 전에, 즉 분석이 진행되고 있는 중간 중간에 월간지에 계속 발표되었다.

아리사와는 앞서 언급했듯이 '교수 그룹' 사건으로 1938년에 체포되었다. 재판이 진행되는 6년 동안 그는 공개적으로 가르치거나 글을 쓸 수 없었다. 하지만 친구들의 이름을 빌려 영향력 있는 논문이나 책을 쓸 수 있었다. 그는 이제 자본과 경영을 분리하여 좀 더 효율적인 경제구조를 만들어 낼 수 있는, 국가의 관리경제를 위한 계획을 준비했다.

아리사와가 연구를 통해 얻은 결론은, 일본은 민주적이고 생산성이 높은 서양 선진국들과의 전쟁에서는 우위를 점할 수 없다는 것이었다. 이런 결론은 그의 연구를 격려한 육군 참모들이 듣고 싶어 하던 이야기가 아니었기에 그의 보고서는 조용히 사장되었다. 그렇지만 그의 몇 가지 충고는 일본경제가 확전에 대비하는 과정에서 실행에 옮겨졌고, 또 다른 건의사항들은 희소자원을 효율적으로 관리해야 경제성장을 이룩할 수 있다는 그의 복음이 더욱 절실해진 전후에 이행되었다. 위험인물로 숙청되었던 젊은 학자는 전후 산업정책의 주요 입안자 중 한 사람으로 천황의 최고 훈장을 받으며 인생을 화려하게 마감했다.[38]

8. 중일전쟁과 고노에의 '동아 신질서'

화베이에 있던 일본의 야전사령관들은 중국의 지방군벌들을 윽박질러 난징 정부군이 개입할 경우 일본군의 보호를 받겠다는 합의를 받아냈지만,

1936년까지 일본정부의 정책은 비교적 조심스러웠다. 군 단일화 문제로 고심하고 있던 장제스는 만주국의 건국을 관망했다. 베이징 지역을 무장해제한 탕구 정전협정은 중국 동북부에 대한 일본의 지배권을 받아들이는 것으로 풀이될 수 있었고, 실제로 일부 논객들에 의해 그렇게 해석되었다. 장제스는 공산당을 몰아냄으로써 내분을 해결하기로 작정했다. 공산당은 장제스의 상하이 쿠데타 이후 동남부의 장시(江西) 성으로 퇴각해 있었다. 장제스가 독일인 군사고문들의 도움을 받아 수행한 몇 차례의 '소공전'(掃共戰)에서 살아남은 공산당군은 유명한 대장정을 감행하여 서북쪽의 옌안(延安)에 재정착했다. 만주 펑톈군의 패장 장쉐량은 국민당의 우위를 인정해준 대가로 직위와 명목상의 지휘권을 부여받았다. 일본에서는 황도파 장군들이 '1936년의 위기'를 선포하면서 소련에 대한 선제공격이 불가피하다고 주장했다. 이는 장제스가 환영하지 않을 이유가 없는 일이었다. 장제스와 일본군 사이에는 공산당을 제압하는 것이 우선이라는 암묵적 합의가 이루어진 듯이 보였다. 하지만 1936년의 몇 가지 사건이 이 모든 상황을 완전히 바꾸어놓았다. 일본에서 2·26반란이 실패로 돌아가자 황도파 지도자들이 힘을 잃었고 소련과의 전쟁에 대한 집착도 사라졌다. 1936년 장쉐량과 공산당 지도자들이 최후의 옌안 정벌을 준비하던 장제스를 감금한 이른바 시안(西安) 사건이 일어났고, 장제스가 어쩔 수 없이 항일국공합작에 합의함에 따라 상황은 돌변했다.[39)]

일본에서는 앞서 언급한 대로 히로타 내각이 국방예산 증액을 수용하기로 했다. 또한 육군대신과 해군대신을 현역 장성 중에서 임명하도록 하는 제도를 20년 만에 부활시켰다. 이로써 군부는 마음에 들지 않는 각료(예컨대 우가키 대장)의 임명에 대한 거부권을 행사할 수 있게 되었다. 같은 해 봄과 여름에 걸쳐 히로타와 그의 외무대신 아리타 하치로(有田八郞)는 워싱턴 체제를 구성하는 각종 조약의 틀 안에 일본이 더 이상 갇혀 있지 않을 것임을 분명히 했다. 군부의 새로운 전망은 또 다른 군사력 증강 요구로 이어졌고, 여름 동안 제국의 육해군 참모진은 장차 일어날 수 있는 중국, 소

| 중일전쟁 |

련, 대서양 열강과의 전쟁에 대비한 비상계획을 수립해 내각의 승인을 요청했다. 일본의 동아시아 지배를 위한 전략이 정부 차원에서 공식적으로 거론된 것은 이번이 처음이었다.

유럽의 정치적 혼란이 일본의 결정에 영향을 미친 것도 처음이었다. 일본을 배제하고도 제2차 세계대전의 발발을 논할 수 있다는 주장이 있지만, 일본의 정책과 정치는 서양에서 전개되는 상황에 대한 일본의 인식과 복잡하게 얽혀 있었다. 일본의 전략에 크게 영향을 미친 것은 무엇보다도 소련과 공산세력에 대한 두려움이었다. 1936년 11월에 일본은 독일과 일독방공협정(日獨防共協定)을 맺었고, 1년 후 이탈리아도 여기에 참가했다. 삼국은 코민테른의 움직임에 대한 정보를 교환하고 러시아의 공격이 있을 경우 공동으로 대항하기로 했다. 이 협정을 계기로 몇 년 뒤 세 나라의 관계는 추축국(樞軸國)이라고 불리는 3국동맹으로 발전했다. 일본은 이렇게 영미와의 유대관계에서 벗어나 유럽의 '수정주의' 국가와 밀접한 관계를 맺었다. 군 수뇌부는 새로운 역학관계를 지지하면서, 그것이 미국과의 협상에도 유리하게 작용할 것이라고 기대했다. 하지만 일본의 행보는 루스벨트 정부에 부정적인 영향을 미쳤다. 미국은 점차 일본의 의도를 의심하기 시작했고, 중국에서 일본이 취하고 있던 군사행동을 더욱 거세게 비난했다. 동시에 일본의 대외 의존도, 특히 미국의 자원에 대한 의존도는 커지고 있었다. 바로 여기에 일본의 군부지도자들이 우려하던 1936년의 대(對)소련 위기보다 훨씬 큰 위기가 숨어 있었다.

일본은 코민테른이 북중국에서 항일 국공합작을 부추기던 바로 그 시점에 국제적인 반코민테른 전선을 형성하기 위해 노력했다. 시안에서는 옌안 정부의 대표 저우언라이(周恩來)가 장쉐량을 설득하여, 국민당이 소탕 계획을 포기하고 대신 국공합작을 통해 일본의 추가 침략을 막아낸다는 조건으로 장제스를 풀어주었다. 장제스는 이제 중국 내셔널리즘의 대표로서 국제여론에 호소하고 지지를 요청할 수 있는 위치에 섰다. 일련의 조치가 그의 입지를 더욱 강화시켰다. 그는 미국인 고문단의 도움을 받아 화폐개혁을 실시하여 중국의 경제적 안정을 꾀했고, 독일인 군사고문들의 조언을 받아들여 군사력을 증강시켰다. 시안에서 감금되어 죽을 뻔했던 장제스는 환골탈태하여 국민적 영웅이자 실질적인 지도자로 부상했다. 물론 일본의 장군들은 그를 쓸모 없는 골칫거리로 폄훼했다. 그들의 유일한 기준은 반공이었다. 일본은 베를린을 설득해 중국에서 독일인 군사고문단을 철수시키도록 했고, 그동안 획득한 권익을 확대할 방안을 모색했다.

이런 일들이 다음에 발생할 사건의 배경이 되었지만, 우발적 요인이 개입될 소지도 남아 있었다. 중일전쟁은 일본이 계획한 것도, 원한 것도 아니었다. 1937년 봄에 전직 육군대신 하야시 센주로 대장이 이끌고 있던 내각은 전문외교관인 사토 나오타케(佐藤尙武)를 외무대신에 임명했는데, 사토는 일본의 중국정책에 대한 통제권을 되찾으려고 했다. 그는 대(對)중국 무역의 중요성을 강조했고, 외교적 수사의 공세적 어조를 완화하기 위해 최선을 다했다. 정당을 대표하는 인물이 단 한 명도 포함되어 있지 않았던 하야시 내각은 불행히도 지나치게 관료주의적이라는 비난을 받으며 제국의회의 협조를 얻지 못했다. 이누카이가 사망한 뒤로는 6년 동안이나 정당내각이 자취를 감추었지만, 정당들은 여전히 강력했고 그들의 협조는 어느 내각에게나 필수적이었다. 총선에서 좌절한 하야시 내각은 물러났다. 수명은 단 3개월이었다.

사이온지는 이제 고노에 후미마로에게 눈을 돌렸다. 사이온지는 오랫동안 고노에의 판단력을 의심해왔다. 그러나 고노에는 정당지도자로는 무난했고 내각도 원만하게 운영할 수 있을 것 같았다. 고노에는 2·26사건이 일어난 직후 내각을 맡아달라는 요청을 받았으나 수락하지 않았다. 하지만 이번에는 다소 망설이는 듯하다가 받아들였다.

근대일본사에서 고노에 후미마로만큼 수수께끼 같은 인물도 없다.[40] 고노에는 일본사가 기록되기 시작한 여명기부터 황실과 관계를 맺어온 일본 최고 귀족집안의 후예이며, 히로히토 천황의 고문과 대신들 가운데 히로히토와 편하게 이야기를 나눌 수 있는 유일한 인물이었다. 심지어 천황의 면전에서 다리를 꼬고 앉았다가 다른 사람들을 격분시킨 적도 있었다. 고노에는 안하무인의 귀족인 동시에 사려 깊은 지성인이자 야망 있는 정치가였다. 그는 니시다 기타로를 비롯한 일본 최고의 신칸트주의 관념론 철학자들과 교토 제국대학에서 철학을 공부했다. 학생시절에 이미 아버지가 의장으로 있던 귀족원의 의원이 되었고, 이미 언급했듯이 청년시절에는 사이온지의 파리 강화회의 수행원이 되었다. 그는 대학교수가 되겠다는 생각을 갖고 있었지만, 그가 직접 논쟁에 휘말리게 될 것을 우려한 후견인들의 반대로 포기해야 했다. 그는 정치에 관심을 보였고 각계각층의 사람들과 폭넓게 교류했다. 만주사변 발발 뒤에는 군부의 중견간부들과 친분을 쌓았다. 아시아주의자들과 아시아의 내셔널리스트 망명객들을 후원했던 아버지처럼 고노에도 아시아주의자들을 양성했고, 아버지가 설립한 동아동문서원(東亞同文書院)을 이끌었다. 1933년에는 귀족원 의장이 되었고, 3년 뒤에는 쇼와 연구회를 만들어 쟁쟁한 관료와 지식인들을 주변으로 끌어 모았다. 그는 모든 형태의 국가체제에 깊은 관심을 가지고 있었는데, 어느 것에도 완전히 빠지지는 않았다. 그는 자신이 새로운 초당적 국가체제를 이끌어볼 의향이 있음을 주변 사람들에게 암시했다. 고노에는 도도한 귀족이었지만 개인적으로 인기가 좋았고 개혁과 사회진보의 사상을 대변하는 인물처럼 보였다. 그는 결코 우물 안 개구리가 아니었다. 1933년 그는 프린스턴 대학에 입학할 예정이던 장남을 미국생활에 적응시키기 위해 로렌스빌 고등학교에 등록시켰다. 이때 루스벨트 대통령을 방문하여 미일관계를 논의했다. 그는 장녀에게 만약 네가 아들이었다면 모스크바로 유학을 보냈을 것이라고 말했다고 한다. 그 자신은 두뇌집단인 쇼와 연구회가 제안한 새로운 형태의 비정당 정치구도의 가능성을 타진했다. 그 최종 산물은 정쟁과 '금권'(金權)을 불식하고 진정한 국민적 단합을 도모한다는 취지에서 결성된 대정익찬회(大政翼贊會, 다이세이요쿠산카이)였다. 마지막 겐로인 사이온지보다 훨씬 어렸지만 작위는 높았던 고노에는 사이온지가 자신을 '각하'라고 부를 때 편치 않았고, 공손함을 가장해 자신을 조롱하는 게 아닌지 의심했다. 사실 사이온지는 고노에의 판단력에 대해 의구심을 품고 있었다. 영미 중심의 평화주의가 위선적이며 불공평하다고 공격했던 젊은 고노에 공작의 1918년 논문에서 비롯된 불신이었다. 사이온지는 고노에를 추밀원 의장으로 임명해 그의 진로를 바꿔보기도 했지만, 1936년이 되자 80대 노인 사이온지의 눈에 고노에 이외의 대안은 없는 듯했다. 일본의 정치적 위기가 깊어지는 판국에, 군부의 승인도 받을 수 있고 정당들과의 유대도 좋으며 수려한 용모에 카리스마가 넘치는 젊은 귀족 고노에를 총리로 추천하지 않을 수 없었던 것이다. 그는 1937년 6월 4일 총리로 취임했고, 한 달 뒤 일본은 중국과 전쟁을 시작했다.

지나 '사변'—양측은 중립상태에서 계속 물자를 공급받기 위해 이 용어를 선호했다—은 7월 7일 베이징 바로 서쪽에 있는 루거우차오(盧溝橋, 일명 마르코폴로교) 근처의 사소한 충돌에서 시작되었다. 일본군 병사 한 명이 대열에서 이탈해 보이지 않자 지휘관이 주변을 수색하게 해달라고 중국 측에 요청했는데, 중국측에서는 공동수색이 아니면 안된다고 거절했다. 그 군인은 무사히 귀대했지만, 그럼에도 작은 교전이 벌어졌다. 이런 미미한 사건이 수년간의 전투와 수백만의 사상자를 낳게 되리라고는 상상하기 어렵겠지만, 중일전쟁은 그렇게 시작되었다.

문제가 된 지역은 탕구 정전협정에 의해 '비무장'지대로 지정된 곳이었다. 일부 중국보안군은 일본군의 지휘하에 있었고, 나머지는 중국의 장군들 가운데 가장 친일적인 인물의 지휘를 받고 있었다. 그는 일본군 지휘관이 갑자기 사망했을 때 장례식에도 참석했고, 불상사가 벌어진 데 대해 개인적인 사과까지 할 준비가 되어 있었다. 원래 양측은 현지 협정을 맺어 사태를 신속하게 해결하기를 원했다. 하지만 한 달 안에 양국은 서둘러 현지 병력을 증강했다.

일본과 중국은 일촉즉발의 상황에 처해 있었다. 신임 관동군 참모장 도조 히데키를 비롯한 남만주 일본군의 사령관들은 소련과의 전쟁을 준비하기 위해 화베이의 자원을 통제할 수 있는 강력한 조치가 필요하다고 일본

| 중일전쟁 |

정부에 역설해왔다. 반코민테른 협정을 맺게 한 소련에 대한 두려움은 자연히 중국공산당과 장제스의 새로운 국공합작에 대한 두려움으로 이어졌다. 장제스가 자신이 즐겨 말하던 대로 '공비'(共匪)의 '소탕'에만 전념했다면 아무 문제가 없었겠지만, 그가 마오쩌둥의 옌안 정부와 협력하자 도조를 포함한 일본군 수뇌부들의 눈에는 자신들의 계획이 위험에 처한 것으로 보였다. 중국 전역에서 걷잡을 수 없이 확산되고 있던 일본상품 불매운동과 항일운동의 원인이 일순간 명확해졌다. 그리고 그 해결책은 장제스가 시안에서 타결한 합의를 거부하고 공산당과 다시 싸우도록 유도하는 것이었다.

중국측의 인내력도 바닥을 드러내고 있었다. 1933년 처음 외무대신이 된 후 반(反)소련정책에 협력할 것을 난징 정부에 촉구하던 히로타 고키—2·26사건으로 잠시 총리에 올랐던 기간을 빼고는 1937년까지 외무대신으로 재직했다—의 성명서는 갈수록 오만해졌다. 관동군 지휘관들은 만주국 서쪽에 완충적인 몽골 정부를 세웠고, 중국인들은 허베이 성의 베이징을 거점으로 삼아 다른 지역까지 점령하려는 일본의 새로운 전략을 간파했다.

도쿄 참모본부의 이시하라 간지는 앞으로 다가올 소련과의 대규모 전투에 집착했기 때문에, 중국과의 전쟁은 부적절한 시기의 부적절한 전쟁이라고 확신했다. 하지만 육군대신은 상황을 다르게 판단했고, 논란 끝에 대규모 군대를 파병하기로 결정했다. 일본군이 중국군을 비무장지대로부터 몰아내는 과정에서 사태는 더욱 폭력적으로 변했고, 중국군의 인명피해는 하루 5,000명에 이르렀다. 사태가 심각해지자 또 다른 사단이 중국으로 추가 파병되었다. 7월 말에는 일본군의 지휘를 받고 있던 중국인 '평화유지군'이 봉기를 일으켜 일본군 장교들을 죽인 후 수백 명의 일본 민간인까지 죽였다. 전면전에 대한 압력은 더욱 커졌다. 장제스는 독일식 훈련을 받은 최정예 사단을 북쪽으로 파견했고, 도쿄의 내각과 육군 수뇌부는 중국문제를 '해결'할 수 있는 절호의 공격기회를 잡았다고 생각했다.

| 현대일본을 찾아서 2 |

설상가상으로 새로운 고노에 내각은 하야시 대장의 전임 내각보다 더 강경한 입장을 취했다. 고노에는 전쟁광은 아니었지만, 군부의 선동가들에게 책임을 맡김으로써 그들을 억제할 수 있다고 판단했던 것 같다. 이런 생각 때문이었는지 그는 전혀 뜻밖의 인물 몇 명을 각료로 지명했다. 그가 처음 육군대신으로 선택한 사람은 (이시하라 간지와 함께) 만주사변을 도발했던 이타가키 세이시로 대장이었고, 해군대신으로 염두에 둔 사람은 런던 해군회의의 군축결정에 반대했던 이른바 함대파의 대표적 인물 스에쓰구 노부마사(末次信正)였다. 군 수뇌부의 현명한 인사들이 두 사람의 지명을

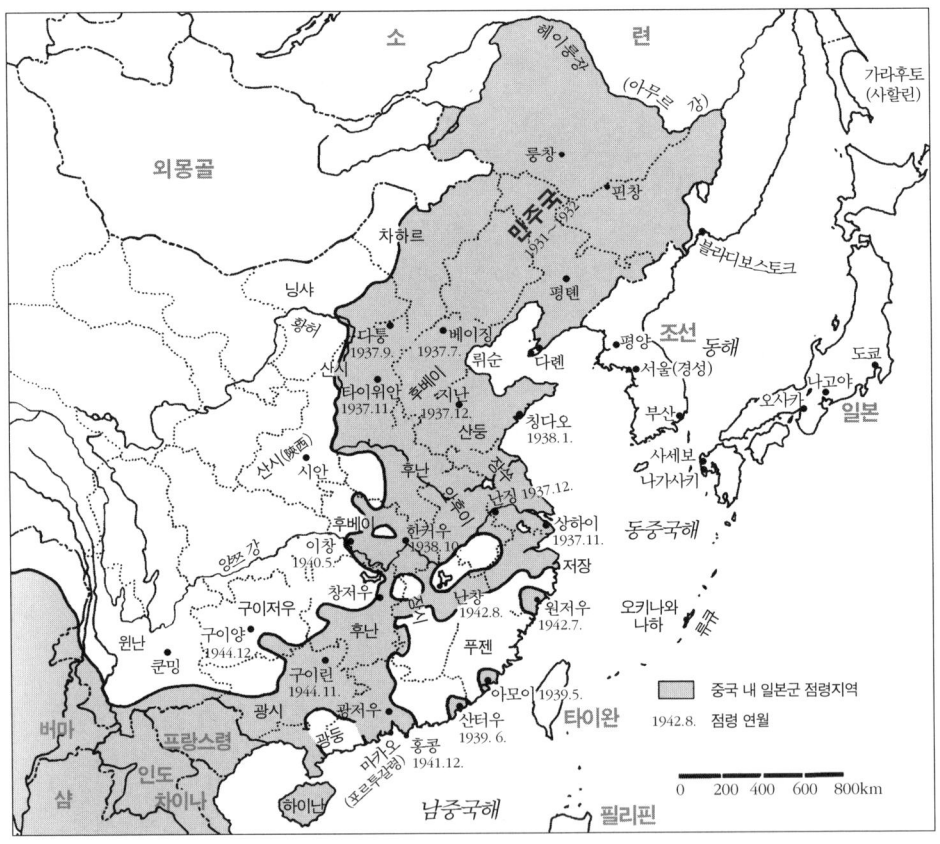

7. 1937~1945년의 중국 내 일본군 점령지역.

| 중일전쟁 |

저지했지만, 고노에는 나중에 이타가키를 자신의 생각대로 육군대신에 앉혔고 스에쓰구도 내무대신으로 기용했다. 더욱 충격적인 일은 1936년 반란을 일으킨 청년장교들의 우상 아라키 사다오 대장을 문부대신으로 임명하여, 각급 학교를 통해 국체사상을 널리 퍼뜨릴 수 있게 한 것이었다. 현실감각을 유지하고 있던 참모본부의 장교들은 이러한 지도부에 대항하여 힘겨운 싸움을 해야 했다.

일본이 중일전쟁이라는 수렁에 빠진 것은 도쿄 정부가 예상한 바도, 희망한 바도 아니었다.[41] 일본군 참모들은 전력을 과시하는 것만으로도 좀 더 유리한 입지를 새로 확보할 수 있으리라고 확신했다. 반면 시안에서 새로운 국공합작의 국민적 지도자로 부상한 장제스는 9개국조약 조인국의 강력한 지지가 일본의 추가공격을 저지할 수 있으리라고 생각했다. 이런 상황에서 일본군을 미궁에 빠뜨린 것은 지도자들의 오만과 과신이었다. 현지 지휘관들이 군사적 충돌 직후에 현지협정을 맺기 위해 노력하는 동안, 도쿄의 내각은 중국이 외부의 지원을 요청하는 과정에서 일본에 대해 무례하고 '불성실'한 태도를 드러냈다고 맹렬히 비난했다. 자신의 새로운 임무를 수행해야 할 필요를 느끼고 있던 장제스는 화베이의 위기를 선언하고 독일식 훈련을 받은 최정예 사단을 투입했는데, 이는 일본인이 볼 때 탕구 정전협정을 위반한 조치였다. 일본에서 1차로 파병된 3개 사단은 화베이에서 군사적 우위를 확보한 후 여세를 몰아 상하이와 양쯔 강 유역까지 진격했다. 추가파병으로 군사력이 증강된 일본군은 중국의 저항이 일시적으로 약화된 틈을 타 난징으로 진출했다. 이때 국민당 정부는 이미 난징을 버리고 상류의 우한으로 퇴각한 뒤였다. 일본군은 장제스가 충칭(重慶)으로 떠난 뒤에야 우한에 진입했다.

1937년 12월 난징은 예상보다 빨리 일본군의 수중에 떨어졌다. 마쓰이 이와네(松井石根) 장군의 군대는 민간인으로 위장해 숨어 있던 수천 명의 중국군 병사들을 두통거리로 여겼다. 언제 어디서 공격해올지 알 수 없었기 때문이다. 이들을 수색하기 위해 시내를 이 잡듯 뒤지던 일본군은 승리감에 도취되어 며칠 동안 살인과 강간, 약탈을 일삼았다. 이 만행은 오늘날까지도 일본이 인정 안하고 있지만, 일본에게 영원한 오명으로 남을 것이다. 이 끔찍한 사건은 과거 속에 파묻히기는커녕 자체적인 생명력을 갖게 되었다. '난징 대학살'은 오늘날에도 살아 있는 사건이다. 그것은 중화인민공화국에 의해 중일관계의 쟁점으로 취급되고 있고, 일본교과서의 중일전쟁 왜곡논쟁이 불거질 때마다 중국인들에게 상기되며, '30만 희생자'라는 덩샤오핑(鄧小平)의 친필이 새겨진 박물관에서 기념되고 있다.[42]

일본의 지도자들이 세계정세를 읽는 데 어려움을 겪으면서 문제는 더욱 복잡해졌다. 이들은 워싱턴 체제가 구속력을 상실했다고 간주했지만, 장제스는 9개국조약에 조인한 국가들에 호소하여 효력을 되살리려고 노력했다. 브뤼셀에 모인 9개국 대표들은 일본을 고립시키기로 의견을 모았으나 적극적인 조치를 취하지는 않았다. 일본은 세력을 확대하고 있던 강대국 독일과 방공협정을 맺어 든든한 원군을 얻었고, 여기에 이탈리아가 가세함으로써 자칭 '못 가진' 3국의 동맹이 구축되었다. 소련은 주요한 위협세력으로 남아 있었다. 소련과의 국경을 굳게 지키기 위한 내몽골의 완충정부가 있었지만, 국민당과 공산당의 국공합작은 새로운 가상의 위험으로 떠올랐다.

첫 번째 구상은 중국과의 전쟁을 끝낼 수 있도록 독일에 협조를 요청하는 것이었다. 외무대신 히로타는 내몽골의 완충정부를 인정하고, 비무장지대를 확대하여 난징 친일정부의 지배를 받으며, 항일운동을 중단하고 일본과 협력해 공산당을 물리친다는 조건에 합의하면 전쟁을 끝내겠다고 제안했다. 처음에 코웃음을 치던 장제스는 전황이 악화되자 관심을 보이는 듯했지만, 일본군은 새로운 군사적 상황에 맞추어 요구사항을 수정했다. 이제 일본은 평화의 대가로 배상금을 추가했고 실질적으로 중국의 항복을 요구했다. 별로 놀랄 것도 없이 이 요구는 받아들여지지 않았다. 다음에는 일본(일독방공협정) 및 중국(대규모 군사고문단) 양국과 우호적인 관계를 유지하던 히틀러가 일본과의 협력을 강화하기 위해 중국에서 독일 군사고문단

| 중일전쟁 |

을 철수시켰다. 그렇게 하면 미국·영국·소련을 묶어둔 채 독일이 중유럽으로 진출할 수 있다고 생각한 것이다. 도쿄 정부는 히틀러의 반공선언에 안도감을 느꼈지만, 1939년에 독소 불가침조약이 체결되자 당혹감을 감추지 못했다. 이 조약은 일본을 벌집 쑤신 듯이 만들어놓았고, 1939년 1월에 고노에의 뒤를 이었던 히라누마 내각은 얼마 버티지도 못하고 실각했다.

일본정부가 전쟁을 끝낼 방안을 모색하는 동안, 중국에 있던 일본군은 계속 적을 무찌르면서 각종 임무를 수행하고 있었다. 1938년 말에 이르자 중국의 대도시는 대부분 일본군의 수중에 들어갔고, 도시들을 이어주는 주요 철도 주변의 보안도 잘 유지되었다. 그러나 중국의 광대한 배후지는 주로 공산당과 여타 게릴라들의 통제 아래 있었다. 국민당 정부는 충칭으로 퇴각했지만, 일본군은 폭격을 제외하곤 내륙의 쓰촨(四川) 성을 점령할 수 있는 아무런 대책이 없었고 물자도 부족했다. 이미 너무 많은 병력이 중국에 묶여 있었다. 더 큰 문제는 일본이 전쟁수행에 필수적인 석유 같은 자원을 서양, 특히 미국에 의존하고 있었다는 것이다. 장제스 정부를 완전히 붕괴시키지도 못하고 항복도 받아내지 못한 상태에서, 전쟁은 장기화될 조짐이었다.

1937년 12월의 난징 함락으로 대표되는 군사적 성공에도 불구하고 장제스가 일본이 제시한 강화조건에 도무지 응하려 하지 않자 고노에 내각은 새로운 전략을 시도하기로 결정했다. 고노에는 1938년 1월 16일 대단히 오만한 성명을 통해 일본은 더 이상 난징 정부와 협상하거나 만나지 않겠다고 발표했다. 중국을 "상대하지 않겠다"—아이테니세즈(相手にせず)—는 이 유명한 성명은 국민당 정부와 강화할 모든 가능성을 차단했다. 이제 일본이 장기전에 돌입했음이 분명해졌다. 정부는 의회에 국가총동원법을 제출했고, 전력을 비롯한 각종 자원을 통제하는 조치를 취했다. 고노에는 우가키 대장과 은행가 이케다 세이힌(池田成彬)을 입각시켜 내각을 강화했다. 중일관계를 근본적으로 해결할 수 있는 방안에 대한 이야기가 오가긴 했지만, 일본의 행보를 볼 때 그런 결과가 나올 가능성은 거의

없었다. 바로 이런 상황에서 일본은 독일로 하여금 중국의 독일 군사고문단을 철수시키도록 함으로써 서양의 지지를 얻어보려고 했다. 장제스는 지원세력을 잃었음에도 불구하고 완강하게 저항했다. 일본군 수뇌부는 영국과 미국이 장제스를 지원하고 있는 것은 아닌지 의심하기 시작했다.

 1938년 11월 고노에는 '동아신질서' 건설을 선언하고, 난징에 협력정부를 세우겠다는 계획을 발표했다. 쑨원의 제자인 왕징웨이(汪精衛)는 국민당에서 이탈하여 협력정부의 주석이 되었다. 그는 난징에 자신이 주도하는 합법적인 정권을 세울 수 있으리라는 기대를 품고 있었다. 하지만 제국군대의 지휘관들은 사사건건 자신들의 요구사항을 강요했고, 얼마 지나지 않아 중국 분리주의 운동의 실체가 일본에 동조하는 괴뢰정부라는 사실이 드러났다. 좌절하고 탈진한 고노에는 1939년 1월 사임했다. 하지만 그는 중국문제와 내정개혁에 대한 새로운 희망을 갖고 이듬해 7월에 총리로 복귀했다. 중국은 일본이 철군을 암시하면 대일본정책을 재고하겠다는 약속을 할 태세였다. 한편 일본에서는 대정익찬회를 중심으로 재편된 정치구조가 정치적 분열을 끝내고 국민통합을 가져올 것으로 기대했다. 혹자는 이를 새로운 전체주의의 전조로 보고 우려를 표명했지만, 사실상 대정익찬회는 소기의 목적을 거의 달성하지 못했다. 돌이켜보면 일본의 핵심문제는 군을 통제하고 억제하는 것이었는데도 '신체제' 계획은 민간 부문에 초점을 맞추고 있었다.

 고노에 내각은 일본을 중국과의 전쟁으로 이끌었고, 일본군은 전투에서는 계속 이기면서도 전쟁에서는 결코 승리할 수 없었다. 엄청난 인력과 자원이 중국이라는 수렁에 묶여 있었다. 군 수뇌부는 아시아의 다른 지역에서 일본이 자유롭게 운신할 수 있도록 충분한 병력을 중국에서 빼내려고 필사적으로 애쓰면서도 유의미한 양보나 철수는 한사코 거부했기 때문에, 협상단에게는 체면을 어느 정도 살리면서 중국정부와 적당히 타협할 수 있는 여지가 없었다. 아마 전쟁이나 외교의 역사에서 스스로 승리했다고 생각하면서도 소기의 목적을 이룰 수 없었던 강국이 적을 인정하지 않겠다고 선언한 것은 거의 선례가 없을 것이다. 그 유명한 '아이테니세즈' 선언은 자칭 평화를 사랑한다고 주장하면서 평화를 도모할 수 있는 유일한 상대는 만나지 않겠다는 일본의 이중성을 잘 보여주면서, 실패한 정권의 기이한 전설로 남게 되었다. 다음 단계는 충칭 정부가 오로지 미국과 영국의 지원 덕분에 버티고 있는 것이라고 단정하고 그 문제를 해결하기 위해 직접 나서는 것이었다. 좀 더 우호적인 새로운 난징 정부를 세우는 작업도 시작되었다.

태평양전쟁

18

한 시대를 어떻게 명명하느냐에 따라 그 시대에 대한 해석이 달라지곤 한다. 따라서 보통 '제2차 세계대전'이라고 언급되는 역사적 사건이 일본인의 저술에서 다른 명칭으로 불린다는 것은 그리 놀랄 일이 아니다. 일본의 전쟁은 구미의 여러 나라가 치른 전쟁과는 어느 정도 동떨어진 것이었다. 또 동아시아에 대해 거의 언급하지 않더라도 연합국이 독일과 이탈리아에 대항해 싸웠던 전쟁에 대해서 이야기할 수 있다. 하지만 서양에서 일어난 사건들을 언급하지 않고 일본의 전쟁에 관해 쓴다는 것은 불가능하다. 일본의 지도자들이 그 소란스러운 사건들을 어떻게 해석했는가에 따라 너무나 많은 것이 달라질 수 있었기 때문이다. 일본은 1936년 독일과 일독방공협정을 체결함으로써 장차 일어날지도 모를 소련과의 전쟁에 든든한 대비를 했다고 생각했는데, 히틀러와 스탈린이 상호불가침조약을 맺자 일본의 내각은 책임을 통감하고 물러났다. 새 내각은 새로운 국제정세에 적응하기 위해 애썼고, 외무대신 마쓰오카 요스케는 과감하게 스탈린과 협상을 벌여 일소중립조약을 체결했다. 이 조약의 잉크가 채 마르기도 전에 히틀러는 자신의 약속을 깨고 소련을 침공했다. 마쓰오카는 대담하게도 이제 일본이 참전해 소련을 동쪽에서 공격해야 한다고 제안했다. 하지만 내각 총사퇴와 함께 그 역시 물러났다.

일본은 1940년 독일 및 이탈리아와의 3국동맹을 영국이나 미국의 간섭에 대한 억제책으로 보았을 뿐, 나치와 행동을 같이 할 계획은 별로 없었다. 이런 점에서 3국동맹은 독일과 프랑스의 세력을 견제하기 위해 체결한 1902년의 영일동맹의 현대판이라고 할 수 있다. 하지만 결과는 그 반대였다. 민주국가들이 독일과 일본을 싸잡아서 위협세력으로 간주하게 되었다. 한편 독일이 서유럽에서 승리를 거두자 네덜란드와 프랑스가 지배하던 동남아시아 식민지들이 무주공산이 된 듯했고, 이는 자원이 풍부한 그 지역에 대한 공격욕구를 자극했다. 분명히 양측 모두 오판을 했다. 루스벨트 대통령은 태평양함대를 하와이에 주둔시키면 일본을 견제할 수 있으리라 생각했지만, 일본은 그것을 빌미로 선제공격을 가하면 전쟁에서 승리할 가능성이 높아질 거라고 보았다.

대서양전쟁과 태평양전쟁을 하나의 전쟁이라고 볼 수는 없다. 추축국과 일본은 최소한의 협력관계만을 유지했고, 일본에 파견된 독일 공관원은 개를 산책시키던 중에 일본의 진주만 침공소식을 들었다. 점차 제해권을 상실하고 있던 일본은 독일의 기술을 전수받기 위해 다양한 노력을 기울였다. 핵실험을 위해 잠수함으로 우라늄을 들여오는 것도 그 중 하나였다. 하지만 두 나라 모두 제해권 장악을 위한 합동작전을 진지하게 고려하지 않았다. 설령 그랬다 하더라도 지리적 거리와 영미의 강력한 해군력 때문에 수포로 돌아갔을 것이다.

전시의 일본정부의 대변인들은 '대동아전쟁'(大東亞戰爭)이라는 표현을 사용했다. 이 과장된 용어에 담긴 뜻은 일본이 아시아를 서양의 억압적 지배로부터 해방시킨다는 것이었다. 식민지들은 자신들을 위해 수행되는 이 용맹한 성전에 긍정적으로 호응할 것으로 기대되었다. 중국이 이를 거부하고 저항을 택했다는 사실은 서양의 운이 다했다는 일본의 신념이 잘못된 것임을 예증해준다. 일본은 중국이 항일투쟁을 계속하는 것은 영국과 미국의 도움을 받고 있기 때문이라고 설명할 수밖에 없었다.

전쟁책임을 규명하기 위해 도쿄에서 개최된 극동국제군사재판에서 검사들은 일본이 새로이 패권을 쟁취하기 위해 시종일관 의도적으로 아시아를 침략했다고 주장했다. 일본의 역사서술에 보이는 또 하나의 용어는 '15년 전쟁'—1931년의 만주사변에서 시작되어 1945년의 항복으로 끝나는 전쟁—이다. 이 용어에는 일본의 중국 침공에 초점을 맞추려는 저의가 깔려 있다. 해전을 평가절하하고 지상군의 활약을 강조하려는 이 용어는 문제를 안고 있다. 1933년의 탕구 정전협정과 루거우차오 사건 사이에는 4년이나 되는 비교적 잠잠한 휴지기가 있었다. 일본군 수뇌부는 당시 중국과의 전쟁을 원했다기보다 만용을 부리다 전쟁에 휘말려 들어갔고, 1941년 이후 미국 제14공군 주둔을 위해 개발된 기지를 공격하는 데 전력을 기울임에 따라 중국전선은 부차적인 것이 되었다. 또 다른 명칭인 중일전쟁은 엄밀히 말해서 1937년의 전면전과 함께 시작되었다. 이때부터 일본정부는 '동아 신질서'를 건설하는 데 매진했고, 장제스의 국민당 정부를 협상 대상에서 제외시켰다.

나는 이 장에 '태평양전쟁'이라는 제목을 붙였다. 이 용어는 시데하라 기주로가 1951년 사망 직전에 펴낸 회고록에서 처음 썼던 말로, 그 후 일본의 주류 사학자들이 선호하는 표현이 되었다. 5권의 책으로 영역된 바 있는 권위 있는 공동작업물 『태평양전쟁에 이르는 길』(太平洋戰爭への道)은 만주사변부터 시작되지만, 이는 태평양에서의 참혹한 전투를 촉발한 진주만 공격의 서곡에 지나지 않는다. '태평양전쟁'이란 명칭에도 문제는 있다. 그것은 대체로 서양열강, 특히 미국과의 전쟁에 초점을 두기 때문에 중국과의 전쟁을 등한시하게 된다. 하지만 중국에서 벌어진 일련의 사태가 미국과 일본의 갈등을 초래했다는 사실을 결코 간과해서는 안된다.[1]

1. 도쿄에서 바라본 세계정세

일본이 태평양전쟁에 이르는 과정에서 선택한 모든 것은 변화된 국제환경에 대한 인식에 근거하고 있었다. 국가의 계획경제가 대공황이 초래한 문제들을 성공적으로 처리하자, 국민들은 정부의 지도력을 신뢰하게 되었다. 수입된 자원에 의존할 수밖에 없다는 일본의 자각은 자급자족적 패턴을 확립하기 위한 노력으로 이어졌다. 서양의 민주주의 진영이 일본의 약진에 제재를 가하자, 대외의존에 대한 인식은 더욱 편협해졌다.

일본군 지도자들에게 독일과의 연대는 운명처럼 다가올 고립무원의 상태에서 빠져 나올 수 있는 방편처럼 보였다. 더욱이 1936년의 일독방공협정은 아시아에서 공산주의 세력의 확산을 막으려는 정부의 의지와도 부합했다. 국경이 불안정한 만주지역의 사령관들은 아니나 다를까 소련군의 위력을 시험해보고 싶어 했다. 1938년 8월에 만주국·소련·한국의 국경이 만나는 만주 동북부에 주둔하던 관동군 몇 개 부대는 그들 자신이 적절한 국경이라고 생각하는 지점까지 소련군을 밀어내려 했으나 실패했다. 그들은 병력을 증강하여 확전을 꾀했지만, 이에 대한 준비가 되어 있지 않던 도쿄의 군 수뇌부는 난색을 표했다.

1년 뒤 관동군은 내몽골과 외몽골 사이의 서쪽 국경에 대한 통제력을 확대하기 위해 싸움을 걸었다. 이 전투의 중심지는 노몬한이라는 생소한 지역으로, 이곳에서 시작된 사소한 무력충돌이 전면전으로 치달았던 것이다.[2] 이 전투는 외부세계에는 거의 알려지지 않았다. 소련의 극동지역은 외부인에게 개방되지 않았고, 관동군 장교들도 나름대로 이 충돌을 쉬쉬할 이유가 있었다. 그렇지만 1939년 여름에 소련군이 일본군의 공격을 저지하러 나서자, 양측은 현지에서 동원할 수 있는 병력과 자원을 모조리 투입했다. 일본은 노몬한에서 곤욕을 치른 뒤에 정부와 육군의 작전을 '북진'에서 '남진'으로 수정했다. 황도파는 소련과의 전쟁에 우선순위를 두어야 한다고 주장했지만, 일본군은 게오르기 주코프 대장—훗날 독일군과의 전투에서 승리하여 일약 영웅이 되는 인물이다—이 지휘하던 공군과 탱크 부대에 밀려 1만 7,000여 명의 사상자를 낸 후 휴전협정을 받아들일 수밖에 없었다. 이 전투가 끝난 8월에 독일이 폴란드를 침공하며 제2차 세계대전이 시작되었고, 같은 달 독소불가침조약이 발표되자 일본이 소련에 대항

| 태평양전쟁 |

하기 위해 독일에게 걸었던 기대는 물거품이 되었다. 일본과 소련은 모두 전면전의 가능성에 대비하여 계속 군사력을 증강했다. 관동군의 보급 물자는 워낙 풍부해서 1945년 8월 전쟁이 끝났을 때에도 많이 남아 있었다. 도쿄에서는 아베 노부유키(阿部信行) 내각이 총사퇴했다. 그에게 유독 까다롭게 굴던 의회는 신속히 노부유키를 퇴진시켰다. 위기와 희생에서 나온 단결력은 점점 약화되었고, 중일전쟁은 해결될 기미가 보이지 않았다. 군부의 의견은 장제스의 오랜 라이벌 왕징웨이를 내세워 국민당 정부를 대체할 정권을 수립하자는 안, 장제스를 끝까지 몰아붙여 항복을 받아내자는 안(많은 자원을 요하기 때문에 다른 선택에 제약을 가하는 안), 그리고 일본이 이미 차지한 지역에 대한 점령 기한을 연장하자는 안으로 분열되어 있었다. '성전'(聖戰)도 더 이상 비판에서 자유롭지 못했고, 일본인은 일상생활에 필요한 물자가 점점 부족해지자 지쳐갔다. 유럽에서 전쟁이 터졌을 때 일본에는 내각이 구성되어 있지 않았다. 정치적 결정을 맡고 있던 엘리트들은 잠시 망설이다가 임시변통으로 요나이 미쓰마사(米內光政) 제독을 총리로 추천했다.

  이제 전쟁의 불길은 다른 곳으로 옮겨 붙었다. 1939년 7월 미국은 1911년에 체결된 미일통상항해조약(일본이 불평등조약에서 벗어나는 계기가 되었던 조약)을 1940년 1월부로 파기할 것이라고 일본측에 통보했다. 이 통보가 미국과 일본의 대결을 촉발한 것은 아니지만, 앞당긴 것은 분명하다. 한편 독일은 불과 몇 달 만에 서유럽에서 눈부신 승리를 거두며 네덜란드·프랑스·영국의 동남아시아 식민지 자원에 접근할 수 있는 새로운 가능성을 열었다. 인도차이나의 프랑스 당국은 친독 비시 정권과 보조를 같이 했지만, 인도네시아의 네덜란드 당국은 영국에 망명해 있던 본국 정부의 뜻에 따라 일본을 견제하는 영미 진영의 정책을 지지했다. 그 결과가 일본이 'ABD(미국·영국·네덜란드)의 포위'라고 부르는 것이다. 일본인에게 그것은 일본이 필요로 하는 자원을 빼앗기 위해 고안된 사악한 협력이었다. 가장 중요한 자원은 석유였는데, 워싱턴과 합의해야 할 시한이 촉박했고 그것의 지연은 불가능했기에 일본의 입안자들은 완전히 손발이 묶여버렸다. 아이러니하게도 미국에 전적으로 의존하게 되는 상황을 피해보기 위해 내린 결단과 조치가 결국에는 일본을 바로 그런 상황으로 내몰고 말았다. 워싱턴은 하와이 방위에 자신이 있었고, 일본의 전쟁 수행에 필수적인 물자를 통제하고 있는 한 유리한 위치에 있다고 확신했다. 미국은 중국의 지지와, 영국정부의 격려를 받으며 자신의 입장을 고수했다. 영국은 미국이 유럽의 전선에 군대를 파병하지 않으면 존립이 위태로웠다.

이런 정황이 도쿄 수뇌부 내의 힘의 균형을 변화시켰다. 해군은 제해권 장악을 노리기에는 가지고 있는 자원이 부족하다는 사실을 인식하고 독일의 철저한 동맹국이 되는 데 반대했다. 하지만 나치가 유럽에서 승리함으로써 동남아시아의 자원에 접근할 수 있는 가능성이 엿보이고 동시에 일본의 석유 재고가 줄어들기 시작하자, 해군 지휘부도 어쩔 수 없이 육군과 보조를 맞추어 1940년에 공식화된 3국(추축국)동맹을 지지해야 했다. 주사위가 완전히 던져진 것은 아니었지만, 일본은 외교정책이 실패할 경우에 대비해 군사작전 수립에 박차를 가했다.

2. 메이지 체제 개편 시도

만주사변은 군의 불복종으로 시작되었지만, 그 후에도 국책을 수립하고 이행하는 모든 조치는 메이지 시대에 확립된 기본구조에서 조금도 벗어나지 않았다. 한 가지 예외는 2·26사건이 발생했을 때 히로히토 천황이 친재를 행한 것이다. 하지만 그때도 정상적인 정부가 부재한 상태—오카다 총리는 관저에 숨어 있다가 빠져 나왔다—에서는 헌정질서에 대한 침해가 논리적으로 성립될 수 없다고 주장할 수 있다.[3]

지금까지 정당에 대해서는 거의 언급하지 않았다. 정당지도자들은 사이온지를 비롯한 겐로들이 보기에 국민단합의 상징—뛰어난 제독과 대장들, 귀족의 자제들—이 될 만한 인물들로 교체되었지만, 그 단합이란 허울뿐이었다. 제국의회의 협력은 효율적인 정부운영을 위해 긴요했고, 입헌정우회와 입헌민정당은 예전과 다름없이 서로 경쟁을 벌였다. 농촌의 이익이 훨씬 많이 반영되는 선거제도하에서 선출된 의원들은 전통적인 선거구의 지역유지들을 의식했다.[4]

의회가 정부정책에 대한 지지를 거부함으로써 내각을 사퇴시키는 경우가 몇 차례 있었다. 특히 조정과 협상의 경험이 부족한 군부지도자(하야시, 아베)들은 의회의 환심을 사지 못했다. 동시에 군부도 마음에 들지 않는 내각은 주저 없이 거부했다. 요나이 내각은 정당의 전폭적인 지지를 얻기 위해 6명의 정당지도자를 받아들였지만, 화합을 이룩하는 데는 실패했다. 간신히 네 달 정도 지속된 이 내각은 육군의 모순된 정책을 통렬하게 비판한 입헌민정당 의원 사이토 다카오(齋藤隆夫)의 연설에 의해 무너졌다. 그는 지나사변이 장기화되는 동안 도쿄의 육군 수뇌부가 왕징웨이를 내세워 국민당을 대체할 정부를 수립하는 전략과, 협상단을 보내 장제스와의 강화를 타진하는 전략 사이에서 갈팡질팡했다고 지적했다. 그는 이런 식의 불성실한 태도를 보이면서 어떻게 이 전쟁을 '성전'이라 부를 수 있느냐고 물었다. 군이 오락가락하면 정부가 어떻게 국민적 단합을 유지할 수 있겠느냐는 질타였다. 육군 수뇌부는 이 연설이 전투에서 목숨을 바친 수천 명에 대한 무례라며, 그것을 의회 속기록에서 삭제해줄 것을 요청했다. 격론 끝에 이 문제는 단지 기록 삭제에 그치지 않고 육군을 모독한 사이토를 의회에서 제명하고서야 마무리되었다. 이 결과는 '성전'을 비난하는 데 가세했던 조직과 집단들 사이에 엄청난 파문을 일으켰다.

불만이 표출되면서 국민 동원과 단합이 점점 어려워지자, 많은 사람들은 일본의 정치적 다원성을 나타내는 다수의 이익집단을 통합하여 하나의 효율적인 단체를 구성하는 방안을 모색했다. 정관계의 '혁신적' 인사들은 의회정치의 끝없는 당리당략에 염증을 느꼈다. 그리고 다수의 정당지도자는 1920년대의 '정상적' 정당내각으로 복귀하기를 포기하고 자신들의 요구에 부응하는 대안적인 정치를 구상하고 있었다. 육군 지도부는 특히 군과 협조할 수 있는 안정적인 정치구조를 개발하는 데 열성이었다. 이런 움직임에서 유일하게 빠진 것이 있다면, 그것은 어느 정도 인기도 있고 당파도 초월한 지도자였다. 고노에 후미마로 공작의 정계 복귀가 눈앞에 다가온 듯했다. 1939년 1월 실각한 후 방관자로 머물러 있던 그는 쇼와 연구회에 포진한 지식인들의 조언과 계획을 염두에 두고 있었고, 육군 수뇌부가 받아들일 만한 인물이었다. 그는 호랑이한테 물려가도 정신만 차리면 살 수 있다고 생각했다. 이것이 1940년 7월 고노에가 제2차 내각을 구성하라는 천황의 명을 받았을 때의 상황이다.

이미 '동아신질서' 건설을 선포한 바 있는 고노에가 일본에서 '신체제'에 대한 논의가 진행되는 와중에 권좌에 복귀한 것은 논리적인 귀결이었다. 쇼와 연구회의 지식인과 혁신관료들은 일본정치에 만연한 정쟁과 이기주의를 발본색원할 수 있는 신체제를 만들어내는 것이 바람직하다는 데 합의했다. 겐로들의 중재가 없어진 상태에서 수십 년 동안 다양한 특권층이 경합하는 가운데 혁신파의 영향력은 증대되었다. 제국의회에서 양대 정당의 중의원 의원들은 그 어느 때보다 정치적 목소리를 높이고 싶어 하던 소수파 및 무소속 계열의 자칭 혁신세력들과 자주 연합하곤 했다. 마찬가지로 혁신관료들도 전전 체제의 특징인 고질적인 권력투쟁을 효율적인 동원체제로 대체해줄 새로운 정당구조가 탄생하길 바랐다. 이런 여러 집단의 지도자들은 고노에에게 희망을 걸었고, 그는 국론분열을 막고 일본의 사회적·정치적 안정을 도모하기로 결심했다.

권좌에 복귀한 그는 자신이 신체제운동의 상징이라고 생각했다. 그는 이제 다수의 최고 지식인들로 구성된 고문단에 의지할 수 있었는데, 그 중에는 도쿄제국대학의 야베 데이지(矢部貞治)도 있었다. 고노에는 일종의 협상안을 통해 중일전쟁의 해결이 눈앞에 다가왔다고 생각했고, 그의 고문들은 그의 지시에 따라 준비하고 있던 성명서의 최종 문안에 큰 기대를 걸고 있었다. 하지만 놀랍고 실망스럽게도 성명서에서 철군 약속은 빠져 있었다. 아마 군부의 압력 때문이었을 것이다.[5)] 고노에는 새로운 정치질서를 수립할 적절한 시점에 이르렀다고 판단했고, 1940년 여름에 모든 주요 이익집단의 대표들을 모아 그런 구조를 창출하기 위한 제안들을 가다듬었다.

그 결과가 바로 1940년 10월에 출범한 대정익찬회였다. 작은 시골마을에서부터 대도시에 이르기까지 일본사회의 구석구석을 하나로 묶어 통제하는 것을 목표로 결성된 대정익찬회는 파시스트 국가의 대중정당에 대한 일본식 해답이었다. 37명으로 구성된 준비위원회는 주요 이익집단을 대표했다. 고노에는 기존 정당의 대체를 염두에 두었고, 지방과 중앙 단위의 대표조직을 두어 국가의 행정 및 입법 기관을 장악하고자 했다. 이런 제도적 변화의 최대 수혜자는 총리실이었다. 오랫동안 무력했고 강제력이나 조정 능력이 없었던 총리실은 이제 새로운 제도의 중심에 서서, 도시와 농촌의 모든 일본인을 대변하고 모든 유권자단체와 이익집단의 의견을 수렴할 수 있게 되었다.

하지만 실제로 그렇게 되지는 않았다. 대정익찬회 구성에 참여한 이익집단들은 자신의 기득권을 방어하려 했다. 특히 내무성 관료들은 새로운 조직을 자신들의 통제력을 강화하는 수단으로 생각했고, 군부는 그것을 재향군인회 및 청년단을 통해 사회를 더욱 군사화할 수 있는 장치로 보았다. 실업계는 온갖 특권을 포기할 마음이 없었고, 우익단체는 황실의 아우라를 압도하거나 위협하는 것으로 보이는 것에는 무조건 의혹의 눈초리를 보냈다. 이런 갈등에 직면한 고노에는 늘 그랬듯이 한 걸음 물러났다. 어쨌거나 사회 전체를 촘촘한 '참여'의 망으로 엮은 대정익찬회 체제는 출범했다. 도시에서는 지구별로 '지부'가 조직되었다. 대정익찬회 지부는 배급 허가에서 소방활동에 이르기까지 모든 일을 통제했으며, 거드름 피우는 사람들의 손아귀에 놀아나던 그 조직은 일본의 시민사회가 누리고 있던 자유를 상당히 억압했다. 대정익찬회는 비록 전시라는 비상상황에 쓸모가 있긴 했지만, 시민의식을 활성화하기보다는 억눌렀고, 내무성을 제어하거나 민주화했다기보다는 내무성의 보조기관으로 전락했다. 고노에 역시 대정익찬회가 제대로 작동하지 않는다고 판단했던 것 같다. 그는 자신에게 희망을 걸었던 혁신각료들을 연로한 인물들로 교체했다. 그 중에는 '혁신파'라기보다는 '국가주의자'에 가깝고 대정익찬회의 활동에 의혹을 품고 있던 전직 총리 히라누마도 끼어 있었다. 1942년의 총선 후에 대부분의 의원들은 새로운 대정익찬회의 정치적 그늘 아래 들어가는 것이 현명하다는 사실을 깨닫게 되었다. 그 후로는 관직 후보 지명권까지 대정익찬회의 차지가 되었는데, 이런 식의 정치적 독점은 신체제의 이상주의적 이론가들이 소망했던 것과는 거리가 멀었다. 대정익찬회는 기존 조직의 부차적 명칭이거나 기능일 뿐이었다. 특히 농촌에서는 지역유지들이 직함을 하나 더 보태면서 변함없는 특권을 누렸다.

요컨대 메이지 체제는 좀 더 중앙집권화되고 권위적으로 변했지만 큰 틀은 여전히 그대로 남아 있었다. 구체제는 일본이 전시의 비상시국을 타개해 나가는 데 부족함이 없을 정도로 유연한 것으로 입증되었다. 근대적 제도를 개편하려는 다음 번 시도는 더글러스 맥아더 장군의 사령부에서 나오게 된다.

3. 워싱턴 협상

고노에가 국내의 신체제 수립계획을 고수할 수 없었던 것은 긴박한 외교문제가 있었기 때문이다. 그는 전직 외교관으로 만철의 총재를 지낸 다혈질의 마쓰오카 요스케(1880~1946)를 외무대신으로 기용했다. 오리건 주립대학을 졸업한 마쓰오카 요스케는 누구보다도 미국을 잘 안다고 확신했다. 국제연맹이 리튼 조사단의 보고서를 받아들였을 때 일본 대표단을 이끌고 회의장을 박차고 나갔던 사람도 바로 그였다. 군부의 확실한 지지를 받고 있던 그는 수정주의적 외교정책의 강력한 지지자였다. 그는 취임에 즈음해 고노에를 위해 일본의 정책방향을 제시하는 문서를 준비했다. 그는 유럽에서 전쟁이 일어난 상황에서 일본은 하루속히 방공협정을 전면적인 군사동맹으로 전환시켜 독일과의 관계를 강화해야 한다고 보았다. 마쓰오카의 논리에 따르면, 중국은 서양의 원조를 거부하고 일본과의 협력을 통해 새로운 아시아 건설의 중요성을 자각해야 하며, 남아시아의 식민지들은 유럽 식민 본국과의 관계를 끊고 '대동아'의 일부임을 인식해야 했다.('대동아공영권'이란 용어를 처음 쓴 사람이 바로 마쓰오카다.) 또한 태평양에서 자연히 일본의 적국이 될 미국은 일본이 미국세력권을 존중해주길 바라듯이 일본 세력권을 존중하는 법을 배워야 했다. 다른 길을 택한다면 대결은 불가피하다는 것이다. 마지막으로 일본은 나치 독일처럼 소련과 불가침조약을 체결함으로써 5~10년 정도 국력을 키울 수 있게 숨통을 틔우고 에너지와 자원을 비축해야 한다고 생각했다.[6] 고노에는 일본의 철군의사를 추가하여 장제스의 국민당 정부에 새로운 강화기회를 제공할 참이었다.

마쓰오카의 문서는 희망사항과 오만함의 흥미로운 조합이었다. 유럽의 상황이 워낙 급변하고 있던 터라 5년의 유예기간은 비현실적인 것이었고, 일본이 중국에 남긴 이미지나 그간의 행태를 고려할 때 충칭 정부는 일본이 어떤 약속을 해도 신뢰할 것 같지 않았다. 고노에가 전권을 가지고 있지 않다는 사실도 곧 드러났다. 중국에 관한 고노에의 성명이 발표되었을 때 이미 말했듯이 철군 조항이 빠져버린 것은 분명 군부의 고집 때문이었고, 응당 더 나은 대접을 기대했던 왕징웨이는 문전박대를 당했다. 마쓰오카는 국제정치를 감당하기에는 역부족임이 드러났다. 그는 충동적이고 자기도취적이었으며, 가끔은 "교미즈지(清水寺)에서 뛰어내릴 준비"를 해둘 필요가 있다고 단언하는 등 과장이 심한 인물이었다. 위기가 다가오자 그는 더 기고만장해졌는데, 적어도 동료 한 명은 그의 정신이 멀쩡한지 의심했다고 한다.

하지만 그것은 어디까지나 미래의 일이었다. 1940년에 마쓰오카는 서둘러 순방외교에 나서 독일 및 이탈리아와 공식적으로 동맹을 체결했고, 소련과는 중립조약을 맺었다. 그의 호전성은 장제스를 협상 테이블로 끌어내기 위해 중국에 대한 압박의 강도를 높이고 있던 군부에 결코 뒤지지 않았다. 한편 고노에는 고위 각료들과 육해군 참모들이 모여 군사작전과 국책의 우선순위를 원만하게 조정하는 연락회의를 재가동시켰다. 육군과 해군 사이에는 심각한 견해 차이가 있었는데, 해군은 당연히 영미 연합함대의 위력에 저항할 수 있을지 걱정하고 있었다.

전쟁억제와 경제제재라는 미국의 정책이 해군 수뇌부를 압박하자, 육군과 해군은 좀 더 가까워졌다. 미국의 태평양함대가 일각의 우려에도 불구하고 서해안에서 하와이의 진주만으로 이동하자, 이에 위협을 느낀 일본 해군은 진주만을 공격목표로 삼았다. 1911년에 체결한 미일통상항해조약을 폐기하겠다는 미국의 결정은 미국의 고철과 석유에 의존하고 있던 일본에게는 보통문제가 아니었다. 마쓰오카는 추축국 동맹이 미국에 대항하는 버팀목이 될 수 있으리라고 보았지만, 실질적인 효과는 정반대였다. 미국은 영국의 생존이 자국의 안보에 필수적이라고 보았고, 이런 미국의 입장이 모든 대일(對日)정책에 영향을 미쳤다. 1911년의 미일통상항해조약이 1940년 1월에 파기되자, 미국은 항공기 연료와 윤활유에 대한 금수 조치와 고철에 대한 수출 규제를 단행했다. 이런 상황에서 워싱턴과의 협상에 성공하지 못할 경우 일본은 서유럽 국가들의 풍요로운 식민지에 군침을 흘릴 수밖에 없었을 것이다. 중국과의 전쟁을 끝내지 못하고 있는 것을 동남아시아를 통한 영국과 미국의 대(對)중국 원조 탓으로 돌리기 시작하면서, 동남아시아에 대한 일본의 관심은 더욱 커졌다.

이런 문제들을 처리하기 위해 도쿄는 저명한 퇴역 제독 노무라 기치사부로(野村吉三郞, 1877~1964)를 주미대사에 임명했다. 노무라는 제1차 세계대전 발발 전에 해군의 워싱턴 특사로 미국에 체류하면서 당시 미해군 차관보였던 프랭클린 루스벨트와 친분을 쌓았다. 노무라는 임무를 맡기 전에 중국대륙의 일본군 야전사령관들 및 육해군 참모진과 협의를 거쳐 자신이 어떤 합의를 이끌어내더라도 협조하겠다는 약조를 받았다. 그의 임무는 애당초 불가능한 것이었지만, 안타깝게도 노무라는 그 일의 적임자도 아니었다. 그는 온화하고 연로한 보통사람으로, 외교 경험이 전혀 없었다. 또한 청각에 문제가 있어서, 쏟아지는 질문에 엉뚱한 대답을 하는 경우가 한두 번이 아니었다고 한다. 아무튼 그는 임무를 성공리에 마치기를 간절히 원했고, 본국의 상관들에게 미국의 입장이 전보다 훨씬 유연해졌다는 믿음을 갖게 하려고 노력했다. 그들이 강경자세로 돌변하는 것을 막기 위해서였다. 하지만 1941년 11월에 그의 잘못을 알게 된 일본의 지도자들은 실망과 분노를 금할 수 없었고, 이로 인해 회담의 전망은 더욱 어두워졌다.

아마도 가장 심각한 문제는 선의를 갖고 있던 메리놀 선교단의 뜻하지 않은 개입이었을 것이다. 도쿄와 워싱턴 양측과 은밀하게 접촉할 수 있었던 그들은 협상을 성사시키기 위해 문서의 표현을 완곡하게 가다듬었다. 그 결과 '도쿄'의 입장이 무엇인지를 놓고 혼선이 빚어졌고, 워싱턴은 진지하게 검토된 적도 없는 제안에 대해 대응책을 마련하곤 했다. 이것이 불신과 의혹을 증폭시켰다. 미국의 입장에 대한 잘못된 정보가 처음 도쿄에 전해졌을 때만 해도 마쓰오카는 추축국 동맹의 가치에 대한 자신의 믿음이 옳았다고 생각하며 기뻐했지만, 노무라의 실수를 발견하고 나서는 그의 외교활동에 대한 신뢰감을 거의 상실했다.[7]

일본이 동남아시아로 이동할 준비를 하고 있다는 명백한 증거가 드러나자, 노무라는 임무를 수행하기가 더욱 어려워졌다. 일본군 수뇌부는 정부의 동의를 얻어 1940년 7월에 육군과 공군을 인도차이나 북부로 이동시켰다. 사실 그때는 추축국 동맹이 채 완성되기도 전이었다. 그 후 1941년 6월에 독일이 소련을 침공하자 마쓰오카는 추축국 동맹에 의미를 부여하기 위해 북진을 제안했다. 이런 충동적인 태도는 노몬한 주둔 소련군의 위력에 대한 최신 정보를 접하고 있던 군 수뇌부를 화나게 하고 히로히토 천황을 언짢게 했다. 고노에는 마침내 외무대신을 교체할 때가 되었음을 깨달았다. 그리고 1941년 7월 16일 내각 총사퇴로 이를 실행했다. 그는 이틀 뒤에 다시 내각을 구성했는데 물론 마쓰오카는 기용하지 않았다.

그 사이에 도쿄에서는 북진과 남진 중 어디에 중점을 두어야 하는지를 놓고 논쟁이 가열되었다. 석유공급을 고려하여 해군은 남진을 선호했지만, 다수의 육군 지도자들은 독일과 연합하여 소련에 치명타를 가할 가능성에 비중을 두었다. 이런 저런 논의는 유능한 소련의 스파이 리하르트 조르게에 의해 면밀히 수집되었다. 볼가의 독일인 마을에서 태어난 그는 독일특파원으로 가장하여 도쿄의 독일대사관을 마음대로 드나들었다. 그는 여러 명의 일본인과 돈독한 우정을 쌓았는데, 그 중에는 고노에의 쇼와 연구회 회원인 오자키 호즈미(尾崎秀實)도 있었다. 정부의 최고위층과도 접촉할 수 있었던 조르게는 수천 가지의 기밀 문서와 파일을 모스크바로 보낼 수 있었다. 1941년에 체포되어 처형되기 전까지 그는 아마도 당대의 가장 성공적인 스파이였을 것이다. 오자키 역시 체포되어 처형되었는데, 1928년의 치안유지법에 저촉되어 사형된 사례는 그가 처음이었다. 고위층이 연루된 이 국가 전복기도가 적발되자 경찰은 다시 한번 좌익 지식인과 작가에 대한 일제단속을 실시했다. 오자키와 같은 인물이 왜 가담했는지에 대한 의문은 속 시원히 풀리지 않았다. 일부 학자들은 그의 행위가 전쟁을 막거나 아니면 적어도 일본 군국주의의 승리를 저지하기 위한 필사적인 시도였다고 주장한다.[8]

워싱턴의 루스벨트 대통령과 참모들 또한 대서양과 태평양 어느 쪽에 우선순위를 둘 것인지 결정해야 하는 문제에 직면했다. 하지만 어디에서 전투가 벌어지든 결국 그것은 추축국 진영과의 전쟁이었으므로 이 문제로 고민할 필요는 없었다. 또한 일본이 아시아의 패권을 장악하는 것은 독일이 유럽의 패권을 잡는 것만큼이나 미국의 안보에 위협이 될 것 같았다. 육군장관 헨리 스팀슨, 재무장관 헨리 모겐소, 내무장관 해럴드 이커스 등은 일본의 움직임에 대해 매우 강경한 입장을 취했다. 반면에 미국의 전쟁준비가 비교적 초기단계에 머물러 있으므로 시간을 버는 것이 바람직하다고 보는 쪽도 있었다. 국무장관 코델 헐은 좀 더 온건한 입장을 지지했고, 정치고문이자 전(前) 국무부 극동국장 스탠리 혼벡은 일본이 승산도 없는 전쟁에 뛰어들어 허세를 부리고 있을 뿐이라고 확신했다. 분명히 시간은 전쟁을 수행하는 데 필요한 자원을 확보하기 위해 광분하고 있는 일본보다 전쟁준비를 착실히 해나가고 있는 미국 쪽에 유리하게 작용했다.

그것은 단순히 미일 간의 충돌이 아니었다. 일본이 더욱 강경한 태도로 나오자, 워싱턴은 중국에서 일본의 계획을 방해했다. 인도차이나 북부로의 이동은 금수조치를 초래했고, 1941년 7월 일본군 수뇌부가 인도차이나의 나머지 지역도 점령하려고 밀어붙이자, 미국정부는 미국 내 모든 일본인의 자산을 동결시켜버렸다. 이런 단호한 입장은 망설이고 있던 주변국가들의 결단에 도움을 주었다. 종전협상에 관심을 보이던 장제스의 충칭 정부는 강력한 원군을 얻었다는 사실에 용기를 내어 일본의 제안에 등을 돌렸다. 일본은 친일인사 왕징웨이의 난징 정부 수립계획을 실행에 옮겼다. 독일과 일전을 치르면서 미국의 지원이 절실했던 영국의 처칠 정부는 충칭으로 보급품을 수송하는 데 이용되는 버마 도로를 폐쇄하기로 했던 결정을 번복하고 그 길을 다시 열었다. 워싱턴 협상의 결과는 날이 갈수록 중요해졌다.

워싱턴 협상의 성패를 좌우할 가장 큰 변수는 일본군부의 태도였다. 고노에는 미국을 자극하지 않으려고 인도차이나 남부로의 이동을 반대했지만 아무런 소용이 없었다. 시간이 일본 편이 아님을 알고 있던 육군은 미국과의 합의를 10월까지 끝내야 한다고 고집했다. 협상에 실패할 경우 석유 비축량이 곧 위험수위 아래로 떨어져 아시아의 패권장악도, 미국에 대한 선제공격도, 혹은 유전이 있는 인도차이나의 점령마저도 포기해야 할 지경이었다. 변함없는 결론은 일본이 전쟁에 필요한 자원을 확보하지 못하면 그것을 확보하기 위해 싸워야 한다는 것이었다.

도쿄에서는 군과 내각의 대표들이 참석하는 연락회의에서 결정이 내려지고 있었다. 이 회의의 기록을 보면 일본의 운명에 치명적인 영향을 미칠 수 있는 결정의 사유가 놀라울 만큼 막연한 구절로 표현되고 있다. 각종 문서는 육군성과 해군성과 참모본부의 여러 사무국에서 준비된 다음 상부로 넘어갔다. 4월의 연락회의에서 육군 참모총장 스기야마 하지메(杉山元) 장군은 자신이 아직 해당 문서를 보지 못했기 때문에 논의가 구속력을 가져서는 안된다고 단언했다. 연락회의의 결정은 히로히토 천황이 배석한 어전회의에 상정되었다. 어전회의는 그 결정을 합법화하기 위한 것일 뿐, 토론을 하기 위한 것은 아니었다. 그리고 어전회의에서 결정된 중요한 정책이나 작전은 문서화되었다. 이 모든 일이 정해진 절차에 따라 엄격하게 진행되었다는 점에 주목할 필요가 있다. 사령관들이 즉흥적인 또는 독단적인 행동을 취할 수 있는 기회는 더 이상 없었다. 하지만 이 논의과정에서 주도적인 역할을 한 것은 처음부터 군부였고, 도조 히데키가 총리에 오른 10월부터는 군부의 입김이 더욱 세졌다.

한여름에 접어들자 일본은 서서히 전쟁을 향해 나아가고 있다는 점이 명백해졌다. 7월 2일에 열린 어전회의에서는 「제국국책요강」(帝國國策要綱)*이라는 제목의 문서가 작성되었다. 이제 일본이 대동아공영권을 수립하고 지나사변을 신속히 종결지음으로써 세계평화에 기여할 것이라는 공식적인 합의가 이루어졌다. 또한 세계정세가 유리하게 전개될 경우 일본은 소련과의 '북방문제' 해결에 나설 용의가 있음도 밝혔다. 다시 말해 기본방침은 남진(즉 남쪽에 대한 공격)이지만 독소전쟁으로 절호의 기회가 생길 경우 북쪽의 국경도 확보할 수 있다는 뜻이었다. "이것을 위해 영미와의 전쟁에 대비한 준비가 진행될 것이다. 대일본제국은 상기의 목적을 달성하기 위해 영미와의 전쟁을 마다하지 않을 것이다."9)

상황이 갈수록 심각해지자 고노에 후미마로 총리는 8년 전 백악관에서 만난 적이 있는 루스벨트 대통령과의 사적인 외교를 시도하기로 했다. 8월 8일 그는 노무라 대사를 통해 루스벨트와의 개인면담을 제의했다. 고노에는 루스벨트로부터 만족할 만한 대답을 들으면 천황을 내세워 평화적 해결을 강구할 수 있을 것으로 생각했다. 루스벨트는 처칠과 회담을 갖고 대서양헌장을 발표한 후 막 미국에 돌아온 상태였다. 그는 회담장소로 제안된 알래스카로 당장 떠날 수는 없었지만 일본의 계획에 관심을 표하며 좀 더

* 이 문서의 공식 명칭은 「정세의 추이에 따른 제국국책요강」(情勢の推移に伴ふ帝國國策要綱)이다.

상세한 내용을 요구했다. 고노에는 일본군이 인도차이나로 이동한 것은 중국과의 갈등을 해소하려는 바람에서 비롯된 것으로, 동남아시아 진출을 기도하는 것으로 간주되어서는 안된다는 일반적인 진술을 전달했다. 역시 사적 외교의 실효를 믿고 있던 루스벨트는 며칠 정도의 회담을 원했고, 10월 중순경에 만나자고 제안했다. 하지만 대통령의 참모진, 특히 국무장관 헐은 일본인과 그들의 제안을 극도로 불신했기 때문에 미리 어떤 내용이 보장되지 않는 한 회담에 응해서는 안된다고 건의했다. 결국 피차 아무런 소득도 없었다. 나중에 고노에는 만약 군 대표를 대동하고 미국에 갔다면 천황의 뜻임을 내세워 군부가 어떤 합의라도 받아들이게 할 수 있었을 것이라고 주장했다. 미국 지도자들은 성공 가능성이 희박한 만큼 위험을 감수할 필요가 없다고 생각했다. 미국과 일본 사이의 합의가 이루어질까 봐 우려했던 중국이나, 태평양의 분쟁이 미국을 유럽전선에 참전시킬 수 있는 열쇠라고 판단했던 영국은 고노에의 계획이 좌절된 것을 전혀 아쉬워하지 않았다.

거의 한 달 뒤인 9월 6일에 열린 어전회의가 전환점을 마련했다. 이날 회의는 「제국국책수행요령」(帝國國策遂行要領)이란 문서를 결정하기 위한 것이었다. 이 문서는 군사지도자들이 워싱턴 협상이 성사되지 않을 것이란 전제하에 개전 준비를 하고 있었음을 보여준다. 이 문서의 '요점'은 일본이 자위와 자존을 위해 전쟁준비를 완수할 것이며, 그 목적을 실현하기 위해서는 영미와의 일전도 불사한다는 것이었다. 협상은 계속하겠지만 거기에는 10월 하순이라는 시한과 분명한 목표가 정해져 있었다. 그 목표들은 문서의 부속서류에 다음과 같이 구체적으로 명시되었다. 미국과 영국은 중국문제를 해결하기 위한 일본의 노력을 방해하지 말아야 할 것이며, 버마 도로를 폐쇄하고 장제스에 대한 군사적 지원을 중단해야 한다. 일본과 인도차이나의 '특수관계'를 인정한다. 더 이상 군사력을 증강하지 말아야 하며, 태국을 비롯하여 일본의 남북에 위치한 인접국과 군사협정을 맺지 않는다. 일본과 태국, 네덜란드령 동인도 사이의 경제협력을 '우호적으로'

받아들인다. 일본과의 통상관계를 재개하여 일본이 필요한 상품과 물자를 구할 수 있게 한다. 미국과 영국이 이상의 조건을 지키면 그 대가로 일본은 최대한 양보하여 더 이상 남진(南進)하지 않을 것이고 '정당한 평화'가 확립된 뒤에는 인도차이나에서 철군할 것이며 필리핀의 중립을 보장하겠다는 의사를 표명했다. 하지만 추축국 진영의 구성원으로서의 책임은 다할 것임을 분명히 했다.

이것은 결코 협상의 전망을 밝게 하는 제안이 아니었다. 결국 필리핀을 공격하지 않겠다는 약속의 대가로 일본이 생각할 수 있는 것은 모두 얻겠다는 심산이었다. 이런 지나친 조건을 요구하며 마감시한까지 정하자 내대신 기도 고이치(木戶幸一)와 히로히토 천황은 경악했다. 히로히토는 침묵을 깨고 국가간의 우호관계를 간절히 바라는 마음을 담은 메이지 천황의 시를 낭독했다.

다행히 실제 협상은 이 문서가 제안한 것보다는 좀 더 현실적인 쟁점에 집중되었다. 일본은 미국이 전략적으로 중요한 물자의 거래를 재개해주기를 원했고, 미국은 중국 주둔 일본군의 철수일정을 알려주기를 바랐다. 하지만 상호불신이 관계를 악화시켰고, 일본협상단은 군지도자들로부터 압력을 받고 있었다. 도쿄에서는 해군 군령부총장 나가노 오사미(永野修身) 제독이 동료들에게 시간이 얼마 남지 않았다고 경고했다. 석유를 구하지 못하면 일본은 목표를 수정할 수밖에 없다는 것이었다. 나가노는 7월에 "지금 싸우면 승산이 있지만 시간이 흐를수록 어려워질 것"이라고 경고했다. 또 10월에는 "해군은 시간당 400톤의 석유를 소비한다. 우리는 어느 쪽으로든 빨리 결정이 나길 원한다"고 말했다. 마지막 어전회의에서 그는 다음과 같이 상황을 요약했다. "정부는 전쟁 없이는 국운이 막힌다고 결론을 내렸다. 물론 전쟁을 하더라도 나라가 망할 수는 있다. 그렇지만 이 어려운 상황에서 싸우지 않는 나라는 정기를 잃어버린 것이고 이미 운이 다한 것이다."[10] 개전(開戰)을 결정한 마지막 회의의 분위기는 안도감보다는 침울함이 감돌았다는 인상을 준다. 일본의 지도자들은 막다른 골목에 몰린

| 태평양전쟁 |

상태에서, 패할 때 패하더라도 앉아서 이등국가로 전락하느니 전쟁을 하는 편이 낫다는 결론을 내렸다. 자충수를 둔 것은 분명 그들이었지만, 그렇다고 이제 와서 꼬리를 내리는 약한 모습을 보일 수는 없었다.

실의에 빠진 고노에 총리가 모든 것을 포기하고 사임하자, 육군대신 도조 히데키가 10월 18일 총리에 취임했다. 한동안 그는 총리직 외에도 육군대신과 내무대신을 겸했다. 이렇게 많은 제도적 권력이 한 사람에게 주어진 것은 일본사에서 드문 일이었다. 수십 년 후에야 공개된 문서들은 이것이 외교교섭을 방해하려는 극단주의자들로부터 공공질서를 수호하려는 그의 단호한 의지에서 비롯되었다고 밝혔다. 그러나 외교적 해결책도 나오지 않고 극단주의자들도 말썽을 부리지 않자, 그는 내무대신 직을 내놓았다. 하지만 육군대신 직은 그대로 유지했다. 도조가 기용한 외무대신은 노련한 외교관 도고 시게노리(東鄕茂德)였는데, 그는 대장대신 가야 오키노리(賀屋興宣)와 함께 전쟁이 임박한 시기에 문민관의 대변자 역할을 잘 해냈다.

도조를 임명하며 히로히토 천황은 모든 문제를 처음부터 다시 검토하라고 충고했다. 검토할 시간을 벌기 위해, 미국과의 교섭에 실패할 경우 감수하게 될 전쟁의 데드라인은 10월에서 11월 말이나 12월 초로 연기되었다. 재검토의 결론과 천황에게 제출된 보고서에는 변함이 없었다. 군부는 미국과 모종의 합의를 도출할 수 있는 시한을 11월 말로 못박았다. 일본측에서는 무역, 특히 석유 금수조치 해제를 요구했고, 미국측에서는 일본군의 중국 철수일정을 밝히라고 주장했다.

11월 초 노무라 대사는 국무장관 코델 헐에게 제시할 두 가지 협상안을 받았다. 일본이 선호하던 B안의 골자는 일본군이 1955년까지 중국에 머물면서 평화적 해결책을 찾고 무역은 미일통상항해조약 폐지 이전의 수준으로 돌아간다는 데 미국이 동의하라는 것이었다. 일본은 석유와 고철을 공급받으면서 느긋하게 중국문제 해결책을 모색할 생각이었다. 미국으로서는 전혀 구미가 당기지 않는 조건이었다. 지지부진한 협상에 지친 헐 국무장관은 11월 16일에 명확하게 요구안을 제시했다. 일본군을 중국뿐 아니라 인도차이나에서도 철수시키라고.

많은 일본인은 그때나 지금이나 헐의 통보를 최후통첩으로 간주하고 있지만, 사실 그렇게 볼 이유는 별로 없다. 헐뿐 아니라 일본측 협상단도 추가협상이 뒤따를 것으로 예상했다. 노무라나 연로한 그를 돕기 위해 워싱턴에 파견된 외무성 관료 구루스 사부로(來栖三郎)나 모두 헐의 응답이 희박하긴 하지만 추가회담의 가능성을 시사하고 있다고 생각했다. 아무튼 최후통첩은 일본의 몫이지 헐의 몫은 아니었다. 데드라인을 정한 것도 제국의 육해군이지 워싱턴이 아니었다. 미국이 일본인의 자산을 동결한 것을 두고 일종의 전쟁행위로 보는 연구자들도 있지만, 이는 일본이 전적으로 대미무역에만 의존하고 있는 경우에나 성립될 수 있는 해석이다. 워싱턴에 있던 제국군대의 대표들은 더 이상 합의에 이를 희망은 없다고 생각했고, 심지어 노무라가 외무성에 보고를 하기도 전에 본국 본부에 자신들의 판단을 전했다. 발등에 불이 떨어진 쪽은 일본군, 특히 약 6개월 뒤면 석유 재고가 바닥날 위기에 처한 해군이었다. 그 후에 공세를 취한다는 것은 비현실적이었다. 육군은 독일의 모스크바 진격을 지켜보면서 독일군이 승리하리라 생각했고, 일본이 유럽 식민주의의 전리품을 나누어 갖기에는 이미 늦은 게 아닐까 걱정했다.

11월 2일에 열린 마지막 어전회의에서 추밀원 의장 하라 요시미치(原嘉道)는 문제를 다음과 같이 요약했다. "현재의 정치적 상황과 우리의 자위능력으로 보아 미국의 요구를 모두 받아들이는 것은 불가능하다. 한편 우리는 현재상황을 그냥 방치할 수도 없다. 지금 개전(開戰) 기회를 놓치게 되면 우리는 미국의 지배에 굴복해야 한다. 그러므로 나는 대미전쟁을 결정하는 것이 불가피하다고 인식하고 있다. 내가 들은 이야기, 즉 개전 초에 승기를 잡을 수 있다는 말을 믿는다. 비록 전쟁이 진행될수록 어려움이 커지겠지만 성공할 가능성도 제법 있다."[11] 일본은 평화를 위해 협상하는 동시에 전쟁을 준비했다.

일본은 시종일관 파멸에 대한 두려움을 안고 개전을 결정했지만, 무역을 위해 미국의 요구에 순응하는 것은 대일본제국을 건설해온 지난 몇 세대의 노력을 물거품으로 만드는 짓이라는 논리로 자신의 결정을 정당화했다. 일본은 이제 마지막 단계에 들어섰다. 전망 없는 협상이 워싱턴에서 계속된 것은 진주만을 공격하기 위해 쿠릴 열도에서 함대가 출발한 사실을 은폐하기 위해서였다. 공식적인 선전포고에 관해서는 논란이 있었다. 기습 공격의 이점이 무엇보다 중요했지만, 국가들 사이의 규칙을 따르는 듯이 보이는 것 역시 중요했다. 1905년에 서양, 특히 영국의 언론은 일본군이 뤼순 항의 러시아 태평양함대를 기습했을 때 그 놀라운 용기와 작전을 극찬했다. 1941년의 반응은 판이했다.

협상 결렬의 14가지 이유가 요약된 긴 문서가 노무라 대사에게 전달되었다. 그는 폭탄이 투하되기 전에 헐 국무장관에 문서를 전달할 예정이었지만, 너무 빨리 전달하면 기습효과가 없어질 것 같았다. 하지만 마지막 순간에 우스꽝스러운 이유로 최소한의 통고조차 못하고 말았다. 전쟁을 준비하면서 주미 일본 대사관은 암호해독기 하나만 남기고 모조리 폐기하라는 명령을 실행했다. 가장 길고 가장 중요한 마지막 구절이 들어올 때 전문을 받아 적던 사람은 타이핑 실력이 아주 형편없는 젊은 해군장교였다. 상관께 올릴 깔끔한 사본을 마련하느라 거듭 애쓰는 동안 헐 국무장관과 급히 만나기로 했던 약속시간이 지나버렸다. 노무라는 늦게 되어서 미안하다고 헐에게 전화를 했지만, 그가 도착했을 때는 이미 진주만에 폭탄이 떨어진 뒤였다.

일본에서는 헐에게 전문이 제때에 전달되지 못한 것을 아쉬워하는 논조의 글이 많이 나왔지만, 문제의 전문은 단순히 협상이 결렬되었음을 통고하고 일본이 개전하려 한다는 것을 암시한 문서에 불과하다는 사실을 명심해야 한다. 실제로는 공식 선전포고문도 작성되었으나 보안이 새나갈 것을 우려해 전송되지 않았다. 만일 제 시간에 선전포고문이 전달되었다면 일본은 국제법의 틀 안에서 행동했다는 명분을 얻었겠지만, 그렇다고 해서 미국의 반응이 크게 달라졌으리라고 생각할 이유는 없다.[12]

공식적으로 전쟁을 선포하는 천황의 칙령은 같은 날 늦게 발표되었다. 앞서 지적했듯이 히라이즈미 기요시 교수가 이 문안을 만드는 영예를 얻었다. 이 문서는 고매한 어조로 대동아의 평화를 이룩하기 위해 어쩔 수 없이 결단을 내리게 된 정황을 서술하고 있다. 메이지 천황이 1894년과 1904년에 청일전쟁과 러일전쟁을 위해 내린 칙령과 달리, 이 문서는 군에게 국제법의 규칙을 따르라는 권고를 하지 않고 있다. 일본은 더 이상 국제사회의 '초보자'가 아니었고, 자신만의 규칙과 논리에 대해 무모한 자신감을 가지고 있었다. 칙령에 대한 즉각적인 논평이 언론인 도쿠토미 소호의 펜에서 나왔다. 반세기 전 새로운 근대화의 전망을 일본의 청년들에게 불어넣었던 메이지 시대의 개혁가가 이제는 차분한 어조로 일본의 고귀한 사명에 대해 이야기했다. 1934년에 일본정부는 '日本'을 '니혼'이 아니라 힘과 위엄을 느껴지는 '닛폰'으로 읽도록 발음을 정했다. 영어로 발표된 도쿠토미의 논평은 이를 따르고 있다. 그는 '닛폰' 황실의 상징은 정직(청동거울), 사랑(곡옥〔曲玉〕), 지성(칠지도)이라고 적었다. 도쿠토미는 일본의 생활양식이 개인주의에 기초한 서양이나 가족주의에 기초한 중국의 생활양식보다 이루 말할 수 없이 우월하며, 이제 일본은 구미 열강을 우월한 존재로 우러러보는 다른 아시아 민족들의 생각이 얼마나 잘못된 것인지 보여주어야만 한다고 주장했다. "다시 말해 동아시아에서 영미세력을 추방하고 그 흔적을 지우기 전에 우리는 그들을 제압해야 한다." 이것이 완료되면 일본은 동아시아의 자원을 더욱 공정하게 분배할 것이고 대동아공영권의 창조를 주도하겠다는 것이다.[13]

4. 일본국민과 전쟁

개전 후 첫 6개월 동안의 장쾌한 승전보는 대부분의 일본국민에게 흥분감과 행복감을 안겨주었다. 언론은 좋은 소식만 보도했고 기삿거리는 엄청나게 많았다. 신문은 제국군대가 한 나라 한 나라를 꺾을 때마다 천황의 담화를 1면 특집기사로 게재했다. 담화는 보통 "짐은 기쁘기 한량없다"는 말로 마무리되었다. 보통사람들이 들뜬 것은 이해할 만하지만, 지식과 경험이 풍부한 사람들까지 기쁨을 감추지 못했다는 점은 주목할 만하다. 고노에의 전기 작가는 최초의 공격이 성공했다는 발표가 있은 뒤 황거에서 열린 축하연을 묘사하고 있다. 고노에는 2·26반란에서 운 좋게 살아남았던 오카다 제독을 비롯해서 나이든 정치인들이 술에 취해 흥청망청하는 모습을 보았다. 고노에는 앞날에 대한 불길한 예감이 들어 혼자 중얼거렸다. "얼마나 저속한 자들인가!"

많은 지식인과 문인들도 감개무량해했는데, 이들의 반응은 대단히 흥미롭다. 골수 반골로 오랫동안 파리에 거주하며 자유분방한 형식의 시를 썼던 다케무라 고타로(竹村晃太郎)는 감격에 겨워 조국을 찾았다. 1908년에는 자신이 "파리에서 처음으로 자유로운 영혼"이 되었노라고 적었지만, 1941년에 하와이와 태평양에서의 전쟁소식이 전해지자 그는 다시 태어난 기분이었다. "천황 폐하의 포고를 듣는 순간 전율을 금치 못했다. 나의 사상은 정화되었다. 어제는 이미 옛날이 되었고/마침내 현재가 도래했다./우리 천황 폐하가 위험에 빠졌다!/그 한마디가/나의 길을 결정했다." 탁월한 문학평론가 이토 세이(伊藤整)도 그에 못지않게 감동을 느꼈다. 그는 칙령을 듣는 순간 "단숨에 내 존재의 깊은 곳에서부터 사람이 된 것만 같았다"고 적었다.[14] 침묵을 지키기가 쉽지 않았다. 언론사에서는 여러 작가를 찾아가서 논평을 부탁했고 그것을 신탁이라도 되는 양 인용했다. 이런 언론공세에 익숙해진 작가들이 그토록 엄청난 군사적 성공 앞에서 자신을 절제하기는 어려웠을 것이다. 유명한 문인들을 적극 활용하던 육군은 그들을 머나먼 전장으로 파견하는 계획을 세웠다. 많은 문인은 억압을 당하느니 차라리 위험을 감수했다. 이런 들뜬 분위기 속에서 두드러지는 점은 일본이 불이익을 당하며 희생되고 있다는 뿌리 깊은 잠재의식이다. 일본은 자신의 의지와 무관하게 영미 양국에 의해 지배되고 있는 세계로 끌려 들어갔고, 불리한 조건에서 전쟁을 치르게 되었다는 것이다. 언론이나 관제 논평은 그런 의식을 심어주기 위해 10년 이상 노력해왔다. 하지만 일본인의 뿌리 깊은 피해의식이 없었다면 소기의 성과를 거두지 못했을 것이다. 또 1941년에 일본은 이미 10년 동안의 전쟁과 파괴를 경험하고 있었다는 점도 염두에 두어야 한다. 궁핍한 상황에서 벗어나야 한다는 결의와 전열을 가다듬고 전진할 시점이 마침내 다가왔다는 생각이 분명 그토록 많은 사람들에게 묘한 안도감과 흥분을 안겨주었을 것이다.

오래지 않아 처음의 희열은 불길한 예감과 경각심으로 바뀌었지만, 대부분의 작가는 여전히 국가의 요구에 충실했다. 물론 일본에서 가장 저명한 작가 중 일부는 침묵을 지켰다. 일본의 대표적인 문호 다니자키 준이치로(谷崎潤一郎, 1886~1965)는 전쟁기간에 전전(戰前) 일본의 가족생활을 차분하고 애잔한 회상조로 그린『세설』(細雪, 세사메유키)을 연재했다. 소설은 폭발적인 반응을 얻었지만 2회분이 연재된 후『중앙공론』의 편집진은 이 작품이 시대가 요구하는 전기(戰機)를 고취하지 않는다는 경고를 받았다. 당시 정부는 인쇄용지 공급을 제한하는 방법으로 출판사에 압력을 가했는데, 이를 두려워한 편집진은 연재를 중단했다.[15] 다니자키 못지 않는 명성을 얻고 있던 나가이 가후(永井荷風, 1879~1959)는 오래된 도시와 사회가 사라져가는 것을 아쉬워하는 글을 썼다.[16] 가후는 전선 방문을 거부하고, 군국주의로 치닫는 어리석은 세태에 대한 분노를 일기에 적었다. 문단의 원로 다니자키나 나가이와는 달리 젊은 좌파 문인 다카미 준(高見順)은 버마 전선을 방문했다. 그는 일기에 제국군대의 군복을 입은 한 주정꾼의 처량한 모습에 대해 언급하면서 일본의 패전을 암시했다.

문인들은 일기를 쓰는 데 익숙했고 당국이 그 정도는 허용해줄 것으로 기대했다. 그러나 보통시민들에게 그것은 위험한 일이었다. 기요사와 기요시(清澤洌, 1890~1945)는 국제문제에 대한 자유기고가이자 미일관계를 연구하는 역사가였는데, 진주만 공격 1주년 기념일 일기를 쓰기 시작했다. 이 일기는 그의 사후에『암흑일기』(暗黑日記)라는 제목으로 출판되었다.[17]

그는 친구들이 자신의 만용에 몹시 놀랐다고 적고 있다. 그리고 일상의 기록과 신문기사를 모아서 총성이 잦아든 다음 역사책을 쓰겠다는 의도를 밝히고 있다. 이렇게 자신의 입장을 미리 밝혀놓은 것은 경찰에 끌려가 심문당할 가능성에 대비한 것이 아닌가 생각된다. 기요사와가 일기를 쓰기 시작했을 때 이미 물자 및 식량 부족이 심각했다는 점은 주목할 만하다. 마키노 노부아키 백작을 방문했던 그는 이 노신사가 스스로 정한 하루 두 끼의 양식도 구하지 못하는 형편임을 알게 되었다. 당국은 희생의 필요성을 강조하면서, 그 메시지를 전하기 위해 다이묘들이 주로 다니던 도카이도 연변의 웅장한 노송들을 베어버렸다.(규슈의 조카마치인 사가의 성곽 해자에 있던 거대한 녹나무는 늙은 아낙네들이 나무를 에워싸고 온몸으로 벌목작업반을 막아낸 덕분에 살아남았다고 한다.)

기요사와는 당국과 사회의 야만성에 아연실색했다. 일본인은 자신들이 적보다 '정신적으로' 우월하다는 점을 상기시키는 얘기를 귀에 못이 박히도록 들었고, 모든 여성과 대부분의 남성은 볼품없는 몸뻬를 입어야 했다. 올바른 복장을 착용하지 않으면 '정신무장'에 태만하다는 비난을 받았다. 대정익찬회의 지부장이 된 평범한 인물들은 작은 독재자로 돌변하여 자신보다 사회적 지위가 높은 자들을 위협하는 행위—훗날 중화인민공화국에서 목격된 것과 같은 현상—를 낙으로 삼았다. 기요사와는 도쿠토미 소호에 대해서도 신랄한 비판을 가했다. 일본의 내셔널리즘을 대표하는 노익장 도쿠토미는 가일층 노력하고 희생하라고 줄기차게 일본인을 독려했을 뿐 아니라, 일본을 전쟁에 몰아넣는 데도 한몫했다는 것이 기요사와의 생각이었다. 전황이 긴박해지자 『마이니치 신문』과 『아사히 신문』은 특별 기고가를 추가했다. 오랫동안 극우진영을 이끌어온 도야마 미쓰루(頭山滿)와 상무정신을 강조하던 도쿠토미 소호가 낙점을 받았다. 도쿠토미는 첫 논설에서 격추된 B-29의 조종사들을 처형하자고 주장했다. 이들이 야만적으로 민간인들을 공격하는 전쟁범죄를 저질렀다는 이유에서였다.

기요사와는 나가이 가후 못지않게 군인들의 어리석음에 경악했다. 그는 훈련병들이 가학적인 교관에 의해 일상적인 학대를 받고 있으며, 너무 심하게 맞아서 종신 불구자가 된 경우도 있다고 지적했다. 그가 보기에는 공중도덕도 땅에 떨어졌다. 물자 부족이 심해지면서 도둑이 기승을 부렸다. 옷감이 부족해지고 옷도 귀해지자 대중 교통시설의 좌석에서 덮개를 떼어 가는 일마저 발생했다. 그와 그의 친구들은 사방에서 표출되는 분노에 우려를 표시했다. 그들은 패전 뒤에 틀림없이 혁명이 뒤따를 것으로 생각했고, 앞으로 다가올 사회에서는 형편이 나아질 수 있을지 염려했다. 공습으로 일본의 도시들이 파괴되었을 때, 기요사와는 사람들이 불굴의 의지로 조용히 운명을 받아들이는 것을 보고 다시 한번 놀랐다.

기요사와의 친구들은 주요 월간지의 발행인이나 작가들, 그리고 전후 경제학계와 정치계의 지도자가 되는 이시바시 단잔(石橋湛山, 1884~1973) 같은 경제학자들로, 대체로 온건한 편이었다. 미국에서 공부했고 한때 미국 서부의 일본신문사에서 기자로 일했던 기요사와는 직접 부당한 차별을 경험했기에 증오심을 부추기는 선전활동이 얼마나 헛된 일인지 잘 알고 있었다. 기요사와는 패전 몇 달 전에 사망하여 역사책을 쓰지는 못했다. 하지만 그가 모아둔 기록은 그가 쓰려고 했던 책보다 어쩌면 더 소중한 것일지도 모른다.

기요사와의 글을 읽어보면 친지도, 농사지을 땅도, 전망도 없던 사람들의 삶이 전시에 얼마나 끔찍했을지 짐작할 수 있다. 위협적인 국가기구의 손길은 일본사회의 구석구석에 뻗어 있었다. 노조에서 문인단체에 이르기까지 다양한 조직과 단체들이 부문별 '보국'(報國)회로 통폐합되었다. 도쿠토미 소호는 대일본문학보국회 회장이 되었다. 프로테스탄트 종파들도 해외 종단과의 접촉이 끊긴 상태에서 단일한 '일본 그리스도 교단'으로 합병되었다. 이렇게 된 것은 모종의 압력—억압까지는 아니라 하더라도—이 있었기 때문이다. 성공회는 합류를 거부했고, 로마 가톨릭 역시 호락호락 통제되지 않았다. 프로테스탄트 지도자들의 자발적인 협력은 20년 후 교단이 자중지란을 일으키는 화근이 되었다.

불만세력에 대한 정부의 감시도 삼엄해졌다. 치안유지법 조항에 근거하여 설치된 특별고등경찰이 전국 경찰서에 배치되었다. 이들은 내무성의 통제를 받았으며, 기소는 특별사상검사가 있는 사법성에서 맡았다. 종교인과 한국인, 좌파와 평화주의자들은 특히 요주의 인물이었다. 일본은 독일을 본떠 유대인도 감시했지만 대상자가 거의 없었고 규제도 아주 엄격하게 적용되지는 않았다. 사실 나치를 피해 달아난 유대인들은 일본이 지배하고 있던 하얼빈과 상하이 등의 도시에서 안전한 피난처를 찾곤 했다. 그리스도교에 대한 감시 외에 경찰은 '신흥'종교도 감시했고, 니치렌종의 일파인 소카갓카이(創價學會)를 비롯한 몇몇 종파에 대해서는 금지령을 내렸다.

전시(戰時)에 억압이 증대한 또 하나의 이유로는 헌병대의 힘과 영향이 꾸준히 커진 것을 들 수 있다. 헌병대는 감시대상을 군인에서 일반인으로 확대하여 전쟁동원에 방해가 되는 사람은 그 누구도 가만두지 않았다. 약 7,500명으로 이루어진 헌병대는 자신들이 규정한 좁은 범위의 국익에 부합하지 않는 행위를 한 사람들을 무자비하게 탄압했기 때문에 두려움의 대상이었다. 전쟁 막바지에 고노에와 요시다 시게루를 비롯한 엘리트들이 모여 일본이 심각한 재앙에서 빠져 나올 수 있는 방법을 논의할 때 특히 경계했던 집단이 헌병대였다.

전시의 정치활동은 주로 대정익찬회의 후광 아래 이루어졌다. 정당은 1940년에 자진해산했고, 그 후로는 대정익찬회의 심사위원들이 애국심과 정신자세를 기준으로 입후보자를 선정했다. 고노에는 1941년으로 예정된 선거를 몇 년 더 연기할 작정이었지만, 선거가 대중동원에 효과적일 것이라고 생각한 도조가 1942년에 총선을 실시했다. 정부는 돈과 어용언론을 이용하여 대정익찬회의 추천을 받은 후보자들이 당선되도록 영향력을 행사했다. 국민의 신망이 두텁던 오자키 유키오는 대정익찬회의 추천을 받지 못했음에도 불구하고 재선되었다. 오자키는 선거유세 중에 천황을 비방했다는 이유로 잠시 체포되기도 했다. 그는 '무에서 유'를 창조한 메이지 유신에 대해 언급하면서, 그로부터 3세대가 지난 지금 일본은 메이지 천황과 다이쇼 천황의 치세에서 성취한 것을 탕진하고 있다고 비판했다. 열렬한 애국자들과 마찰을 빚긴 했지만, 오자키는 늘 그랬듯이 제자리로 돌아올 수 있었다. 하지만 그의 주위에 그와 뜻을 같이하는 동지들은 별로 없었다. 1942년 선거에서는 '추천' 후보들이 총투표수의 3분의 2를 얻어 466석 중 381석을 차지했다.

도조 내각은 의회의 형식적 절차를 유지하고자 했다. 천황이 고풍스러운 예복으로 성장하고 회기의 개시를 선포했다. 그렇지만 대의제 정부의 형식은 군사권력의 외피에 불과했다. 의회는 여전히 예산을 처리했고 도조나 다른 각료들에게 문제를 제기하기도 했지만, 권력이 다른 곳에 있다는 사실은 명백했다.[18]

하지만 전시 일본인의 생활에는 긍정적인 측면도 있었다. 하나는 남성 노동자의 부족으로 인해 여성이 점차 중요한 역할을 맡게 되면서 자신감을 갖게 되었다는 점이다. 정부관리들은 유사시의 효율적인 동원을 위해 여성단체들의 통합을 권장했고, 주요 여성지도자들은 정부의 지원을 얻기 위해 적극 협조했다. 참정권 쟁취를 위한 여성의 투쟁은 1931년에 좌절을 맛보았고, 그 후 갈수록 생활이 군국주의화되면서 여성운동의 전기가 마련될 희망은 거의 보이지 않았다. 전시의 물자부족으로 내핍과 알뜰한 가계관리가 필요했는데, 이는 여성의 협력 없이는 불가능했다. 저명한 여성운동 지도자들은 이런 상황을 기회라고 생각했다. 1931년에 결성된 대일본연합부인회는 여성계가 전시에 사회의 다른 부문에서도 이루어지고 있던 합리화와 단일화를 받아들인 첫 시도였다. 1937년 중일전쟁 발발 이후에는 더욱 효율적인 동원체제가 요구되었고, 이에 여성들은 1942년에 하나로 통합된 대일본부인회를 결성하여 기모노와 양장 대신 헐렁한 몸뻬를 입고 총력전에 가담했다. 다른 부문과 마찬가지로 여성계에서도 가일층 노력하고 대동단결하자는 구호가 나왔는데, 이는 여성계 역시 정부관료들과 긴밀히 협조하고 있었다는 증거이다.[19]

일본에서는 15년의 전쟁기간을 비참함과 고통이 끝없이 이어진 '암흑의 계곡'으로 지칭하는 것이 관행으로 굳어졌다.[20] 돌이켜보면 마지막 몇 달의 좌절감이 이런 평가에 크게 반영되어 있는 것 같은데, 개전 초기의 승전보가 일본국민에게 감격과 행복감을 안겨주었다는 점도 명심해야 한다. 일본의 언론과 라디오는 승전만 보도했기 때문에, 점점 일본열도 가까운 곳에서 전쟁이 벌어지고 있었음에도 불구하고 1945년 봄의 대공습이 일본의 도시를 초토화하기 전까지 전쟁의 결과를 심각하게 의심하는 국민은 별로 없었다.

5. 진주만 공습에서 원폭 투하까지

태평양전쟁에서 일본의 육해군이 어떻게 싸웠는지에 대해서는 훌륭한 논의가 많이 있으므로[21] 여기서 상세히 다룰 필요는 없을 것이다. 그럼에도 불구하고 그 교훈과 기억은 전쟁이 끝난 뒤 반세기 동안 일본사에서 대단히 큰 비중을 차지해왔기 때문에, 논란이 많았던 문제들을 되짚어볼 필요가 있다.

첫 번째는 진주만 공습에 관한 것이다. 연합함대를 지휘했던 야마모토 이소로쿠(山本五十六) 제독은 경험과 능력을 겸비한 사람이었다. 그는 하버드 대학에서 수학했고 워싱턴에서 근무했으며 미국의 힘을 아는 사려 깊은 인물이었다. 하지만 미국과의 대치가 계속될 경우 일본해군은 동남아시아에서 연료를 구할 수밖에 없다는 점도 분명히 알고 있었다. 1940년 루스벨트 대통령은 일본의 군사행동을 저지하기 위해 태평양함대를 샌디에이고에서 진주만으로 이동시켰다. 야마모토가 보기에 이제 동남아시아에 대한 모든 군사작전은 태평양함대에 대한 공격과 동시에 수행되어야만 했다. 태평양함대가 일본에 필요한 병참선을 차단하는 사태를 막아야 했기 때문이다. 야마모토는 공습의 실현 가능성을 동료들에게 설득하는 힘든 과정을 겪었다. 제국해군의 제독들은 그의 생각이 무모하고 위험한 게 아닌지 의

심했다. 그는 동료들의 마음을 돌리기 위해 사임도 불사하겠다며 강경하게 나갔다. 작전을 구상하고 지도를 연구하면서 전쟁을 준비하는 동안 1941년 여름이 지나갔다. 전술작전은 겐다 미노루(源田實)가 주도했는데, 그의 이름은 뒤에 다시 나온다. 쿠릴 열도에서 출발하여 풍랑이 많아 잘 이용되지 않는 북쪽 항로를 통해 목표지점으로 향하는 기동대는 나구모 주이치(南雲忠一) 제독의 지휘를 받았다. 그는 함대사령관들 중에서 신중한 편에 속했고 이 작전의 실현 가능성을 믿지 않고 있었다. 기동대는 무전으로 연락을 주고받으며 조용히 진주만으로 향했다. 기습은 일요일 아침에 이루어졌다. 워싱턴 협상이 진행 중이었던 만큼 미군은 충격에 휩싸였고, 기습공격은 예상했던 것보다 훨씬 성공적이었다. 그 후 목표물이 많이 남아 있는 상황에서 추가공격을 하지 않고 철수한 것에 대해 비판이 제기되었지만, 미군 항공모함이 바다에 있었고 그 위치도 파악되지 않은 상태에서 나구모는 신중할 수밖에 없었을 것이다.[22]

미국함대를 무력화시킨 일본군은 여세를 몰아 필리핀과 말레이 반도, 싱가포르를 자유롭게 공격할 수 있었다. 일본의 공격을 저지할 만큼 충분한 방어력을 갖춘 곳은 어디에도 없었다. 윈스턴 처칠조차 일본군의 능력에 경탄할 수밖에 없었다. 그는 회고록에서 "일본의 폭력성, 용맹성, 기술과 전력은 우리의 예상을 훨씬 뛰어넘었다"고 인정했다. 바탄과 코레히도르를 사수한 필리핀 주둔 미군의 저항을 제외하면, 승리의 행군속도는 심지어 일본의 예상도 뛰어넘었다. 자바 침공은 일정보다 한 달이나 빨랐다. 개전 몇 달 만에 일본은 목표를 달성한 듯이 보였다. 태평양의 섬들은 침몰하지 않는 항공모함 역할을 했고, 석유와 유전도 손에 넣었다. 일본군은 동남아시아 곳곳에서 식민지 국민들에게 환영을 받았으며, 대동아공영권 실현이 눈앞에 보이는 듯했다. 동남아시아 육군사령부는 승기를 잡았다는 판단하에 첩보전에 돌입했다. 미국은 더 큰 이익과 위험이 걸려 있는 유럽에 우선순위를 부여하고 있었다.

일본의 전략적 국경은 남쪽과 서쪽으로는 안정적이었지만, 미군이 하와

| 태평양전쟁 |

이에 남아 있는 태평양 동쪽은 그렇지 못했다. 1942년 4월의 두리틀 공습은 일본에서 1,000km 정도 떨어져 있던 미국의 항공모함에서 발진한 폭격기들이 일본 본토를 공격한 것으로, 물질적 피해는 미미했지만 심리적으로 큰 타격을 받았다. 야마모토 이소로쿠는 미드웨이 섬을 방어선에 포함시킬 필요가 있다고 판단하고 병력을 총동원해 1942년 6월 초에 한판 승부를 벌였다.

이번에는 일본군이 패했고, 대체 불가능한 네 척의 항공모함을 잃었다. 이제 태평양전쟁이 육지가 아닌 바다에서, 전함 대신 항공모함에 의해 수행될 것이란 사실이 명백해졌다. 결과론이지만 진주만에서 손실된 '전함'들은 미군의 전력에 크게 영향을 미치지 않았다. 전함은 교체하거나 수리하면 상륙작전 전에 적의 기지를 포격하는 데 사용될 수 있었지만, 폭격기를 싣고 있는 항공모함의 손실은 해군의 전력에 치명적이었다. 미국의 군수업체는 엄청난 양의 항공기·선박·무기를 생산할 수 있었으나, 일본의 능력은 그에 훨씬 못 미쳤다. 잠수함과 측면공격으로 일본의 남태평양 기지는 고립되었고, 일본은 점령지의 풍부한 자원을 아주 잠시만 이용할 수 있었다. 미국의 기술과 과학이 한수 위였다. 레이더 시설을 갖추고 (진주만 공격 이전에 이미) 일본의 암호를 해독한 미군 지휘관들은 작전을 수립하고 반격에 대비하는 데 결정적으로 유리했다.

기술과 자원이 이미 최후의 승자를 결정한 것이나 마찬가지였다. 그러나 그 후 몇 달 동안 전투는 지루하고 치열하고 힘겹게 이어지며, 미국역사상 최고의 사상률을 기록하기도 했다. 궁극적으로 전황이 일본에 불리해진 것은 일본이 원거리의 전초기지까지 물자를 보급할 수 없었고, 태평양의 섬들을 집중 공략한 미군의 전략으로 일본군의 요새가 고립되었기 때문이다. 미국의 반격은 전력 보강 필요성과 유럽 전선에 중점을 둔다는 결정으로 인해 지체되었지만, 일단 현격한 경제력의 차이가 전력에 그대로 반영되자 미군의 약진 앞에 일본이 오랫동안 자랑해온 '정신'은 맥을 추지 못했다. 일본의 지식인들은 이런 사태가 오리라고 예상하고 있었다. 기요사와의 일기는 독일의 패전(일본의 패전은 보도되지 않았지만 독일의 패퇴는 보도되었다) 소식으로 시작된다. 기요사와는 이것이 추축국 진영의 희망에 찬물을 끼얹을 것이란 점을 깨닫고 있었다. 일본육군 수뇌부는 독일이 승리하고 유럽과 태평양에서 패전에 직면한 미군의 사기가 떨어질 것이라고 장담했지만, 진주만 공습에 분개한 미군은 오히려 용감하게 맞대응했다. 마쓰오카는 독일과 동맹을 맺은 것이 자신의 가장 큰 실수였다고 땅을 치며 후회했다.

일본은 한번도 극복된 적이 없었던 군 내부의 경쟁으로 주춤거렸다. 육군과 해군은 작전이나 비행기 생산계획을 조율하지 못했고, 자원이 심각하게 부족한 상황에서도 서로 협력하지 않고 독자노선을 추구했다. 산업적 역량의 차이는 기술력의 차이와 직결되었다. 미국의 기술적 우위는 레이더, 폭격조준기, 비행기에서 원자폭탄에 이르기까지 일본군 수뇌부의 예상을 뛰어넘었다. 잠수함전은 양측에 모두 중요했다. 전쟁 초기에는 일본이 선박 보유량과 어뢰에서 우위를 점했지만, 이내 미국의 잠수함은 일본의 상선들을 빠른 속도로—즉 다른 상선을 교체 투입할 시간적 여유를 주지 않고—파괴해 나갔다. 개전 초에 일본의 선박 총톤수는 약 1,000만 톤에 달했는데, 마지막에 남아 있는 것은 50만 톤도 되지 않았다. 일본의 전쟁 수행에 연료를 제공할 것으로 기대되었던 동남아시아의 자원은 사용되지 않은 채 고스란히 남아 있었다. 국내의 식량사정은 점점 심각해졌고, 전쟁이 끝날 무렵 남아 있던 선박들은 일본으로 식량을 실어 나르는 데 투입되었다. 대동아공영권 내의 다른 지역에 살던 민간인의 경우는 형편이 훨씬 더 나빴다.

전후 일본인은 다른 쟁점은 제쳐두고 비무장 민간인과 민간시설을 무차별 폭격한 미국의 공군력 사용을 집중적으로 비판했다. 미군의 공습은 히로시마와 나가사키의 아비규환으로 마무리되었다. 민간인을 대상으로 한 전략적 군사행동이 도쿄나 드레스덴 폭격과 같은 규모로 벌어진 적은 일찍이 없었다. 국무장관 코델 헐은 스페인 내전 중에 그러한 작전을 비난하며

| 태평양전쟁 |

"어떤 전쟁이론으로도 그런 행동을 정당화할 수 없다"고 선언했지만, 제2차 세계대전에서는 훨씬 많은 민간인이 무고하게 희생되었다. 미군 폭격기들이 셔놀트 장군의 제14공군을 위해 마련된 중국의 기지를 이용하기 시작하자, 일본은 막강한 무력으로 이에 맞섰다. 하지만 마리아나 제도의 티니언 섬을 점령한 미군은 일본군이 대응할 수 없는 빠른 속도로 기지를 건설했다. B-29는 정확한 폭격을 위해 설계되었지만, 그 임무에 적합하지 않은 것으로 판명되었다. 대신 미국 공군은 화재에 취약한 일본의 도시에 폭탄을 쏟아 붓는 전략을 구사했다. 1945년 봄에는 수백 대의 폭격기가 편대를 이루어 일본의 주요 도시에 수천 개의 폭탄을 투하했다. 3월 9일과 10일에는 도쿄에 융단폭격을 가해 12만 명의 목숨을 빼앗고 2만 3,000채의 가옥을 불태웠다. 나흘 뒤에는 오사카가 화염에 휩싸였고, 교토를 제외한 대부분의 대도시가 차례차례 잿더미로 변했다.

폭격기가 일본의 민간인들에게 패배의 실상을 일깨워주는 동안 미 육해군과 해병대가 태평양을 건너 도쿄 만으로 진격했다. 1944년 여름의 해전으로 일본은 많은 군함과 수백 대의 함재기를 잃었다. 미 육군과 해병대는 사이판을 공격하고 이어서 티니언 섬을 점령했다. 일본군 수뇌부는 이 연속되는 패전에 대해 뚜렷한 대책이 없었고, 해군과 육군의 마찰은 심화되었다. 더욱 중요한 것은 도조 내각의 실각이다. 도조는 사이판이 난공불락이라던 확신에 모든 것을 걸었다가 사이판이 함락되자 그를 총리에서 밀어내려는 은밀한 계략에 말려들었다. 그는 자리를 지키려고 최선을 다했지만 결국 7월 18일에 사임했다.

사태가 심각하다는 것은 분명했다. 어전회의와 육해군 원수부회의는 이제 연합군의 공격으로부터 영공을 보호하는 것이 중요하다고 판단했다. 나아가 이들은 육해군 협력의 중요성에 동감했고, 막연하게나마 '결전'(決戰)에 대한 희망을 버리지 않았다. 군부는 전투가 일본 가까이에서 벌어지게 되면 작전의 조율이나 자원조달 문제가 좀 더 쉽게 풀릴 것이고, 그러면 규율이 엄격하고 사기가 드높은 일본군이 미군에 굉장한 타격을 주어 일본이 좀 더 유리한 입장에서 종전을 고려해볼 수 있으리라고 주장했다. 그동안 민간인들은 죽창으로 훈련을 시작했다. 고난과 위험을 담담하게 받아들이는 분위기는 있었지만, 패배주의는 눈에 띄지 않았다.

도조 총리는 고이소 구니아키 대장으로 교체되었다. 고이소는 육군 참모로 명성을 얻었고 뒤이어 조선총독을 지냈다. 고이소 내각은 요나이 미쓰마사 제독을 부총리 격인 해군대신으로 복귀시켰다. 요나이는 일본의 국력을 총동원해 연합군이 태평양 제도의 주요 방어거점을 함락하고 도쿄로 진격하는 것을 막아야 한다고 주장했다. 맥아더 장군이 10월에 루손에 상륙하면서 필리핀 전투가 시작되었다. 이어 벌어진 레이테 만(灣) 해전은 사상 최대의 해전이었다. 일본은 과감한 전략으로 연합군을 저지하는 데 성공하는 듯했지만 결국은 패배했다. 이 전투에서 제국해군은 대체 불가능한 항공모함, 전투기, 최고의 조종사들을 대부분 잃어 사실상 전쟁능력을 상실했다. 일본의 레이테 섬 방어는 군부의 내분으로 복잡하게 꼬였다. 도쿄의 수뇌부는 '단호한' 전면전을 원했지만, 연합군의 공격이 시작되기 며칠 전에 지휘봉을 잡은 '말레이의 호랑이' 야마시타 도모유키(山下奉文) 대장은 장기적인 방어전이 더 현명한 작전이라고 생각했다. 설상가상으로 필리핀으로 이동하던 함대의 80%가 도중에 미 공군과 잠수함의 공격으로 침몰했다. 결과는 불 보듯 뻔했지만 필리핀 전투는 몇 달을 끌었고, 미군은 3월이 되어서야 마닐라 항에 정박할 수 있었다. 이 무렵 야마시타의 지친 병사들은 산 속으로 퇴각했다. 마닐라가 함락되자 기강이 무너진 일본군은 다시 한번 무모한 파괴와 무자비한 폭력을 자행했다. 산악지역에서는 일본군이 항복할 때까지 전투가 계속되었고, 일본의 사상자수는 31만 7,000명에 달했다.

이 정도면 대본영이 '결전'에 대한 미련을 포기했을 법도 하지만, 아직은 아니었다. 전선이 점차 일본 가까이 이동해 오자 일본군은 더욱 필사적으로 저항했다. 황량한 화산섬인 이오 섬(硫黃島)에서 벌어진 격전은 1945년 2월 중순부터 3월까지 이어졌는데, 일본군과 미군을 합쳐 사상자가 5만에 육박했다. 사상자수는 양쪽이 거의 비슷했지만, 살아남은 일본군은 거의 없었다. 도쿄에서 불과 1,100km 떨어진 이 섬을 점령함으로써 막 시작된 본토에 대한 폭격이 본격화되었다.

1945년 4월 미군은 오키나와에 상륙했다. 그후 오키나와 전투에서 미군은 4만 9,000명의 사상자를 냈는데, 이는 태평양전쟁의 단일 전투에서 기록된 최대 인명피해일 뿐 아니라 미국의 전쟁사에 전무후무한 최고 사상률이었다. 일본의 손실은 더 커서 10만 7,000명이 죽고 2만 5,000명가량이 동굴에 갇혔으며 1만 1,000명이 포로로 붙잡혔다. 대본영은 오키나와 방어에 아무 도움도 되지 못했다. 오키나와에 주둔해 있던 3개 사단 중 하나는 예상되는 공습에 대처하기 위해 타이완으로 이동했고, 전쟁 막바지에는 곧 본토에서 일어나게 될 '결전'에 대비해 전력을 비축한다는 의미에서 공군이 본토로 이동·배치되었다. 오키나와의 어마어마한 사상자 — 민간인의 1/4이 죽었다 — 는 미군이 일본 본토로 진격할 경우 일본인에게 어떤 일이 일어날 것인지 생생하게 일깨워주었다.[23] 그리고 일본군부가 오키나와의 방어와 안전에 대해 보인 무관심은 오키나와인의 주변성을 입증하면서 반세기 후 곪아 터질 상처를 남겼다.

1945년 4월에는 이탈리아가 항복을 했고 독일의 패배는 확실해 보였으며 일본 열도는 미국의 사정권 안에 있었다. 고이소는 총리직을 사임하면서 대본영이 사태수습에 나서 줄 것을 제안했다. 이 제안은 군부를 포함해 어느 누구도 받아들일 수 없는 것이었는데, 퇴역제독이자 추밀원 의장인 스즈키 간타로에게 칙명이 내렸다. 1936년 2·26사건 때 가까스로 암살을 모면했던 스즈키는 자신이 적임자가 아니라며 고사했다. 그러나 그는 연로했고(78세) 가는 귀가 먹었지만 결국 총리직을 수락할 수밖에 없었다. 지금 생각해보면 그의 임무는 분명 전쟁을 종결짓는 것이었다.(물론 그 누구도 감히 종전을 입에 담지는 못했다.) 하지만 그는 연막전술에 능한 인물이었다. 그는 군 수뇌부에게 전쟁이 당분간 지속될 것이라는 확신을 심어주는 한편 외무대신 도고 시게노리에게는 모든 외교수단을 동원하도록 지시했

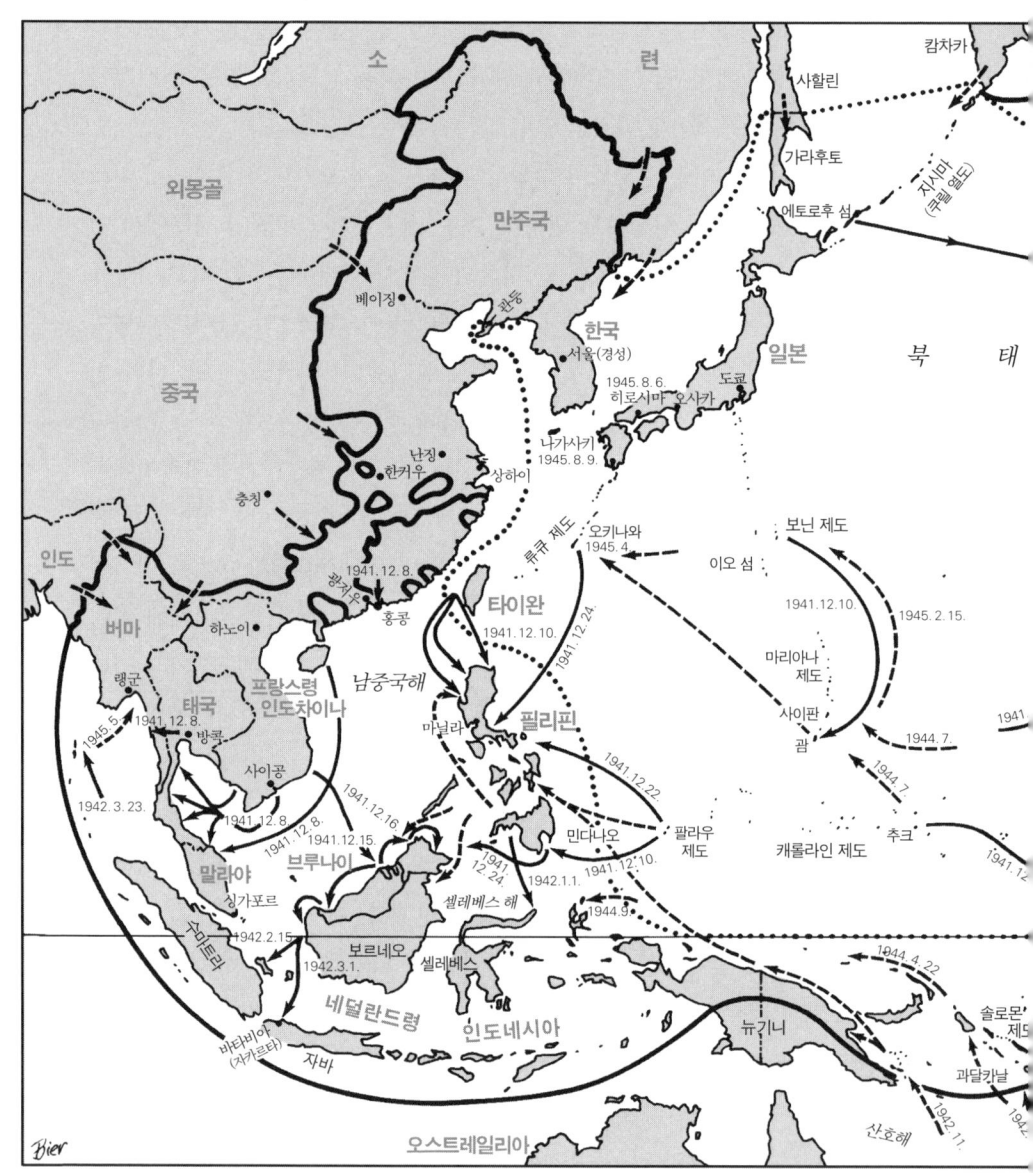

8. 태평양전쟁: 일본군의 진격과 연합군의 반격.

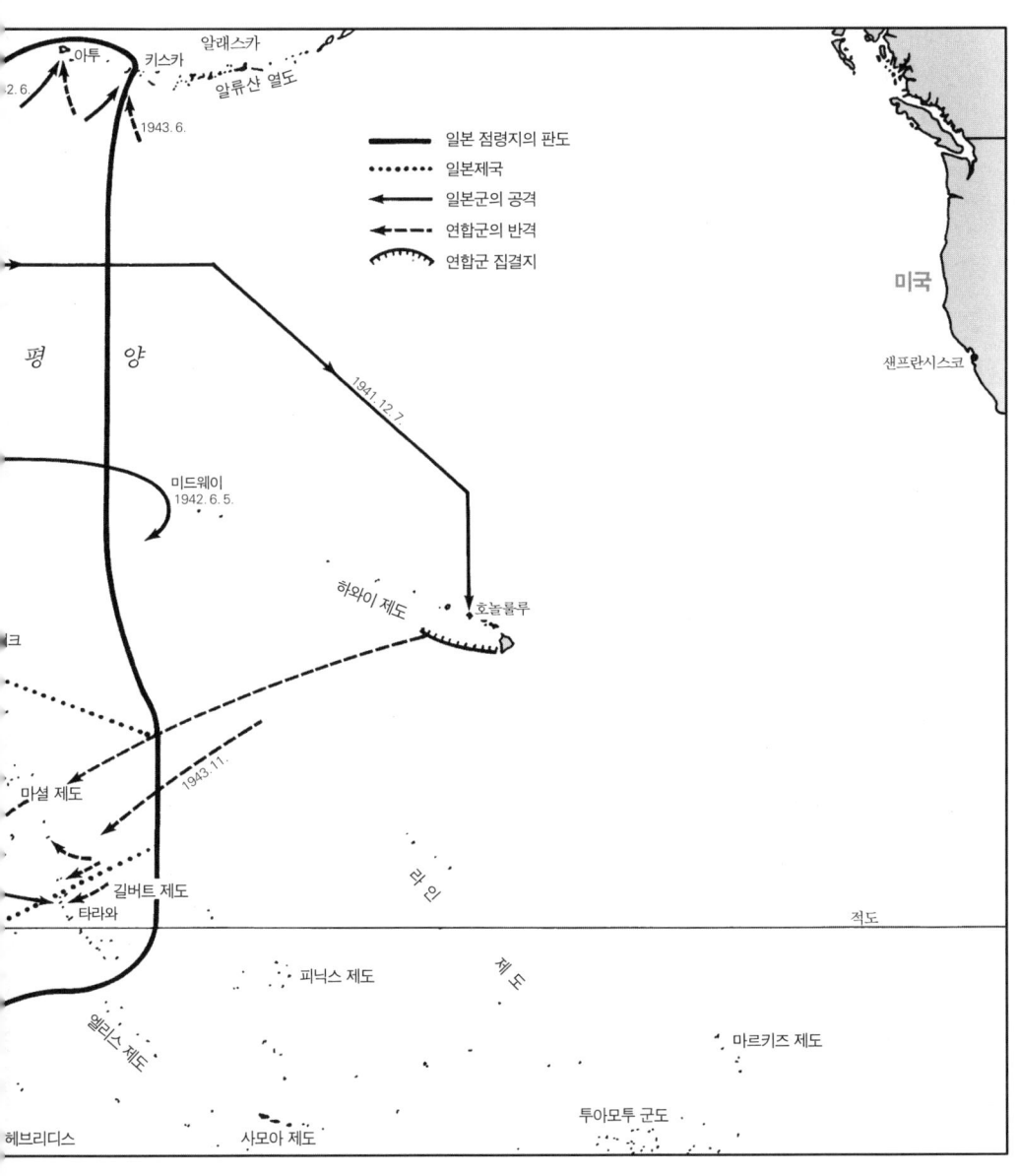

다. 여름이 다가오자 일본은 정지상태로 얼어붙어 있는 듯이 보였다. 도시는 폐허가 되었고, 사람들은 거의 영양실조 상태였으며, 공장이나 조선소는 자재가 떨어졌고, 일상생활은 혼돈 그 자체였다. 군 대변인의 오만함이나 경찰과 헌병의 고압적 감시도 사라졌다. 너나 할 것 없이 충격 속에서 비참하게 살아가고 있었다. 4월에 기업가들과의 오찬에 참석한 기요사와 기요시는 참석자 중 한 명이 루스벨트 대통령의 사망소식에 유감을 표시했다고 일기에 적고 있다. 패전한 일본을 루스벨트가 맡아주기를 바라고 있었다는 것이다.

일본의 육군과 해군 지도자들은 물질적인 열세를 극복하기 위해 자신들이 그토록 자랑스러워하던 '야마토 정신'(大和魂)을 활용할 수 있는 방안을 모색했던 것 같다. 자폭은 그런 수단의 하나였다. 자살특공대는 가미카제(神風)로 명명되었다. 그것은 13세기에 일본을 침략하려던 몽골 대군의 함선들을 침몰시킨 태풍을 일컫는 말이었다. 1854년 페리 호가 내항했을 때도 일본은 그 힘을 빌리려는 덧없는 시도를 한 바 있다. 조국이 파괴되는 것을 목격한 특공대원들은 자신의 불꽃 같은 죽음으로 가족과 국가를 구하려는 용기와 희생정신을 보여주었다. 그들의 목표물이 되었던 미군병사들이 볼 때 그 젊은 조종사들은 적과 자신의 생명은 안중에도 없는 신들린 광신도였다. 수십 년 뒤 특공대 조종사들의 마지막 편지를 모은 책이 출판되자 많은 사람들은 충격을 받았다. 주로 어머니에게 보낸 그 편지들은 교육 수준이 높고 진지하며 감수성 예민한 젊은이들이 자신이 받은 어머니의 사랑에 대해 감사를 표하는 다정다감한 내용을 담고 있었다. 전황이 일본에 불리하게 돌아가자 죽음에 대한 병적인 인식이 만연하여 그런 임무에 자원하는 것이 이상하게 보이지도 않았다. 어차피 사방은 죽음으로 뒤덮여 있었고, 자살비행은 적어도 자신의 죽음을 가족과 국가, 천황에 대한 봉사와 묶어주는 기회였다. 다수의 젊은 비행사는 엘리트 출신이거나 장차 엘리트층에 편입될 사람들이었다. 학생들은 전쟁 막바지가 되어서야 징집되었는데, 그 중 다수가 앞서 언급했던 고등학교 문화를 개인적으로 경험하고 있

| 태평양전쟁 |

었다. 최종 돌격명령이 떨어지기 전에 전쟁이 끝났기 때문에 살아남은 사람도 많았고, 그 중 적지 않은 수가 외교나 교육 분야에서 훌륭한 경력을 쌓았다.

양측 모두 악마의 가면 속에 숨겨진 적의 참모습을 알게 되면서 상대에 대한 태도가 달라졌다. 나중에 일본문학의 권위자가 된 도널드 킨은 하와이에서 일본인 포로를 심문하는 젊은 통역관으로 있을 때 자신이 만난 사람들의 인간성을 발견하게 되는 과정에 대해 적고 있다. "처음에 나는 규정된 군사관련 질문을 던졌지만 곧 전쟁과 전혀 무관한 주제로 옮겨갔다. 이 예사롭지 않은 상황에서 나는 처음으로 나와 관심을 공유하는 일본인 친구들을 사귀게 되었다. ……그들의 지식과 지성은 인상적이었지만, 그들이 일본의 숭고한 사명이나 그 밖의 전쟁 이데올로기를 확신하고 있었다는 점 때문에 적잖이 당황스러웠다."[24] 물론 수많은 군인들 중에서 서로 접촉하거나 서로에 대해 생각해볼 수 있는 기회가 있었던 사람은 거의 없었다. 전쟁의 막바지에도 일본군 포로는 극소수였다. 사령관의 명령에 따라 차라리 죽음을 택했기 때문이다. 사이판과 오키나와의 일본 민간인들은 일본군 장교들로부터 동굴 속에 들어가 죽거나 절벽에서 바다로 뛰어내리라는 권고 혹은 강요를 받았다. 정신을 잃었거나 중상을 입은 상태에서 전쟁포로 수용소에 끌려간 병사들은 자신의 생명이 끝난 것이나 마찬가지라고 생각했다. 국가의 배신자가 되었으니 돌아갈 수 없다는 것이었다.

항복을 수치로 생각하는 관념과 인종주의가 결합하여 일본군의 수중에 넘어간 사람들의 수명은 단축되었다. 메이지 시대의 광산에서는 죄수들을 강제노동에 동원한 바 있다. 타이완인과 특히 한국인의 강제노역은 전쟁 말기에 더욱 심해졌고, 일본군에게 생포된 연합군 병사들도 강제노역에 시달렸다. 태평양전쟁은 참혹한 싸움이었다. 존 다워의 지적처럼[25] 양쪽 모두 적을 인간 이하로 취급하는 인종적 증오를 품고 있었다. 포로나 점령지, 그리고 여성에 대한 일본군의 처우가 연합국측에 조금씩 알려지면서 일본의 이미지는 더욱 실추되었다. 일본군은 중일전쟁 때도 포로들을 학대했다. 필리핀에서 포로가 된 미군에 대한 가혹한 처우가 외부로 알려지자 진주만 '기습'으로 촉발된 미국인의 분노가 증폭되었다. 태평양전쟁 개전 후 몇 달 동안 사로잡힌 14만의 연합군 포로에 대한 일본군의 처우를 연구한 개번 도스는 일본군이 전쟁포로에 관한 제네바 협정—일본은 비준은 하지 않았으나 조인은 했다—을 얼마나 무시했는지 구체적으로 보여준다.[26] 전체 포로의 사망률은 27%였고 미군포로의 사망률은 34%였는데, 도스는 전쟁이 겨울까지 계속되었다면 생존자가 거의 없었을 것이라고 진단한다. 포로들은 학대를 받았고 치료를 거부당했으며, 비인도적인 조건에서 이송된 후 동남아시아나 일본에서 노예노동을 했다. 포로들은 샌프란시스코 강화조약의 합의사항에 따라 형편없는 보상을 받았다. 영국인의 경우 전쟁포로는 78파운드, 억류자는 47파운드를 받았다. 오랫동안 들끓던 분노는 1998년 아키히토(明仁) 천황이 영국을 방문했을 때 조직적인 반대시위로 표출되었다. 시위대는 1인당 1만 4,000파운드의 배상금을 요구했다. 그나마 받을 것 같지도 않지만, 그 액수조차 영국과 네덜란드에 생존해 있는 전쟁포로들의 사무친 원한을 풀어주기에는 부족할 것이다. 이상하게도 비슷한 보상을 받은 미국인 전쟁포로들은 목청을 높이지 않았다. 하지만 중국인 포로들은 더욱 형편없는 보상을 받았고, 동남아시아로 끌려간 노무자들의 숫자는 추산조차 되지 않았다. 그리고 대부분의 위험지역에는 '근로보국대'로 징발된 한국인들이 있었다.

이 끔찍한 이야기에다 '위안부'라는 기묘한 이름으로 불리는 여성들의 이야기가 최근에 추가되었다. 이들은 일본군 위안소에서 강제로 일했다. 제국군대는 풍기문란을 막고 성병을 줄이기 위해 공개적으로 위안소를 설치하고 관리했다. 위안부의 모집은 보통 인신매매 중개인을 통해 이루어졌고, 규슈의 궁핍한 지역에서 가장 많은 여성이 차출되었다. 규정상 강제모집은 금지되어 있었다. 하지만 군인의 수가 늘어나고 전선이 확대되자 정상적인 공급원에만 의존할 수는 없게 되었다. 이때부터 직업적 매춘부보다는 감언이설에 속아서 지원했거나 강제로 끌려온 여성의 수가 많아졌다.

이미 많은 위안부가 사망했고 살아남은 희생자들은 수치심을 느꼈기 때문에 이 문제는 1990년대 이전까지는 공론화되지 않았다. 1990년대에 오랫동안 침묵을 지키던 한국, 중국, 심지어 네덜란드 여성의 불만이 터져 나오자 위안부문제는 국제문제로 비화되었다. 일본정부가 (외양상으로는 비정부 기구를 통해) 손해배상과 보상을 위한 기금마련에 나선 것을 보면 희생자들의 불만이 정당한 것임을 알 수 있다.

전쟁의 마지막 몇 달 동안 일본 내의 상황은 대단히 복잡했다. 연합군과 특히 미군에 대해 깊은 증오심과 복수심을 품고 있던 일본군은 마지막 대량살육을 자행함으로써 명예를 회복하고 종전협상에서 조금이라도 유리한 위치를 점하고자 했다. 오랫동안 의혹과 공포의 대상이었던 소련이 이제 일본을 화염에서 구해줄 마지막 희망으로 떠올랐다. 1945년 7월 도쿄 정부는 고노에 후미마로 공작이 이끄는 사절단을 모스크바로 파견할 뜻을 내비쳤다. 고노에의 마지막 희망은 정상회담을 통해 러시아가 일본과 연합군 사이의 중재를 맡도록 하는 것이었다. 그는 지난 10년 동안 일본이 걸어온 길을 되돌아보며 더 이상의 저항이 부질없음을 깨달았다. 심지어 미군의 오키나와 공격이 있기 전인 2월에 그는 외교관 요시다 시게루와 함께 작성한 이른바 고노에 상주문을 히로히토 천황에게 전했다. 이 문서에서 그는 전쟁의 모든 재앙이 황도파를 축출하고 그들의 북진정책을 저지한 '통제파'의 획책이었음을 깨달았다고 고백했다. 통제파의 진정한 목적은 일본에서 공산혁명을 달성하는 것으로, 이를 위해 국가를 파국적인 전쟁으로 몰고 갔다는 것이다. 다시 말해 일본이 패망 직전에 처하게 된 것은 소련과의 일전을 불사하려던 급진파가 아니라, 1936년의 2·26사건 뒤에 군부를 장악한 계산적이고 관료적인 통제파 때문이라는 주장이었다. 공산주의자들이 일본을 인수할 수 있도록 통제파가 일을 꾸며왔다는 것이다. 상주문의 요지는 천황이 지체 없이 전쟁을 끝내야 한다는 것이었다.

하지만 천황은 이 문서에 대해 아무런 언질도 주지 않았다. 헌병대는 고위층의 패배주의를 의심해 고노에를 감시하고 요시다를 투옥했다. 그 후 몇 달 동안 상황이 점점 악화되자 고노에는 이제 모스크바로 가는 임무가 자신의 마지막 봉사라고 생각하게 되었다. 훗날 마쓰모토 시게하루(松本重治)는 당시 고노에가 초기의 온화한 귀족과는 전혀 다른 사람이 되어 있었다고 회상했다. 단호한 결의를 품은 고노에는 일신의 안위 따위는 안중에도 없이 자신이 그토록 두려워하던 소련으로 떠날 준비를 마쳤다.

하지만 때는 이미 늦었다. 러시아는 이 사절단을 받아들일 수 없었다. 스탈린이 2월에 얄타에서 루스벨트와 처칠을 만나 독일이 패망하고 나면 대일본전에 나설 것에 합의했기 때문이다. 일본이 고노에의 소련방문을 요청하자 소련은 더 상세한 내용을 요구했고, 도쿄 주재 소련대사 야코프 말리크와의 회담은 답보상태에 머물렀다. 해리 트루먼 대통령은 7월 말 스탈린 및 처칠의 포츠담 회담에서 일본의 요청에 대한 정보를 접했지만, 원자폭탄 실험에 성공했다는 소식도 전해 들었다. 그는 차라리 소련의 참전을 막고 싶었다. 더 이상 필요할 것 같지 않았기 때문이다. 원자폭탄은 8월 6일과 9일 히로시마와 나가사키에 투하되었다. 두 번째 폭격이 있기 하루 전날 소련은 대일본전에 합류했고, 만주국 국경으로 물밀듯이 내려왔다. 그곳에서 우연찮게 고노에의 장남은 포로가 되었다.[27]

고노에의 소련 방문계획과 소련의 참전 사이에 중대 사건이 일어났다. 7월 말에 포츠담의 고색창연한 프로이센 궁전에서 만난 트루먼·스탈린·처칠은 전후 세계질서에 대해 구체적인 논의를 시작했다. 트루먼은 7월 26일 미국·중국·영국의 이름으로 일본의 항복을 요구하는 최후통첩을 보냈다. 미국은 일본의 굳은 신념과 올바른 판단을 요구했다. 일본은 "무분별한 타산으로 일본제국을 멸망의 구렁텅이로 몰아넣은 방자한 군국주의자들의 통제에 계속 휘둘릴 것인지, 이성의 길을 따를 것인지" 결단을 내려야 했다. 포츠담 선언은 군부의 영향을 제거할 것을 주문하면서, 이 사실이 분명해지기 전까지는 일본이 점령상태에 놓일 것이라고 지적했다. 이 선언의 주요 골자는 다음과 같다. 일본의 주권은 홋카이도, 혼슈, 시코쿠, 규슈와 "우리가 결정하는 작은 섬들"로 한정되고 무장은 완전해제되며 군인들은 생업에 복귀한다. 일본은 산업시설을 그대로 유지하면서 "경제력을 지탱해 현물배상의 의무를 다해야 한다." "우리는 일본인을 인종적으로 노예화하거나 일본국민을 위해할 의도는 없지만, 우리의 포로를 학대한 자들을 포함해 모든 전쟁범죄자는 엄정한 정의의 심판을 받게 될 것이다. 일본정부는 일본인의 민주주의 경향을 부활시키고 강화하는 데 방해가 되는 모든 장애를 제거해야 한다. 언론·종교·사상의 자유는 물론 기본적인 인권을 존중하는 풍토가 확립될 것이다." 점령군은 이 목표가 달성되는 즉시 철수할 것이었다.

문제는 천황제에 대한 언급이 전혀 없었다는 점이다. 만세일계에 기초한 국체를 신성화하는 데 기여한 군인들—천황의 종복이라는 이들의 정체성은 국체의 개념과 불가분의 관계에 있었다—은 천황에 대한 언급이 없다는 것을 불길한 징조로 여겼다. 주일대사를 역임한 바 있는 국무차관 조지프 그루는 이를 감지하고 천황가의 존속에 대한 조항을 넣을 것을 촉구했지만 그의 충고는 무시당했다. 미국의 행정가들은 천황을 어떻게 처리할 것인가에 대해 결정을 미루고 있었다. 전시의 적개심은 타협의 여지를 없앴고, 그 어떤 방안도 루스벨트 대통령이 남북전쟁에 관한 역사책에서 차용한 '무조건 항복'(unconditional surrender)이란 용어의 의미를 퇴색시킬 수는 없었다.(그렇지만 일부 일본인은 아래에서 언급될 번스의 노트와 포츠담 선언의 구절—"이하 열거하는 것이 우리의 조건이다. 우리는 이 조건에서 벗어나지 않을 것이다"—을 고려할 때 결코 항복이 '무조건적'인 것은 아니었다고 강변해왔다.)

이 선언이 도쿄에 전달되었을 때, 일본정부는 분명 선언에 제시된 조건을 받아들일 준비가 되어 있지 않았다. 스즈키 총리는 포츠담 선언에 대한 정부의 입장을 '묵살'이라는 애매한 말로 표현하면서 언론의 질문을 비켜갔다. 즉 일본은 그것을 무시하겠다는 말이었다. 분명히 워싱턴에서는 그렇게 해석되었다. 원자폭탄을 사용할 준비가 완료되었고, 그 위력은 앨러머고도에서의 성공적인 실험으로 확인되었다. 실험결과는 포츠담에 있던 트루먼 대통령에게 보고되었다. 8월 6일(일본시간) 히로시마에 원자폭탄이 투하되었고, 트루먼 대통령은 만일 일본이 항복하지 않는다면 "역사상 유례없는 죽음의 비가 쏟아질 것"이라고 경고했다.

시련은 계속되었다. 소련의 외무장관 몰로토프는 소련 주재 일본대사를 소환했다. 그는 고노에의 방문 제안에 답하는 대신 선전포고를 전했다. 후일 국무장관 제임스 번스가 표현했듯이 "기꺼이 항복하겠다는 의향을 전달한 정부가 그 즉시 선전포고를 받은 것은 역사상 초유의 일이라고 짐작된다." 소련은 유엔 헌장에 대한 의무가 일본과의 중립조약 파기를 정당화한다는 미국의 제안을 받아들였고, 나중에 도쿄에서 열린 극동국제군사재판에서 노몬한 전투를 도발한 혐의로 일본을 고발했다.

도쿄의 어전회의에서는 덧없는 논쟁이 계속되고 있었다. 부하들로부터 엄청난 압력에 시달리고 있던 육군대신 아나미 고레치카(阿南惟幾) 대장은 천황의 지위가 보장되지 않는다면 최후의 일전을 치러야 한다는 주장을 굽히지 않았다. 11월 1일로 예정되어 있던 미군의 규슈 공격계획은 차질 없이 진행되고 있었다. 민간인들이 오키나와 남부에서 자취를 감추자, 최근의 격전지였던 나하-슈리(那覇-首里) 지역은 광대한 기지로 탈바꿈했다. 미군 전투기가 아직 불타지 않은 목표물을 찾아 본토의 상공을 훑었고, 죽음의 비도 계속되었다. 8월 9일 두 번째 원자폭탄이 나가사키에 투하되었다.

정부지도자들이 모인 도쿄의 벙커에는 긴박감이 감돌았다. 8월 10일에 포츠담 선언을 수락하겠다는 성명이 발표되었다. 하지만 "그 선언이 통치자로서의 천황의 특권을 손상시킬 요구는 아무것도 담고 있지 않다고 해석하면서"라는 단서를 달았다. 이에 대해 국무장관 번스는 노련하게 "천황과 일본정부"는 "연합군 총사령관의 명령에 따라야 하며" "일본정부의 궁극적 형태"는 "자유롭게 표현된 일본국민의 의지"에 의해 결정될 것이라는 모호한 답변을 전했다.

군부가 동의를 거부하면서 도쿄의 어전회의는 다시 한번 난관에 봉착했다. 낙관론자들은 '속국의 천황'도 천황이며 일본국민이 어떤 의지를 표현할지에 대해 전혀 두려워할 필요가 없다고 주장했다. 마침내 스즈키 총리는 마지막 어전회의에서 히로히토 천황에게 결단을 청했다. 히로히토는 포츠담 선언을 수락하는 데 동의하며 평화를 지지한다고 말했다. 자신의 치세에서 가장 중요한 진술을 한 것이다. 그는 "아나미, 다 괜찮아질 걸세"라는 말로 과거 자신의 시종무관이었던 육군대신을 위로했다.

이러한 시각은 천황이 8월 15일 일본국민에게 방송하기 위해 녹음한 조서에 반영되어 있다. 이 현혹적인 문서는 천황의 인자함과 개인의 희생을 강조하는 말로 가득 차 있다. "적(敵)은 새로이 잔학한 폭탄을 사용하여 이루 헤아릴 수 없는 살상력으로 무고한 생명을 끊임없이 앗아가고 있다. 우리가 교전을 계속한다면 우리 민족의 멸망뿐 아니라 모든 인류문명의 파멸을 초래할 것이다." 천황은 이어서 『42장경』을 인용하여 "견딜 수 없는 것을 견디고 참을 수 없는 것을 참으면서 만세(萬世)를 위하여 태평을 열고자 한다."고 말했다. 이 문서는 사상자들에 대한 애도의 뜻을 전했고, 동아시아의 해방을 위해 협력해준 여러 아시아의 맹방에 대해 유감의 뜻을 표명했다. 그럼에도 불구하고 이 조서는 일본이 "[천황제의] 국체를 호지(護持)하게 되었다"는 말로 국민을 안심시키며 미래에 대한 낙관적 전망을 표현했다. 일본어 원문은 '국체'가 보존되었음을 명백히 밝히고 있다.[28] 1945년 8월 14일에 작성된 천황의「종전조서」는 다음과 같다.

세계의 대세와 제국의 현상(現狀)을 깊이 생각해본 짐은 비상조치를 취함으로써 시국을 수습하려 하며, 이에 충량(忠良)한 너희 신민에게 고한다.

짐은 제국정부로 하여금 미국·영국·중국·소련 4개국에 그 공동선언 〔포츠담 선언〕을 수락한다는 뜻을 통고케 하였다.
제국신민의 강녕을 도모하고 만방 공영의 즐거움을 추구하는 것은 황실의 선조들이 물려주신 엄숙한 규범으로, 짐도 가슴 깊이 간직하고 있는 바이다. 짐이 영국과 미국에 선전포고를 한 것 역시 제국의 자존과 동아시아의 안정을 보장하려는 신실한 마음에서 우러난 것이지, 타국의 주권을 침해하거나 영토를 침범하려는 의도에서 나온 것이 아니었다. 그러나 전쟁이 시작된 지 벌써 4년이 지났다. 육해군 장병들의 용감한 전투, 많은 관료의 여정(勵精), 1억 서민의 헌신적인 봉사를 통해 우리 모두가 최선을 다했음에도 불구하고 전황은 호전되지 않고 세계의 대세 또한 우리에게 불리하게 돌아가고 있다. 게다가 적(敵)은 새로이 잔학한 폭탄을 사용하여 이루 헤아릴 수 없는 살상력으로 무고한 생명을 끊임없이 앗아가고 있다. 우리가 교전을 계속한다면 우리 민족의 멸망뿐 아니라 모든 인류문명의 파멸을 초래할 것이다. 상황이 이러할진대 짐이 어떻게 억조의 인민을 구하고 황실의 신령께 사죄할 것인가? 이런 이유로 나는 제국정부로 하여금 공동선언에 응하도록 하였다.

짐은 제국과 함께 시종일관 동아시아의 해방을 위해 협력해준 여러 맹방에 대해 유감의 뜻을 표하지 않을 수 없다. 제국신민으로서 전장에서 죽은 자, 직무를 수행하다 순직한 자, 불시의 죽음을 맞은 자와 그 유족들을 생각하면 오장이 찢어질 듯하며, 부상을 입거나 재난을 당하거나 가업을 잃은 사람들의 후생에 대해 짐은 마음 깊이 염려하는 바이다. 앞으로 제국은 심상치 않은 고난에 처할 것이다. 짐은 너희 신민의 충정(衷情)을 잘 알고 있으나, 시운(時運)에 따라 견딜 수 없는 것을 견디고 참을 수 없는 것을 참으면서 만세(萬世)를 위하여 태평을 열고자 한다.

〔천황제의〕 국체를 호지하게 된 짐은 충성스럽고 선량한 너희 신민의 갸륵한 정성을 믿고 의지하며 항상 너희 신민과 함께 할 것이다. 격한 감정으로 화를 자초하거나 쓸데없는 다툼으로 시국을 어지럽히고 대도(大道)를 그르친다면 세계의 신의를 잃을 것이니, 이는 무엇보다 짐이 크게 경계하는 바이다. 모름지기 거국일치하여 대대손손 이어갈 신국(神國)의 불멸을 굳게 믿고, 책임은 무겁고 갈 길은 멀다는 점을 유념하라. 장래의 건설에 총력을 기울이고 도의를 함양하며 지조를 굳건히 함으로써, 국체의 정

| 태평양전쟁 |

화를 발양(發揚)하고 세계의 진운(進運)에 뒤처지지 않도록 하라.[29]

천황은 이 문제에 대해 아무런 말도 덧붙이지 않고 있다가 1971년에야 자신의 개입이 모든 면에서 결코 위헌이 아니었다고 주장했다. "그 결정은 스즈키 총리의 책임 아래 이루어졌다고 나는 해석했다." 그렇지만 내셔널리스트들의 표현처럼 '성단'(聖斷)이 아니었다면 과연 군부가 무기를 내려놓고 권력을 포기했을까 하는 의문이 남는다.

그렇더라도 모든 장교가 순순히 항복하지는 않았다. 녹음된 조서가 방송되기 하루 전 날 반란이 일어났다. 위관급 장교들이 병사들을 이끌고 라디오 방송국을 점거했고, 경비대장을 살해한 뒤 황거에 진입하여 궁중관료들이 녹음 테이프를 숨겨놓은 내실을 뒤졌다. 아나미 대장은 미리 이 음모를 알았지만 지원하지도 막지도 않았다. 대신에 자택 베란다에서 전통적인 할복자살로 사의를 표명했다. 그는 엄청난 고통 속에서 생을 마감했다고 한다.

육군과 해군은 연합군이 히로히토 천황과 아키히토 황태자에게 위해를 가할 경우에 대비해 자금이 넉넉한 열성분자들을 끌어모아 별동대를 구성했다. 이들의 임무는 메이지 천황의 후손인 어린 기타시라카와노미야(北白川宮) 미치히사(道久) 친왕을 오지의 산악지방에 은신시켜 보호하는 것이었다. 해군 팀은 진주만 공습을 계획했던 겐다 미노루가 이끌었는데, 그는 이 용두사미의 촌극에 믿을 만한 부관들을 끌어들였다. 이들이 이런 황당무계한 작전을 진행하든 말든 천황의 안위가 위태로워지지 않을 것이라는 점이 분명해졌다. 이 일은 지금 생각해보면 매우 우스꽝스러운데, 이런 극단적인 순간에도 육군과 해군이 공조하지 못했다는 것은 의미심장하다. 하지만 그들이 이런 시도를 했다는 것 자체는 당시의 상황이 상당히 급박했음을 말해준다.[30]

6. 20세기 역사에서 태평양전쟁의 의의

이 격동의 사건들은 개전과 종전에 관한 논쟁을 양산했다. 전쟁이 끝나고 얼마 되지 않아 루스벨트 대통령의 비판자들은 워싱턴 협상이 진행된 방식을 문제삼았다. 루스벨트 행정부는 유럽 전선에 개입하기 위해 대중의 지지를 끌어낼 방법을 모색하고 있었고, 1940년 추축국 동맹조약이 체결되자 일본에 대해 더욱 강경한 입장을 취하게 되었다는 주장이다. 육군장관 헨리 스팀슨은 1941년 11월 25일자 일기에, 루스벨트 대통령에게 "우리가 큰 위험을 감수하지 않으면서 그들[일본]이 먼저 전쟁을 개시하도록 만들 수 있는 방법을 찾는 것이 문제"라는 취지의 보고를 했다고 적고 있다. 이 일기를 근거로 일부 작가들은 태평양함대가 진주만으로 이동한 것은 일본을 전쟁으로 유도하기 위한 미끼였다고 본다. 또 어떤 사람들은 일본이 마지막으로 협상 결렬 전문을 보내기 전에 이미 일본의 공격 가능성을 알려주는 도청자료가 입수되었는데도 워싱턴이 고의로 하와이의 사령관들에게 임박한 위험을 알리지 않았다고 비판하기도 한다.[31]

하지만 이런 비난은 미국이 시종일관 일본의 능력을 무시했고 태평양 연합군의 준비태세를 장담했다는 사실을 간과한 것이다. 처칠 총리가 대영제국 최고의 군함인 '리펄스'호와 '프린스 오브 웨일스'호를 적절한 공군력의 지원도 없이 태평스럽게 싱가포르로 보낸 것은 군함을 잃지 않을 확신이 있었기 때문이다. 그는 일본군이 그 위용에 놀라 남쪽으로 진군하지 않을 것을 기대했다. 마찬가지로 루스벨트 대통령은 군사고문들로부터 진주만과 하와이가 실로 난공불락이라는 확신에 찬 말들을 듣고 있었다. 일본의 군사기술도 과소평가되었다. 개전 초기 영식함상전투기(零式艦上戰鬪機, 제로센[ゼロ戰]*)은 적기에 비해 훨씬 기동력이 뛰어났고, 개전 몇 달에 겐다 미노루에 의해 개발되어 끔찍한 충격을 던져준 해저어뢰는 미군 전함

---

* 제2차 세계대전 당시 일본해군의 주력 함재기.

에 많은 피해를 입혔다.

일본의 의지나 능력을 신중하게 고려하지 않았다는 비난은 쉽게 입증할 수 있다. 도쿄의 저명한 미국헌법 연구가 다카기 야사카(高木八尺)는 '신질서'에 대한 고노에 성명을 심각하게 받아들인 사람 가운데 한 명이었다. 그는 루스벨트 행정부의 강경책이 위기를 부추기고 있다는 것을 미국측이 이해하지 못하거나 이해하려 하지 않았던 점을 안타깝게 생각했다. 다카기는 조지프 그루 대사에게 편지를 보냈다. "전쟁 발발의 위험성이 최고조에 달하는 것은 일각에서 주장하는 것처럼 일본이 안전하게 침략전쟁을 수행할 수 있다고 판단할 때가 아니라, 옳든 그르든 일본이 궁지에 몰렸다고 느낄 때, 결과에 상관없이 필사적으로 항전해야 한다고 생각할 때입니다."[32]

한편 워싱턴 국무부의 스탠리 혼벡은 일본이 허세를 부리는 것으로 보았다. 1941년 7월 23일, 그는 국무차관 섬너 웰스에게 "현재상황에서 미국이 태평양에서 취하려는 행동에 대해 일본이 어떤 의도적인 행동을 개시할 가능성은 전혀 없습니다. 일본이 미국의 군사행동에 대응한다는 것은 양국 간 전쟁을 의미하기 때문입니다"라는 메모를 보냈다. 1941년 11월 27일, 나구모 제독의 함대가 이미 출정한 시점에서도 그는 다음과 같이 시작되는 메모를 작성하는 만용을 부렸다. "제 소견으로는 일본이 당장 미국과의 무력충돌을 원하거나 의도하거나 예상하지는 않을 것 같습니다." 그는 이어서 전쟁이 12월 15일까지 시작되지 않을 확률은 5:1, 1월 15일까지는 3:1, 그리고 3월 1일까지는 반반이라며 확률까지 제시하고 있다. "본 서명자는 일본이 태평양에서 '전쟁'을 도발할 것이라고는 생각하지 않습니다."[33] 하지만 다카기가 더 유능한 예언자였던 것으로 판명되었다. 혼벡의 예언은 잘못된 확신에 따른 것이었고, 그 확신에는 미군도 가세했다. 바로 진주만 앞에 다가온 일본 주력함대에서 아무런 무선도 들을 수 없었다는 보고에 대해, 허즈번드 키멜 제독은 말도 안된다는 듯이 "일본함대가 코코헤드*를

---

* 하와이 오아후 섬의 남동쪽에 있는 갑(岬).

거치지 않고 이곳으로 올 수 있다고 말하려는 거냐?"고 물었다.

고노에가 전쟁 직전에 그토록 간절히 원했던 회담을 좌절시킨 미 행정부의 결정에 대해서는 추측이 무성하다. 일각에서는 고노에가 천황을 설득해 군부가 원치 않는 방향의 결정을 내릴 수도 있었다고 본다. 가정에 근거한 논쟁은 어차피 결론을 내리기 어려운 것이지만, 만약 고노에한테 천황을 움직일 수 있는 힘이 있었다면 외교협상을 벌이지 않고도 그 힘을 사용해볼 수 있었을 것이다. 1940년 두 번째로 권좌에 복귀한 고노에는 중국측에 일본군 철수를 제안할 것이라는 기대를 모았지만, 철군 논의는 영문도 모르게 자취를 감췄다. 마쓰모토 시게하루는 여기에 육군이 개입했다고 추정한다. 뮌헨 협정을 체결했던 영국 총리 체임벌린의 치욕*이 기억에 선명했으며, 처칠을 회유하고 장제스를 배신하자는 또 다른 해결책도 논의되고 있었다. 어쨌든 대량살육을 막기 위해 온갖 노력이 강구되었으며 모든 정치인이 평화를 추구하기 위해 백방으로 노력했다는 점은 분명한 사실이다.

일단 전쟁이 시작되자 이전 전쟁사의 원리는 외교의 원리만큼이나 별 소용이 없는 것으로 밝혀졌다. 공군력이 전쟁의 양상을 일변시켰기 때문이다. 1905년의 러일전쟁에서 도고 헤이하치로 제독이 러시아의 발트 함대를 격파하면서 주력함대의 위력을 보여주었다면, 태평양전쟁에서는 1908년 드레드노트호의 출현과 함께 시작된 대함거포주의(大艦巨砲主義)의 시대가 막을 내렸다. 진주만에서 미군은 일본함대를 보지 못했고, 미드웨이에서는 양국의 함대 모두 서로를 보지 못했다. 대세를 결정한 것은 공군력이었다. 일본은 진주만에서, 그리고 영국의 리펄스호와 프린스 오브 웨일스호를 침몰시킨 말레이 반도에서 해군력의 위세를 과시했지만, 그보다 훨씬 더 큰 항공모함 무사시(武藏)와 야마토(大和)를 미군전투기에 잃으면서 공군력의 중요성을 깨닫게 되었다. 지상에서도 마찬가지였다. 요새화된 전진기지들 간의 엄청난 거리는 적의 공격을 방해한 것이 아니라 적의 전략

---

* 제2차 세계대전 발발 직전 히틀러에 대해 유화정책을 추진하던 체임벌린의 노력이 수포로 돌아간 것을 뜻한다.

| 태평양전쟁 |

에 취약한 것으로 드러났다. 미군은 과달카날에서 오키나와로 진격하면서 주요 섬들을 차례로 점령해 일본군 기지를 고립시키고 보급로를 차단했다.

태평양전쟁에서 가장 두드러진 측면은 전쟁을 마무리한 방식이다. 원자폭탄의 사용은 일본의 정책만을 변화시킨 것이 아니었다. 원폭 경험은 세계 각국의 전략적 사고를 완전히 바꿔놓았고, 아마겟돈의 참상을 보여줌으로써 전세계인의 마음에 깊은 상처를 남겼다. 히로시마와 나가사키에 원자폭탄을 투하한 행위의 당위성이나 정당성에 대한 공방이 끊이지 않았다. 무시무시한 결과로 인한 파문이 가라앉자, 스팀슨 장관을 비롯한 관련자들은 원자폭탄을 사용함으로써 민간인과 군인의 사상자수를 줄일 수 있었다고 해명했다. 분명한 것은 원폭 투하로 인해 도쿄의 눅눅한 벙커에서는 최종결정을 내릴 수밖에 없었고, 천황은 자신의 신민을 구해낸 자비로운 부처님이 될 수 있었다는 것이다.

하지만 이런 논쟁은 원폭을 사용하지 않았다면 일본이 1945년 가을까지 항복을 했을 것이냐 아니냐에 중점을 둔다. 당시의 정황을 일기에 기록했던 기요사와 기요시 같은 지식인들은 수십만 명의 목숨을 앗아간 전쟁이 끝나기 넉 달 전에 이미 미국의 점령이 불가피하리란 사실을 알고 있었다. 경제기획가로 훗날 외무대신이 된 오키타 사부로(大來佐武郎)는 도쿄제국대학의 한 교수를 방문했던 이야기를 들려주는데, 이 교수 역시 1945년 4월에 패배가 확실하다는 것을 냉정하게 받아들이고 있었다고 한다. 두 사람은 갑옷을 장만하기 위해 끼니를 굶었다는 한 무사 이야기 — 월터 배젓의 글에 나오는 — 를 나누었다. 그 무사는 갑옷을 장만했지만 갑옷을 입고 싸우기에는 자신의 체력이 너무 약하다는 사실을 깨닫게 되었다. 두 사람은 바로 그런 상황이 일본에서 일어났다고 맞장구쳤다. 일본이 무기를 버렸다면 오히려 행복한 결말을 맞았을지도 모른다는 것이었다. 다시 말해 군복을 입을 게 아니라 사업가로서 정장을 입었다면 원하던 바를 더 많이 이루었을 수도 있다는 것이다.[34]

지각 있는 사람들은 순순히 항복을 받아들였다. 하지만 그들은 대부분

애초에 전쟁을 원하지 않았다. 포츠담 선언에 천황에 대한 보장조항이 들어 있었다면 군부가 좀 더 빨리 항복했을까? 아니면 조금 늦게, 그러니까 11월로 예정된 미군의 규슈 상륙작전이 이루어지기 전에는 확실히 항복했을까? 이런 질문에 답하기는 어렵지만, 불발에 그친 고노에의 1941년 임무처럼 시도라도 해봤으면 하고 바랄 수는 있다. 일본도 원자폭탄을 보유하고 있었다면 사용했을 것이라는 주장은 부적절하다. 또 원폭에 희생된 비(非)전투요원의 수가 그것을 사용하지 않았을 경우 희생되었으리라 추정되는 사람의 수와 엇비슷할 것이라고 주장하는 것은 터무니없는 자기합리화이다. 그렇지만 일본군 수뇌부가 최후의 '결전'을 밀어붙일 수 있었다면 쌍방간의 사투가 불가피했을 것이고, 일본군 사령관들이 오키나와에서 민간인의 생명을 경시했던 점을 감안할 때 규슈에서 어떤 참상이 빚어졌을지 추측해볼 수는 있다. 루스벨트 대통령과 트루먼 대통령에 대한 비판이 대부분 일본제국과 군부 파시즘에 대한 유화책을 가장 경계하던 '자유주의 좌파' 진영에서 나왔다는 것은 흥미롭고도 역설적이다.

하지만 태평양전쟁의 한 가지 측면에 대해서는 아무런 이견이 없다. 이 전쟁이 아시아에서 식민제국주의를 몰아냈다는 것이다. 유럽의 힘과 영향력은 제1차 세계대전 이후부터 쇠퇴하기 시작했지만, 태평양전쟁은 이미 진행 중이던 이 과정을 가속화했다. 동남아시아의 일본 점령군이 유럽의 식민강국들에 안겨준 치욕과 불명예는 그들이 오랫동안 자부해왔던 우월성에 회복 불능의 흠집을 냈다. 인도네시아와 버마에서는 일본의 사주에 의해 독립운동이 모양새를 갖추기 시작했다. 하지만 오래지 않아 일본 제국주의는 그것이 몰아낸 제국주의에 비해 전혀 나을 것이 없으며 오히려 더 비인도적이라는 점이 밝혀졌다. 이미 식민지배를 경험한 민족들은 모든 외부세력을 제거하겠다는 결심을 더욱 굳혔다. 한국과 타이완에서 일본이 추방된 것과 더불어, 이는 세계사의 전환점이 되었다. 전후의 일본인은 흔히 이 사실에서 위안을 찾으며, 그것이 아시아에 득이 되었다고 주장한다. 서양에 맞선 전쟁은 그런 점에서 궁색하나마 변명거리가 된다. 반면 중일전쟁의 경우는 그렇지 못하다. 그럼에도 불구하고 일본의 개입은 중국측에도 결정적인 전기를 마련해주었다. 일본이 장제스의 국민당 정부를 상대하는 동안 마오쩌둥을 권좌에 오르게 한 농민 내셔널리즘이 탄생한 것은 일본이 중국의 오래된 사회질서를 무너뜨린 결과였다.

7. 메이지 국가의 해체

9월 2일 미 전함 미주리호에서 항복문서 조인식이 거행된 후에 포츠담 선언에 따라 점령군이 도착하기 시작했다. 더글러스 맥아더 장군이 연합국 최고사령관(Supreme Commander of the Allied Powers, 일명 SCAP)에 기용된 것에 대해서는 의문이 제기되지 않았던 것 같다.(그는 미 극동군사령관도 겸했는데 이 역시 중요한 직책이었다.) 하지만 태평양에서 많은 전투를 승리로 이끌었던 체스터 니미츠 제독도 그 자리에 오를 만한 인물이었다. 다만 맥아더 장군이 명성이 더 높았고 행정적 경험도 풍부했으며 민주당 정부에게 필요했던 공화당 지도부의 신뢰를 받고 있었다. 그는 달변가에다가 때로는 호언장담도 마다하지 않았으며, 평화로운 미래에 대한 이상주의적 비전에 따라 움직이는 사람이었다. 그는 점령지에 많은 족적을 남겼다. 1950년에 에드윈 라이샤워는 맥아더가 "일본사의 위대한 인물 중 한 명으로 기록될 것이다. 기나긴 일본사에도 그를 능가하는 사람은 얼마 되지 않으며, 격동의 메이지 시대 이후에는 그에 필적할 사람이 없다"고 썼다.[35] 이런 영웅적 평가는 오늘날에는 통용되지 않는다. 놀랍게도 현재 일본 근대사 관련 서적에서는 맥아더를 깊이 있게 다루는 경우가 거의 없다. 하지만 어느 누구도 그가 최고사령관에 적임자였음을 부정하지는 않을 것이다.

총사령부(General Headquarters, 일명 GHQ)는 수천 명의 군인과 문민 행정가들로 구성되었고, 민정국·민간정보교육국·경제과학국 등으로 나뉘었다. 최고위직은 맥아더의 측근들이 맡았는데, 이들은 대부분 루스벨트 대통령이 맥아더를 군사고문으로 필리핀에 파견한 1930년대부터 장군을 따르던 사람들이었다. 또한 재능과 경력을 꼼꼼히 따져 노동조직 전문가,[36] 근대 일본 사법제도의 뿌리를 탐구할 독일인 판사,[37] 경제학자와 은행가들을 기용했다. 맥아더는 포츠담 조약의 규정뿐 아니라 국무부·육군부·해군부의 위원회에서 작성한 초기 점령정책 시안에 따라 일을 처리했다. 하지만 이 지침은 포괄적인 것으로, 구체적인 것까지 명시하지는 않았다. 미국의 관심은 여전히 유럽에 쏠려 있었고 일본은 뒷전이었다. 태평양전쟁에 참전한 11개국의 대표로 구성된 극동위원회는 워싱턴의 구(舊)일본대사관에서 회동하여 정책을 수립하고 검토했다. 또한 미국·영연방·소련·중화민국의 대표들로 이루어진 대일이사회가 이론상 정책의 집행을 감독하게 되어 있었지만 실권은 없었다. 맥아더는 거의 간섭을 받지 않았고, 그의 참모들은 극동위원회로부터 지령이 떨어지기 전에 서둘러 대책을 마련하곤 했다. SCAP 외에도 점령군(처음에는 미8군)이 전국에 배치되었는데, 그 기능은 점차 지방군정부(地方軍政部)로 흡수되었다. 영연방 군대도 일부 참가했고, 소련은 홋카이도 점령에 대한 관심을 표명했지만 거부당했다. 일본은 독일과 같은 분할점령을 면했다. 국민당과 공산당이 주도권을 놓고 내전을 벌이기 직전이었던 중국은 거의 참여하지 않았다.

일본정부는 그대로 존속되었다. 일본의 지도자들은 독일의 지도자들과 달리 장렬히 죽거나 허망하게 도망가지는 않았다. 포츠담 선언은 '일본정부'에 대한 요구사항을 적시했다. 군정은 단호하고 강력했지만 궁극적으로는 일본의 관료들이 GHQ-SCAP*의 지령을 수행하는 간접적인 것이었다.

이 시대의 첫 번째 과제는 군국주의자들을 비롯하여 민주정부의 수립에 방해가 되는 세력을 제거하는 것이었다. 점령군은 즉각 메이지 국가의 주요 제도 몇 개를 없애도록 지시했다.

군대가 첫 번째 제거대상이었다. 육해군의 무기는 몰수되어 파괴되었으

---

* 정식명칭은 General Headquarters of Supreme Commander for the Allied Powers(연합국최고사령관 총사령부)이다. 이하에서 지은이가 SCAP라고 한 것은 대체로 GHQ-SCAP를 가리킨다.

며, 본토의 군인들은 즉시, 그리고 먼 전선에 있던 군인들은 귀환하는 대로 해산되었다. 하지만 소련은 상당수의 포로를 여러 해 동안 소련 극동의 강제수용소에서 일하게 했다. 귀환병들이 '천황의 병사'로서 느꼈던 자긍심은 수치와 회한으로 바뀌었다. 패배하고 굶주린 고국은 그들을 환영할 수가 없었다. 일본인은 많은 귀환병들을 회피하고 박대했다. 모든 것이 부족하고 공공 서비스가 마비된 시대에 해산된 군인들이 다른 시민들에게 기대할 수 있는 것은 별로 없었고, 연금 지급을 금지당한 정부에 대해서는 기대할 게 아예 없었다. 여러 해 동안 군모를 쓴 헐벗은 거지들이 붐비는 기차에서 승객들에게 동전 몇 푼을 구걸했지만 외면당하는 경우가 더 많았다.

군대의 지휘체계와 제도적 틀을 해체한 정책은 효과적이었고 대체로 환영받았다. 하지만 SCAP의 열성분자들이 일본 군국주의를 발본색원하는 방식은 지나친 경우가 많았다. 전쟁을 다룬 출판물은 무조건 검열당했고, 전통 가부키는 과거 일본의 영웅을 묘사한다는 이유로 감시를 받았다. 칼은 모두 지방군정부에 등록해야 했는데, 이 과정에서 꽤나 많은 사람들이 가보를 잃었다. 특수한 이익집단을 양성하던 육군대학과 사관학교는 폐지되었다. 아주 최근까지도 요직에 앉아 정부정책을 좌지우지할 수 있었던 일본의 군부는 더 이상 존재하지 않았다. 대신 SCAP가 산하기관을 통해 일본정부의 구석구석에 영향력을 행사했다. 현재 일본에 군대가 없다는 사실은 대단히 중요하다. 메이지 지도자들은 천황 직속의 군대가 민간사회를 압도할 수 있는 여지를 제공했었다.

천황제는 메이지 체제의 중추로서 그 이데올로기의 중심이자 국가권력의 버팀목이었다. SCAP는 항복 직후에는 천황제의 아우라를 십분 활용하여 일본인의 순종을 유도했고, 그 다음에는 점차 천황의 위상을 격하시키고 근대화하는 정책을 펼쳤다. 히로히토 천황은 일본이 침략전쟁에 뛰어드는 과정을 주재했다. 그의 존재는 어전회의의 결정에 최고 권위를 부여했다. 군 수뇌들은 히로히토에게 직접 보고를 올렸고, 회의기록을 보면 히로히토가 이따금 정책이나 절차에 대해 질문했음을 알 수 있다. 비록 참모진이 워싱턴 협상 결렬전문을 이미 전달했다고 그를 안심시켰다 하더라도, 그는 진주만 공습작전에 대해 분명히 알고 있었을 것이다. 개전 초기에 일본이 승리를 거둘 때마다 그가 내린 조서에는 흡족함이 엿보였다. 한편 그는 항복발표에도 한몫했다. 그리고 그의 협력은 국민과 군대의 협조를 보장하는 데도 중요했다. 앞서 보았듯이 육해군 모두 천황의 유고에 대비하여 비상계획을 수립했다. 전쟁 중 연합군이 발표한 성명서에는 히로히토 천황을 개인적으로 언급하지 않으려고 주의한 흔적이 역력했다. 그 대신 성명서는 도조를 집중적으로 겨냥했는데, 그럼에도 불구하고 천황은 전쟁 중에 증폭된 일본에 대한 증오와 적대감의 표적이 될 수밖에 없었다. 그를 전범에 포함시켜 재판정에 세워야 한다는 의견도 폭넓은 지지를 받았다.

1945년 9월 불안하고 초조한 히로히토는 고풍스러운 자동차에 올라 수도의 움푹 파인 길을 따라 미국 대사관저로 향했다. 맥아더 장군을 처음으로 예방한 것이다. 미국측에는 통역이 없었는데, 나중에 맥아더는 히로히토가 자신의 각료들이 저지른 행동에 대해 전적으로 책임을 지겠다고 말하면서 '일본 최고의 신사'임을 과시했다고 썼다. 이 이야기의 진위야 어떻든 이 만남은 최고사령관에 대한 히로히토의 입지를 세우는 데 일조했다. 하지만 1945년 가을 내내 전쟁책임을 물어 천황을 전범재판정에 세우고 천황제를 아예 폐지할 것인지를 놓고 광범위한 논의가 이루어졌다. 만약 이 일이 추진되었다면, 시대의 분위기로 보아 히로히토는 유죄를 선고받았을 것이다. 하지만 일본신문의 여론조사는 천황제를 보존해야 한다는 의견이 압도적임을 보여주었다. 물론 천황제와 민주정부의 결합 가능성을 의심하는 사람도 많았다. 워싱턴은 맥아더에게 이 문제에 대한 의견을 물었는데, 1946년 1월 25일 그는 단호한 입장을 표명했다. 그는 천황을 체포하면 일본사회 전체에 막대한 영향을 미칠 것이고, 그렇게 되면 점령군의 목표를 달성하기가 어려워진다고 경고했다. "문명화된 일상이 중단되고, 산악지역과 벽지에서 지하조직이 준동하여 게릴라전이 발생하게 될 것이다." 결론적으로 천황은 점령군의 목표 달성에 긴요했다. 그를 제거하려면 질서유지를 위해 점령군 100만 명을 추가 투입해야 한다는 계산이 나왔다. 이런 사실을 몰랐던 천황은 혹시 필요할지도 모를 변론을 준비했는데, 이 문서는 1990년에야 일반에 공개되었다.

하지만 천황제를 유지하기 위해서는 천황을 국가신도의 이데올로기와 분리시킬 필요가 있었다. 신도가 일본의 전쟁과 팽창을 정당화해주는 핵심 수단이 되었기 때문이다. 메이지 정부는 처음부터 신도를 받아들였고, 어떤 의미에서 창조했다. 그리고 천황가의 신성한 기원에 대한 신도의 이야기를 '고대' 조상들께 바치는 의례의 구심점으로 활용했다. 일본제국이 강성해지자 일본민족의 신성한 사명에 대한 확신은 더욱 고조되었다. 신도는 타이완과 한국의 식민지에도 강요되었고, 식민지에 새 신사를 짓고 관리하기 위해 공적 자금이 투입되었다. 그리스도교의 군목처럼 신직(神職, 신도 승려)이 모든 부대에 파견되었고, 도쿄의 야스쿠니 신사에 안치된 전몰 장병에 대한 봉안식은 전사자수가 늘어나면서 점차 규모가 커졌다. 제2차 세계대전이 끝났을 때 그 수는 245만 3,199명이었는데, 그 중 대다수인 212만 3,651명이 태평양전쟁의 희생자였으며, 중일전쟁에서 사망한 병사 18만 8,196명도 물론 안치되었다.[38]

따라서 SCAP는 신도를 초기 개혁대상으로 삼을 수밖에 없었다. 1945년 12월 15일의 지령은 '국가신도에 대한 정부의 보증·지원·보전·감독 및 홍포(弘布)의 폐지'에 관한 것이었다.[39] 추종자들과 결합을 공고히 하기 위해 세워진 신기관(神祇官)은 폐지되었다. 결정적인 변화는 1946년 1월 1일 히로히토 천황이 국민에게 내린 신년조서에서 나타났다. 이 조서는 천황과 국민의 유대는 "단순한 전설이나 신화에 의존하는 것이 아니다. 그 유대는 천황이 신성한 존재이고 일본국민이 다른 민족보다 우월한 민족이라서 세계를 지배하는 운명을 타고났다는 잘못된 관념에 입각한 것이 아니다"라는 변명조의 문장으로 끝나고 있다. 천황의 신격화를 부정한 이 조서는 SCAP와 황실과의 협상 끝에 나온 것이었다. 일본협상단은 표현을 어느 정도 애매하게 하는 데는 성공했지만, 이 문서의 근본적인 의미를 바꾸지는 못했다. 천황의 이데올로기를 학교에서 배웠던 세대에게 그것은 충격적인 고백이자 배신으로 다가왔다. 천황의 진술은 신화 대신에 그의 할아버지가 선포한 「5개조어서문」을 남은 통치기간의 선례와 지침으로 삼겠다는 것이었다. 이미 지적했듯이 「5개조어서문」은 원래 다이묘들에게 정의와 공평함을 확인시켜주기 위해 선포되었는데, 나중에는 단지 메이지 유신세력의 지침으로만 기능했을 뿐이었다. 마찬가지로 히로히토가 그것을 원용한 것은 점령군 관리들에게 자신의 새로운 역할을 확인시켜주기 위한 것이었다.

메이지 헌법은 일본제국의 제도적 기틀을 마련했다. 원훈공신인 겐로들이 독일인 고문들과 함께 만들어낸 메이지 헌법은 어디까지나 대권을 가진 군주가 국민에게 하사한 것이었다. 새로운 일본을 위해서는 분명히 변화가 필요했다. 1945년 10월 고노에 공작은 맥아더 장군에게 면담을 신청했고, 이 만남에서 제도개혁을 점진적으로 추진해달라고 부탁했다. 그가 생각하기에 공산주의의 급속한 성장을 막으려면 당분간 전통적 요소를 어느 정도 보존하는 것이 필요했다. 맥아더 장군은 제국의회와 정부의 존폐는 연합군의 손에 달려 있음을 상기시켰다. 그는 자신들이 논의하고 있는 새 선거법을 시행하기 위해서는 많은 '기술적' 문제가 있다는 것을 알고 있었지만, 고노에에게 당신은 '봉건'세력의 후예일 뿐 아니라 젊은 코즈모폴리턴이 아니냐고 설득했다. 그는 만약 고노에가 자유주의 지도자들을 규합하고 "대중 앞에 헌법개정안을 제시하면 의회도 따를 것으로 생각한다"고 말했다. 이튿날 히가시쿠니 나루히코(東久邇稔彦) 내각은 SCAP의 시민권 지령과 수천 명의 관리를 파면하라는 일방적인 명령을 거부하고 총사퇴했다. 하지만 고노에는 자신이 헌법개정 작업을 위임받았다고 생각했고,[40] 동료 및 법률 전문가들과 함께 부분적인 개정안을 준비했다. 일본과 서양의 신문기자들이 고노에와 그가 전전에 한 역할에 대해 비판적인 기사를 실으면서 그를 비난했다. 사실 그는 중일전쟁이 일어날 때 총리였고, 독일 및 이탈리아와의 동맹에 서명한 것도 그였으며, 프랑스령 인도차이나 파병을 승인한 것도 그였다. 비판이 거세어지자 SCAP는 고노에에게 어떠한 권한도 준 적이 없다고 발뺌했다. 고노에의 초안은 휴지조각이 되었다. 다음으로 의회는 보수적인 법학자 마쓰모토 조지(松本烝治)를 헌법조사회 위원장으로 임명해 개정안을 제출하도록 했다. 조사회가 SCAP에 제출한 초안이 공개되자, 일본언론은 그것이 면피용일 뿐 아무런 내용도 없다고 비난했다. SCAP 민정국은 그 초안이 구헌법의 결함을 개혁하기에는 불충분하다는 결론을 내렸다.

다음 조치는 일본인에게 새로운 헌법이 어떠해야 하는지를 보여주는 일이었다. 민정국장 코트니 휘트니 장군은 소규모로 구성된 '헌법제정회의'를 소집해 지금부터 헌법을 기초하게 될 것이라고 선언했다. 그들은 극소수의 헌법만 참고했고 일본 내의 사정도 거의 몰랐지만, 사명감에 불타서 거의 열흘 만에 초안을 완성했다. 이 초안은 SCAP의 의중을 담은 모델로서 총리에게 제출되었는데, 그것을 받아본 총리에게는 가히 충격적이었다. 초안은 극동위원회에서 두 가지를 수정하라는 지적을 받았고, 의회의 검토과정에서도 약간 수정되었다. 보수적인 지도자들은 이 초안이 메이지 헌법과 현격히 다르다는 사실 때문에 마음이 편치 않았지만, 의회의 토론을 거쳐 국체가 유지되었다는 점을 확인하고는 안도했다. 이 헌법은 1946년 중의원과 귀족원의 의결을 거쳐 이듬해에 발포되었다. 신헌법은 주권을 확고하게 국민에게 부여했고, 정치적 특권을 박탈당한 천황은 국민통합의 '상징'으로 묘사되었다. 헌법 9조는 비무장화의 원칙을 천명했다. 일본국민은 "정의와 질서를 기조로 하는 국제평화를 성실하게 희구"하며 "국권의 발동인 전쟁과, 무력에 의한 위협 또는 무력의 행사를 국제분쟁의 해결수단으로서는 영구히 포기한다. ……육해공군과 기타 전력은 보유하지 않는다. 국가의 교전권(交戰權)은 인정되지 않는다."

게티즈버그 연설과 켈로그-브리앙 조약의 정신을 연상시키는 이 문서가 반세기를 버텼고 이미 세계 최고(最古)의 헌법 중 하나가 되었다는 점은 20세기 역사의 경이로 손꼽힌다. 국내외의 정세가 맞물려 신헌법은 독특한 '평화헌법'으로서 인기를 누렸다. 하지만 그 표현에는 여전히 태평양전쟁의 그림자가 드리워져 있다. 즉 일본은 자신의 '성실함'을 부르짖으며 다시는 평화의 위협이 되지 않겠다는 목표를 신헌법에 명문화한 것이다. 메이지 헌법 초안은 독일어로 작성되었고 1947년 헌법은 영어로 작성되었다. SCAP는 고전적 수사로 내용이 모호해지는 것을 막기 위해 구어체의 일본어로 번역할 것을 고집했다. 처음에 SCAP의 입장은 많은 일본인을 자극했지만, 요즘에는 논란이 사그라졌다. 이 헌법은 반세기 동안 시행되었고, 해석과 운용의 묘를 살릴 경우 통치에 필요한 유연성을 허용하고 있음이 입증되었다. 이 문제는 뒤에서 다시 살펴볼 것이다.

천황의 위상이 바뀌자, 메이지 지도자들이 그의 주권을 보호하기 위해 만들었던 제도적 틀도 폐지되었다. 추밀원과 세습귀족은 신헌법하에서는 설 자리가 없었다. 신헌법을 승인하는 데 표를 던짐으로써 귀족원 의원들은 자신들의 존재를 없애버렸다. 내각의 성(省)과 동급이었던 궁내성은 궁내청이 되었고, 내대신 직은 폐지되었다.[41] 이토 히로부미를 비롯한 겐로들은 귀족원이 천황제를 보호하기 위한 필수적인 완충기관으로 간주했지만, 일단 폐지되자 아무런 파문도 일지 않았다. 일본은 좀 더 위계적인 메이지 체제를 순순히 받아들였던 것처럼 점령기의 평등한 조치를 받아들일 자세가 되어 있는 듯이 보였다. 두 경우 모두 사회경제적 변화가 이전 시대—도쿠가와 시대와 메이지 시대—의 제도를 일신했다.

점령군은 중앙과 지방 단위의 모든 관공서에서 군국주의 국가를 지지했던 인물들을 제거하라는 지령을 받았다. 자발적이든 아니든 대부분의 일본인이 국가를 지원했기 때문에 이 명령은 무리한 요구였고, 따라서 SCAP는 포괄적인 범주를 정할 필요가 있었다. 무장해제된 장교들은 일단 공직을 맡을 수 없었다. 모든 우익조직은 해산명령을 받았고, 그 구성원들은 모두 공직에서 추방되었으며 공무에 참여할 수 없었다. 이 정책의 영향을 받은 사람은 대략 20만 명이었다. 이 '추방'자들은 군인, 일본의 식민지 기관(만철이나 타이완 은행 같은) 관련자, "국장 이상의 직급에 있는 자, 혹은 국장급에 준하는 업무를 맡았던 모든 공직자" 등이었다. 이런 과정에서 억울한 경우가 생길 수밖에 없었고, 경쟁이나 파벌주의가 작용해 최초의 명단에서 빠진 사람들을 고발하는 사태가 속출했다. 하지만 군국주의 일본에 협조했던 사람들을 제거하는 일은 필수 과업으로 간주되었다. 수많은 고위 공직자의 강제추방은 다른 사람들에게 기회를 제공하기도 했다.

참혹한 태평양전쟁을 일으킨 책임이 누구에게 있는지를 따지는 문제는 더욱 복잡했다. 유럽에서는 뉘른베르크 전범재판을 통해 침략과 집단학살이 나치 수뇌부의 음모에 의한 것이었음이 명백히 밝혀졌고, 폴란드 침공과 아우슈비츠의 참상이 성토되었다. 도쿄의 제국 육군본부에서 열린 극동 군사재판은 뉘른베르크 재판을 모델로 삼았다. 유럽에서는 나치 수용소의 야만성이 도마에 올랐고, 도쿄에서는 난징 만행이 관심의 초점이었다. 난징 사령관이었던 마쓰이 이와네 대장은 교수형을 받았다. 애석하게도 이시이 시로(石井四郎) 중장의 지휘 아래 731부대가 만주에서 행한 극악무도한 세균전은 거의 언급되지 않았다. 이시이 대장은 '실험'결과를 미국에 넘기는 대가로 처형을 면했다고 한다. 도쿄 재판에 앞서 열린 마닐라 군사재판은 마닐라에서 자행된 야만행위에 대한 책임을 물어 야마시타 도모유키 대장을 교수형에 처했다. 그는 작전에 참가했던 대대가 자신의 통제에 따르지 않았다고 변론했지만 받아들여지지 않았다. 이 밖에 'B급'과 'C급' 전범에 대한 재판은 그들이 주둔했던 국가에서 진행되었다. 이들은 특수한 전쟁범죄를 저지른 죄로 기소되었는데, 모두 1,068명이 처형되었다. 소련도 약식재판을 거쳐 3,000명 정도의 일본인 전범을 처형한 것으로 알려졌는데, 자세한 내용은 공개되지 않았다.[42]

도쿄 재판은 독일에서 열린 전범재판과 달리 국제적인 인정을 받지 못했다. 검사들은 피고들을 1931년에 시작된 일관된 공격계획을 수행한 혐의로 기소했지만, 일본정치에 대해 문외한이었고 충분한 근거자료를 제시하지도 못했다. 더 어색했던 점은 일본이 히로히토 천황의 이름으로 아시아를 지배했음에도 불구하고 검사들은 그에 대한 언급을 삼가라는 지시를 받았다는 것이다. 마쓰오카와 체결한 중립조약을 위반하고 참전한 소련이 그 조약을 준수했던 일본 지도자들의 판결에 배석했다는 것도 역설적이다. 판결이 때때로 '승자의 정의'[43]로 치부되었던 것은 놀랄 일이 아니다. 극동국제군사재판소는 'A급' 전범만 다루었는데, 이들은 침략전쟁을 모의한 혐의로 기소된 사람들이었다. 이들에 대한 심리는 1946년부터 1948년까지 계속되었다. 교수형을 받은 일곱 명에 이 책에서 비중 있게 다루었던 인물들 중에 도조 총리, 히로타, 관동군에서 활약했던 이타가키 세이시로와 두 명의 장교가 포함되었다.[44] 모든 피고가 유죄선고를 받았다. 16명은 종신형, 1명은 금고 20년형, 1명은 금고 7년형을 받았다. 메이지 원훈공신의 손자로 천황을 지척에서 모시던 내대신 기도 고이치도 구금되었다. 고노에 후미마로는 심문을 받는 수모 대신 자결을 택했다. 마쓰오카 요스케는 재판 중에 죽었고, 고이소 구나키 전 총리는 구금 중인 1950년에 사망했다. 아라키 사다오는 오랜 구금 끝에 자칭 불교 고승이 되어 출소했고, 정신병으로 석방된 오카와 슈메이는 1957년에 사망하기 전까지 자신의 글을 출판해줄 출판사를 찾아 헤맸다.

'A급' 전범 용의자들 가운데 재판을 받지 않은 사람도 여럿 있었다. 유명한 우익 지도자로 전후 일본에서 엄청난 부를 축적하고 영향력을 행사한 고다마 요시오(兒玉譽士夫)나 사사가와 료이치(笹川良一) 같은 사람이 바로 그들이다. 또한 만주국의 관료였고 도조 밑에서 각료를 지낸 기시 노부스케(岸信介)는 1957년에 총리가 되었다. 따라서 재판은 침략전쟁에 관여한 사람들을 처벌한다는 애초의 목적을 달성하지 못했다. 대부분의 일본인은 기소된 사람들이 유죄선고를 받을 것이라고 생각했다. 전후의 폐허에서 필사적으로 쉴 곳과 먹을 거리를 찾아 헤매던 사람들은 나라를 그 지경으로 만든 자들을 동정하거나 걱정할 여유가 없었다.

오랫동안 태평양전쟁을 치르면서 일본은 점점 외부세계로부터 고립되었다. 통신과 수송이 원활하지 않았고, 포위된 상태에서 외부와의 교류도 줄어들었다. 어떻게 보면 미군의 출현이 이런 고립상태를 종식시켰고, 일본이 오랜만에 수많은 외부인과 밀접한 접촉을 갖는 계기를 마련했다. 게

| 태평양전쟁 |

다가 무료로 자문을 해주는 전문가들이 일본을 방문하기 시작했다. 따라서 이 시기를 '제2의 개국'이라고 부르는 것도 일리는 있다.

그러나 두 개국 사이에는 유사성보다는 차이점이 많다. 첫번째 개국은 일본이 감지한 위험에 대한 반응이었고, 국내의 지도자들에 의해 이루어졌다. 모든 면에서 일본인의 일차적인 관심사는 국가의 주권을 보존하는 것이었다. 하지만 '두 번째' 개국은 주권 상실의 산물이었고, 최종 권한은 외국인들이 갖고 있었다. 외부에서 부과된 요구사항을 만족시키는 것이 주권 회복의 조건이었다. 메이지 시대의 사람들이 지도자들의 능력 부족을 경멸했듯이, 점령 초기에는 일본의 전시체제를 비난하는 여론이 들끓었다. 점령기의 선전 및 교육 담당관들은 자국이 저지른 일에 대해 일본인이 회한까지는 아니더라도 수치심과 당혹감을 느끼도록 갖은 애를 썼다. 모든 희생양 중에서도 군인은 가장 만만한 표적이었다. 한 세기 전의 사무라이처럼 그들은 열등한 존재였고 나라를 지킬 능력이 없었다. 수백만의 일본인은 전쟁의 주범들이 처벌받는 장면을 외면했다.

또 다른 의미에서 '제2의 개국'은 쇄국시대에도 볼 수 없었던 고립을 수반했다. 모든 일본인은 출국이 금지되었다. 일본의 외교관들은 세계 곳곳의 대사관이나 영사관에서 본국으로 송환되었다. 한국·중국·동남아시아에 있던 약 300만의 일본인이 가뜩이나 붐비는 열도—특히 불타버린 도심의 폐허에서는 의식주를 해결하기가 어려웠다—로 돌아왔다. 얼마 전까지만 해도 동아시아와 동남아시아에 흩어져 있던 군인들은 일자리를 찾아 헤맸다. 점령군 관리들이 미국선박을 이용하여 무역을 재개하기 위한 조치를 취하는 동안, 세계에서 가장 노련한 미쓰이와 미쓰비시 출신의 무역상들은 구경만 했다. 사람들을 고립상태에서 벗어나게 해준 유일한 수단은 극동 네트워크라는 미군 라디오 방송이었다. 신질서가 만들어낸 것은 대동아공영권이 아니라 아시아에서 격리되고 비참한 가난 속에서 살아가야 하는 일본이었다.

요시다 시대
19

요시다 시게루(吉田茂, 1878~1967)는 1946년부터 1953년까지 다섯 차례에 걸쳐 내각을 구성함으로써 근대 일본에서 가장 많은 내각을 이끈 정치지도자가 되었다. 1947~1948년을 제외하곤 정치적·사회적 격변기 내내 총리직을 지켰다. 권좌에 있는 동안에는 시류를 제대로 파악하지 못하는 구시대의 퇴물로 자주 매도당했고, 그의 정계 은퇴는 정치평론가들의 환영을 받았다. 하지만 그의 사상과 그의 후계자들인 '요시다파'가 전후의 반세기 동안 일본사회에 뚜렷한 족적을 남겼다는 것은 움직일 수 없는 사실이다. 그는 임종 무렵에는 전후 일본의 대원로로 칭송받게 된다.

권력을 잡고 있는 동안 요시다는 근대정치에서 요구되는 홍보기술을 전혀 갖추지 못한 무뚝뚝하고 완고한 사람으로 보였다. 또 총리가 되기 전에는 권력의 주변부를 맴돌았고, 남들처럼 화려한 경력을 쌓지도 못했다. 요시다는 도사 지역 자유민권운동 지도자였던 다케우치 쓰나(竹內綱)의 아들로 태어났으나 부유한 상인집안에 양자로 들어갔다. 그는 이내 새로운 환경에 적응했고, 말을 타고 도쿄제국대학의 수업을 들으러 다녔다. 졸업과 동시에 외무성 고등문관 시험에 합격했고, 히로타 고키를 비롯한 4명의 동기생과 친분을 쌓았다. 그는 마키노 노부아키(牧野伸顯, 1861~1949)의 딸과 결혼해 일본의 특권층과 인연을 맺게 된다. 마키노는 메이지 지도자인 오쿠보 도시미치의 아들로, 1871년 초에 이와쿠라 사절단을 따라갔다가 필라델피아에 남아서 공부했는데, 아버지가 암살당한 후 일본에 돌아와 교육(사이온지 내각의 문부대신)·외교(몇 번의 대사직, 파리 강화회의 대표, 야마모토 내각의 외무대신)·궁중(궁내대신, 1925년부터는 내대신)에서 출중한 경력을 쌓았다.

요시다는 외교관으로서 들쭉날쭉한 이력을 남겼다. 파리 강화회의에서는 사이온지와 마키노를 제대로 보좌하지 못했던 것으로 보인다. 중국에서도 몇 가지 직무를 맡았고, 1927년에는 총리 다나카 대장이 주최한 동방회의에 참석했다. 그가 선호한 대중국정책의 요체는 국민당의 국민혁명군에 의해 초토화된 보수적인 친일 군벌을 지원하는 것이었다. 요시다는 영국대사로 세인트제임스 궁에 파견되어 1930년대 일본의 대륙 진출에 대한 영국의 이해를 구하는 임무를 수행했다. 그는 자신의 역할을 그다지 잘 소화하지는 못했지만, 영국에 머무르는 동안 국제문제에 대한 안목을 길렀다. 1936년의 2·26사건 후에 히로타 고키는 요시다를 외무대신으로 기용하려 했지만, 요시다와 마키노 백작의 관계에 대해 문제를 제기하는 사람들 때문에 무산되고 말았다.

전쟁 막바지에 요시다는 고노에를 도와 종전을 위해 노력했는데, 이로 인해 헌병대에 의해 일시적으로 가택연금을 당하기도 했다. 분명히 이 일은 항복 후 그가 공직에 기용되는 데 긍정적으로 작용했다. 그는 히가시쿠니 나루히코 내각에서 외무대신이 되었다. 황족인 히가시쿠니는 황실의 위세를 활용하여 일본인이 항복을 순순히 받아들이게 하려는 점령군의 계산에 따라 졸지에 총리를 맡게 되었다. 요시다는 차기 시데하라 기주로(幣原喜重郞) 내각에서도 외무대신 자리를 지켰다.

요시다는 점령 초기에 도쿄에서 서쪽으로 약 50km 떨어진 오이소(大磯)에 있다가 외무대신으로 임명되었다는 소식을 듣고 도쿄로 향하던 일을 회상한 바 있다. 그의 운전기사가 여기저기 구멍 난 도로를 요리조리 비껴가며 도쿄로 향하던 중 미군 몇 명이 갑자기 차를 세웠다. 요시다와 기사는 최악의 상황을 상상하며 더럭 겁을 먹었다. 군인들은 길을 잃었노라고 깍

| 요시다 시대 |

듯하게 설명하면서 차를 좀 태워줄 수 있는지 물었고, 요시다는 안심하고 그들을 태웠다. 차에 탄 그들은 놀란 일본인들에게 껌과 초콜릿과 담배를 건넸다. 나중에 요시다는 "그 일은 우리를 놀라게 했지만 기쁘게 하기도 했다. 아마 점령군 병사를 처음 만난 다른 일본인들도 비슷한 느낌을 가졌을 것이다"라고 적고 있다. 이는 군정이 좋은 의도를 갖고 있으며 일본인도 얼마든지 군정을 활용할 수 있다는 점을 시사했다. 군정은 실제로 그에게 유리하게 작용했다. 나중에 총리로 지명된 요시다는 일본은 전쟁에 졌지만 평화를 얻었다는 말로 첫 각료회의를 시작했다고 한다. 그 말 속에는 그가 구상하던 국정의 목표가 함축되어 있다고 볼 수 있다.

요시다가 맡은 임무는 쉬운 일이 아니었다. SCAP를 상대해야 했기 때문이다. 코트니 휘트니 장군이 이끄는 민정국의 개혁주의자들은 일본에서 군국주의의 망령을 없애고 '봉건제'의 모든 잔재를 뿌리뽑는 것을 사명으로 여겼다. 이 외세의 존재는 일본인들이 직접적으로 또는 기자들을 통해 자국 정부나 지도자들에 대한 각종 정보나 불만을 폭로하는 좋은 기회를 제공했다. 기삿거리에 목마른 미국기자들은 항복 이전의 일본에 대한 부정적인 제보를 앞다투어 보도했다. SCAP도 구세대의 일본인들이 새로운 정국을 이끌 능력이 있는지 의심하고 있었으므로 주요 인물들에 대한 대중적 지지도나 정치력에 관한 정보를 수집했다. 요시다는 되도록 맥아더 장군이나 휘트니를 많이 접견하고 덜 중요한 인물들과의 접촉은 제한함으로써 이 문제에 대처했다. 그는 한때 실권도 없으면서 겉으로는 권한을 행사하는 인물로 비쳐지기도 했는데, SCAP의 감독이 약화되자 겉모습이 곧 실체가 되었다.

1946년 봄에 SCAP는 총선을 실시했다. 여성들이 투표권을 행사한 최초의 선거에서 다시 태어난 일본자유당이 승리했다. 일본자유당은 1874년 대의정부를 요구했던 이타가키 다이스케의 계보와 전통을 계승했다. 당의 지도자는 입헌정우회에서 잔뼈가 굵은 하토야마 이치로(鳩山一郎)였다. 하토야마는 유감스럽게도 전전에 불미스러운 전력이 있었고, 언론이 이 문제를 물고 늘어지는 바람에 5월에 SCAP의 특별명령으로 공직에서 추방되었다. 다나카 장군의 내각에서 내각서기관장(內閣書記官長)을 맡았던 그는 치안유지법의 개정과 1928년 경찰의 일제단속에 관여해 민권을 짓밟은 데 일부 책임이 있었고, 1931년과 1934년 사이에는 문부대신으로서 좌익 용의자들을 추방했고 교토 대학의 다키가와 유키토키 교수 해임건을 승인했다.

하토야마가 물러나자 일본자유당은 요시다에게 총재직을 맡겼다. 도사 출신이라는 점, 전전의 온건주의자들과 유대관계가 있다는 점, 종전을 위해 노력했다는 점이 모두 그에게 유리하게 작용했다.

다시 말해 이 순간까지 요시다의 부상은 우연과 행운에 의한 것이라고 볼 수 있다. 도사 출신으로 마키노의 인맥인 사쓰마 출신들과 원만한 관계를 유지하고 있었다는 점, 외교관을 지냈으며 극단주의가 난무하던 시절에 공직에 있지 않았다는 점도 그의 장점이었다. 또한 종전 직전에 군부의 표적이 되었다는 사실도 그에게는 큰 보탬이 되었다. 하지만 이상의 조건과는 무관하게, 요시다는 전후 일본을 이끌어 재건을 이룩하고 1952년의 샌프란시스코 강화조약 체결로 일본의 주권을 회복시킨 유능한 관리자였다.

요시다의 이야기는 맥아더의 군정에 대한 이야기와 얽힐 수밖에 없다. 양자는 서로의 성공에 기여했다. 항복의 충격과 군정은 일본인의 사회·정치·경제 제반 생활방식을 재편하는 데 결정적인 영향을 미쳤다. 하지만 50여 년의 세월이 흐른 이 시점에서 되돌아볼 때, 당시의 상황을 미국인의 관점보다는 일본인의 관점에서 바라보는 것이 타당하다고 생각한다. 따라서 나는 이 시대를 맥아더 시대가 아니라 요시다 시대라고 부르겠다.

1. 항복 후 일본의 사회적 정황

물론 요시다 시대는 맥아더 시대이기도 했다. 패전국 일본은 급격한 변화를 겪고 있었다. 전시의 내핍은 계속되었고, 도시주민에게 필요한 식량·연료·주거는 턱없이 부족했다. 하지만 살 만한 사람들 사이에서는 향락주의와 방종이 고개를 들기 시작해 앞으로의 세상이 어떻게 바뀔지 짐작케 했다. 도시의 폐허, 혹은 기차역이나 지하철역으로 통하는 지하 터널에는 통근자를 겨냥한 작은 술집들이 문을 열었다. 미군들은 점차 거대한 비어홀에서부터 환락적인 나이트클럽까지 다양한 오락거리를 즐기게 되었다. 자금이나 물자가 넉넉치 않았던 점을 감안할 때, 일본이 각종 유흥시설 건립에 들인 노력은 경이로울 정도였다. 점령군의 비위를 맞추고 일본여성들을 보호하기 위해 일본정부는 윤락여성을 끌어들였지만, 군정 당국은 군인들의 출입을 금했다. 이는 '토착민'──군정 당국이 일본인을 싸잡아 부르던 용어──과 미군 사이의 형제애가 보편화되기 전의 일이었다. 처음에는 양측 모두 서로를 불신했지만, 적대감은 곧 호기심, 관용, 또는 우정으로 바뀌었다. 오랫동안 시골농장의 농작물을 취급했던 도시의 암시장은 미군병참부대의 선반이나 피엑스에서 흘러나오는 통조림·담배·가공식품을 취급하기 시작했다.

  SCAP는 결코 단일한 실체가 아니었다. 휘트니 장군이 이끌던 민정국에는 열성적인 개혁가들이 포진하고 있었다. 뉴딜에 참여했거나 심지어 좌파 성향을 가진 그들은 스스로를 해방군이라고 생각했고, 일본을 미국화하는 것이 자신들의 임무라고 느꼈다. 찰스 A. 윌러비 장군이 이끌던 총사령부 참모 제2부(G-2)는 개혁 못지않게 안정에 관심을 기울였고, 특히 초기에 SCAP에 의해 연금상태에서 풀려난 공산주의자와 좌익분자들을 감시하는 데 신경을 썼다. SCAP의 원칙은 일본군 해산이었지만, G-2는 앞으로 새로운 전쟁이 발발할 것에 대비해 전직 장교들의 인적사항을 수집하는 일도 게을리 하지 않았다. 경제 관리를 맡은 경제과학국은 생산과 산업평화뿐 아니라 재벌의 지배 아래 있는 대기업의 독점구조를 개혁하는 데도 관여했다. 경제과학국의 책임자들은 다시 경제를 일으키려는 열망에서, 비효율적이고 비생산적으로 보이는 재벌해체에 반대하기도 했다. 그렇지만 경제과학국 내의 노동과는 일본의 관료들과 함께 노동조합법을 제정하여 점령 넉 달 만에 노동자들에게 단결권·단체교섭권·단체행동권을 부여했다. 이듬 해인 1946년 9월에는 노동관계조정법이 제정되었고, 1947년 4월에는 노동기준법이 제정되었다.[1] 민간정보교육국은 이데올로기에 중점을 두었고, 일본의 군국주의적 과거를 비난하고 새로운 민주주의의 중요성을 역설했다. 맥아더 사령부의 각 부서는 일본인의 생활에 관련된 모든 일에 관심을 보였다. SCAP는 총 3만 5,000명의 인원을 거느리고 있었다. 점점 늘어나서 8만 명에 이르게 된 병력과 SCAP 직원들을 위한 주택 및 식량은 일본정부의 몫이었다. 항복 초기에는 전후의 기근을 막기 위해 미국이 식량을 원조해주었지만, 상황이 안정되자 점령비용은 일본 정부예산의 3분의 1을 차지하게 되었다. 이 비용은 협상의 대상이 아니었다.

맥아더 장군은 이런 곤란한 상황을 잘 조율했다. 그의 말은 최종판결이었지만, 맥아더는 각 부서의 책임자들이 하는 일에 일일이 간섭하려 들만큼 어리석은 행정가는 아니었다. 요시다처럼 눈치 빠른 일본인은 이 구조의 긴장상태를 감지했고 이를 최대한 이용하려고 노력했다. 요시다는 나중에 회고록에서 SCAP의 군인들이 합리적이고 말이 잘 통했다고 밝혔다. 맥아더 휘하의 군인들은 현실적이었던 데 비해, 민간인 관리들은 지나치게 이상주의적이라 다루기가 어려웠다. 요시다 자신은 총리인 자신의 위상을 감안해 가능하면 최고사령관만 상대하려고 애썼다. 이 둘은 서로 상대를 견제하며 조심했지만, 자신이 성공하기 위해서는 상대방이 필요하다는 점을 잘 알고 있었다.[2]

SCAP는 일본정부를 무효화하거나 불법화하려 하지 않았다. 처음에 SCAP의 지령은 더 이상 존재하지도 않는 '일본제국 정부'에 전달되었다. 일본정부는 이 기묘한 상황에 대처하기 위해 군정 당국과의 접촉을 담당할 종전연락사무국(終戰連絡事務局)을 설치했다. 여기서 일하는 일본인에게 영어 구사능력과 미국 및 영국의 가치관과 관습에 대한 이해는 필수였다. 외교가 유명무실해진 상황에서 연락사무국이 외무성의 전직 관료들로 구

| 요시다 시대 |

성된 것은 당연했다. 외무대신은 요시다 총리가 겸임했다. 도쿠가와 시대에 막부와 조정을 연결해주던 '부케덴소'(武家傳奏)를 연락사무국의 선례라고 볼 수도 있겠지만, 에도 시대의 조정은 기본적으로 실권이 없었던 반면에 항복 후의 '일본제국 정부'는 근대화된 복잡한 사회에 대한 행정적 고삐를 계속 쥐고 있었다는 점에서 사정이 엄연히 다르다.

SCAP의 지령은 일본인의 관행을 다양한 측면에서 변화시켰다. 그 중 첫 번째는 여성의 참정권 보장이다. 1947년 헌법은 양성평등을 명시했으며, 민법은 메이지 정부가 법제화했던 (사무라이 식의) 가부장적 가족형태에 종지부를 찍었다. 베아테 시로타라는 여성이 관장하던 SCAP의 한 특별위원회는 일본여성의 해방을 위해 노력했다.

교육민주화를 위해 노력하는 사람들도 있었다. 점령 초기 몇 달 동안 교육관료들은 교과서에서 군국주의의 흔적을 지우기 위해 군함이나 탱크 사진을 잉크로 검게 칠하는 조잡하고 성급한 방법을 썼다. 하지만 곧 국가교육위원회가 제도개혁과 교과과정에 대한 광범위한 조치에 착수했다. 일본제국의 고등학교는 미국의 제도를 본뜬 새로운 학제하에서 학부과정이 되었다. 각 현의 대학은 미국 주립대학의 역할을 하게 되었고, 학부수업은 폭넓은 인문학 교육에 중점을 두게 되었으며, 엘리트주의에 물들었던 제국대학은 좀 더 평등한 조직으로 개편되었다.

교육개혁에 필요한 재원이 충분치 않았던 탓에 여러 해 동안 새 제도는 희망사항에 머물러 있었다. 새 교육기관이 군용 막사에 들어서는 경우도 있었는데, 신설학교는 교수진·도서관·재정 면에서 유서 깊은 명문대학(도쿄대학이 된 도쿄제국대학 같은)을 따라갈 수 없었다. 또한 공직 진출에 유리한 전통적인 엘리트 코스인 기존 명문의 위상에 변화가 없었기 때문에, 둘 사이의 격차는 줄어들기는커녕 갈수록 커졌다. 다른 여러 분야와 마찬가지로 교육분야에서도 보수주의자들은 새 주인의 비위를 맞추기에 급급해 맹목적으로 지시에 따랐을 뿐, 개혁의 대상이 된 전통적인 교육방식의 장점을 감히 주장하지 못했다. 일본에 온 미국교육사절단은 교육에 대한 접근방식을 완전히 뜯어고쳐야 한다고 주장했고, 전쟁영웅을 '평화의 영웅'으로 바꿀 것을 촉구했다.[3] 해외여행이 가능해짐에 따라 미국 공교육과 사교육의 다양성을 직접 둘러볼 수 있게 된 일본의 교육계 인사들이 귀국하자 일본 내에서도 교육에 대한 논의가 점차 풍성해졌다. 신일본 건설이란 과제에 교육보다 열정적으로 매진한 분야는 없다. 얼마 후 새로 나온 교과서와 학술지들은 전전 국가의 과오를 호되게 비판함으로써 문부성의 보수적 관료들을 바짝 긴장시켰다. 이때 촉발된 논쟁은 아직도 진행 중이다.

천황을 감싸고 있던 신성한 아우라를 지우는 작업은 교육계와 정치계에 커다란 반향을 일으켰다. 1946년 1월 천황의 신격화 부정 조서와 국가의 신도 지원을 금하는 SCAP의 지령으로 인해, 메이지 시대에 확립된 이데올로기 구조는 알맹이를 잃었다. 항복내각은 주권을 지키지 못한 것을 반성하며 자숙하자고 국민에게 요청했다. 군복을 입은 장신의 맥아더 장군이 연미복 차림의 왜소한 천황과 나란히 서 있는 사진을 본 국민들은 충격에 빠졌다. 그렇지만 여전히 천황의 지지가 필요했던 점령군은 히로히토 천황에게 공식석상에 나타나 어려운 시기에 국민들을 격려하고 이미지도 쇄신하라고 제안했다. 중절모를 손에 든 천황의 어색한 모습은 처음에는 외국 기자들의 조롱을 받았지만, 얼마 지나지 않아 대단한 인기를 누리게 되었다. 애초에 이 일을 제안했던 SCAP는 천황의 등장이 최고사령관의 아우라를 위협하지 않을까 우려하게 되면서, 천황이 공식석상에 모습을 드러내는 일을 쓸데없는 짓이라고 비난하기 시작했다. 하지만 천황 자신은 점차 일본의 서민들과 접촉하는 방법을 터득해 나갔고, 상투적인 질문도 마다하지 않았다.

반드시 짚고 넘어가야 할 점은 맥아더 자신은 일본대중의 환심을 사려는 최소한의 노력조차 한 적이 없다는 것이다. 그는 일과에 따라 자신의 본분을 다하는 빈틈없는 모습을 보여주었다. 그가 새해에 발표하는 격려문은 항복 전 천황의 조서와 비슷한 역할을 했다. 그의 리무진은 하루도 빠짐없이 미국 대사관저를 출발해 황거의 해자 건너편에 있는 다이이치(第一) 보험 건물의 집무실로 향했다. 그는 대한민국의 초대 대통령 이승만의 대통령 취임식에 참석하기 위해 한국을 다녀오기도 했고 대단히 저명한 손님(드와이트 아이젠하워 참모총장)을 영접하기 위해 공항에 나가기도 했지만, 나머지 시간에는 자신의 일과에 충실했다. 미국에서 온 방문객들은 집무실에서 접견하거나 간혹 대사관저의 만찬에 초대했으나, 그가 만난 일본인은 몇 명 되지 않았다. 오늘날까지 다이이치 생명보험은 조용하고 텅 빈 장군의 집무실을 그 시대의 유물로 보존하고 있다.

맥아더 장군의 자치권은 거의 도전받지 않았다는 사실도 명심해야 한다. 태평양전쟁에 참전한 연합국을 대표하는 워싱턴의 극동위원회는 권고는 할 수 있었지만 집행권은 없었고, 일본·영연방·소련·중화민국·미국의 대표로 구성된 도쿄의 대일이사회는 감독만 했을 뿐 개입하지는 않았다. SCAP는 소련의 반대를 우려해 도쿄에서 소련 대표를 따돌렸고, 워싱턴에서도 소련의 제안을 가로막았다. 미국의 주된 관심사는 서유럽의 재건이었고, 가끔 워싱턴에서 파견되는 사절단은 시차에 적응하지 못해 잘 준비된 보고를 듣는 동안 조는 일이 많았고 SCAP의 우선순위나 절차에 대해 거의 이의를 제기하지 않았다.

2. 개혁과 재건

전후의 정치무대에서는 일본과 연합군의 계획이 수렴된 경우도 있었고, SCAP의 제안이 처음에는 파문을 일으켰지만 궁극적으로는 일본의 이익에 도움이 된 경우도 있었으며, 일본의 방해와 미국의 반대가 겹쳐 SCAP의 시도가 중단된 경우도 있었다. 첫 번째 예는 농지개혁, 두 번째는 1947년 헌법, 세 번째는 재벌해체이다.

이미 지적했듯이 전간기에는 소작 조건과 소작권의 개선을 위한 소작쟁의가 활발했다. 1930년대에 일본이 군국주의로 전환하자 소작권 개혁을 위한 행정적 노력에 암운이 드리워졌지만, 전시의 궁핍으로 농업에 대한 지주의 지배력은 약화되었다. 소작료는 지주의 수중에 들어가는 대신 지역의 소작인조합에 납부되었다. 이는 소작인들이 부담해야 하는 곡물의 양을 평준화하는 효과를 가져왔다. 또한 소작인의 아들들이 군대에 가서 집으로 부친 급여의 일부는 비록 소액이긴 해도 소작인들의 살림살이와 자신감에 보탬이 되었다. 전쟁이 끝나갈 무렵 비료공급이 제대로 이루어지지 않아 수확량이 감소하자 배급제가 붕괴될 지경에 이르렀고, 대부분의 일본인이 먹을 것을 찾아 농촌을 찾았다. 게다가 암시장이 번성하여 소작인들에게 또 다른 수입원이 생겼다. 하지만 농지개혁에 대한 사고방식은 달라졌을지 몰라도 농지소유 현황은 그대로였다. 일본의 600만 농가 중 3분의 1이 전체 농지의 90%를 차지하고 있었다. 또한 파편처럼 잘게 나뉜 농지들은 서로 멀리 떨어져 있어서, 소작인들은 논과 논 사이를 이동하는 데 엄청난 시간을 허비했다.

  농림성과 내무성의 관료들은 오랫동안 이 문제에 대해 발언할 기회를 기다려왔다. 1945년 12월 온건한 농지개혁안이 의회에 제출되어 승인을 받았지만, SCAP는 이 법안이 재촌지주(在村地主)에게 유리하고 지나치게 넓은 토지의 보유를 허용한다는 면에서 부적합하다고 판단했다. 미국은 이 문제에 관해 뒤늦게 관심을 보이기 시작했다. 초기의 점령정책은 사회적 혼란기에 집단농장을 장려하는 것으로 보일 수 있다는 점을 우려해서 농지개혁은 언급조차 하지 않았다. 그러나 SCAP는 곧 이것이 군국주의자들의 농촌정책을 억누르는 데 필수적이라고 판단했다. 영국 대표, SCAP의 전문가, 일본의 개혁적 관료들이 제안한 개정안은 이례적으로 대일이사회의 전폭적인 지지를 받았다. 1946년 10월에 통과된 이 법안에 따라 정부는 인플레이션 이전 가격으로 토지를 매입했다. 소작인·지주·자작농 대표로 구성된 농지위원회가 농지가격과 매입자의 자격을 결정했다. 재촌지주들은 일본에서 제일 인구가 많고 소출이 좋은 지역을 기준으로 평균 1정보(町步, 1헥타르)까지 농지를 보유할 수 있었고, 도심에서 멀리 떨어진 지역에 대해서는 별도의 적절한 규정이 만들어졌다. 소작계약은 서면으로 작성하도록 엄격히 규제되었다. 소작료는 현금으로 지불하게 해서 소작인들도 쌀값 인상의 이득을 볼 수 있게 했고, 그 액수는 수확량의 4분의 1을 넘을 수 없게 했다. 자작농지는 1947년에 55.7%였으나 1949년에는 88.9%로 늘어났다.[4]

이는 농지를 농민에게 분배한 7세기의 개혁, 17세기에 진보적 다이묘들에 의해 추진된 농업정책, 초기 메이지 정부에 의해 단행된 지조개정에 필적하는 획기적인 사회개혁이었다. 과거의 정책과 다른 점은 그 목표가 통제가 아니라 평등이었다는 것이고, 같은 점은 정치를 안정시키기 위해 굳건한 농업적 기반을 다졌다는 것이다. 오래지 않아 점령군은 농지개혁을 자신들이 이룩한 최대의 사회적 성과라고 자부하게 되었다. 요시다 정부는 처음에는 그것이 극단적으로 흐르거나 지주의 이익을 부당하게 침해할까 봐 우려했지만, 이내 안정된 농촌이 견고한 지지층을 형성해준다는 사실을 깨닫게 되었다. 농지개혁은 농촌의 급진세력을 제압하고 소작인의 저항을 잠재웠다. 그 후 농촌은 갈수록 풍요로워졌고, 도시의 제조업자들이 의지할 수 있는 광범위한 내수시장의 역할을 담당했다.

대부분이 전 내무성 사회국 출신인 개혁적 관료들의 협조는 노동자의 단결권을 확립하기로 결심한 SCAP의 자유주의적인 관리들에게도 필수적이었다. 노조 지도부는 지난 10년간 투옥되었던 다수의 사회주의자와 공산주의자가 민권을 보호하려는 SCAP의 조치로 풀려남에 따라 강화되었다. 하지만 설령 이런 조치가 없었더라도, 1930년대 군국주의에 의해 중단되었던 노동조직의 움직임은 새롭고 강력한 형태로 회복되었을 것이다. 폭격과 그로 인한 산업시설의 파괴가 식량부족 및 도시의 주택난과 맞물려 서민들의 분노는 폭발하기 일보 직전이었다. 새 법안은 서둘러 노동자들의 요구를 수용했고, 1950년에는 거의 56%의 공장노동자가 노동조합에 가입하여 총조합원이 600만에 육박했다. 셸던 개런은 SCAP에 소속된 미국인 노동개혁가들뿐 아니라 부분적으로나마 오랫동안 개혁을 추구해왔던 일본의 관료들도 노동개혁의 주역임을 밝히고 있다.[5] 이 점은 매우 중요하다. 전국 각지에서는 다이이치 빌딩의 올림포스로부터 벼락처럼 떨어진 개혁에 관한 영웅담이 넘쳐났지만, 복잡한 사회적 재편작업에는 일본인 관료들의 헌신적인 협조가 필요했던 것이다.

1947년의 헌법은 이 협조라는 주제와는 동떨어진 것으로 보일 수 있다. 이미 살펴보았듯이 헌법은 휘트니 장군의 민정국에서 소수에 의해 급히 완성되었다. 이들이 지침으로 삼은 것은 맥아더 장군이 직접 쓴 것으로 추정되는 메모뿐이었는데, 이 메모는 그 후 유실되었다. 꽤나 포괄적인 이 메모의 내용은 천황은 국민의 동의를 얻어 지배해야 한다는 것, 전쟁은 없어야 하고 일본은 "현재 세상을 움직이고 있는 고결한 이상"에 따라야 한다는 것, "일본의 봉건제는 종식"되어야 하고, 귀족원은 폐지되어야 하며, 예산 문제는 '영국의 제도'를 본받아 처리되어야 한다는 것이었다.[6]

일본인에게 '모델'을 제시하기 위해 시작된 작업이 일본인이 원칙적으로 수용할 수밖에 없는 헌법 초안이 되었다. 휘트니 장군이 후일 자랑스럽게 회고한 바에 따르면, 한 야외 리셉션에서 각료들과 약간 떨어져 요시다와 얘기를 주고받던 중 자신이 "귀국의 원자 햇빛을 즐기고 있는 중"이라고 한 마디 한 것이 일본의 보수파가 헌법 초안을 받아들이는 계기가 되었다고 한다.

이 문서는 휘트니 장군에 의해 '헌법제정회의'에 소집된 민정국의 직원 25명가량이 극도의 보안 속에서 열흘 동안 작업한 결과였다. 그 중에 헌법 전문가는 한 명도 없었고, 배서(Vassar) 대학을 갓 졸업한 유일한 여성 참가자 히로타는 여성평등권에 대한 문구를 작성하고 포함시키는 데 혼신의 노력을 기울였다.[7] 민정국에서 이렇게 서두른 이유는 극동위원회에 소련 대표의 참가가 확실시되고 있다는 소식 때문이었다. 혹시 있을지도 모르는 간섭을 미연에 방지하자는 것이었다. 일본측을 설득하는 데도 같은 논리가 동원되었다.

1946년 2월 말에 헌법제정회의 구성원들은 각자 작업한 내용을 조합

| 요시다 시대 |

하여 원하던 문서를 만들어냈다. 앞서 말했듯이 게티즈버그 연설을 연상시키는 이 헌법은 인권에 대한 강조로 시작되어, 천황은 국민통합의 '상징'이며 그 권력은 주권을 가진 국민의 총의에서 나온다고 정의하고 있다. 여성의 권리에 대한 조항은 메이지 헌법의 모든 권리와 마찬가지로 보장은 되지만 '법적 구속력'은 없는 38개 조항 중 하나였다. 이와 비슷한 권리로는 "건전하고 문화적인 최저한도의 생활"을 영위할 권리도 있었다. 새로운 중의원은 전전에 비해 훨씬 강력해졌고, 총리 역시 중의원 의원 중에서 자체 투표로 선출하게 되었다. 선거에 대해서는 까다로운 조항이 없었다. 요시다는 자신의 생부가 오랫동안 기반을 다져놓은 도시에서 여러 차례 중의원에 당선되었다. 그가 한 일이라곤 선거운동 기간에 잠시 얼굴을 내민 것뿐이었다.

행정권의 집행절차는 근대일본사에서 처음으로 분명히 정의되었다. 또 다른 변화로 지방 공공단체의 장은 임명 대신 선거를 통해 뽑아야 한다는 규정이 생겼다. 국권의 발동인 전쟁을 포기한다는 9조에 대해서는 이미 논의했다.

메이지 헌법의 많은 조항도 그랬지만, 1947년 헌법의 기본정신 역시 외국에서 유입된 것이었다. 1947년 헌법의 이상적인 조항들은 일본이 조만간 실현하기는 어려운 기준을 제시했으나, 메이지 헌법에 표명된 강력한 통치체제도 당시의 일본인에게는 똑같이 생소한 것이었다. 요시다 정부는 약간 주저하다가 그 문서를 받아들였다. 천황제의 존속이 그 문서의 수용 여부에 달려 있음을 깨달았기 때문이다. 천황도 각료들과의 논의를 거쳐 서명했다. 의회의 심의과정에서 일본측 주장이 일부 수용되어 초안의 조항이 다소 수정되기도 했는데, 그 중에는 중요한 것도 있었다. 예를 들면 단원제였던 일본의 의회구조가 전국구와 지역구에서 선출된 의원들로 구성되는 참의원의 탄생으로 양원제가 되었다. 참의원은 해체된 귀족원을 대체한 기구였다. 당시에는 사소해 보였지만 나중에는 의미심장해진 변화도 있었다. '일본국민'의 요건에 대한 조항은 당시 일본에서 태어난 한국인과 타이완인을 차별하기 위해 삽입되었다. 그렇지만 문서의 기조에는 변함이 없었다. 헌법 제9조에 대한 느슨한 해석으로 자위대 창설이 가능해지긴 했지만, 헌법 제9조는 여전히 집단안보를 위한 전면적인 노력을 가로막는 요인으로 작용하고 있다. 평화유지군 창설을 위한 신중한 조치가 논의되던 1990년대에, 일본 외무성은 군사작전에 참여하면서 무력 사용을 그토록 엄격히 제한해야 하는 연유를 다른 나라에 일일이 설명하느라 애를 먹었다. 그럼에도 불구하고 '평화헌법'은 대중의 사랑을 받고 있다. 지금까지는 보수적인 일본인조차 일본이 국제문제에 더욱 능동적으로 대처하기 위해 헌법 제9조를 수정해야 한다는 주장에 저항해왔고, 자유주의적 정서를 가진 사람들은 전전의 통제가 조금이라도 되살아나는 것을 우려하여 수정에 반대해왔다.

사무라이 식의 가부장적 가족제로 상징되는 메이지 민법은 모든 개인과 양성의 평등을 강조하는 새 헌법의 정신에 맞추어 완전히 개정되었다. 혼인은 양성의 합의에 기초하여 이루어지는 것으로 규정되었다. 헌법이 의회의 심의를 위해 제출되었을 때, 의원들은, 특히 천황에 관련된 조문이 국체에 위배되지 않는지 유심히 확인했다.

혹자는 그런 상황에서 작성된 헌법이 오래가지 못할 것이라고 예상했다. 보수파는 문어체가 아닌 구어체의 표현이 정확하지도 우아하지도 않다고 불만을 토로했다. 또 영어 원문을 일본어로 번역하는 과정에서 문제가 생기기도 했다. "검열은 더 이상 지속되지 않을 것이고, 통신의 비밀도 침해되지 않을 것이다"(제21조)라는 보장은 SCAP 요원들이 점령군의 안전을 지킨다는 명목으로 통신을 주의 깊게 검열하고 있던 현실과는 상반된 것이었다. 전쟁 포기를 선언한 제9조의 고매한 이상주의는 곧 이어 펼쳐진 미국과 소련의 군비경쟁과 모순되었고, 상당수의 미국인도 그것을 시대에 맞지 않는 조항이라고 비판했다.

이 헌법에 대한 평가는 다양했다. 어떤 사람들은 그것이 히로히토 천황을 구제하기 위해 맥아더에 의해 고안되었고, 일본을 냉전에 휘말리지 않게 하기 위해 요시다에 의해 활용되었다고 주장했다.[8] 일본을 지배하는 우익은 천황에 대한 조항에 시큰둥한 반응을 보였지만, 반대파인 좌익은 그것을 적극 옹호했다. 그럼에도 평화헌법은 일본대중의 정치적 태도에 굳건히 뿌리내리게 되었다. 단명하리란 예상을 깨고, 이 헌법은 세계에서 가장 오래되고 견고한 헌법이 되었다. 메이지 헌법의 수정 헌법안으로서 연속성과 정통성을 부여받은 신헌법은 의회에서 가결된 후 반세기 동안 심각한 도전에 직면하지 않았다. 제9조의 전쟁포기를 유토피아적이라고 비난하던 '현실주의자'들은 그것이 국방 분야에서 더 큰 책임을 요구하는 미국의 요구를 물리치는 데 유리하게 작용한다는 점을 깨닫게 되었다. 1947년 헌법은 경이적인 성과로 간주되어야 할 것이다. 메이지 헌법과 마찬가지로 그것은 해석하고 적용하기에 따라 놀랄 만큼 다양한 정부의 입장을 포용할 수 있는 것으로 드러났다. 평화헌법은 숙명을 기회로 전환시키는 일본식 실용주의의 또 다른 예라고 볼 수 있다.

경제개혁은 좀 더 복잡한 문제였다. 미국인 입안가들은 일본의 산업시설을 일본의 침략으로 큰 고통을 겪은 국가들로 대대적으로 이전할 생각을 갖고 있었다. 트루먼의 친구인 석유업자 에드윈 폴리가 이끄는 사절단을 비롯한 초기 방문단은 철강 생산의 대폭 축소, 항공기 생산시설의 완전 철거, 기타 전략적 자재의 감축을 제안했다. 어느 회사가 대상이 될지 알 수 없던 상황에서 일본의 경영진은 생산재개 계획을 연기했다. 일본경제가 휴지기에 들어가자, 어떤 산업시설을 배상금으로 몰수할지, 어떤 시설을 어디로 이전해야 할지 결정하는 문제는 더 어려워졌다. 여전히 독립을 위해 싸우고 있던 동남아시아 국가들은 설비를 받아들일 만한 기반이 없었으며, 중국은 내전에 돌입했다. 얼마 지나지 않아 미국의 정책입안자들은 산업시설을 잃지 않으려는 일본의 뜻에 따르게 되었다. 일본이 언제까지나 미국의 원조에 의존할 수는 없으며, 일본경제가 활성화되어야 한다는 이유에서였다. 하지만 처음부터 점령군 관리들은 재벌이 침략전쟁의 경제적 기반이었다고 밝혔고, 맥아더는 화려한 수사를 동원하여 대기업을 비난하며

SCAP의 재벌해체 계획에 반대하는 자들에게 맞대응했다. 그는 일본의 '사유재산' 제도하에서 "단 56개의 가족으로 이루어진 10개의 족벌집단이 직접·간접으로 나머지 일본국민을 노예처럼 부렸고, 서민들은 생활수준을 개선하기 위해 고통을 감내해야만 했다. 재벌은 해외까지 약탈하려는 야심에서 군부를 사주해 세계정복이라는 불행한 모험을 기도했다"9)고 주장했다.

이에 따라 경제과학국의 개혁가들은 전면적인 개혁안을 작성했다. 첫 번째 조치는 재벌가족을 각 그룹이 통제하는 기업군에서 분리하는 것으로, 비교적 간단했다. 추가적인 경제력 분산조치는 훨씬 어렵고 도전적인 것이었다. 애초의 계획은 그룹을 소규모의 독립된 회사로 분리하고 많게는 1,200개의 회사를 해체하려는 것이었다. 지주회사정리위원회가 각 그룹의 주식을 몰수하고 매각하는 일을 담당했다. 주식은 공매되었고, 기업왕국의 재건을 방지하기 위해 독점금지법이 마련되었다.

하지만 정책 성공에 필수적인 일본관료의 열의는 전혀 보이지 않았고, 전후 일본의 피폐한 경제상황에서 주식을 사는 사람은 생산적인 자본가라기보다는 투기꾼일 가능성이 컸다. 여기에 미국 본토의 신랄한 비판이 더해졌다. 『뉴스위크』는 전 지면을 할애해 재벌해체 프로그램을 가차없이 비판했다. 전전에 도쿄에서 활동했던 한 법률가는 SCAP의 뉴딜주의자와 급진주의자들이 사유재산권을 함부로 다루고 있다고 비난했다. 파문이 커지자 전직 주일대사 조지프 그루가 이끄는 자문회의가 구성되어 주의를 촉구하고 나섰다.10) 가장 중요한 것은 국무부 정책기획단의 책임자 조지 케넌의 개입이었다. 1948년 도쿄를 방문한 케넌은 처음에는 맥아더의 은근한 방해를 받았지만, 곧 SCAP를 회유하여 일본의 역할에 대한 심각한 논의를 나누고, 자신이 보기에 믿을 만한 존재인 재벌을 제거하는 정책이 과연 현명한 것인지 의문을 제기했다. 그는 "맥아더 장군의 총사령부"가 추구하는 정책을 "대충 훑어보니 일본사회를 공산주의자들의 정치적 압력에 취약하게 만들어서 공산주의자들에게 넘겨주려는 것"으로밖에 보이지 않았다고 훗날 회고했다.11) 사실 케넌의 우려에는 근거가 있었다. 일본은 사실상 무방비상태였다. 8만 명이 조금 넘는 미군이 전력의 전부였다. 일본 자체는 완전히 무장이 해제되었다. 점령군(3만 5,000의 민간인과 8만의 군인)은 예산의 3분의 1을 축낼 정도로 일본경제에 큰 부담을 주고 있었다. 행정경험이 있는 75만의 일본인은 추방되어 아무 일도 못하고 있었다. 바야흐로 우선순위를 개혁에서 재건으로 바꿀 시점인 것 같았다.

케넌은 자신이 가공할 총독이라고 묘사한 맥아더와의 회견을 통해, 장군이 이 문제를 인식하고 있지만 반대에 부딪칠 것을 우려해 방향전환을 망설이고 있다는 것을 알게 되었다. 케넌은 포츠담 선언의 제한적인 목표가 이미 달성되었다고 주장하는 한편, 군정이 성공적이라고 치켜세우면서 정책전환을 맥아더에게 제안했다. 이것이 맥아더에게 퇴로를 마련해주었다. 그는 점령군의 정책이 성공을 거두었기 때문에 이제는 일본의 '봉건세력'에 맞서 싸우기 위해 꼭 필요하다고 자신이 선언한 바 있는 재벌해체 일정을 조금 늦추어도 된다고 확신할 수 있었다.

1,200개의 회사를 해체한다는 원래의 계획은 325개사 해체로 축소되었고, 최종 대상이 된 것은 28개사뿐이었다. 여기에는 미쓰이나 미쓰비시의 거대 무역상사도 포함되었지만, 제조업체보다는 전력회사가 주요 정리 대상이었다. 하지만 재벌의 경제력 집중은 사라졌다. 독점금지법과 과도경제력집중배제법이 제정되자 제3의 세력이 새로운 기회를 잡았고, 창조적인 기업가들이 강제 추방된 전시 경제지도자들의 공백을 메웠다. 도요타(豊田)나 혼다(本田), 소니 같은 전후의 대기업은 전전의 재벌기업과 관련이 없었다. 기업 재편은 거대 은행을 중심으로 기업들이 연결되는 형태를 취했는데, 이런 식의 기업군은 계열(系列, 게이레쓰)이라고 불렸다.[12]

이상에서 살펴본 바와 같이 군정의 목표와 일본의 반응이 상호 작용하며 사회경제적 변화의 경로를 바꾸었다. 농지개혁 및 노동개혁의 경우 일본관료들의 협력이 경제를 영구적으로 변화시켰다. 개헌에 대해 처음에는 망설이다가 이내 분노를 표출했던 일본의 보수주의자들은 개정 헌법이 납득할 만한 것이고 적대적인 사회주의자들로부터 의회를 지킬 수 있는 수단이라는 사실을 인식한 후에는 감사하게 되었다. 전전의 군부에 부여된 제도적 권력을 제거한 것은 새로운 세력이 등장할 수 있는 숨통을 틔워주었다. 재벌해체처럼 당초의 목적이 비현실적이고 일본인에게 충격을 준 정책은 미국의 경제계와 행정부의 후원을 통해 개혁을 늦추거나 역전시킬 수 있었다. 일본의 논객들이 명명한 대로 '역(逆)코스'에 의해 재건과 생산으로 관심이 집중되면서, SCAP의 뉴딜주의자들은 소외감을 느끼며 대부분 미국으로 돌아갔다. 도쿄에 남아 있던 총사령부는 매너리즘에 빠져, 새로운 정책을 추진하기보다는 과거의 성과를 자축하는 분위기였다.

전후 일본의 사회적 정황을 논하기 위해서는 새로운 해방을 맞은 분위기가 떠들썩하고 때로는 혼란스러웠다는 점에 주목해야 한다. 스스로를 해방자로 인식한 미국의 참모들은 보복이나 적의를 두려워하다 일본인의 환대를 받자 한껏 들떠 있었다. 일본의 자유주의자와 특히 학자들은 이제 구질서를 마음껏 비난할 수 있었다. 또한 초기의 굶주림이 해소되자 논쟁과 토론의 열기가 뜨거워졌다. 새로운 잡지와 소책자는 일본이 성취해야 할 새롭고 개선된 사회에 대해 논했고, 각종 토론회·세미나·강연은 의식주를 해결하기 어렵고 교통수단도 변변치 않았던 상황임을 감안할 때 놀랄 정도로 많은 관심을 끌었다. 감옥에서 석방된 급진주의자들과 노사카 산조(野坂參三)처럼 전후에 중국에서 돌아온 사람들은 제 세상을 만난 듯 활개를 치며 상황을 주도해 나갔다. 이들은 자신들의 활동에 대한 규제가 없어진 것에 환호했고, 거리에서 맥아더를 환영했으며, 재빨리 노동운동의 주도권을 장악했다. 경영자들은 자기 자신과 소유지분의 운명을 확신하지 못해 대부분 침묵을 지켰다. 노조 지도부는 파업과 시위를 조직하고 직접 생산시설을 접수해 생산을 증대함으로써 무기력한 경영자들이 불필요한 존재임을 보여주며 노동자들에게 자신감을 불어넣었다. 과거사를 고발하는 글 중에는 점령군의 비위를 맞추기 위한 아첨도 있었고 새 질서를 인정하는 일부 좌파의 글은 기회주의의 표본이었지만, 전반적으로는 희망이 넘치는 고무적인 분위기였다. 사람들은 출퇴근길에 북적대는 열차 안에서 심각한 내용의 월간지를 읽었고, 대부분의 일본인은 자신들이 과거에 비해 훨씬 정의로운 사회를 건설하고 있다고 생각했다.

점령정책의 '역코스'에 대한 논의는 무성하지만, 분명한 사실은 케넌 사절단이 오기 전부터 SCAP는 개혁을 향한 결의에도 불구하고 좌파가 변화의 방향이나 속도를 좌우하게 내버려둘 생각은 전혀 없었다는 것이다. 1947년 2월 1일에 전국적인 총파업이 예고되자 맥아더 장군은 "고심 끝에" 현 상황에서 공공시설이나 대중교통이 마비되면 가뜩이나 어려운 경제활동이 더욱 위축될 것이라고 설명하면서 파업을 금지했다. 일본국민의 극소수가 이끄는 파업이 "대중을 재난에 빠뜨릴 수 있다"고 그는 공표했다. 이 발표는 노조 지도자들—이들에게 그것은 배신이나 다름없었다—에게는 경악과 실망을, 보수파와 중산층에게는 믿음을 안겨주었다. 사건을 시기별로 구분하기 좋아하는 일본의 역사가들은 보통 이 금지조치를 '역코스'의 단초로 본다. 하지만 재벌해체 계획의 포기를 역코스의 계기로 보는 게 타당할 것 같다. 1947년에 총파업이 일어났다면 도시에서는 사회조직이 와해되고 혼란이 야기되었을 것이다. 그것이 민주화라는 공표된 목적을 달성하는 데 도움이 되었을 것이라고 주장하기는 힘들다.

이러한 격동기에 정치지도자들에게 요구되던 미덕은 군정이 가하는 제약을 현실적으로 받아들이면서 일정한 독립을 유지하는 것이었다. 요시다는 이를 현명하게 조절했다. 그는 맥아더에게 아부하지는 않았지만 그렇다고 공개적으로 저항하지도 않았다. 그는 일본정부의 최근 행적이 도덕적으로 잘못되었다고 일본인을 설득하려는 SCAP 민간정보교육국의 선전활동에 별로 공감하지 않았다. 훗날 그는 전범으로 처형된 지도자들을 기리는 '순국칠사묘'(殉國七士廟)의 석주비(石柱碑)에 글씨를 써주었다. 한편 그는 군국주의의 광기를 몸소 체험했기에 미래의 일본을 위해 그 대열에 낄 생각은 추호도 없었고, 경제성장을 늦출 수 있는 재무장 시도를 적극 저지했다.

그 자신은 일본인이 호전적이거나 공격적인 것과는 거리가 먼 평화적인 사람들이며, 군국주의 시대는 정상궤도에서 이탈한 것이라고 확신했다. 또 일본이 진정 나아가야 할 길은 메이지 시대에 대영제국과 동맹을 맺은 것처럼 확실하게 미국과 연대하는 것이라고 생각했다. 그러기 위해서는 예전에 잘 닦아 놓았던 길로 되돌아가야 했다.

앞서 지적했듯이 요시다는 SCAP의 인물들을 '이상주의자'와 '현실주의자'로 구분했고, 자신은 민정국의 개혁주의자들이 아니라 현실주의자들을 선호한다고 분명히 밝혔다. 그는 최고사령관을 제외한 SCAP 인사들과의 접촉을 되도록 피하려고 노력했고, 그 노력은 대체로 성공적이었다. SCAP 민정국의 '이상주의자'들은 이 땅딸막하고 무뚝뚝하고 완고한 사람과 함께 일하는 것에 대해 의구심을 갖고 있었지만, 그를 경쟁자로 교체하려던 공작은 수포로 돌아갔다. 요시다에 비해 미국의 부름에 응할 준비가 되어 있지 않았던 그 대안 후보는 SCAP의 제안을 고사했다.

미국의 정책이 점차 재건에 초점을 맞추자 요시다의 의심은 줄어들었지만, 공직추방령에 대한 강한 반감만은 사그라지지 않았다. 미국인들의 눈에는 이 구식 친영파가 꼭 필요할 때 자신들을 지원해줄 수 있는 사람으로 보였다. 결국 맥아더와 요시다는 일종의 공생관계에 있었다. 리처드 핀은 그들을 '평화로운 승자들'이라고 묘사했다.[13]

3. 경제부흥계획

항복 후의 일본경제는 심각한 어려움에 처해 있었다. 전시 통제에 의해 어느 정도 억제되어오던 인플레이션이 고개를 쳐들었다. 도매물가지수는 1934~1936년에 비해 1946년에 16배, 5년 뒤에는 240배로 뛰었다. 이렇게 된 데는 패전국에서 흔히 나타나는 사회적·경제적 혼돈이 한몫했다. 가치를 상실한 국채가 갑자기 시장에 쏟아져 나왔다. 군부가 그간 비축했던 엄청난 은행권을 풀어놓으려 한다는 헛소문이 퍼졌고, 군납용 자재를 보유하고 있던 개인들이 떼돈을 벌었다는 유언비어가 나돌았다. 한편 집이 파괴되거나 심하게 훼손된 도시주민에게는 그동안 경제적 고립과 전쟁 때문에 공급이 중단되었던 모든 종류의 상품이 절실히 필요했다. 화학비료의 부족은 농작물 생산량의 감소를 초래했다. 바다에는 물고기의 씨가 말랐고, 산에는 땔감이 없었다. 광산은 전시에 강제 징용된 노무자들이 없어지자 폐광상태나 다름없었다. 정부는 세금을 신설하고 은행을 통제하고 물가를 규제했지만, 패전의 후유증으로 기강이 해이해진 마당에 이런 조치들은 땜질 처방에 불과했다.

생산력 회복이 절실했지만 그 과정은 더디게 진행되었다. 유럽에 비해 일본의 회복과정은 더욱 느렸다. 그리고 1934~1936년 수치의 절반으로 떨어진 국민총생산(GNP) 수준은 1953년까지 회복되지 않았다.[14]

이런 상황을 배경으로 경제기획가들이 부상했는데, 이들 중 일부는 일본의 전쟁 가능성에 대한 연구를 수행했고 일부는 그로 인해 처벌을 받았던 사람들이다. 그들은 경제부흥을 위한 발전계획 수립이라는 과제에 도전했고, 이들의 작업을 통해 일본의 산업정책이 시작되었다. 요시다 자신은 국가 주도의 계획이 자본주의 사회에 어울리지 않는다고 믿었지만, 항복 직후의 긴급한 상황에서 이런 문제에 대해 오랫동안 생각해온 사람들에게 기회를 줄 수밖에 없었다.

아리사와 히로미에 대해서는 앞서 언급한 바 있다. 그는 마르크스주의 경제이론을 철저히 공부했고, 전간기에는 독일에서 유학하며 '총력전' 이론가들의 작업을 섭렵했다. 귀국 후에는 일본의 자원에 대한 연구에 참여했고, 이를 통해 일본의 전쟁노력이 쓸모 없는 것임을 확신하게 되었다.[15] 그 연구가 군부의 압력으로 사장되자, 그는 고노에의 쇼와 연구회 학자들과 은밀하게 작업하며 다른 사람의 이름으로 연구결과를 발표했다. 그는 1938년 경찰의 공산주의자 단속 때 '교수 그룹' 사건에 연루되어 도쿄제국대학 교수직에서 쫓겨났지만, 전쟁이 끝나자 도쿄대학의 대표적인 인물로 떠올랐다. 아리사와는 노동경제학자 나카야마 이치로(中山伊知郎), 경제성장 이론가 시모무라 오사무(下村治), 엔지니어에서 경제학자로 변신한 오키타 사부로(大來佐武郞)와 함께 일본경제 회복의 주역이 되었다. 이들은 모두 화려한 경력을 쌓았다. 오키타는 오히라 마사요시 내각에서 외무대신을 지냈고, 아리사와·나카야마·시모무라는 국가가 수여하는 최고 명예인 훈일등욱일동화대수장(勳一等旭日桐花大綬章)을 받는 영광을 누렸다. 탁월한 공적을 인정받은 아리사와·나카야마·시모무라는 도쿠가와 시대의 고산케(御三家)에 빗대어 신(新)고산케라고 불리기도 했다.[16]

경제계획은 전후 일본의 상황에서 필수적이었다. 한편으로는 전쟁 중에 국가의 명령에 순응했던 대재벌이 독립된 회사로 분해되면서 더 이상 주도적인 역할을 할 수 없었다. 다른 한편으로는 군정 당국이 구질서를 개혁하는 과정에서 막강한 권력을 휘둘렀기 때문에, 그들이 찬성하거나 눈감아주지 않으면 거시적인 계획을 수립할 수 없었다. 그렇지만 점령군의 지령이 수행되기 위해서는 일본인 관료들의 협조가 필수적이었고, 관료들은 공적 생활의 중심에서 소신껏 일할 수 있었다. 부족한 외환의 관리와 자원의 분배를 담당한 그들은 경제의 방향을 설정하는 데 중요한 역할을 했고, 한정된 노동·자본·자원을 적절히 투자하여 최대의 수익을 올리는 데 일익을 담당했다.

전후에 나온 사려 깊은 계획은 미군이 도착하기 전에 이미 모임을 갖기 시작했던 연구회에서 비롯되었다. 패전이 임박하자 과거 외무성이 처리하던 아시아 문제를 전담하기 위해 만들어진 대동아성이 해체되었다. 이 조직의 가장 유능한 인재들이 외무성의 전후문제연구회로 자리를 옮겼다. 이들은 도쿄의 폐허를 헤치고 심하게 파손된 만철 본사 건물에서 회합을 가졌다. 도쿄 도라노몬(虎の門) 교차로에 위치한 이 흉측한 건물은 나중에 SCAP가 사무실로 쓰기 위해 접수했다.

전쟁이 끝나갈 무렵 각 성은 문서파기 명령을 내렸고, 도쿄의 하늘은 종이 타는 연기로 검게 물들었다. 전후문제연구회의 핵심인물이었던 오키타 사부로는 훗날 그것이 "참으로 멍청한 짓이었다"고 회고했다. "안마당 같은 곳에서 불타버린 문서 중에는 금융현황에 관한 문서, 생산력 조사를 비롯한 각종 기초 경제자료가 포함되어 있었는데, 대부분 전후의 경제계획을 수립하는 우리에게 소중한 자료였다. 그러나 당시에 사람들은 패전의 충격에 빠져 있었고, 미지의 존재인 점령군을 두려워했다." 오키타는 한동안 구석구석을 누비며 타다 남은 문서더미에서 온전한 것을 골라 몰래 집으로 가져오는 것을 일과로 삼았다. "어느 날 타다 남은 문서를 뒤지던 중에 이나바 히데조(稻葉秀三)와 우연히 마주쳤는데, 그 역시 나와 같은 일을 하고 있었다. 그 무렵 이나바는 타지 않고 남은 문서들을 체계적으로 수집하고 조사하는 국민경제연구협회를 설립했다."[17] 전후의 경제성장을 위한 계획은 이렇게 작은 일에서 시작되었다. 물자가 턱없이 부족하던 그 시절에 오키타를 위시한 경제학자들은 기부를 받은 얼마 안되는 돈으로 비서들이 암시장에서 구해 온 음식을 먹으며 회의를 했다. 하지만 이 모든 상황에도 불구하고 그들의 열의는 대단했다. 일본은 다시 시작해야 했고, 시간은 많지 않았다. 고토 요노스케(後藤譽之助)는 훗날 뛰어난 보고서들 덕분에 회의가 갈수록 성공적이었다고 회상했다. 점차 일본의 경제전문가들이 거의 다 참여하게 된 이 집단의 보고서에는 "메이지 유신 지사들의 열기가 가득 담겨 있었다"고 외무성 자료에 기록되어 있다.

1946년 3월에 완성되어 1만 부가 배포된 전후문제연구회의 보고서(『일본경제 재건의 기본문제』)는 일본이 장차 세계경제 속에서 어떤 위치를 차지할지 전망하고 있다. 오키타의 서문을 보면 그를 비롯해서 그것을 입안한 사람들이 얼마나 진취적이었는지 알 수 있다.

> 장차 일본이 택할 기본적 경제정책을 고려할 때, 우리는 목전의 현실을 떨치고 일어나 드넓은 세계적 견지에서 발전적인 입장을 추구해야 한다. 우리는 우선 인류사회가 발전해온 과정과 현재의 상황과 미래의 추세를 뚜렷이 인식하고, 다음으로는 일본이 현재 처해 있고 앞으로 처하게 될 국제환경의 본질을 이해해야 한다. 전반적인 상황에 대한 그러한 판단과 함께,

우리는 일본 사회 및 경제의 전통적이고 독특한 요소뿐 아니라 전후에 우리가 직면한 새로운 조건도 분석해야 한다. 이 보편성과 특수성의 종합에 기초하여, 건설적이고 긍정적인 정신으로 우리가 진정 나아가야 할 길을 정해야 한다.[18]

여기서 패배주의는 그림자도 찾아볼 수 없다. 이 경제학자들이 스스로를 메이지 지사의 후예로 여겼다는 것은 놀랍다. 오키타는 유명한 전후 경제입안자인 사에키 기이치(佐伯喜一)가 "만주에서 돌아와 그 보고서를 읽었는데, 여기서 얻은 영감이 자신의 인생행로를 결정했다는 사실을 나중에야 깨달았다"고 소개하고 있다.

입안자들이 부딪힌 첫 번째 문제는 배상과 관련된 것이었다. 포츠담 선언은 일본에게 "경제를 지탱하기 위한 산업"을 유지하도록 허용할 것이라고 명시했지만, 어느 정도 수준을 유지하느냐는 어느 시기를 비교대상으로 삼을지, 어떤 정책을 택할지에 달려 있었다. 1945년 11월의 폴리 위원회는 사실상 일본을 농경국가로 되돌려놓는 가혹한 방안을 제시했다. 그러나 오래지 않아 입안자들이 촉각을 곤두세우고 있는 '국제환경'이 변수로 작용하면서, 미국의 경제원조가 얼마나 지속될 수 있는지, 일본의 산업설비를 저발전국으로 이전하는 것이 현실성이 있는지 등의 의문이 제기되었고, 냉전의 위협이 다가오자 일본의 안정과 협력에 우선순위가 부여되었다. 일단 1930~1934년의 수준으로 경제를 회복한다는 합리적인 목표가 정해지자, 입안자들은 폴리 위원회의 제안에 담겨 있는 모순을 지적할 수 있었다. 그들은 1930~1934년의 1인당 상품소비량을 계산하고 일본의 인구증가(해외에서 귀환한 일본인이 600만 명이었다)를 감안하여 그 총량을 조정하는 식으로 접근했다.

1946년 5월 처음 총리에 취임한 요시다는 경제입안자들을 매주 불러 오찬회동을 했는데, 그는 이들과의 대화가 각료회의보다 훨씬 흥미롭다고 생각했다. 경제회복을 우선시해야 한다는 아리사와 히로미의 주장이 나온 것도 이런 오찬회동에서였다. 그는 전반적인 생산수준이 너무 낮은 상태에서 모든 방면의 일을 동시에 추진하는 것은 불가능하다고 지적했다. 당시 산업의 동력은 석탄에서 나왔는데, 전시에 전쟁포로와 한국인 노동자를 넘쳐나던 탄광은 이제 고갈되었거나 위험한 상태였으며 생산이 특히 저조했다. 요시다가 1947년 신년 라디오 연설에서 광부들이 "고분고분하지 않다"고 비난했던 것은 도움이 되기는커녕 오히려 2월 1일의 총파업 선언을 유발했다. 앞서 지적했듯이 이 파업은 SCAP에 의해 사전에 저지되었다. 얼마 후 일본사회당이 잠시 집권하는 동안 경제학자 와다 히로오(和田博雄)가 경제안정본부를 이끌게 되었고, 유명한 경사생산방식(傾斜生産方式)*이 도입되었다. 석탄은 철강을 생산하는 데 꼭 필요했고, 철강은 광산의 수갱(竪坑)과 선로를 향상시켜 석탄 생산을 늘리는 데 꼭 필요했다. SCAP는 제한된 양의 원유수입을 허가하여 에너지 기반을 강화하는 데 협력했다. 일련의 연구서와 보고서가 쏟아져 나왔는데, 일부는 영국 노동당 정부의 문건에서 영감을 얻기도 했다. 오키타, 아리사와, 이나바를 비롯한 경제학자들은 경제안정본부를 중심으로 주요 경제 부문에 대한 방대한 자료를 축적했다.

처음 몇 달 동안 거둔 성공의 속도를 과장해서는 안된다. 실질임금은 거의 오르지 않았고, 노동운동의 새로운 광풍이 보수주의자들 사이에 사회적 불안감을 조성했다. 냉전 분위기가 고조되자, 앞서 살펴본 대로 미국에서 SCAP의 개혁에 대한 비판이 일었다. 일본의 안정과 자급능력에 대한 워싱턴의 관심이 커지자, 경제력 분산정책은 후퇴했고 원래의 목표를 달성하기 훨씬 전에 중단되었다. 미국 육군장관 케네스 로이얼은 1948년에 "일본이 소매상인·수공업자·직인들만으로 국가를 지탱할 수 없다는 사실은 일본이 농경국가로 존재할 수 없다는 것만큼이나 분명하다"고 말했다. 그 후 미국의 정책과 일본의 희망은 점차 일치하기 시작했다. 이 과정에서 정계·학

---

* 철강과 석탄 생산에 인적 자원과 자금을 우선적으로 투입하는 방식.

계·노동계에 몸담고 있던 일본의 좌파는 경제정책이 소비보다는 생산에 중점을 맞추고 있으며 '역코스'가 미국의 정책기조를 바꾸어놓았다고 비판했다. SCAP의 원조 개혁가들은 대거 사임했는데, 그 중에는 휘트니의 '헌법제정회의'를 이끌었던 민정국 차장 찰스 케이디스도 포함되어 있었다. 이들의 자리를 새로 메운 것은 대부분 재건에 동조하는 사람들이었다.

일본에 대한 점령군의 태도 변화를 정확히 계량할 수는 없지만, 한번 점검해볼 필요는 있다. 1940년대 후반에 이르자 과거의 적은 여러 면에서 새로운 피보호자가 되었다.[19] SCAP 경제과학국의 관리들은 해외무역을 재개하기 위한 회전자금을 마련했다. 버지니아 주 노퍽에 있는 맥아더 도서관의 메시지 파일을 뒤져보면, SCAP가 국제무역회사의 역할도 겸하고 있었다는 놀라운 사실을 발견하게 된다. 전신(電信) 중에는 면과 합성섬유를 어떤 비율로 섞은 직물이 가장 낮은 관세를 적용받을 수 있는지를 논한 것도 있고, 세계 곳곳에서 일본에 없는 자원을 수입하라고 명령한 것도 있다. 점령 초기의 명령은 점차 상담과 협조로 대체되었다. 다시 말해 일본의 입안자들이 일하기 좋은 환경으로 바뀌었다.

그러나 기본적 차이는 그대로 남아 있었다. 이시바시 단잔 같은 일본의 일부 지도자들은 점령 당국이 무모하다고 판단하는 부양책을 선호했다. 또한 일본기업이 새로 설립된 부흥금융금고의 투자대출을 쉽게 이용할 수 있게 한 조치는 인플레이션을 가속화하는 것 같았다. 이 문제에 대처하기 위해 미국은 1949년에 디트로이트의 은행가 조지프 다지를 단장으로 한 사절단을 급파했다. 다지는 독일에서도 비슷한 임무를 수행한 바 있으며 재정에 밝은 보수적인 인물이었다. '다지 라인'이라 불리게 되는 그의 권고안은 일본정부가 건실한 균형예산을 확립하고, 부흥금융금고를 폐쇄하며, 보조금이나 물가조절 등의 문제에 정부의 개입을 자제하고, 환율을 달러당 360엔으로 고정할 것 등의 내용을 담고 있다. 이런 조치로 인한 경기둔화는 노동자들의 삶을 고달프게 했다. 다지 정책은 정치적인 면에서도 환영받지 못했다. 그것은 실업과 사회불안을 유발했고, 이는 1949년 선거에서 일본공산당이 사상 최고의 득표를 기록하며 중의원 의석의 거의 10%를 차지하는 결과로 나타났다. 다지의 정책을 1880년대의 '마쓰오카 디플레이션'과 비교하는 사람들도 있었다. 하지만 다지는 일본의 관료들과 함께 해외무역을 증가시켜 일본의 자립기반을 마련하기 위한 새로운 정책을 준비하기도 했다. 일본상품의 경쟁력 확보를 위해 새로이 설정된 단일 환율은 일본의 고도성장기 내내 유지되다가 닉슨 행정부의 요구에 의해 고정환율을 폐지하고 엔의 실질가치를 회복시킨 1970년대에야 바뀌게 된다.

최소한 잠시나마 소비는 디플레이션으로 억제되고, 유리한 환율 덕분에 수출생산성이 강화되면서 경제입안자들은 일할 맛이 났다. 그렇다 하더라도 만약 1950년 6월에 발발한 한국전쟁이 아니었다면 일본은 엄청난 고난과 불안을 겪어야 했을 것이다. 일본은 순식간에 대한민국을 방어하는 유엔군의 군수품기지가 되었고, 엄청나게 유입된 외환은 다지 개혁을 추진하기 위한 자금이 되어주었다.

4. 정치와 샌프란시스코 조약

스스로를 자유주의자라고 생각해왔던 과거의 정치집단은 전후 일본에서 보수주의자로 재분류되는 처지가 되었다. 1920년대와 1930년대에는 좌익운동이 싹텄고, 이른바 프롤레타리아 정당들이 노동자 및 농민 유권자들로부터 총선에서 어느 정도 표를 얻기 시작했다. 정부의 탄압과 전쟁에 대한 국민적 후원 속에서 그들은 호소력을 잃고 정치무대에서 사라졌다. 그러나 일본의 항복 이후 군정이 '자유의 지령'을 발표하자 사회주의 및 공산주의 지도자들이 다시 등장했고, 정부에 대한 불신과 경제적 어려움이 좌익세력에게 급속한 성장의 기회를 주었다. 농지개혁으로 농촌이 안정을 되찾자, 한때 노농(勞農)연합을 추구하던 좌익운동은 이제 노동자와 도시에 치중했다. 이런 새로운 분위기 속에서 전전의 자유주의자와 온건파는 전후의 보수파가 되었다.

　점령 7년 동안 일본의 보수파는 총사령부의 승인이라는 혜택을 입었고, 점령정책의 전반적인 인기를 등에 업고 수월하게 지배적인 입장을 구축했다. 하지만 처음부터 보수파가 유리한 위치에 있었던 것은 아니다. 원래 SCAP의 정책은 보수파를 흔들고 반대세력을 두둔하는 것처럼 보였으나, 워싱턴의 입장이 더 큰 국제질서 안에서의 일본의 역할에 초점을 맞추게 되면서 상황이 바뀌었다. 농지개혁도 여전히 농민이 유권자의 압도적인 다수를 차지하고 있는 상황에서 보수파의 지지기반을 다져주었다. 그럼에도 정치의 향배는 불확실했고, 이는 잦은 개각에 반영되었다.(아래의 표 참조)

　개각의 이유를 일일이 밝힐 필요는 없을 것이다. 히가시쿠니와 시데하라는 전전의 제도하에서 내대신 기도 고이치의 추천을 받아 임명되었는데, 기도 고이치는 얼마 안 있어 재판에 회부되어 도쿄 군사재판소의 판결을 받은 뒤 투옥되었다. 요시다는 신헌법의 규정에 따라 중의원의 투표에 의해 총리로 선출되어 자신의 두 번째 내각을 구성했다. 그 후로는 총선으로 중의원의 의석수가 결정되면 다수당이 총재를 총리로 선출했다. 이는 새 내각이 자신의 입지를 강화하기 위해 툭하면 총선을 실시하던 전전과는 대조된다. 그렇지만 새로운 민주정치의 시대에 대한 국민의 염원이 있고 투표율이 높았다고 해서 선거과정이 특별히 흥미롭거나 고무적이었다고 속

연합국 점령기의 내각

히가시쿠니 나루히코	1945년 8월~10월
시데하라 기주로	1945년 10월~1946년 4월
요시다 시게루(제1차 내각)	1946년 5월~1947년 5월
가타야마 데쓰(일본사회당)	1947년 5월~1948년 3월
아시다 히토시	1948년 3월~10월
요시다 시게루(제2차)	1948년 10월~1949년 2월
요시다 시게루(제3차)	1949년 2월~1952년 10월
요시다 시게루(제4차)	1952년 10월~1953년 5월
요시다 시게루(제5차)	1953년 5월~1954년 12월

단하는 것은 금물이다. 궁극적 권력은 SCAP에 있는 것으로 보였다. 전전의 정치인들이 선거에 출마하기 위해 정계로 복귀했다. 참의원은 전국적인 저명인사나 여성을 포함하게 되었지만, 정치과정은 별로 바뀌지 않았다. 가장 큰 차이는 군부가 별안간 사라졌다는 것과, 내셔널리즘의 수사나 상징이 먹혀들지 않았다는 점이다. SCAP는 실제로 한동안 일장기를 게양하지 못하게 했는데, 이 문제는 의회가 일장기를 국가의 상징으로 못 박은 세기말까지도 논란의 대상이 되었다.

이미 지적했듯이 요시다는 총사령부에 의해 공직에서 추방된 하토야마 이치로를 대신하여 총리가 되었다. 그는 하토야마가 다시 복권된 뒤에도 총리직을 유지했지만, 일본이 주권을 회복한 직후에 결국 그에게 자리를 양보했다. SCAP의 관리들은 요시다를 탐탁치 않게 생각했으며, 초기에는 특히 더 그랬다. 그들은 처음에는 꾹 참다가 나중에는 요시다를 축출하려는 공작을 꾸미기도 했지만 여의치 않았다. 결론적으로 말해서, 패전 후의 역대 내각은 미국의 신뢰를 얻어야 했지만, 처음에 막강했던 SCAP의 직접적인 영향력은 7년의 점령기가 지나가면서 차츰 약화되었다.

처음 2년 동안의 일본정치는 SCAP가 주도했다. 신헌법·농지개혁·자유·노동조합에 관한 지령이 완수되었고, 점령군의 개혁은 전전의 자유주의자 오자키 유키오가 세웠던 목표를 실질적으로 능가하게 되었다. 하지만 일본의 좌파는 더 많은 것을 원했고 SCAP가 자기네 편이라고 낙관적으로 생각했다. 보수주의자들은 그만큼 두려워했다. 자유의 지령으로 방면된 정치범들은 맥아더 장군이 직접 개입한 덕에 자신들이 석방될 수 있었다는 이야기를 들었다. 전향하지 않았던 공산당 지도자들은 도시노동자들의 대중적 영웅으로 부상하면서 막 싹트기 시작한 노동운동에서 중요한 위치를 차지하게 되었다. '생산관리' 투쟁은 경영진 대표들을 공장에서 밀어내고 대신 노동자들이 조직한 위원회가 생산을 담당하게 했다. 1946년에는 100만에 가까운 노조원들이 1,260건의 노동쟁의에 참가했는데, 많은 쟁의가 이 전략을 택했다.

노동계가 자신의 힘을 과신했고 점령군의 의도를 오판했다는 점은 맥아더가 1947년 2월 1일로 예정된 운수노조 총파업을 금지했을 때 분명해졌다. 그 후 일본정부는 단위노조로는 최대 규모인 국철노조를 보유한 공무원노조의 파업권을 박탈할 수 있었다. 이때부터 국철노조는 '서행운행'으로 통근자들의 인내심을 시험하는 경우는 있었지만, 전면적인 운행중단은 시도하지 않았다.

영양실조와 기근의 가능성이 줄어들고 경제가 회복될 기미를 보이자, 시위는 뜸해졌고 보수주의가 다시 득세했다. 농지개혁으로 농촌은 보수적 정치권력의 든든한 기반이 되었고, 증가한 식량수요로 농민들의 생산물을 소화할 수 있는 시장이 형성되었다. 이렇게 해서 농민들이 소요를 일으킬 가능성은 차단되었지만, 도시노동자들의 경우는 사정이 달랐다. 임금은 조금씩 상승하기 시작했지만, 실질임금이 전전의 수준으로 회복된 것은 1952년에 점령이 끝나고 나서의 일이었다.

어떻게 보면 점령기간의 정치는 주권회복을 위한 전주곡이었다. 그러나 샌프란시스코 강화회의가 열리기까지의 이야기는 주로 일본의 바깥에서 펼쳐졌다. 이미 1947년에 미 국무부의 일본전문가들은 점령을 끝내기 위한 강화조약 초안을 작성하기 시작했다. 하지만 그들의 생각은 항복 이후의 구상에 머물러 있었다. 그들은 중국의 국민당 정부가 아시아에서 미국의 주요 동맹국이 될 것으로 기대했다. 따라서 문제는 일본에 주권은 주되 계속 견제하는 것이었다. 비무장상태를 유지하기 위해서는 일본을 감시해야겠지만, 나머지 부문에서는 점진적으로 주권을 회복시킬 필요가 있다는 판단이었다. 맥아더 장군도 비슷한 생각을 하고 있는 것 같았다. 그는 1948년에 공화당 대통령 후보로 지명되기를 바라는 마음이 없지 않았고(그해 위스콘신 주의 예비선거에서 엄청난 좌절을 맛보기 전까지), 전쟁영웅만이 아니라 평화의 영웅으로 국민의 찬사를 받으며 돌아갈 준비를 하고 있었다.

냉전이 한층 고조되자 이 계획은 물거품이 되었다. 중국에서 공산당이 득세할 것이 분명해졌다. 국방부의 참모들은 일본이라는 전진기지를 잃게 될지도 모른다는 전망에 당황했고, 국무부의 현실주의자들은 완전히 무장해제된 일본을 그대로 방치할 경우 동아시아의 정세가 불안해질 것을 우려했다. 이런 상황에서 조지 케넌이 맥아더 장군과의 면담을 위해 도쿄에 와서 채 완수되지도 않은 경제력 분산정책의 시행을 자제하라고 촉구했고, 육군장관 로이얼은 일본이 산업국가로 발전하는 과정에서 도태되는 것은 있을 수 없는 일이라고 경고했다. 이때부터 미국의 정책은 일본경제의 부흥을 중시하고, 일본 내 공산주의자들의 활동에 주의를 기울이게 되었다. 이런 상황은 자연히 일본의 보수주의자들에게 유리하게 작용했다. 반공 성향이 뚜렷한 미국의 노조는 보수적이라 추정되는 일본의 노조(일부 노조는 그렇지 않았다)에 대표단을 파견하고 재정지원을 했다. 이 모든 일이 일본에서 보수주의가 활개를 치는 데 일조했고, 산업성장을 지지하는 경제입안자들의 입지를 굳혀주었다. 생산은 미래의 독립을 위한 필수조건으로 간주되었고 당장은 소비보다 더 중요했다. 시간이 흐르면 혜택은 필시 사회 전체로 확대될 것이므로, 지금 소비욕구를 억제하는 일은 미래의 더 큰 혜택을 의미하는 것이었다.[20] 이런 논리는 긴축과 합리화를 강조하면서 경제적 틀을 변화시키려던 '다지 라인'의 취지와도 일맥상통했다.

　1940년대가 끝나갈 무렵 SCAP는 공산주의가 좌파에 침투할 가능성을 우려하게 되었고, 1950년에 한국전쟁이 발발하자 우려는 경각심으로 바뀌었다. SCAP 내에서는 세력균형이 무너졌다. 뉴딜주의자들은 그 수도 줄고 영향력도 감소된 반면, 윌러비 장군의 총사령부 참모 제2부는 더욱 강력해졌다. 이제 '공산주의자 숙청'은 교육에서 정치까지 각종 공직에 포진해 있는 공산주의자와 그 용의자들을 겨냥했다. 점령 초기에 우파를 겨냥했던 법은 이제 좌파를 향하게 되었다. 상황이 이렇게 되자 일본의 보수파는 자연스레 힘을 얻게 되었고, 1949년의 선거결과 10%에 육박했던 원내 공산주의 세력은 다시 지하로 잠적한 일본공산당 지도자들과 함께 사실상 사라졌다.

　국제정세의 영향으로 SCAP의 관심은 개혁에서 부흥으로 이동했고, 우익 활동가들에 대한 우려는 공산주의 혁명에 대한 우려로 바뀌었다. 분명히 SCAP는 외래사상에서 영감을 얻은 급진주의자들이 일본에 새롭게 정착된 자유를 방해하도록 방치하지는 않겠다고 단언했지만, 그런 변화에 대한 일본인의 반응은 대체로 상궤를 벗어나지 않았다. 대다수 일본인은 국제정세의 변화에 위협을 느끼지 않았고 미군의 존재에 안도감을 느꼈으며, 최근의 경험을 통해 국제정치에 끼어드는 것은 완전히 손해보는 장사라는 확신을 갖고 있었다. 일본은 주도적인 역할을 해보려다가 참담한 실패를 맛보았다.[21] 일본은 자신을 패배시킨 열강에 둘러싸여 있었고, 유사시의 안보는 미국이 제공할 것이었다. 서민들은 생활조건 향상에 관심을 가졌으며, 미국의 몇 가지 정책전환은 아주 최근까지 경계의 대상이 되었던 과거의 군국주의 경향을 상기시킬 위험이 있었다. 지식인과 사회주의 지도자들은 정책전환을 통탄하면서, 민주화라는 정치개혁도 위험천만하게 뒷걸음질치는 것이 아닌지 크게 우려했다. 한편 보수주의자들은 어떤 형태로든 군대조직을 다시 만들고 천황의 위상을 재정립할 수 있도록 헌법을 수정하자는 얘기를 꺼내기 시작했다. 새 정치질서의 수혜자인 보수파가 미국의 지지를 믿고 움직인 것인데, 그 결과 미국의 정책에 대단히 비판적인 좌파가 평화헌법을 앞장서서 옹호하는 진풍경이 펼쳐졌다.

 황실과 히로히토 천황이 강화조약 준비에 일정한 역할을 한 것으로 믿을 만한 근거들이 있다. 점령기에 히로히토는 맥아더 장군을 11번 만났다. 미국측 통역은 배석하지 않았고 대화내용은 공개된 적이 없다. 한 통역이 회담내용을 단편적으로 언급한 적이 있었는데, 그는 즉시 해고당했다. 점령이 시작되었을 때 초조하고 불안한 마음으로 맥아더를 처음 방문했던 히로히토는 천황제 유지가 분명해지자 자신감을 되찾았고, 일본 보수세력의 충실한 대변자 역할을 했던 것으로 보인다. 외부로 흘러나온 단편적인 회담내용은 그가 미국의 노동자들과는 달리 경험도 일천하고 책임감도 부족한 일본의 노동자들이 임금이나 안보에 대해 무책임한 입장을 취하지 않을까 두려워했음을 보여준다. 또한 그는 당시의 국제정세 속에서 일본이 무장해제상태에 놓인 것을 우려했고, 일본을 캘리포니아와 똑같이 방어해주겠다는 맥아더의 호언장담을 곧이곧대로 받아들이지는 않았던 것으로 보인다. 가장 충격적인 것은 강화조약 체결 후에도 일본이 오키나와에 대한 주권을 소유한다는 전제 아래 미국이 그 섬을 군사기지로 보호해달라고 천황이 직접 제안했다는 사실이다. (얼마 후 실현된) 이 제안으로 인해 천황은 오키나와 주민들의 사랑을 받지 못했다. 비록 히로히토가 사망한 1989년에 방문일정이 잡혀 있기는 했지만, 오키나와는 그가 평생 한 번도 방문하지 않은 유일한 현이었다. 혹자는 히로히토와 맥아더의 대화가 최고위급에서 정보와 의견을 교환하기 위한 특별한 전달통로를 제공했다고 말한다. 한 학자는 한술 더 떠 그것을 최신형 '이중 외교'라고 묘사하면서, 천황이 심지어 요시다 총리조차 따돌린 것으로 본다.[22]

이런 식으로 일본에 주권을 반환하는 계획—미국이 일본에 기지를 보유하고 오키나와에 대한 시정권(施政權)을 행사하는 상태에서—이 진행되었다. 한국전쟁은 패전 직전에서 기사회생해 승리를 목전에 두었으나 중국의 개입으로 다시 한번 전세가 뒤집혔다. 맥아더는 1951년 가을 매슈 B. 리지웨이 장군으로 교체되었다. 점령은 시대착오적인 일이 되었고, 일본은 점점 다루기 어려워졌다. 하지만 워싱턴의 전략가들은 일본이 자국의 안보를 준비해야 한다고 고집했다. 트루먼 대통령은 의회의 다수당인 공화당의 지지를 확보하기 위해 강화조약을 추진할 특별대사로 존 포스터 덜레스를 지명했다. 한국전쟁에 관한 미국정부의 정책에 공개적으로 반기를 들었다가 소환당해 도쿄에서 미국으로 돌아가던 맥아더는 반대편에서 태평양을 건너고 있던 덜레스와 무선으로 교신할 수 있었다. 덜레스의 목표는 일본이 미국과 연합해 자국의 방위에 참여할 수 있게 하는 것이었지만, 미국의 요구를 수용하여 일본경제에 부담을 주기 싫었던 요시다는 헌법 제9조를 무시할 수 없다는 정치적 입장을 공공연히 표명했다.

뒤이은 협상에서 요시다는 그가 다소 교활하지만 노련한 지도자임을 보여주었다. 그는 정식 군대를 창설하라는 미국의 제안을 거부하고 적당한

때가 되면 일본의 자위를 위한 병력을 두기로 합의했는데, 이 내용을 담은 서신은 수십 년 뒤에 공개되었다. 당시에도 그 후에도 그는 재무장에 반대하는 사회주의 세력을 자극하면 정치적 비용이 만만치 않게 든다고 주장했지만, 실은 자신의 입지를 강화하기 위해 막후에서 재무장 반대를 부추겼다는 증거도 있다.

절충안이 나왔다. 일본이 경찰예비대를 창설하여 현재 한국전쟁에 참전 중인 미군이 수행하던 안보상의 역할을 분담한다는 것이었는데, 이 조직은 얼마 후 자위대가 되었다. 미국은 일본에 기지를 보유할 권한과 오키나와에 대한 시정권을 확보했다. 공식 조약을 체결하기 위한 준비작업은 다른 연합국들과의 양자회담 형식으로 진행되었다. 소련은 미군을 일본에 주둔시키는 어떤 안에 대해서도 반대할 것 같았으므로, 당장의 회의에서는 논쟁의 위험을 피할 필요가 있었다. 소련은 실제로 샌프란시스코에 대표단을 파견하긴 했지만, 국무장관 딘 애치슨은 매 순간마다 그들을 교묘하게 따돌렸다. 이는 파리나 빈에서 강화조약이 체결되던 전통적인 패턴과 극명하게 대조된다.

샌프란시스코 회의는 1951년 9월에 열렸다. 요시다 총리는 일본의 주권을 회복시킬 문서에 서명하기 위해 샌프란시스코로 떠났다. 이 조약으로 일본은 한국의 독립을 인정했고, 타이완·펑후(澎湖) 군도*·쿠릴·남사할린과 제1차 세계대전 이후 위임 통치해왔던 태평양 제도에 대한 모든 권리주장을 포기했다. 하지만 소련은 여기에 조인하지 않았고, 쿠릴 문제는 미해결상태로 남게 되었다. 특히 일본은 쿠릴 열도─일본에서는 지시마(千島) 열도라 부른다─남단의 4개 섬에 대한 역사적 권리를 주장했다. 일본과 소련(현 러시아)은 1956년에 전쟁상태 종료에 합의하고 서명했지만, 4개 섬의 소유권을 둘러싼 분쟁으로 인해 21세기에 들어서는 시점에서도 평화조약을 맺지 못하고 있다. 미국의 지배하에 어정쩡한 상태로 남아 있

---

* 타이완 서해안에서 약 50km 떨어진 곳에 있는 군도.

| 요시다 시대 |

던 오키나와는 1972년에야 일본에 반환되었다.

    이 조약은 일본이 집단안보체제에 동참할 권리를 인정했고, 일본이 "개별적·집단적 자위의 고유한 권리"를 갖는다는 점을 유엔이 승인한다고 적시했다. 이 권리(사실은 의무)는 곧이어 미일안보조약이 체결됨에 따라 즉시 이행되었다. 안보조약에 의해 미군은 일본이 "자위를 책임질 수 있을" 때까지 일본에 남게 되었다. 일본은 미국의 승인이 없는 한 제3국에 이와 유사한 권한을 주지 않겠다는 데 동의했고, 미국은 일본이 스스로를 방어할 때를 대비하여 국방을 위한 무기·기술·훈련을 지원하기로 합의했다. 당시 일본의 여론은 재무장을 줄기차게 반대했고 이런 분위기가 한동안 유지되었으므로, 그 시기가 빨리 올 것 같지는 않았다. 일본은 또한 분리된 중국문제에 대해서는 미국의 요구에 따라야 했다. 덜레스는 상원의 조약 비준에 필수적이라며, 망설이는 요시다를 회유하여 일본이 베이징의 중화인민공화국이 아니라 타이완의 중화민국을 중국의 합법적인 정부로 인정한다는 다짐을 받아냈다.

    대일 평화조약은 이렇게 일본의 주권을 회복시켰지만, 일본이 국제정치에서 독자적인 행보를 취할 수 없도록 제약을 가했다. 당시 미국이 한국에서 중국과 북한을 상대로 전쟁을 하고 있던 상황을 감안하면, 미국이 일본에 안보조약의 성실한 이행을 주장하는 것은 당연했다. 일본이 일방적으로 무력을 포기하는 것이 타당한지 의심하던 일본의 보수파는 일본에게 '핵우산'을 제공해주는 안보조약의 합의내용을 환영했다. 지식인들은 대체로 비판적이었다. 일본이 직접 선택하지 않은 정책에 끌려들어가게 된 것에 대해 일본의 여론이 둘로 나뉜 것은 충분히 납득할 수 있다. 안보조약에 의거하여 미국은 수십 년 동안 상호안전보장을 위해 좀 더 노력할 것을 일본측에 촉구했고, 일본 내에서는 안보조약의 장점과 비용에 대한 논쟁이 계속되었다.

5. 샌프란시스코 체제

일본은 주권을 회복하고 오랜 기간의 상대적 고립 끝에 국제무대에 다시 진입했지만, 그 상황은 아주 특수했다. 메이지 시대에 불평등조약을 폐지하고 완전한 주권을 획득한 것은 외국인이 일본 어디에서나 제한 없이 살 수 있게 해준 데 대한 대가였다. 그로부터 반세기 뒤에 다시 주권을 얻기 위해서는 미국이 일본의 영토를 사실상 무제한 사용할 수 있게 해주는 대가를 지불해야 했다. 그렇더라도 보수적인 요시다 내각의 관점에서는 잃는 것보다 얻는 것이 훨씬 많았다. 재무장의 규모나 속도는 일본이 결정할 수 있었다. 일본은 여러 해 동안 국방비를 최소한으로 유지하면서 경제 회복과 성장에 전념했고, 어느 나라와 대적해도 자국의 방위에 필요한 조치는 적당한 비용으로 감당할 수 있을 것으로 확신했다. 일본은 자신에게 유리한 조건으로 해외무역을 재개했다. 유리한 환율이 제조업에 경쟁력을 부여했고, 미국과의 강력한 연대는 세계 최대의 시장을 일본에 열어주었다. 미국의 제조업자들은 자신들이 월등히 앞서 있다고 확신했으므로 일본의 새로운 산업에 관대하게(심지어 부주의하게) 기술을 전수했다.

샌프란시스코 체제는 일본을 중국 본토에서 확실히 격리시켰고, 얼마 후에는 남한과 타이완, 동남아시아의 신흥 독립국들이 잠재성 있는 시장으로 떠올랐다. 1953년에 한국의 휴전협정이 체결된 후 동아시아는 안정에 접어들었고, 일본의 부흥은 동아시아 연안의 경제발전을 가속화했다. 게다가 동남아시아 및 호주의 자원과 시장이 개방되었고, 더 이상 제국주의 열강의 눈치를 볼 필요도 없었다. 미국은 여전히 일본이 국제 무역질서에 통합되길 바라면서 대일정책을 폈고, 일본이 각종 지역별 무역체제의 구성원이 되도록 지원했다. 어떻게 보면 공개적으로 천연자원을 수입하고 해외시장에 접근할 수 있게 된 일본은 오히려 패배를 통해 주요 전쟁목표를 달성한 듯이 보였다.

물론 이 평화가 소련과 중국 본토를 포함하지 않은 부분적인 것이라는 사실을 개탄하는 일본인도 있었고, 타이완을 인정함으로써 중화인민공화국과 교류하지 못하게 된 점을 못마땅해하는 사람들도 있었다.

요시다 자신은 미래에 이 문제들이 해결될 것으로 확신했고, 일본이 세계 최강국과 동맹을 맺음으로써 역사적 제자리를 찾았다고 믿었다. 안보조약 덕분에 일본은 경제성장에 전념할 수 있었고, '자위'를 '전쟁 잠재력'과 구분함으로써 평화헌법 제9조의 결의를 지킬 수 있었다. 요시다가 정계를 떠난 지 수십 년 뒤에도 이 우선순위는 그와 목표의식을 공유했던 추종자들, 즉 '요시다파'에 의해 유지되었다. 요시다가 추구하던 정책들이 성공을 거두기 시작하자, 공직에서 은퇴할 때 바닥을 기던 요시다의 인기가 치솟기 시작했고, 이와 함께 그의 자신감도 커졌다. 회고록에서 그는 일본이 계속해서 미국에 굴종한다고 개탄했던 지식인들을 날카롭게 비판하면서, 그들의 태도를 영일동맹이 체결되었던 메이지 후기의 사회분위기와 대비시켰다.

> 당시 대영제국은 전성기를 구가하던 7대양의 주인이었고, 일본은 겨우 암흑에서 빠져 나오기 시작한 변변찮은 극동의 섬나라였다. 양국의 국제적 중요도와 세력의 차이는 오늘날 미국과 일본 사이의 차이보다 훨씬 컸다. 그런데 영일동맹은 정부와 국민 모두의 환영을 받았고, 어느 누구도 그 문서로 인해 일본이 영국 제국주의에 굴복했다거나 영광스런 영국의 식민지로 전락할 위험에 빠졌다고 생각하지 않았다.
>
> 이런 역사적 사실을 상기하면서 우리의 이른바 '진보적' 지식인들이 일본은 미국의 식민지나 다름없다느니 '아시아의 고아'라느니 하며 떠든 것을 생각해보면, 이 비판자들이 50년 전만 해도 그토록 단호하고 분별력 있게 행동하면서 식민지적 열등감이라곤 조금도 내비치지 않았던 사람들과 같은 민족인지 의심스러워진다.[23]

돌이켜보면 샌프란시스코 체제에 대한 요시다의 평가를 비난하기는 어렵다. 미국의 존재는 동아시아를 안정시켰다. 중화인민공화국은 마오쩌둥 시대의 거대한 광기에 휩싸여 있었기에 대화의 가능성이 거의 없었고, 울며 겨자 먹기로 받아들인 중국과의 관계 단절은 일본의 정치를 안정시켰다. 일본은 안보를 미국에 의존하면서 서서히 그리고 조심스럽게 재무장했고, 미국의 존재 덕분에 점차 동아시아 연안에 위치한 교역 상대국들의 신뢰를 회복할 수 있었다. 자원·기술·시장을 개방한 미국과의 유대는 일본이 다시 일어서고 경제성장을 재개해 동아시아 성장의 동력이 될 수 있었던 발판이었다.[24]

6. 지식인과 요시다 체제

요시다는 만인의 존경을 받지는 못했고, 앞서 지적했듯이 은퇴할 당시에는 대부분의 일본인이 거들떠보지도 않는 정치적 실패자로 그려지곤 했다. 부분적인 평화 및 안보체제는 국론을 극심하게 분열시켰고, 1960년 안보조약 개정을 앞둔 상황은 그야말로 위기국면이었다. 안보조약에 반대하는 목소리가 학생과 지식인 사이에 퍼져 나갔다. 1950년대 지식인 사회의 분열은 항복 후의 계급투쟁만큼이나 심각했고, 요시다처럼 경멸적으로 '진보적 지식인'을 무시할 수 있는 상황이 아니었다.

전후기를 대표하는 말은 '평화' '민주주의' '문화'였다. 일본은 스스로를 '문화국'으로 재정립하기로 했고, 이 임무를 수행한 중추적 존재는 '문화인'(분카진)인 지식인이었다. 엄격하고 독선적이며 언론의 주목 외엔 달리 보상도 받지 못했던 지식인은 혹자가 평하듯이 사무라이 도덕주의자들을 계승한 새로운 시대의 의식 있는 인물이었다.[25]

1950년대에 일본이 재기한 과정은 1960년대에 사회를 분열시킬 요소를 잉태하고 있었다. 요시다가 회고록을 쓸 무렵 1960년의 광란은 지나갔지만, 그것이 그렇게 갑자기 진정되리라고 기대한 사람은 거의 없었다. 당시

| 요시다 시대 |

에 가장 유력하고 존경받던 지식인들은 평화조약과 안보조약에 대해 대체로 양면적인 태도를 보였는데, 돌이켜보면 그들의 불편한 심기는 1948년 점령군이 우선순위를 변경한 데서 비롯된 것이다.

이 점은 점령 말기에 가장 영향력 있는 집단을 만들어낸 한 출판인에게 전달된 정보가 활용된 방식을 보면 분명해진다. 이와나미 출판사가 전후에 발행하기 시작한 월간 『세계』(世界, 세카이)는 곧 진보적 지식인들의 사랑을 독차지하게 되었다. 점령군은 군국주의의 부활을 감시하기 위해 정기간행물에 대한 검열을 계속했다. 1949년 9월 『세계』의 편집자는 여느 때와 다름없이 다음 호의 발행을 허가받기 위해 민간정보교육국의 검열과를 방문했다. 그런 방문은 짜증 나게 마련이었지만, 해외에서 건너온 문서를 접할 수 있는 행운을 주기도 했다. 이번에 편집자가 건네받은 것은 얼마 전 유네스코에서 펴낸 『전쟁을 유발하는 요인』이라는 제목의 책자였다. 검열과의 직원은 사회과학자들이 쓴 그 책자를 출판할 의향이 있는지 물었다. 몇 달 후에 출판된 그 책은 평화문제담화회 결성의 촉매가 되었다. 이 조직은 여전히 국제적인 조류에서 다소 고립되어 있던 일본에서 토론문화를 주도했다.(때로는 혼란을 초래하기도 했다.) 평화문제담화회의 창립자들은 그 책에 기고한 8명의 학자 중 한 명이 소비에트 블록에 속한 헝가리 출신의 무명 학자라는 사실을 소련 당국이 평화적 공존을 바라고 있다는 무언의 신호라고 결론짓고, 이에 고무되어 비무장 중립을 옹호하고 나섰다. 그들은 일본을 냉전의 한 축에 얽매이게 한 조약은 없느니만 못한 것이고 신헌법의 정신에 위배되는 것이라고 주장했다.[26]

여기에서 토론의 화두를 이끌어낸 지식인들은 여론에 지대한 영향을 미쳤다. 언론인들은 하나같이 보수적인 정부에 비판적이었다. 그들은 주변에서 발달하고 있던 새로운 상업주의와 유리된 채 글을 쓰며 어렵게 생활하면서도 소신을 굽히지 않았다. 하지만 그들을 자극한 더욱 강렬한 충동은 군국주의와 전쟁 앞에서 침묵을 지켰던 자신들의 과오를 속죄하려는 결의였다. 그 기간에 많은 지식인과 작가들이 국가에 협조했지만, 이를 거부한 사람들은 한 걸음 물러나서 입을 다물고 있었다. 이미 지적했듯이 1930년대의 두드러진 특징 중 하나는 토론이 가능했음에도 불구하고 일본의 행보에 관한 공개적인 논의가 전혀 없었다는 것이다. 지식인들은 똑같은 실수를 반복하고 싶지 않았다. 전시에 금지되었다는 이유로 명성을 얻은 마르크스주의가 사회과학계를 지배했다. 과거의 보수파 영웅들은 묵살되거나 추방되었다. '황국사관'으로 막강한 영향력을 행사했던 히라이즈미 기요시 교수는 미미한 자리에서 경력을 마감했다. 군부에 협력했던 사람들 가운데 일부는 새로운 민주주의와 평화를 더욱 열성적으로 지지했다.

세대 차이는 이런 현상을 심화시켰다. 초창기 평화문제담화회의 토론에는 다양한 성향의 지식인이 참가했지만, 얼마 후 '구자유주의자'와 '신진보주의자' 간의 극심한 분열이 표면화되었다. 구(舊)우파와 군부가 빠져 나가자, 전전의 자유주의는 전후의 보수주의가 되었다. 전전의 자유주의 세대는 재기하지 못했다. 다이쇼 세대는 전쟁의 결과로 인해 유난히 큰 상처를 받았고, 새로운 진보파의 격렬함에 맞서기에는 역부족이었다.

좌파 역시 공산주의를 수용하는 정도에 따라 이데올로기적으로 분열되었지만, 일본에 새로 출현한 친미 보수주의에 대항하는 일에는 굳건히 단합했다. 어떤 면에서 그들은 새로운 반정부지식인이었다. 그들에게 요시다의 비난은 명예의 상징이었고, 그들은 요시다에게 받은 멸시를 그대로 되돌려주었다.

이 시대의 마지막 특징은 고백풍의 참회가 유행했다는 것이다. 새로운 지식인들은 입을 모아 중국에서 일본이 한 일을 개탄했다. 태평양전쟁은 서양 제국주의에 저항하려는 동기에서 시작되었기 때문에 궁극적으로 진보적인 전쟁으로 볼 수도 있었지만, 평화로운 이웃을 공격한 중일전쟁은 변명의 여지가 없는 침략행위였다. 이 회한은 중국에서 진행 중인 혁명에 대한 찬사 내지는 경탄으로, 그리고 일본을 중국 본토와 단절시킨 정책에 대한 강도 높은 비난으로 이어졌다. 1950년대 내내 낭만적이고 부드러움에 가득 찬 동경이 중국에 대한 논평의 특징이었다. 심지어 계급투쟁의 극단성에 대한 이야기나 중국이 티베트와 인도로 진격했다는 소식이 들려와도 중국학자 다케우치 요시미(竹內好) 같은 주요 인물들은 일본이 모른 체해야 한다고 생각했다. 과거 자신들이 한 짓을 생각해볼 때 일본은 중국을 비판할 자격이 없다는 것이었다.

1950년대에는 또한 새로운 안보체제가 평화와 민주주의를 우선시하는 일본의 정책에 종지부를 찍었다는 주장과 관련하여 몇 가지 문제가 불거져 나왔다. 요시다가 1953년에 오랜 라이벌인 하토야마에게 자리를 내주자, 보수파는 개정을 염두에 두고 진지하게 헌법을 연구하기 시작했다. 미국의 촉구로 창설된 경찰예비대는 육상·해상·항공 부문으로 편성된 자위대가 되었다. 진주만 공격을 계획했던 겐다 미노루는 새로운 항공자위대를 조직하며 다시 부상했다. 한 일본인이 미군 사격장에서 고철을 줍다가 사살된 것과 같은, 널리 보도된 몇 차례의 사건으로 미군기지 문제가 공개적으로 논의되기 시작했다. 인근의 학교나 주택가 위로 날아오르던 미군 제트기는 일본의 독립이 허상에 불과함을 깨닫게 해주었다.

논쟁의 초점은 강화조약이 체결된 뒤 몇 시간 만에 조인된 미일안보조약이었다. 원래 그 조약은 무장해제된 일본이 "고유의 자위권을 행사할 유효한 수단"이 없으며 아직 "무책임한 군국주의가 세계에서 구축(驅逐)되지 않았기" 때문에 일본이 위험에 처할 수도 있다는 사실을 인정한 것이었다. 그러므로 일본은 "방위를 위한 잠정적인 조치"로 안보조약이 평화조약과 동시에 시행되게 해달라고 요청했고, "미국이 자국 군대를 일본과 주변에 그대로 유지해 무력공격을 막아줄 것"을 부탁했다. 미국은 이에 동의하지만 언젠가는 일본이 직적·간접 침략에 대한 자국의 방위를 스스로 책임지기를 기대하며, "유엔 헌장의 목적과 원칙에 따라 평화와 안보를 증진하기 위한 것 이외에 이용되거나 공격적인 위협이 될 수 있는 군비는 어떤 경우라도 피하"라고 덧붙였다. 이에 따라 일본은 "미국의 육해공군을 일본 국내와 부근에 배치할" 권리를 부여했고, 미국은 수락했다. 이 군대는 "극동에서의 국제 평화와 안전을 유지하는 데 기여할" 것이고, 만일 일본정부의 요청이 있을 경우 "외부의 세력이 선동하거나 개입한 대규모 내란이나 소요를 진압하는 데"도 이용될 수 있었다.

미일안보조약은 상호 평등한 것이 아니었다. 미국은 일본의 국내 안전이나 극동의 안전을 위해 사전에 상의하지 않고도 자유롭게 군대를 사용할 수 있었지만, 일본은 미국의 보호를 받는 비용을 계속 부담해야 했다. 반대자들은 그것을 새로운 형태의 불평등조약이라고 비난했다. 사실 그것은 또 다른 의미에서 불공평했다. 미국은 일본을 방어해주기로 약속했지만, 보답할 능력이 없는 일본은 미국을 방어할 의무를 지지 않았기 때문이다.

1957년에 총리가 된 지 두 달 만에 이시바시 단잔이 사망하자, 권력은 한때 도조 대장의 각료였던 기시 노부스케에게 넘어갔다. 그는 비록 기소되거나 재판을 받지는 않았지만 'A급' 전범 용의자로 조사를 받은 전력이 있었다. 안보조약은 1960년에 갱신될 예정이었고, 기시 내각은 좀 더 호혜적이고 협력적인 방향으로 조약을 개정하고자 했다.

하지만 그 정도의 변화로 진정될 리 만무했던 비판적 지식인들은 기시가 평화와 민주주의를 대변하는 후보로는 적절치 않다고 느꼈다. 그들은 기시를 신뢰하지 않았고, 개선안이 포장만 바꾼 것이라고 비판하면서 수정안을 받아들이는 대신 조약을 폐지하라고 요구했다.

기시 내각은 1960년 드와이트 아이젠하워 대통령의 예정된 방문시기에 맞추어 안보조약 갱신을 위한 의회의 승인을 받기로 결정했다. 아이젠하워의 순방은 원래 냉전의 긴장을 완화하고자 소련의 흐루시초프 정부와 대화할 목적에서 계획된 것이었는데, U-2 정찰기 사건*으로 상호간의 불신이 고조되자 모스크바 방문은 취소되었다.

안보조약 갱신을 저지하기로 단단히 결의한 야당(일본사회당과 민주사회당)은 중의원 의장의 입장을 막으려고 했다. 정부는 경찰의 물리력에 의존해 그를 입장시켰다. 이에 대응해 야당은 의사진행을 거부했고, 정부는 한

* 1960년 소련 영공에서 미국의 U-2 정찰기 한 대가 격추된 사건.

밤중에 야당 의원이 모두 불참한 가운데 억지로 의회의 승인을 받아냈다.

많은 일본인이 평화와 민주주의가 위협받고 있다고 느꼈다. 도쿄에서는 기시 정부의 처사에 항의하는 대규모 시위가 벌어졌다. 아이젠하워의 방문 일정을 논의하기 위해 일본에 온 그의 언론보좌관은 공항에서 도쿄로 들어가지 못했고, 아이젠하워의 방문은 취소되었다.[27] 기시는 승리했지만 상당한 대가를 치렀다. 우익분자의 공격을 받아 중상을 입은 것이었다. 얼마 후 또 다른 광적인 우익분자가 일본사회당 위원장 아사누마 이네지로(淺沼稻次郎)를 살해했다. 이 사건은 아사누마가 시위군중에게 연설하는 모습이 TV로 생방송되고 있을 때 일어났다.

이런 사건들은 일본 대의민주주의의 이미지를 손상시켰고 많은 사람들이 일본의 미래를 염려하게 만들었다. 일본은 패전의 쓰라림을 맛본 지 채 20년도 지나지 않았고 생활은 여전히 피폐했으며 도시에는 아직까지 파괴의 흔적이 남아 있었다. 시위의 혼란을 좌절한 지식인들 탓으로만 돌리는 것은 과장이겠지만, 시민의 저항이 지식인들의 의심과 의혹에서 파생된 여론몰이의 산물이었고, 야당의 저지에 대한 정부의 서투른 대응에 의해 점화되었으며, 일치단결하여 정부의 정책이나 전술을 비난했던 언론기관에 의해 확산되고 증폭되었다는 데는 의문의 여지가 없다. 분명히 1960년의 사건들은 군국주의 부활에 대한 두려움, 이견에 대한 억압, 우익 테러리즘의 복귀라는 맥락에서 조명되어야 한다.

점령이 종료된 직후인 1952년 노동절 시위 이후 사회주의자들이 이끄는 노동조합은 일본의 주요 도시, 특히 도쿄에서 벌어진 대규모 시위에 참가했고, 노동자들은 안보조약 항의시위에서 중요한 몫을 차지했다. 그렇지만 지식인들의 분노와 좌절이라는 맥락에서 이런 사건을 다루는 것을 정당화해주는 것은 시위자의 압도적 다수가 도심의 대학 교정에서 나온 학생들이었고 이들을 부추긴 것이 교수들이었다는 사실이다. 시위대는 학교 깃발 아래 일사불란하게 움직였고, 폭동의 유일한 사상자는 여대생이었다. 그러나 이들 시위에는 초기 농경사회의 축제를 연상시키는 밝고 긍정적인 측면도 있었다는 점을 잊지 말아야 한다.

이런 사건들을 논하면서 많은 지식인은 시위가 일본의 민주화과정에서 뭔가 새롭고 중요한 역할을 했다고 결론을 내리면서, 역사상 처음으로 진정한 변화의 힘이 위로부터의 촉구에 따른 것이 아니라 아래로부터 솟구쳐 올랐다고 주장한다. 그들은 지금까지 변화를 주도하기보다는 수용해왔던 사회에서 혁명적 의식이 출현하기 시작했다고 생각했다.

아마 이런 의식이 발현된 유일한 선례는 1880년대의 자유민권운동이라고 할 수 있을 것이다. 메이지 헌법의 제정과 함께 그 정신은 부국강병이라는 국가적 목표에 흡수되었다. 1960년대에 분출된 참여의 열기는 이번에는 경제성장과 개인의 소비욕구 충족이란 목표에 흡수되었다.

갑자기 그리고 뜻밖에, 시위를 유발한 공포심이 사그라졌다. 국민소득을 두 배로 늘리자는 이야기가 새로 얻은 민주주의와 평화를 잃게 될지도 모른다는 두려움을 몰아냈다. 국제문제는 일종의 균형을 되찾았다. 성장이 일본을 안정시켰고, 되살아난 일본경제가 동아시아의 해상국가들을 안정시키는 듯했다. 요시다의 뛰어난 '문하생'인 이케다 하야토(池田勇人, 1899~1965)가 이끄는 새 내각은 기시의 독재적 전술 대신 '저자세'를 취했다. 일본은 서서히 국제사회에 재합류했고, 동남아시아 국가와 차례차례 수교를 맺었으며 1965년에는 대한민국과 국교를 정상화했다. 자위대는 위협적인 존재가 아니었고 모병에 다소 어려움을 겪었다. 10년 안에 GNP를 두 배로 늘리는 것을 비롯해서 경제분야의 목표는 곧 초과 달성되었다. 지식인과 그 제자들은 더 많이 여행하고, 더 많이 읽고, 더 많이 번역했다. 1950년대의 열띤 분위기는 점차 다채롭고 심지어 느긋한 분위기로 대체되었다.

7. 전후의 문화

도쿠가와 시대의 일본은 칼과 붓을 동시에 숭상했다. 2세기 동안 무가제법도(武家諸法度, 부케쇼핫토)는 사무라이들에게 싸우는 법뿐 아니라 평화를 지키는 법도 수양하도록 했다. 19세기의 근대국가는 무력수단의 증대에 집중했고, '문'은 '무' 다음 자리에 있어야만 했다. 오랫동안 시와 그림 같은 궁정예술을 후원했던 천황은 제복을 입고 관병식에 모습을 드러냈다. 전후 일본에서는 상황이 역전되었다. 국민들은 살아남은 것에 안도감을 느끼면서 전쟁기술에 등을 돌리고 더욱 열정적으로 문화를 끌어안았다. 평화·민주주의·문화는 새 시대의 삼두마차였고, 1946년 1월에는 초등학교 학생들이 황태자가 신년휘호로 내린 '문화국가 건설'이라는 문구를 연습장에 열심히 받아쓰고 있었다.

문화라는 화두는 비록 막연하긴 해도 전쟁과 지배라는 허망한 수사보다는 환영할 만한 것이었고, 일단 시급한 물질적 욕구가 해소되자 일본인은 열렬하게 문화를 추구했다. 당국의 인쇄용지 지급 거부로 '자발적 폐간'을 받아들일 수밖에 없었던 잡지들이 마술처럼 다시 등장했다. 오랜 역사를 자랑하던 인기 잡지는 곧 무수한 신생 잡지의 도전을 받았고, 독자를 확보하기 위해 치열한 경쟁을 벌여야 했다. 훗날 일본인들은 신진 작가들이 새로운 형식을 통해 선보이는 사상을 접할 수 있었던 이 시대의 감격과 흥분을 회상하곤 했다.

"전후에는 창조적 분출이라 부를 만한 무언가가 있었고, 파괴와 기아의 한가운데에서 수많은 잡지가 새로 창간되거나 복간되고 서적출판이 재개되면서 '전후세대'가 작업할 수 있는 무대가 마련되었다."[28] 가와바타 야스나리(川端康成, 1899~1972)와, 지난날에 대한 고요한 향수를 표현하다가 전시에 침묵할 수밖에 없었던 다니자키 준이치로(1886~1965)가 전면에 부각되었다.(이들의 주요 작품은 재능 있는 번역자들의 주목을 받아 서양의 독자들에게 소개되었다.) 전시에 출판할 수 없었던 다니자키의 『세설』(서양에는 『마키오카 자매』로 소개되었다)은 극찬을 받으면서 순식간에 근대의 고전 반열에 올랐다. 가와바타의 『설국』(1948)[29]도 마찬가지였다. 다니자키와 가와바타는 전전에 자신들이 추구했던 성적 감각주의로 되돌아가 나이와 성적 능력의 감퇴에 관한 문제를 파고들었다.

전쟁의 개인적 체험은 오오카 쇼헤이(大岡昇平, 1909~1989)의 작품에서 중요하게 다루어졌는데, 그의 자서전을 보면 소설의 배경을 알 수 있다.[30] 다자이 오사무(太宰治)의 『사양』(斜陽, 1947)은 전후의 깊은 절망과 도덕적 타락에 대한 작품으로 엄청난 인기를 얻었다. 미시마 유키오(1925~1970)는 예술과 현실을 구분하지 못하는 재기발랄한 문장가였다. 전후의 시대 풍조에 환멸을 느낀 그는 소설과 현실에서 국수주의적 이상을 재창조하고자 했다. 그는 소규모 민병대를 조직했고, 1936년의 2·26사건에 가담한 청년장교들을 이상화했다. 1970년에 4부작을 탈고한 후 자신의 작품세계를 완성했다고 느낀 그는 치밀한 준비 끝에 자위대 본부에서 반란을 시도했는데, 뜻을 이루지 못하자 1912년의 노기 대장처럼 할복했다. 사람들은 이 사건에 경악을 금치 못했다.[31]

여성들의 작품도 많았는데, 그 중 상당수가 새로 창간된 여성잡지에 연재되었다. 아리요시 사와코(有吉佐和子, 1931~1984)를 비롯한 여성작가들은 케케묵은 가부장적 사회에서 여성이 겪는 고통을 묘사했다. 이미 메이지 시대에 요사노 아키코(與謝野晶子, 『겐지 이야기』를 현대어로 번역한 시인)가 엄청난 인기를 누린 바 있었기 때문에 여성작가의 등장 자체가 새로운 현상은 아니었다. 하지만 신진 여성작가들은 새로운 장르를 만들고 있다는 점을 의식하면서 여성으로서, 그리고 여성을 위해서 글을 썼다.

미시마가 옹호한 구식 내셔널리즘은 젊은 세대의 작가나 독자들에게 전혀 먹혀들지 않았다. 오에 겐자부로(大江健三郞, 1935년생)는 1950년대에 자신의 세대가 직면하고 있는 자유주의적이고 진보적인 사상을 적극 대변하는 작가로 명성을 얻었고, 사회에서 겪은 좌절을 가학적 성애를 통해 분출하는 반(反)영웅에 대한 묘사(『개인적 체험』에서처럼)로 널리 알려졌다. 또 점령기에는 검열 때문에 빛을 보지 못하던 원자폭탄을 소재로 한 작품도 많이 발표되었다. 오에는 1965년 다큐멘터리 『히로시마 노트』로 이 대열에 합류했다. 이 범주에 속하는 소설 가운데 가장 유명한 것은 여러 영화

의 원작이 된 이부세 마스지(井伏鱒二)의 『검은 비』(黒い雨)이다. 또한 동시대의 사회문제인 규슈 미나마타(水俣)의 수은오염 문제를 다룬 작가들도 있었다.

일본문학은 메이지 시대 이후로 서양 문학과 사상의 영향을 많이 받았고, 전전에 다니자키와 가와바타 같은 작가가 감각주의와 모더니즘을 받아들이면서 그 영향은 한층 커졌다. 전후에도 서양의 사상가나 작가를 참조하는 경우가 많았다는 점에서 서양의 영향은 여전했다. 새로운 현상은 일본에 대한 관심이 커지면서 주요 작품들이 번역을 통해 서양에 소개되었다는 사실이다. 이에 따라 일본의 작가들은 과거와 달리 서양에서 크게 주목받게 되었다. 1968년에 가와바타 야스나리는 노벨 문학상을 수상했다. 아시아 작가로는 타고르 이후 두 번째 영예였다. 미시마도 그 명예를 갈망했던 것으로 알려져 있는데, 그 상은 1994년에 그의 비판자인 오에 겐자부로에게 돌아갔다. 일본문학은 이제 세계문학의 일부가 된 듯이 보였다. 일본인은 자신들의 재능을 대외적으로 인정받았다는 사실에 큰 의미를 부여했다. 일본인에게 노벨상 수상은 일본인이 사실상 '문화국민'이 되었다는 지표였다. 도쿄가 1964년 올림픽 개최지가 된 것도 일본인에게 이루 헤아릴 수 없는 만족감을 안겨주었다.

전후 일본문화의 또 다른 측면은 신흥종교의 발흥이다. 3천 개가 넘는 종파가 총 3,000만~4,000만에 이르는 신도를 거느렸던 것으로 보인다. 그 중 15개가 수백만의 신도를 이끄는 큰 세력이었다. 소카갓카이 하나만도 1,200만의 추종자를 거느렸다. 소카갓카이는 대학도 설립했고 정당도 창설했다. 몇몇 종교는 국제적인 조직망을 유지하면서 막대한 부를 축적하여 거대한 본부건물(레이유카이[靈友會])이나 인상적인 미술관(MOA 미술관, 미호 미술관)을 건립했다.

신흥종교는 전후의 새로운 현상은 아니었다. 3대 종파인 덴리교(天理教)·구로즈미교(黒住教)·곤코교(金光教)는 도쿠가와 말기에 발전한 것으로, 모두 창시자가 심한 병을 앓은 후 계시를 받아 세웠다고 한다.[32] 풍요

로운 농촌지역인 일본의 중부와 서부에서 교세를 확장한 3대 종파는 국가의 압력 아래 신도의 신화와 의식을 받아들이는 경향을 보였고 점차 신도와 유사해졌지만, 신흥종교를 골칫거리로 여기는 당국에 의해 몇 차례 탄압을 받기도 했다. 20세기 초에는 불교에 뿌리를 둔 레이유카이와 소카갓카이 같은 강력한 신흥종교 집단이 등장했다.[33] 세 번째로 출현한 세이초노이에(生長の家)는 좀 더 잡종적인 종파로 모든 종교의 합일을 설파했다.

항복 후 국가신도는 금지되었고, 새 헌법은 종교의 자유를 명시했다. 불교계는 국가에 협조했다는 약점을 안고 있었으며, 사회는 빠르게 변하면서 극심한 혼란을 겪고 있었다. 당국의 눈총을 받던 신흥종교들은 이 틈을 타서 힘을 얻게 되었다. 신흥종교의 교리는 다양했지만 조화를 추구하고 일본 농촌문화의 핵심가치인 충성과 성실을 강조한다는 면에서는 대동소이했다. 경제성장으로 수백만의 일본인이 농촌에서 도시로 이동함에 따라 신흥종교는 신도들에게 일종의 안정감과 소속감을 제공하게 되었다. 신앙을 통한 치유에 대한 믿음도 공통적이었다. 일반적으로 신흥종교는 비정치적이고 보수적이었다. 주요한 예외가 1964년에 결성된 소카갓카이의 공명당(公明黨)이다. 이 정당은 구태의연한 정치를 거부한다고 선언했지만, 세기말에 자민당과 연립하여 내각을 구성했다.

신흥종교는 각양각색의 선교 프로그램을 개발하고, 신도들을 조직하여 그들이 변화하는 일본사회 속에서 의미와 소속감을 느끼게 해주었다. 이들은 대개 일본사회의 주류에 끼지 못한 사람들이었다. 중소기업이나 상점에서 일하는 사람들이 대기업 사원들보다 많았고, 여성이 남성보다 훨씬 많았다. 사실 처음부터 신흥종교의 창시가가 여성인 경우도 적지 않았다. "이처럼 신흥종교의 교주나 창시자가 여성이었다는 점은 세상에서 사회에 진출할 기회가 제한되어 있던 여성들에게 신흥종교가 호소력을 갖게 된 주된 이유 중 하나였다."[34] 전후 일본에서 신흥종교가 대거 출현한 것은 종교의 자유를 보장하는 새로운 헌법과 사회적 통합이라는 새로운 욕구에 대한 당연한 반응이었다. 그리고 그 규모와 열기는 과거의 수준을 훨씬 뛰어넘는 것이었다. 유감스럽게도 새로운 시대 풍조와 종교가 반드시 사회적 응집에 일조했던 것은 아니다. 1995년에 일본과 세계는 힌두 밀교의 관습에서 이름을 따온 옴진리교라는 종교의 실체를 알게 되었다. 이 신흥종교는 신비한 능력을 소유했다는 시각장애인 아사하라 쇼코(麻原彰晃)를 중심으로 결성된 것이었다. 일본국민이 충격에 휩싸인 것은 아사하라의 추종자 중에 지적인 젊은 과학자와 대학 졸업생들이 포함되어 있었기 때문이다. 점점 기술화되어가는 일본사회에서 성공해야 한다는 중압감을 견디지 못한 그들은 교주의 지침을 맹종하여 맹독성의 사린가스를 제조하고 그것을 도쿄의 붐비는 지하철 안에 살포해 인명을 살상했다. 이 사건으로 12명이 죽고 수천 명이 부상당하자, 일각에서는 과연 경찰이 종교단체에 대한 감시를 금지하고 있는 현행법을 계속 존중해야 할 것인지 의문을 제기했다.

영화 부문에서 전후의 일본문화는 정점에 달했다. 일본의 영화산업은 오랫동안 인기를 끌어왔지만, 애국심·인내·용기 같은 주제에 치우치던 전전에는 할리우드의 서부영화에 해당하는 사무라이의 전투를 다룬 영화가 주종을 이루었다.[35] 항복 후에 SCAP의 관료들은 그런 주제가 군국주의적이라며 눈살을 찌푸렸다. 그러나 1952년에 점령이 종료된 이후 거장들의 탁월한 작품들이 쏟아져 나와 세계영화계의 주목을 받게 되었다.

일본영화의 다양함과 작품성을 한정된 지면에서 제대로 다루기는 불가능하다. 미조구치 겐지(溝口健二), 오즈 야스지로(小津安二郎), 구로사와 아키라(黑澤明, 1920~1998)는 국제적 명성을 얻었는데, 특히 구로사와 아키라의 역할을 지적하지 않을 수 없다. 구로사와는 화가 출신으로, 평생 화면의 구도를 이용해 극적인 효과를 만들어내는 섬세한 감각을 보여주었다. 1943년에 개봉된 그의 첫 영화는 전시동원이라는 요구에 부합하지 않는다는 비판을 받았지만 흥행에는 성공했다.

구로사와의 작품에는 진실과 환상이라는 대립되는 테마가 있다. 배경이 항복 후 도쿄의 암울한 현실이든 일본의 과거이든, 그의 영화는 일단 환상에서 시작한 다음 진실을 찾아 나선다. 구로사와에게 처음으로 국제적인 찬사를 안겨준 영화 「라쇼몬」(羅生門, 1950)은 중세일본을 무대로 산적, 피해자, 피해자 남편의 혼령, 나무꾼을 등장시킨다. 4명은 각기 다른 방식으로 자신이 본 강간과 살인에 대해 설명하는데, 감독은 누구의 설명이 정확한 것인지 분명한 언질을 주지 않는다. 그러나 자신의 환상 속에서 살아가는 개개인에게는 모든 설명이 타당한 것이다. 구로사와의 제작자는 이 영화가 성공하지 못할 것이라고 장담했다가, 막상 흥행에 성공하고 나자 그것을 자신의 공으로 돌리려 했다고 한다. 구로사와는 훗날 자신은 정작 그 영화에서 뒷전으로 밀려난 것 같았다고 회상했다. 「라쇼몬」은 세계인의 뇌리에 모호함과 자기기만을 상징하는 단어로 각인되었다. 이 작품은 물론 이후의 작품에서도 구로사와는 배우 미후네 도시로(三船敏郎)와 함께 작업했는데, 그의 엄숙한 표정과 노련한 연기는 관객들의 기억에 영원히 남아 있다.

  구로사와는 할리우드 감독들의 격찬을 받았다. 그들은 구로사와의 「7인의 사무라이」「라쇼몬」「요진보」(用心棒)를 각색해 영화를 만들었고, 그의 아이디어와 영화적 장치를 많이 차용했다. 고리키에서 셰익스피어에 이르는 서양의 문학작품, 일본의 민담, 할리우드 서부영화 등 다양한 원전에서 소재를 얻은 구로사와는 1948년부터 1965년까지 17편의 영화를 만들면서 일본영화의 황금기에 가장 왕성하게 활동했다. 그가 사망하자 『뉴욕 타임스』는 전면을 할애하여, "전세계인에게 일본영화의 화신이었으며 영화산업이 배출한 참으로 중요한 몇몇 감독 중 한 명"인 그를 추모했다.

*　　*　　*

되돌아보면 요시다 시대의 기록은 초기 각료회의에서 그가 했던 말—전쟁에 졌지만 평화를 얻었다—에 힘을 실어준다. 이 평화는 전쟁과는 대조적으로 적을 정복하지 않고 얻은 것이었다. 일본과 미국은 한 전쟁에서 서로 싸웠으며, 한쪽은 졌고 한쪽은 이겼다. 그렇지만 양국은 평화 속에서 서로의 동지가 되었다.

독립 이후의 일본

20

샌프란시스코 강화조약은 1952년 4월 28일부터 발효되었다. 며칠 뒤인 노동절에 황거 앞 광장에서 벌어진 시위는 시위대가 최루탄에 맞서 경찰과 몸싸움을 벌이면서 과격해졌다. 신문을 통해 이 소식을 접한 미국인들은 일본사회의 깊은 갈등을 깨닫게 되면서 일본의 미래에 대해 걱정하기 시작했다. 노동계는 술렁거렸고, 까다로운 좌파는 미국과의 안보조약에 심한 불만을 나타냈으며, 보수파는 차제에 1947년 헌법에 도입된 내용을 확 뜯어고칠 기세였다. 한국전쟁은 일본경제에 상당한 도움을 주었지만, 생산성은 여전히 아주 낮았다. 허술하게 관리되고 있는 좁고 위험한 탄광에서 힘겹게 채굴되는 석탄이 여전히 유일한 에너지원이었다. 숲에는 더 베어낼 나무가 없었고, 연안의 바다에는 더 잡을 물고기가 없었으며, 토지에는 양분이 부족했다. 국제무역은 정체상태였다. 주택도 부족했고, 도시는 가건물로 가득했다. 학교도 형편없이 관리되어 습기가 차고 추웠다. 몇 건의 대규모 건설공사가 진행되고 있던 도쿄 중심가에서는 건물의 골조를 에워싸고 있는 격자형 죽재(竹材)를 흔히 볼 수 있었다. 고무신을 신은 인부들은 무거운 건축자재를 짊어지고 천천히 사다리를 올라가 널빤지 위에 내려놓곤 했다. 현대화나 기계화는 먼 훗날의 일이었다.

    50년 후 도쿄 중심가에는 그런 재래식 건물 주위에 번쩍이는 현대식 고층건물이 들어서 있다. 날렵하게 생긴 기차는 촌각을 다투며 도시 안팎으로 수만 명의 승객을 실어 나른다. 수많은 통근자들은 사통팔달의 편리한 지하철을 타고 집이나 사무실로 향한다. 새 학교가 곳곳에 들어섰고, 고등교육기관은 갈수록 많은 젊은이를 신축 도서관과 실험실을 갖춘 멋진 캠퍼스로 유혹한다. 일본인은 더 잘 입고 잘 먹게 되었다. 세계 구석구석에 설치된 네온사인은 일본 상품의 매력을 자랑하고, 일본의 거리에는 사람과 자동차가 넘쳐난다. 오늘날의 일본은 소비문화의 천국이다. 일본은 선진 7개국 G-7(group of seven), 최근에는 G-8(G-7과 러시아)의 일원이 되었고, 국제문제에도 적극적으로 나서고 있다.

1. 정치와 1955년 체제

패전 후 정치활동이 재개되자 전전의 연로한 정치인들이 정당을 이끌기 위해 복귀했다. 우파에는 메이지 시대 정쟁의 후예인 입헌정우회와 입헌민정당 출신의 노련한 의원들로 구성된 일본자유당과 일본진보당이 있었다. 그 상대는 다이쇼 시대와 쇼와 시대의 개혁정당인 노동농민당의 잔존세력으로, 이들은 이제 용어의 제약이 없어지자 자신들의 정당을 과감하게 일본사회당이라고 명명했다. 1946년 봄에 치러진 전후 첫 총선에서 두 보수정당은 공직추방령으로 너무나 많은 의원을 잃은 가운데(일본진보당은 90%, 일본자유당은 45%의 의석을 잃었다) 불리한 경쟁을 벌여야 했다. 일본사회당과 일본공산당에는 추방된 의원이 전혀 없었고, 양당은 전시체제에서 겪은 고난을 명예의 징표로 내세울 수 있었다. 이 선거에서 일본자유당이 근소한 차로 다수당이 되었고, 그 결과 제1차 요시다 내각이 구성되었다.

 선거구제도 변경되었다. 전후 첫 선거에서는 현(縣) 전체를 하나의 선거구로 구성하는 새로운 제도가 도입되었고, 유권자는 세 명의 후보에게 투표할 수 있었다. 1947년의 선거에서는 1925년 이후 시행되었던 중선거구제로 돌아갔다. 정당의 입장에서는 선거관리에 어려움을 겪었다. 특정 후

| 독립 이후의 일본 |

보가 당선에 필요한 표수 이상으로 많은 득표를 하면, 같은 당의 다른 후보에게 갈 수도 있는 표가 낭비되어버리기 때문이다.* 이 제도는 계속 유지되다가 1990년에 선거구당 한 사람을 뽑는 소선거구제로 개편되었다.

    1947년 선거에서 일본사회당은 놀라운 세력을 과시하며 원내 제1당이 되었고, 그 결과 가타야마 데쓰(片山哲) 내각과 아시다 히토시(芦田均)의 임시내각이 구성되었으나 둘 다 단명했다. 이후 일본사회당은 쇼와 말기에 '1955년 체제'가 끝나기 전까지 권력을 잡아보지 못했다. 2년 후 1949년 선거에서 일본사회당은 일본공산당에게 많은 의석을 잃었다. 이때는 '다지 라인'에 의한 긴축으로 경기가 침체되었고, 그 결과 공산당이 중의원 의석의 약 10%를 차지했다.

    1950년에는 한국전쟁으로 인한 반공정책이 일본공산당을 억압하여 일본공산당의 정치적 영향력에 사실상의 종지부를 찍었고, 일본이 남한을 방어하기 위한 유엔군의 군수품 기지 역할을 맡게 되면서 경제가 활기를 되찾자 공산당세력을 키우는 데 기여했던 요인이 사라졌다. 그럼에도 불구하고 일본의 정치는 유동적인 상태였다. 극우와 군부가 사라진 상황에서 '구 자유주의자'들은 매력 없는 노회한 온건보수 집단으로 비치기 시작했다. 요시다 시게루와 함께 일했던 정책가 와다 히로오는 미군이 곧 철수하고 나면 일본의 보수파가 난관에 봉착할 것으로 오판하고 일본사회당으로 옮겼다.[1] 와다와 정치적 행보를 함께 했던 스즈키 모사부로(鈴木茂三郎)는 자수성가한 인물로 와세다 대학을 졸업하고 언론계에 몸담았으며 전시에 투옥된 경력이 있었다. 이들은 새롭게 좌파 사회당으로 부상한 구(舊)노동농민당의 중진들의 지원을 받았다. 노동운동의 정통성을 내세우며 그들과 경쟁했던 인물은 전전의 우파 사회주의자 니시오 스에히로(西尾末廣)와 아사누마 이네지로였다. 아사누마는 교활한 정치인으로 1960년에 암살당했다. 우익 진영에는 추방령이 해제되면서 복귀한 전 외교관 시게미쓰 마

---

* 중선거구제하에서 의석수를 극대화하기 위해서는 선거구의 지지율에 알맞은 수의 후보자를 공천하여 표가 후보자들에게 골고루 배분되도록 해야 하는데, 이것이 쉽지 않다는 뜻이다.

모루(重光葵, 미주리호에서 항복문서에 조인한 인물 중 한 명), 오랫동안 관료 생활을 한 기시 노부스케(도조 내각의 일원으로 재판을 받지는 않았지만 A급 전범 명단에 올랐던 인물), 존경받는 경제전문 언론인 이시바시 단잔이 있었다. 이들은 대부분 연로하고 건강상태가 나빴으며 신선한 느낌도 주지 못했다. 이런 정황을 염두에 두면 일본이 나아가고 있는 방향에 대해 지식인들이 당황스러워한 연유를 이해할 수 있다.

반세기 조금 안 되는 동안 내각의 평균 수명이 1년 반 이하였고 총리는 2년 조금 넘게 자리를 유지했다는 것(표 참조)은 일본의 정치지도자들이 그다지 뛰어난 지도력을 발휘하지 못했다는 사실을 반증해준다. 물론 사망(이시바시, 이케다, 오히라)과 뇌졸중(오부치), 개인적이고 특히 금전적인 스

요시다 이후의 내각	
하토야마 이치로(3회)	1954년 12월~1955년 3월; ~1955년 11월; ~1956년 12월
이시바시 단잔	1956년 12월~1957년 2월
기시 노부스케(2회)	1957년 2월~1958년 6월; ~1960년 7월
이케다 하야토(3회)	1960년 7월~12월; ~1963년 12월; ~1964년 11월
사토 에이사쿠(3회)	1964년 12월~1967년 2월; ~1970년 1월; ~1972년 7월
다나카 가쿠에이(2회)	1972년 7월~12월; ~1974년 12월
미키 다케오	1974년 11월~1976년 12월
후쿠다 다케오	1976년 12월~1978년 12월
오히라 마사요시(2회)	1978년 12월~1979년 11월; ~1980년 7월
스즈키 젠코	1980년 7월~1982년 11월
나카소네 야스히로(3회)	1982년 11월~1983년 12월; ~1986년 7월; ~1987년 11월
다케시타 노보루	1987년 11월~1989년 6월
우노 소스케	1989년 6월~8월
가이후 도시키(2회)	1989년 8월~1990년 2월; ~1991년 11월
미야자와 기이치	1991년 11월~1993년 8월
호소카와 모리히로	1993년 8월~1994년 4월
하타 쓰토무	1994년 4월~6월
무라야마 도미이치	1994년 6월~1996년 1월
하시모토 류타로(2회)	1996년 1월~11월; ~1998년 7월
오부치 게이조	1998년 7월~2000년 4월
모리 요시로	2000년 4월~2001년 4월

캔들(다나카, 다케시타, 우노)이 내각교체를 앞당긴 면도 있다. 대중이 정치과정에 개입한 유일한 사례는 기시가 1960년에 안보조약 개정안을 독단적으로 처리함으로써 대중의 엄청난 분노를 사며 실각한 것이었는데, 이것조차도 보수적인 정부가 당면한 목표를 달성한 뒤에야 일어났다.

이 시기 내내 계급적 적대감은 쇠퇴했다. 1940년대 후반과 1950년대에 일본은 첨예한 사회적 갈등으로 사분오열되었다. 산업근대화와 생산합리화로 위협을 느끼고 있던 노동계는 과격한 투쟁도 불사했다. 일본노동조합총평의회(약칭은 總評〔소효〕)는 사회주의 정치세력의 기둥이었다. 비록 점령기 말에는 임금이 전전의 수준을 회복했지만 노동자들은 불만이 많았다. 1960년의 안보조약 반대시위로 사회불안은 최고조에 달했다. 하지만 그 후로 정치인들은 점차 이데올로기에서 탈피했다. 경제성장이 생활수준의 점진적 향상을 가져왔고, 일본이 1970년대 초반에 미국의 대중국정책을 추종하게 된 뒤에는 좌파의 수사가 시의성을 잃게 되었다. 1990년대에는 무라야마 내각을 구성하기 위해 보수파와 연합하면서 사회당은 그 정체성마저 포기했다.

1955년에 눈앞의 승리를 감지한 사회당 우파와 좌파는 힘을 합쳐 일본사회당의 재통일을 이루어냈다. 같은 해에 사회당의 득세를 저지하기 위해 보수적인 자유당과 일본민주당(약칭 민주당)이 합당해서 자유민주당(이하 자민당)을 결성했다. 이후 자민당은 40년 동안이나 정권을 유지했다. 자민당 집권기에 사회당은 야당으로서 원내의 각종 상임위원회에 참여했는데, 어떤 사람들은 일본의 정치가 양당제가 아니라 '1과 1/2'당에 의해 지배되고 있다고 말했다. 이렇게 만들어진 정치구조를 흔히 '1955년 체제'라고 부른다.[2]

자민당 의원들은 어느 당 출신이냐에 따라 노선을 달리했다. 이 파벌주의는 정치인들이 선거자금 모금을 도와주거나 파벌 내 보직이나 당직을 줄 수 있는 정당지도자들을 중심으로 뭉치면서 더욱 강화되었다.

초창기부터 자민당의 중요한 구성원은 관료로 있다가 정당정치에 입문한 사람들이었다. 1958년부터 1976년까지 국장급 이상의 전직 고위관료가 중의원 의원의 10% 이상을 차지했는데, 대부분이 자민당 소속이었다.[3]

자민당은 하토야마 총리가 건강상 총리직을 수행할 수 있는 기간이 얼마 남지 않았다는 점이 분명해졌을 때 결성되었다. 하토야마는 1956년에 소련과의 종전협상(강화조약이 아니다)에 서명하기 위해 모스크바를 방문하기도 했으나 이미 노환으로 인한 병색이 완연했다. 이 신당의 고위간부들 역시 건강이 안 좋기는 마찬가지였다. 각료 경험이 있는 저명한 언론인이며 자민당의 첫 총리로 예상되던 오가타 다케토라(緖方竹虎)는 갑작스런 심장마비로 사망했고, 대신 총리직을 맡은 이시바시 단잔도 취임 후 두 달 만에 사망했다. 이제 남은 인물은 자민당의 초대 간사장이었던 기시 노부스케였다. 기시가 1960년의 안보조약 개정문제를 매끄럽게 처리하지 못했던 것은 이미 언급했다. 이에 따른 국회의 파행으로 총리직을 잃고 목숨까지 잃을 뻔했던 그는 '요시다 학교'의 우등생 이케다 하야토에게 총리직을 넘겼다.

이케다는 전임자의 고압적인 태도 대신에 저자세로 국정에 임할 것을 다짐했고, 10년 안에 국민소득을 두 배로 늘리겠다는 계획(국민소득배증계획)을 공표했다.[4] 모든 일이 순조롭게 풀릴 것 같았다. 그는 개인적으로 인기가 높았고, 그의 내각은 젊고 정력적인 미국의 새 정부와 잘 통했다. 당시 케네디 행정부는 맥아더 장군의 조카인 더글러스 맥아더 주일대사를 에드윈 라이샤워로 교체했다. 라이샤워는 미국을 대표하는 외교사절로 일본에서 대단한 인기를 끌었고, 양국의 동반자 관계에 대해 자주 거론했다. 일련의 미일 합동각료회의는 이 말에 의미를 부여하는 듯했다.

소득배증계획은 예상보다 훨씬 성공적이었다. 경제수준이 실제로 향상되자, 일본인들은 자신의 사회와 미래에 대해 긍정적으로 생각하게 되었다. 1964년에 개최된 도쿄 올림픽은 국민들의 자부심과 자신감을 더욱 고조시켰다. 또한 정부가 올림픽에 맞춰 해외관광객 유치를 위해 고속도로와 경기장을 건설하는 대규모 공사를 벌이자 도시생활의 질도 향상되었다. 유

| 독립 이후의 일본 |

명한 건축가 단게 겐조(丹下健三)가 설계한 올림픽 경기장은 현대적 기술과 전통적 디자인을 오묘하게 조화시킨 기념비적 건물로 국제적인 관심을 끌었다. 일본의 서민들은 비로소 재건과 경제성장에 헌신한 자신들의 노력이 헛되지 않았다는 사실을 눈으로 확인하게 되었다.

이케다의 때이른 사망으로 '요시다 학교'의 또 다른 일원인 사토 에이사쿠(佐藤榮作)가 뒤를 이었다. 그는 이케다가 도입한 인기 있는 정책들을 계속 추진했고, 임기 말인 1972년에는 미국과의 협상을 통해 오키나와 반환을 실현시켰다. 오키나와 미군기지는 일본의 주요 네 섬에 주둔한 미군기지와 동일한 통제를 받게 되었으나, 여전히 오키나와인의 생활에 지대한 영향을 미쳤다. 일본정부는 안보체제의 크나큰 부담을 짊어진 오키나와인의 희생을 보상하기 위해 개발계획에 착수했다. 사토는 군비지출을 최소화한다는 요시다의 입장을 유지하는 한편 일본이 무기를 수출하거나 원자폭탄을 생산 또는 보유하지 않겠다고 선언함으로써 노벨 평화상을 수상했다.

이 무렵 자민당 내에서는 파벌주의가 만연했고, 정치평론가들은 당의 지배력보다는 각 파벌의 세력분포에 더 큰 관심을 가졌다. 파벌은 보통 50명 안팎의 의원들로 구성되었다. 각 계파의 보스는 선거 때 자파 의원들을 후원할 수 있는 자금능력을 갖고 있었고, 도움을 받은 의원들은 자신들의 보스가 정당과 의회에서 영향력을 행사하는 데 필요한 인적 기반이 되었다. 이케다나 사토 같은 걸출한 정치인이 당을 장악하고 있을 때는 당 총재가 총리직에 오르는 것이 기정사실이었다. 하지만 각 파벌의 보스들이 치열한 밤샘 협상을 벌여 총리를 결정하는 경우가 훨씬 많았다. 성공한 후보는 자신을 밀어준 파벌들을 적절히 안배하여 내각을 구성했다. 앞에서 살펴본 것처럼 수많은 개각을 통해 각료가 자주 교체된 이유 중 하나는 총리가 그런 보상의 패턴을 바꾸거나 확대하고자 했기 때문이다.

파벌을 없애자는 논의는 자주 있었지만 실현된 경우는 거의 없었다. 1980년대에 당 간부들을 평당원이 직접 선출하는 제도가 마련된 후 한동안 자민당 당원수가 증가했지만, 이 역시 파벌 제거에 그리 큰 효과를 거두지는 못했다. 파벌주의는 정부정책 변화의 수위를 조절하는 데 한몫했을 뿐 그 변화를 가로막지는 않았다. 오히려 당의 지배력을 손상시키지 않는 범위 내에서 다양한 정책을 제시하는 데 기여한 측면도 있다. 작은 파벌의 보스들이 뭉쳐 당내 다수파가 되는 경우도 있었다. 비록 단명했지만 미키 다케오(三木武夫) 내각은 다나카 가쿠에이(田中角榮) 내각의 부패가 드러났을 때 소수파가 결합하여 만든 것이었다. 나카소네 야스히로(中曾根康弘)의 경우도 당내 지지기반이 상대적으로 약했지만 당내 파벌 간 관계를 능수능란하게 활용하여 강력한 지도자로 부상했다. 그는 국제무대에서 미국 로널드 레이건 대통령의 친구처럼 보였고, 국내에서는 국방강화 정책을 추진했다.

의원들은 선거구를 안정적으로 관리할 필요가 있었다. 한 표가 아쉬운 그들은 장례식과 결혼식을 비롯한 지역구민의 경조사에 참석해야 하는 부담을 덜기 위해 후원회(고엔카이)를 조직했다. 지역구 사무실을 유지하는 데 드는 비용도 고스란히 의원들의 몫이었다.[5] 이런 종류의 조직들은 정당이 아니라 특정 정치인을 중심으로 운영되었기 때문에, 지역구는 의원의 친인척에게 '대물림'될 수 있었다. 1980년대 말엽에는 중의원 의원의 40% 이상이 2세 또는 3세 정치인이었다.

자민당의 표밭은 농촌이었다. 급속한 산업화로 농촌인구가 대거 도시로 이동했고 법원이 몇 차례나 선거결과의 위헌성을 지적했음에도 불구하고, 새로운 인구분포를 반영하는 선거구 개정은 계속 지연되었다. 복수(複數)의 의원을 선출하는 지역에서 자민당 후보들의 당선을 보장하기 위해 표가 적절히 분산되도록 유도하는 선거 '관리' 전략도 자민당이 오랫동안 영향력을 행사해온 농촌에서 가장 잘 먹혀들었다.

자민당을 탄생시킨 자유당과 일본민주당 사이에는 이데올로기적 차이가 거의 없었기 때문에 예전의 정체성은 이내 무의미해졌고, 새로 형성된 파벌이 당내 정치의 주요 변수로 작용했다. 하지만 좌우 양파의 신조가 현격하게 달랐던 사회당의 경우 사정이 달랐다. 이 정당의 좌파는 무장해제

원칙에 대해 한 치도 양보하지 않았다. 또한 자위대 설치는 위헌이며 미국과 소련이 대치한 상태에서 일본은 완전 중립을 지켜야 한다고 주장했다. 일본사회당 내 좌우의 대립은 1960년에 우파가 민주사회당으로 갈라져 나갈 때까지 지속되었다. 마르크스주의에 입각하여 국내외의 상황을 과격하고 고지식하게 분석하던 좌파는 일본의 현실과는 동떨어진 주장을 내놓으면서 점차 대중으로부터 외면당했다. 그렇지만 좀 더 온건한 우파도 '새로운 전망'이라고 묘사된 몇 가지 선구적인 정책을 내세웠음에도 불구하고 전폭적인 지지를 얻지는 못했다.

의원들에 의해 조직된 후원회는 지역유권자들과 의원들 사이의 거리를 어느 정도 좁혀주었지만, 이것이 자민당에 대한 폭넓은 지지로 이어지지는 않았다. 오히려 자민당이 집권한 수십 년 동안 지지율은 계속 하락했고, 연립내각을 구성하기 일보 직전까지 간 경우도 몇 번 있었다. 하지만 연립내각은 1990년대가 되어서야 실현되었다. 이로써 1955년 체제는 막을 내렸다. 1990년대의 호소카와 모리히로(細川護熙) 내각과 하타 쓰토무(羽田孜) 내각은 사회당 의원들을 받아들였다. 사회당 출신의 무라야마 도미이치(村山富市) 총리는 자민당 인사를 기용했고, 세기말에는 공명당도 오부치 게이조(小渕恵三) 총리가 이끄는 연립내각에 참여했다.

1990년 이후 소련이 붕괴하고 동아시아의 이웃나라와 일본의 관계가 개선되자, 좌파 정치인들의 단골 메뉴였던 냉전의 위험이나 아시아로부터의 고립에 대한 수사는 비현실적인 것이 되었다. 이 무렵 한국전쟁 발발과 함께 지하로 잠적했던 일본공산당이 다시 정치일선에 복귀했다. 공산당은 당 기관지 『적기』(赤旗, 아카하타)의 판매수익과 좌익 노조, 해외의 기부금을 통해 넉넉한 재정을 확보했지만, 소련과의 관계를 부정하는 데 어려움을 겪었다. 소련은 전전의 러시아와 마찬가지로 일본인에게 여전히 불안한 존재였다. 소련이 시베리아에서 수십만의 일본군 포로를 가혹하게 다루었다는 사실은 생존자들에 의해 널리 알려져 있었다. 또한 소련이 홋카이도 연안의 섬들을 쿠릴 열도의 일부라며 계속 지배하는 것도 일본인을 격분시

컸다. 우익단체들은 통근 전철역이나 행인이 많은 도심 곳곳에 트럭을 세워놓고 확성기로 이 문제를 떠들어댔다. 중국 문화혁명의 폭력성이 알려진 것도 번영을 구가하며 부르주아적으로 변해가는 일본에서 공산당에 불리하게 작용했다.

게다가 일본공산당은 스스로 해결해야 할 문제를 안고 있었다. 항복 전에 이데올로기적 분파주의로 인해 경찰에 동지를 밀고했던 사건들이 있었고, 소련과 관련된 간첩사건에 연루된 혐의도 있었다. 이런 상황에서 참의원직을 맡고 있던 대중적인 지도자 노사카 산조 같은 사람들은 혁명이나 폭력에 관한 논의를 자제하면서, 일본은 선진국이므로 중국에서 일어난 것과 같은 격변은 필요하지 않다고 해명했다. 이런 저런 이유로 공산당은 한 번도 집권하지 못했고, 1949년 총선에서 기록한 10%라는 최고 득표율을 이후에는 달성하지도 못했다.

이렇게 오랜 기간을 한 정당이 지배할 경우 부패가 만연하게 마련이다. 일본도 예외는 아니었고, 경제수준이 높아지면서 스캔들의 규모도 더욱 커졌다. 다나카 가쿠에이 내각은 항공기 구매를 중재한 대가로 록히드사에서 뇌물을 받은 것으로 밝혀져 1974년에 대중과 언론의 비판을 받고 물러났다. 다나카는 참신한 정치인으로 각광을 받아 왔다. 그는 출신배경도 변변치 않았고 명문대 졸업장도 없었지만, 정부자금을 이익유도형 건설공사에 요령껏 넉넉하게 배분함으로써 자민당 내에서 막강한 권력을 휘둘렀다. 그는 모든 것이 대도시에 집중되는 현상을 완화하고 지역개발을 확대하는 방향으로 일본열도를 재편하는 것이 바람직하다고 주장하는 책을 썼다. 건설업계와 소외된 지방은 열광적인 반응을 보였고, 쭉 뻗은 고속도로와 고속전철로 고향인 니가타(新潟) 현을 탈바꿈시킨 바 있는 '불도저' 다나카가 전국의 거친 들판을 평지로 만들어줄 것 같았다. 그러나 그의 인기도 뇌물사건, 그것도 외국의 계약자가 개입된 사건에 대한 국민들의 분노를 잠재우지는 못했다. 하지만 당내 최대 파벌에 대한 그의 장악력은 지루한 수사와 소송이 진행되는 동안에도 흔들림이 없었다. 1997년에 다나카가 사망할 때까지 변호인들은 그의 구금을 막기 위해 애썼다. 역사가들은 자연스럽게 독일의 조선소가 유리한 계약을 성사시키기 위해 해군의 주요 인사들에게 뇌물을 주었던 1914년의 지멘스 스캔들을 떠올렸다. 또한 다나카 스캔들이 미국에서 워터게이트 사건이 터진 직후에 폭로되었고 일본의 기자들이 태평양 건너편의 언론계가 보여준 철저한 기자정신을 본보기로 삼았다는 점도 주목할 만하다.

1964년에는 가장 강력한 신흥종교 중 하나인 소카갓카이가 부패정치에 맞서는 깨끗한 정치를 표방하며 공명당을 창당했다. 공명당은 자민당 체제가 붕괴된 후에도 살아남았고 심지어 내각에 참여하기도 했지만 일본정치의 주류가 된 적은 없었다. 이 당은 후원세력인 소카갓카이와 어느 정도 거리를 유지하고자 했지만 여전히 그 영향에서 자유롭지 못했다. 또한 시간이 흐르자 파벌주의를 드러내면서 애초에 타도하겠다던 악습에 물든 게 아니냐는 의혹을 받았다.

꾸준한 경제성장기에 자민당이 장기집권하면서 맺어진 대기업·관료·정당 간의 유착관계는 대중과 언론이 용인할 수 있는 한계를 넘어섰다. 다나카의 록히드 스캔들은 고위직의 부패를 세상에 알리는 역할을 했지만, 1980년대에 '금권정치'와 후안무치한 정치인들의 행각이 백일하에 드러나자 자민당의 아성이 마침내 무너지기 시작했다. 문제는 주로 제도적인 것으로, 막대한 선거비용과 관련이 있었다. 기업은 관급 계약을 따내거나 행정적 변화나 규제 등에 대한 내부 정보를 얻는 대가로 막대한 정치자금을 제공했는데, 이로 인해 언론의 비판을 받은 관련 정치인들은 이미지가 실추되었다. 특히 건설회사들과 끈끈한 유대를 맺고 있던 자민당 간사장의 아파트에서 엄청난 양의 금괴가 발견되자, 다시 수사권이 발동되었다. 신문의 독자들은 이제 검찰의 젊은 수사관들이 정당관계자·은행·증권사의 사무실에서 자금의 흐름을 추적하기 위해 수많은 서류더미를 압수해 가는 모습에 익숙해졌다. 얼마 후 자민당의 지배가 끝나고 잠정적인 연립내각이 구성되었다.

자민당 내의 개혁론자들은 영향력 있는 보수야당을 조직하고자 분당 작업에 착수했다. 여러 해 동안 정치적 변경에 머물러 있던 사회당은 일본의 방위정책과 미일동맹에 대한 이데올로기적 반대입장을 재고하고 신생 정당들과 연합하여 미야자와 기이치(宮澤喜一) 총리의 자민당 내각을 붕괴시켰다. 유능하고 생명력 강한 지도자인 미야자와는 오부치 내각에서 대장성 장관으로 재기했다. 정치에 대한 불만이 최고조에 달했을 때 총리를 맡았던 것이 그의 불운이라면 불운이었다.

그 결과 구마모토 현 지사를 지낸 바 있는 대중적인 정치인 호소카와 모리히로 총리가 이끄는 새 내각이 출범했다. 구마모토 번주의 후예이자 고노에 후미마로 공작의 조카인 호소카와는 잠시나마 미래와 과거를 대표하는 인물로 부각되었다. 호소카와 내각은 권력분산, 규제완화, 선거개혁에 대한 계획을 발표함으로써 지배력을 강화했다. 새 선거법안은 소선거구제를 부활하고 군소정당에 힘을 실어줄 수 있는 비례대표제를 추가했다.

1955년 체제는 끝났지만 권력교체는 일어나지 않았다. 호소카와와 그의 후임 총리인 하타 쓰토무는 오래 집권하지 못했다. 하타를 실각시킨 총선에서 새 선거법은 사실상 사회당의 집권 희망을 꺾어버렸다. 하타 다음에는 사회당과 자민당이 균형을 이룬 연립내각이 구성되었고, 1996년에는 다시 자민당의 하시모토 류타로(橋本龍太郎) 총리에게 권력이 넘어갔다. 개혁의 움직임은 잠시 멈춘 듯했지만, 선거자금 문제를 제도적으로 해결하지 않는 한 '금권정치'의 횡포를 막을 수 없다는 인식이 팽배했다. 이는 물론 미국을 포함한 다른 민주사회에서도 고민스런 문제이다. 자민당의 재집권은 1955년 체제처럼 공고하지는 않았다. 압도적인 의석을 확보하지 못한 자민당은 야당의 협조가 필요했다.

1990년대에 일본이 10년 동안의 경기침체에 빠지자 정치는 경제의 뒷전으로 밀려났다. 경제의 거품이 꺼지면서 정치적 스캔들이 연이어 폭로되었고, 정·경·관 유착에 조직범죄라는 새로운 항목이 추가된 듯이 보이기 시작했다. 심지어 대장성 장관조차 1980년대의 고도성장기에 변칙적인 은

| 독립 이후의 일본 |

행 대출을 허용한 부적절한 처신으로 비난을 면치 못했다. 제도권 내에서 부패하지 않은 부문은 사법부밖에 없는 것 같았다. 절차는 더디고 인원도 부족했지만, 사법부는 부도덕하다는 혐의를 받지는 않았다.

정치적 스캔들은 일본의 정치 이데올로기에 중대한 변화를 초래했다. 사회당은 단순히 의석을 잃었을 뿐 아니라, 자위대와 미국의 안보동맹에 반대하는 당론——1952년 이래 줄곧 고수해왔다——을 철회했다. 더욱 중요한 것은 일본의 민주제도가 깊이 뿌리내려 탄력성과 힘을 갖게 되었다는 사실이다. 민권은 철저히 존중되었고, 법원은 전전과 달리 법무성의 행정지도에 휘둘리지 않았다. 전후의 개혁으로 일본은 더욱 독립적인 사법제도를 갖게 되었다.

전전의 일본과 가장 크게 대비되는 점은 천황의 권위를 주장할 수 있는 군부가 존재하지 않는다는 것이었다. 총리실 산하의 자위대는 전전의 군대와 달리 확고한 권력기반이 없었다. 창설된 지 반세기가 지났지만 자위대는 더 이상 새로운 일본의 제도에 위협이 될 것 같지 않았다.

자민당의 장기집권이 가능했던 것은 정책방향을 수정할 수 있는 유연성과 급속한 산업화과정에서 희생된 사람들을 달래줄 수 있는 능력이 있었기 때문이다. 농업, 중소기업, 건설업, 지역의 숙원사업에 대해 자민당은 특별한 정책적 배려를 잊지 않았다. 자민당의 집권은 온갖 부류의 일본인이 자신의 이익을 위해 표를 던진 결과였다.[6]

일본인이 전후의 정치제도에 열광했다거나 그 운용에 적극적으로 참여했다고 말할 수 있으면 좋겠지만, 이 점에 관한 한 일본은 다른 선진국과 비슷한 길을 걸었다. 투표율은 해가 갈수록 낮아졌고, 보수파의 장기집권은 변화에 대한 기대를 떨어뜨리는 필연적인 결과를 초래했다. 전후 일본에서는 생활수준이 꾸준히 향상되었지만, 1970년에 베이징 정부를 인정하며 해결된 '중국'문제를 제외하고는 유권자들의 눈길을 끌 만한 쟁점이 거의 없었다. 안보, 특히 미일동맹에 의해 제공되는 핵우산은 안전해 보였지만 어쨌든 남의 손에 있었다. 자민당의 파벌구도는 강력한 지도자의 출현을 막았고, 이케다, 오히라, 단호한 나카소네를 제외하면 두드러진 실력자가 별로 없었다. 1990년대의 호소카와 모리히로 정부는 대중의 열화와 같은 성원에도 불구하고 단명했다. 사실 호소카와는 그를 권좌에 올려준 바로 그 문제로 실각하게 되었다. 그는 자신의 개인적인 재정문제가 낱낱이 파헤쳐지는 치욕을 감수하는 대신 전격 사퇴를 선택했다. 산업화가 본격적인 궤도에 오른 1970년대 후반에 집권했던 오히라 마사요시(大平正芳)는 세계정세 분석에 밝은 인물이었다. 그는 자민당이 대중의 진정한 지지를 얻고 일본이 경제력을 바탕으로 새로운 역할을 수행해야 할 때를 대비해 장기적인 계획을 마련하는 일이 시급하다고 느꼈는데, 때 이른 죽음으로 그 약속은 무산되고 말았다.

일본정치가 대중의 상상력을 사로잡는 데 실패한 또 다른 이유는 관료제의 힘과도 무관하지 않다. 미국의 하원의원들과 달리 중의원 의원들은 보좌관들의 도움을 별로 받지 못했다. 또한 의원으로서 제대로 활동하기 위해서는 자신의 선거구에 사무실과 직원을 두어야 했는데, 빠듯한 세비만으로는 그 비용을 충당할 수 없었다. 사정이 이렇다 보니 의원들은 지역구의 후원회와, 전국적으로 막대한 자금을 동원할 수 있는 중앙의 보스들에게 의존할 수밖에 없었다. 1970년대 초반의 다나카 가쿠에이 정부 이후 '금권정치'는 더욱 기승을 부리게 되었다.

이와 대조적으로 예산과 법안은 각 부처의 전문관료들에 의해 준비되었다. 전쟁 직후에는 중앙정부가 예산과 자원을 배정하고 지도를 해줄 필요가 있었는데, 그 결과 일련의 지침과 각종 행정규제가 생겨났다. 기업과 시민은 그 틀 안에서 눈치를 보며 움직여야 했다. 시간이 지나자 변화가 필요하다는 여론이 조성되었고 언론은 틈날 때마다 '규제완화'를 외쳤지만, 지도자들은 쉬운 일이 아니라고 하소연했다. 1980년대와 1990년대의 스캔들 그리고 세기말의 장기화된 경기침체는 이런 상황을 일신해야 한다는 의견에 힘을 실어주기 시작했다.

2. 경제대국으로의 부상

이미 살펴보았듯이 오키타 사부로는 자신의 회고록에서 항복 직전의 암울한 시기에 한 친구가 했던 말—일본인이 군복이 아니라 사업가의 정장을 입었다면 원하던 바를 이룰 수 있었을지도 모른다—을 떠올렸다. 몇 십 년 뒤에 그 말은 예지력을 지닌 것으로 판명되었다. 일본은 군부지도자들이 얻고자 했던 지역적 패권 정도가 아니라 훨씬 엄청난 것, 즉 미국 다음 가는 세계적인 경제대국의 위치에 올라섰던 것이다. 일본이 경제대국이 되었다는 사실은 분명하지만, 그렇게 된 원인을 규명하고 설명하는 문제는 여전히 의견이 분분한 논쟁의 대상이다.

일본을 '발전지향국가'로 묘사하면서 미국과 같은 선진경제의 '조절지향국가'와 대비시키는 찰머스 존슨의 설명은 이 논의를 특징짓는 양극단의 한쪽에 속한다.[7] 존슨은 통상산업성(通商産業省, 이하 통산성)의 업무에 초점을 두고, 일본이 국제적인 경제강국으로 우뚝 서게 되는 과정에서 국가가 산업정책을 활용한 방식에 대해 논했다. 다른 권위자들은 통산성의 계획이 민간부문에 의해 자주 거부당했던 점을 지적하면서, 존슨의 논리가 과장되어 있다고 비판했다. 세기말에 '아시아의 위기'가 휩쓸고 지나가자 일부 경제학자들은 '경제기적'이라는 관념 자체를 전적으로 부정하기도 했다. 성장 초기의 눈부신 성장률은 값싼 노동력과 해외투자의 산물일 뿐이고, 동남아시아와 한국의 경제도 규제와 금융제도에 관한 적절한 인프라가 구축되기 전까지는 고전을 면치 못할 운명이라는 주장이었다. 그렇지만 '발전지향국가'라는 범주를 1990년대에 발생한 사건에 어느 정도 적용할 수 있을지에 대해서는 논란이 있을 수 있어도, 풍요를 향해 질주하는 동안은 일본이 바로 그런 국가였음을 부인하기는 어렵다. 그러므로 역사가의 임무는 일본이 급부상하는 과정에서 드러난 과거로부터의 연속과 단절을 찾아내고, 산업정책이 중대한 차이를 유발한 혹은 그렇게 하지 못한 연유를 설명하는 것이다. 나는 일본의 경제력에 관련된 사실부터 기술하고자 한다. 10년간의 경기침체에도 불구하고 세기말의 일본경제는 미국에 버금갔고, 중국을 포함한 아시아 경제의 3분의 2를 차지했다.

일본의 경제부흥은 내외의 요인이 겹쳐서 일어났다. 이미 지적했듯이 한국전쟁은 한반도에는 그 자체로 재난이었지만 일본의 입장에서는 경기를 부양시킨 천우신조와도 같았다. 물론 인플레이션이 발생하여 곧 전쟁특수의 효과에 제약을 가했지만, 일본이 이득을 본 것만은 엄연한 사실이었다. 이후의 세계정세도 계속 일본에 유리하게 작용했다. 미국은 일본의 부흥을 촉진하고 일본경제를 반소(反蘇) 블록에 편입시키기 위해 콜롬보계획*과 경제협력개발기구(OECD) 같은 국제무역기구에 일본을 참여시켰고 미국 시장도 기꺼이 개방했다. 기술과 과학의 변화도 한몫했다. 섬유산업에 완벽한 합성소재가 도입되자 원사를 수입할 필요성이 줄어들었다. 또한 일본은 전쟁을 일으키고도 정복하지 못했던 아시아(중국을 제외한)의 원자재를 얼마든지 구입할 수 있었다. 새로운 교통수단의 발달은 자원부족이라는 일본의 약점을 어느 정도 만회하게 해주었다. 일본의 산업시설은 항구도시에 위치해 있었다. 정부는 도쿄 근처에 대규모 간척지를 조성하여 가와사키 제철(川崎製鐵)이 해안가에 공장을 지을 수 있게 했다. 거대한 철광수송선이나 초대형 유조선을 이용하면 수입 원자재의 단가를 낮출 수 있었기 때문에, 일본의 공장들은 경쟁력을 높일 수 있었다. 구미의 공장들은 시설이 노후화되었을 뿐 아니라 내륙에 자리잡고 있어서 기차나 하천 바지선을 통해 원자재를 공급받고 있었다. 일본은 다시 시작하고 있었지만, 다른 산업국들도 사정은 대부분 마찬가지였다. 일본은 겉보기보다 경쟁국들에 그리 뒤떨어져 있지 않았고, 사실상 산업시설을 전부 교체해야 했기 때문에 작업 효율성을 극대화하는 방향으로 생산설비를 취사선택할 수 있는 유리한 점이 있었다. 지바(千葉) 해안의 가와사키 제철은 하나의 연속적인 공정을 통해 양질의 철강을 생산했다. 일본은 곧 세계 제일의 조

---

* 1950년에 콜롬보에서 열린 영연방 외무장관회의에서 제안되어 1951년부터 시행된 동남아시아 개발도상국에 대한 기술·경제 원조계획.

| 독립 이후의 일본 |

선국이 되었다. 세계 최대의 항공모함 야마토호를 진수시켰던 조선소에서 이제는 거대한 유조선을 건조했다. 마지막 이점은 전자제품·기계공구·자동차를 생산하는 서양, 특히 미국 제조업자들의 선심성 지원이었다. 그들은 일본이 장차 경쟁자가 될 수 있으리라고는 거의 상상하지 못했고, 일본으로의 기술 이전을 자신들의 개발비 일부를 회수할 기회로 보고 환영했다. 불공정경쟁에 대한 불평이 터져 나온 뒤에도 미국은 일본과의 안보동맹이 중요하다는 점을 내세우면서 미국 내의 무역보복 요구를 묵살했다. 마침내 일본은 아시아의 이웃들에 비해 모든 면에서 한발 앞서게 되었다. 일본에 대적할 만한 유일한 나라 중국은 마오주의 혁명의 격랑에 휩쓸려 한동안 자본주의적 유연성과 합리화를 배격했다.

되돌아보면 내적 조건도 경제성장에 유리하게 작용했다. 야당인 일본사회당은 방위비를 최저 수준으로 동결해야 한다고 주장했고, 자민당 정부도 여기에 동의했다. GNP의 1%라는 방위비 상한선은 원래 평화와 민주를 부르짖는 사람들이 그들을 곱게 보지 않는 보수파에게 강요한 것이었는데, 점차 정치적 담론의 표어가 되었다. 이 한도를 처음 넘어선 것은 1980년대의 나카소네 내각 때였는데, 그 초과액도 미미한 수준이었다. 군비확장 자제는 아시아의 이웃들을 안심시켰고 국가경제의 기반이 되었다. 은퇴한 요시다 시게루는 후배 정치인들이 '요시다 독트린'을 이행하는 것을 지켜보았다. 그는 전후 정치와 정책의 대부로 떠올랐다. 보수적인 내각은 국민들의 '핵 과민증'을 굳이 떨쳐버리려 하지 않았고, 미국이 일본 내 기지에 핵무기를 반입하지 못하도록 명시적으로 규제해야 한다는 대중의 요구에 따랐다. 이 과정에는 양측 모두의 기만이 내재해 있지만, 세계에서 유일하게 핵 공포를 경험한 국가의 지도자가 핵무기의 제조·보유·반입을 거부하겠다고 선언한 강령은 강력한 효과를 발휘했다. 앞서 밝혔듯이 이런 명시적 선언은 1974년 사토 총리가 노벨 평화상을 수상한 요인이었다.

제도적 지원도 일본의 경제성장에 기여했는데, 이것이 바로 발전지향국가의 산업정책이라는 존슨의 개념을 뒷받침해주는 부분이다. 가장 가시적인 조치는 선별된 산업에 정부가 직접 보조금을 지급하고, 경쟁력 없는 기술과 설비를 새롭고 효율적인 것으로 대체하기 위해 세제상의 혜택을 주는 것이었다. 대장성은 자본을 배정하고 일본개발은행을 통한 대출을 장려함으로써 많은 기여를 했고, 통산성은 국가경쟁력을 높이는 기획안을 만들어냈다. 정책은 명시적인 명령의 형태보다는 관료의 자문과 '지도'라는 형태를 취했는데, 언제나 성공적이었던 것은 아니다. 몇 명의 엔지니어가 관료들을 어렵게 설득한 끝에 특허사용권 구입을 허가받아 창업한 작은 회사 소니는 세계적인 명성을 얻게 되었다. 한편 중소 제조업체들을 대기업에 합병시켜 자동차산업을 합리화하려던 통산성의 계획은 실패로 끝났다. 그러나 기업에게는 규모의 경제를 통해 경쟁력을 높일 것을, 주주와 특히 노동자들에게는 당장의 보상에 연연해하지 말고 참고 기다릴 것을 당부한 정부의 주문이 전혀 먹혀들지 않았다면 장기적인 계획의 수립은 불가능했을 것이다.

정부는 높은 저축률을 유지하고 소비를 억제하는 제도적 조치를 통해 자본축적을 유도했다. 은행계좌에서 발생한 이자에 대해서는 세금을 부과하지 않았고, 지급이자에 대해서는 세금공제 혜택을 주지 않았다. 개인은 의료보험이 정착되지 않은 상황에서 노후를 대비하기 위해 부지런히 저축했다. 영업세는 적절한 선에서 유지되었다. 정부는 카르텔을 반대하지 않았고 산업협력을 장려했다. 경단련(經團連, 게이단렌),* 보수적인 정치인, 관료가 서로를 지원하는 삼각구도가 발달했고, 공직에서 은퇴한 관료들은 흔히 기업의 고문으로 영입되었다. 아마도 이런 체제가 보호무역주의를 만들어냈을 것이다. 농업부문에서는 1994년에 호소카와 내각이 농산물시장을 일부 개방하기 전까지 쌀 수입이 전면 금지되어 있었다. 또한 일본의 제조업체가 규모의 경제를 발전시켜 경쟁력을 확보하고 내수시장을 완전히 통제하기 전까지는 모든 종류의 소비재도 보호대상이었다. 정부는 전국에

* 경제단체연합회의 약칭.

| 독립 이후의 일본 |

산재하는 영세상인을 보호하기 위해 백화점을 비롯한 대형 점포의 규모와 판매품목을 규제했다. 수십 년 동안 비(非)일본인 수입업자들이 일본의 복잡한 유통체계와 행정망을 뚫고 들어가는 데 어려움을 겪었으리라는 것은 능히 짐작할 수 있다. 심지어 관세장벽이 공식적으로 완화되고 제거된 뒤에도 눈에 보이지는 않지만 대단히 효과적인 비관세장벽이 수입을 억제했다. 요컨대 일본의 시장은 '개방'되었지만 일본의 업계는 그렇지 않았다.

이와 같은 상호교감에서 경영진은 시장을 조직적으로 통제하기 위해 심혈을 기울였다. 대기업과 은행은 서로 상대방의 지분을 보유했다. 주주의 이익보다는 회사의 성장이 우선이었다. 주주들은 형편없는 배당금을 받았고, 주주총회에서 이의를 제기하는 사람은 회사측이 고용한 깡패들에 의해 제지당했다. 결론적으로 말해서 '국가'는 중요한 역할을 했지만 전지전능하지는 않았다. 국가와 시민사회 사이에는 극명한 대립이 아니라, 전반적인 합의에 기초한 훨씬 유연한 공조체제가 있었다.

여러 해 동안 일본의 소비자는 이런 체제 안에 갇혀 있었다. 그들은 높은 물가를 감수했으며 보잘것없는 임금을 받고 일했다. 소비자는 노력·인내·절약과 같은 전통적 덕목을 강조하는 교묘한 온갖 캠페인의 대상이었다.[8]

1970년대에는 미국을 위시한 일본의 무역상대국들이 일본시장에 좀 더 자유롭게 접근하게 해줄 것을 요구했다. 일본의 성공은 더뎠지만 지속적이었다. 지속적 성장을 통해 늘어난 무역흑자로 풍요로워진 일본정부는 사회복지정책으로 눈을 돌렸다.

이런 성장과정에 대해서는 고사이 유타카(香西泰)가 깔끔하게 요약해 놓았다.[9] 경제부흥의 신호탄이 된 경사생산방식은 다음 단계의 성장에 필수적이긴 했지만, 장기적 해결책이라기보다는 일시적인 비상수단이었다. 경사생산방식은 정부의 각 부처와 경제기획청 같은 조직, 그리고 업계 지도자들의 노력과 계획에 의해 뒷받침되었다. 철강산업의 현대화와 합리화가 대표적인 사례였고, 전력산업과 화학공업을 현대화하는 방안에도 같은 방식이 적용되었다. 애초의 계획은 석탄도 동력원에 포함시키는 것이었지만, 한정된 매장량이나 일본산 석탄의 평범한 질을 감안할 때 중동의 새 유전 개발로 풍부해진 수입원유와 전력을 주 동력원으로 삼는 게 더 효율적일 것이라는 결론이 나왔다. 탄광노조는 말할 것도 없이 이런 변화에 저항했지만 소용없었다. 전력산업과 화력발전소의 현대화로 사용 가능한 동력의 양이 극적으로 증가했다. 수력발전소와 카바이드 공장은 비닐과 다른 합성물질의 생산을 증가시켰고, 화학공업의 발전은 농업생산 증대에 필수적인 비료생산으로 이어졌다.

 일본은 비교적 단기간에 선진 경제의 특징적인 구조를 압축적으로 수용했기 때문에, 곧 외부세계의 주목을 받았고 아시아 해양국가들의 모델로 제시되었다. 자동차산업은 전쟁의 폐허를 부로 뒤바꾼 놀라운 속도를 보여주는 대표적인 예이다. 미국의 자동차 제조업체들은 1930년대에 일본에 지사를 설립했는데, 국가안보와 자급자족을 중시하던 군부의 방해로 대부분 자리를 잡지 못하고 철수했다. 남아 있는 것은 주로 군용 트럭을 생산하는 대단히 비효율적인 공장뿐이었다. 1950년에 도요타의 경영진은 긴급구제를 희망하며 미국의 디트로이트로 향했는데, 한국전쟁 소식을 듣자마자 그냥 일본으로 돌아왔다. 이 전쟁은 도요타와 일본 자동차산업에 소생의 기회를 주었다. 그럼에도 불구하고 일본의 자동차업계는 내수시장 확대 노력을 포기하는 게 낫지 않을까 심각하게 고민하고 있었다. 그 후 생산은 조금씩 증가했는데, 그 중 상당수는 교통규칙이나 안전을 고려하지 않고 텅 빈 거리를 달리던 흉측하고 불편한 택시였다. 1955년까지만 해도 업계의 선두주자인 도요타조차 한 달에 3천 대의 자동차를 생산한다는 소박한 목표를 갖고 있었다. 그러다가 닛산과 치열한 경쟁을 벌인 결과 품질이 향상되고 생산도 증가했다. 혼다, 마쓰다, 미쓰비시, 이스즈, 스바루 등의 소규모 자동차 제조업체들도 일치단결하여 합리화와 합병을 추진하려는 통산성의 시도를 성공적으로 막아냈다. 1960년대에 일본의 자동차제조업체, 특히 도요타는 미국시장에 진출할 준비를 완료했다. 시기는 적절했다. 중동의 불안이 석유공급을 위협하자, 연비가 좋은 일본차가 큰 매력을 갖게

| 독립 이후의 일본 |

되었다. 그리고 미국시장에서 작고 경제적인 일본산 수입자동차는 곧 그 가치를 인정받았다.[10]

자동차산업은 부품을 생산하는 관련 산업을 낳았고, 철강·타이어·유리·전자 부문의 수요를 창출했으며, 농한기에는 농민에게 일자리와 소득을 가져다주었다. 디트로이트의 자동차산업이 미국에서 오랫동안 그래왔듯이 일본의 자동차산업은 일본공업화의 원동력이 되었다.

수십 년 동안 일본은 꾸준히 각종 기술을 도입했고 때로는 개선했다. 수입된 기술을 미국 달러 가치로 환산해보면 1949~1955년에 6,900만 달러로 시작해 1970년대 초반에는 32억 달러로 증가했다. 수입된 품목도 10배나 늘어났다. 대부분의 경우 기술연구는 외국, 특히 미국기업과의 합작으로 시작되었지만, 일본의 경제력과 관리능력이 신장되면서 개발된 기술은 점차 일본기업의 것이 되었다.

그 결과는 수출의 급증과 수출품목의 극적인 변화였다. 1970년대에는 자동차가 중심을 이루는 중공업제품 수출이 일본이 전통적으로 강세를 보이던 섬유제품 수출을 훨씬 능가하게 되었다. 텔레비전 수상기를 비롯한 전자제품도 비슷한 증가세를 보였다. 오랫동안 일본의 수출을 이끌어왔던 섬유공업 같은 경공업은 중요도가 떨어지면서 팽창일로에 있는 내수시장에 집중하게 되었다. 논객들은 이런 성장에 환호하면서 도쿠가와 시대 도시의 융성기에 견주어 그것을 '새로운 겐로쿠'라고 부르거나, 혹은 일본사의 여명기까지 거슬러 올라가 전설적인 초대 천황 '진무 이래' 최대의 호황이라고 치켜세웠다. 끊임없는 투자를 통해 대형화되고 현대화된 새로운 생산설비는 일본이 세계의 공장이 되었음을 말해주었다.

하지만 업계나 정부의 지도자들은 일본이 원자재 수급 면에서 여전히 불리하다고 경고했고, 특히 수입 에너지(원유)에 의존할 수밖에 없다는 점을 강조하면서 일본시장을 개방하라는 외국의 불만 섞인 요구에 대응했다. 그들은 수입증가를 인플레이션이나 경기 '과열'의 증거로 보고 두려워했으며, 일본의 근본적인 취약성을 누차 지적했다. 그들의 항변은 1980년대 초에 고도성장시대가 끝나면서 어느 정도 일리가 있는 것으로 밝혀졌다. 1971년에 닉슨 대통령은 일본의 수출에 대단히 유리한 환경을 제공해주었던 달러당 360엔의 고정환율제를 폐지하도록 압력을 가했다. '변동'환율제가 도입되자 엔-달러 환율은 300엔까지 떨어지면서 그동안 엔화의 가치가 엄청나게 저평가되어 있었음을 보여주었고 결국에는 엔-달러 환율이 87엔까지 떨어졌다. 일본에 대한 미국의 정책적 후원은 줄어들었다. 실제로 닉슨 행정부는 '적국'과의 교역을 금지한 제1차 세계대전 때의 케케묵은 법안을 적용해 대두(大豆) 수출을 잠정적으로 금지하기도 했다. 더욱 불리한 여건은 중동지역의 불안한 정세로 인해 제1차 석유위기가 발생하여 유가가 (달러로) 네 배나 상승했다는 것이다. 석유위기는 국민적 위기감을 조성했다. 정부와 업계 지도자들은 에너지 절약을 위한 효과적인 대중운동을 펼쳤다. 도심의 불빛은 갑자기 어두워졌고, 경찰은 각 건물의 냉난방 규제가 지켜지고 있는지 감시했다. 라디오·텔레비전·언론은 주부들에게 에너지 절약의 중요성을 일깨웠다. 정부의 정책에 국민이 적극 호응하면서 일본은 석유위기의 피해를 줄일 수 있었다. 이란 혁명이 최고조에 달한 1978년에 제2차 석유파동이 일어났지만 일본은 수입원유 의존도가 전혀 낮아지지 않았음에도 불구하고 다른 경쟁 공업국들에 비해 훨씬 잘 대처할 수 있었다. 한편 이 시기에는 연비가 좋은 자동차의 수출이 호황을 누렸다.

일본의 무역흑자가 증가하자 많은 나라, 특히 미국은 무역자유화와 일본시장 추가 개방을 요구하며 압력을 가했다. 일본정부의 협상단은 마지못해 미적거리면서 내수 축소 가능성을 제기하며 버텼고, 워싱턴의 대표단은 실업문제에 대처하기 위해 미 의회가 보호주의 법안을 마련할 가능성이 있다고 경고했다. 하지만 사실상 일본과의 안보협력이 워낙 중요한 사안이었기 때문에, 워싱턴의 전략가들은 마음만 먹으면 차기 행정부에서도 보호주의 옹호세력을 잠재울 수 있었다. 어쨌든 보호주의 법안을 막는 데 혈안이 된 일본정부는 수출업자들에게 산업별 수출할당량을 부과하는 수출자주규

| 독립 이후의 일본 |

제조치를 취했다. 이것은 20세기 초에 이민으로 인한 마찰을 완화하기 위해 일본정부가 체결했던 '신사협정'의 최신 버전이라고 볼 수 있다. 하지만 미국측 입장에서 보면 만족스럽지 못한 미봉책에 불과했다. 미국은 기회만 있으면 정부의 역할을 축소하라고 일본에 요구했는데, 수출자주규제조치는 오히려 정부의 역할을 강화하는 결과를 초래했기 때문이다.

일본의 수출이 증가하자, 최소한의 노동쟁의 속에서 양질의 제품을 생산해내는 일본의 경영 시스템에 대한 찬사가 널리 퍼졌다. 일자리를 보장하고 기술혁신에 대한 두려움을 덜어주는 '종신고용'과 공평한 임금을 보증하는 연공서열, 작업장의 의사결정에 노동자의 참여를 제도화한 '품질관리 서클'은 인간적이고 노력한 만큼 보상해주는 선구적인 제도로 보였다. 분기별 손익에 구애받지 않는 경영진은 미래를 계획할 수 있었고, 그 미래는 무한한 확장과 성장을 약속하는 듯이 보였다. 특히 관심을 끈 것은 경영제도와 고용제도였다. 일본과 미국의 평론가들은 그 공의 상당부분을 점령기 말에 일본을 방문했고 그 후로도 정기적으로 일본을 찾았던 미국의 경영 컨설턴트 W. 에드워즈 데밍에게 돌린다. 데밍은 품질관리를 강조함으로써 전후 일본경제에 긍정적인 영향을 미친 것으로 인정받았고, 새로운 산업질서의 예지자로 묘사되곤 했다. 미국의 언론인들은 그의 충고에 귀를 기울인 것이 미국이 아닌 일본의 경영진이었다는 점을 통탄하기도 했다. 일본의 언론인들도 그를 해외에서 온 위대한 스승으로 칭송했다. 수입된 우상으로 부상한 데밍을 어니스트 페널로사를 비롯한 메이지 시대의 교육가들, 위대한 선생으로 환대받은 나가사키의 중국화가들, 먼 옛날 불교를 전파한 당나라의 승려 감진(鑑眞) 등과 같은 반열에 올려놓아야 한다는 의견도 있다. 이러한 찬사를 무색케 하는 좀 더 냉정한 평가도 있다.[11] 종신고용과 연공제(年功制)는 최근에 나타난 현상이지 전통적인 일본의 패턴은 아니었다. 게다가 그 혜택을 받는 사람들은 일본노동자의 약 4분의 1에 지나지 않았다. 그리고 데밍의 경영철학이 제2차 세계대전의 잿더미 속에서 피어난 것도 아니었다. 일본의 경영자들은 이미 전전부터 '테일러주의'

를 포함해 서양, 특히 미국식 경영철학을 따르고 있었다. 페널로사의 경우와 마찬가지로 데밍은 우연히 등장해 시류에 맞는 이론을 제시함으로써 일본과 외부사회를 동시에 고무시켰고, 그 결과 거의 신화적인 지위로 격상된 외국인이었다고 평가할 수 있을 것 같다.

한국·타이완·홍콩·싱가포르의 경제는 일본을 모델로 삼은 것처럼 보였고, 1980년대에는 '일본의 기적'에 대한 관심이 '아시아의 기적'에 대한 이야기로 이어졌다. 일본의 은행과 기업은 동남아시아에 막대한 투자를 했고, 중국에도 적지 않은 투자를 했다. 일각에서는 결국 대동아공영권이 실현되었다고 투덜댔다. 투기세력이 도쿄 주식시장의 유례없는 상승세를 부추겼다. 자금이 넘쳐나는 은행들은 대출할 곳을 찾기 위해 무모한 경쟁을 벌였고, 신용기준이 느슨하기 짝이 없는 대출기관에 자금을 쏟아 부었다. 부동산가격은 천문학적으로 치솟았는데, 여기에는 담합과 시세 조작도 한몫했다고 한다. 일본의 기업들은 구미의 유명한 자산을 사들였고, 개인 구매자들은 서양 각지의 경매장을 누비며 인상파 그림의 가격을 올려놓았다. 오랫동안 채무국 신세였던 일본은 세계 최대의 채권국이 되었다. 일본이 구입한 미국 재무부의 단기채권은 1980년대 미국의 재정적자를 메워주었고, 이제는 미국이 세계 최대의 채무국이 되었다. 어떤 사람들은 일본이 새로운 형태의 자본주의를 개발한 것으로 보았다. 즉각적인 보상에 집착하지 않고, 관료들의 지원 속에 장기계획을 수립하며, '가업' 혹은 기업의 성장을 위해 노사가 조화로운 관계를 유지한 결과 일본은 괄목할 정도로 소득을 공평하게 분배하며 번영을 이룩했다는 것이다. 이 모든 것이 미국식 자유시장의 몰인정한 경쟁논리와 대조를 보였다.

그러다가 1990년대에 '거품'—17세기 네덜란드 풍속화 속의 오만·자만·과신을 상징하는 고전적 용어—이 터졌다.* 1990년대 초 몇 달 동안

---

* 1630년대 네덜란드에서는 튤립 구근(球根)을 구하려는 투기열풍이 불어 튤립 가격이 천정부지로 치솟는 기현상이 벌어졌다가 순식간에 그 광풍이 사라지면서 전국이 혼란에 휩싸였다. 이 어처구니없는 사건은 거품경제의 고전적인 사례로 꼽힌다.

| 독립 이후의 일본 |

도쿄 주식시장의 주가지수는 3만 3,000에서 1만 3,000으로 곤두박질쳤다. 경제성장률도 급락하여 제로 성장에 이어 마이너스 성장까지 기록했다. 일본은 전후 가장 심각한 불황의 늪에 빠져 10년 동안 헤어나지 못했다. 그토록 효율적인 것으로 보이던 경제제도와 경제정책은 달라진 환경에 전혀 대처하지 못했다. 성숙한 경제의 성장을 유지하는 것이 평범한 수준의 경제를 성장시키는 것보다 어렵다는 사실이 입증되었다. 사태 발생 초기에는 섣부른 진단이 나오기도 했다. 물질주의·탐욕·부패에 대한 이야기가 연일 신문 지면을 장식했다. 일본의 성공요인을 밝히려던 전문가들은 이제 왜 새로운 상황에 대한 인식이 그렇게 늦었고 수습책이 제때 나오지 못했는지 의문을 품게 되었다.

거품 붕괴에는 나름의 계기가 있고 부동산과 주식은 실익이나 현실과 무관한 수준까지 올랐다고 볼 수 있다. 투기광풍이 불자 악화가 양화에 끼어들었다. 범죄조직은 통상적인 활동영역을 벗어나 부동산 투기와 주식시장에 합류했고, 무분별한 대출관행으로 여러 건의 담보가 설정되어 있던 많은 상업자산은 무단 점유자나 사기성 유령기업의 표적이 되었다.

경제상황에 대한 경솔한 오판은 그에 못지않게 경솔하고 뻔뻔한 정치적 부패를 동반했다. 널리 보도된 일련의 스캔들에서 자민당 지도부와 건설업자, 선거자금 사이의 검은 고리가 드러났다. 그 결과 자민당 내각이 사퇴하고 호소카와 내각이 들어섰다.

다음에 찾아온 것은 아시아의 경제위기였다. 동남아시아의 많은 국가에서는 미처 투명성을 제고할 규제법안이 만들어지기도 전에 외국의 투기자본이 유입되어 구조적으로 취약한 경제기반을 흔들어놓았다. 통치자 개인과 측근의 소수 엘리트가 권력을 독점한 권위주의적 정치체제는 위기에 신속하게 대처하지 못했다.

동남아시아의 경제위기는 세계 최대의 금융기관에 속하게 된 거대한 일본의 은행에 충격을 가했다. 부동산 시장의 붕괴로 부실채권이 산더미처럼 쌓였고, 아시아의 위기가 은행들의 경영난을 더욱 부채질했다. 각 은행은 정부가 정한 지급준비율을 맞추느라 분주했고, 자신들이 보유한 거래기업의 (이제 평가절하된) 주식까지 재무제표에 포함시켰다가 금융제도 전반에 대한 우려를 낳았다. 정부는 장기신용은행을 포함한 몇몇 은행이 파산하도록 내버려두었고, 대차대조표의 요건을 강화했다. 1990년대 말에 천문학적인 규모의 공적 자금이 투입된 뒤에야 은행은 안정되기 시작했다. 분석가들은 정부의 늑장 대응으로 위기가 더욱 확대되었고, 사태 수습에 훨씬 많은 비용이 들어가게 되었다고 지적했다. 그리고 정부가 내놓은 해결책은 몇 년 전 미국정부가 저축대부조합의 위기*를 처리했던 과정에 비해 철저하지 못했다고 평가했다.

그동안 기업인들은 돈을 빌릴 수 없었고, 경제는 서서히 휴지기에 들어갔다. 정부는 경기부양을 위해 금리를 세계 최저수준인 0.25%로 낮추는 조치를 취했지만, 저금리는 빌리는 경우에만 유리할 뿐 저축을 하거나 빌려주는 경우에는 득 될 것이 없었다. 한동안 일본의 부흥은 아시아의 부흥을 선도했지만, 이제 아시아 성장의 기관차였던 일본은 화물열차 뒤에 매달려가는 승무원차처럼 보였다. 일본경제의 근간이 되었던 제도들, 특히 종신고용제와 연공제는 미국경제가 1980년대에 겪었던 구조조정과 합리화의 걸림돌이 되었다. 이상에서 일본경제의 난맥상을 간략하게 살펴보았는데, 이것만으로도 1990년대가 1980년대의 구호——현명한 관료, 신중한 지도자, 선경지명이 있는 계획가, 가족적인 합의——를 내팽개친 이유를 충분히 납득할 수 있을 것이다.

세기말에 일본정부는 사회간접자본에 대한 공적 지출을 통해 경제활동을 활성화하려는 인상적인 노력을 기울였다. 다리 없는 개천이 없고 방파제 없는 해안이 없었으며, 건설업자들이 새로 포장할 고속도로를 찾아 헤매는 동안 시골풍경도 변했다. 그렇지만 한번 닫힌 소비자들의 지갑은 다

---

* 저축대부조합은 서민들의 저축을 유치하고 이들에게 주택자금을 대출해주는 기관들로, 예대 마진(예금이자와 대출이자의 차이)이 주수입원이었다. 1980년대에 미국경제의 불황으로 인플레이션이 발생하고 금리가 급상승하자, 확정금리로 장기 주택대출을 하고 있던 이들 기관은 심각한 경영위기를 맞았다. 결국 수많은 저축대부조합이 파산했고, 미국정부는 금융위기를 막기 위해 공적 자금을 투입해야만 했다.

| 독립 이후의 일본 |

시 열리지 않았다. 대신에 소비자들은 불확실한 미래를 위해 저축했다. 언제나 높았던 일본의 저축률은 20%를 상회했다. 반면에 자신감이 커지고 있던 미국에서는 저축률이 마이너스로 떨어졌다.

마지막으로 꼽을 수 있는 심각한 요인은 일본의 생산비용 증가가 생산성 향상을 앞질렀다는 것이다. 1970년대와 1980년대의 물가와 임금 수준은 일본의 경쟁력을 잠식했다. 주요 수출기업은 다른 나라로 생산시설을 이전했다. 농업과 영세상인에 유리한 각종 제도와 규제, 그리고 복잡한 유통체계는 일본의 물가를 세계 최고 수준으로 끌어올렸다. 임금도 높았지만 물가는 더 높았다. 이는 전후 세대가 대거 은퇴하는 시점에 발생할 심각한 재정적 압박——저축성 예금과 연금을 지급해야 하므로——과 함께 새로운 세기에 많은 문제를 야기할 것이다.

주목할 만한 것은 경제불안이 외자유치에 관한 오랜 규제를 완화시켰다는 점이다. 뉴욕의 한 회사는 파산한 거대 부동산업체를 인수했다. 닛산 자동차회사는 일본에서 돈을 빌리지 못하자 프랑스 정부와 르노사에 도움을 청했다. 포드 자동차가 마쓰다의 경영권을 획득했고, 다임러 크라이슬러는 미쓰비시 자동차와 제휴했다. 뉴욕의 금융기관들은 간부들을 보내 헐값에 부동산을 사들였다.

완벽한 해결책이라면 투명성 제고, 행정지도의 완화, 국제적인 추세나 사례에 대한 더욱 민감한 반응 등일 것이다. 하지만 글로벌 스탠다드는 추가적인 합리화를 요구하고, 생산능력을 감소시키고, 전후 일본경제가 구축해온 사회안전망을 위협할 가능성이 있었다. 그 사회적·정치적 영향은 불분명했다. 일본의 기존 제도는 해외의 컨설턴트들이 자신 있게 권하는 '합리적 선택'을 무조건 받아들일 준비가 되어 있지 않았다.

이상의 문제들은 비록 엉성하게 제시되긴 했지만 비교론적·이론적 관심을 끌기에 충분하다. 최대의 관심사는 일본이 전후의 고아에서 몇 십 년 후에 경제 초강대국으로 변모한 사실이 의미하는 바가 무엇이냐 하는 것이다. 일본의 경제성장을 다루던 학자들은 산업정책에 치중했고, 때로는 당대의 일본이 국가의 개입이나 통제를 혐오하는 고전경제학자들의 이론에 정면으로 도전하는 신종 자본주의라고 보았다.[12] 일본의 일부 사회과학자들은 이 문제를 더 큰 이론적 맥락에 놓고, 일본사회를 탈(脫)서양적이며 더 우월한 원칙 위에서 작동하는 '이에'(家)에 비유했다.[13] 게다가 10년 이상 동안 다양한 성향의 미래학자들은 일본을 다른 국가에 대한 모델 또는 위협이라고 주장했다.[14] 반면에 폴 크루그먼은 아시아의 '기적'을 부인하는 경제학자들을 대변하여, 일본을 우러러보는 분석가들의 열변을 1950년대 소련의 경제계획에 쏟아진 찬사에 비교했다.[15] 크루그먼이 일본과 그 이웃나라들을 구분했다는 점은 명심해야 한다. 일본은 개인의 생산성을 향상시킨 데 비해, 다른 아시아 국가들의 성장은 대부분 노동집약적 산업에 의존했다는 것이다. 이 쟁점은 해결되지 않았지만, 1990년대 일본의 경기침체가 장기화되자 일본의 성장에 경계심을 느끼던 사람들의 두려움은 줄어들었다. 이런 주제에 대한 논의는 앞으로 정교하게 다듬어질 것이다.[16]

3. 사회변화

일본은 미국의 점령이 끝난 후 엄청난 사회변화를 겪었다. 이런 변화의 측면을 다루고 있는 연구는 상당히 많은데, 한정된 지면에서 이를 다루기는 무리일 것이다. 일본이 완전히 다른 나라가 된 것으로 보는 학자들도 있고, 사회의 밑바탕에 흐르는 연속성을 강조하는 사람들도 있다. 나는 그 거대한 변화가 부분적으로는 모든 선진 산업사회가 경험한 보편적인 패턴 안에서 일어났지만, 일본적인 것의 진수를 보여주는 두드러진 특징들에 의해 차별화된다고 생각한다. 역사가 조지 샌섬은 일본인이 겉으로 보기에는 '차용'에 의존했지만 내면의 문화적 보루를 허문 적은 없다고 말했다. 한편 저명한 중국 철학자 후스(胡適)는 일본의 변화는 중국의 변화보다 훨씬 급격하긴 했지만 피상적인 수준에 그쳤기 때문에 서양문화를 근본적으로 수

| 독립 이후의 일본 |

용한 중국의 변화가 더욱 지속적일 것이라고 진단했다. 양자의 논평은 변화를 거부하는 근원적인 '일본적인 것'이 있다는 점을 시사한다. 어쩌면 이는 모든 유구한 문화, 특히나 일본처럼 오랫동안 고립된 채 외부세계와 교류하지 않았던 문화에 통용되는 진실일 것이다. 그럼에도 불구하고 일본이 1952년 이후 심대한 변화를 겪었고, 그것이 국내정치와 대외관계에 영향을 미쳤다는 것만은 분명하다.

인구

20세기의 첫 30년 동안 일본의 지도자들은 늘어난 인구를 수용할 공간이 필요하다며 팽창정책을 정당화했다. 하지만 2000년 일본열도에는 1930년대 인구의 두 배나 되는 사람들이 훨씬 높은 생활수준을 누리며 살고 있다. 도쿄를 중심으로 한 수도권에만 약 3,500만 명이 거주하고 있는데, 이는 메이지 초기 일본의 총인구를 능가하는 숫자이다.

일본의 인구는 제2차 세계대전 후에 다시 한번 늘어났다. 수백만의 군인이 먼 전장에서 귀환했고, 수만의 민간인이 아시아 전역에서 귀국했다. 심각한 주택난은 이 인구유입으로 더욱 가중되었다. 이미 사람들이 빽빽하게 살고 있던 땅덩이는 어쨌든 새로 돌아온 인구를 흡수했다. 모든 전후 사회가 그렇듯 출생률도 상승했다. 항복 전까지 산아제한에 반대하던 일본정부는 이제 정책을 바꾸어 낙태금지법안에 의학적·우생학적·경제적·윤리적 예외를 허용하여 규제를 완화했다. 하지만 1990년대 말까지는 경구피임약 사용에 제한을 두었다.* 산업화와 인구의 도시 유입으로 출생률은 일정하게 유지되다가 하락했다.[17] 일본은 다른 산업사회의 패턴을 그대로 따랐던 것이다.

이처럼 전후의 인구급증은 사회적·경제적 요인에 의해 둔화되다가 마침

---

* 1990년에 일본 후생성은 부작용을 이유로 경구피임약의 판매신청을 받아들이지 않고, 그 대신 경구피임약을 피임약이 아닌 생리불순 등의 치료약으로만 사용하도록 허가했다. 그로부터 9년 뒤인 1999년에 가서야 후생성은 호르몬 함량이 적은 저용량 경구피임약의 시판을 허용했다.

내 멈추었다. 자식을 둘만 낳자는 '딸 하나, 아들 하나'(一姬一太郎, 이치히메이치타로) 캠페인도 어느 정도 영향을 미쳤을 것이다. 시간이 흐르면서 둔화되던 인구성장이 감소세로 접어들자 정부지도자들은 우려를 표하며 젊은 여성들에게 사회적 경력보다는 출산을 권장했지만 효과는 별로 없었다. 노동력 보완 차원에서 유입된 이민자들은 일본인구에 거의 영향을 미치지 않았다. 일본의 인구는 1억 2,500만 내외를 유지하며 세계 8위를 기록하고 있다.

그 결과 일본의 인구는 다른 산업국가와는 다른 구조를 보였다. 노인층의 비율이 꾸준히 증가하는 반면 젊은 세대는 상대적으로 그 수가 적었다. 여성은 늦게 결혼하고 아이를 덜 낳았다. 게다가 일본인은 과거에 비해 더욱 건강하고 장수했다. 사실 일본은 세계 최장수국이다. 세금과 급여 공제를 통해 일본의 국민의료보험과 사회보장제도에 기여하는 노동인구는 줄어드는 반면 비용은 꾸준히 늘어났다. 후생성(厚生省)은 2020년이 되면 일본인구의 4분의 1이 65세를 넘게 될 것이라고 추정했다. 더 상세히 말하면 1990년에 12%였던 65세 이상 인구의 비율이 2000년에는 16.6%, 2010년에는 20.3%, 2020년에는 24.5%로 증가하여, 일본은 선진국 중 '최고령' 국가가 될 것으로 예상된다. 따라서 일본은 장차 국내의 사회정책이나 국제경쟁력 면에서 많은 어려움을 겪게 될 것이다.

전후 반세기 동안 일본은 수천만을 농촌에서 도시로 이동시킨 도시화를 경험했다. 샌프란시스코 강화조약이 체결될 당시에는 일본인구의 약 44%가 농업에 종사했는데, 1970년에는 그 비율이 17%로 떨어졌고 세기말에는 4%에 가까워졌다. 농촌에 남아 있는 사람들에게도 농업은 부업이 되었고, 농가소득은 농한기에 인근 도시의 공장에서 일하고 받은 임금으로 보충되었다.

인구밀집 상태에서 토지는 그 어느 때보다 귀해졌다. 여러 해 동안의 소득세 납세순위를 살펴보면 토지개발업자들이 상위를 차지하고 있음을 알 수 있다. 농업의 성격도 바뀌었다. 쌀은 여전히 주식이었지만, 도시시장을

| 독립 이후의 일본 |

겨냥한 원예농업의 중요도가 높아졌다. 넓은 농지가 없는 상황에서 품질과 노동집약적인 전문화가 한층 중요한 역할을 차지했다. 기상변화와 해충으로부터 보호하기 위해 일일이 봉지에 싸서 재배한 사과·포도·딸기의 생산량이 점차 늘어났다. 이런 과일은 노동집약적인 생산방식을 유지하기 위해 필요한 비싼 가격으로 대도시의 식당에 납품되거나 계절용 선물로 판매되었다.

갈수록 줄어드는 국내산 식량을 보충하기 위해 일본은 해외, 주로 미국에서 수입을 했고, 곧 미국산 농산물을 수입하는 가장 큰 해외시장이 되었다. 쌀 수입은 1990년대에 재고 부족으로 정부가 임시조치를 취하기 전까지는 법적으로 금지되었다. 정부의 농업지원책은 예상대로 해외에서 신랄한 비판을 받았다. 미국에서는 쌀 생산자들은 말할 것도 없고 감귤과 사과 생산자들까지 자국 정부에 압력을 넣어 일본의 농산물 수입규제를 완화해달라고 요구했다. 도쿄 정부의 지도자들은 시큰둥한 반응을 보였는데, 해외 식량에 완전히 의존하게 되는 상황을 피하려는 당연한 욕심도 일부 작용했지만 그보다는 일본농민의 강력한 로비 때문이었다. 때로는 제 꾀에 발목을 잡히기도 했다. 예컨대 이케다 정부는 건조한 땅에 레몬을 재배하도록 장려했다가 더 좋은 품질의 과일을 더 낮은 가격에 주겠다는 외국 수출업자들의 압력에 시달려야 했다. 일본인은 개방된 시장에서 일본 농업이 경쟁력을 가질 수 있을지 진지하게 고민했다. 이런 고민은 방대한 분량의 책 『일본농업은 살아남을 수 있는가?』[18]에 잘 반영되어 있다.

일본의 대부분 지역에서 농촌은 급격히 변화해갔다. 정부의 지원책과 보조금 덕에 경지정리가 이루어져 경작의 효율성과 개인의 생산성이 높아졌다. 이어서 창의적인 농기구가 쏟아져 나왔다. 이 농기구들은 서양에서 사용되는 것에 비해 크기는 작았지만, 모내기·밭갈이·추수 같은 여러 작업을 기계화했다. 모판을 공동으로 관리하고 노동요를 부르며 합심해서 모내기를 하던 전통적인 마을단위의 경작관행은 사라졌다. 농기구를 공동으로 보유하게 하려던 정부의 계획은 기계를 독립적으로 마음껏 사용하려는 농민들의 욕망과 충돌했고, 개별 농가는 소소한 농기구도 직접 소유하게 되었다. 그 결과 전에는 농촌에 노동력이 남아돌았지만 이제는 농기구가 남아돌았다. 새 기계를 구입하는 데 드는 돈은 지역농협에서 빌릴 수 있었지만, 대출상환 부담 때문에 농민들은 농한기에 (때로는 아주 먼 곳에 있는) 공장에서 부업을 해야 했다. 농촌 주변에는 이런 노동력에 의존하는 작은 부품공장들이 들어서 거대한 수출기업의 생산비용을 낮게 유지해주는 데 기여했다. 그런 노동자들이 종신고용이나 연공제의 혜택을 받았다는 말은 들어보지 못했지만, 이들은 일본의 국제경쟁력 강화에 크게 기여했다.[19]

농촌생활의 패턴도 바뀌었다. 많은 노동자들이 '농사'를 농기계와 아내, 주말노동 정도로 꾸려 나갈 수 있는 단순한 부업으로 생각했다. 부품공장이 가까이 있는 경우에는 농가의 여성들도 통근자 대열에 합류했다. 이런 상황에서 윌리엄 켈리가 지적했듯이, 한때는 며느리를 집에 들이는 순간부터 혹독한 시집살이를 시키는 전제적 폭군 같았던 시어머니가 손자들을 돌보고 농사일까지 떠맡으며 노동력을 착취당하는 신세가 되었다.[20] 벽지의 경우는 소규모 산업화의 직접적인 영향을 받지 않았고, 외부에서 일자리를 구하는 새로운 농촌 중산층의 생활방식도 찾아보기 어려웠다. 이런 곳일수록 고되고 단조로운 농촌생활을 견디지 못해 도시로 떠나는 사람들이 많았다. 외딴 농촌에 눌러 앉은 농민들은 신붓감을 구하기가 쉽지 않았다. 그 결과 해외, 특히 필리핀에서 젊은 여성을 구해 일본으로 데려와 결혼하는 기현상이 벌어졌다. 물론 이런 일이 자주 일어나지는 않았지만, 외부의 영향을 가장 덜 받던 일본사회의 구석에까지 '국제화'의 영향이 미쳤다는 사실은 매우 흥미롭다.

일본농촌을 변화시킨 또 다른 요인은 유권자의 지지에 보답하고 경제적 효율성을 높이며 행정적인 합리성을 향상시키려던 보수적인 정부의 노력이었다. 구마모토의 스에무라(須惠村)는 전전에 존 엠브리의 선구적인 연구에 의해 서양독자들에게 널리 알려졌는데, 한 일본 인류학자의 후속 연구에 의하면 시골버스가 정차하는 작은 정류장이 되면서부터 특유의 정취와 매력을 점차 상실했다고 한다.[21] 자동차수가 늘어나면서 포장도로도 늘어났다. 주로 메이지 시대에 만들어진 지방철도는 낡았고 시설 유지비가 많이 들었다. 버스가 철도를 대신했다. 행정합리화 조치로 관할권과 행정구역이 바뀌었다. 새로운 상권이 개발되고, 여행하기가 쉬워졌다. 일본의 급속한 도시화는 잃어버린 것에 대한 향수를 불러일으켰고, 언론·텔레비전·관광업체는 농촌을 집중적으로 부각시켰다. 많은 찬사를 받은 '탄환열차,' 즉 고속철도를 이용한 여행이 1960년대부터 발달하기 시작하면서 도시인들은 일본의 구석구석을 찾아갈 수 있게 되었다. 새로 등장한 신칸센(新幹線)은 새로 놓인 표준궤도* 위를 달렸고, 땅값 비싼 인구밀집지역을 피해 역사와 고속철도가 들어섰다. 고속철도는 일본 전역을 일일생활권으로 묶어주었다. 다나카 총리는 고향 니가타와 그곳의 후원자들을 배려하여 일본 알프스를 관통하여 일본 서해 연안에 이르는 노선이 개통되도록 했다. 1998년의 나가노(長野) 동계 올림픽은 1910년대에 하라 총리가 각 지방에 협궤철도를 부설한 것에 해당하는 이익유도형 정치의 결실이었다.

산업성장의 결과

산업의 성장으로 수천만 명의 인구가 도시로 이동했다. 길버트 로즈먼이 보여주듯이 일본에서 인구의 도시집중은 다른 나라보다 항상 높은 수준을 유지했지만, 특히 20세기 후반에는 도시인구 비율이 급증했다.[22] 이런 현상은 대도시 두 곳에서 뚜렷이 나타났다. 1950년대까지만 해도 여전히 농촌이었던 대도시의 근교는 완전히 개발되었고, 대중교통이 발달하자 노동자들은 더 먼 곳에 위치한 주택단지에서 대도시로 통근할 수 있었다. 어떤 사람들은 교통수단이 개선되고 빨라지면 도심에 집중되어 있는 것들이 분산될 것이고, 새로운 택지와 업무용지가 개발되면 대도시에 가해지는 압력이 줄어들 것이라고 낙관했다. 다나카 가쿠에이 총리는 일본열도를 완전히

---

* 철로의 폭이 1,435mm인 궤도.

개발하자고 제안한 책을 펴냈고, 이를 고속철도망 확장의 논리로 사용했다. 이 목표들은 어느 정도 달성되었다. 규슈는 하이테크 산업의 중심지가 되었고, 태평양 연안의 옛 도카이도를 따라 소규모 부품업체들이 들어섰다. 닛산 자동차는 도쿄 근교의 큰 공장을 버리고 규슈에 새 공장을 마련했다. 그러나 좀 더 근본적인 면에서 새로운 교통체계로 인해 집중화가 촉진되었다. 점점 많은 회사가 도쿄에 본사를 두어야 할 필요성을 느꼈고, '샐러리맨'들은 점점 더 먼 곳에서 출퇴근이 가능해졌다. 학자들은 대도시의 도서관이나 여타 연구시설에 가까이 있는 자신의 거주지를 옮기지 않고도 지방대학의 교수직을 수행할 수 있음을 알게 되었다. 세기가 끝날 무렵에는 정부기관을 이전하거나 최소한 외곽으로 분산하자는 이야기가 무성했고, 기후(岐阜)가 새 정부청사 후보지로 제안되었다. 그러나 이것이 실현될 것으로 믿거나 국정과 경제의 중심지인 도쿄나 오사카의 중요성이 줄어들 것으로 생각하는 사람은 아무도 없었다. 과도한 중앙집권화가 지방행정을 약화시키고 있던 엄연한 현실은 옛날의 지방자치에 대한 향수를 자극하기도 했다.

대도시 외곽에는 우중충한 노동자용 공동주택이 늘어났고, 근교의 고급 단독주택은 갈수록 선망의 대상이 되었다. 낮에는 통근기차역 근처에 자전거가 빽빽하게 늘어서 있었다. 형편이 괜찮은 사람들은 자동차를 세워놓기도 했지만, 주차공간이 부족할 뿐 아니라 고속도로나 다리 통행료가 워낙 비쌌기 때문에 평범한 노동자들은 주말에만 자동차를 이용했다. 정부가 주관하는 까다로운 면허시험에 합격할 수 있도록 운전을 가르치는 학원이 여기저기 생겨났는데, 구불구불한 길, 좁은 교차로, 경사로 등을 축소해놓은 주행연습장은 전통 일본식 정원의 자연미를 연상시켰다. 하지만 사실은 자동차가 정원을 대체하는 경우가 많았다. 차를 소유하려면 주차공간이 있어야 한다는 규정 때문에 정원의 일부나 현관이 주차장으로 사용되었던 것이다. 그리고 자동차등록법에 따라 정기적으로 철저한 자동차 검사를 받아야 했기 때문에, 사람들은 왠만큼 타면 자동차를 부분적으로 수리해서 쓰기보

| 독립 이후의 일본 |

다는 아예 새차로 교체하는 경우가 많았다.

1964년 올림픽을 준비하면서 도쿄 당국은 인상적인 고속도로와 고가도로망을 구축하여 도심 접근을 용이하게 했다. 이 도로망 건설로 구시가지는 사라지거나 고가도로에 가리게 되었고, 도심 주변에 모여 있던 재래식 구멍가게들은 점점 더 찾아보기가 힘들어졌다.

사람들은 혼잡한 도심을 벗어나 한적한 지방으로 여행하고 싶은 유혹을 느끼게 되었다. 옛 일본의 낭만적인 정취가 사라지는 것에 대한 아쉬움을 달래기 위해 '일본을 발견하라'는 슬로건을 내세운 농촌 방문 캠페인이 벌어졌고 국철은 이 캠페인을 적극 후원했다. 국영 라디오와 텔레비전 방송국인 NHK(일본방송협회)도 여기에 부응하여 각 지방의 풍습·축제·생활방식을 방송에 내보냈다. 전시의 폭격을 피했던 역사적인 수도 교토가 자연히 가장 인기 있는 관광지가 되었지만, 짚신을 신은 순례자들의 조용한 발걸음만 닿았던 외딴 산속의 사찰이나 성지에도 산악도로를 타고 올라오는 관광버스를 세워둘 주차장이 마련되었다. 여유 있는 일본인들은 오래전부터 여행을 즐겼지만, 전후에는 대부분의 사람이 여행을 할 수 있게 되었다. 초등학교나 중학교 학생들은 교토를 비롯한 사적지로 '수학여행'을 떠났다. 나이든 사람들은 일본 전역의 휴양지를 찾아다닌 후 해외여행에 나섰다. 처음에 사람들이 즐겨 찾던 곳은 하와이였다. 1970년대 후반에 일본의 해외여행자수는 400만이었는데, 20년 만에 그 숫자는 1천만에 육박하게 되었다.

도쿄나 오사카 같은 대도시 안에는 조용하고 우아한 부촌에서 시간제 노동자들이 붐비는 허름한 여인숙에 이르기까지 실로 다양한 주거지가 존재했다. 하지만 물질적 측면에서 거의 모든 일본인은 과거에 비해 형편이 나아졌다. 사실 새로 형성된 도시사회의 주민들은 상당히 낙관적인 태도를 보였는데, 이는 지속적인 경제성장의 부산물일 것이다. 생활여건이 향상되자 사람들은 앞으로는 계속 좋아질 것으로 기대했다. 정부의 규제와 보호조치로 인해 물가와 인건비가 비쌌지만 그만큼 봉급도 올랐기 때문에, 대부분의 일본인은 높은 소매가를 이웃의 소규모 상점에서 일하는 나이든 점원들을 배려한 일종의 사회적 정의로 받아들였다. 정부는 이웃의 동의(실은 관의 인가)를 얻지 못한 '대형 상점'의 개업을 금지함으로써 중소 소매상인들의 지위를 안정시켰다. 또한 중소 유통업자에게는 자체적으로 수입 소비재의 납품을 자제하도록 권고했다. 미국과의 무역마찰이 증가하자 이런 측면은 비판의 대상이 되었고 구조적 변화가 요구되었다. 일본의 유통망에 대한 각종 제안은 선거와 정치에 영향을 미쳤다. 하지만 소비자운동이 활발하지 않은 상태에서는 현상유지를 원하는 사람들의 이익이 당연히 우선시되었다. 1990년대 후반에 경기침체가 장기화되고 실업률이 증가하자, 기존의 패턴에 금이 가기 시작했다. 그러나 내각은 바뀔 때마다 행정을 개혁해야 한다는 목소리를 높였음에도 불구하고, 정작 그것이 실행된 적은 거의 없었다.

여론조사 결과는 일본인의 대다수가 스스로를 중산층으로 여기고 있다는 사실을 거듭 확인해주었다. 노년층은 최근에 경험한 패전과 빈곤을 새삼 떠올렸다. 다른 사람들에게 그것은 현실이자 번영에 대한 기대감의 발로였다. 전후 40년 만에 이런 기대가 충족되었다. 미디어는 비교적 값싼 전기밥솥 같은 가전제품이 전통적 부엌의 힘든 일을 덜어준 것에 대해 만족을 표하는 구호를 유행시켰다. 1970년대에는 소비자들의 취향이 '3C'로 불리는 자동차·컬러텔레비전·쿨러(에어컨)처럼 좀 더 비싼 상품으로 바뀌었다. 1980년대에도 임금은 계속 상승했고 일자리는 많았으며, 젊은 여성들 사이에서는 수입명품 가방과 의류에 대한 수요가 폭증했다. 여력이 있는 사람들은 해외여행 때 그런 명품을 직접 사오곤 했다. 개인의 소비라는 목표가 국력신장이라는 목표를 완전히 대체했다.

또한 산업성장은 온갖 종류의 환경오염을 초래했다. 일본인은 이미 공해를 경험한 적이 있었다. 아시오의 동광에서 흘러 나온 독성 폐기물로 농토가 황무지로 변한 일은 이미 말한 바 있거니와, 전후 환경문제는 더 많은 일본인에게 영향을 미쳤으며, 특히 도시주민에게 가장 큰 피해를 주었다는

| 독립 이후의 일본 |

점에서 과거의 양상과는 달랐다. 1970년대 초반에는 승용차·트럭·버스의 매연이 너무 심해 라디오의 아침 뉴스에서 가장 붐비는 교차로들의 매연방출량을 안내방송할 정도였다. 운동장에서 놀던 어린이들이 갑자기 쓰러졌다는 보도도 있었고, 특정 층, 즉 2층이 그 아래층이나 위층보다 위험하다는 이상한 이야기도 떠돌았다. 도시의 하천이나 수로에는 기름이 끼었고 웅덩이에는 쓰레기가 쌓였으며, 친숙했던 풍경은 스모그로 인해 시야에서 사라졌다. 공무원들은 신속하고 효과적으로 대처하여 당황한 도시와 교외의 주민들을 안심시켰다. 자민당은 대중의 분노가 집권을 위협할 수도 있다는 점을 깨닫고, 마침내 공중보건의 관점에서 환경문제에 관심을 보이기 시작했다. 1967년에 공포된 법*은 여전히 환경과 경제성장의 '조화'를 추구하고 있지만, 1970년에는 국회가 '공해국회'†라 불릴 만큼 환경문제가 초미의 관심사로 떠올랐다.

엄격한 공해관계법령이 제정되었고, 이듬해에는 총리실 산하에 환경청(2001년에 환경성으로 승격)을 신설하여 법을 집행하고 계획안을 총괄하며 수질기준을 마련하게 했다. 또한 원자력발전소 개발에 대한 대중의 반감을 누그러뜨리기 위해 1978년에 원자력안전위원회가 설치되었다. 10년 간의 노력으로 대기오염은 상당히 개선되었고, 1980년대 중반이 되자 도쿄의 주민들은 후지 산의 모습을 다시 볼 수 있었다. 이 무렵에 일본은 멕시코시티의 공해문제 해결 프로그램에 해외원조를 제공했다.

환경운동은 특히 국제적 관심을 끌었던 재난인 미나마타 사건에 대한 국민적 반감이 점증함에 따라 힘을 얻었다. 규슈 구마모토 현의 미나마타는 메이지 중기의 유명한 언론인 도쿠토미 소호의 고향이다. 그는 일본을 산업화하여 태평양에 '떠 있는 부두'로 만들어 공장의 굴뚝에서 나오는 연기로 하늘을 검게 물들이자며 열정적으로 청년들에게 호소한 바 있다. 이곳의 카바이드 공장이 경고를 무시한 채 수은이 포함된 폐기물을 만으로

* 공해대책기본법.
† 공해 관련 법안 14개를 한꺼번에 가결시켜 이런 이름이 붙었다.

흘려 보냈다. 지역어민들은 그 만에서 물고기를 잡아 유통시켰기 때문에, 수은이 먹이사슬을 통해 인체에 축적되어 '미나마타병'을 유발했다. 원인이 확실히 밝혀지기 전까지 수백 명의 마을사람들은 갖가지 끔찍한 증상을 보였다. 지역주민들이 항의했지만 기업과 정부는 무관심과 무시로 일관했고, 미나마타는 걷잡을 수 없는 산업공해의 위험을 보여주는 대표적인 사례가 되었다.

20세기 일본의 도시생활에서 마지막으로 하나 더 지적하고 싶은 특징은 세계 최고 수준의 공공질서와 개인의 안전이다. 일본 경찰은 '천황의 경찰'임을 자랑하며 시민을 윽박지르던 무뢰한에서 탈피해, 어린아이나 취객들을 돌봐주고 도처의 파출소에 붙어 있는 대형 관내지도를 이용해 길 잃은 사람들에게 길을 알려주는 합리적이고 유용한 집단이 되었다. 경찰이 필요 이상으로 간섭한다고 여기는 사람도 있고 예방적 구금조치를 우려하는 사람도 많았지만, 일본의 경찰제도가 다른 나라의 부러움을 살 만큼 공공의 안전과 질서를 유지하는 제도인 것만은 분명했다.[23] 일본은 개인의 인권 보호에 대한 국제조사에서 좋은 성적을 얻었다. 경찰은 사실 헌법적 권리를 침해하는 일을 극도로 자제했기 때문에, 옴진리교 같은 사악한 종교단체의 비행을 막지 못한 측면도 있다. 이미 언급했듯이 옴진리교는 1995년에 도쿄 지하철에서 불특정 다수를 겨냥해 대규모 테러를 자행했다. 그 신도들은 경찰과 자위대에도 잠입했다. 물론 경찰이 완전히 무방비상태였던 것은 아니다. 그들은 정보를 수집해 독가스에 대한 해독제를 준비하고 있었다. 그럼에도 불구하고 '종교'단체로 허가된 집단이 갖는 헌법상의 자유를 보장해준 것이 결과적으로 이 종교집단의 테러에 이용된 것 같다. 전전의 경찰이었다면 당장 침투해 일망타진했겠지만, 20세기 말의 경찰은 전전의 과도한 개입과는 전혀 다른 방식으로 행동했다.

노동

1955년 이후의 경제성장은 노사협조에 의해 비교적 순조롭게 이루어진 편

| 독립 이후의 일본 |

이었다. 앞서 살펴본 것처럼 점령 직후에는 계층간의 갈등이 심각했다. 산업합리화와 생산성 위주의 정책은 노동운동의 발전을 위협하면서 첨예한 마찰을 유발했다. 미이케(三池) 탄광의 대파업은 정부와 기업가들이 피하고자 했던 파국에 대해 객관적인 교훈을 제시했다. 낙후된 생산설비를 교체하려던 닛산 자동차의 경영진은 노동자들의 일자리를 위협하게 되었고, 1953년에 또 하나의 과격한 파업이 일어났다. 놀랍게도 그 후로는 이에 비견할 만한 분쟁이 발생하지 않았다.

전후의 노동운동은 전전의 파벌주의를 재생산했다. 사회당 우파, 사회당 좌파, 공산당이 서로 세력을 다투었다. 급진파의 목표는 부분적으로는 정치적이었다. 맥아더 장군에 의해 저지된 1947년 총파업을 계획했던 사람들은 요시다 내각을 타도한 후 권력관계가 재편되면 일정한 역할을 수행하려고 했다. 한국전쟁이 진행 중이던 점령 말기에 남용되던 공권력은 주권을 회복한 일본에서는 약화되었으며, 많은 관찰자들에게 1950년대의 노동계는 정치를 불안하게 만드는 요인으로 보였다.

노동계가 생산성 향상을 위한 조직적 움직임에 흡수된 것은 일종의 '사회계약'으로 볼 수 있다.[24] 통산성은 일본생산성본부를 설립하면서 관료와 경영자뿐 아니라 노동계 지도자와 학계의 전문가들도 끌어들였다. 이는 관료들이 관심을 기울인 행정지도의 산물이었고, 노동운동에서 급진적인 좌파의 영향력을 견제하려는 일종의 캠페인이었다.

경영진은 점차 자체 위원회에 노동자들이 참여하도록 허용했다. 하지만 그것이 의미를 가지려면 노동계가 생산성 향상을 통한 기업의 번영이라는 공동목표를 받아들이는 것이 중요했다. 그 결과 나타난 노조운동의 특징은 직능별 노조가 아니라 기업별 노조의 조직화였다. 이런 경향 속에서 최대의 노조는 가장 큰 국영기업을 대표하는 국철노동조합(國鐵勞働組合)*과 일본교직원조합(日本敎職員組合)†이 될 수밖에 없었다. 하지만 공무원에

* 약칭은 '國勞'(고쿠로).
† 약칭은 '日敎組'(닛쿄소).

게는 파업권이 없었고, 그들이 쓸 수 있는 수단은 통근자들을 격분시키는 서행운전 등으로 제한되었다. 그러나 반년마다 전국적으로 벌어진 임금인상 투쟁은 보너스 제도를 확립하는 데 성공했다. 노동자들은 보너스 받는 것을 당연시하게 되었고, 그 목돈을 저축하여 경제성장에 기여했다.

경영진은 노동자에게 품질관리 서클에 가입하도록 권유했고, 노동자들은 작업공정을 개선할 수 있는 방안을 경쟁적으로 제시했다. 이런 품질관리에 대한 강조가 외국인들의 이목을 집중시켰고, 앞서 지적했듯이 그 공은 의외로 미국의 현명한 경영전문가 데밍에게 돌아갔다.

하지만 1990년대의 경기침체 이후 변화가 눈앞에 다가왔다는 조짐이 보였다. 비록 산업계의 엘리트층에게만 해당하는 것이긴 하지만, 종신고용은 기업이 변화에 신속하게 대응하지 못하게 하는 요인으로 작용하기 시작했다. 인구의 압도적 다수가 스스로를 중산층으로 생각하는 현실은 노동운동에 결코 호의적이지 않았지만, 자의 반 타의 반으로 회사를 떠나는 사람들이 늘어남으로써 회사에 대한 소속감이 전반적으로 약화되고 있으며 이에 따라 상황이 다시 바뀔 수도 있다. 1990년대에 실업률은 5%에 육박했고, 아무도 자신의 미래를 확신할 수 없었다. 게다가 오직 풍요만을 겪은 세대는 한 회사에서 평생 일한다는 것 자체에 별로 매력을 느끼지 못한다는 징후도 보였다. 규제완화의 분위기 속에서 정부의 각종 규제가 도마 위에 오르기 시작했다. 규제완화는 몹시 더디게 진행되었지만 분명히 노동시장을 좀 더 유연하게 만드는 방향으로 추진되고 있었다. 언론에서는 기업이 관리직 '샐러리맨'을 포함해서 노동력을 다양한 전술을 통해 감축하고 있다는 이야기를 보도했다. 1970년대와 1980년대에 귀가 따갑도록 들었던 '일본에서 배우자'는 이야기는 잦아들었다. 그럼에도 불구하고 일본인 특유의 애사심과 국제수준의 생산성은 앞으로도 틀림없이 일본의 발전에 기여할 것이다.

| 독립 이후의 일본 |

여성

일본의 과거사를 되돌아보면 사회사의 전환점에는 낡은 제도를 새로운 시대에 맞게 뜯어고치는 극적인 사회적 재편작업이 어김없이 빛을 발했다. 메이지 초기에도 그랬고, 항복 후에도 사회질서의 근간이 되는 제도들이 상당한 구조적 변화를 겪었다. 전반적인 변화는 제도를 혁신하기도 했지만, 의욕만 지나치게 앞서는 경우도 적지 않았다. 메이지 시대 농촌의 봉건적 관계는 새 정부의 진보적인 선포가 무색할 정도로 오랫동안 지속되었고, 전후의 일본을 철저히 변화시키겠다는 SCAP의 선언—개혁 법안에 구현된—은 흔히 실상보다는 목표를 서술한 것이었다.

여성의 권리가 그 대표적인 사례이다. 1947년 헌법은 미국의 여성이 수십년의 정치투쟁 끝에 쟁취한 평등권보다도 더 선진적인 평등권을 여성에게 부여하는 조항을 포함하고 있었다. 전후의 상황에서 여성이 즉각 얻은 권리는 실로 엄청났다. 헌법의 평등권 조항에 맞게 개정된 민법은 메이지 정부가 모든 일본인에게 강요했던 전제적인 사무라이 가족제도를 해체했다. 참정권, 자유로운 선택에 의한 혼인, 평등한 교육기회, 노동시장에서의 새로운 기회는 젊은 여성과 소녀들의 미래를 바꾸어놓았다. 다른 나라에서와 마찬가지로 전시노동에 참여했던 여성들은 더욱 평등한 미래에 대한 기대를 품게 되었다.

도시화와 1960년대부터 시작된 산업성장은 남성노동자뿐 아니라 여성노동자의 기여를 필요로 했다. 하지만 새로운 권리의 당당한 행사를 방해하는 요인도 많았다. 하나는 전통적인 가정에서 '이에'(家)와 가족의 가치를 최우선으로 생각해야 한다고 배우며 자란 여성 스스로가 갖는 소박한 기대였다. 다른 하나는 관료와 기업가들의 가부장적 태도였다. 그들은 여성을 여러 가지 힘든 일로부터 보호한다는 명목 아래 남성의 예비인력에 머물게 했다. 가장 심각하고 지속적인 방해요인은 여성은 되도록 자녀를 갖기 전까지만 일해야 한다는 기업가들의 고정관념이었다. 자녀를 양육한 후 중년이 되어 복직할 수는 있었지만, 여전히 하위직 업무와 저임금을 면할 수는 없었다. 대기업은 한정된 수의 여성만 고용했다. 1990년대에는 여성들이 여러 건의 소송을 통해 자신들에게 보장된 권리를 주장했다. 이로부터 고정관념을 교정하는 판결이 나오기도 했지만, 대부분의 경우 강제규정이 결여되어 있었기 때문에 싸움에서 승리했다고 볼 수는 없었다.[25] 1990년대의 불황으로 경제성장은 갑자기 멈추었고, 이런 상황에서 여성에게 더 많은 기회가 주어질 것 같지는 않았다. 어디서나 그렇듯 가장 늦게 고용된 사람이 가장 먼저 해고되게 마련이었다.

다른 측면에서 여성의 위상은 극적으로 변했다. 경제적 번영과 늘어난 일자리 덕에 도시의 거리는 멋지게 차려입은 자신만만한 젊은 여성으로 가득 찼다. 남자들이 도시로 출근하고 나면, 인구밀도가 높아지고 도심에서 멀리 떨어진 근교는 여성들의 세상이었다. 어떤 사람들은 사무라이 남편이 영주를 수행해 에도에 머무르는 동안 그 부인이 가정과 공동체생활을 이끌었던 도쿠가와 시대를 떠올렸다. 20세기가 끝날 무렵 남성의 지위는 하락하고 여성의 지위는 상승했다. 이사·자녀교육·소비 같은 가정의 중대사는 부인이 결정했고, 남편과 아버지가 없는 가정을 '관리'하는 방법이 늘어나는 여성잡지의 주제가 되었다. 퇴직금을 받아들고 집으로 돌아간 가장이 느닷없이 이혼을 당하는 사례(최고경영자까지 지낸 사람들도 예외가 아니었다)가 언론에 심심찮게 보도되었다. 여성들은 백화점에 있는 부동산 중개업소의 중요한 고객이었다. 또한 각급 학교 동창생들로 친목회를 만들어 끼리끼리 식당에 모여 수다를 떨거나 국내외의 유명 관광지를 누비고 다녔다.

많은 사람들은 일본이 여성의 능력을 적재적소에 활용하지 못한 것이 정치적·경제적 난관에 봉착하게 된 중요한 요인이라고 보았다. 더 많은 여성이 관리직에 있었다면 규제완화나 행정개편으로도 무너지지 않았던 남성들의 오랜 네트워크—정·경·관 유착이라는 '철의 삼각형'—를 깨뜨릴 수 있었을 것이다. 또 그러기 위해서는 대장성과 외무성의 핵심 관료들을 배출한 도쿄대학 법학부 같은 중요한 교육기관에 더 많은 여성들이 들어갔어야 했을 것이다. 남녀간의 불균형을 시정하려면 현재 명문대에서 여학생이 차지하는 비율이 4~5배 늘어나야 한다고 주장하는 사람도 있다. 요직에 앉아 있는 몇몇 여성—유엔 난민고등판무관(難民高等辦務官)으로 일하는 오가타 사다코(緒方貞子)가 한 예이다—이 보여준 실력과 성실함은 앞으로의 변화를 기대하게 한다. 헌법이 평등한 대우를 약속했음에도 불구하고 지금까지의 정치는 다른 선진국과 비교해볼 때 과도할 정도로 남성의 전유물이었다.

4. 시험에 얽매인 인생

일본이 발전의 정점에 이름에 따라 교육은 그 어느 때보다 중시되었다. 고등교육은 급속히 성장했다. 예전의 고등학교는 현립(縣立) 대학이 되었고, 2년제 전문대학이 우후죽순처럼 생겨났으며, 도시에서는 사립학교도 엄청나게 늘어났다. 고등학교를 졸업한 후 상급학교에 진학하는 학생들의 비율도 꾸준히 증가했다. 한동안은 늘어난 학생수를 수용할 수 있는 교육시설이 부족했지만, 1970년대와 1980년대의 경제성장으로 새로운 건물과 캠퍼스가 들어서자 그런 압력을 해소할 수 있었다. 교육의 기회가 능력 있고 야심찬 젊은이들을 유혹하기 시작한 것은 메이지 시대부터지만, 1970년대 이후 고등교육의 성장은 일본이 발전과 근대화의 새 단계에 들어섰음을 보여주었다. 노동자들을 적재적소에 배치하는 것이 국가의 최대 관심사였다면, 자식을 좋은 직장에 보내는 것은 가족의 최대 관심사였다. 교육이 그 길을 제공했다.

근교에서 통근을 하는 '샐러리맨'들은 매일 장시간 집을 비웠으므로 아이들의 장래가 달려 있는 교육은 아내, 즉 어머니의 몫이었다. '교육 마마'로 불리는 이 어머니들은 자식, 특히 아들을 성공의 발판이 되는 명문학교에 입학시키는 것을 자신의 의무로 여겼다. 어린 시절부터 시험과 공부가 생활의 중심이 되었고, 이는 전문대학이나 대학에 입학할 때까지 계속되었다. 고용주들도 이에 뒤질세라 '종신고용'의 특권을 누릴 사원을 시험을 통해 선발했고, 공무원 채용도 마찬가지였다. 사립대학들은 지원자가 갈수록 늘어나자 입시제도를 도입했는데, 신속하고 효율적인 채점을 위해 단답형이나 사지선다형 문제를 출제했다. 각 대학이 따로 입시를 치르지 말고 국가가 주관하는 대학센터시험*으로 대체하자는 제안이 나왔다. 하지만 센터시험이 도입된 뒤에도 각 대학은 여전히 자체적으로 시험을 치러 그 점수를 반영했다.

이에 따라 초중고교의 교육은 점차 상급학교 진학을 위한 시험에 초점을 맞추게 되었다. 엄격한 지도와 성실한 학습으로 일본학생들은 선진국 학생 가운데 가장 인상적인 수학점수와 과학점수를 기록했다. 하지만 사회과학과 인문학 분야의 수업은 틀에 박힌 내용을 암기하는 것이었다. 주입식 교육을 보조하기 위해 주쿠(塾)라 불리는 학원이 전국적으로 번성했다. 가족간의 유대는 도시화와 출퇴근의 부담 속에 약화되었고, 일본인은 엄격한 학교교육이 가정교육을 대신하여 학생들의 규율을 잡아줄 것으로 기대했다. 전전에는 군대의 계급과 편제가 모범적인 조직의 패턴을 상징했지만, 전후에는 교육용어가 그 역할을 하게 되었다. 심지어 소카갓카이 같은 인기 있는 종교는 교단 내에서 직위가 올라간 신도와 전도사에게 대학교수의 직위를 부여하곤 했다.

이 새로운 구조는 실패한 측면도 없지 않았다. 토머스 롤렌이 보여주듯이 도시의 고등학교는 교육의 질과 학생구성 면에서 편차가 큰 다층적 구조를 형성했고, 고등학교에서부터 이미 학생들의 미래를 예측할 수 있었다.[26] 기업도 고등교육을 받은 노동자와 그렇지 못한 노동자를 구별했고, 각 집단을 따로따로 관리했다. 같은 고등교육이라 해도 등록금과 입시전형료로 재정을 유지하는 사립대학과 학생수나 응시자수를 제한할 수 있는 국립대학 사이에는 차이가 있었다. 따라서 명문대학 입시에 떨어진 경우 1년

---

* 우리나라의 수학능력시험에 해당한다.

| 독립 이후의 일본 |

또는 그 이상을 준비해서 재도전하는 게 일반적이었다. 이런 재수생들을 일컬어 한때는 주군이 없는 사무라이, 즉 '로닌'이라고도 했다.

초중고교의 공교육은 정치와 이데올로기의 싸움터가 되었다. 맞수는 자유주의 및 좌파 성향의 일본교직원조합(일교조)과 문부성 관료였다. 문부성 관료들은 학교의 기강이 무너졌다는 여론을 등에 업고 젊은 세대에게 인성교육과 애국심 함양이라는 의제를 강조하려고 했다. 1960년대부터 시행된 문부성의 교과서 검정에 의해 전전·전시의 정책이나 잔혹행위를 가차없이 비판했던 인기 교과서 여러 권이 퇴짜를 맞았다. 검정을 거부당한 이에나가 사부로(家永三郎) 교수는 문부성의 제재에 법적으로 항의했다. 몇십 년을 끈 이 '교과서 재판'은 문부성이 교과서를 검정하기 전에 내용을 검토할 권리는 있지만 해당 사건은 문부성의 처사가 지나쳤다는 애매하게 판결이 났다. 쌍방은 서로를 극단적 시각으로 바라보았다. 자유주의자와 좌파는 전전의 세뇌를 되살리고 전시의 잘못을 얼버무리려는 우파의 시도에 공포를 느낀 반면, 교육관료와 우파는 일교조가 기성세대에게 거부감을 갖는 신세대를 양산할 위험이 있다고 경고했다. 우익 이론가들은 이런 논쟁에 끼어들게 된 것을 마냥 즐기며 일교조의 활동과 모임을 방해하기 위해 갖은 방법을 동원했다. 트럭을 타고 다니면서 확성기로 폭력사태가 일어날 수 있다고 위협하며 불안감을 조성하는 우익세력 때문에, 지역사회는 일교조 모임에 시설물 사용허가를 내주어야 할지 말아야 할지 숙고해야 했다.

1960년의 대규모 안보조약 반대투쟁에서 총리 관저와 국회로 행진하던 시위대의 대다수는 학생이었다. 이들은 기시 내각을 물러나게 했지만 자민당과 그 정책을 타도하지는 못했다. 그 후 경제가 급성장하면서 정치는 대부분의 일본인에게 관심 밖이 되었다. 그러나 학생들의 급진주의는 이데올로기 논쟁에 휩싸였고, 기숙사는 전전의 국립고등학교에서 유행했던 '폭풍' 이상의 폭력사태가 빈발하는 싸움터가 되었다. 1970년대 초에는 극단적인 학생들 사이의 격렬한 충돌로 폭력이 절정에 달했다. 일본의 일부 급진주의자들은 이스라엘이나 한국에서 국제 테러리즘에 가담하기도 했지만, 이후 극단주의는 점차 수그러들었다.

1960년대의 교육계에서 드러난 극단적인 세대차이는 일본사회의 다른 부문으로 확대되었다. 1964년 도쿄 올림픽 개최를 기념하는 전시회를 준비하던 중 그리스도교 공동체의 젊은 급진파와 그 선배들 사이에 일대 설전이 벌어졌다. 젊은 세대는 나이든 세대가 전시의 정부정책에 협력했다고 신랄하게 비난했고, 결국 교단은 분열되었다. 사실 전쟁을 공개적으로 반대한 사람은 거의 없었고, 대부분은 각 교파를 일본 그리스도 교단으로 통합하라는 정부의 지침을 받아들였기 때문에 젊은이들의 비판에는 일리가 있었다. 어쨌든 이 일을 계기로 신학교와 교회는 자신들이 교육계에 못지않게 치열한 논쟁에 휘말렸다는 사실을 깨닫게 되었다.

그렇지만 10년 만에 경제가 번영과 성장을 이룩하자 물질적 안락과 보상에 대한 관심이 커졌다. 소비자들의 관심은 갈수록 '3C'와 같은 상품에 집중되었고, 이런 상품을 손에 넣으려는 열기 속에서 노동의 가치가 이데올로기를 서서히 대체하게 되었다. 교과서가 점차 덜 '논쟁적'이 되고 전쟁에 대한 언급이 줄어들자, 이번에는 해외에서 비난이 쏟아졌다. 많은 일본인은 깜짝 놀랐다. 이들은 과거를 쉽게 잊을 수 있다고 느꼈고, 그것이 지나간 시대의 생존자나 유족들에 대한 일종의 배려라고 생각했다. 좌익의 호전성은 쇠퇴했지만 우익은 그렇지 않았다. 좌우익을 결합시킬 수 있는 한 가지 쟁점은 1945년의 원폭투하로 일본이 희생되었다는 인식이었다.

많은 젊은이가 시험인생의 냉혹한 구조에 반항했던 것은 당연하다. 번영이 확산되자 일부는 외국, 특히 비싼 학비를 낼 수 있는 학생들을 찾고 있던 미국의 여러 사립학교에서 공부할 수 있었다. 유학을 떠난 수천 명의 일본 학생 중 일부는 별 볼일 없는 대학에 다니며 일본의 엄격한 교육제도에서 자신을 해방시켜준 부모의 경제력에 감사했다. 다른 학생들은 일본 곳곳에 신설된 덜 까다로운 사립대학에 입학하려고 몰려들었다.

일부 젊은이들은 고등교육을 마칠 때까지 반항을 미루었다. 이미 설명했듯이 끔찍한 집단 테러를 계획했던 옴진리교처럼 빗나간 종교도 명문대학 졸업생을 포함해 대학을 나온 유능한 청년들의 능력과 충성심을 이용할 수 있었던 것이다. 이 사건에 주목한 평론가들은 젊은 세대의 가치상실이 문제라면서, 그들이 아마겟돈의 철학에 심취했다고 지적했다. 일본인은 다른 나라 사람들과 마찬가지로 '신인류'(新人類, 신진루이)라 불리는 젊은 세대에 대해 당혹감을 감추지 못했다. 상품에 대한 물질적 충동 속에서 전통적인 유대나 충성심은 약화되는 것 같았다. 교직원들은 중학생의 폭력문제로 골머리를 앓았다. 교사에게 폭력을 가하는 경우도 있었지만, 주로 신입생과 전학생이 폭력의 대상이었다. 경기침체가 장기화된 1990년대에 연일 언론에 보도된 은행, 증권사, 심지어 대장성의 스캔들은 전통적인 가치로부터의 이탈이 젊은 세대의 전유물이 아니라는 점을 시사하는 듯했다.

시대의 변화를 나타내는 또 하나의 징후는 20세기 말에 지하폭력조직이 활개를 쳤다는 것이다. 야쿠자는 도쿠가와 사회에 뿌리를 둔 조직이다. 사무라이들은 영주의 통제와 질서에 복종하겠다고 맹세한 폭력조직에 대해서는 어느 정도 자율권을 인정했다. 전전에 이들 조직은 극우단체나 정치단체와 긴밀한 유대를 맺었고, 이들의 강경한 국수주의가 비판세력을 겁주는 데 유용하다는 점을 간파한 군부의 비호를 받았다. 그들은 항복 후의 무질서를 틈타 선량한 상인들을 협박해 음성적인 소득을 얻었다. 하지만 암흑가의 폭력은 대체로 이권을 다투는 패거리들 사이에서 이루어졌고, 대부분의 일본인은 그런 움직임을 의식하지 못하거나 무시했다. 기업들은 지하폭력단을 고용하여 주주총회장에서 비판적인 주주들을 위협하고 입다물게 했다. 야쿠자는 업무용 빌딩에 지역폭력단의 본부임을 알리는 간판을 버젓이 내걸 정도로 조직화되고 눈에 띄는 존재였다.

새로운 기회를 적극 활용하여 야쿠자들은 부를 축적했고 사회적 지위도 얻었다. 이들의 폭력을 두려워한 은행과 신용금고는 특별우대 조건으로 대출을 해주었고, 야쿠자들은 이 돈으로 사기를 치거나 1980년대에 엄청나게 폭등한 부동산에 투기하여 막대한 이득을 보았다. 1990년대의 불황기에는 기업과 폭력조직의 긴밀한 관계가 드러나면서 야쿠자들의 검은 행각도 밝혀졌다. 야쿠자는 법망을 교묘히 피해가며 거의 모든 식당, 술집, 여타 유흥업소에서 보호비 명목으로 돈을 뜯어내고 있었다.

그러나 이 일을 두고 일본의 사회적 가치가 크게 변했다고 개탄하는 것은 지나치다. 달라진 것이라곤 과거에는 음성적으로 몰래 행해지던 일들을 언론의 호기심과 자신만만해진 폭력조직에 의해 이제는 누구나 알게 되었다는 것뿐이었다. 대다수의 젊은이는 여전히 학교와 입시제도의 요구에 순응했다. 취업이 더욱 힘들어진 1990년대 후반의 삭막한 상황에서 향락적이고 이데올로기적인 반란을 꿈꾸기는 힘들었다.

새로운 밀레니엄에 진입한 일본에서는 사회와 경제의 변화가 상호작용하여 최근까지만 해도 거스를 수 없을 것 같던 고등교육의 확장 추세에 심대한 변화의 징후가 나타났다. 낮은 출생률로 인구가 늘지 않고 경기침체가 지속되자, 많은 사립대학의 미래가 위협받게 되었다. 저출산으로 인해 신입생이 줄어들고 경제적 불안으로 자녀 특히 딸의 고등교육을 포기하는 가정이 늘어나자 사립대학의 재정은 더욱 악화되었다. 이런 손실은 신생 전문대학이나 2년제 대학에 국한되지 않았다. 2000년에 대장성은 심지어 국립대학의 인기학과에서도 학생수가 급감하고 있다고 지적하면서 민영화 방침을 발표했다. 이 방침에 따르면 학생을 충분히 확보하지 못하는 학과는 도태될 수밖에 없다. 초기의 교양교육에 전문성을 가미한 전후의 교육 패턴 역시 비용이 많이 들고 시대에 뒤떨어지는 방식이라 하여 거부되었다. 이렇게 해서 고등교육기관은 취업에 필요한 전문지식을 가르치는 곳으로 전락할 위험에 처하게 되었다. 학생들의 시험인생이 바야흐로 교육기관들의 시험인생으로 대체되고 있다고 생각하는 사람들도 있다.

5. 세계 속의 일본

1952년에 일본은 주권을 회복했으나, 몇 가지 쟁점은 남아 있었다. 샌프란시스코 강화조약은 소련과 대치하고 있던 미국의 주도권을 받아들인 것이며, 조약 자체도 교전국 전체가 아닌 일부 국가만 조인했고, 동남아시아의 신생국과 일일이 국교를 맺는 것은 외무성의 몫이었다. 또한 이 조약은 1972년까지 미국이 지배했던 오키나와 문제와 전쟁 막바지에 소련이 점령한 북방의 네 섬 하보마이(齒舞)·시코탄(色丹)·구나시리(國後)·에토로후(擇捉)에 대한 문제를 해결하지 못한 미완의 조약이었다. 이 조약에 의해 일본은 "1905년 9월 5일 포츠머스 조약의 결과 일본이 주권을 획득한 사할린과 인근 섬에 대한 권리와 주장"을 포기했지만, 이 조항은 1875년의 상트페테르부르크 조약 이래 일본의 수중에 있던 쿠릴 열도에 대해서는 적용되지 않았다. 하토야마 총리는 1954년 소련과 전쟁상태를 종료하는 협약을 맺기 위해 모스크바를 방문했다. 하지만 소련이 홋카이도 인근의 네 섬이 쿠릴 열도의 일부라 주장하며 영유권을 고집했기 때문에 공식적인 강화조약을 체결하지 못했다. 일본은 그때부터 줄곧 그 섬들이 일본영토임을 고집해왔고, 이 '북방 영토' 문제는 우익세력에 의해 철저히 이용되면서 양국간의 관계개선을 가로막는 요인으로 작용했다. 한일기본조약은 1965년에야 체결되었다. 중국과의 관계는 미국의 승인에 달려 있었다. 국무장관 존 포스터 덜레스는 샌프란시스코 강화조약에 대한 상원의 비준을 일본이 중화인민공화국 대신 타이완을 중국의 합법정부로 인정하는 조건에 연계시켰다. 그 후 20년 동안 일본의 지식인과 경제인들은 중국본토와 관계를 맺기 위해 무수히 노력했고 정치와 경제를 분리하고자 시도했지만, 1972년 닉슨 대통령과 저우언라이(周恩來) 총리가 상하이 코뮈니케를 채택한 뒤에야 일본정부도 외교적 조치를 취할 수 있었다. 다나카 가쿠에이 총리가 중화인민공화국과의 국교를 정상화하기 위해 베이징으로 떠난 사이에 일본은 타이완과의 국교를 단절했고, 일본에는 비정부기관의 형식으로 타이완 대표부만 남게 되었다. 이처럼 20년 동안 일본의 정책은 워싱턴의 요구에 단단히 묶여 있었다. 신임 총리나 그의 특사는 취임 전에 으레 워싱턴을 방문해 백악관과 국방부 청사에서 회담을 가졌고, 미 행정부 역시 국제관계의 주요 쟁점에 관해 일본의 협조와 지지를 기대하는 입장이었다.

일본에게 미일동맹은 대단한 이점으로 작용했다. 외교문제에 관한 한 상당부분 미국에 책임을 떠넘김으로써 공개적인 논란을 피할 수 있었다. 국제문제에 대해 자신의 입장을 당당하게 밝힐 기회를 갖지 못한 상태에서, 일본은 대응은 하되 주도하지는 않는 수동적인 태도를 취하게 되었다. 일본의 주도적 움직임이 아시아 다른 나라들의 불신과 의혹을 사던 시절에는 이런 신중한 자세가 유리했다.

미국의 지지를 등에 업고 일본은 콜롬보 계획, OECD, 그리고 특히 유엔 같은 국제기구의 일원이 되었고, 국제무대에서 다른 나라와 동등한 지위를 얻었다. 그리고 1960년대와 1970년대에 일본경제가 회복되자, '샌프란시스코 체제'는 아시아 전역에 매우 긍정적인 결과를 초래했다. 일본에게 그 체제는 방위비 절감, 국제무역에 대한 미국의 후원, 미국의 기술과 시장에 대한 손쉬운 접근을 뜻했다. 1951년 이후 30년 동안 일본기업이 4만 건 이상의 기술 이전에 대해 지불한 비용은 170억 달러로, 같은 기간 미국의 1년 지출액보다 작았다. 이 기술 이전이 사실상 모든 일본 근대산업의 토대를 마련했다. 미국의 판매자들은 개발비용의 일부를 회수할 수 있어 기뻐하면서도, 가까운 미래에 일본과 경쟁하게 되리라고는 상상조차 하지 못했다. 1980년대에 들어서자 일본은 더 이상 수입된 기술에 의존하지 않았다. 미국의 일부 평론가는 일본에 대한 기술 이전의 부정적 결과를 예상하고 있었지만, 더 멀리 내다보는 사람들은 그것을 마셜 플랜을 통한 유럽의 재건에 필적하는 정책의 승리로 간주하고자 했다.

일본이 안정되자 나머지 태평양지역도 안정을 찾았다. 미국의 정책은 처음에는 중화인민공화국을 견제하다가, 1972년 이후에는 샌프란시스코 체제의 일부로 흡수했다. 미국의 존재는 일본의 침략으로 피해를 입은 태평양 지역의 국가들이 안심하고 일본을 다시 받아들이게 하는 작용을 했다. 일본은 눈부신 속도로 세계 최대의 무역국이 되었고 온갖 자원을 수입

| 독립 이후의 일본 |

했다. 1980년대에 일본의 제조업체들은 경제규모가 40%나 큰 미국의 기업들보다 새로운 생산설비와 기술연구에 더 많은 자본을 투자했다.

더욱 중요한 것은 일본이 태평양지역 성장의 견인차 역할을 하기 시작했다는 사실이다. 1990년대에는 이런 성장의 많은 부분이 부패와 특혜의 산물이었던 것으로 밝혀졌지만, 뒤처져 있던 아시아 국가들을 발전시키는 데 일본이 중요한 역할을 한 것은 사실이다. 일본은 이제 오래전부터 추구해온 태평양지역의 자원과 시장에 접근할 수 있었고, 일본의 수출품과 기술을 받아들인 태평양지역은 면모를 일신했다. 가나메 아카마쓰(赤松要) 같은 평론가는 일본을 날아가는 기러기떼의 첨병 혹은 선봉이라고 묘사했다. 한국·타이완·홍콩·싱가포르와 아세안 국가들은 한동안 급성장을 예약한 듯이 보였다. 1980년대의 낙관적 분위기 속에서 사람들은 '아시아의 기적'에 대해 이야기했고, 한국·타이완·홍콩·싱가포르를 네 마리의 '작은 호랑이'라고 불렀다. 기러기의 날개는 태평양지역의 발전으로 여러 개가 되었다. 필리핀에 대한 타이완의 투자가 미국의 수준을 넘어섰고, 홍콩은 타이완과 그 밖의 나라에서 들어온 투자금을 중화인민공화국에 쏟아 부었으며, 일본은 엄청난 액수의 자본을 태국과 인도네시아에 투자했다.

일본인은 스스로를 아시아의 경제지도자로 여기기 시작했다. 서점에는 일본의 '아시아화'에 대한 책들이 쏟아져나왔고, '탈아입구'라는 후쿠자와 유키치의 호소는 이제 구시대의 유물이 되었다. 샌프란시스코 체제 초기에 유라시아의 사회주의권은 태평양 주변부의 무질서와는 대조적으로 안정되어 보였지만, 1980년대에 이르러 상황은 뒤바뀌었다. 사회주의권에서 불기 시작한 변화의 바람은 중국의 지도자들에게 영향을 주었고, 이들은 1970년대 말부터 '4개 현대화' 작업에 착수했다. '중국'과의 국교정상화 이후 중국의 변화가 가시화되자 일본으로서는 정치와 외교에서 가장 골치 아픈 문제가 해소되었다. 미국 주도의 국가간 협력관계를 고수해도 이제는 일본이 이웃국가로부터 고립될 위험은 없어졌기 때문이다.

여기서 한 가지 잊지 말아야 할 것은 일본은 상황을 자국에 유리하게 이용하는 정책을 입안한 선도자라기보다는 단순한 수혜자였다는 사실이다. 이미 말했듯이 일본은 한국전쟁에서 막대한 경제적 이익을 얻었고, 그보다는 못했지만 베트남전쟁 때도 다시 한번 이득을 보았다. 베트남전쟁을 통해서 얻은 경제적 이득은 그 전쟁에 의해 촉발된 정치투쟁, 특히 학생들의 반전운동으로 어느 정도 상쇄되었다. 북방영토 문제에 대한 소련의 완강한 태도는 보수적인 정부가 미국과의 밀접한 관계를 옹호하는 데 유용했다. 중국의 문화대혁명에서 자행된 폭력에 대한 충격은 중화인민공화국과의 관계를 개선하려는 정서에 악영향을 미쳤고, 1989년의 천안문 학살은 일본의 지도자들이 어쩔 수 없이 택했던 진로에 대한 일본대중의 지지를 높여주었다. 상황 반전을 위해 중국은 이 시기를 일본이 난징에서 저지른 만행을 상기시키는 기회로 택했고, 해외의 화교들도 일본의 잔혹행위를 생생하게 떠올리면서 중화대단결을 촉구했다.

물론 서양의 우방과도 문제가 없지는 않았다. 첫 번째 문제는 무역마찰로, 미국은 계속 늘어나는 무역수지적자에 고심했다. 일본은 농산물 수입을 통해 미국의 농민에게 도움을 주긴 했지만 사들이는 것보다 파는 것이 훨씬 많았고, 일제 자동차는 미국의 자동차공업이 침체된 시점에 미국시장의 점유율을 높였다. 미국의 언론과 정치인들은 다시 한번 일본의 위협에 대해 이야기했다. 미국의 비평가들은 일본의 제조업체들이 특허권을 침해하고 합작을 통해 얻은 기술을 무단으로 사용해 부당이득을 취하고 있다고 지적하면서, 일본은 미국시장에 쉽게 진입한 데 반해 미국은 각종 규제가 복잡하게 얽혀 있는 일본시장을 뚫기가 너무나 어렵다며 불만을 토로했다. 미국의 압력으로 이런 장벽이 무너지기 시작한 뒤에도, 계열사 체제로 결합된 일본기업들의 공조는 비공식적인 비관세 장벽으로 작용했다. 캐나다에 이어 일본은 미국에게 가장 중요한 무역상대국이자 미국농산물의 최대 시장이 되었지만, 오렌지·사과·쌀을 비롯한 모든 품목에 대해 자유무역을 방해하는 요소가 남아 있는 듯했다. 일본은 일본대로 미국의 제조업체들이 일본시장을 신속하게 분석하지 못하고 일본소비자의 기호에 맞는 제품을

| 독립 이후의 일본 |

개발하지 못한다고 지적하면서, 이를 일본의 거대한 무역회사들이 수행하는 주도면밀한 연구와 비교했다. 그럼에도 불구하고 양국은 상대방의 불만을 해소하기 위해 더디긴 하지만 꾸준히 노력했다. 1980년대의 번영으로 일본은 미국산 농산물·특산품·공산품 수입을 급속히 늘렸지만, 거품이 터지면서 상황은 다시 반전되었다. 그 이후의 상황은 다시 일본에 유리하게 바뀐 듯했다. 경제가 장기적인 팽창국면에 진입하자 미국은 무역문제에 다소 둔감해졌고, 중국과의 무역적자가 급증함에 따라 일본에 대해서는 신경을 덜 쓰게 되었다.

두 번째 쟁점은 미국과의 안보조약체제에서 일본이 집단안보에 얼마나 기여하는가에 관한 것이었다. 세기말에 오키나와에 주둔 중인 주일 미군의 수는 3만 7,000명 정도로, 이들은 아주 최근에 자위대와 합동훈련을 시작했다. 1997년에 일본은 유사시에 협력하기로 미국과 약속했지만, 그 역할은 전쟁지역에서 민간인을 소개(疏開)하는 임무에 한정되었다. 50년 이상 조약의 효력이 발휘되는 동안 일본이 미국의 비용으로 '무임승차'를 하고 있다는 의회나 언론의 잦은 비판에 직면한 미국은 일본이 미군기지 유지비용을 더 많이 부담하도록 요구했고 전반적으로 성공을 거두었다. 1999년 일본의 부담금은 40억 달러로, 한국의 2억 9,000만 달러나 독일의 6,000만 달러에 비하면 대단히 큰 금액이었다. 이 돈은 봉급, 각종 경비, 토지임대료 등에 사용되며, 오키나와 경제를 활성화하는 데 크게 기여함으로써 자신들이 짊어진 불공평한 부담에 대한 오키나와 주민들의 불만을 누그러뜨리고 있다. 미국협상단은 적어도 냉전이 끝나기 전까지는 일본의 방위비를 늘리려고 애썼지만, 군비를 국내총생산의 1%로 제한하려는 도쿄 정부의 단호한 입장을 바꿔놓지는 못했다. 그러나 전체적인 국민소득이 증가함에 따라 1%에 해당하는 금액 역시 따라서 커졌기 때문에 2000년 일본의 방위비는 미국에 이어 세계 2위를 기록했다.

하지만 1990년대에 일본의 경기가 침체되자 그 비용조차 논란에 휩싸였다. 주요 정치가들은 미군을 지원하는 데 드는 '수입국'(受入國)의 비용

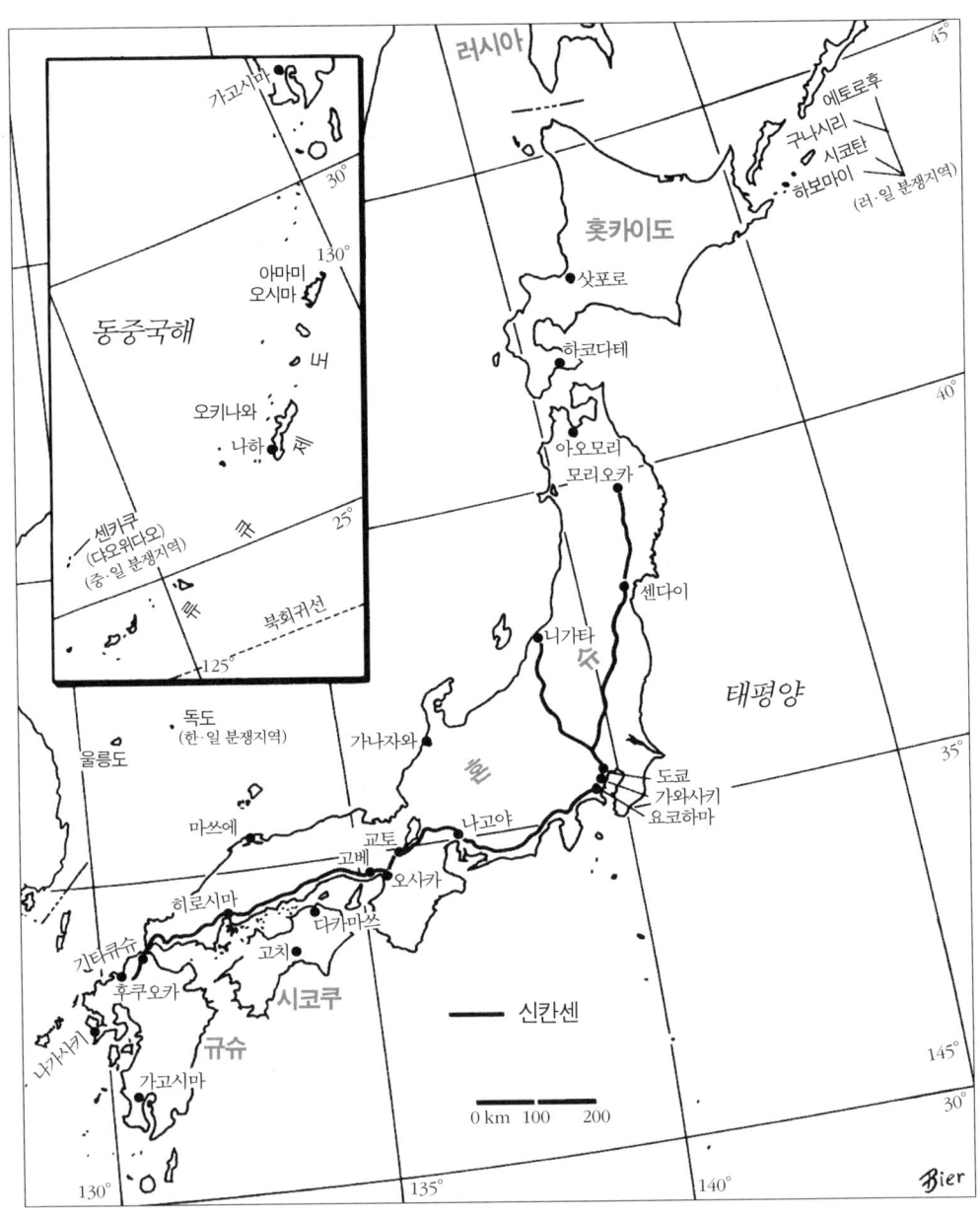

9. 2000년의 일본 영토.

| 독립 이후의 일본 |

이 너무 많다고 한탄했고, 1999년 선거에서 승리한 도쿄도 지사 이시하라 신타로(石原愼太郞)는 본도에 남아 있는 요코타(橫田) 공군기지의 이전을 공약했다. 여론조사 결과 70%의 일본인이 미일동맹을 지지하지만 67%는 일본에 주둔하고 있는 미군수가 너무 많다고 생각하는 것으로 나타났다.

중요한 외교문제가 발생할 때마다 일본은 미국의 노선을 따랐으나 미국은 일본의 지원이 미흡하다고 불만을 터뜨리곤 했는데, 이것이 바로 세 번째 문제였다. 중동산 석유에 크게 의존하고 있는 일본은 아랍국가들의 반감을 사지 않기 위해 이스라엘 문제에 늘 조심스런 입장을 취했다. 1980년대에 중동산 원유의 수입이 급증하자, 평론가들은 페르시아 만과 도쿄 만 사이를 항해하는 유조선의 행렬이 끊이지 않을 것이라고 예상했다. 1970년대의 석유위기는 앞서 언급했던 대로 일본에 극심한 고통을 안겨주었다. 1989년 이라크가 쿠웨이트를 점령한 뒤 걸프전이 발발하자 일본은 헌법상의 제약을 인용하며 비(非)전투요원조차 파견하지 않았다. 그렇지만 일본은 유엔 다국적군에 워낙 거금을 기부했기 때문에 사실상 그 전쟁비용을 댄 것이나 다름없었는데도 동맹국들로부터 '수표외교'라는 비난만 받았.

이제 동맹국의 군사작전에 참여할 방법을 궁리하는 것이 시급해졌다. 단명으로 끝난 미야자와 내각이 설립한 비무장 '평화유지군'—자위대와 관계는 있지만 엄연히 구별되는—은 캄보디아와 그 밖의 지역에서 중요한 역할을 수행했다.

일본은 샌프란시스코 강화조약에서 유엔 헌장을 지키기로 서약했으나, 1947년 헌법의 제9조를 위반하거나 수정하지 않으려는 태도 때문에 유엔에서 두드러진 역할을 맡을 수 없었다. 한반도나 페르시아 만에서 요구되는 집단안보는 일본이 스스로 제공할 수 있다고 여기는 것 이상의 적극적인 참여를 필요로 한다. 일본이 기존 입장을 고수하는 한 한때 국제연맹에서 누렸던 (그리고 버렸던) 명예를 회복하기는 어려울 것이며, 유엔 안보리의 상임이사국이 되려는 일본의 희망은 실현되지 못할 것이다. 하지만 그런 지위 없이도 일본의 대표들은 캄보디아에서 훌륭한 역할을 했고 유엔

고등난민판무관실 같은 전문기구에서 맹활약하고 있다.

하지만 유엔 안보리 상임이사국 자리와 무관하게, 일본은 1975년에 G7의 일원이 되면서 좀 더 근본적인 의미에서 서양 선진국들과 어깨를 나란히 해왔다. G7 회담의 기념사진을 보면 나카소네 총리 이래 일본총리들의 위치가 점차 중앙에 가까워짐을 알 수 있다. 1885년에 후쿠자와 유키치는 신년논설에서 일본이 서양열강에 합류해야 한다고 촉구했다. 그는 시치후쿠진(七福神)*을 태운 보물선을 떠올리면서, 다이코쿠텐(大黒天)을 비롯한 일곱 신의 자리에 영국·프랑스·러시아·독일·오스트리아·이탈리아·미국이 타고 있는 그림을 상상했다. 그는 머지않은 새해에는 일본이 부를 상징하는 여덟 번째 신으로 그 국가들과 동승하기를 희망했다. 한 세기 후에 그의 소망은 실현되었다. 그것도 여덟 번째 자리가 아니라 G7의 일원으로. 2000년까지 네 차례의 정상회담이 일본에서 열렸다. 특히 마지막 회담이 오키나와의 나고(名護)에서 개최되었다는 사실을 후쿠자와가 알았다면 무덤에서 벌떡 일어났을 것이다.

6. 세기말의 일본

일본의 노인들에게 1989년 히로히토 천황의 죽음은 한 시대의 종말을 의미했다. 사후에 연호를 따라 쇼와 천황으로 불리게 된 이 군주는 일본역사상 최장수 천황(87세)이었고, 62년이라는 그의 재위기간은 할아버지 메이지 천황보다 길었다. 또 제2차 세계대전기의 다른 지도자들보다도 훨씬 오래 살았다. 메이지 시대에 태어나 노기 장군 — 메이지 천황이 사망하자 전통적인 할복으로 사무라이의 시대를 마감한 — 의 가르침을 받았던 그는

---

* 칠복을 준다는 일곱 신, 즉 다이코쿠텐(大黒天), 주로진(壽老人), 에비스(惠比壽), 비샤몬텐(毘沙門天), 벤자이텐(弁財天), 후쿠로쿠주(福祿壽), 호테이(布袋)의 총칭. 이 일곱 신은 중국·인도·일본의 신들이 혼합된 것으로, 무로마치(室町) 시대부터 민간에 널리 퍼졌다고 한다.

| 독립 이후의 일본 |

다이쇼 데모크라시의 본보기이자, 그 희망과 실패를 동시에 상징하는 인물로 성장했다. 황태자로서 그는 1921년에 영국과 유럽을 여행했는데, 이는 일본의 황태자나 천황으로서는 첫 외유였다. 그때 그는 영국 왕실의 자유로운 분위기와 대중적인 인기에 감탄을 금치 못했다고 한다. 일본으로 돌아오자 메이지 유신 이래 황실을 지배하고 있던 엄격한 격식이 다시 그를 에워쌌다. 그는 동창생이나 친구들과 어울렸다가 안이하다는 질책을 받았다. 아버지의 정신병으로 섭정에 오른 히로히토는 간토 대지진의 재난으로 결혼과 즉위식을 연기했다. 1928년 신비스러운 신도풍의 즉위식을 통해 황실 조상들에게 자신의 존재를 알린 그는 곧 관동군의 장쭤린 암살로 표출된 군의 불복종을 접하게 되었다. 그는 이 암살사건의 진상을 조사하겠다는 약속을 어긴 총리에게 불만을 표했는데, 이에 다나카 총리는 사임하고 얼마 후 사망했다.

겐로들은 히로히토에게 자제를 촉구했다. 천황의 언행이 헌법적 역할을 벗어난 것으로 생각되며 그럴 경우 천황과 자신들이 곤란해지거나 위험해질 수도 있다는 것이었다. 젊은 천황은 이를 계기로 겸손한 자세로 자신의 공식 역할에만 충실하기로 결심했다고 한다.

1930년대에 그가 수행해야 했던 공식적인 의무 중에는 대원수의 역할도 포함되어 있었다. 백마에 올라타(처음에는 다소 어색했다) 군대를 사열하고, 펑톈을 점령한 관동군 사령관에게 훈장을 주고, 심지어 그 사령관을 궁중의 시종무관으로 임명하기도 했다.

하지만 1936년 2·26사건에서 청년장교들이 폭력을 휘두르고 테러를 자행하자, 그는 수동적인 입장을 고수하려던 결심을 버렸다. 그는 "그들이 내 각료들을 죽이고 있소!"라고 분개하며, 시종무관 혼조 장군의 고뇌 어린 간청을 뿌리치고 군 수뇌부로 하여금 반란을 진압하고 주동자들을 처형하도록 했다.

이듬해부터 히로히토는 중국과 서양의 민주국가들을 상대로 벌인 전쟁의 주요 안건을 논의하는 각종 회의를 주재했다. 그에게는 중국을 제압하고 자원보유국들을 침공해 지역패권을 장악하려 했던 일본의 파멸적 행보를 바로잡을 능력도 의지도 없었다. 자신을 숭배한다고 공언한 자들의 파벌 다툼과 이념 대립에 염증을 느꼈던 히로히토는 고노에 후미마로를 대화를 나누기 편한 상대로 여겼고, 중일전쟁과 태평양전쟁 개전을 진두지휘한 도조 히데키 대장을 존경했다. 히로히토는 전쟁의 혼란기에 의무감을 갖고 모든 주요 회의에 참석했지만 자신을 자제하고 침묵을 지켰다. 하지만 개전 초의 승리를 이끌어낸 육해군의 노고를 치하하는 조서를 내리며 내심 크게 기뻐했던 것은 사실이다. 그는 최후의 '결전'을 기다리는 이들과 함께 운명론을 공유하고 있었는데, 오키나와에서 벌어진 전투가 바로 마지막 전투라는 것은 깨닫지 못하고 마침내 원자폭탄의 확실한 살상력 앞에 무릎을 꿇었다.

태평양전쟁 초기에 제국군대가 용감무쌍하게 돌진하여 적군을 격파하자, 천황은 만족감을 표하는 승전조서를 공표했다. 뒤이어 불안감이 밀려들고 위난이 닥치자 히로히토는 궁전의 사령부에 머물면서 적어도 형식상으로는 신민과 내핍생활을 공유했다. 그는 황거의 후키아게(吹上) 정원에 있는 벙커에서 자신이 물려받은 제국이 무너지는 것을 지켜보았다. 한 번 더 싸우자는 군부의 요구를 무마시킬 수 없었던 스즈키 내각이 천황에게 결정을 미루자, 그는 국체가 어떻게든 호지될 것으로 낙관하며 항복을 선택했다. 히로히토는 녹음된 성명서를 통해 그의 음성을 처음 듣는 국민에게, 그렇게 하지 않으면 제국신민의 강녕을 도모하고 만방 공영의 즐거움을 추구하라는 황실 선조들의 엄숙한 유훈을 어기게 될 뿐 아니라 모든 인류문명의 파멸을 초래하게 될 것이라고 말했다.

외딴 섬에 있던 병사들과 제로센에 몸을 싣고 있던 특공대의 젊은 조종사들, 전함에 승선해 있던 해군병사들은 모두 천황의 이름으로 전쟁에 뛰어들었고 그의 이름을 외치며 죽어갔지만, 연합군의 증오는 히로히토 대신 도조에게 집중되었다. 히로히토를 제거하면 거센 저항이 일어날지도 모르고, 향후의 계획에 히로히토가 도움이 되리라고 생각했기 때문이다. 그럼에도 불구하고 천황의 지위는 확실하게 보장된 것이 아니었고, 만약 (맥아더를 포함해) 미국이 영향력을 행사하지 않았다면 히로히토는 십중팔구 1946년의 도쿄 군사재판정에 섰을 것이다. 이미 언급했듯이 그의 부재로 인해 검사는 물론 피고들도 당혹감을 느꼈다. 국민통합의 '상징'적 존재로서 히로히토가 천황의 자리를 보전한 것은 과도기의 정국을 안정시키는 데 도움이 되었다. 물론 한참이 지난 지금 되돌아보면 과연 그것이 옳은 선택이었는지 논란의 여지가 있긴 하지만 말이다.

그 후의 상황은 국체가 호지되리라는 히로히토의 낙관을 뒷받침했다. 미국은 일본인의 순종을 유도하고 급진주의를 차단하는 데 그의 존재가 중요하다고 확신했기 때문에, 그에게 재판정에 서야 하는 모욕을 주지 않았다. 그는 스스로 원한 적도 없고 오히려 거추장스럽기만 하던 신격을 포기하라는 조언을 받아들였고, 자신을 '국민의 천황'으로 만들려는 노력에 협조했다. SCAP의 관리들은 그가 황거에서 나와 국민을 직접 만나도록 권했고, 그는 1868년의 「5개조어서문」에서 자신의 새로운 입장과 할아버지의 초기 이미지를 절충할 수 있는 방안을 찾아냈다.

그 후 경제성장이 일본사회의 면모를 바꾸기 시작하자 천황은 한 번 더 변신했다. 그는 이제 개인주의와 번영의 새 시대에 가장(家長)의 모범이 되었다. 조심스럽게 마련된 기자회견에서 말을 아끼는 그의 모습은 소박하고 겸손하기에 오히려 더 기품 있어 보이는, 인자하고 친절한 영락없는 노신사였다. 그는 유럽을 다시 한번 방문했고 미국 방문도 성공리에 마쳤다. 어디를 가든 사람들은 지난 날에 대한 그의 생각을 듣고자 했지만, 죄책감보다는 유감을 표명하는 공식 발언에서 얻을 것은 별로 없었다. 히로히토는 궁극적으로 살아남았다. 그가 사경을 헤매고 있을 때는 수많은 일본인이 궁성 정문으로 몰려들었고, 심지어 전 미국 대통령 지미 카터조차 니주바시를 방문하여 군중과 함께 그의 회복을 기원했다.[27]

히로히토만큼 재위기간이 길었던 천황은 도쿠가와 시대 초기의 고미즈노오(後水尾, 1596~1680) 천황밖에 없다는 점도 흥미롭다. 고미즈노오는 쇼군의 청에 따라 충실하게 천황 및 공가 제법도를 공포했지만, 쇼군이 계속 간섭하자 크게 노해 딸(2대 쇼군의 외손녀)에게 황위를 물려주었다. 그 후에도 그는 교토에 머물면서 50년 동안 권력을 행사했다. 히로히토도 도쿄 군사재판의 판결이 나온 뒤 퇴위를 고려했을 수도 있지만, 50년 더 궁정을 지켰다. 두 군주는 모두 군부의 압력을 받았고, 한 명은 퇴위했지만 다른 한 명은 맥아더의 결의 덕에 천황 자리를 지켰다. 초기의 천황들은 신비스러운 신격에 둘러싸여 좀처럼 그 존재가 노출되지 않았고, 그들을 둘러싼 아우라는 일종의 민간신앙과도 같았다. 이와 대조적으로 히로히토의 마지막 투병은 그날그날의 혈구수와 수혈이 주의 깊게 기록되는 가운데 미디어에 의해 놀라울 정도로 상세히 보도되었다. 메이지 천황이 마지막 투병생활을 할 때는 의사들이 금기 때문에 진단이나 치료를 제대로 하기가 어려웠다고 하는데, 히로히토는 의사들의 노력으로 간신히 연명하고 있었다. 그가 죽자 장례식의 일부는 비공개리에 신도의 신비스러운 전통을 충실하게 재현했고, 일부는 공개적으로 진행되었다. 조지 부시 대통령을 비롯한 세계 각국의 지도자들은 차가운 비가 내리는 가운데 커다란 천막의 불편한 의자에 조용히 앉아 있다가 차례대로 앞으로 나가 가벼운 목례로 조의를 표했다. 그 후 전통적으로 황실장례를 맡아온 교토 인근 마을의 청년들이 관을 운구해 차에 실었고, 이 차는 천천히 복잡한 거리를 벗어나 하치오지시(八王子市)의 능으로 향했다. 이보다 파란만장한 인생은 드물 것이다. 첫 번째 근대주의자의 손자이자 최후의 신성한 지배자였던 히로히토는 어떻게 보면 20세기 일본의 양의성을 상징한다고 할 수 있다.

그의 뒤는 아들 아키히토가 이었다. 아키히토의 연호는 평화를 이룬다는 뜻의 헤이세이(平成)로 선포되었다. 새 천황은 1947년의 평화헌법에 대한 지지를 선언하며 헤이세이 시대를 열었다. 그는 청년시절에 외국인 스승을 두었고, 평민과의 혼인으로 민주주의에 새로운 의미를 부여했다고 칭송받았다. 그의 장남이자 새로 황태자가 된 인물은 더 놀라웠는데, 그는 옥스퍼드 대학에서 수학했고 신부는 하버드에서 학사학위를 받았다. 골치 아

| 독립 이후의 일본 |

픈 용어인 '국제화'(國際化, 고쿠사이카)가 시대의 구호였다. 문부성으로부터 국제학부 설립 승인을 얻어내려 경쟁하는 대학들의 모습이나, 한 세기 전에는 상상할 수도 없었던 황실의 '국제적'인 성향이 그 열정의 실례였다. 그러나 헌법을 준수한다는 새 천황의 말은 중요한 결정은 황거를 둘러싼 해자로부터 멀리 떨어진 곳에서 이루어진다는 뜻이었고, 절제된 언행 속에서 풍겨나오던 히로히토의 카리스마는 후계자들에게 계승되지 않았다. 앞으로의 천황들은 반신(半神)으로 존경받지도 않을 것이고, 국가부흥의 상징으로 기억되지도 않을 것이다.

지난 천년의 마지막 10년은 새로운 연호가 시작된 시기로, 일본의 국체는 망망대해에서 표류하기 시작했다. 소련의 해체는 새로운 세계질서, 아니 좀 더 정확히 표현하자면 무질서를 초래했다. 동유럽·중동·아프리카에서 오랫동안 끓어오르던 내셔널리즘과 인종주의가 분출되면서 위기가 발생하자 집단안보체제의 합동작전이 가동되었는데, 일본은 거의 아무런 역할도 하지 못했다. 소련이 붕괴함에 따라, 경제보다 안보를 우위에 놓았던 미국의 우선순위가 조만간 바뀔 것이 분명해졌다.

중국경제가 눈부시게 성장하고 미국이 중국과 '전략적 제휴'를 논하는 상황이 전개되자, 일본의 회의주의자들조차 미국과의 안보체제를 더욱 중시하게 되었다. 외국인들은 침체에 빠진 일본의 이미지를 중국이 보여주는 새로운 활력과 대비시켰다. 게다가 중국은 일본을 상대로 힘을 과시함으로써 화교나 해외유학생들의 사기를 높여주었다. 중국은 자신감을 얻었기 때문에—어쩌면 자신감이 부족하기 때문에—자주 일본을 표적으로 삼았다. 타이완에서 약간 떨어진 센카쿠(尖閣) 열도(중국명은 댜오위다오(釣魚島))에 대한 소유권 주장과 1937년 난징 대학살을 비난하며 종종 일본을 곤혹스럽게 만들었다. 이에 대해 일본정부는 '유감' 이상의 사과를 꺼리기 때문에 논란의 불씨는 여전히 살아 있다. 이런 상황에서 일본의 무역과 투자는 결과적으로 중국 남쪽에 있는 동남아시아의 아세안 국가로 이동했다. 이는 일본의 한 세대가 기대했던 세상은 아니었다.

역사적 기원이 오래된 문제도 있었다. 1895년 일본의 타이완 점령으로 시작된 타이완과 본토의 분리는 한층 심각한 상황을 낳을 수 있었다. 베이징 정부가 점차 공격적인 태도를 보이자, 타이완 유권자들은 베이징이 제시하는 조건으로는 통일할 뜻이 없는 정부에 표를 던졌다. 타이완에 대한 중국의 무력통일 가능성은 워싱턴과 도쿄의 정책결정자들을 당황하게 했다. 한국도 분단되어 있었다. 일본에 적대적인 북한은 가끔 일본해역을 침범했고, 일본을 지나 북태평양까지 날아가는 미사일 실험을 감행함으로써 일본인들을 불안하게 했다.

하지만 다행히 대한민국과의 관계는 1990년대 후반에 극적으로 개선되었다. 민주적으로 선출된 정부가 1950년대 이래 한반도 남쪽을 지배해왔던 군부독재를 교체했다. 경제가 성장하고 자신감이 커지자 한국은 일본에 대한 적대감을 누그러뜨렸다. 일본과 한국은 미국과 함께 북한의 정권 및 핵문제에 대해 공동으로 대처하게 되었다. 1999년 한국 김대중 대통령의 방일은 태평양전쟁 이후 양국을 지배해온 적대감을 완화시켰고, 두 민주국가 사이에 남아 있는 많은 상처가 치유될 수 있다는 기대감을 높였다. 남북한의 화해를 위한 노력은 꾸준히 진행되었지만 2000년까지는 그리 큰 진전을 보지 못했다. 일본과 워싱턴은 이 문제를 심각하게 생각하고 있다. 한반도에서 전쟁이 재발할 경우 오키나와의 미군은 물론 일본도 결국 개입해야 할 것이기 때문이다.

전후의 오랜 세월 동안 이런 불확실성은 일본정치에 즉각 반영되어왔는데, 2000년에는 조금 달라졌다. 일본정부는 좀 더 자신만만하고 단합된 모습을 보였다. 국회의 불신임안 가결로 1993년 미야자와 내각이 총사퇴하면서 자민당의 오랜 전횡이 끝나고, 호소카와 모리히로의 '개혁'정부가 들어섰다. 일본에서 인기가 높고 해외에서도 환영받던 호소카와 내각은 새로운 정치의 희망을 약속했다. 비록 짧은 시간 동안이긴 했지만 실각하기 전까지 호소카와 내각은 1920년대 이래 고수되어왔던 선거제도를 개편했고, 오랫동안 금지되었던 쌀 수입을 허용했다.

| 독립 이후의 일본 |

　그 후 이미 터져버린 거품경제의 영향이 전모를 드러냈다. 스캔들과 부정, 서툴고 때늦은 대책, 파산, 고용불안, 실업률 증가 등의 문제가 한꺼번에 터지면서 오랫동안 존경의 대상이었던 관료들의 지혜와 도덕성에 대한 일본인의 믿음이 흔들렸다. 일본의 투자자들은 미국인의 우려를 자아냈던, 미국의 유명 자산에 대한 투자를 서둘러 중단했다. 또 다른 문제는 일본이 공중보건과 환경개선에 성공했기 때문에 찾아왔다고 볼 수도 있다. 일본의 인구는 장수와 급속한 노령화로 의료보험과 사회보장제도에 엄청난 압력을 가하고 있다. 한 세대가 은퇴할 시기로 접어들고 있는데, 이들의 연기금은 10년 동안 유지된 저금리 때문에 미래를 확실히 보장하기 어려울 것이다. 일본의 경제회복은 국내외적으로 시급한 문제가 되었다.

　새천년으로 진입하는 일본은 분명히 많은 문제를 안고 있다. 50년을 버텨온 샌프란시스코 체제는 변화할 시점이 되었다고 보는 것이 타당할 것이다. 일본은 다시 한번 세계문제에 능동적으로 참여해야 할 운명에 처해 있다. 미국과의 안보조약은 유효하지만, 소련이 사라진 상황에서 그 의미는 퇴색하고 있다. 그렇다고 일본에 새로운 군사적 역할을 제안하는 것은 아니다. 일본은 마음속 깊이 전쟁을 혐오하는 것으로 보이기 때문이다. 그럼에도 불구하고 미국의 헤게모니가 약화될 것이 분명한 만큼, 미국·러시아·중국·일본·남북한은 새로운 균형을 모색해야만 할 것이다.

　일본사회는 지난 천년 동안 놀라운 탄력과 잠재력을 보여주었다. 무라사키 시키부(紫式部)의 『겐지 이야기』에 나오는 천년 전의 궁정사회는 일본을 800년 동안이나 묶어둔 무사의 시대에 자리를 내주었다. 메이지 혁명은 이 사무라이들을 무장해제하고 대신 국가를 무장시켰다. 새로운 메이지 제국은 잠시 번성했지만, 패전과 함께 국가 자체가 무장해제되었다. 재건을 통해 일본은 엄청난 경제적 영향력과 국력을 갖게 되었지만, 그 구조 역시 주기적 불황에 대한 면역력을 갖고 있지는 않았다. 그렇지만 일본의 과거를 연구하는 사람이라면, 재능과 지략과 용기를 갖춘 이 국가가 새로운 밀레니엄에 중요한 역할을 하게 되리라는 것을 믿어 의심치 않을 것이다.

지은이 주

Sources of Japanese Tradition (1958), comp. Ryusaku Tsunoda, Wm. Theodore de Bary, and Donald Keene와 *Society and Education in Japan* (Columbia Teachers College, 1965), trans. Herbert Passin에서 발췌한 부분은 Copyright Clearance Center, Inc.를 통해 562 W. 113th St., New York, N.Y. 10025 소재 Columbia University Press의 허락을 받아 재수록했다.

12장 메이지 국가의 건설
1) Roger F. Hackett, "Political Modernization and the Meiji Genrō," Robert E. Ward, ed., *Political Development in Modern Japan* (Princeton: Princeton University Press, 1968) 그리고 Lesley Connors, *The Emperor's Adviser: Saionji Kinmochi and Pre-war Japanese Politics* (London: Croom Helm, 1987).
2) 마쓰카타의 손녀인 하루 마쓰카타 라이샤워(Haru Matsukata Reischauer)가 쓴 *Samurai and Silk* (Cambridge, Mass.: Harvard University Press, 1986)는 마쓰카타의 생애를 진실되고 설득력 있게 호의적으로 묘사하고 있다.
3) Sydney Crawcour, "Economic Change in the Nineteenth Century," *CHJ*, 5:606.
4) D. W. Anthony and G. H. Healey, "The Iwakura Embassy in Sheffield," *Research Papers in East Asian Studies*, no. 2 (University of Sheffield, December 1994):14에 번역된 『伊藤博文傳』(東京, 1940), 1:622-623을 고쳐서 인용.
5) Thomas C. Smith, *Political Change and Industrial Development in Japan: Government Enterprise, 1868-1880* (Stanford: Stanford University Press, 1955), pp. 96~97. Crawcour, "Economic Change," p. 614에서 재인용.
6) Ann Waswo, *Japanese Landlords: The Decline of a Rural Elite* (Berkeley: University of California Press, 1977).
7) Richard J. Smethurst, *Agricultural Development and Tenancy Disputes in*

Japan, 1870-1940 (Princeton: Princeton University Press, 1986)은 마쓰카타 시대의 어려움을 인정하지만 동시에 토지개간과 사업적 활기를 지주-소작인의 범주를 넓힌 요소로 강조하고 있다. 비교적 상황이 괜찮았던 지역을 근거로 하여 다른 학자들의 주장을 반박한 스메서스트(Smethurst)의 연구는 다시 이들 학자들로부터 날카로운 비판을 받았고, 이렇게 해서 벌어진 논쟁은 *Journal of Japanese Studies*, 15, 2(Summer 1989): 417-437에서 그의 반론으로 이어졌다.

8) Smith, *Political Change and Industrial Development in Japan*.

9) Kazushi Okawa and Henry Rosovsky, "A Century of Japanese Economic Growth," W. W. Lockwood, ed., *The State and Economic Enterprise in Japan* (Princeton: Princeton University Press, 1965), pp. 47~92.

10) 이 건백서의 전문이 영역되어 있는 W. W. McLaren, *Japanese Government Documents* (Transactions of the Asiatic Society of Japan), 42, May 1914, pp. 426~33에서 고쳐서 인용. Nobutaka Ike, *The Beginnings of Political Democracy in Japan* (Baltimore: Johns Hopkins Press, 1950)는 정당운동의 탄생에 대한 표준적 설명으로 남아 있다.

11) 갈기 모양으로 수염을 기른 이타가키의 얼굴은 제2차 세계대전 후 일본 통화의 중심역할을 한 100엔짜리 지폐에 등장했다. 이 지폐는 인플레이션으로 인해 100엔이 주화로 바뀔 때까지 계속 사용되었다.

12) George M. Beckmann, *The Making of the Meiji Constitution: The Oligarchs and the Constitutional Development of Japan, 1868-1891* (Lawrence: University of Kansas, 1957)의 부록에는 1882년 말에 이미 선거를 제안한 오쿠마의 견해뿐 아니라 기도, 오쿠보, 야마가타, 이토, 이와쿠라 등의 견해도 실려 있다.

13) Ibid., p. 149의 영역에서 인용.

14) 尾崎行雄,『日本憲政史を語る』,『尾崎咢堂全集』第11卷(東京: 公論社, 1956). 영문판은 후지코 하라(Fujiko Hara)의 번역으로 Princeton University Press에서 출간될 예정이다. [2001년경 *Gakudo jiden*이라는 제목으로 출간되었다.]

15) Irokawa, *The Culture of the Meiji Period* (色川大吉,『明治の文化』의 영역판), ed. Marius B. Jansen, p. 45.

16) Irokawa, *The Culture of the Meiji Period*. 그런 종류의 또 다른 정신적 순례를 다룬 것으로는 *My Thirty-three Years' Dream: The Autobiography of Miyazaki Torazō*, trans. Etō Shinkichi and Marius B. Jansen (Princeton: Princeton University Press, 1982)를 보라. 이 책은 아시아를 서양 제국주의로부터 구하기 위해 쑨원을 돕는 데서 인생의 목적을 발견한 또 한 명의 열정적인 청년의 헤지라를 보여준다.

17) Ivan Parker Hall, *Mori Arinori* (Cambridge, Mass.: Harvard University

| 지은이 주 |

Press, 1973), p. 292.
18) Lafcadio Hearn, *Japan: An Attempt at Interpretation* (New York: 1907), appendix, p. 531. 이토 히로부미의 질문을 중간에서 전달했던 가네코 겐타로(金子堅太郎)에게 보낸 편지는 1892년 8월 26일 날짜로 되어 있다.
19) W. G. Beasley, "Meiji Politicial Institutions," *CHJ*, 5:651-665를 보라. Johannes Siemes, S.J., *Hermann Roesler and the Making of the Meiji State* (Tokyo: Sophia University Press, 1966); Joseph Pittau, S.J., *Political Thought in Early Meiji Japan, 1868-1889* (Cambridge, Mass.: Harvard University Press, 1967).
20) Pittau, *Political Thought*, pp. 177~78.
21) Ibid.
22) Theodore F. Cook, "Soldiers in Meiji Society and State: Japan Joins the World," Banno Junji, ed., *Nihon kin-gendai shi* (Tokyo, 1993).
23) David C. Evans and Mark R. Peattie, *Kaigun: Strategy, Tactics, and Technology in the Imperial Japanese Navy, 1887-1941* (Annapolis: Naval Institute Press, 1997)은 현재 표준적인 권위를 갖고 있다.
24) Tsunoda, de Bary, and Keene, *Sources of Japanese Tradition*, pp. 705~07 의 텍스트. 제2차 세계대전은 불행하게도 이런 가치들이 언제나 '실행하기 쉬운' 것은 아님을 보여주었다.
25) Ōsawa Hiroaki, "Emperor versus Army Leaders: The 'Complications' Incident of 1886," *Acta Asiatica*, 59 (Tokyo, 1990): 10.
26) Roger Hackett, *Yamagata Aritomo in the Rise of Modern Japan* (Cambridge, Mass.: Harvard University Press, 1971), p. 111.
27) 치안제도의 구조와 문제점은 D. Eleanor Westney, *Imitation and Innovation: The Transfer of Western Organizational Patterns to Meiji Japan* (Cambridge, Mass.: Harvard University Press, 1987), pp. 35~99에 논의되어 있다.
28) Hall, *Mori Arinori*의 충실한 설명을 참조.
29) Herbert Passin, *Society and Education in Japan* (New York: Columbia Teachers College, 1965), pp. 210~11에 영역문을 고쳐서 인용.
30) Richard Rubinger, "Education: From One Room to One System," Jansen and Rozman, *Japan in Transition*, pp. 195~230의 요약을 보라.
31) Ibid., pp. 212~13.
32) Cook, "Soldiers in Meiji Society and State," p. 14.
33) Brian Wesley Platt, "School, Community, and State in Nineteenth Century Japan" (Ph.D. dissertation, University of Illinois, 1998)의 주제.

34) Donald H. Shively, "Motoda Eifu: Confucian Lecturer to the Meiji Emperor," David S. Nivison and Arthur F. Wright, eds., *Confucianism in Action* (Stanford: Stanford University Press, 1959), pp. 302~34.
35) Passin, *Society and Education in Japan*, p. 227의 영역을 인용.
36) Cook, "Soldiers in Meiji Society and State," p. 26~27.
37) Donald H. Shively, "Nishimura Shigeki: A Confucian View of Modernization," Marius B. Jansen, ed., *Changing Japanese Attitudes toward Modernization* (Princeton: Princeton University Press, 1965), pp. 193~241.
38) Hall, *Mori Arinori*.
39) Masamichi Inoki, "The Civil Bureaucracy: Japan," Robert A. Ward and Dankwart K. Rustow, eds., *Political Modernization in Japan and Turkey* (Princeton: Princeton University Press, 1964), pp. 296~97. 또한 Byron K. Marshall, *Academic Freedom and the Japanese Imperial University, 1868-1939* (Berkeley: University of California Press, 1992)에서 마셜 자신이 쓴 "The Academic Elite," pp. 21~52를 보라.
40) 이들 학교 학생들의 문화에 대한 연구는 Donald T. Roden, *Schooldays in Imperial Japan: A Study in the Culture of a Student Elite* (Berkeley: University of California Press, 1980)를 보라.
41) Hall, *Mori Arinori*, pp. 426, 430, 424에서 인용.
42) Shively, "Motoda Eifu," p. 330.
43) Tsunoda, de Bary, and Keene, *Sources of Japanese Tradition*, pp. 646~47.
44) Hirakawa Sukehiro, "Japan's Turn to the West," *CHJ*, 5:497.
45) 새로운 제국 이데올로기의 내용과 맥락에 대한 탁월한 연구가 필요하면 Carol Gluck, *Japan's Modern Myths: Ideology in the Late Meiji Period* (Princeton: Princeton University Press, 1985)를 보라.

13장 일본 제국
1) R. H. P. Mason, *Japan's First General Election, 1890* (London: Cambridge University Press, 1969)는 이하에 소개된 정보의 상당부분을 제공한다.
2) Ibid., p. 208.
3) Ibid., p. 189에 인용된 내용을 고쳐서 인용.
4) 이 규정은 새로운 예산에 대한 합의가 이루어지지 않을 경우 '연속적 결의' (Continuing Resolution)를 통해 전년도의 예산 배분을 그대로 적용하도록 한 미국 의회의 규정과 사실상 별반 다르지 않다.

| 지은이 주 |

5) 아래 이어지는 논의는 Andrew Fraser, "The House of Peers (1890-1905): Structure, Groups, and Role," and "Land Tax Increase: The Debates of December 1898," Andrew Fraser, R. H. P. Mason, and Philip Mitchell, eds., *Japan's Early Parliaments, 1890-1905* (London: Routledge, 1995)와 George Akita, *Foundations of Constitutional Government in Japan, 1868-1900* (Cambridge, Mass.: Harvard University Press, 1967)에 많은 신세를 졌다.

6) Fraser, "Land Tax Increase."

7) 류큐의 나머지 지역과 오키나와는 이제 새로이 정의된 일본의 일부로서 영입되었지만, 아직까지 완전히 동등한 대우를 받지는 못했다. 개혁과 투표권은 일본의 다른 지역보다 늦게 찾아왔고, 제2차 세계대전 때는 일본의 중심부를 방어하기 위한 완충지역으로 희생되었다. 일본을 장악한 미국의 점령이 끝나고 나서도 한동안 미국의 통치 아래 있었으며, 1972년 일본에 반환된 뒤에는 미군기지라는 부담을 지게 되었다.

8) Akira Iriye, "Japan's Drive to Great-Power Status," *CHJ*, 5:747ff는 국내 정치와 해외 팽창에 대한 훌륭한 개관을 제공한다.

9) Chin Young Choe, *The Rule of the Taewon'gun, 1864-1873* (Cambridge, Mass.: Harvard University Press, 1972).

10) 이들 책략은 Hilary Conroy, *The Japanese Seizure of Korea, 1868-1910* (Philadelphia: University of Pennsylvania Press, 1960)을 비롯해서 좀 더 최근의 연구이자 이제는 표준적인 저작이 된 Peter Duus, *The Abacus and the Sword: The Japanese Penetration of Korea, 1895-1910* (Berkeley: University of California Press, 1995)에서 다루어지고 있다.

11) 1894년 스기무라 후카시(杉村濬)의 발언. Duus, *The Abacus and the Sword*, p. 60에서 재인용.

12) Akira Iriye, "Japan's Drive," *CHJ*, 5:758.

13) Alan Takeo Moriyama, *Imingaisha: Japanese Emigration Companies and Hawaii* (Honolulu: University of Hawaii Press, 1985)를 보라.

14) 사실 『더 타임스』도 이 개정안이 불합리하다고 보았으며, "일본의 제도가 일본에 거주하는 영국 신민들의 권리와 이해를 적절히 보장하기에 충분할 정도로 발전하지 않았다는 주장은 말이 안된다"고 했다. Tatsuji Takeuchi, *War and Diplomacy in the Japanese Empire* (Garden City, N.Y.: Doubleday, 1935), p. 95에서 인용.

15) 오이 겐타로에 대해서는 Marius B. Jansen, "Ōi Kentarō (1843-1922): Radicalism and Chauvinism," *Far Eastern Quarterly*, 6, no. 3 (May 1952)를 보라.

16) Marius B. Jansen, "Mutsu Munemitsu," Craig and Shively, *Personality in Japanese History* (Berkeley: University of California Press, 1970), pp. 309~34를 보라.
17) 사회적 저항과 싱크리티즘적인 종교를 결합시킨 이 흥미로운 운동에 대한 표준적 연구는 Benjamin B. Weems, *Reform, Rebellion, and the Heavenly Way* (Tucson: University of Arizona Press, 1964)이다.
18) 무쓰 무네미쓰가 청일전쟁과 관련된 외교활동을 기록한 『蹇蹇錄』은 Gordon Berger (Tokyo: Japan Foundation, 1982)에 의해 영역되었다. 陸奧宗光, 『伯爵陸奧宗光遺稿』(東京: 岩波書店, 1929), p. 322에서 인용.
19) 나는 이 일련의 사건을 *Japan and China from War to Peace, 1894-1972* (Chicago: Rand McNally, 1975)와 "Mutsu Munemitsu"에서 다소 길게 논의한 바 있다.
20) 이와 관련해서 Donald Keene, "The Sino-Japanese War of 1894-95 and Its Cultural Effect on Japan," Shively, *Tradition and Modernization in Japanese Culture*를 보라.
21) Stuart Lone, *Japan's First Modern War: Army and Society in the Conflict with China, 1894-95* (London: St. Martin's Press, 1994).
22) Duus, *Abacus and Sword*, p. 81.
23) 나는 고노에의 중국 여행에 대해 "Konoe Atsumaro," Akira Iriye, ed., *The Chinese and the Japanese: Essays in Political and Cultural Interactions* (Princeton: Princeton University Press, 1980), pp. 107~23에서 논의한 바 있다.
24) 가장 주요한 예가 미야자키 도텐(宮崎滔天)으로 그의 자서전 영역판은 나와 Etō Shinkichi와 Marius B. Jansen의 번역에 의해 *My Thirty-three Years' Dream* (Princeton: Princeton University Press, 1982)라는 제목으로 출간되었다.
25) Akira Iriye, "Japan's Drive," *CHJ*, 5:774는 영일동맹의 반향(反響)이 엄청났다고 지적한다. 영일동맹은 프랑스로 하여금 러시아와의 관계를 유지하는 동시에 영국과 더 긴밀해지도록 강제함으로써 1914년 제1차 세계대전 발발에 기여했다는 것이다.
26) 광범위한 관련 문헌이 Ian Nish, *The Anglo-Japanese Alliance: The Diplomacy of Two Island Empires, 1894-1907* (London: Athlone Press, 1966)과 Nish, *The Origins of the Russo-Japanese War* (London: Longman, 1985)에 조사, 요약되어 있다.
27) Marius B. Jansen, *The Japanese and Sun Yat-sen* (Cambridge, Mass.: Harvard University Press, 1954) 및 Jansen, "Japan and the Chinese Revolution of 1911," John K. Fairbank and Kwang-ching Liu, eds., *Late*

| 지은이 주 |

  Ch'ing, vol. 11 of *Cambridge History of China* (Cambridge: Cambridge University Press, 1980).
28) Duus, *Abacus and Sword*, pp. 181~87.
29) Ibid., p. 189.
30) Jansen, *Japan and China from War to Peace*, pp. 124~25에서 인용.
31) Duus, *Abacus and Sword*, p. 190에서 인용.
32) Akira Iriye, *Pacific Estrangement: Japanese and American Expansion, 1897-1911* (Chicago: Imprint Publications, 1994 및 Harvard University Press의 1972년 재판본), p. 101.
33) Andrew Gordon, *Labor and Imperial Democracy in Prewar Japan* (Berkeley: University of California Press, 1991), p. 33. 이 사건에 대한 가장 훌륭한 분석은 Shumpei Okamoto, *The Japanese Oligarchy and the Russo-Japanese War* (New York: Columbia University Press, 1970), pp. 167~223 및 Okamoto, "The Emperor and the Crowd: The Historical Significance of the Hibiya Riot," Najita and Koschmann, *Conflict in Modern Japanese History*이다. 포츠머스 조약은 John Albert White, *The Diplomacy of the Russo-Japanese War* (Princeton University Press, 1964) 에 기술되어 있다.
34) Akita, *Foundations of Constitutional Government*, p. 142.
35) 훗날 오자키 유키오는 "한 정당의 지도자로서 호시는 오른손에 몽둥이를, 왼손에 돈을 쥐고 있었다. 만약 돈이 먹혀들지 않으면 몽둥이를 사용했다. 그는 상대방을 하나씩 차례로 정복하고 단기간에 강력한 인물이 되었다. 별반 놀랄 것 없이 그는 돈이 필요했다. ……분명 그의 목표는 돈 자체가 아니라 권력이었다"고 회상했다. 尾崎行雄, 『日本憲政史を語る』.
36) 요시다의 시험성적 순위는 猪木正道, 『評傳: 吉田茂』(東京: 讀賣新聞社, 1978), pp. 66~68을 참조. 고등시험에 대한 자세한 설명은 Robert M. Spaulding, Jr., *Imperial Japan's Higher Civil Service Examinations* (Princeton: Princeton University Press, 1967), pp. 100ff에서 볼 수 있다.
37) Nagatsuka Takashi, *The Soil*, trans. Ann Waswo as *A Portrait of Rural Life in Meiji Japan* (London: Routledge, 1989).
38) Susan Hanley, "The Material Culture: Stability in Transition," Jansen and Rozman, *Japan in Transition*, p. 468.

14장 메이지 문화

1) Donald Keene, *Dawn to the West*, 2 vols. (New York: Holt. Rinehart, and Winston, 1984); Christine Guth, *Art, Tea, and Industry: Matsuda Takashi*

and the Mitsui Circle (Princeton: Princeton University Press, 1993); Kishimoto Hideo, ed., *Japanese Religion in the Meiji Era* (Tokyo: Ōbunsha, 1956); Dallas Finn, *Meiji Revisited: The Sites of Victorian Japan* (New York: Weatherhill, 1995); Ellen P. Conant, *Nihonga: Transcending the Past: Japanese-Style Painting, 1868-1958* (St. Louis: St. Louis Art Museum, 1995)을 언급해야만 한다.

2) Irokawa, *The Culture of the Meiji Period*, p. 51.
3) Isamu Fukuchi, "Kokoro and the Spirit of Meiji", *Monumenta Nipponica*, 48, 4 (1993): 469에서 재인용.
4) Breen, "The Imperial Oath of April 1868."
5) Irokawa Daikichi, "The Impact on Popular Culture," Nagai Michio and Miguel Urrutia, eds., *Meiji Ishin: Restoration and Revolution* (Tokyo: United Nations University, 1985), pp. 120~33.
6) Hazel Jones, *Live Machines: Hired Foreigners and Meiji Japan* (Vancouver: University of British Columbia Press, 1980)은 외국 전문가들의 수와 공헌을 분석한다.
7) Ōta Yūzō, *Eigo to Nihonjin* (Tokyo: Kōdansha), 1995는 이 시대를 지배했던 인물들을 '영어의 신'으로 특징지었다.
8) Carmen Blacker, *The Japanese Enlightenment: A Study of the Writings of Fukuzawa Yukichi* (Cambridge: Cambridge University Press, 1964). 영역판으로는 *An Encouragement of Learning*, trans. David Dilworth and Umeyo Hirano (Tokyo: Sophia University, 1969) 및 *An Outline of a Theory of Civilization*, trans. David A. Dilworth and Cameron Hurst (Tokyo: Sophia University, 1973)가 있다.
9) 영어판 완역이 William R. Braisted, *Meiroku Zasshi: Journal of the Japanese Enlightenment* (Cambridge, Mass.: Harvard University Press, 1976)이다.
10) Earl H. Kinmonth, *The Self-Made Man in Meiji Japanese Thought: From Samurai to Salary Man* (Berkeley: University of California Press, 1981)을 보라.
11) F. G. Notehelfer, *American Samurai: Captain L. L. Janes and Japan* (Princeton: Princeton University Press, 1985), p. 205. 이 서약에 대해서는 pp. 196~97.
12) John F. Howes, "Japanese Christians and American Missionaries," Jansen, *Changing Japanese Attitudes toward Modernization*, p. 339.
13) Masatake Oshima, "Memories of Dr. Clark," *Japan Christian Intelligencer*, 2, 2 (April 5, 1926)이 유일한 목격담이다. 후쿠시마 아쓰시(福島穆) 덕분에 이

| 지은이 주 |

참고문헌을 알게 되었다.

14) 그에 대해서는 John F. Howes, ed., *Nitobe Inazō: Japan's Bridge across the Pacific* (Boulder, Colo.: Westview Press, 1995)을 보라.

15) Naganawa Mitsuo, "The Japanese Orthodox Church in the Meiji Era," in J. Thomas Rimer, ed., *A Hidden Fire: Russian and Japanese Cultural Encounters, 1868-1926* (Stanford: Stanford University Press and Woodrow Wilson Center Press, 1995), pp. 158~69. 최근에 나카무라 겐노스케(中村健之介)는 그에 대한 전기 『宣敎師ニコライと明治日本』(東京; 岩波書店, 1996)을 냈다.

16) Masaharu Anesaki, *History of Japanese Religion* (London: Kegan Paul, Trench, Trubner, 1930), p. 342에서 인용.

17) James Edward Ketelaar, *Of Heretics and Martyrs in Meiji Japan*, p. 206.

18) 色川大吉・我部政男 監修, 『明治建白書集成』(東京: 筑摩書房, 1986)을 보라.

19) Hirakawa Sukehiro, "Japan's Turn to the West," *CHJ*, 5:477ff.

20) Sansom, *The Western World and Japan*, p. 414.

21) 케네스 스트롱(Kenneth Strong)이 *Footprints in the Snow: A Novel of Meiji Japan* (Tokyo: Tuttle, 1970)로 영역.

22) *My Thirty-three Years' Dream: The Autobiography of Miyazaki Tōten*, trans. Eto and Jansen, pp. 12~13.

23) Tokutomi Sohō, *The Future Japan*, trans. Vinh Sinh (Edmonton: University of Alberta Press, 1989), p. 126. 도쿠토미의 생애는 John Pierson, *Tokutomi Sohō, 1863-1957* (Princeton: Princeton University Press, 1980)과 Vinh Sinh, *Tokutomi Sohō (1863-1957): The Later Career* (Toronto: University of Toronto/York University Joint Centre on Modern East Asia, 1986)에서 추적해볼 수 있다.

24) 이 쟁점들은 Kenneth B. Pyle, *The New Generation in Meiji Japan: Problems of Cultural Identity, 1885-1895* (Stanford: Stanford University Press, 1969) 및 Pyle, "Meiji Conservatism," *CHJ*, 5:674-720을 참조.

25) 그에 대해서는 Thomas R. H. Havens, *Nishi Amane and Modern Japanese Thought* (Princeton: Princeton University Press, 1970)을 보라.

26) J. Scott Miller, "Japanese Shorthand and *Sokkibon*," *Monumenta Nipponica*, 49, 4 (Winter 1994): 471-487.

27) 말리프 그레이어 라이언(Marleigh Grayer Ryan)이 *Japan's First Modern Novel: Ukigumo of Futabatei Shimei* (New York: Columbia University Press, 1967)에 영역해 놓은 것.

28) Ury Eppstein, "Musical Instruction in Meiji Education: A Study of

Adaptation and Assimilation," *Monumenta Nipponica*, 40, 1 (Spring 1985): 32에서 재인용.
29) William Malm, "The Modern Music of Meiji Japan," in Shively, *Tradition and Modernization in Japanese Culture*를 보라.
30) Eppstein, "Musical Instruction," p. 12에서 인용.
31) 댈러스 핀(Dallas Finn)의 최근 저작 *Meiji Revisited: The Sites of Victorian Japan* (New York: Weatherhill, 1995)은 풍부한 화보와 권위 있는 논평을 제공한다.
32) 이 점에 대해서는 윌리엄 콜드레이크(William Coaldrake)에게 신세를 졌다.
33) 이와 같은 성찰은 엘런 코넌트(Ellen Conant)가 곧 펴낼 페널로사에 대한 연구 덕분에 가능했다.
34) Conant, *Nihonga: Transcending the Past* 및 Michiyo Morioka and Paul Berry, eds., *The Transformation of Japanese Painting Traditions: Nihonga from the Griffith and Patricia Way Collection* (Seattle, Wash.: Seattle Art Museum, 1999)을 보라.
35) Shūji Takashina, J. Thomas Rimer, and Gerald Bolas, eds., *Paris in Japan: The Japanese Encounter with European Painting* (Tokyo: Japan Foundation; St. Louis: Washington University, 1987).
36) 도널드 킨(Donald Keene)의 묵직한 개론서 *Dawn to the West*가 있으며, 또한 너무 많아서 일일이 열거할 수는 없지만 도널드 킨, 에드워드 사이덴 스티커(Edward Seidensticker), 하워드 힐벳(Howard S. Hibbett), 에드윈 매클렐(Edwin McClellan)이 훌륭하게 영어로 번역한 주요 작가들의 작품이 있다는 것을 언급해둘 필요가 있다.
37) Edwin McClellan, *Two Japanese Novelists: Sōseki and Tōson* (Chicago: University of Chicago, 1969), p. 5.
38) 자유기고가 헌(Hearn, 1850~1904)은 1890년 일본에 건너와 마쓰에 및 구마모토에서 영어를 가르친 다음 제국대학의 영문학 강사로 임명되었다. 그는 일본의 전통에 매료되어 전 사무라이의 딸과 결혼했으며 고이즈미 야쿠모(小泉八雲)로 개명하고 귀화하여 일본시민이 되었다.(귀화와 동시에 그의 봉급은 일본인의 급여체계에 따라 대폭 줄어들었다.) 그는 일본 민담을 근거로 한 책들로 유명하다. 그의 마지막 작품 *Japan: An Attempt at Interpretation* (New York: Macmillan, 1904)는 앞서 빛을 보았다. Sukehiro Hirakawa, ed., *Rediscovering Lafcadio Hearn: Japanese Legends, Life, and Culture* (Kent: Global Books, 1997)도 참고.
39) *Kokoro: A Novel by Natsume Sōseki* (Chicago: Henry Regnery, 1957), p. 245. Isamu Fukui, "*Kokoro* and the Spirit of Meiji," *Monumenta Nipponica*,

| 지은이 주 |

48, 4 (1993)에서 일본의 비평가들이 이야기하는 '정신'에 대한 다른 설명을 볼 수 있다.

40) Richard Bowring, *Mori Ōgai and the Modernization of Japanese Culture* (Cambridge: Cambridge University Press, 1979), p. 19.

41) David Dilworth & J. Thomas Rimer, *The Incident at Sakai and Other Stories* 및 *Saiki kōi and Other Stories*에 다수가 영역되어 있다.(둘 다 Honolulu: University Press of Hawaii, 1977)

42) William E. Naff (Honolulu: University of Hawaii Press, 1987)의 영역.

43) 더 큰 문제를 알려면 캐롤 글럭(Carol Gluck)의 훌륭한 연구 *Japan's Modern Myths*를 보라.

44) 예컨대 Kate Wildman Nakai, "Tokugawa Confucian Historiography: The Hayashi, Early Mito School, and Arai Hakuseki," in Nosco, *Confucianism and Tokugawa Culture*, pp. 62~91을 보라.

45) Tao De-Min, "The Influence of Sorai in Meiji Japan: Shigeno Yasutsugu as an Advocate of 'Practical Sinology,'" in Tao, *Nihon kangaku shisōshi ronkō* (Osaka: Kansai University, 2000), pp. 69~81.

46) Numata Jirō, "Shigeno Yasutsugu and the Modern Tokyo Tradition of Writing," in W. G. Beasley and E. G. Pulleyblank, eds., *Historians of China and Japan* (London: Oxford University Press, 1961), p. 277에서 인용.

47) John S. Brownlee, *Japanese Historians and the National Myths, 1600-1945: The Age of the Gods and Emperor Jimmu* (Vancouver: University of British Columbia Press, 1997), p. 86.

48) 일본과 미국은 같은 시기에 세미나를 통한 대학원 교육이라는 독일의 제도를 채택했고 역사 조사연구를 대학의 전공학과로 발전시킨 것도 비슷한 시기였다. 미국역사학회는 1885년에 창설되었고 일본의 사학회(史學會, 시갓카이)는 1889년에 시게노를 회장으로 해서 창설되었다.

49) Margaret Mehl, "Scholarship and Ideology in Conflict: The Kume Affair, 1892," *Monumenta Nipponica*, 48, 3 (Winter 1993): 342. 더 상세한 논의는 Brownlee, *Japanese Historians*를 보라.

50) Brownlee, *Japanese Historians*, p. 96.

51) 문학 검열이라는 더 큰 문제는 Jay Rubin, *Injurious to Public Morals: Writers and the Meiji State* (Seattle: University of Washington Press, 1984)에서 다루어졌다.

52) Brownlee, *Japanese Historians*, p. 109.

53) *The Works of Inazo Nitobe*, 5 vols. (Tokyo: University of Tokyo Press, 1972), 1:138-141.

54) Andrew Gordon, *Labor and Imperial Democracy in Prewar Japan* (Berkeley: University of California Press, 1991), pp. 26ff에서 폭동에 대한 도표와 논의를 보라.
55) 표준적인 저작인 Richard J. Smethurst, *A Social Basis for Prewar Japanese Militarism: The Army and the Rural Community* (Berkeley: University of California Press, 1973)를 보라.
56) Ann Waswo, trans., *The Soil by Nagatsuka Takashi: A Portrait of Rural Life in Meiji Japan* (London: Routledge, 1989), p. xv의 서론 참조.
57) Irokawa, *The Culture of the Meiji Period*, p. 219.
58) ibid., p. 241에서 인용. 이로카와는 최근에 기타무라의 전기도 썼다. 『北村透谷』 (東京: 東京大學出版會, 1994).
59) Eiji Yoshikawa, *Fragments of a Past: A Memoir*, trans. Edwin McClellan (Tokyo: Kōdansha, 1992), pp. 112, 186.
60) F. G. Notehelfer, *Kōtoku Shūsui: Portrait of a Japanese Radical* (Cambridge: Cambridge University Press, 1971), p. 203. 당시 일고(一高)의 교장이었던 니토베 이나조는 도쿠토미의 발언으로 문책을 당했고 문부대신이 사임을 요구하자 아무 저항 없이 사표를 제출했다. Howes, *Nitobe Inazō*, p. 148. 고토쿠의 동거녀이자 교수형을 당한 유일한 여성인 간노 스가(管野スガ)의 옥중일기는 미키소 하네(Mikiso Hane)에 의해 영역되었다. *Reflections on the Way to the Gallows: Rebel Women in Prewar Japan* (Berkeley: University of California Press, 1988).
61) Brownlee, *Japanese Historians*. 이 논쟁은 H. Paul Varley, *Imperial Restoration in Medieval Japan* (New York: Columbia University Press, 1971)에도 논의되었다.

15장 전간기(戰間期)의 일본

1) Taichirō Mitani, "The Establishment of Party Cabinets, 1898-1932," *CHJ*, 6 의 논의를 보라.
2) Leslie Connors, *The Emperor's Adviser: Saionji Kinmochi and Pre-war Japanese Politics* (London: Croom Helm, 1987)에서 그의 경력을 살펴볼 수 있다.
3) Tetsuo Najita, *Hara Kei in the Politics of Compromise, 1905-1915* (Cambridge, Mass.: Harvard University Press, 1967)는 이 전술들을 가장 잘 보여준다.
4) 尾崎行雄, 『日本憲政史を語る』, 9장.
5) Richard H. Mitchell, *Censorship in Imperial Japan* (Princeton: Princeton

University Press, 1983), pp. 132ff는 검열에 관한 표준적인 연구이다. 문학 검열에 대해 탐구한 기본적인 저작으로는 Rubin, *Injurious to Public Morals*가 있다.

6) Byron K. Marshall, trans., *The Autobiography of Ōsugi Sakae* (Berkeley: University of California Press, 1992), pp. 132~33.

7) Harry Emerson Wildes, *Social Currents in Japan: With Special Reference to the Press* (Chicago: University of Chicago Press, 1927), p. 108. '빈겐쇼쿠'가 '민원식'임을 알게 해준 김수원에게 감사하고 싶다.

8) Mitchell, *Censorship in Imperial Japan*, pp. 196~97. 또한 Richard H. Mitchell, *Thought Control in Prewar Japan* (Ithaca, N.Y.: Cornell University Press, 1976)을 보라.

9) Ben-Ami Shillony, "The Meiji Restoration: Japan's Attempt to Inherit China." Ian Neary, ed., *War, Revolution, and Japan* (Kent: Sandgate, Folkstone, 1993), pp. 20~32.

10) Jansen, *The Japanese and Sun Yat-sen*과 Etō and Jansen, trans., *My Thirty-three Years' Dream*에 이 일이 매우 상세하게 논의되어 있다.

11) Ikuhiko Hata, "Continental Expansion, 1905-1941," *CHJ*, 6:271-277.

12) 표준적 연구는 James W. Morley, *The Japanese Thrust into Siberia, 1918* (New York: Columbia University Press, 1957).

13) Frank P. Baldwin, "The March First Movement: Korean Challenge, Japanese Response" (Ph.D. dissertation, Columbia University, 1969)와 Baldwin, "Participatory Anti-Imperialism: The 1919 Independence Movement," *Journal of Korean Studies*, 1 (1979): 123-162.

14) Joshua A. Fogel, *The Literature of Travel in the Japanese Rediscovery of China* (Stanford: Stanford University Press, 1996)와 Carter J. Eckert, *Offspring of Empire: the Koch'ang Kims and the Cultural Origins of Korean Capitalism, 1876-1945* (Seattle: University of Washington Press, 1991)를 보라.

15) Ian Nish, *Japan's Struggle with Internationalism: Japan, China, and the League of Nations, 1931-33* (London: Kegan Paul, 1993), p. 10.

16) Joshua Fogel, *Politics and Sinology: The Case of Naitō Konan (1860-1934)* (Cambridge, Mass.: Harvard University Press, 1984); Yue-him Tam, "In Search of the Oriental Past: The Life and Thought of Naitō Konan (1860-1934)"(Ph.D. dissertation, Princeton University, 1975).

17) 권위 있는 연구로는 Arthur Waldron, *From War to Nationalism: China's Turning Point, 1924-1925* (Cambridge: Cambridge University Press,

1995)가 있다.

18) Akira Iriye, *After Imperialism: The Search for a New Order in the Far East, 1921-1931* (Cambridge, Mass.: Harvard University Press, 1965). 장쭤린에 대해서는 Gavan McCormack, *Chang Tso-lin in Northeast China, 1911-1928: China, Japan, and the Manchurian Idea* (Stanford: Stanford University Press, 1977)를 보라.

19) Herbert Bix, "The Showa Emperor's 'Monologue' and the Problem of War Responsibility," *Journal of Japanese Studies*, 18, 2 (Summer 1992): 339의 영역(英譯)에서 인용. Marius B. Jansen, "The Pacific War and the Twentieth Century"에도 논의되어 있다. 일본어로는「二十世紀における太平洋戰爭の意味」라는 제목으로 細谷千博·本間長世·入江昭·波多野澄雄 編,『太平洋戰爭』(東京: 東京大學出版會, 1993), p. 599에 실렸다.

20) 그에 대해서는 George Akita, "The Other Itō: A Political Failure," in Craig and Shively, *Personality in Japanese History*, pp. 335～72를 볼 것.

21) Sterling Tatsuji Takeuchi, *War and Diplomacy in the Japanese Empire* (New York: Doubleday, 1935), pp. 262～74에 설명이 충실하게 되어 있다.

22) 일상생활의 더딘 변화속도에 대해서는 Susan B. Hanley, "The Material Culture: Stability in Transition," Jansen and Rozman, *Japan in Transition form Tokugawa to Meiji*, pp. 447～69를 보라.

23) 이 문제에 대한 가장 잘된 논의는 E. Sydney Crawcour, "Industrialization and Technological Change, 1885-1920," *CHJ*, 6:420. 밑에서 언급되는 Crawcour, Nakamura, Taira의 논문은 Kozo Yamamura, ed., *The Economic Emergence of Modern Japan* (Cambridge: Cambridge University Press, 1997), chaps. 1, 2, 3, 6에 재수록되었다.

24) Mikiso Hane, *Peasants, Rebels, and Outcasts: The Underside of Modern Japan* (New York: Pantheon Books, 1982), pp. 172ff 및 E. Patricia Tsurumi, *Factory Girls: Women in the Thread Mills of Meiji Japan* (Princeton: Princeton University Press, 1990)을 보라.

25) Marius B. Jansen, "Yawata, Hanyehping, and the 21 Demands," *Pacific Historical Review*, 23, 1 (1954): 31-48에 좀 더 상세히 논의되어 있다.

26) Peter Duus, "Zaikabō: Japanese Cotton Mills in China, 1895-1937," Peter Duus, Ramon H. Myers, and Mark R. Peattie, eds., *The Japanese Informal Empire in China, 1895-1937* (Princeton: Princeton University Press, 1989), pp. 65～100.

27) Crawcour, "Industrialization and Technological Change," p. 443.

28) Takafusa Nakamura는 "Depression, Recovery, and War, 1920-1945," *CHJ*,

6:451-493에 잘 요약되어 있다. 그리고 Hugh Patrick, "The Economic Muddle of the 1920's," James W. Morley, ed., *Dilemmas of Growth in Prewar Japan* (Princeton: Princeton University Press, 1971), pp. 211~66에 중점적으로 다루고 있다.

29) Tsunoda, de Bary, and Keene, *Sources of Japanese Tradition*, pp. 767~69에 실린 그의 진술을 참조.

30) 미쓰이 본관 완공 60주년을 기념하여 이 건물의 우아함에 대한 방대한 자료집이 출판되었다. 빌딩을 둘러싸고 있는 코린트식 기둥이나 (수입) 대리석으로 장식된 벽난로, 화장실 비품 같은 세부까지 다루었다. 『三井本館』(東京: 三井不動産, 1989). 수입품에는 여전히 위신이 따른다.

31) Thomas Schalow, "The Role of the Financial Panic of 1927 and Failure of the 15th Bank in the Economic Decline of the Japanese Aristocracy" (Ph.D. dissertation, Princeton University, 1989), p. 160.

32) Nakamura, "Depression, Recovery, and War," p. 459.

33) Ibid., p. 466.

16장 다이쇼 문화와 사회

1) 이 학교들과 학교의 환경에 대한 표준적인 자료는 Donald Roden, *Schooldays in Imperial Japan* (Berkeley: University of California Press, 1980)이다.

2) Ibid., p. 137.

3) *Bushido*, in *The Works of Inazo Nitobe* (Tokyo: University of Tokyo Press, 1972), 1:131-132.

4) 비록 지나친 행동은 처벌되었지만 군사학교에서도 이는 사실이었다. 장래의 무정부주의자 오스기 사카에의 사례에서 볼 수 있다. Byron Marshall, trans., *The Autobiography of Ōsugi Sakae* (Berkeley: University of California Press, 1992), p. 77.

5) 사관학교에서도 이는 마찬가지였다. "나는 많은 사람들이 둘러싼 한가운데 시선을 받으며 서 있어야 했다. 그들은 돌아가며 나를 구타했고 나는 스스로를 방어하기 위해 손 한 번 들 수 없었다. 그런 행동은 상급생에 대한 불복종이 되었다. 구타당하는 동안 나는 그저 넘어지지 않도록 조심하며 가만히 있었다. 쓰러졌다가는 발길질을 당할까 두려웠다." *Ōsugi*, trans. Marshall, pp. 71~72.

6) Roden, *Schooldays*, p. 210.

7) 이 사례들은 Byron K. Marshall, *Academic Freedom and the Japanese Imperial University, 1868-1939* (Berkeley: University of California Press, 1992)의 주제이다.

8) William J. Cummings, *Education and Equality in Japan* (Princeton:

Princeton University Press, 1980), pp. 26~29. 대학교와 대학원을 추가한 다른 자료를 보면 이 수치는 신중하게 잡은 것이다.
9) Henry Dewitt Smith II, *Japan's First Student Radicals* (Cambridge, Mass.: Harvard University Press, 1972), pp. 7~8.
10) 미노베에 대해서는 Frank O. Miller, *Minobe Tatsukichi: Interpreter of Constitutionalism in Japan* (Berkeley: University of California Press, 1965)을 보라.
11) Peter Duus, "Yoshino Sakuzō: The Christian as Social Critic," *Journal of Japanese Studies*, 4, 2 (Summer 1978): 301-320.
12) 「민본주의론」에 대한 언급은 Tsunoda, de Bary and Keene, *Sources of Japanese Tradition*, pp. 724~46의 축약 번역된 것을 참조. 또한 Peter Duus and Irwin Scheiner, "Socialism, Liberalism, and Marxism," *CHJ*, 6:673-681을 보라.
13) 이 논점에 대해서는 Tetsuo Najita, "Some Reflections on Idealism in the Political Thought of Yoshino Sakuzō," Bernard Silberman and Harry D. Harootunian, eds., *Japan in Crisis: Essays on Taishō Democracy* (Princeton: Princeton University Press, 1974), pp. 29~66을 보라.
14) Smith, *Japan's First Student Radicals*, pp. 52ff.
15) 아베(1865~1949)의 경력은 여기 논의된 많은 테마를 예증한다. 도시샤(同志社) 대학의 학생이었을 때 그는 니시마 조(新島襄)에게 세례를 받았고, 훗날 미국에 건너가 신학과 사회주의를 공부했다. 귀국해서는 초기의 여러 (실패한) 사회주의 조직에서 지도적 역할을 했으며, 일본 급진주의가 좌경화하자 '우익' 사회주의 운동의 지도자가 되었다.
16) 상세한 것은 F. G. Notehelfer, "Japan's First Pollution Incident," *Journal of Japanese Studies*, 1, 2 (Spring 1975): 351-383을 보라. 이 투쟁은 1913년에 죽은 한 정치적 이단아가 이끌었다. 그에 대해선 Kenneth Strong, *Ox against the Storm: A Biography of Tanaka Shōzō, Japan's Conservationist Pioneer* (Vancouver: University of British Columbia Press, 1977)를 보라.
17) 야마가타의 아내 기쿠에는 *Women of the Mito Domain: Recollections of Samurai Family Life*의 저자이다. 4장에서 이 책에 대해 언급했다.
18) Haruko Taya Cook and Theodore F. Cook, *Japan at War: An Oral History* (New York: New Press, 1992), p. 51.
19) 내가 보기에는 이에 대해 논한 Donald Roden, "Taishō Culture and the Problem of Gender," J. Thomas Rimer, ed., *Culture and Identity: Japanese Intellectuals during the Interwar Years* (Princeton: Princeton University Press, 1990), p. 39가 설득력이 있다.

20) Earl H. Kinmonth, *The Self-Made Man in Meiji Japanese Thought* (Berkeley: University of California Press, 1981), chap. 6, "Anguished Youth"를 보라.
21) Roden, *Schooldays*, pp. 212~15에서 인용. 상세한 것은 Stephen W. Kohn, "Abe Jirō and *The Diary of Santarō*" 및 J. Thomas Rimer, "Kurata Hyakuzō and *The Origins of Love and Understanding*," Rimer, *Culture and Identity*, pp. 7~36을 보라.
22) Valdo H. Viglielmo, "Nishida Kitarō: The Early Years," Shively, *Tradition and Modernization in Japanese Culture*, pp. 507~62.
23) Isaiah Berlin, "Kant as an Unfamiliar Source of Nationalism," Berlin, *The Sense of Reality: Studies in Ideas and Their History* (New York: Farrar, Straus and Giroux, 1997), pp. 232~48.
24) Gennifer Weisenfeld, "Murayama, MAVO, and Modernity: Constructions of the Modern in Taishō Japan Avant-garde Art" (Ph.D. dissertation, Princeton University, 1997)과 Miriam Silverberg, "Constructing the Japanese Ethnography of Modernity," *Journal of Asian Studies*, 51, 1 (February 1992): 30-54.
25) Peter Duus and Irwin Scheiner, "Socialism, Liberalism, and Marxism, 1901-1931," *CHJ*, 6:654-710의 훌륭한 논의를 보라.
26) Ronald A. Morse, *Yanagita Kunio and the Folklore Movement: The Search for Japan's National Character and Distinctive Culture* (New York: Garland, 1990). 야나기타의 가장 유명한 작품 『도노 이야기』(遠野物語)는 로널드 모스(Ronald Morse)에 의해 영역되어 *Legends of Tōno* (Tokyo: Japan Foundation, 1975)로 나왔다. 또 야나기타의 진지한 책 *About Our Ancestors: The Japanese Family System*, trans. Fanny Hagin Mayer and Ishiwara Yasuyo (Tokyo: Japan Society for the Promotion of Science-Ministry of Education, 1970)를 보라.
27) Leslie Pincus, *Authenticating Culture in Imperial Japan: Kuki Shūzō and the Rise of National Aesthetics* (Berkeley: University of California Press, 1996)를 보라.
28) Kathleen and Barbara Molony, *One Woman Who Dared: Ichikawa Fusae and the Japanese Women's Suffrage Movement* (Stanford: Stanford University Press, 1995).
29) Shizue Ishimoto, *Facing Two Ways: The Story of My Life* (New York: Farrar and Rinehart, 1935)와 Dorothy Robins-Mowry, *The Hidden Sun: Women of Modern Japan* (Boulder, Co.: Westview Press, 1983). 아인슈타

인 강연여행에 대해서는 Marius B. Jansen, "Einstein in Japan," *Princeton Library Chronicle*, 50, 3 (Winter 1989): 145-154.

30) 특히 Andrew Gordon, *Labor and Imperial Democracy in Prewar Japan* (Berkeley: University of California Press, 1991); Gordon, *The Evolution of Labor Relations in Japan: Heavy Industry, 1853-1955* (Cambridge, Mass.: Harvard University Press, 1985); Sheldon Garon, *The State and Labor in Modern Japan* (Berkeley: University of California Press, 1987); Koji Taira, "Economic Development, Labor Markets, and Industrial Relations in Japan, 1905-1955," *CHJ*, 6:606-653을 보라.

31) Thomas O. Wilkinson, *The Urbanization of Japanese Labor, 1860-1955* (Amherst: University of Massachusetts Press, 1965).

32) Tsurumi, *Factory Girls* 및 Mikiso Hane, *Peasants, Outcasts, and Rebels: The Underside of Modern Japan* (New York: Pantheon, 1982), pp. 172~204를 보라.

33) Gordon, *Evolution of Labor Relations*.

34) Yoshikawa Eiji, *Fragments of a Past: A Memoir*, trans., Edwin McClellan (Tokyo: Kōdansha International, 1992), pp. 204~05. Gordon, *Evolution of Labor Relations*는 요코하마 부두에 대한 연구를 담고 있다.

35) Thomas C. Smith, "The Right to Benevolence: Dignity and Japanese Workers, 1890-1920," Smith, *Native Sources of Japanese Industrialization, 1750-1920* (Berkeley: University of California Press, 1988), p. 242. 이 책은 코트 차림에 넥타이를 매고 도시락을 서류가방에 넣어 다니는 현대 일본 노동자를 상기시킨다.

36) Smith, *Native Sources*, p. 268에 인용.

37) Gordon, *Labor and Imperial Democracy*, pp. 17~18을 보면 당시 국민이란 말에 담긴 뉘앙스를 느낄 수 있다. 하지만 이 말은 최근에는 국외자를 배제하고 민족으로 뜻이 축소되는 경향이 있다.

38) 가메이도 사건이라 알려진 이 사건의 희생자들에 대한 간략한 생애는 고든 (Gordon)의 책 *Labor and Imperial Democracy*, pp. 345~48을 보라.

39) 정평 있는 연구서로는 Garon, *The State and Labor in Modern Japan*이 있다.

40) Kenneth Pyle, "Advantages of Followership: German Economics and Japanese Bureaucrats, 1890-1925," *Journal of Japanese Studies*, 1 (August 1974): 127-164 및 Garon, *The State and Labor in Modern Japan*, pp. 25~26을 보라.

41) R. P. Dore, *Land Reform in Japan* (Oxford: Oxford University Press, 1959), p. 33.

42) Ann Waswo, *Japanese Landlords: The Decline of a Rural Elite* (Berkeley: University of California Press, 1977) 및 Waswo, "The Transformation of Rural Society, 1900-1950," *CHJ*, 6:541-605.
43) Dore, *Land Reform in Japan*, pp. 69ff.
44) Waswo, "The Transformation of Rural Society," p. 586.
45) 의사, 의대 학장, 관료, 타이완 주재 식민지 행정관, 남만주철도 주식회사 사장, 외무대신·체신대신·내무대신 등의 각료, 도쿄 시장, 새로운 소련을 일본이 인정하도록 만든 사람 등과 마찬가지로 고토의 경력은 근대 일본의 산 역사를 보여준다. 최근에 나온 그의 전기 北岡伸一, 『後藤新平: 外交とヴィジョン』(東京: 中央公論社, 1988)을 보라.
46) 수치는 Gregory J. Kasza, *The State and the Mass Media in Japan, 1918-1945* (Berkeley: University of California Press, 1988), p. 28을 참조.
47) Edward Seidensticker, *Tokyo Rising: The City since the Great Earthquake* (Cambridge, Mass.: Harvard University Press, 1991), p. 30. 에드워드 사이덴스티커의 *Low City, High City* (Cambridge, Mass.: Harvard University Press, 1991)[허호 옮김, 『도쿄 이야기』, 이산, 1997]와 함께 *Tokyo Rising*은 일본 주요 작가들의 작품에서 풍부하게 인용하여 에도와 도쿄의 생활에 대해 재미있고 사려 깊은 묘사를 하고 있다.
48) Jennifer Robertson, *Takarazuka: Sexual Politics and Popular Culture in Modern Japan* (Berkeley: University of California Press, 1998).
49) Thomas R. H. Havens, *Architects of Affluence: The Tsutsumi Family and the Seibu-Saison Enterprises in Twentieth-Century Japan* (Cambridge, Mass.: Harvard University Press, 1994), p. 5.
50) Weisenfeld, "Murayama, MAVO, and Modernity."
51) Shunsuke Tsurumi, "Edo Period in Contemporary Popular Culture," William Beasley, ed., *Edo Culture and Its Modern Legacy*, *Modern Asian Studies* 특집호, 18, 4 (October 1984): 748ff.
52) Miriam Silverberg, "Constructing the Japanese Ethnography of Modernity," *Journal of Asian Studies*, 51, 1 (February 1992): 31.

17장 중일전쟁

1) Jansen, *China in the Tokugawa World*, p. 90.
2) Ramon H. Myers, "Japanese Imperialism in Manchuria: The South Manchuria Railway Company, 1906-1933," Duus, Myers, and Peattie, *The Japanese Informal Empire in China, 1895-1937*, pp. 101~32. 또 John Young, *The Research Activities of the South Manchurian Railway*

Company, 1907-1945: A History and Bibliography (New York: Columbia University, East Asian Institute, 1966)를 보라.

3) Alvin D. Coox, "The Kwantung Army Dimension," Duus, Myers, and Peattie, *The Japanese Informal Empire in China, 1895-1937*, pp. 395～428. 더 상세한 것은 Coox, *Nomonhan: Japan against Russia, 1939* (Stanford: Stanford University Press, 1985), 1:1-16.

4) 이시하라에 대한 정평 있는 연구는 Mark R. Peattie, *Ishiwara Kanji and Japan's Confrontation with the West* (Princeton: Princeton University Press, 1975)이다. 만주사변의 계획과 실행에 대한 상세한 내용은 Sadako N. Ogata, *Defiance in Manchuria: The Making of Japanese Foreign Policy, 1931-1932* (Berkeley: University of California Press, 1964) 및 Hiroharu Seki, "The Manchurian Incident," trans., Marius B. Jansen, in James W. Morley, ed., *Japan Erupts: The London Conference and the Manchurian Incident* (New York: Columbia University Press, 1984), pp. 123～40을 참조.

5) 秦郁彦, 『裕仁天皇五つの決断』(東京:講談社, 1984), p. 1. 혼조는 천황의 부관까지 올라갔다. 그의 회고록 영역판은 미키소 하네(Mikiso Hane)에 의해 번역된 *Emperor Hirohito and His Chief Aide-de-Camp: The Honjō Diary, 1933-1936* (Tokyo: University of Tokyo Press, 1982)이다.

6) 리튼 조사단과 그들이 일본에 준 충격에 대한 면밀한 연구로는 Nish, *Japan's Struggle with Internationalism*이 있다.

7) 이 부분은 Louise Young, "Imagined Empire: The Cultural Construction of Manchukuo"에 크게 빚지고 있다. Peter Duus, Ramon H. Myers, and Mark R. Peattie, eds., *The Japanese Wartime Empire, 1933-1945* (Princeton: Princeton University Press, 1996), pp. 71～96과 중요한 저작 가운데 하나인 *Japan's Total Empire: Manchuria and the Culture of Wartime Imperialism* (Berkeley: University of California Press, 1997), p. 456가 큰 도움이 되었다.

8) Joshua Fogel, *Life along the South Manchurian Railway: The Memoirs of Itō Takeo* (Armonk, N.Y.: M.E. Sharpe, 1988)는 이런 현상을 논하고 이토의 회고를 영역해 놓았다.

9) 이런 전술은 25년 뒤에 베트남에서 가능한 모델로 간주되었다. Chang-sik Lee, "Counterinsurgency in Manchuria: The Japanese Experience, 1931-1940," memorandum RM-5012-ARPA, RAND Corporation, 1967, p. 352를 보라.

10) 이 거래는 토론토 소재 요크 대학의 봅 와카바야시(Bob T. Wakabayashi)의 곧 발표될 연구 주제이다.

| 지은이 주 |

11) Young, *Total Empire*, p. 411.
12) 수치는 Roger F. Hackett, "The Military," Ward and Rustow, *Political Modernization in Japan and Turkey*, p. 346에서 인용.
13) Connors, *The Emperor's Adviser*, pp. 126ff.
14) Masaru Ikei, "Ugaki Kazushige's View of China and His China Policy, 1915-1930," Iriye, *The Chinese and the Japanese*, pp. 199~219를 보라.
15) 이 난마 같은 정치에 대한 권위 있는 연구는 北岡伸一, 『日本陸軍と大陸政策: 1906~1918年』(東京: 東京大學出版會, 1978) 및 Kitaoka, "China Experts in the Army," Duus, Myers, and Peattie, *The Japanese Informal Empire in China, 1895-1937*, pp. 330~68이다. 또한 Kitaoka, "The Army as a Bureaucracy: Japanese Militarism Revisited," *Journal of Military History*, 57 (October 1993): 67-86의 훌륭한 요약을 참조.
16) Shimada Toshihiko, "Designs on North China, 1933-1937." 이에 대한 영역과 논평은 James B. Crowley, James William Morley, ed., *The China Quagmire: Japanese Expansion on the Asian Continent, 1933-1941* (New York: Columbia University Press, 1983).
17) James B. Crowley, *Japan's Quest for Autonomy: National Security and Foreign Policy, 1930-1938* (Princeton: Princeton University Press, 1966), p. 195.
18) 반란에 대한 정평 있는 연구는 Ben-Ami Shillony, *Revolt in Japan: The Young Officers and the February 26, 1936 Incident* (Princeton: Princeton University Press, 1973). 우가키의 일기 인용은 秦郁彦, 『裕仁天皇五つの決斷』, p. 203.
19) 미시마 유키오의 마지막 4부작의 제2권 『혼바』는 1930년대의 낭만적이고 살육적인 내셔널리즘에 공감을 갖고 재창조하려 한다. 『혼바』의 영역판은 마이클 갤러거(Michael Gallagher) 번역의 *Runaway Horses* (New York: Knopf, 1973)이다.
20) 이 문서들은 마자키 대장을 총리로 하는 내각 구성안을 비롯한 상세한 내용을 담고 있었다. 『朝日新聞』 1988년 2월 15일자.
21) Robert J. C. Butow, *Tōjō and the Coming of the War* (Princeton: Princeton University Press, 1964)를 보라.
22) 필자가 1945년 처음 맡았던 일 중 하나가 우가키를 진찰할 수 있도록 미군 의사에게 통역을 해주는 일이었다. 우가키는 당시 이즈(伊豆) 반도의 온천마을에 살고 있었는데, 야마시타 도모유키 장군이 그를 처형에 앞선 재판의 증인으로 요청한 필리핀 마닐라로 비행기 여행을 할 만한 건강상태인지 알아보려는 것이었다. 의사는 비행기 여행이 불가능하다고 진단을 내렸다. 우가키가 필자에게 한 이야기

로는 야마시타의 계급이 너무나 낮아 자신은 거의 모른다는 것이었다. 우가키는 1953년 신헌법 제정 후 참의원 선거에 출마했을 때 전국 최다득표를 했다.
23) 아라키는 도쿄에서 열린 국제전범재판에서 금고형을 받았다. 그는 나중에 불교사상에 심취했고 병보석으로 풀려난 뒤 사면되었다. 1966년에 죽었다.
24) 오언 건틀릿(Owen Guntlett)이 번역하고 로버트 킹 홀(Robert King Hall)이 소개의 글을 쓴 *Kokutai no Hongi: Cardinal Principles of the National Entity of Japan* (Cambridge: Harvard University Press, 1949).
25) 이런 흐름을 면밀히 다룬 Tetsuo Najita and H. D. Harootunian, "Japanese Revolt against the West: Political and Cultural Criticism in the Twentieth Century," *CHJ*, 6:711-734를 보라.
26) R. P. Dore, "Tenancy and Aggression," chap. 5, *Land Reform in Japan* 및 Dore and Tsutomu Ōuchi, "Rural Origins of Japanese Fascism," Morley, *Dilemmas of Growth in Prewar Japan*, pp. 181~209.
27) 기타 잇키에 대한 정평 있는 연구는 George M. Wilson, *Radical Nationalist in Japan: Kita Ikki, 1883-1937* (Cambridge, Mass.: Harvard University Press, 1969)이다.
28) 요즘도 일본의 대학은 일본사, 아시아사, 서양사로 학과를 구분하고 있다.
29) 色川大吉, 『ある昭和史:自分史の試み』(東京: 中央公論社, 1975), p. 92.
30) Takafusa Nakamura, "Depression, Recovery, and War," *CHJ*, 6:451-493. Kozo Yamamura, ed., *The Economic Development of Modern Japan* (Cambridge: Cambridge University Press, 1997), pp. 116~58에 재수록.
31) Haruko Taya Cook and Theodore F. Cook, *Japan at War: An Oral History* (New York: New Press, 1992), p. 49.
32) Bai Gao, *Economic Ideology and Japanese Industrial Policy: Developmentalism from 1931 to 1965* (Cambridge: Cambridge University Press, 1997).
33) Yasukichi Yasuba, "Did Japan Ever Suffer from a Shortage of Natural Resources before World War II?" *Journal of Economic History*, 56, 3 (September 1996).
34) 쓰루미 슌스케는 '전향(轉向, 덴코)에 대한 광범위한 문헌을 '사상의 과학 연구회' 이름으로 나온 일련의 연구서에 실었다. 그는 *An Intellectual History of Wartime Japan, 1931-1945* (London: Routledge and Kegan Paul, 1986), workbook material pp. 10~11에서 그것을 대략 소개해 놓았다. 또 George M. Beckmann and Okubo Genji, *The Japanese Communist Party, 1922-1945* (Stanford: Stanford University Press, 1969)를 보라.
35) Germaine A. Hoston, "Marxists and Japanese Expansionists: Takahashi

Kamekichi and the Theory of 'Petty Imperialism,'" *Journal of Japanese Studies*, 10, 1 (Winter 1984). 그리고 일본의 역사적 단계에 대한 마르크스주의적 논쟁에 대해서는 Hoston, *Marxism and the Crisis of Development in Prewar Japan* (Princeton: Princeton University Press, 1986) 참조.

36) 이 사건과 그 밖의 사건들에 대해서는 Byron K. Marshall, *Academic Freedom in the Imperial Japanese University, 1868-1939* (Berkeley: University of California Press, 1992)를 보라.

37) 이 조직의 한계와 중요성을 논한 논문으로는 James Crowley, "Intellectuals as Visionaries of the New Asian Order," Morley, *Dilemmas of Growth in Prewar Japan*이 있다. 또 Miles Fletcher, "Intellectuals and Fascism in Early Shōwa Japan," *Journal of Asian Studies*, 29, 9 (November 1979)을 보라.

38) Bai Gao, "Arisawa Hiromichi and His Theory for a Managed Economy," *Journal of Japanese Studies*, 20, 1 (Winter 1994): 115-153 및 Gao, *Economic Ideology and Japanese Industrial Policy: Developmentalism from 1931 to 1965* (Cambridge: Cambridge University Press, 1997).

39) 이에 대해서는 방대한 문헌을 볼 수 있다. 나는 *Japan and China from War to Peace, 1894-1972*, pp. 425~26에서 이 사건을 논한 바 있다.

40) 가장 호감이 가는 연구는 Yoshitake Oka, *Konoe Fumimaro: A Political Biography* (Tokyo: University of Tokyo Press, 1983)이다. 이 책의 원서는 1972년에 초판이 나온 『近衛文麿: '運命'の政治家』(東京: 岩波書店)로 슌페이 오카모토(Shumpei Okamoto)와 패트리샤 머리(Patricia Murray)가 영역했다.

41) Morley, *The China Quagmire*.

42) Daqing Yang, "A Sino-Japanese Controversy: The Nanking Atrocity in History," *Sino-Japanese Studies*, 3, 1 (November, 1990)및 Yang, *The Rape of Nanjing in History and Public Memory: A Critical Anthology* (Westview Press, 근간). 많은 일본인의 연구 중 가장 공평한 것은 秦郁彦, 『南京事件: '虐殺'の構造』(東京: 中央公論社, 1986).

18장 태평양전쟁

1) 이 명칭에 관한 상세한 논의는 요크 대학의 Bob T. Wakabayashi의 미간행 논문 참조. 번역총서 *Japan's Road to the Pacific War*가 제임스 윌리엄 몰리(James William Morley)의 편집으로 컬럼비아 대학 출판부에서 출간되었다. 각각의 제목은 다음과 같다. *Japan Erupts: The London Conference and the Manchurian Incident, 1928-1932* (1984); *Deterrent Diplomacy: Japan, Germany, and the USSR, 1935-1940* (1976); *The China Quagmire:*

Japan's Expansion on the Asian Continent, 1933-1941 (1983); *The Fateful Choice: Japan's Advance in Southeast Asia, 1939-1941* (1980).

2) 훌륭한 두 권짜리 연구서 Alvin D. Coox, *Nomonhan: Japan against Russia, 1939*에 정리되어 있다.

3) 이로카와 다이키치를 포함한 일부 작가들은 히로히토의 행동이 직접 통치에 대한 의지를 보인 것이며, 따라서 이후의 모든 사건에 히로히토는 직접적인 책임이 있다고 주장했다.

4) Gordon M. Berger, *Parties out of Power in Japan, 1931-1941* (Princeton: Princeton University Press, 1977)이 이 기간에 대한 정평 있는 연구이다.

5) 그 시기에 대한 설명은 松本重治, 『近衛時代』 全2卷 (東京: 中央公論社, 1986), 2:28ff.

6) Akira Iriye, *The Origins of the Second World War in Asia and the Pacific* (London and New York: Longman, 1987), p. 107.

7) 이 외교상의 흥미로운 장은 로버트 버토(Robert J. C. Butow)에 의해 해명되었다. 그는 월시 신부와 회원들이 썼던 암호명을 연구서의 제목으로 삼았다. *The John Doe Associates: Backdoor Diplomacy for Peace, 1941* (Stanford: Stanford University Press, 1974). 그의 전작(前作) *Tojo and the Coming of the War* (Princeton: Princeton University Press, 1961), pp. 129ff도 참고.

8) Chalmers Johnson, *An Instance of Treason: Ozaki Hotsumi and the Sorge Spy Ring* (Stanford: Stanford University Press, 1964 및 증보판 1990) 참조.

9) Nobutaka Ike, ed. and trans., *Japan's Decision for War: Records of the 1941 Policy Conferences* (Stanford: Stanford University Press, 1967)에서 이 논의에 필요한 자료와 번역을 얻었다. 인용은 p. 79.

10) James B. Crowley, "Japan's Military Foreign Policies," James William Morley, ed., *Japan's Foreign Policy, 1868-1941* (New York: Columbia University Press, 1974), p. 98.

11) 나는 이 문제를 *Japan and China from War to Peace, 1894-1972*, pp. 397~409에서 논했다.

12) 보내지 않은 주석에 대해서는 Robert J. C. Butow, "Marching off to War on the Wrong Foot: The Final Note that Tokyo Did *Not* Send to Washington," *Pacific Historical Review*, 62, 1 (February 1994): 67-79.

13) 도쿠토미의 논평에서 발췌한 부분은 Tsunoda, de Bary, and Keene, *Sources of Japanese Tradition*, pp. 798~801에 있다.

14) 다케무라에 관해서는 Irokawa, *The Culture of the Meiji Period*, p. 11. 이토와 그 밖의 작가에 관해서는 Donald Keene, "Japanese Writers and the Greater East Asian War," in Keene, *Landscapes and Portraits: Appreciations of*

Japanese Culture (Tokyo and Palo Alto: Kōdansha International, 1971), pp. 300~21.

15) 에드워드 사이덴스티커(Edward Seidensticker)에 의해 *The Makioka Sisters* (New York: Knopf, 1957)로 영역.

16) Edward Seidensticker, *Kafū the Scribbler: The Life and Writings of Nagai Kafū, 1879-1959* (Stanford: Stanford University Press, 1965)를 보라.

17) 유진 소비악(Eugene Soviak)과 가미야마 다미에(Kamiyama Tamie)에 의해 *Diary of Darkness: The Wartime Diary of Kiyosawa Kiyoshi* (Princeton: Princeton University Press, 1998)로 영역.

18) Ben-Ami Shillony, *Politics and Culture in Wartime Japan* (Oxford: Clarendon Press, 1981)은 이런 저런 경향들을 조사하고 있다.

19) Sheldon Garon, *Molding Japanese Minds: The State in Everyday Life* (Princeton: Princeton University Press, 1997)에 심도 있고 신중하게 다루어져 있다.

20) Thomas R. H. Havens, *Valley of Darkness: The Japanese People and World War II* (New York: Norton, 1978) 및 프랑스 특파원에 의한 냉정한 설명 Robert Guillain, *Le Peuple Japonais et la Guerre* (Paris, René Julliard, 1947)를 보라.

21) Alvin D. Coox, "The Pacific War," *CHJ*, 6:315-382에 잘 요약되어 있다.

22) Gordon W. Prange, *At Dawn We Slept: The Untold Story of Pearl Harbor* (New York: McGraw Hill, 1981)가 면밀하게 설명해준다.

23) 고급 참모장교인 히로미치 야하라의 목격담과 비판적 설명인 *The Battle for Okinawa* (New York: Wiley, 1995)를 보라. 로저 피노(Roger Pinneau)와 마사토시 우에하라(Masatoshi Uehara)가 번역한 이 책에는 프랭크 기브니(Frank Gibney)의 서론이 실려 있다. 기브니는 야하라를 심문했던 사람이다. 민간인측에 대해서는 Masahide Ōta[大田昌秀], *The Battle of Okinawa: Typhoon of Steel and Bombs* (Tokyo: Kume Publishers, 1984)의 탁월한 설명을 보라. 오타는 1990년대에 오키나와 현지사가 되었다.

24) Donald Keene, *Meeting with Japan* (Tokyo: Gakuseisha, 1979), p. 45.

25) John W. Dower, *War without Mercy: Race and Power in the Pacific War* (New York: Pantheon, 1986).

26) Gavan Daws, *Prisoners of the Japanese: POWs of World War II in the Pacific War* (New York: William Morrow, 1994).

27) 고노에 후미타카(近衛文隆)는 재판 후 '국제 부르주아지를 도운' 죄로 유죄를 받고 1956년 모스크바 외곽의 이바노보(Ivanovo)에서 죽었다.

28) 항복 결정에 대한 고전적인 설명은 Robert J. C. Butow, *Japan's Decision to*

Surrender (Stanford: Stanford University Press, 1954)에서 볼 수 있다. 또 흥미로운 설명으로는 Pacific War Research Society가 펴낸 *Japan's Longest Day* (Tokyo: Kōdansha, 1968)를 보라.

29) Butow, *Japan's Decision to Surrender*, p. 248.

30) 이 시도들은 秦郁彦, 『裕仁天皇五つの決斷』에 상세히 설명되어 있다. 1989년에 사망한 겐다는 일본의 전후 항공자위대를 이끄는 인물이 되었다. 이 공로로 미국이 외국인에게 주는 최고 영예인 훈공장(Legion of Merit)을 받았다.

31) 심혈을 기울여 연구한 로버트 버토(Robert J. C. Butow)는 "How Roosevelt Attacked Japan at Pearl Harbor: Myth Masquerading as History," *Prologue*, 28, 3 (Fall 1996): 209-221에서 수정주의 관점을 일축했다.

32) *Toward International Understanding*, 『高木八尺著作集』 第5卷(東京: 東京大學出版會, 1971), pp. 100~01에 있는 1941년 10월 7일자 다카기의 편지.

33) James C. Thomson, Jr., "The Role of the Department of State," Dorothy Borg and Shumpei Okamoto, eds., *Pearl Harbor as History: Japanese-American Relations, 1931-41* (New York: Columbia University Press, 1973), p. 103.

34) Ōkita Saburō, *Japan's Challenging Years: Reflections on My Lifetime* (Canberra: Australian National University, 1983).

35) Edwin O. Reischauer, *The United States and Japan* (Cambridge, Mass.: Harvard University Press, 1950), p. 224.

36) 이들의 설명에 대해서는 Theodore E. Cohen, *Remaking Japan: The American Occupation as New Deal* (New York: Free Press, 1987).

37) Alfred D. Oppler, *Legal Reform in Occupied Japan: A Participant Looks Back* (Princeton: Princeton University Press, 1976).

38) Helen Hardacre, *Shintō and the State* (Princeton: Princeton University Press, 1989), p. 25.

39) 연합군최고사령부 정부 문서 *Political Reorientation of Japan*, 2 vols. (Washington, D.C.: Government Printing Office, 1949), 2:467.

40) 이런 오해가 그의 잘못만은 아니었다. 한 기록에 따르면 맥아더의 통역이 고노에의 설명(선거법 개정에 관한)을 통역할 때 '정부조직'(政府の組織)에 문제가 있다고 해야 할 것을 '정부의 헌법'(the constitution of government)에 문제가 있다고 했고, 맥아더는 이 말에 그렇다면 헌법이 '자유주의의 기본 요소'(이 경우 여성참정권)에 맞도록 개정되어야 한다고 되받으며 고노에도 개정을 지지해야 한다고 말했다. Dale M. Hellegers, "The Konoe Affair," L. H. Redford, ed., *The Occupation of Japan: Impact of Legal Reform* (Norfolk, Va.: MacArthur Memorial, 1977), p. 168을 보라.

41) David Anson Titus, *Palace and Politics in Prewar Japan* (New York: Columbia University Press, 1974)은 천황의 권력이 일본정치에 미친 영향에 대한 정평 있는 연구이다.
42) Kazuko Tsurumim, *Social Change and the Individual: Japan before and after Defeat in World War II* (Princeton: Princeton University Press, 1970), pp. 139ff는 처형당한 사람들이 남긴 유서에 대해 논하고 있다. 소련에 대해서는 John W. Dower, *Embracing Defeat: Japan in the Wake of World War II* (New York: W. W. Norton/New Press, 1999), p. 449.
43) Richard H. Minear, *Victors' Justice: The Tokyo War Crimes Trial* (Princeton: Princeton University Press, 1971). 소련이 일본에 대한 협정 위반을 정당화하는 데 유엔을 더 권위 있는 전거로 삼을 수 있다고 미국이 제안했고 소련이 기꺼이 따랐다는 설명이 추가되어야 할 것이다. 확실히 5년 전만 해도 일본의 대다수 지도자들은 중립협정의 파기와 북방 공격을 옹호했다.
44) 처형은 스가모 형무소에서 집행됐다. 그 후 형무소는 철거되었고 형무소 부지에 고층건물을 세운 개발업자들은 그곳을 태양도시(Sunshine City)라고 명명했다.

19장 요시다 시대
1) 참여자의 시각에 대해서는 Theodore Cohen, *Remaking Japan: The American Occupation as New Deal*, ed. Herbert Passin (New York: Free Press, 1987)을, 이 과정에 대해서는 Sheldon Garon, *The State and Labor in Modern Japan* (Berkeley: University of California Press, 1987)을 보라.
2) Richard B. Finn, *Winners in Peace: MacArthur, Yoshida, and Postwar Japan* (Berkeley: University of California Press, 1992)에 이 관계가 잘 묘사되어 있다.
3) 1946년 3월 27명의 교육자 사절단이 제출한 *Report of the United States Education Mission to Japan* (Washington: Government Printing Office, 1946)을 보라.
4) 정평 있는 연구는 Dore, *Land Reform in Japan*이다.
5) Garon, *The State and Labor in Modern Japan*. SCAP측에 대해서는 Cohen, *Remaking Japan*을 보라.
6) 맥아더는 애당초 헌법 개정은 그의 권한 밖이라고 말했지만 그가 사실상 그 권한을 갖고 있다는 휘트니 장군의 메모에 응답했다. Robert E. Ward, "The Origins of the Present Japanese Constitution," *American Political Science Review*, 50, 4 (December 1956), 그리고 더 최근의 저작으로 Finn, *Winners in Peace*, pp. 89~106을 보라. 가장 최근에는 시어도어 맥넬리(Theodore McNelly)가 *The Origins of Japan's Democratic Constitution* (Lanham, Md.: University

Press of America, 2000)에서 지난 수십 년간의 연구동향과 관련 출판물을 요약했다.
7) Beate Gordon, *The Only Woman In the Room* (New York: Kōdansha, 1997).
8) Tetsuya Kataoka, *The Price of a Constitution: The Origin of Japan's Postwar Politics* (New York: Taylor & Francis, 1991)를 보라.
9) Douglas MacArthur, "Reply to Criticism of Economic Policy," 1948년 2월, SCAP, *Political Reorientation of Japan*, 2:762.
10) Howard B. Schonberger, *Aftermath of War: Americans and the Remaking of Japan, 1945-1952* (Kent: Kent State University Press, 1989).
11) George F. Kennan, *Memoirs, 1925-1950* (New York: Little, Brown and Co., 1967), p. 376.
12) 이 과정에 참가한 한 SCAP 인사의 정평 있는 연구는 Eleanor M. Hadley, *Antitrust in Japan* (Princeton: Princeton University Press, 1970)이다.
13) Finn, *Winners in Peace*. 존 다워(John W. Dower)가 쓴 비판적 전기 *Empire and Aftermath: Yoshida Shigeru and the Japanese Empire, 1878-1954* (Cambridge, Mass.: Harvard University Press, 1979), 그리고 요시다 시게루 자신의 기록은 반드시 검토되어야 한다. 후자는 *The Yoshida Memoir: The Story of Japan in Crisis* (Boston: Houghton Mifflin, 1962)로 영역되어 나왔다.
14) Yutaka Kōsai, "The Postwar Japanese Economy, 1945-1970," *CHJ*, 6:494-537.
15) Gao, "Arisawa Hiromi and His Theory for a Managed Economy."
16) Gao, *Economic Ideology and Japanese Industrial Policy*, p. 20.
17) Saburō Ōkita, *Japan's Challenging Years: Reflections on My Lifetime* (Canberra: Australian National University, 1983), pp. 32-33.
18) Ibid., p. 34.
19) 냉전과 펜타곤의 우선도가 미친 영향을 아주 강조한 이 변화에 대한 논의를 Michael Schaller, *The American Occupation of Japan: The Origins of the Cold War in Asia* (New York: Oxford University Press, 1985)는 이런 변화를 주제로 삼는 동시에 냉전과 미 국방부의 역할을 크게 강조한다.
20) Andrew Gordon, ed., *Postwar Japan as History* (Berkeley: University of California Press, 1993)는 이 간략한 논평을 신중하게 다룬다.
21) 미쓰이 은행 본관의 한 사무실을 배정받은 외교관 존 에머슨(John K. Emmerson)은 자신이 사무실에 입주하던 날 그 사무실을 비우는 미쓰이 은행의 한 간부와의 짧은 만남을 다음과 같이 묘사했다. "그 미쓰이의 간부는 사무실 밖으로 나가려

| 지은이 주 |

몸을 돌리기 전에 잠시 망설이며 벽에 걸린 일본의 대동아공영권 지도를 가리켰다. 그는 웃으면서 '저기 있소. 우리가 시도했던 일이오. 저것으로 당신이 할 수 있는 일을 해보시오'라고 말했다." *The Japanese Thread: A Life in the US Foreign Service* (New York: Holt, Rinehart, and Winston, 1978), p. 256.

22) 秦郁彦, 『裕仁天皇五つの決斷』 및 도요시타 하루히코(Toyoshita Haruhiko)가 1994년 12월 파리에서 열린 "Social Change and International Affairs"에 제출한 논문 "Japanese Peace Negotiations and 'Double Diplomacy'" 참조.

23) Yoshida, *The Yoshida Memoirs*, p. 4.

24) 내가 '요시다 독트린'이라 부른 것에 대한 논의는 Kenneth B. Pyle, *The Japanese Question: Power and Purpose in a New Era* (Washington, D.C.: American Enterprise Institute, 1992)를 보라.

25) Herbert Passin, "Modernization and the Japanese Intellectual: Some Comparative Observations," Jansen, *Changing Japanese Attitudes toward Modernization*, pp. 425~46을 보라.

26) Masaru Tanimoto, "Unwanted Peace: Japanese Intellectuals in American Occupied Japan, 1948-52" (Ph.D. dissertation, Johns Hopkins University, 1988).

27) 이 사건들에 대한 정평 있는 연구는 George R. Packard, *Protest in Tokyo: The Security Treaty Crisis of 1960* (Princeton: Princeton University Press, 1966)이다.

28) Irmela Hijiya-Kirchnereit in Richard Bowring and Peter Kornicke, eds., *Cambridge Encyclopedia of Japan* (Cambridge: Cambridge University Press, 1993), p. 145.

29) 두 작품 모두 에드워드 사이덴스티커가 영역했다. *Makioka Sisters* (New York: Knopf, 1957) 및 *Snow Country* (New York: Knopf, 1956).

30) Ōoka Shōhei, *Taken Captive: A Japanese POW's Story*, trans. Wayne P. Lammers (New York: John Wiley, 1996).

31) 이 괴짜에 대한 연구로는 John Nathan, *Mishima: A Biography* (Boston: Little, Brown and Co., 1974)가 있다.

32) 덴리쿄에 대해서는 Henry van Staelen, *The Religion of Divine Wisdom: Japan's Most Powerful Religious Movement* (Kyoto: Veritas Shoin, 1957)를, 구로주미쿄에 대해서는 Helen Hardacre, *Kurozumikyō and the New Religions of Japan* (Princeton: Princeton University Press, 1986)을 보라.

33) 레이유카이에 대해서는 Helen Hardacre, *Lay Buddhism in Contemporary Japan: Reiyūkai yōdan* (Princeton: Princeton University Press, 1984)을 보라. 소카 갓카이에 대해서는 James W. White, *The Soka Gakkai and Mass*

Society (Stanford: Stanford University Press, 1970) 및 Noah S. Brannen, *Soka Gakkai: Japan's Militant Buddhists* (Richmond, Va.: John Knox, 1968)를 보라.
34) Helen Hardacre, in Bowring and Kornicke, *Cambridge Encyclopedia of Japan*, p. 177.
35) 더 완전한 설명은 Joseph L. Anderson and Donald Richie, *The Japanese Film* 개정판(Princeton: Princeton University Press, 1982)

20장 독립 이후의 일본
1) 와다 히로오(1903~1967)는 전후 정치에서 중요한 역할을 했다. 참의원에 선출된 그는 제1차 요시다 내각의 농림상으로 기용되어 농지개혁을 실현시켰다. 또한 심각한 식량부족 문제를 해결하기 위한 정책도 시행했다. 가타야마(片山) 내각 때는 일본 사회당에 입당해서 활동했고 경제안정본부를 이끌었다. 이후 사회당 좌파와 손을 잡았다.
2) 이 체제는 수많은 정치학자들에 의해 연구되었고 그들의 연구는 일일이 열거할 수 없을 만큼 많다. 마스미 준노스케(升味準之輔)의 권위 있는 연구만 언급해둔다. 『現代政治』 2冊(東京: 東京大學出版會, 1985). 이 책은 로니 칼라일(Lonny E. Carlile)에 의해 영역되어 나왔다. *Contemporary Politics in Japan* (Berkeley: University of California Press, 1995).
3) 도표와 상세한 내용에 대해서는 Masumi, *Contemporary Politics*, pp. 205ff를 보라.
4) 계획안의 발췌에 대해서는 T. J. Pempel, *Party Politics in Japan: Creative Conservatism* (Philadelphia: Temple University Press, 1982), pp. 78ff를 보라.
5) 한 지방 정치인에 대한 흥미로운 연구 Gerald L. Curtis, *Election Campaigning Japanese Style* (New York: Columbia University Press, 1972)을 보라.
6) 이 점에 대해서는 Kent Calder, *Crisis and Compensation: Public Policy and Political Stability in Japan, 1949-1980* (Princeton: Princeton University Press, 1988)을 보라.
7) Chalmers Johnson, *MITI and the Japanese Miracle* (Stanford: Stanford University Press, 1982).
8) Garon, *Molding Japanese Minds*의 주제.
9) Yutaka Kōsai, "The Postwar Japanese Economy, 1945-1975," *CHJ*, 6:518ff.
10) 이 분야에 관한 가장 훌륭한 역사서는 Michael A. Cusumano, *The Japanese Automobile Industry, Technology, and Management: Nissan and Toyota* (Cambridge, Mass.: Harvard University Press, 1985)이다.

| 지은이 주 |

11) William N. Tsutsui, "W. Edwards Deming and the Origins of Quality Control in Japan," *Journal of Japanese Studies* (Summer 1996): 295-326 과 Tsutsui, *Manufacturing Ideology: Scientific Management in Twentieth-Century Japan* (Princeton: Princeton University Press, 1998).
12) Johnson, *MITI and the Japanese Miracle*이 이런 논의의 중심이다. 또 David Williams, *Japan and the Emergence of Open Political Science* (London: Routledge, 1996)를 보라.
13) Yasusuke Murakami, *An Anticlassical Political and Economic Analysis: A Vision for the Next Century*, trans. Kozo Yamamura (Stanford: Stanford University Press, 1996).
14) 호의적인 시각을 보여주는 책으로는 Ezra Vogel, *Japan as Number One: Lessons for America* (Cambridge, Mass.: Harvard University Press, 1979) 가 있고, 이와는 대조적인 시각을 보여주는 책으로는 Karl van Wolferen, *The Enigma of Japanese Power: People and Politics in a Stateless Nation* (London: Macmillan, 1989)이 있다. 후자는 이것을 검은 정장 차림의 도쿄대학 졸업생들이 지휘하는 음모로 보는 듯하다.
15) Paul Krugman, "The Myth of Asia's Miracle," *Foreign Affairs* (November/December 1994)와 다른 기사들. 일본과 러시아에 대한 더 확대된 비교연구는 Cyril E. Black, Marius B. Jansen, Herbert S Levine, Marion J. Levy Jr., Henry Rosovsky, Gilbert Rozman, Henry D. Smith II, and F. Fredrick Starr, *The Modernization of Japan and Russia* (New York: Free Press, 1975)를 보라.
16) Bai Gao, *Economic Ideology and Japanese Industrial Policy*를 보면 '민간' 조직을 '공공'정책 형성에 연결짓고 있다. Kent Calder, *Strategic Capitalism: Private Business and Public Purpose in Japanese Industrial Finance* (Princeton: Princeton University Press, 1993)은 중간 지대를 찾으려 애쓴다. 또 Daniel I. Okimoto, *Between MITI and the Market: Japanese Industrial Policy for High Technology* (Stanford: Stanford University Press, 1988), 그리고 Kozo Yamamura and Yasukichi Yasuba, Takashi Inoguchi and Daniel Okimoto, Shumpei Kumon and Henry Rosovsky가 각각 편집한 3권짜리 총서 *The Political Economy of Japan: The Domestic Transformation* (I), *The Changing International Context* (II), *Cultural and Social Dynamics* (III) (Stanford: Stanford University Press, 1989, 1990, 1992)를 보라.
17) 사찰과 공동묘지가 유산된 태아 '미즈코'(水子)를 위해 만든 미즈코 공양(供養)에 대해서는 특별한 신랄함이 있었고 지금도 마찬가지다. 이 문제는 William

Lafleur, *Liquid Life: Abortion and Buddhism in Japan* (Princeton: Princeton University Press, 1992)에 논의되어 있다. 이상하게도 일본에서는 미국에서 그토록 강렬하게 제기되었던 생명의 기원에 대한 논쟁이 거의 없었던 반면 임종시 장기 이식과 관련해서는 상당한 논쟁이 있었다.

18) Takekazu Ogura, *Can Japanese Agriculture Survive?* (Tokyo: Agricultural Policy Research Center, 1980).

19) 한 기자가 시간제 공장노동을 직접 체험하고 쓴 책으로 Satoshi Kamata, *Japan in the Passing Lane: An Inside Account of Life in a Japanese Auto Factory* (New York: Pantheon, 1982)를 보라.

20) William W. Kelly, "Rationalization and Nostalgia: Cultural Dynamics of New Middle-Class Japan," *American Ethnologist*, 13, 4 (November 1986).

21) John F. Embree, *Suye Mura: A Japanese Village* (Chicago: University of Chicago Press, 1939). 또 牛島盛光, 『變貌する須惠村』(京都: ミネルヴァ書房, 1971) 및 『須惠村, 1935~1985』(東京: 日本經濟評論社, 1988).

22) Rozman, *Urban Networks in Ch'ing China and Tokugawa Japan*.

23) David M. Bayley, *Forces of Order: Police Behavior in Japan and the United States* (Berkeley: University of California Press, 1976)를 보라.

24) Sheldon Garon and Mike Mochizuki, "Negotiating Social Contracts," Gordon, *Postwar Japan as History*, pp. 144~86. Garon and Mochizuki가 중소기업을 대상으로 그런 사회계약을 목적으로 한 기관에 대해 고찰한 것도 비슷한 관점을 보였다.

25) Sumiko Iwao, *The Japanese Woman: Traditional Image and Changing Reality* (New York: Free Press, 1993)의 낙관적인 시각을 참조.

26) Thomas Rohlen, *Japan's High Schools* (Berkeley: University of California Press, 1983).

27) 이 마지막 날들의 모호함은 Norma Field, *In the Realm of a Dying Emperor* (New York: Pantheon Books, 1991) 및 Thomas Crump, *The Death of an Emperor: Japan at the Crossroads* (New York: Oxford University Press, 1991)에 포착되어 있다.

더 읽을거리

제2차 세계대전이 끝날 때까지 서양에서는 일본사에 대한 진지한 연구가 거의 이루어지지 않았고, 몇몇 선구적인 학자들은 제도적인 뒷받침을 받지 못해 연구에 어려움을 겪었다. 이른바 태평양전쟁이 상황을 바꾸었다. 정부와 군정 당국이 일본 관련 프로그램을 지원했고, 전쟁이 끝나자 일본사는 하나의 역사학 분야로 발전되어 학과 과목으로 자리를 잡았다. 초창기에는 영어로 된 참고자료가 별로 없었다. James Murdoch, *History of Japan*, 3 vols.(London: Kegan Paul, Trench Trubner and Co, 1925)는 도쿠가와 시대를 포괄적으로 다루고 있는데, 제2권 "The Century of Early Foreign Intercourse(1542-1651)"에서 중점적으로 다루고 있다. 서양과의 교류를 강조한 머독의 저서는 서양의 학자들에게 일본사 연구의 방향을 제시했는데, 이런 관점을 무비판적으로 수용하다 보면 사실을 왜곡할 수 있다. 물론 성 프란시스코 사비에르, 페리 제독, 맥아더 장군이 중요한 순간에 나타나 각각 윌 애덤스, 타운센드 해리스, 에드워드 데밍의 지원사격을 받으며 일본의 역사에 결정적인 영향을 미친 것은 사실이다. 머독은 일본에서 라틴어와 그리스어를 가르쳤는데, 그의 제자였던 나쓰메 소세키는 그의 스코틀랜드 사투리와 그리스어를 구별하는 데 애를 먹었다고 한다. 머독은 구시대적 편견에 젖어 고리타분한 정치사를 오만하게 써 내려갔고, 훗날 조지 샌섬이 표현했듯이 "1880년경 애버딘(스코틀랜드 동부 그램피언의 주도)에서 형성된 관점을 통해서 본" 일본의 모습을 제시했다. 머독의 책은 성실하게 사료를 수집한 이소 야마가타(山縣五十雄)의 도움이 없었다면 그나마도 가치를 인정받지 못했을 것이다. 머독은 그 자료를 자신이 찾아냈다고 주장했다.

이와는 질적으로 다른 책이 조지 샌섬(George B. Sansom)의 고전 *Japan: A Short Cultural History* (London: Cresset Press, 1932)이다. 영국의 외교관 샌섬은 일본 주재 상무관으로 근무했다. 일본어를 유창하게 구사했던 그는 일본인의 학문적 성과와 예술과 문화(머독은 이 분야에 문외한이었다)에 대한 자신의 통찰을 결합하여 생명력이 긴 저서를 만들어냈다. 그가 내게 쓴 편지에 따르면, 당시에는 근대적인 통신수단이 발달하지 않았던 까닭에 외교관들이 밀착감시를 당하지 않았다고 한다. 그는 12시 전에 출근을 하는 경우가 거의 없었고, 실제로 닛코(日光)의 주젠지(中禪寺) 호수 위에 작은 배를 띄어놓고 많은 원고를 썼다고 했다. 이렇게 시간을 보낼 수 있었기에, 그의 글에는 여유와 격조가 배어 있다.

샌섬도 도쿠가와 시대에 대한 기술로 책을 마무리했지만, 머독이 강조했던 '대외교류'에 대해서는 거의 쓰지 않았다. 전후에 그는 컬럼비아 대학에서 가르치면서 메이지 시대의 서구화에 대한 사려 깊은 연구서 *The Western World and Japan* (New York: Knopf, 1951)을 저술해 그 빈틈을 메웠고, 은퇴 후에는 *History of Japan*, 3 vols.(Stanford: Stanford University Press, 1958-1963)를 펴냈는데, 이 역시 도쿠가와 시대 말기까지만 다루었다.

이 외에도 두 권의 기념비적 저서가 전후 학자들의 연구성과를 평가하는 잣대가 되었다. Ruth Benedict, *The Chrysanthemum and the Sword: Patterns of Japanese Culture* (Boston: Houghton Mifflin, 1946)[김윤식·오인석 옮김, 『국화와 칼: 일본문화의 틀』, 을유문화사, 1991]은 미국 육군정보국에서 수행한 일본인의 국민성에 대한 연구의 산물이다. 일본인이 순순히 항복할 것인지, 아니면 그 지도자들이 국민들에게 미국의 우월한 화력에 대항하는 무모한 행위를 강요할 것인지 알아보려는 시도였다. 베네딕트는 아메리카 남서부 원주민들에 대한 연구를 수행한 바 있는 인류학자였다. 그녀는 일본어를 몰랐지만(조수 가운데 몇 명은 일본어를 알고 있었다), 미래의 행동에 대한 실마리를 제공하는 문화의 패턴을 파악하는 방법을 알고 있었다. 하지만 전쟁으로 인해 동시대 일본인을 직접 조사할 수 없었던 그녀는 20세기 초에 이민이 규제되기 전에 미국에 와 있던 일본계 미국인 1세대를 연구했기 때문에 19세기의 정형화된 일본인상을 도출할 수밖에 없었다. 전후 미국의 사회과학과 일본 연구는 베네딕트의 선구적인 연구가 제시한 분석을 검증하고 심화시켰다.

이와는 성격이 판이한 또 한 권의 책은 E. Herbert Norman, *Japan's Emergence as a Modern State* (New York: Institute of Pacific Relations, 1940)로, 저자는 부모가 선교활동을 했던 일본에서 태어난 캐나다의 젊은 외교관이었다. 이 책의 부제 *Political and Economic Problems of the Meiji Period* 는 그가 군국주의와 팽창주의를 초래한 일본의 근대적 변용에서 문제나 결함을 찾는 데 관심을 갖고 있었다는 사실을 드러내준다. 이 저작은 1930년대 초반 일본사회의 구조적 '모순'을 찾던 일본 마르크스주의 학자들의 연구에 의거하고 있는데, 그의 능숙한 요약과 적절한 논지는 대부분의 전후 학자들이 시금석으로 삼을 만한 기준을 제시했다.

이로부터 반세기 만에 상황은 크게 변했다. 샌섬과 노먼은 여전히 중요하지만, 훨

| 더 읽을거리 |

씬 더 많은 학자들이 다종다양한 저서를 내놓고 있다. 우선 서양의 전문가들이 경솔하게 무시해버렸던 일본의 학자들이 자유를 되찾고 왕성하게 활동하기 시작했다. 그들은 더 이상 천황에 대한 충성심이나 문부성이 정통으로 제시하는 사실과 이론에 속박되지 않았다. 전쟁이 끝나고 약 10년 동안은 마르크스주의가 학계를 지배했다. 전전의 연구는 대부분 무기력한 것으로 매도되었고, 정치사는 상부구조의 뿌리를 찾는 '과학적' 유물론으로 대체되었다. 하지만 이런 추세는 점차 사라지고 역사를 보는 시야가 훨씬 넓어졌다. 경제적으로 풍족해지자 급히 책을 출판하지 않고 여유 있게 성찰하고 탐구하는 분위기가 조성되었으며, 해외에서 사회주의가 고전을 면치 못하자 일본에서도 사회주의의 이상이 수그러들었다. 그리고 일본의 사회와 제도가 아무리 불완전하다 해도 나름의 장점이 있다는 사고방식이 널리 퍼졌다.

이제 질과 양을 겸비한 훌륭한 참고문헌이 출현할 수 있는 길이 열렸다. 전전부터 추진되고 있던 일부 프로젝트는 전시의 경제적 궁핍과 패전으로 인해 미처 완성되지 못했다. 11권으로 구성된 인명사전의 경우, 모든 연도를 기원전 660년 진무(神武) 천황의 즉위를 기준으로 계산한 정치적 의도 때문에 그 유용성이 심각하게 훼손되었다. 오늘날의 역사가들은 15권의 대작 『國史大辭典』(東京: 吉川弘文館, 1973~1998)의 혜택을 누린다. 유능한 학자 수백 명이 참여한 이 모범적인 작업에는 꼼꼼한 참고문헌과 정교한 지도, 도표가 첨부되어 있다. '역사 붐'이 일어난 1960년대에 일본의 출판인들은 자신의 전문분야를 쉽고 흥미롭게 설명하는 탁월한 능력을 선보인 주요 사학자들과 함께 일련의 일본사 시리즈를 발간했다. 3대 출판사 중 하나인 주오코론샤(中央公論社)는 유명 학자들을 동원해 28권짜리 『日本の歷史』를 펴냈는데, 독자들로부터 폭발적인 반응을 얻자 양장본에 이어 문고판까지 냈다. 뒤이어 좀 더 학술적인 일련의 논집을 출판되었다. 본문에서 소개한 바 있는 위대한 이와나미 쇼텐(岩波書店)은 일본사 연구의 모든 성과뿐 아니라 최근의 연구경향까지 집약한 일본사 강좌 시리즈—『岩波講座 日本歷史』(1933~1935), 『岩波講座 日本歷史』(1975~1977), 『岩波講座 日本通史』(1993~1995)—를 펴냈다.

영어권의 독자들도 역사편찬의 시대로부터 덕을 봤다. 고단샤(講談社)는 1983년에 9권짜리 *Encyclopedia of Japan*을 펴냈고, 10년 뒤에는 2권짜리 축약판을 냈다. 서양과 일본의 권위자들은 독자들이 궁금해하는 거의 모든 주제에 대해 심도 있는 에세이를 기고했다. 체제는 다르지만 그에 못지않게 수준 높은 책으로는 *Cambridge Encyclopedia of Japan* (Cambridge: Cambridge University Press, 1993)을 꼽을 수 있다. 이 책의 편집자들(Richard Bowring and Peter Kornicki)은 저명한 필자들을 모아서 지리·역사·문학·종교·사회 등의 분야에 대한 연대기적 서술을 제공했다.

Kōdansha Internatonal이 the International Society for Cultural

1145

Information과 협력하여 펴낸 세 권의 탄탄한 책 *Biographical Dictionary of Japanese History* (Sei'ichi Iwao, ed., Burton Watson trans., 1978), *Biographical Dictionary of Japanese Literature* (Sen'ichi Hisamatsu, ed., 1976), *Biographical Dictionary of Japanese Art* (Yutaka Tazawa, ed., 1981)도 귀중한 자료이다. 광범위한 자료를 제공하는 또 하나의 책은 *Cultural Atlas of Japan* (Oxford: Phaidon, 1988)이다. Martin Collcutt, Isao Kumakura, Marius Jansen이 고대·도쿠가와·근대의 역사와 문화에 대한 조사결과를 풍부한 도해와 함께 제시했다. 일본의 근세사와 근대사의 특별한 측면을 검토하고자 하는 독자는 이 책만으로 만족하지 못하겠지만, 그렇다고 이 책을 참고하지 않고 무시하는 것은 금물이다.

최근에 나온 Helen Hardacre, ed., *The Postwar Development of Japanese Studies in the United States* (Leiden, Boston, Cologne: Brill, 1998)는 역사·예술·종교·민속·법·정치에 관한 저술이 시대별로 어떻게 발전해왔는지 각계의 권위자가 검토한 참신한 시도이다.

일본의 원사료를 영역해놓은 책으로 우선 추천할 만한 것은 Ryusaku Tsunoda, Wm. Theodore de Bary, Donald Keene, eds., *Sources of Japanese Tradition* (New York: Columbia University Press, 1958)이다. 나 역시 이 책에서 *Sources of Japanese Tradition*의 많은 부분을 발췌하여 인용했는데, 사상사·종교사·문화사 전반에 관한 기본자료가 풍부히 실려 있다. 곧 두 권짜리 개정증보판이 나올 예정이다. 현재 일본사 관련 번역서가 도서관을 가득 메우게 된 것은 우수한 주요 저작을 골라 주석을 달고 서양에 소개하는 일을 최우선 과제로 삼았던 한 세대의 노력 덕분이다.

수많은 학자들의 공동노력이 투입된 두 가지 중요한 연구 및 출판 프로젝트에 대해 언급할 차례다. 첫째는 아시아연구학회(Association for Asian Studies)에 소속된 근대일본학회(Conference on Modern Japan)가 사회과학적 관점과 비교론적 관점을 결합하여 일본의 근대적 변용을 고찰한 것이다. 이 프로젝트를 통해 나온 저작들은 일본학의 분야를 광범위하게 명시했고, 아직까지도 지성사, 정치·경제의 발전, 문화와 사회의 변화에 관한 중요한 연구로 남아 있다.(물론 근대화에 대한 강조는 1970년대와 1980년대 들어 유행에 뒤처지게 되었다.) 프린스턴 대학 출판사에서 일본 근대화 연구총서로 나온 이 책들은 *Changing Japanese Attitudes toward Modernization* (Marius B. Jansen, ed., 1965), *The State and Economic Enterprise in Japan* (William W. Lockwood, ed., 1965), *Aspects of Social Change in Modern Japan* (R. P. Dore, ed., 1967), *Political Development in Modern Japan* (Robert E. Ward, ed., 1968), *Tradition and Modernization*

| 더 읽을거리 |

in Japanese Culture (Donald H. Shively, ed., 1971), *Dilemmas of Growth in Prewar Japan* (James W. Morley, ed., 1971)이다.

두 번째 협동작업은 가장 포괄적이고 권위 있는 일본사 연구서를 만들어냈는데, 이는 일본과 서양의 중견 학자들이 10년 이상 걸려 이룩한 성과였다. *Cambridge History of Japan*, 6 vols. (Cambridge: Cambridge University Press, 1988-1999)는 일본사 연구를 새로운 수준에 올려놓았다. 본서의 독자들도 내가 군데군데 그 전문적 연구에 의존한 것을 알 수 있을 것이다. 각 권이 다루고 있는 연대기적 순서에 따라 나열하면, *Ancient Japan* (Delmer M. Brown, ed., 1993), *Heian Japan* (Donald H. Shively, ed., 1999), *Medieval Japan* (Kozo Yamamura, ed., 1990), *Early Modern Japan* (John W. Hall, ed., 1991), *The Nineteenth Century* (Marius B. Jansen, ed., 1989), *The Twentieth Century* (Peter Duus, ed., 1988)이다. *Cambridge History of Japan* (이하 *CHJ*)의 편집진은 문화사, 특히 예술과 문학은 별도의 작업으로 남겨놓는 대신 일본사에 있어서 정치·제도·경제·대외관계·사회의 발전에 관심을 집중하여 질적으로나 양적으로나 타의 추종을 불허하는 역사서를 편찬해냈다.

이런 노작들에 *Journal of Japanese Studies* (Seattle, University of Washington, 1974~현재, 이하 *JJS*), *Monumenta Nipponica* (Tokyo, Sophia University, 이하 *MN*), *Journal of Asian Studies* (Ann Arbor, Mich., Association for Asian Studies, 이하 *JAS*), *Transactions of the Asiatic Society of Japan* (이하 *TASJ*) 같은 학술지의 성과를 보태면, 동양학의 한 분야인 일본학으로 미미하게 시작된 일본사 분야가 모든 주요 교육기관에 굳건히 뿌리를 내리게 되었음을 실감할 수 있다.

센고쿠 시대의 통일주재자들과 도쿠가와 막부의 성립

Conrad Totman, *Early Modern Japan* (Berkeley: University of California Press, 1993)은 도쿠가와 시대의 모든 측면을 폭넓게 이해하게 해주는 수작이다. *CHJ* 제4권에 수록된 Asao Naohiro, "The Sixteenth Century Unification"은 당대의 정황을 일목요연하게 보여준다. 통일주재자들의 시대는 John Whitney Hall, Nagahara Keiji, and Kozo Yamamura, eds., *Japan before Tokugawa* (Princeton: Princeton University Press, 1981)와 George Elison and Bradwell L. Smith, eds., *Warlords, Artists, and Commoners* (Honolulu: University Press of Hawaii, 1981)에 수록된 논문에서 다채롭고도 세심하게 논의되고 있다. 노부나가에 대해서는 서양에서 아직까지 상세한 연구가 이루어지지 않았지만, 히데요시의 경우는 다르다. 조지 엘리슨(나중에는 Jurges Elisonas란 이름으로 글을 발표

함)이 방금 언급한 책에 기고한 탁월한 논문 "Hideyoshi the Bountiful Provider" 와 Mary Elizabeth Berry, *Hideyoshi* (Cambridge, Mass.: Harvard University Press, 1982)는 이 비범한 인간의 생애에 대해 재미있고 풍부한 이야깃거리를 제공한다. Adriana Boscaro, *101 Letters of Hideyoshi: The Private Correspondence of Toyotomi Hideyoshi* (Tokyo: Sophia University, 1975)는 그에 대한 1차 자료를 제시한다. 허황되고 탐욕스러우며 관대하면서도 난폭한(어린 히데요리에게 자신을 언짢게 한 네 사람을 묶어두라고 시키며 "내가 돌아오면 죽도록 때려줄 것이다. 절대 풀어주면 안된다"고 말하는 데서 아들을 대하는 아버지의 정 따위는 찾아볼 수 없다!) 히데요시의 다양한 면모를 통해, 독자들은 폭력이 난무하던 흥미로운 시대를 체감할 수 있을 것이다. Michael Cooper, S. J., ed., *They Came to Japan: An Anthology of European Reports on Japan, 1543-1640* (Berkeley: University of California Press, 1965)은 용감한 유럽인 여행자와 선교사들이 남긴 서신이나 보고서를 선별 수록하여, 그들의 눈에 비친 센고쿠 시대 일본의 모습을 생생하게 전해준다.

Conrad Totman, *Politics in the Tokugawa Bakufu, 1600-1843* (Cambridge, Mass.: Harvard University Press, 1967)은 도쿠가와 시대의 정치체제가 개인의 지배에서 관료제로 변화하는 과정을 시기별로 구분하고 있다. 이에 대해 Harold Bolitho가 *Treasures among Men: The Fudai Daimyo in Tokugawa Japan* (New Haven: Yale University Press, 1974)에서 이의를 제기했고, 두 저자는 서평을 통해 의견을 교환했다. 마쓰다이라 다로(松平太郎)의 『江戸時代制度の研究』(東京: 武家制度研究會, 1919)는 오랫동안 도쿠가와 체제에 대한 정평 있는 저서로 인정받았지만, 후지노 다모쓰(藤野保)의 철저한 연구서 『幕藩體制史の研究』, 개정판(東京: 吉川弘文館, 1975)에 그 자리를 내주게 되었다. 후지노는 쇼군 직이 승계되는 과정과 각 쇼군의 재직기간을 상세하게 분석했다. 본서의 2장에서 사용된 도표도 후지노 교수의 책에서 따온 것이다.

'번'은 사무라이들의 정치활동과 의식의 범위를 규정하는 경계였지만, 국가의 발전과 지역의 이익이 충돌하는 접점이기도 했다. 가나이 마도카(金井圓)의 『藩政』(東京: 至文堂, 1962)은 이런 구도를 명확하게 묘사하고 있고, Harold Bolitho도 *CHJ* 제4권 6장에 실린 "The han"과 *Treasures among Men*을 통해 구체적인 정황을 제시한다. 하지만 국가화 추세와 지방화 추세의 상호관계에 대한 고전적 연구는 여전히 John W. Hall, *Government and Local Power in Japan, 500 to 1700: A Study Based on Bizen Province* (Princeton: Princeton University Press, 1966)이다. 홀은 일찍이 자연적·인공적 재해에 파손되지 않고 잔존한 몇 안되는 기록 중 하나인 비젠(肥前, 오카야마) 구니(國)의 자료를 우연히 접하게 되었고, 관료

| 더 읽을거리 |

사회의 일상을 풍부하게 담고 있는 그 자료에 매료되었다. 나와 함께 편집한 *Studies in the Institutional History of Early Modern Japan* (Princeton University Press, 1968)의 여러 장에서 그는 같은 문제를 다시 고찰했다.

물론 가장 두드러지긴 하나, 홀의 연구는 지방을 통해 국가를 바라본 여러 시도 가운데 하나였다. 사쓰마의 제도에 대한 자료는 Haraguchi Torao, Robert K. Sakai, Sakihara Mitsugu, Yamada Kazuko, Matsui Masato가 영역하고 논평을 달아 *The Status System and Social Organization of Satsuma* (Tokyo: University of Tokyo Press, 1975)로 펴냈는데, 이 책에 포함된 사카이의 긴 서문은 사쓰마 번의 정치제도를 상세하게 소개하고 있다. Philip C. Brown, *Central Authority and Local Autonomy in the Formation of Early Modern Japan: The Case of Kaga Domain* (Stanford: Stanford University Press, 1993)은 유사한 설명을 가나자와 번으로 확장했다. 이 지방은 James L. McClain, *Kanazawa: A Seventeenth-Century Japanese Castle Town* (New Haven: Yale University Press, 1982)에서도 이미 연대기로 정리된 바 있다. 지방의 역동성을 검토함으로써 메이지 유신에 접근한 기본적인 연구서로는, 도사 번을 다룬 Albert M. Craig, *Chōshū in the Meiji Restoration* (Cambridge, Mass.: Harvard University Press, 1961)과 Marius B. Jansen, *Sakamoto Ryōma and the Meiji Restoration* (Princeton: Princeton University Press, 1961), 그리고 가나자와를 다룬 James C. Baxter, *The Meiji Unification through the Lens of Ishikawa Prefecture* (Cambridge, Mass.: Harvard University Press, 1994)를 꼽을 수 있다. Charles L. Yates, *Saigō Takamori: The Man behind the Myth* (London: Kegan Paul, 1996)는 도입부에서 사쓰마의 상황을 다루고 있는데, 좀 더 구체적인 내용은 그의 프린스턴 대학 박사논문을 참조하는 편이 낫다. 가장 최근에 나온 Luke S. Roberts, *Mercantilism in a Japanese Domain: The Merchant Origins of Economic Nationalism in 18th Century Tosa* (Cambridge: Cambridge University Press, 1998)는 도사 번에 관한 자료를 기초로 설득력 있고 도전적인 논제를 제시한다.

국제관계

1540년대에 포르투갈인이 다네가시마에 당도한 후 1640년대의 법령에 의해 금지되기까지 유럽인이 약 100년 동안 일본에서 펼친 선교 및 상업 활동은 많은 역사가의 관심을 끌었다. 이 시기는 서양인과 서양의 문물이 일본의 정치발전에 영향을 미친 때로서, 서양인이 남긴 소중한 자료는 16세기의 일본을 조망하는 데 도움을 준다. 선교사들이 편찬한 사전과 나가사키에 있던 예수회 출판사의 간행물들은 당대의 방언을 연구하는 데 중요한 자료이다. 제임스 머독은 *History of Japan* 3권 중 외국과의 접촉을 다룬 제2권부터 집필하기 시작했는데, 가톨릭의 의도에는 별로 공감하지 않았지만 그 자료는 폭넓게 사용했다. 하지만 1차 자료가 풍부하고 논거가 확실한 C. R. Boxer, *The Christian Century in Japan, 1549-1650* (Berkeley: University of California Press, 1951)이 국제관계를 훨씬 충실하게 설명해준다. 주로 이베리아 반도에 위치한 국가들의 일본에 관한 보고서를 주제별로 선별한 Michael Cooper, S. J., *They Came to Japan: An Anthology of European Reports on Japan, 1543-1640*은 자료의 보고이고, 같은 저자의 *Rodrigues the Interpreter: An Early Jesuit in Japan and China* (New York: Weatherhill, 1974)는 지적이고 유려한 문체가 돋보이는 저서이다. 조지 엘리슨의 *Deus Destroyed: The Image of Christianity in Early Modern Japan* (Cambridge, Mass.: Harvard University Press, 1973)은 그리스도교의 부침에 대해 설명한 탁월한 저서이다. 엘리슨은 선교사들의 가르침을 반박하기 위해 작성된 전단 네 개를 번역하여 수록하고 있는데, 일본 예수회의 배교자인 Fabian Fucan이 쓴 첫 번째 전단에서 책의 제목을 따왔다. 같은 저자(이때는 Jurgis Elisonas)는 *CHJ* 제4권 7장의 "Christianity and the Daimyo"에서 선교활동의 정치적 영향을 검토하고 있다.

도쿠가와 시대 초기 영국 동인도회사의 활동은 Derek Massarella, *A World Elsewhere: Europe's Encounter with Japan in the Sixteenth and Seventeenth Centuries* (New Haven: Yale University Press, 1990)에서 상세히 다루어지고 있다. 1899년에 도쿄에서 두 권으로 출간된 *Diary of Richard Cocks*(리처드 콕스는 1615년에서 1622년까지 동인도회사의 대리인으로 일본에 파견되었던 인물이다)는 생생한 목격담을 들려준다.

Ronald Toby, *State and Diplomacy in Early Modern Japan: Asia in the Development of the Tokugawa Bakufu* (Princeton: Princeton University Press, 1984)는 초기 막부시대의 국제관계에 대한 진일보한 해석을 제공한다. 이 역작의 예고편은 *JJS*(1977)에 수록된 논문 "Reopening the Question of *sakoku*: Diplomacy in the Legitimation of the Tokugawa Bakufu"이다. 도쿠가와 정권과 조선의 관계는 게이오 대학의 다시로 가즈이(田代和生)가 쓴 "Foreign Relations during the Edo Period: *Sakoku* Reexamined" (*JJS*, 1982)와 다수의 일본어 논저에서 조명되었는데, 그 중에서 가장 중요한 저서는 『近世日朝通交貿易史の研究』(東京: 創文社, 1981)이다. 조선통신사를 연구한 책으로는 李元植, 『朝鮮通信使の研究』(京都: 思文閣出版, 1997)가 있다.

도쿠가와 시대의 중일관계는 오바 오사무(大庭脩)의 필생의 작업이었는데, 그는 서적의 수입에 관한 저서 『江戸時代における唐船持渡書の研究』(吹田: 關西大學東西

| 더 읽을거리 |

學術研究所, 1967), 문화적 접촉에 대한 연구서 『江戸時代における中國文化受容の研究』(京都: 同朋舎出版, 1984), 흥미진진한 일화를 다룬 책 『江戸時代の日中秘話』(東京: 東方書店, 1980)를 펴냈다. 나는 China in the Tokugawa World (Cambridge, Mass.: Harvard University Press, 1992)에서 그의 연구를 자주 인용했다.

나가사키 무역체제에 대한 인상적인 서술은 Robert Leroy Innes, "The Door Ajar: Japan's Foreign Trade in the Seventeenth Century"(박사학위논문, University of Michigan, 1980)를 참조하라. 일본의 여러 학자들도 그 체제에 관심을 기울였는데, 특히 유용한 것은 나카무라 다다시(中村質)의 『近世長崎貿易史の研究』(東京: 吉川弘文館, 1988)이다. 네덜란드와의 접촉을 다룬 책으로는 Grant Goodman, *Japan: The Dutch Experience* (London: Athlone, 1986)와 C. R. Boxer, *Jan Compagnie in Japan: 1600-1860* (The Hague: Nijhoff, 1950)이 있는데, 후자는 네덜란드의 역할보다는 그 영향에 초점을 맞추고 있다. 나가사키 시에서 2개 국어로 발행한 『出島圖: その景觀と變遷』(東京: 中央公論, 1987)은 네덜란드 상관에서의 생활상을 훌륭하게 묘사하고 있다. Leonard Blussé, W. Remmelink, Ivo Smits., eds., *Bridging the Divide: 400 Years, the Netherlands-Japan* (Tokyo: Hotei Pub.; Ede: Teleac/not)은 2000년에 일본-네덜란드 연구소가 똑같은 책을 네덜란드어·영어·일어로 발행한 것이다. 가나이 마도카(金井圓)의 『對外交涉史の研究: 開國期の東西文化交流』(橫浜: 有隣堂, 1988)는 에도 시대에 데지마가 수행한 임무에 대한 풍부한 자료를 제공한다.

네덜란드 상관장의 일지와 헤이그 문서보관소에 있는 고문서는 그 양이 너무나 방대해 대부분의 학자들은 감히 조사할 엄두를 내지 못했다. 하지만 최근에 레이던 대학의 L. Blussé와 W. G. J. Remmelink가 일본-네덜란드 연구소와 협력하여 문서작성자들이 여백에 적어둔 방주(旁註)를 번역함으로써 자료의 이용이 훨씬 수월해졌다. 이 구체적인 자료들은 데지마에서의 생활과 네덜란드에서 에도에 이르는 여정에 관한 예리한 통찰을 제공한다. 지금까지 한 권의 양장본 Paul van der Velde and Rodolf Bachofner, eds., *Deshima Diaries: Marginalia, 1700-1740* (Tokyo: Japan-Netherlands Institute, 1992)과 Cynthia Vallé and L. Blussé, eds., *The Deshima Dagregisters: Their Original Tables of Contents* (Leiden: Leiden Centre for the History of European Expansion, 1986-1997) 라는 제목의 총서 10권이 나와 있다. 이 총서의 제1권은 1680~1690년의 기간을, 제10권은 1780~1800년의 기간을 다루고 있다. 쇼군의 명령으로 자바에 버려진 한 일본여성에 대한 흥미로운 설명인 L. Blussé, *Strange Company: Chinese Settlers, Mestizo Women, and the Dutch in VOC Batavia* (Dordrecht: Foris

Publications, 1986)도 언급하지 않을 수 없다.

데지마에서의 생활과 상관장의 에도 여행에 대한 고전적인 기록은 *The History of Japan*이다. 이 책은 켐퍼의 원고를 J. C. Scheuchzer가 영어로 번역하여 1728년에 처음 발행되었고, 1906년 스코틀랜드에서 세 권으로 다시 출판되었다. 마지막 장에 나오는, "지금처럼 문호를 닫고 주민들이 국내에서든 해외에서든 외국과 상거래를 하지 못하도록 막는 것이 일본제국의 이익에 공헌할 것인지 검토해보아야 한다"는 켐퍼의 유명한 말은 '쇄국'정책을 둘러싼 끊임없는 논쟁의 신호탄이었다. 켐퍼는 놀랍게도 현상을 유지하는 것이 최상이라 생각했고, 그리스도교 박해에 대해서도 별로 반발하지 않았다. 이에 대한 설명은 Beatrice M. Bodart-Bailey and Derek Masarella, eds., *The Furthest Goal: Engelbert Kaempfer's Encounter with Tokugawa Japan* (London: Curzon, 1955)이라는 흥미로운 책에서 볼 수 있다. 베스트팔렌에 있는 켐퍼의 고향 렘고에서는 무려 38명을 마녀로 지목해 화형에 처했는데, 성직자였던 켐퍼의 삼촌도 교회를 비판했다는 이유로 희생되었다고 한다. 이 책에는 켐퍼가 작성한 원고의 유래를 추적하고, (네덜란드 동인도회사의 문서를 통해) 켐퍼의 정보제공자인 젊은 일본인의 신원을 확인하며, 교토의 천황에 대한 켐퍼의 묘사를 다룬 논문들도 실려 있다. 켐퍼에 관한 책을 여러 권 쓴 바 있는 Beatrice Bodart-Bailey는 관련기록을 현대영어로 완벽하게 번역했다. Beatrice M. Bodart-Bailey, ed., trans., and annot., *Kaempfer's Japan: Tokugawa Culture Observed* (Honolulu: University of Hawaii Press, 1999)를 보라.

신분

신분제도에 관한 입문서로는 C. J. Dunn, *Daily Life in Traditional Japan* (London: B. T. Batsford, 1969)을 꼽을 수 있는데, 전통적인 네 가지 신분집단에 대해 논의하고 각 집단을 묘사한 삽화를 제공하는 흥미롭고도 매력적인 얇은 책이다. David Howell, *Geographies of Identity in Nineteenth-Century Japan* (Berkeley: University of California Press, 1995)은 흔히 다루지 않는 아이누족의 정체성에 대한 논의를 포함하고 있는 중요한 저작이다. *JJS* 창간호(1974)에 실린 John W. Hall, "Rule by Status in Tokugawa Japan"은 '신분제'에 대한 초창기 일본학 연구자들의 관심을 반영한 논문이다. 신분제에 대한 최근의 활발한 연구와 논의는 아사오 나오히로(朝尾直弘)가 편집한 『身分と格式』이라는 귀중한 책에 집약되어 있다. 이 책은 『日本の近世』시리즈의 제7권(東京: 中央公論社, 1992)으로, 신분제의 여러 측면에 대한 뛰어난 논문을 모은 것이다. 일본의 조정(朝廷)을 잘 설명한 책은 Herschel Webb, *The Imperial Institution in the Tokugawa Period* (New York: Columbia University Press, 1968)이다. 사무라이의 서열은 번마다

| 더 읽을거리 |

달랐는데, 이 주제에 대해서는 이미 언급한 번정(藩政)에 관한 연구서들을 참조하라. 농촌마을의 생활에 대한 통찰을 제공하는 연구서로는 Thomas C. Smith, *The Agrarian Origins of Modern Japan* (Stanford: Stanford University Press, 1959)을 능가하는 것이 없다. 이 책을 보완해줄 수 있는 것은 Hall and Jansen, eds, *Studies in the Institutional History of Early Modern Japan*에 전재된 17세기의 마을 및 연공(年貢)에 관한 논문과, 중요한 논문 10편을 수록하고 있는 스미스의 또 다른 저서 *Native Sources for Industrialization in Japan, 1750-1920* (Berkeley: University of California Press, 1988)이다. 마을의 인구동태는 같은 저자의 *Nagahara: Family Framing and Population in a Japanese Village, 1717-1830* (Stanford: Stanford University Press, 1977)에서 다루어지고 있다. 인구동태──그리스도교를 감시하기 위해 만들어졌던 사찰 등록부에 의거한──는 게이오 대학의 하야미 아키라(速水融)가 이끄는 경제학자 집단의 특별한 관심사였다. 이들의 작업은 인구증가와 경제성장에 대한 모든 논의에서 언급되고 있는데, 영어로 번역된 책은 아직 하나도 나오지 않았다. Susan B. Hanley and Kozo Yamamura, *Economic and Demographic Change in Preindustrial Japan, 1600-1868* (Princeton: Princeton University Press, 1977)은 인구학이 경제사의 더 큰 문제를 고찰하는 데 중요하다는 점을 논증한 뛰어난 저서이다. 도시의 발전에 대해서는 밑에서 더 상세히 살펴보기로 하고, 여기서는 Gary P. Leupp, *Servants, Shophands, and Laborers in the Cities of Tokugawa Japan* (Princeton: Princeton University Press, 1992)이 이 분야의 논의를 한 차원 끌어올렸다는 점만 언급하기로 하자.

도시화와 교통

Gilbert Rozman, *Urban Networks in Ch'ing China and Tokugawa Japan* (Princeton: Princeton University Press, 1973)은 베이징과의 비교를 통해 에도에 대해 많은 정보를 제공한다. Hall and Jansen, *Studies in the Institutional History of Early Modern Japan*에 수록된 John W. Hall, "The Castle Town and Japan's Urban Modernization"은 Rozman and Jansen, eds., *Japan in Transition: From Tokugawa to Meiji* (Princeton: Princeton University Press, 1986)에 수록된 Rozman, "Castle Towns in Transition"만큼이나 기여도가 큰 논문이다. James L. McClain, John M. Merriman, and Ugawa Kaoru, eds., *Edo and Paris: Urban Life and the State in the Early Modern Era* (Ithaca, N.Y.: Cornell University Press, 1994)는 에도의 지배구조와 사회조직에 관한 논문들을 많이 싣고 있다. 이 책에 수록된 Henry D. Smith II의 논문은 에도와 파리의 인쇄

업을 비교했는데, 그는 Albert M. Craig, ed., *Japan: A Comparative View* (Princeton: Princeton University Press, 1979)에 "Edo and London: Comparative Conceptions of the City"라는 논문을 기고하기도 했다. Jinnai Hidenobu, *Tokyo: A Spatial Anthropology*, trans. Kimiko Nishimura (Berkeley: University of California Press, 1995)는 진나이 히데노부(陣内秀信)의 『東京の空間人類學』을 번역한 것으로, 공간구도에 중점을 두고 에도 시대의 도쿄와 오늘날의 도쿄를 비교한 매력적인 저서이다. 주지하다시피 에도와 조카마치에 대한 일본측의 저작은 방대하다. 대표적인 연구로는 요시다 노부유키(吉田伸之)의 『都市の時代』를 꼽을 수 있다. 이 책은 아사오 나오히로의 주도하에 진행된 중요한 프로젝트『日本の近世』시리즈의 제9권이다.

도쿠가와 시대의 교통에 대한 연구는 Constantine Nomikos Vaporis, *Breaking Barriers: Travel and the State in Early Modern Japan* (Cambridge, Mass.: Harvard University Press, 1994)의 출판으로 더욱 풍성해졌다. Vaporis는 도사와 에도 사이의 교통에 중점을 둔 책을 몇 권 썼고, 산킨코타이 제도에 대한 책도 준비 중이다. Toshio G. Tsukahira, *Feudal Control in Tokugawa Japan: The Sankin-kōtai System* (Cambridge, Mass.: Harvard University Press, 1966)은 오랫동안 모범적인 연구서의 자리를 지키고 있다. 나는 Dirk de Graeff van Polsbroek, *Journaal 1857-1870: Belevenissen van een Nederlands diplomaat om het negentiende eeuwse Japan* (Assen/Maastricht: Vangorcum, 1987)에서 많은 도움을 받았고, 인용도 많이 했다. 네덜란드의 사절이었던 저자가 나가사키에서 에도까지 여행하면서 겪은 이야기는 150년 뒤에 켐퍼의 *History* 제3권에 언급되면서 유명해졌다.

교육과 식자(識字)

R. P. Dore, *Education in Tokugawa Japan* (Berkeley: University of California Press)은 1965년에 출판된 이래 후학들에게 모범이 되는 정평 있는 저작으로 인정받아왔다. Richard Rubinger, *Private Academies of Tokugawa Japan* (Princeton: Princeton University Press, 1982)은 일본 전역에 존재했던 각양각색의 '사숙'에 대한 중요한 자료를 제공한다. 평민들이 다니던 학교에 대한 유용한 논의인 Brian W. Platt, "School, Community and State in Nineteenth Century Japan"(박사논문, University of Illinois, 1998)은 그 학교들이 그동안 알려진 것에 비해서는 '사찰'에 덜 의존했다는 사실을 밝혀냈다. Lawrence Stone and Marius B. Jansen, "Education and Modernization in Japan and England," *Comparative Studies in Society and History*, vol. 9, no. 2(January

1967)는 일본과 영국의 교육 근대화 과정을 비교한 흥미로운 논문이다. 출판의 발전에 대해서는 McClain, Merriman, and Ugawa ed., *Edo and Paris*에 수록된 Henry D. Smith II의 논문과 *CHJ*, vol. 4에 게재된 Donald H. Shively의 논문을 참조하라. 전자는 일본의 출판시장을 파리의 출판시장과 비교한 것이고, 후자는 서민문화에 대해 논의하면서 출판의 발전도 다루고 있다. Peter Kornicki, *The Book in Japan: A Cultural History from the Beginnings to the Nineteenth Century* (Leiden: Brill, 1998)는 서적의 발전과정을 추적하고 있다.

학문과 사상

Tsunoda, de Bary, and Keene, *Sources of Japanese Tradition*에 수록된 사료와 주석은 도쿠가와 사상에 대한 훌륭한 지침서인데, 특히 유교와 '국학'(國學)을 비중 있게 다루고 있다. W. J. Boot, *The Adoption and Adaptation of Neo-Confucianism in Japan: The Role of Fujiwara Seika and Hayashi Razan* (Leiden, 1992)은 하야시 라잔이 자신이나 독자들이 생각했던 것보다는 훨씬 덜 중요한 인물이었다는 사실을 보여준다. 초기의 도쿠가와 사상과 이데올로기를 특히 야마자키 안사이에 초점을 두고 다룬 책으로는 Herman Oom, *Tokugawa Ideology: Early Constructs, 1570-1680* (Princeton: Princeton University Press, 1985)이 있다. Tetsuo Najita, "History and Nature in Eighteenth Century Thought," *CHJ*, vol. 4는 이 방대한 분야에 대한 고찰을 시작하기 전에 반드시 읽어야 할 논문이다. 같은 저자의 *Visions of Virtue in Tokugawa Japan* (Chicago: University of Chicago Press, 1987)과 열거하기 힘들 만큼 많은 다른 저작도 매우 중요하다.

도쿠가와 시대의 학자 중 가장 큰 관심을 끈 인물은 오규 소라이이며, 그런 만큼 그에 대한 연구도 많다. 선구적 연구서인 마루야마 마사오(丸山眞男)의 『日本政治思想史硏究』(1952)[김석근 옮김, 『일본 정치사상사 연구』, 통나무, 1995]는 Mikiso Hane의 영역에 의해 *Studies in the Intellectual History of Tokugawa Japan* (Princeton: Princeton University Press, 1974)으로 출판되었다. 소라이의 일생은 Olof Lidin, *The Life of Ogyū Sorai, a Tokugawa Confucian Philosopher*, Scandinavian Institute of Asian Studies Monograph Series (Lund: Studentlitt., 1973)에서 논의되고 있다. 소라이의 저술은 여러 권 영역되어 있지만, J. R. McEwan, *The Political Writings of Ogyū Sorai* (Cambridge: Cambridge University Press, 1962)에는 소라이가 쇼군 요시무네에게 제출한 건의서가 다수 포함되어 있어서 사회과학자들에게 대단히 유용하다.

아라이 하쿠세키는 Kate Wildman Nakai, *Shogunal Politics: Arai Hakuseki and the Premises of Tokugawa Rule* (Cambridge, Mass.: Harvard University Press, 1988)에서 연구되었고, 그의 주저 두 권——『折たく柴の記』와 『讀史余論』——이 Joyce Ackroyd에 의해 영역되어 *Told Round a Brushwood Fire: The Autobiography of Arai Hakuseki* (Princeton: Princeton University Press, 1979)와 *Lessons from History: Arai Hakuseki's Tokushi Yoron* (St. Lucia: University of Queensland Press, 1982)으로 출판되었다. 다른 개별 학자에 대한 연구서나 번역서로는 Joseph John Spae, *Itō Jinsai: A Philosopher, Educator, and Sinologist of Tokugawa Period* (Peking: Catholic University of Peking, 1948), 요시카와 고지로(吉川幸次郞)의 귀중한 저서 『仁齋·徂徠·宣長』의 영어판인 *Jinsai, Sorai, Norinaga: Three Classical Philologists of Tokugawa Japan* (Tokyo: Tōhō Gakkai, 1983), 그리고 Mary Evelyn Tucker, *Moral and Spiritual Cultivation in Japanese Confucianism: The Life and Thought of Kaibara Ekken (1630-1714)* 등이 있다. 도쿠가와 시대의 학자에 관한 저술은 이처럼 풍성한데, Peter Nosco, ed., *Confucianism and Tokugawa Culture* (Princeton: Princeton University Press, 1984)는 앞으로 더 많은 연구가 쏟아질 것임을 시사하고 있다. 중국을 숭상하는 유학자와 국가의식의 관계도 중요한 연구 영역이다. 나는 이 측면을 *China in the Tokugawa World* (Cambridge, Mass.: Harvard University Press, 1992)에서 논의했고, Kate Wildman Nakai, "The Naturalization of Confucianism in Tokugawa Japan: The Problem of Sinocentrism," *Harvard Journal of Asiatic Studies*, vol. 40(June 1980)은 지성사의 관점에서 그 문제를 다루고 있다. 하지만 지식인들에게 초점을 맞추다 보면, 에도 시대의 일본이 사실에 비해 훨씬 '유교적'으로 보일 수도 있다는 점을 명심해야 한다. 이 점에 대해 주의를 촉구한 논문은 Gilbert Rozman, ed., *The East Asian Region: Confucian Heritage and Its Modern Adaptation* (Princeton: Princeton University Press, 1991)에 수록된 Martin Collcutt의 "The Legacy of Confucianism in Japan"이다.

유학과 국학의 종합인 미토학은 19세기의 학자 아이자와 야스시에 대한 두 권의 저서에서 연구되었다. J. Victor Koschmann, *The Mito Ideology* (Berkeley: University of California Press, 1987)와 Bob T. Wakabayashi, *Anti-Foreignism and Western Learning in Early Modern Japan: The New Theses of 1825* (Cambridge, Mass.: Harvard University Press, 1986)를 참조하라.

국학과 초기 신도는 무정형적인 성격 때문에 연구에 어려움이 많다. 위대한 국학 학자에 대한 읽을 만한 연구로는 Shigeru Matsumoto, *Motoori Norinaga* (Cambridge, Mass.: Harvard University Press, 1970)가 있다. Harry

| 더 읽을거리 |

Harootunian의 *Things Seen and Unseen: Discourse and Ideology in Tokugawa Nativism* (Chicago: University of Chicago Press, 1988)과 좀 더 읽기 쉬운 "Late Tokugawa Culture and Thought," *CHJ*, vol. 5는 국학을 서민들의 문화 및 신앙의 여러 측면에 연결시키고 있다. Kuroda Toshio, "Shinto in the History of Japanese Religion," *JJS*, vol. 7, no. 1 (1981)은 신도의 모호한 성격을 고찰한 훌륭한 논문이고, Helen Hardacre, *Shinto and the State, 1866-1988* (Princeton: Princeton University Press, 1989)의 전반부는 그 문제를 더욱 상세히 다루고 있다. '오시'(御師)라 불리던 하급 승려들은 전국을 순회하며 신도를 모집하고 이들을 조직화하여 이세 신궁을 숭배하게 했는데, 이들에 대해서는 다카노 도시히코(高埜利彦)의「移動する身分: 神職と百姓の間」에서 논의되고 있다. 이 논문은 아사오가 편집한『日本の近世』제7권에 수록되어 있다. Winston Davis, "Pilgrimage and World Renewal: A Study of Religion and Social Values in Japan"은 순례를 주제로 한 논문으로, 그의 *Japanese Religion and Society: Paradigms of Structure and Change* (Albany: State University of New York, 1992)에 전재되었다.

난학에 대해서는 '국제관계'에서 이미 언급한 Goodman, *Japan: The Dutch Experience*를 참조하라. 나는 번역에 관련된 몇 가지 문제를 "Rangaku and Westernization," *Modern Asian Studies*, vol. 18, no. 4 (October 1984)와 *Japan and Its World: Two Centuries of Change* (Princeton: Princeton University Press, 1980)〔장화경 옮김,『일본과 세계의 만남』, 소화, 1999〕에서 고찰했다. Donald Keene, *The Japanese Discovery of Europe* (Stanford: Stanford University Press, 1969)은 '난학자' 혼다 도시아키에 대한 흥미로운 논의를 제시한다. 난학이 일본미술에 미친 영향에 대해서는 Timon Screech, *The Western Scientific Gaze and Popular Imagery in Later Edo Japan* (Cambridge: Cambridge University Press, 1996)을 참조하라. Tadashi Yoshida, "The *rangaku* of Shizuki Tadao" (박사학위논문, Princeton University, 1974)는 번역자들이 직면했던 어려움을 이해하게 해준다. 기억하다시피 시즈키는 켐퍼의 '닫힌 국가'를 '쇄국'(鎖國)으로 옮긴 번역자로 미래의 일본사에 흔적을 남겼다.

위기와 대응

일본사회를 '합의'에 기초한 사회로 보는 관점을 고집하면, 갈등이 존재한다는 명백한 증거를 다루기 어렵다. 적합한 입문서는 Tetsuo Najita and Victor Koschmann, eds., *Conflict in Modern Japanese History: The Neglected Tradition* (Princeton: Princeton University Press, 1982)이다. 농민의 저항에

관한 참고문헌 중 영어로 된 것은 오랫동안 Hugh Borton, "Peasant Uprising in Japan of the Tokugawa Period," *TASJ*, 2nd ser., vol. 16(May 1938) 한 편뿐이었는데, 이 논문은 고쿠쇼 이와오(黑正巖)의 연구에 크게 의존했다. 그러다가 전후에, 특히 1970년대와 1980년대에 도쿠가와 시대의 농민저항에 대한 연구가 엄청나게 쏟아져 나왔다. 이들 연구의 대부분은 Conrad Totman, "Tokugawa Peasants: Win, Lose, or Draw?" *MN*, vol. 21, no. 4 (1986): 457-476에서 검토되고 있다. James W. White, *Ikki: Social. Conflict and Political Protest in Early Modern Japan* (Ithaca, N.Y.: Cornell University Press, 1995)은 아오키 고지(靑木虹二)를 비롯한 일본의 학자들이 수집한 통계를 분류하고 분석함으로써 이 분야의 연구를 체계화한 역작이다. Anne Walthall은 *Social Protest and Popular Culture in Eighteenth-Century Japan* (Tucson: University of Arizona Press, 1986)과 농민들의 내러티브를 엄선한 *Peasant Uprisings in Japan: A Critical Anthology of Peasant Histories* (Chicago: University of Chicago Press, 1991)를 추가했다. Stephen Vlastos, *Peasant Protests and Uprisings in Tokugawa Japan* (Berkeley: University of California Press, 1986)은 양잠을 하는 지역에서 표출된 불만을 능란하게 설명하고 분석했으며, Herbert Bix, *Peasant Protest in Japan, 1590-1884* (New Haven: Yale University Press, 1986)는 장기간에 걸친 농민소요를 논리적으로 해석했다. William W. Kelley, *Deference and Defiance in Nineteenth-Century Japan* (Princeton: Princeton University Press, 1985)은 19세기에 쇼나이의 사무라이와 평민들이 자신들의 다이묘를 전봉(轉封)시키려는 막부의 계획을 좌절시킨 사건을 설명한 책이다. Selçuk Esenbel, *Even the Gods Rebel: The Peasants of Takaino and the 1871 Nakano Uprising in Japan* (Ann Arbor, Mich.: Association for Asian Studies, 1998)은 도쿠가와-메이지 전환기의 근세 및 근대국가에 대한 풍부한 정보를 담고 있는 매력적인 연구서이다. 일본어로 된 문헌은 너무 방대해서 요약하기도 어려운데, 일본의 연구성과를 정리하고 분석하고 논의한 요코야마 도시오(橫山十四男)의 『百姓一揆と義民傳承』(東京: 敎育社, 1977)만은 반드시 읽어보라고 권하고 싶다.

개국

19세기 일본과 서양의 조우에서 비롯된 쟁점들에 관한 문헌 역시 방대한데, 나는 그 중에서 가장 유용하다고 생각되는 것만 언급하고자 한다. 미국의 공식적인 입장은 정부의 명령으로 발간된 Francis Hawks, *Narrative of the Expedition of an American Squadron to the China Seas and Japan*, 2 vols. (Washington, D.C., 1856)에서 확인할 수 있다. Samuel Eliot Morison, *"Old Bruin":*

| 더 읽을거리 |

Commodore Matthew Calbraith Perry (Boston: Little, Brown, 1967)는 페리에 대한 훌륭한 전기이고, 페리 자신의 설명은 Roger Pineau, ed., *The Japan Expedition of 1852-1854: The Personal Journal of Commodore Matthew C. Perry* (Washington, D.C.: Smithsonian Institution, 1968)에 나온다. Peter Booth Wiley, *Yankees in the Land of the Gods: Commodore Perry and the Opening of Japan* (New York: Viking, 1990)은 일본사학자들의 도움을 받아 페리 이야기를 완성한 책이다. 페리 제독이 일본인을 위협하는 수단으로 사용했던 백기(白旗) 문제는 최근에 출판된 三輪公忠, 『隱されたペリ―の'白旗'』(東京: 上智大學, 1999)가 본격적으로 다루고 있다. 맥아더 장군은 백기 같은 것은 물론 필요 없었지만, 페리에 대한 책을 읽고 많은 교훈을 얻었다고 한다.

타운센드 해리스의 역할과 고충도 페리에 못지않았다. 필독서는 Mario Cosenza, ed., *The Complete Journal of Townsend Harris* (Rutland and Tokyo: Tuttle, 1959)이지만, 해리스가 이해하기 어려운 인간이었던 만큼 그의 네덜란드어 통역으로 근무한 헨리 휴스켄의 설명을 덧붙이는 것이 현명하다. Henry Heusken, *Japan Journal, 1855-1861* (New Brunswick, N.J.: Rutgers University Press, 1964)과 Oliver Statler, *Shimoda Story* (New York: Random House, 1969)를 보라.

러시아의 역할에 대한 고전적 논의는 George Alexander Lensen, *The Russian Push toward Japan: Russo-Japanese Relations, 1697-1875* (Princeton: Princeton University Press, 1959)와 *Russia's Japan Expedition of 1852-1855* (Gainesville, University of Florida Press, 1955)이다. John J. Stephan, *The Kuril Islands: Russo-Japanese Frontier in the Pacific* (Oxford: Clarendon, 1974)은 북방 제도를 둘러싼 분쟁에 초점을 맞추고 있지만, 초기의 양국관계에 대해서도 잘 요약하고 있다.

북방문제가 불거졌던 것은 일본이 유별난 방식으로 홋카이도를 편입시켰기 때문이다. 이 문제는 David Howell, *Capitalism from Within: Economy, Society and the State in a Japanese Fishery* (Berkeley: University of California Press, 1995)에서 논의되고 있다. Brett L. Walker, *Marsumae Domain and the Conquest of Ainu Lands: Ecology and Commerce in Tokugawa Expansion* (Berkeley: University of California Press, 1999)은 1997년 오리건 대학 박사논문에 기초한 것이다.

영국의 역할은 정평 있는 저서 W. G. Beasley, *Great Britain and the Opening of Japan* (London: Luzac, 1951)의 주제이고, 네덜란드의 역할은 J. A. van der Chijs, *Neerlands Streven tot Openstelling van Japan* (Amsterdam:

Frederik Muller, 1867)이 풍부한 자료를 제시하며 다루고 있다.

물론 가장 흥미롭고 중요한 것은 일본측의 이야기다. 비즐리가 *CHJ*, vol. 5에 기고한 논문은 일본의 입장을 잘 정리하고 있고, 그의 저서 *Select Documents on Japanese Foreign Policy, 1853-1868* (Oxford: Oxford University Press, 1955)은 소중한 자료의 보고이다. 이 책은 여러 가지 쟁점과 문제를 광범위하게 논의하는 동시에 당대의 각종 외교문서를 풍부히 수록한 역작이다.

메이지 유신

메이지 유신은 일본근대사의 획기적인 사건이기 때문에 이를 다룬 문헌의 양은 엄청나게 많다. 따라서 그동안 축적된 연구의 개요를 소개하는 것 이상의 작업은 사실상 불가능하다. 입문서로는 *CHJ*, vol. 5, *The Nineteenth Century*가 좋은데, 특히 Bolitho, Harootunian, Beasley, Hirakawa, Jansen의 논문을 주의 깊게 읽어보라. W. G. Beasley, *The Meiji Restoration* (Stanford: Stanford University Press, 1972)은 고전적인 연구서다. 메이지 유신을 어떻게 해석해야 할 것인지의 문제는 George M. Wilson, *Patriots and Redeemers in Japan: Motives in the Meiji Restoration* (Chicago: University of Chicago Press, 1992)의 주제이다. Conrad Totman, *The Fall of the Tokugawa Bakufu, 1862-1868* (Honolulu: University of Hawaii Press, 1980)은 굉장히 중요한 책이다. 다른 사람들은 미래의 승자가 되는 교토와 조슈 번 출신 인물들에 중점을 두고 설명하는데, Totman은 에도 막부의 문제점과 그 주역들의 행위에 초점을 맞춘다. 그가 제시하는 사료도 매우 귀중하다. H. D. Harootunian, *Toward Restoration* (University of California Press, 1970)은 동시대인을 움직이는 호소력을 지녔던 유신기의 인물들을 생동감 있게 묘사하고 있다.

유신기의 인물에 대한 영어로 된 진지한 연구로는 E. Herbert Norman, *Japan's Emergence as a Modern State*가 최초인데, 이 책은 1930년대 일본 마르크스주의 학자들의 성과에 의존해 조슈에서 일어난 사회변화를 중심으로 생생하고 설득력 있는 설명을 제시한다. Albert M. Craig, *Chōshū in the Meiji Restoration* (Cambridge, Mass.: Harvard University Press, 1961)은 '하급 사무라이'에 대한 노먼의 평가가 사실에 근거한 것인지 의문을 제기했고, Thomas M. Huber, *The Revolutionary Origins of Modern Japan* (University of Chicago Press, 1981)은 혁명적 요소를 강조하기 위해 요시다 쇼인과 그의 제자들에게 초점을 맞췄다. 사쓰마의 번정에 대한 연구가 비교적 적은 것은 괄목할 만한 사건이나 반전이 별로 없었기 때문이다. 그렇다고 해서 사쓰마에서 아무 일도 일어나지 않았던 것은 아니다. Albert Craig and Donald Shiveley, eds., *Personality in Japanese History*

| 더 읽을거리 |

(Berkeley: University of California Press, 1970)에 수록된 Robert K. Sakai, "Shimazu Nariakira and the Emergence of National Leadership in Satsuma"와 Charles L. Yates, *Saigō Takamori: The Man behind the Myth*를 참조하라. 나의 연구 *Sakamoto Ryōma and the Meiji Restoration* (Princeton University Press, 1975)은 도사 번을 배경으로 한 것이다. 사가 번에 대해서는 서양에서 연구된 바가 거의 없지만, Franklyn Odo의 박사논문(Princeton University, 1961)은 사가 번의 제도를 체계적으로 설명하고 있다. 메이지 유신을 '움직인' 여러 번에 관심이 집중되는 것은 납득할 수 있지만, 몇몇 웅번이 동참하지 않은 이유를 묻는 것도 매우 중요하다. James G. Baxter, *The Meiji Unification through the Lens of Ishikawa Prefecture*는 그 가운데 도자마 번으로는 가장 규모가 컸던 가가 번이 왜 유신에 합류하지 않았는지에 대해 논의하고 있다.

서양과 일본이 서로에 대해 더 많은 것을 알게 되면서, 개국과 여행의 영향이 꾸준히 커졌다. 하가 도루(芳賀徹)의 『大君の使節: 幕末日本人の西歐體驗』(東京: 中央公論社, 1968)은 짧은 여정을 흥미롭게 다루고 있다. 유명한 *Autobiography of Fukuzawa Yukichi*〔허호 옮김, 『후쿠자와 유키치 자서전』, 이산, 2006〕는 후쿠자와 자신이 전하는 최고의 경험담이다. 하지만 더 큰 맥락에서 가장 괄목할 만한 것은 이와쿠라 사절단의 서양 체험이었다. 메이지 초기 일본의 최고위층 절반가량이 1871~1873년에 구미를 방문했다. 이 사절단의 서기 구메 구니타케가 남긴 기록은 5권짜리 『特命全權大使米歐回覽實記』로 1878년에 처음 발행되었다. 이를 주제로 한 Marlene J. Mayo, "The Western Education of Kume Kunitake," *MN*, vol. 38, no. 1 (1973)이 발표된 후 사절단과 구메의 이야기에 대한 관심은 꾸준히 증가했다. 다나카 아키라(田中彰)와 다카다 세이지(高田誠二)는 『『米歐回覽實記』の學際的研究』(札幌: 北海道大學圖書刊行會, 1993)라는 역작을 편집했는데, 본서에 실린 사절단의 이동경로(지도5)도 그 책에서 따온 것이다. 구메의 문서 전체를 영어로 번역하는 작업도 많은 진척을 보이고 있다.

19세기 중반에 일본을 관찰한 서양인들의 이야기 가운데 가장 돋보이는 것은 Sir Ernest Satow, *A Diplomat in Japan* (Philadelphia: Lippincott, 1921)이다. 저자는 해리 파크스의 통역으로 일본에서 생활했다. 공관원이 아닌 서양인들도 나름의 역할을 했는데, 미국의 자유기고가로 1859년부터 1866년까지 요코하마에 거주했던 프랜시스 홀의 일기가 좋은 예이다. F. G. Notehelfer, ed., *Japan through American Eyes* (Princeton University Press, 1992)를 참조하라.

메이지 시대의 일본

메이지 말기를 다룬 Carol Gluck, *Japan's Modern Myths: Ideology in the Late*

Meiji Period (Princeton University Press, 1985)는 20세기의 이데올로기가 형성되는 과정을 풍부한 자료를 바탕으로 충실하게 설명하고 있다.

메이지 시대로의 전환은 Marius B. Jansen and Glibert N. Rozman, ed., *Japan in Transition from Tokugawa to Meiji* (Princeton: Princeton University Press, 1986)에서 다각도로 조명되었다. 정치적 통일에 이르는 과정은 Michio Umegaki, *After the Restoration: The Beginning of Japan's Modern State* (New York: New York University Press, 1988)의 주제이다. 첫 10년은 그 지도자들에 의해 직접 연구되기도 했다. 대표적인 것은 기도 다카요시의 『木戶孝允日記』(東京: 日本史籍協會, 1932~1933)로, 영어판은 Sidney D. Brown and Akiko Hirota, trans., *Diary of Kido Takayoshi*, 3 vols.(Tokyo: Tokyo university Press, 1983-1986)이다. 여기에 Masakazu Iwata, *Ōkubo Toshimichi: The Bismarck of Japan* (Berkeley: University of California Press, 1964)과 이미 언급한 Charles L. Yates, *Saigō Takamori: The Man behind the Myth*를 더하면 첫 10년 동안의 주요 지도자 세 명에 대한 전기가 완성된다. 육군 창설을 다룬 책은 Roger F. Hackett, *Yamagata Aritomo in the Rise of Modern Japan, 1838-1922* (Cambridge, Mass.: Harvard University Press, 1971)이다. 「군인칙유」가 탄생하게 된 과정은 우메타니 노부로(梅溪昇)의 탁월한 저서 『軍人勅諭成立史: 天皇制國家觀の成立』(東京: 靑史出版, 2000)에서 확인할 수 있다. Yoshitake Oka, *Five Political Leaders of Modern Japan*, trans. Andrew Fraser and Patricia Murray (Tokyo: University of Tokyo Press, 1986)는 이토·오쿠보·하라·이누카이·사이온지의 생애와 성격에 대한 개요를 제공한다.

'문명개화'운동은 후쿠자와 유키치의 삶을 빼고는 이야기할 수 없다. 그의 자서전은 Eiichi Kiyooka의 번역으로 여러 권이 나와 있고, 『文明論之槪略』은 *Outline of a Theory of Civilization*, trans. David A. Dilworth and G. Cameron Hurst (Tokyo: Sophia University Press, 1973)로, 『學問の**すすめ**』[남상영·사사가와 고이치 옮김, 『학문의 권장』, 소화, 2003; 양문송 옮김, 『학문을 권함』, 일송미디어, 2004]은 *An Encouragement of Learning*, trans. David A. Dilworth and Umeyo Hirano (Tokyo: Sophia University Press, 1969)로 번역되었다. Carmen Blacker, *The Japanese Enlightenment: A Study of the Writings of Fukuzawa Yukichi* (Cambridge: Cambridge University Press, 1964)와 Robert E. Ward, ed., *Political Development in Modern Japan* (Princeton: Princeton University Press, 1968)에 수록된 Albert M. Craig, "Fukuzawa Yukichi: The Philosophical Foundations of Meiji Nationalism"은 이 사상가에 대한 중요한 연구이다. 앨버트 크레이그는 후쿠자와에 관한 두꺼운 책을 준비하고 있다. 후쿠자

| 더 읽을거리 |

와 유키치를 중심으로 결성된 '메이로쿠샤'에 대해서는 William R. Braisted, ed., trans., *Meiroku Zasshi: Journal of the Japanese Enlightenment* (Cambridge, Mass.: Harvard University Press, 1976)를 참조하라. 이 단체의 중요한 일원이었던 모리 아리노리는 Ivan Parker Hall, *Mori Arinori* (Cambridge, Mass.: Harvard University Press, 1973)에서 논의되었고, 또 다른 구성원으로 메이지 관료가 된 니시 아마네는 Thomas R. H. Havens, *Nishi Amane and Modern Japanese Thought* (Princeton: Princeton University Press, 1970)에서 연구되었다.

학문으로서의 역사와 국가 이데올로기의 요구가 충돌하는 문제는 구메 구니타케에 대한 하가 도루의 논의 「明治初期―知識人の西洋體驗」에서 처음 제기되었다. 이 논문은 1961년 시마다 긴지(島田謹二) 교수 화갑기념논문집에 수록되었다. 더 상세한 내용은 Margaret Mehl, "Scholarship and Ideology in Conflict: The Kume Affair, 1892," MN, vol. 48, no. 3 (Winter 1993)에 나온다. John S. Brownlee, *Japanese Historians and the National Myths, 1600-1945: The Age of the Gods and Emperor Jimmu* (Vancouver: University of Britich Columbia Press, 1997)는 일본의 역사가들이 민족신화를 어떻게 다루었는지를 논의하고 있는 흥미로운 저서이다. 오규 소라이의 학문과, 민족신화에 대해 우상파괴적 입장을 취한 시게노 야스쓰구 사이의 연관성을 고찰한 논문으로는 陶德民, "The Influence of Sorai in the Meiji Japan: Shigeno Yasutsugu as an Advocate of 'Practical Sinology'"가 있다. 이 글은 陶德民이 중국어와 일본어, 영어로 쓴 논문들을 모은 『日本漢學思想史論考』(吹田: 關西大學東西學術研究所, 1999)에 실려 있다.

외국인 고문들과 일본인의 해외유학은 H. J. Jones, *Live Machines: Hired Foreigners and Meiji Japan* (Vancouver, University of British Columbia Press, 1980)과 Ardath W. Burks, ed., *The Modernizers: Overseas Students, Foreign Employees, and Meiji Japan* (Boulder, Colo.: Westview, 1985)의 주제이다. 해외 체험이나 연수의 중요성에 초점을 둔 연구는 Bernard S. Silberman, *Ministers of Modernization: Elite Mobility in the Meiji Restoration, 1868-1873* (Tucson: University of Arizona Press, 1964)이다. 성공의 길은 '입신출세'라는 구호로 표출되었는데, 여기에 대해서는 Earl H. Kinmonth, *The Self-Made Man in Meiji Japanese Thought: From Samurai to Salary Man* (Berkeley: University of California Press, 1981)을 참조하라.

종교를 체계적으로 다룬 최초의 연구서는 Kishimoto Hideo ed., *Japanese Religion in the Meiji Era*, trans. John Howes (Tokyo: Ōbunsha, 1956)이다.

James Edward Ketelaar, *Of Heretics and Martyrs in Meiji Japan: Buddhism and Its Persecution* (Princeton: Princeton University Press, 1990)도 참조하라. 구마모토의 근대적인 프로테스탄트 운동에 대해서는 F. G. Notehelfer, *American Samurai: Captain L. L. Janes and Japan*과 Irwin Scheiner, *Christian Converts and Social Protest in Meiji Japan* (University of California Press, 1970)을 읽어보라. 클라크 박사의 삿포로 제자들을 다룬 유일한 책으로는 John Howes, ed., *Nitobe Inazō: Japan's Bridge across the Pacific* (Boulder, Colo.: Westview, 1995)가 있다.

제인스의 구마모토 양학교(洋學校) 졸업생 중 한 명인 도쿠토미 소호는 John D. Pierson, *Tokutomi Sohō (1863-1957): A Journalist for Modern Japan* (Princeton: Princeton University Press, 1980)의 주제이다. 그의 주저 『將來之日本』은 *Tokutomi Sohō (1863-1957): The Later Career* (Toronto: University of Toronto/York University Centre on Modern East Asia, 1986)의 저자 Vinh Sinh에 의해 영역되어 *The Future Japan* (Edmonton: University of Alberta Press, 1989)로 출판되었다. 도쿠토미는 Kenneth B. Pyle, *The New Generation in Meiji Japan: Problems of Cultural Identity, 1885-1895* (Stanford: Stanford University Press, 1969)에서도 자주 논의된다.

메이지 정치는 일찍부터 연구되기 시작했는데, 오래전에 나온 W. W. McLaren, *A Political History of Japan during the Meiji Era, 1867-1912* (London: Allen and Unwin, 1916)도 여전히 유용하지만, Robert A. Scalapino, *Democracy and the Party Movement in Prewar Japan: The Failure of the First Attempt* (Berkeley: University of California Press, 1953)가 더 낫다. Nobutaka Ike, *Beginnings of Political Democracy in Japan* (Baltimore: Johns Hopkins, 1960)은 두 명의 자유당 이론가 우에키 에모리와 나카에 조민에 대해 살펴보기에 좋은 책이다. 1880년대 비(非)사무라이층의 정치참여에 대해 알고 싶다면, 이로카와 다이키치의 『明治の文化』를 번역한 *The Culture of the Meiji Period*, ed. M. B. Jansen (Princeton: Princeton University Press, 1985)과 Roger W. Bowen, *Rebellion and Democracy in Meiji Japan: A Study of Commoners in the Popular Rights Movement* (Berkeley: University of California Press, 1980)를 참조하라.

메이지 헌법의 기초자들이 정국의 주도권을 잃지 않으려고 각별한 주의를 기울인 것은 사실이지만, 그렇다고 메이지 헌법을 "헌법 제정에 꺼림칙한 태도를 취하는 과두정치 지배자들의 손아귀에서 억지로 빼앗은" 것으로 보는 것은 단견이다. George M. Beckmann, *The Making of the Meiji Constitution* (Lawrence:

| 더 읽을거리 |

University of Kansas, 1957)은 특히 정부지도자들이 처음에 제출한 헌법 초안을 살펴보는 데 유용하고, Joseph Pittau, S. J., *Political Thought in Early Meiji Japan, 1868-1889* (Cambridge, Mass.: Harvard University Press, 1967)는 그 초안이 작성되는 과정을 상세히 설명해준다. Johannes Siems, S. J., *Hermann Roesler and the Making of the Meiji Constitution* (Tokyo: Sophia University, 1966)은 중요한 법률고문 뢰슬러의 역할을 논의하고 있다. R. H. P. Mason, *Japan's First General Election, 1890* (Cambridge: Cambridge University Press, 1969)은 실제로 선거가 어떻게 진행되었는지 대단히 구체적으로 다루고 있다. 새 헌법하에 출범한 정부의 경험은 George Akita, *Foundation of Constitutional Government in Modern Japan, 1868-1900* (Cambridge, Mass.: Harvard University Press, 1967)에서, 그리고 1900~1910년의 정치는 Tetsuo Najita, *Hara Kei in the Politics of Compromise, 1905-1915* (Cambridge, Mass.: Harvard University Press, 1967)에서 각각 논의되고 있다. 데쓰오 나지타는 '성숙한' 메이지 말기의 입헌정치가 작동하던 방식을 조명하고 있다. 궁내성의 역할과 권력은 David A. Titus, *Palace and Politics in Prewar Japan* (Columbia University Press, 1974)의 주제이다.

메이지 시대의 경제 변화를 서술한 논저로는 Lockwood, ed., *The State and Economic Enterprise in Japan*에 수록된 Kazushi Ohkawa and Henry Rosovsky, "A Century of Japanese Economic Growth"와 같은 두 학자의 공저 *Japanese Economic Growth: Trend Acceleration in the Twentieth Century* (Stanford: Stanford University Press, 1973)가 있다. Lockwood, *The Economic Development of Japan: Growth and Structural Change, 1868-1939* (Princeton: Princeton University Press, 1955)는 일본경제사라는 분야의 효시가 된 기념비적 저서이다. Thomas C. Smith, *Political Change and Industrial Development in Japan: Government Enterprise, 1868-1880* (Stanford: Stanford University Press, 1955)은 재벌의 연원을 이해하는 데 꼭 필요한 책이고, William D. Wray, *Mitsubishi and the N.Y.K. Line, 1870-1894* (Cambridge, Mass.: Harvard University Press, 1984)는 근대 조선업계의 거인 미쓰비시의 탄생을 상세히 설명하고 있다. Johannes Hirschmeier, S.V.D., *The Origins of Entrepreneurship in Meiji Japan* (Cambridge, Mass.: Harvard University Press, 1964)은 개별 기업가들에 대한 흥미진진한 연구이다. Byron K. Marshall, *Capitalism and Nationalism in Prewar Japan: The Ideology of the Business Elite, 1868-1941* (Stanford: Stanford University Press, 1967)은 기업의 이윤과 애국심이 결합될 수 있었던 내막을 이해하는 데 도움을 준다.

근대 농업제도를 다룬 토머스 스미스의 고전적인 저서 *The Agrarian Origins of Modern Japan* (Stanford: Stanford University Press, 1959)과 같은 저자의 논문을 모은 *Native Sources of Japanese Industrialization, 1750-1920* (Berkeley: University of California Press, 1988)은 근대 일본사를 연구하는 사람이라면 반드시 읽어야 할 책이다. Richard J. Smethurst, *Agricultural Development and Tenancy Disputes in Japan, 1870-1940* (Princeton: Princeton University Press, 1986)은 메이지 시대에 소작농이 대거 자작농으로 전환되면서 생활수준이 향상되었다고 주장하는데, 그가 자신의 논지를 입증하기에 유리한 지역을 선택했다고 비판하는 사람들도 있다. Ann Waswo, *Japanese Landlords: The Decline of a Rural Elite* (Berkeley: University of California Press, 1977)는 소작농의 처지와 소작쟁의에 대한 논의를 1930년대까지 확대하고 있다.

외교와 전쟁

공식적인 외교사를 중시한 Sterling Tatsuji Takeuchi, *War and Diplomacy in the Japanese Empire* (New York: Doubleday, 1935)를 무시하는 것은 잘못이다. 이 책은 정확하고 충실한 자료에 입각해 불평등조약의 개정에서부터 만주의 위기에 이르기까지 제반 문제를 메이지 헌정질서의 메커니즘과 연결시키면서 상세히 설명하고 있다. 메이지 시대의 대외관계는 대(對)조선정책을 둘러싼 논쟁으로 시작되었는데, 이때부터 1910년 조선을 병합하기까지의 양국관계는 F. Hilary Conroy, *The Japanese Seizure of Korea, 1868-1910* (Philadelphia: University of Pennsylvania Press, 1960)에서 논의되고 있다. 최근에는 더욱 풍부한 자료를 바탕으로 정치뿐 아니라 경제까지 구체적으로 다룬 Peter Duus, *The Abacus and the Sword: The Japanese Penetration of Korea, 1895-1910* (Berkeley: University of California Press, 1995)이 조선 병합에 대한 최고의 연구서로 손꼽힌다. 하지만 어느 연구도 한국의 사료를 참고하지는 않았다. 1894~1895년의 청일전쟁은 Morinosuke Kajima, *The Diplomacy of Japan, 1894-1922*, vol. 1: *Sino-Japanese War and Triple Intervention* (Tokyo: Kajima Institute of International Peace, 1976)의 주제이고, 외무대신 무쓰 무네미쓰가 외교문제를 회상한 *Kenkenroku: A Diplomatic Record of the Sino-Japanese War, 1894-1895*, trans. Gordon Mark Berger (Tokyo: Japan Foundation, 1982)[김태욱 옮김, 『건건록』, 명륜당, 1988]는 필수적인 보충자료이다. 사회사적 맥락에서 전쟁을 다룬 책은 Stewart Lone, *Japan's First Modern War: Army and Society in the Conflict with China, 1894-1895* (London: St. Martin's Press, 1994)이다.

| 더 읽을거리 |

이언 니시(Ian Nish)는 러일전쟁에 관한 연구로 명성이 높다. 그의 *Origins of the Russo-Japanese War* (London: Longman, 1985)는 입문서로 적당하다. 영일동맹에 대한 그의 연구 *The Anglo-Japanese Alliance: A Study of Two Island Empires, 1894-1907* (London: Athlone Press, 1966)도 필독서이다. 가지마(鹿島) 평화연구소가 펴낸 *Diplomacy of Japan, Anglo-Japanese Alliance and Russo-Japanese War* (Tokyo: Kajima Institute of International Peace, 1978)의 제2권도 유용한 자료를 포함하고 있지만, 해석은 다른 저서를 참조하는 게 현명하다. Shumpei Okamoto, *The Japanese Oligarchy and the Russo-Japanese War* (New York: Columbia University Press, 1970)는 일본정부의 의사 결정과정과 히비야 폭동을 다룬 독특한 책이다.

사회적 조건, 급진주의, 저항

E. Patricia Tsurumi, *Factory Girls: Women in the Thread Mills of Meiji Japan* (Princeton: Princeton University Press, 1990)은 균형 잡힌 신중한 연구 가운데 하나이지만, 아직까지도 일본의 도시나 공장의 여건에 초점을 맞춘 책은 부족한 형편이다. 하지만 일본을 완전한 '가족적' 사회, 또는 적어도 협력적 사회로 보는 '합의' 모델을 거부하려는 시도는 제법 있다. Tetsuo Najita and J. Victor Koschmann, eds., *Conflict in Japan: The Neglected Tradition* (Princeton: Princeton University Press, 1982)은 역사적 관점에서, 그리고 Ellis S. Krauss, Thomas P. Rohlen, and Patricia G. Steinhoff, eds., *Conflict in Japan* (Honolulu: University of Hawaii Press, 1984)은 사회학적이고 인류학적인 관점에서 일본사회의 갈등을 묘사하고 있다. Mikiso Hane, *Peasants, Rebels, and Outcasts: The Underside of Modern Japan* (New York: Pantheon, 1982)과 *Reflections on the Way to the Gallows: Rebel Women in Prewar Japan* (Berkeley: University of California Press, 1988)은 '두 일본' 혹은 상류층과 하류층으로 구분되는 일본을 '합의' 모델에 대한 대안으로 제시한다. Kenneth Strong, *Ox against the Storm: A Biography of Tanaka Shōzō, Japan's Conservationist Pioneer (1841-1913)* (Vancouver: University of British Columbia Press, 1977)은 평생을 아시오(足尾) 동광 오염에 맞서 투쟁했던 다나카 쇼조(田中正造)의 전기이다. 아나키스트 운동과 대역사건 재판은 F. G. Notehelfer, *Kōtoku Shūsui: Portrait of a Japanese Radical* (Cambridge: Cambridge University Press, 1971)의 주제이다. 일본공산당에 대해서는 많은 연구가 있지만, 그 중에서 Rodger Swearingen and Paul Langer, *Red Flags in Japan* (Cambridge, Mass.: Harvard University Press, 1952)과 George M. Beckmann and Okubo Genji, *The Japanese Communist Party, 1922-1945* (Stanford: Stanford University Press, 1969)를 참조하라. Hyman Kublin, *Asian Revolutionary: The Life of Sen Katayama* (Princeton: Princeton University Press, 1964)는 모스크바에서 생을 마감한 공산주의자 가타야마 센(片山潛)의 이야기를 다루고 있다.

1920년대

다이쇼 시대는 의외로 주목을 받지 못했다. 역사가들이 이후의 격동기에 벌어진 굵직굵직한 사건들에 초점을 맞췄기 때문이다. 이런 부족함을 채워주는 반가운 책이 Sharon A. Minichiello, *Japan's Competing Modernities: Issues in Culture and Democracy, 1900-1930* (Honolulu: University of Hawaii Press, 1998)이다. Thomas Rimer, ed., *Culture and Identity: Japanese Intellectuals during the Interwar Years* (Princeton: Princeton University Press, 1990)는 다이쇼 문화의 여러 측면을 흥미진진하게 잘 묘사한 책이다.

전간기의 정치는 Peter Duus, *Party Rivalry and Political Change in Taishō Japan* (Cambridge Mass.: Cambridge University Press, 1968)에서 다루어지고 있다. Bernard S. Silberman and H. D. Harootunian, eds., *Japan in Crisis: Essays on Taishō Democracy* (Princeton: Princeton University Press, 1974)는 전간기의 모호함을 다룬 논문집이다. Andrew Gordon, *Imperial Democracy in Prewar Japan* (Berkeley: University of California Press, 1991)은 참신한 해석을 시도하고 있다. 정치인들에 대한 재미있는 연구도 있다. 오스기 사카에의 짧은 생애에 대해서는 Thomas A. Stanley의 *Ōsugi Sakae: Anarchist in Taishō Japan* (Cambridge, Mass.: Harvard University Press, 1982)을 참조하라. 오스기의 자서전 영역판은 *The Autobiography of Ōsugi Sakae*, trans. Byron K. Marshall (Berkeley: University of California Press, 1992)이다. Sharon M. Minichiello, *Retreat from Reform: Patterns of Political Behavior in Interwar Japan* (Honolulu: University of Hawaii Press, 1984)은 나가이 류타로(永井柳太郞, 1881~1944)에 대해 다루고 있다.

이 시기의 지적·문화적 풍토는 점차 많은 관심을 받고 있다. Tatsuo Arima, *The Failure of Freedom: A Portrait of Modern Japanese Intellectuals* (Cambridge, Mass.: Harvard University Press, 1969)는 매력적인 작가들을 다루고 있다. 고등학교의 분위기는 탁월한 저서 Donald Roden, *Schooldays in Imperial Japan: A Study in the Culture of a Student Elite* (Berkeley: University of California Press, 1980)의 주제이다. 전후 학생운동이 절정에 달했

| 더 읽을거리 |

을 때 출판된 Henry DeWitt Smith II, *Japan's First Student Radicals* (Cambridge, Mass.: Harvard University Press, 1972)는 국립고등학교 학생들이 도쿄제국대학에 입학해 요시노 사쿠조의 신인회(新人會)에서 활동하는 모습을 담고 있다. 대학의 급진주의에 대한 정부의 우려를 다룬 책은 Byron K. Marshall, *Academic Freedom and the Japanese Imperial University, 1868-1939* (Berkeley: University of California Press, 1992)이다. Gregory J. Kasza, *The State and the Mass Media in Japan, 1918-1945* (Berkeley: University of California Press, 1988)는 문화생활을 다룬 유용한 저서이다. 이 시대의 대중문화도 관심을 끌기 시작했다. Jennifer Robertson, *Takarazuka: Sexual Politics and Popular Culture in Modern Japan* (Berkeley: University of California Press, 1988)과 Gennifer Weisenfeld, "Maruyama, MAVO, and Modernity: Construction of the Modern in Taishō Japan Avant-garde Art"(박사논문, Princeton University, 1987)를 참조하라.

전간기 중국과의 정치적 관계는 이미 주목을 받았지만, 문화적 관계는 뒤늦게 관심을 끌고 있다. 일본어로 된 문헌은 많은 편이다. 사네토 게이슈(實藤惠秀)가 주도한 양국간의 학생 교류는 내가 *Japan and China from War to Peace, 1894-1972* (Chicago: Rand McNally, 1975)에서 논의한 바 있다. Joshua Fogel은 이 분야의 독보적인 존재이다. *The Literature of Travel in the Japanese Rediscovery of China, 1862-1945* (Stanford: Stanford University Press, 1996), *Nakae Ushikichi in China* (Cambridge, Mass.: Harvard University Press, 1989), *Life along the South Manchurian Railway: The Memoirs of Itō Takeo* (Armonk, N.Y.: Sharpe, 1988)를 읽어보라.

일본의 외교정책 분야에서는 아키라 이리에의 연구가 첫손에 꼽힌다. *After Imperialism: The Search for a New Order in the Far East, 1921-1931* (Cambridge, Mass.: Harvard University Press, 1965)은 워싱턴 체제에 대한 소련·일본·중국의 반응을 다루고 있다. *Across the Pacific: An Inner History of American-East Asian Relations* (New York: Harcourt Brace, 1967), *Pacific Estrangement: Japanese and American Expansion, 1897-1911* (Cambridge, Mass.: Harvard University Press, 1972), *Power and Culture: The Japanese-American War, 1941-1945* (Cambridge, Mass.: Harvard University Press, 1981)는 미일관계를 다룬 책이고, *The Origins of the Second World War in Asia and the Pacific* (New York: Longman, 1987)은 제2차 세계대전과 일본의 외교사에 대한 뛰어난 개설서이다. Ernest R. May and James C. Thomson, Jr., eds., *American-East Asian Relations: A Survey* (Cambridge, Mass.: Harvard

University Press, 1972)는 외교관계를 면밀히 추적한 논문들을 모은 책으로, 이 분야가 굉장히 복잡하며 이용할 수 있는 자료가 무궁무진하다는 점을 알게 해준다.

일본의 식민주의에 대한 연구는 토론회를 통해 나온 세 권의 책 덕분에 수준이 향상되었다. Ramon H. Myers and Mark R. Peattie, eds., *The Japanese Colonial Empire, 1895-1945*; Peter Duus, Ramon H. Myers, and Mark R. Peattie, eds., *The Japanese Informal Empire in China, 1895-1937*; Peter Duus, Ramon H. Myers, and Mark R. Peattie, eds., *The Japanese Wartime Empire, 1931-1945*는 프린스턴 대학 출판사에서 1984년·1989년·1996년에 나왔다. 또 한 권의 필독서는 Louise Young, *Japan's Total Empire: Manchuria and the Culture of Wartime Imperialism* (Berkeley: University of California Press, 1998)이다.

1930년대

1930년대로 들어가면 읽을거리가 대폭 늘어나는데, 여기서는 길잡이가 될 만한 몇 권의 책만 소개하고자 한다. 구세대 엘리트의 마지막 보루였던 노쇠한 사이온지 긴모치에 대해서는 Lesley Connors, *The Emperor's Adviser: Saionji Kinmochi and Pre-war Japanese Politics* (London: Croom Helm, 1987)를 참조하라. 그의 비서관인 하라다 구마오(原田熊雄)가 1930년대에 꼼꼼하게 기록한 일기는 당시의 정국을 이해하는 데 많은 도움을 준다. 첫째 권은 *Fragile Victory: Prince Saionji and the 1930 London Treaty Issue*, trans. Thomas Francis Mayer-Oakes(New York: Weatherhill, 1968)로 출판되었지만, 의외로 주목을 받지 못했다. 오카 요시타케(岡義武)가 쓴 고노에의 전기 『近衛文麿: '運命'의 政治家』는 *Konoe Fumimaro: A Political Biography*, trans. Shumpei Okamoto and Patricia Murray (Tokyo: University of Tokyo Press, 1983)로 출판되어 수수께끼 같은 귀족에 대해 많은 의문을 남겼다. Gordon Berger, *Parties out of Power in Japan, 1931-1941* (Princeton: Princeton University Press, 1977)은 1930년대의 정당과 대정익찬회의 성립과정을 이해하는 데 필수적인 책이다. Ben-Ami Shillony, *Politics and Culture in Wartime Japan* (Oxford: Clarendon, 1981)은 일본이 항복할 때까지의 정치사를 살펴본다.

각종 '사건'의 배후에 있는 육군의 내분은 James B. Crowley, "Japanese Army Factionalism in the Early 1930s," *JAS*, vol. 21, no. 3 (May 1962)에서 다루어지고 있다. 1936년 2월의 반란사건에 대한 고전적 연구는 Ben-Ami Shillony, *Revolt in Japan: The Young Officers and the February 26, 1936 Incident* (Princeton: Princeton University Press, 1973)이다. 우익단체와 테러리즘에 대한 설명도 많다. 읽기 쉬운 책으로는 Richard Storry, *The Double Patriots: A*

Study of Japanese Nationalism (London: Chatto and Windus, 1957)을 꼽을 수 있다. 좀 더 체계적이고 세심한 연구로는 O. Tanin and E. Yohan, *Militarism and Fascism in Japan* (New York: International Publishers, 1934)이라는 마르크스주의적 분석이 있는데, 두 학자는 모두 스탈린에게 숙청당했다. 민간인 내셔널리스트의 활동도 중요한 주제이다. George M. Wilson, *Radical Nationalist in Japan: Kita Ikki, 1883-1937* (Cambridge, Mass.: Harvard University Press, 1969)은 1936년 반란에 연루되어 처형된 기타 잇키를 다루고 있고, Thomas R. H. Havens, *Farm and Nation in Modern Japan: Agrarian Nationalism, 1870-1940* (Princeton: Princeton University Press, 1974)은 지대한 영향력을 행사했던 우익 농본주의 사상가 곤도 세이쿄와 다치바나 고자부로를 살펴보고 있다.

만주사변에서 항복까지

여기에 관련된 문헌은 방대하지만 다른 부문과 중복되는 것이 많으므로 간략하게 언급하고자 한다. Sadako N. Ogata, *Defiance in Manchuria: The Making of Japanese Foreign Policy, 1931-1932* (University of California, 1964)는 저명한 유엔 관리가 된 학자의 초기 작업으로, 아직까지 그 가치를 인정받고 있다. Ian Nish, *Japan's Struggle with Internationalism: Japan, China, and the League of Nations, 1931-1933* (London: Kegan Paul, 1993)은 리튼 조사단의 보고에 대한 각국의 반응을 세심하게 설명한다. 군사전문가들은 이 문제를 다른 각도에서 바라보았는데, James B. Crowley, *Japan's Quest for Autonomy: National Security and Foreign Policy, 1930-1938* (Princeton: Princeton University Press, 1966)은 일본군 수뇌부가 사태를 어떻게 파악하고 있었는지 설명해주는 탁월한 저서이다.

Robert J. C. Butow, *Tojo and the Coming of the War* (Princeton: Princeton University Press, 1961)는 한 군인의 경력을 워싱턴 협상 및 전쟁결정과 연결시키고 있는데, 저자는 자신의 규범적 판단을 명백히 밝히고 있다. 같은 저자의 *The John Doe Associates: Backdoor Diplomacy for Peace, 1941* (Stanford: Stanford University Press, 1974)은 좋은 뜻으로 워싱턴 협상을 돕겠다고 나섰지만 결국에는 아무 도움이 되지 않았던 사람들의 기이한 시도를 처음으로 상세히 고찰했다. Roberta Wohlstetter, *Pearl Harbor: Warning and Decision* (Stanford: Stanford University Press, 1962)은 많은 일이 잘못 돌아가고 있던 1941년 12월 하와이의 정황을 설명해주는 수작이다. Dorothy Borg and Shumpei Okamoto, eds., *Pearl Harbor as History: Japanese-American Relations, 1931-1941* (New York: Columbia University Press, 1973)에는 일

본과 미국의 각급 행정기관을 나란히 놓고 대조한 우수한 논문들이 수록되어 있다. 일본의 작전과 그 수행을 중심으로 운명의 날 직전과 당일에 전개된 긴박한 상황을 면밀히 연구한 Gordon W. Prange, *At Dawn We Slept: The Untold Story of Pearl Harbor* (New York: McGraw-Hill, 1981)는 고전으로 통한다.

일본이 전쟁에 이르게 된 과정을 설명해주는 최고의 연구서는 일본인 학자들의 공동작업인 『太平洋戰爭への道』이다. 이 책의 중요한 내용을 여러 전문가가 영역한 5권의 책은 모두 컬럼비아 대학 출판사에서 나왔고, 제임스 윌리엄 몰리(James William Morley)가 편집했다. 연구에서 다루는 연대순으로 나열하면 *Japan Erupts: The London Naval Conference and the Manchurian Incident, 1928-1932* (1984), *The China Quagmire: Japan's Expansion on the Asian Continent, 1933-1941* (1983), *Deterrent Diplomacy: Japan, Germany, and the U.S.S.R., 1935-1940* (1976), *The Fateful Choice: Japan's Advance into Southeast Asia, 1939-1941* (1980), *The Final Confrontation: Japan's Negotiations with the United States* (1984)이다. 끝으로 미국과의 전쟁을 결정하는 데 관련된 주요 회의의 내용을 담고 있는 *Japan's Decision for War: Records of the 1941 Policy Conferences*, trans. Nobutaka Ike (Stanford: Stanford University Press, 1967)는 더할 나위 없이 값진 자료이다.

전시 일본인의 삶은 일본에 있던 프랑스 기자 로베르 길랭(Robert Guillain)이 쓴 *Le Peuple japonaise et la guerre* (Paris: Julliard, 1947)에서 다루고 있는데, 이 책은 구하기도 힘들고 거의 인용되지도 않는다. Thomas R. H. Havens, *Valley of Darkness: The Japanese People and World War Two* (New York: Norton, 1978)는 위의 책과 일본측 자료를 많이 이용했다. Kiyosawa Kiyoshi, *Dairy of Darkness: The Wartime Diary of Kiyosawa Kiyoshi* (Princeton: Princeton University Press, 1999)는 제목에 어울리는 음울한 이야기를 전한다. 전쟁에 대한 회상을 모은 두 권의 소중한 책이 있다. *Sensō: The Japanese Remember the Pacific War*, ed. Frank Gibney, trans. Beth Cary (Armonk, N.Y.: Sharpe, 1995)는 1986년과 1987년에 민간인과 군인들이 자신의 전쟁 체험을 담아 『아사히 신문』 편집자 앞으로 보낸 수천 통의 편지를 선별해서 엮은 책이다. Haruko Taya Cook and Theodore F. Cook, *Japan at War: An Oral History* (New York: New Press, 1992)는 인터뷰를 통해 이끌어낸 회상을 모은 책이다. 이 자료들은 독자들에게 전쟁 생존자들의 마음을 헤아려볼 수 있는 기회를 준다. 희생자의 부끄러운 기억과 가해자의 뻔뻔한 기억은 많은 일본인이 모든 것을 잊고 앞으로 나아가는 것이 최선이라고 판단한 이유를 설명해준다.

전쟁을 끝낸 굵직굵직한 사건들—원자폭탄, 엄청난 사상자, 어전회의와 천황의

| 더 읽을거리 |

결정, 불발로 끝난 혁명과 궁극적 순응——에 대한 문헌은 워낙 많아서 여기서 일일이 소개할 수가 없다. Robert J. C. Butow, *Japan's Decision to Surrender* (Stanford: Stanford University Press, 1954)는 아직까지 정평 있는 저서로 통한다. 태평양전쟁연구회의 *Japan's Longest Day* (Tokyo: Kōdansha International, 1968)도 읽을 만한데, 천황이 영웅으로 등장한다. 히로히토가 극동국제군사재판에서 심문당할 경우를 대비해 마련한『독백록』(『昭和天皇獨白錄』)은 또 다른 읽을거리를 제공한다. 히로히토가 처한 상황과『독백록』에 관해서는 Herbert P. Bix, "The Showa Emperor's 'Monologue' and the Problem of War Responsibility," *JJS*, vol. 18, no. 2 (Summer 1992)와 Bix, "Hiroshima in History and Memory: Japan's Delayed Surrender—a Reinterpretation," *Diplomatic History*, vol. 19, no. 2 (Spring 1966): 197-235, Bob T. Wakabayashi, "Emperor Hirohito on Localized Aggression in China," *Sino-Japanese Studies*, vol. 4, no. 1 (October 1991): 4-27 등에서 논의되었다. 히로히토에 대한 포괄적인 전기로는 Stephen S. Large, *Emperor Hirohito and Shōwa Japan* (London: Routledge, 1992)이 있다.

요시다와 맥아더의 시대

물론 점령기의 일본을 다룬 연구는 풍부하다. 본서의 주를 보면 구질서를 파괴하기 위해 취해진 초기의 조치들에 관한 자료를 확인할 수 있다. 일본판 뉘른베르크 재판이라 할 수 있는 극동국제군사재판은 특히 많은 관심을 끌었다. Richard H. Minear, *Victor's Justice: The Tokyo War Crimes Trial* (Princeton: Princeton University Press, 1971)는 이 재판과정에 대해 특히 예리한 비판을 가하고 있다. 흥미로운 점은 일본에서는 그 재판에 대해 비판적인 글이 상대적으로 적게 나왔다는 것이다. 아마도 진보적 역사가들이 전전의 체제나 정책에 대해 왈가왈부하고 싶지 않았기 때문일 것이다. 하지만 수정주의적 입장을 취한 중요한 영화는 겨우 한 편 제작되었다. Kazuko Tsurumi, *Social Change and the Individual: Japan before and after Defeat in World War II* (Princeton: Princeton University Press, 1970)은 도쿄 재판과 다른 재판들이 거의 아무런 변화도 초래하지 못했다고 보는 흥미로운 연구다.

코트니 휘트니 장군이 이끌던 민정국(Government Section)의 공식 연혁에 대해서는 *Political Reorientation of Japan: September 1945 to September 1948*, 2 vols. (Washington, D.C.: Government Printing Office, 1948)를 참조하라. 이 두툼한 두 권의 책은 가치판단을 배제한 연대기적 개요와 중요한 문서들을 포함하고 있다. 물론 맥아더 자신과 휘트니를 비롯한 부관들의 회상도 있다. 유용한 길잡이는 명료한 설명이 돋보이는 Richard B. Finn, *Winners in Peace: MacArthur, Yoshida, and Postwar Japan* (Berkeley: University of California Press, 1992)이다. 요시다의 생각이 담긴 이야기는 *The Yoshida Memoirs* (Boston: Houghton Mifflin, 1962)로 출판되었는데, 이 책은 좀 더 장황하고 신랄한 논조의 원문을 요시다의 아들이 처칠 식의 유려한 산문으로 영역한 것이다. John W. Dower, *Empire and Aftermath: Yoshida Shigeru and the Japanese Experience, 1878-1954* (Cambridge, Mass.: Harvard University Press, 1979)는 원전을 정확하게 인용하면서, 요시다와 군정이 개혁에 등을 돌린 것을 일관성 있게 비판하고 있다.

그러나 군정에 대한 이야기는 연합국최고사령관 맥아더의 참모들이나 요시다가 동원한 전직 외교관과 정치인들의 테두리에 국한되지 않는다. 이 점을 충실히 반영한 John W. Dower, *Embracing Defeat: Japan in the Wake of World War II* (New York: Norton, 1999)는 좀 더 일찍 나왔으면 좋았을 것이라는 생각이 들 정도로 인상적인 걸작이다. 다워는 패전을 받아들이고 결의를 다지던 이 특별한 시대를 살아간 평범한 사람들에게 관심을 기울이고 있다. 그는 천황제의 유지를 개혁에서 재건으로 정책이 바뀌는 단초로 보며, 전후의 분위기를 탁월하게 묘사하고 있다.

어떤 정책의 영향이 가시화되기 전에 그 정책을 수립한 사람은 어떻게 생각하고 있었는지 알아보는 것은 흥미로운 일이다. 조지 샌섬의 서문이 실려 있는 Jerome B. Cohen, *Japan's Economy in War and Reconstruction* (Minneapolis: University of Minnesota Press, Institute of Pacific Relations, 1949)은 초기의 좀 더 엄격한 정책을 포기한 것을 아쉬워하는 동시에 일본이 전시에 저지른 실수를 구체적으로 보여준다. 군정 수립에 관여했던 Eleanor M. Hadley는 *Anti-Trust in Japan* (Princeton: Princeton University Press, 1970)에서 경제력 분산정책을 포기하게 된 연유를 설명하고 있다. Edwin O. Reischauer, *The United States and Japan* (Cambridge, Mass.: Harvard University Press, 1950)은 20년 동안 개정을 거듭한 책으로, 권위 있고 균형 잡힌 시각을 제공한다. 농지개혁을 다룬 고전적인 연구서는 R. P. Dore, *Land Reform in Japan* (Oxford: Oxford University Press, 1959)이다. SCAP에 의해 실시된 노동개혁을 다룬 Herbert Passin, ed., *Remaking Japan: The American Occupation as New Deal* (New York: Free Press, 1987)에 수록된 Theodore Cohen의 논문은 SCAP의 관료들이 업무를 추진하면서 보여준 열정적인 개혁의지를 전한다. 하지만 최종적인 성과는 일본관료들의 정지작업에 힘입은 바 크다. 이 점을 명확히 밝힌 연구서가 Sheldon Garon, *The State and Labor in Japan* (Berkeley: University of California Press, 1987)이다.

| 더 읽을거리 |

아마도 전후 일본에 대한 연구 가운데 가장 중요한 책은 일본사회의 다양한 측면을 포괄하는 16편의 논문을 모은 Andrew Gordon, ed., *Postwar Japan as History* (Berkeley: University of California Press, 1993)일 것이다. 1989년 히로히토 천황의 죽음은 60여 년에 걸친 그의 시대와 생애에 대한 많은 평가를 이끌어냈다. Carol Gluck이 일본과 미국의 여러 평론가의 글을 모아 *Showa: The Japan of Hirohito*라는 제목으로 펴낸 *Daedalus* (American Academy of Arts and Science, Summer 1990) 특집호는 얼마 후 별권으로 출판되었다.

일본이 급속하게 경제를 부흥시키자, 산업화가 진행 중인 나라는 물론이고 이미 산업화된 나라에 일본이 어떤 교훈을 줄 수 있는지에 관한 연구와 논평이 쏟아졌다. 노사관계를 처음 조명한 책은 James Abegglen, *The Japanese Factory: Aspects of Its Social Organization* (Glencoe, Ill.: Free Press, 1958)이다. 이 책은 종신고용제를 전통적인 사회적 관행의 잔재로 보았다. 후속 연구, 특히 R. P. Dore, *British Factory-Japanese Factory: The Origins of National Diversity in Industrial Relations* (London: Allen & Unwin, 1973)는 그것이 결코 전통이나 연속성의 산물이 아니라는 점을 보여주었다. 곧이어 나온 Garon, *State and Labor*와 특히 Andrew Gordon의 역작 *The Evolution of Labor Relations in Japan: Heavy Industry, 1853-1955* (Cambridge, Mass.: Council on East Asian Studies, Harvard University, 1985)는 종신고용제가 사회정의와 상호의존에 대한 일본식 관념을 어느 정도 반영하긴 하지만, 노동력이 부족했던 제2차 세계대전 직전에 도입된 제도라는 사실을 입증했다.

다음으로 학자들은 국가와 민간기업의 관계에 대해 질문하기 시작했다. William W. Lockwood, ed., *The State and Economic Enterprise in Japan* (Princeton: Princeton University Press, 1965)은 근대화 총서의 하나로, 그 문제에 대해 균형 잡힌 평가를 내리려고 고심한 책이다. 하지만 일본경제가 성장함에 따라 미국의 우월한 지위를 위협하는 것으로 보이자, '일본 자본주의'는 구조적으로 다르다는 강력한 주장이 자주 나오게 되었다. 이런 논의에 크게 기여한 책으로는 Chalmers Johnson, *MITI and the Japanese Miracle: The Growth of Industrial Policy, 1925-1975* (Stanford: Stanford University Press, 1982)가 있다. 존슨은 미국과 다른 산업 민주국가에서 확인할 수 있는 '조절국가'와 일본과 몇몇 후발주자에게 나타나는 '개발국가'―정부가 적극적으로 지도하고 자금을 지원하고 궁극적으로 중공업과 수출산업을 육성하는―를 구별했다. 다른 학자들은 시장과 국내 정치의 중요성을 강조하면서 존슨의 명제를 가다듬었다. 그 밖의 중요한 성과로는 Bai Gao, *Economic Ideology and Japanese Industrial Policy* (Cambridge: Cambridge University Press, 1997), Daniel I. Okimoto, *Between MITI and the Market*

(Stanford: Stanford University Press, 1988), Kent Calder, *Crisis and Compensation* (Princeton: Princeton University Press, 1988) 등을 들 수 있다. William W. Lockwood, *The Economic Development of Japan: Growth and Structural Change*가 1955년 프린스턴 대학 출판사에서 나올 무렵 신천지나 다름없었던 일본경제사 분야는 그 후 일본이 발전한 만큼 발전을 거듭해왔다고 결론을 내려도 무리가 아닐 것이다.

여러 해 동안 일본경제가 절박한 상황에 처하자 언론인들이나 유식한 척하는 사람들이 한마디씩 거들었는데, 특히 Karel van Wolferen, *The Enigma of Japanese Power: People and Politics in a Stateless Nation* (New York: Knopf, 1989)의 경우, '수수께끼'는 이 저자가 거미줄처럼 복잡한 일본의 관계망을 관장하는 중앙집권적 '국가'를 분별해낼 수 없었던 데 기인한다. *Japan: A Reinterpretation* (New York: Vintage, 1997)의 저자 패트릭 스미스를 비롯한 사람들도 그 대열에 합류하여, 언젠가는 일본과 서양이 한 지점에서 만나게 될 것이라고 전망했던 에드윈 라이샤워 같은 인물을 비난했다. 한편 무라카미 야스스케(村上泰亮)와 휴 패트릭(Hugh T. Patrick)은 학자들을 모아 여러 번 학술대회를 열고 1960년대 '근대화' 학파의 패러다임을 재고했다. 그 결과가 스탠퍼드 대학 출판사의 *Political Economy of Japan* 시리즈로 나온 세 권의 훌륭한 책, Kozo Yamamura and Yasukichi Yasuba, eds., *The Domestic Transformation* (1987), Takeshi Inoguchi and Daniel I. Okimoto, eds., *The Changing International Context* (1988), Shumpei Kumon and Henry Rosovsky, eds., *Cultural and Social Dynamics* (1992)이다.

일본이 전후 처음으로 장기 침체를 겪은 1990년대에 이런 논의는 현저하게 줄어들었다. 일본은 더 이상 그 이웃들에게 비범하게 보이지도 않았고, 그 경쟁자들에게 위협적으로 보이지도 않았다. 그럼에도 불구하고 1990년대의 잠든 거인을 무시하는 것은 1980년대의 악의적 해석을 받아들이는 것만큼이나 큰 실수일 것이다.

화보출처

1. 「세키가하라 합전도 병풍」(關ケ原合戰圖屛風), 오사카시립미술관(大阪市立美術館) 소장.
2. 「나가시노 합전도 병풍」(長篠合戰圖屛風), 「日本の近世」 4(東京: 中央公論社, 1992), pl. 1에서 재수록
3. 「原色日本の美術」第12卷「城と書院」(東京: 小學館, 1968), pp. 12~13.
4. 저자 개인 소장품.
5. 長崎市出島史跡整備審議會, 「出島圖: その景觀と變遷」(東京: 中央公論美術出版, 1987), pl. 10.
6. 저자 개인 소장품.
7. 村井昌弘, 「圖解單騎要約 被甲辨」再刻(1837)에 실린 목판화. 뉴욕 메트로폴리탄 미술관의 배시퍼드 딘 메모리얼 컬렉션(The Bashford Dean Memorial Collection) 소장.
8. 「農業全書」. Princeton University, Gest Oriental Library and East Asian Collections.
9. 「히코네 병풍」(彦根屛風), 히코네 성 박물관(彦根城博物館) 소장.
10. Neil Skene Smith, "Materials on Japanese Social and Economic History: Tokugawa Japan," Asiatic Society of Japan, *Transactions*, 2nd ser., 14(June 1937, Tokyo): 84.(이하 *TASJ*)
11. Engelbert Kaempfer, *History of Japan*, trans. J. Scheuchzer(Glasgow: James MacLehose, 1906), 3:368.
12. Yamauchi archives, Kōchi.
13. 「日本城下町繪圖集:關東」(東京: 昭和禮文社), n.p.
14. *TASJ* 1937, p. 52.
15. 저자 개인 소장품.
16. 「에도 명소도 병풍」(江戶名所圖屛風)(東京: 每日新聞社, 1972)
17. *TASJ* 1937, p. 155.
18. *TASJ* 1937, p. 127
19. 저자 개인 소장품.
20. 「日本の近世」17(東京: 中央公論社, 1994), pl. 7.
21. 석판화, U.S. Naval Academy Museum, Annapolis.
22. *Journaal van Dirk de Graeff van Polsbroek*, ed. Herman J. Moeshart (Maastricht,

1987).
23. 도쿄 메이지 신궁 외원(明治神宮外苑)의 세이토쿠 기념 회화관(聖德紀念繪畫館) 소장.
24. 저자 개인 소장품.
25. 도쿄 메이지 신궁 외원(明治神宮外苑)의 세이토쿠 기념 회화관(聖德紀念繪畫館) 소장.
26. 샌프란시스코에서 촬영한 사진. 兒玉幸多, 「圖說日本文化史大系」(東京: 小學館, 1956)에서 재수록.
27. 다음의 전기들에서 재수록. 「公爵松方正義傳」(1935); 「伊藤博文傳」(1940); 「公爵山縣有朋傳」(1933); Ivan Parker Hall, *Mori Arinori* (Cambridge, Mass.: Harvard University Press, 1973), 권두 삽화; 이타가키 다이스케의 사진은 Marius B. Jansen, *Sakamoto Ryōma and the Meiji Restoration* (Princeton: Princeton University Press, 1961), n.p.
28. 家永三郎 編, 「日本の歷史」4(東京: ほるぷ出版, 1977), p. 21.
29. 「日本の歷史」別卷4(東京: 中央公論社, 1967), pp. 144~45.
30. Collection of H. Kwan Lau, New York.
31. 「大偎侯八十五年史」第2卷(東京, 1926).
32. 저자 개인 소장품.
33. 저자 개인 소장품.
34. 도쿄 메이지 신궁 외원(明治神宮外苑)의 세이토쿠 기념 회화관(聖德紀念繪畫館) 소장.
35. 저자 개인 소장품.
36. 1999년 현행 화폐.
37. Jennifer Robertson, *Takarazuka: Sexual Politics and Popular Culture in Modern Japan* (Berkeley: University of California Press; ©1998 The Regents of the University of California).
38. Griffith and Patricia Way Collection. Photograph by Eduardo Calderón, courtesy Seattle Art Museum.
39. 저자 개인 소장품.
40. 「1億人の昭和史1, 滿州事變前後」(東京: 每日新聞社, 1974), p. 220.
41. 「1億人の昭和史2, 二・二六事件と日中戰爭」(東京: 每日新聞社, 1975), p. 8.
42. 「豪華寫眞シリーズ3, 懷しの昭和時代」(東京: ベストセラーズ, 1972), p. 149.
43. 「1億人の昭和史4, 空襲・敗戰・引揚」(東京: 每日新聞社, 1975), p. 128.
44. 위의 사진과 아래 오른쪽 사진: 「アサヒグラフ」, 히로히토 천황의 유럽 순방을 다룬 특집호, 1971.10.25.
45. 「1億人の昭和史6, 獨立―自立への苦惱」(東京: 每日新聞社, 1976), pp. 8~9.
46. 1961년 오이소(大磯)에 있는 요시다의 별장에서 저자가 촬영한 사진.
47. 「1億人の昭和史7, 高度成長の軌跡」(東京: 每日新聞社, 1976), p. 220.

찾아보기

ㄱ

가가(加賀) 224, 227, 492
가가와 도요히코(賀川豊彦) 828, 857
가가쿠(雅樂) 736~37, 760
가고시마(鹿兒島) 68, 204, 383, 401, 454, 461, 470, 486, 542, 549, 550, 575, 599, 736
가나가와(神奈川) 416, 445, 473, 617, 658, 720, 728, 또 요코하마를 보라
가나메 아카마쓰(赤松要) 1097
가나자와(金澤) 79, 89, 98, 201, 531, 835, 855
가나조시(仮名草子) 268, 270
가네코 겐타로(金子堅太郎) 620, 624, 627, 690
가노 단유(狩野探幽) 246
가노 에이토쿠(狩野永德) 55, 254
가노(狩野)파 55, 246, 270
가다노 아즈마마로(荷田春滿) 284, 308, 315
가라후토(樺太) 538, 또 사할린을 보라
가마(Gama, Vasco da) 113
가마쿠라(鎌倉) 24, 324, 416,
가마쿠라(鎌倉) 막부 24, 72
가모 신사(賀茂神社) 451
가모노 마부치(賀茂眞淵) 309, 717;『국의고』(國意考, 고쿠이코) 310
가미카제(神風) 970
가부(株) 183, 232
가부키(歌舞伎) 186, 193, 205, 274~76, 279~80, 351
가세이(化政) 시대(분카 및 분세이 시대) 367~71
가쓰 가이슈(勝海舟) 457, 462, 475, 477, 512, 542

가쓰 고키치(勝小吉) 171~72
가쓰라 다로(桂太郎) 632, 635, 666, 688, 703, 705, 709, 731, 753, 759, 766~70, 775, 868, 891, 892
가쓰라(桂) 이궁 253
가쓰라-태프트 밀약 693, 699
가쓰라가와 호슈(桂川甫周) 393
가쓰시카 호쿠사이(葛飾北齋) 865
가야 오키노리(賀屋興宣) 951
가오(Gao, Bai) 909
가와라반(瓦版) 485~86
가와바타 야스나리(川端康成) 1041, 1043;『설국』(雪國) 1041
가와사키(川崎)사 814, 848, 1062
가와이 간지로(河井寛次郎) 866
가와이 에이지로(河合榮治郎) 916
가와카미 도가이(川上冬崖) 739
가와카미 소로쿠(川上操六) 635
가이게쓰도(懷月堂)파 273
가이바라 에키켄(貝原益軒) 296~98;『여대학』(女大學, 온나다이가쿠) 296~98
가이세이쇼(開成所) 476
가이코쿠부교(外國奉行) 418
가이토쿠도(懷德堂) 284, 359
가이호 유세쓰(海北友雪) 187
가이후 도시키(海部俊樹) 1050
『가인과의 기이한 만남』(佳人之奇遇) 729
가자미 아키라(風見章) 918
가즈노미야(和宮) 449, 453, 465, 484, 504
가키에몬(柿右衛門) 자기 224
가타야마 데쓰(片山哲) 1049

| 현대일본을 찾아서 2 |

가토 기요마사(加藤淸正) 57
가토 다카아키(加藤高明) 703, 770, 772, 773, 781, 782, 789, 813, 815, 891
가토 도모사부로(加藤友三郎) 772~73, 796
가톨릭 59, 102, 110, 111, 121, 123, 124, 126, 129, 131, 144, 323, 522, 523, 536, 726, 958, 1151, 또 그리스도교를 보라
간무(桓武) 천황 761
간사이(關西) 평야 76
간세이(寬政) 시대(1789~1801) 284, 363~67, 379, 389, 392, 394
간토(關東) 대지진 764, 8166, 1103
간토(關東) 평야 78, 79, 170
감진(鑑眞) 1069
『개국 50년사』 750
개런(Garon, Sheldon) 850~51, 1007~008
『개조』(改造) 840, 862
건국대학(만주) 884
걸프전 1101
게사쿠(戱作) 343, 363
게이샤(藝者) 272, 515
게이오(慶應) 대학 647~48, 831
게이초(慶長) 시대(1596~1615) 303
겐다 미노루(源田實) 962, 979~80, 1037
겐로쿠(元祿) 시대 83, 160, 265~81, 284, 300, 328, 336, 356
겐무 신정(建武新政) 904
경사생산방식(傾斜生産方式) 1021, 1065
경제기획청 1065
경제단체연합회(經濟團體連合會, 약칭은 경단련) 1064
경제안정본부 1021
경제협력개발기구(OECD) 1092
『고금화가집』(古今和歌集, 고킨와카슈) 736
고노에 아쓰마로(近衛篤麿) 623, 686
고노에 후미마로(近衛文麿) 794, 795, 873, 889, 891, 914, 917~39, 940~51, 955, 959, 973, 974, 976, 982, 984, 990, 991, 994, 998, 1058, 1104
고노에(近衛)가 625
고노이케(鴻池) 상가 188

고니시 유키나가(小西行長) 27, 59
고다마 요시오(兒玉譽士夫) 994
고단샤(講談社) 862, 882
고도칸(弘道館) 420
고든(Gordon, Andrew) 702, 844
고메이(孝明) 천황 426, 438, 445, 449, 485, 496
고모토 다이사쿠(河本大作) 803, 873, 876
고무라 주타로(小村壽太郎) 685, 703
고문사학(古文辭學) 300~03
고미즈노오(後水尾) 천황 145, 1105
고바야시 이치조(小林一三) 863
고바야카와 히데아키(小早川秀秋) 68
고베(神戶) 452, 457, 462, 700, 754, 842, 848, 857, 864
고부(工部)대학 738
고사쓰(高札) 99, 226, 249, 332
고사이 유타카(香西泰) 1065
고산케(御三家) 67, 82, 84, 87, 92, 357, 418, 422, 423, 426, 428, 1018
고세키 산에이(小關三英) 401
고아(Goa) 46, 111
고요제이(後陽成) 천황 46, 49, 57
고운테이 사다히데(五雲亭貞秀) 473
고이소 구니아키(小磯國昭) 875, 889, 918, 966 ~67, 994
고자키 히로미치(小崎弘道) 722
고종(高宗) 682, 683, 685,
고지마 다카노리(兒島高德) 748
고치(高知) 91~93, 220, 228
고카시와바라(後柏原) 천황 26
고카이도(五街道) 212
고토 쇼지로(後藤象二郞) 462, 465, 542, 597, 605, 618, 673
고토 신페이(後藤新平) 610, 782, 797, 860, 872
고토 요노스케(後藤譽之助) 1019
고토쿠 슈스이(幸德秋水) 757~59, 775, 776, 836, 864, 903
곤도 세이쿄(權藤成卿) 902
곤자(다미안 포모르체프) 388
곤코교(金光敎) 529, 1043
골로브닌(Golovnin, Vasilii) 390

| 찾아보기 |

공가(公家) 70, 78, 79, 80, 158, 161~62, 196, 207, 253, 289, 324, 447~48, 450, 715
공가중법도(公家衆法度, 구게슈핫토) 70
공명당(公明黨) 1044, 1055, 1057
공무합체(公武合體, 고부갓타이) 448~54
공업구락부 810, 867
공자(孔子) 119, 284~85, 295, 305, 308, 373, 643, 650
공장법 844, 849
과달카날(Guadalcanal) 전투 983
관고제(貫高制) 32
관동군(關東軍) 803, 815, 853, 872, 873, 875, 877, 878, 879, 880, 882, 883, 885, 895, 897, 924, 925, 936, 937, 994, 1103
관소(關所) 41, 199, 215~18, 236
광저우(廣州) 144, 401, 404, 424, 471
교바시(京橋) 861
교육: 도쿠가와 시대의— 244, 249, 252, 284~ 87, 296~322, 358, 365~67, 435~36, 475~ 76; 메이지 시대의— 147, 285, 480~81, 638 ~50, 706, 716~19, 723, 732~33, 817~18, 821~22, 852, 854, 1088~90; 20세기 초 의— 817~30; 20세기 후반의— 987, 1003, 1089~94
「교육칙어」(敎育勅語) 529, 650~51, 654, 725, 732, 749, 752
교토 대학 707, 794, 821, 823, 835, 837, 856, 915, 923, 1000,
교토(京都) 34, 63, 107, 186, 192, 200, 209, 272, 383, 389, 483~85, 713, 720; —의 막부영토 86~88, 254~56, 259, 436; —의 사찰 55, 119, 145, 187, 246, 253~54, 324, 526; —의 상업발달 116, 120, 184, 200, 250, 254~56, 259, 261~63, 272~76, 364; —의 조정 24, 33, 38, 104, 158, 161, 253, 341, 424~26, 442, 447~54, 457, 464, 759, 761, 1106; — 의 학자들 295~95, 309, 331, 492; 노부나가 통제하의— 37~42; 도쿠가와 지배하의— 70~72, 80, 158; 메이지 유신기의— 466, 487, 496, 509~11; 제2차 세계대전기 —의 보존 741, 965, 1081; 히데요시 통제하의—

55, 253~54
「교학성지」(敎學聖旨) 643, 644
교호(享保) 시대(1716~1736) 298, 338, 357~ 61, 379
9개국조약 797, 879, 927~28
구나시리(國後) 섬 1095
구도 헤이스케(工藤平助) 391~93
구라타 햐쿠조(倉田百三):『사랑과 인식의 출발』 (愛と認識との出發) 833
구로다 기요타카(黑田淸隆) 539, 627~28, 668, 674
구로사와 아키라(黑澤明) 1045~46:「라쇼몬」 (羅生門) 1046;「7인의 사무라이」 1046;「요 진보」(用心棒) 1046
구로즈미교(黑住敎) 529, 1043
구루스 사부로(來栖三郞) 952
구리하마(久里濱) 415
구마노(熊野) 326, 369
구마모토(熊本) 57, 107, 518, 520, 549, 550, 642, 721, 722, 723, 727, 729, 730, 786, 1058, 1083
구마자와 반잔(熊澤蕃山) 325, 372, 394
구메 구니타케(久米邦武) 748, 749
구스노키 마사시게(楠木正成) 661, 748, 760
구키 슈조(九鬼周造) 837, 859
국가총동원법 909, 929
국립고등학교 818~22, 832, 835, 1091
국민경제연구협회 1019
국민당(중국) 799~803, 813, 852, 874, 875, 893, 895, 896, 910, 920, 921, 927, 928, 929, 930, 935, 937, 939, 943, 985, 986, 998, 1026
『국민의 벗』(國民之友) 731
국제노동기구(ILO) 841~42, 857
국제연맹 724, 784, 792, 794, 842, 880, 881, 942, 1101
국체(國體) 444, 463, 474, 651, 732, 754, 778, 805, 900~06, 912, 927, 975, 977, 978, 991, 1010, 1104, 1105, 1107
국학(國學, 고쿠가쿠) 306, 307~15, 366, 447, 483, 492, 499, 615, 746, 1157
「군인칙유」(軍人勅諭) 634, 650, 706, 887

1181

| 현대일본을 찾아서 2 |

궁내성(宮內省) 626, 664, 736, 750, 804, 992
궁내청(宮內廳) 992
귀족원 543, 625, 647, 653, 656, 660, 661, 666, 704, 752, 765, 768, 771, 780, 784, 825, 865, 991, 992, 1008~09, 또 의회를 보라
규슈(九州) 25, 27, 44, 46, 58, 88, 91, 96, 112, 126, 128, 131, 140, 150, 168, 314, 378, 435, 454, 456, 480, 509, 518, 957, 972, 974, 976, 984, 1043, 1080, 1083
그나이스트(Gneist, Rudolph von) 623, 624
그랜트(Grant, Ulysses S.) 620
그루(Grew, Joseph) 975, 981, 1012
그리스도교 27, 111, 132~34, 323, 398, 407, 428, 474 ; ― 금령 88, 98~99, 123, 200, 252, 324, 523 ; ―와 불교 98, 113, 131, 191, 725, 727 ; 개종자 박해 27, 146, 150~51, 154, 186 ; 메이지 시대의― 518, 527, 536~37, 615~16, 638, 642, 646, 682, 691, 715, 718~28, 753~54, 756~57 ; 선교사 27, 58 ~60, 111~14, 123~31, 410, 530, 723 ; 20세기 초의― 824~25, 828, 831, 836~37, 857, 959 ; 20세기 후반의―1092~93
그리피스(Griffith, William) 518, 520~22, 526
극동국제군사재판 806, 873, 874, 934, 976, 994
글로버(Glover, Thomas B.) 472~73, 479
기나이(畿內) 184, 380
기도 고이치(木戶幸一) 889, 950, 994, 1024
기도 다카요시(木戶孝允) 487, 505~08, 510, 514, 520, 525, 531, 539, 540, 543, 551, 622, 654, 668, 720, 890
기라 요시나카(吉良義央) 279
기미가요(君が代) 737
기시 노부스케(岸信介) 994, 1038, 1050, 1052
기온(祇園) 275
기요사와 기요시(淸澤洌) 956~57, 970, 983
기요우라 게이고(淸浦奎吾) 772, 773
기유조약(己酉條約) 115~16
기이(紀伊) 44, 67, 84, 또 와카야마를 보라
기이(紀伊)가 422, 425, 426
기타 잇키(北一輝) 899, 903
기타노 대다회(北野大茶湯) 56
기타무라 도코쿠(北村透谷) 756
기타시라카와(北白川) 979
기타오카 신이치(北岡伸一) 900
기후(岐阜) 42, 610, 1080
긴자(銀座) 861, 862, 864
김대중 1108
김옥균 677~78, 687, 786, 905

‖　　　　ㄴ　　　　‖

나가노 동계 올림픽 1079
나가노 오사미(永野修身) 950
나가노(長野) 887
나가사키(長崎) 184, 200~01, 213, 219, 246, 250, 296, 393, 404~06, 468, 485, 599, 612, 628, 1069 ; ―와 무역 58, 87, 101, 107~08, 113~16, 120~22, 125, 128~51, 194, 205~06, 312~21, 362, 366, 378, 386, 390, 394~400, 409~16, 423, 428~29, 432, 435, 462, 472, 477~79 ; ―와 선교사 58~60, 111~14, 123~31, 410, 530, 723 ; ―원폭 투하 964, 974, 976, 983
나가시노(長篠) 전투 36~37
나가쓰카 다카시(長塚節),『흙』(土) 755
나가오카(長岡) 성 348
나가이 가후(永井荷風) 956, 957~58
나가이 마사키요(中井正淸) 187
나가이 우타(長井雅樂) 448, 453
나가타 데쓰잔(永田鐵山) 896
나고야(名古屋) 46, 184, 246, 700, 822, 856, 864
나고야(名古屋) 평야 35, 79
나구모 주이치(南雲忠一) 962
나라(奈良) 43, 54, 246, 255
나리타(成田) 국제공항 351
나베시마(鍋島) 57, 248
나베야마 사다치카(鍋山貞親) 912
나쓰메 소세키(夏目漱石);『마음』(こころ) 742~46, 834
나에시로가와(苗代川) 57, 118
나이토 고난(內藤湖南);『지나론』(支那論) 799
나지타(Najita, Tetsuo) 299

| 찾아보기 |

나카무라 다카후사(中村隆英) 816, 908
나카무라 마사나오(中村正直) 717~18 ; 『서국입지편』(西國立地編) 607, 718
나카센도(中山道) 746
나카소네 야스히로(中曾根康弘) 1050, 1054
나카쓰(中津) 168, 195
나카야마 이치로(中山伊知郎) 1017, 1018
나카에 도주(中江藤樹) 290, 372~73
나카에 조민(中江兆民) 531, 612
나카이(Nakai, Kate Wildman) 304, 307
나폴레옹 전쟁 23, 391, 392, 395, 409
나하(那覇) 410, 415, 417
낙태 339, 346, 1075
난부(南部) 352, 768
난징 조약 404~05
난징(南京) 26, 107, 404, 800, 801, 813, 875, 893, 895, 896, 910, 919, 927~30, 993, 1098, 1107
난학(蘭學, 란가쿠) 315~23, 366, 385, 393, 394, 400, 402, 403, 431, 734, 747, 1158
내각기획원(內閣企劃院) 909
내무성(內務省) 610, 754, 764, 775, 849, 850, 911, 941, 959, 1006, 1007
네덜란드 동인도회사 110, 121, 122, 135, 138, 142, 390, 395, 1153
네덜란드 65, 87, 131, 144, 154, 219, 265, 296, 390, 395~97, 400, 409~10, 424, 435, 454, 467 ; ―로부터 도입된 지식 84, 139, 150~51, 312~22, 357, 363, 366, 385, 392, 400, 402~03, 428~30, 480~81, 499, 738, 747 ; 일본과의 교역 26, 101, 107, 110~13, 118~24, 132~39, 142, 147~48, 205~06, 391 ; 제2차 세계대전시의― 934, 937, 972
노(能) 53, 56, 244, 249, 276, 736
노기 마레스케(乃木希典) 335, 690, 744
노나카 겐잔(野中兼山) 92
노노무라 닌세이(野々村仁淸) 248
노동관계조정법 1002
노동기준법 1002
노동농민당(勞働農民黨) 852, 858, 1048, 1049
노동조합법 1002

노마 세이지(野間淸治) 862
노몬한(Nomonhan) 전투 936, 945, 976
노무라 기치사부로(野村吉三郎) 944
노사관계 : 20세기 초의― 841~52, 909~11 ; 20세기 후반의― 1002~03, 1007, 1014, 1025~26, 1084~86
노사카 산조(野坂參三) 1014, 1056
노자(老子) 30, 310, 410
『논어』 244
농림성(農林省) 1006
농상무성(農商務省) 708, 849
농업 : 봉건시대 31, 50~51 ; 도쿠가와 시대 92, 166~67, 175~83, 195, 314, 327, 336~40, 342~43, 352~56, 359, 371, 378, 380 ; 메이지 시대 544~47, 699, 754~55 ; 20세기 초 809, 811, 853~59, 886, 906~08 ; 20세기 말 1006~08, 1023, 1025, 1073, 1076~78, 1098
누마 모리카즈(沼間守一) 613
뉘른베르크 전범재판 993
니가타(新潟) 228, 452, 1056, 1079
니미츠(Nimitz, Chester) 985
니시 아마네(西周) 478, 481, 499, 734
니시다 기타로(西田幾多郎) 835, 839, 923 ; 『선(善)의 연구』 835
니시다 미쓰기(西田稅) 899
니시무라 시게키(西村茂樹) 644
니시오 스에히로(西尾末廣) 1049
니시카와 스케노부(西川祐信) 270
니시혼간지(西本願寺) 55, 254
니이지마 조(新島襄) 720, 722, 726
니조(二條) 성 39, 55, 70, 187
『니치니치 신문』(日日新聞) 612
니치렌(日蓮)종 324, 873, 879, 902, 959
니콜라이(Nikolai) 신부(카사트킨[Kasatkin, Dmitrievich]) 615, 726
니토베 이나조(新渡戶稻造) 723, 753, 794, 798, 819, 834, 881 ; 『무사도』 753, 819~820 ; 『나는 어떻게 그리스도 교도가 되었나?』 724
니혼대학(日本大學) 831
니혼바시(日本橋) 199, 226, 232, 813, 861
닉슨(Nixon, Richard M.) 1023, 1068, 1095

| 현대일본을 찾아서 2 |

닛산(日産) 885, 1066, 1073, 1080, 1085
닛코(日光) 116, 159

‖   ㄷ   ‖

다구치 우키치(田口卯吉) 749, 750
다나카 가쿠에이(田中角榮) 1054~57, 1060, 1079, 1095, 1103
다나카 규구(田中丘隅) 215
다나카 기이치(田中義一) 704, 772, 775, 778, 779, 781~83, 788, 800~05, 814, 829, 851, 852, 858, 873, 891~92, 894, 908, 998, 1000
다나카 도쓰겐(田中訥言) 492
다나카 후지마로(田中不二麿) 644
다네가시마(種子島) 27, 29, 113
다누마 오키쓰구(田沼意次) 361, 366, 381, 391
다니 다테키(谷干城) 657, 673, 682
다니자키 준이치로(谷崎潤一郎) 956, 1041;『세설』(細雪) 956, 1041
다도(茶道) 43, 53, 56~57, 98, 162, 174, 184, 194, 195, 242, 244, 247, 263, 267
다렌(大連) 680, 830, 871, 884
다마마쓰 미사오(玉松操) 501, 525
다시로 가즈이(田代和生) 116
다와라(田原) 79, 90, 401, 또 나고야 평야를 보라
다워(Dower, John W.) 971
다유(大夫, 또는 太夫) 272~73, 274
다이묘(大名): 그리스도교로 개종한— 58~59, 113, 127; 도쿠가와 시대의— 66~70, 72~79, 85~89, 91~102, 116, 126~30, 159, 167~69, 171, 184, 189, 196~208, 216, 221~22, 227~31, 255~56, 338, 341~43, 347, 351, 358~60, 367, 370~71, 376~77, 381~83, 418~20, 425~27, 444~58, 464~66, 495; 메이지 시대의— 501, 508~11, 516~17, 519, 543~44, 625; 신진세력으로서의— 31~33; 에도의 —저택 75, 93, 97~99, 199~208, 217~18, 227~31, 242, 450, 457; 히데요시의 —통제 48~52, 또 센고쿠다이묘, 후다이다이묘, 도자마다이묘를 보라

다이쇼(大正) 시대(1912~1926) 763, 816~68, 870, 888, 1036, 1048, 1103
다이어(Dyer, Henry) 738
다이카 개신(大化改新) 161
다이코 토지조사(太閤檢地) 50~51
다이코쿠야 고다유(大黑屋光太夫) 398
다자이 슌다이(太宰春臺) 304~05
다자이 오사무(太宰治),『사양』(斜陽) 1042
다지(Dodge, Joseph M.) 1022~23, 1049
다치바나 고자부로(橘孝三郞) 902
다카기 야사카(高木八尺) 831, 981
다카노 조에이(高野長英):『무술년의 꿈이야기』(戊戌夢物語, 보주쓰유메모노가타리) 401
다카라즈카(寶塚) 863~64
다카미 준(高見順) 956
다카미무스비노카미(高皇産靈神) 313
다카사키(高崎) 543
다카시마 슈한(高島秋帆) 429
다카시마(高島) 탄광 473
다카하시 가게야스(高橋景保) 389, 399, 400
다카하시 가메키치(高橋龜吉) 914
다카하시 고레키요(高橋是清) 772, 773, 814~15, 850, 897, 907~08, 909
다카하시 요시토키(高橋至時) 389, 399
다케다(武田) 32, 60
다케무라 고타로(竹村晃太郎) 955
다케시타 노보루(竹下登) 1050
다케우치 쓰나(竹內綱) 997
다케우치 요시미(竹內好) 1037
다케조에 신이치로(竹添進一郞) 670
다케치 즈이잔(武市瑞山) 445, 448, 454, 462, 865
다키가와 유키토키(瀧川幸辰) 915, 1000
다키자와 바킨(瀧澤馬琴) 370
다테 마사무네(伊達政宗) 22, 113, 126
다테 무네나리(伊達宗城) 543
다테바야시(館林) 83
다테카와 요시쓰구(建川美次) 875, 876
단 다쿠마(團琢磨) 880, 907
단게 겐조(丹下健三) 1053
대공황 815, 858, 868, 870, 882, 935

1184

찾아보기

대교(大敎) 529
대동단결운동 628, 673, 675
대동아공영권 943, 948, 954, 962, 964, 995, 1070, 1139
대상제(大嘗祭) 159
대서양헌장 948
대원군 669~70, 671, 683~84
대일본문학보국회 730, 958
대일본부인회 960
『대일본사』(大日本史, 다이니혼시) 291, 307
대일본연합부인회 960
대일이사회(對日理事會) 986, 1005, 1006
대장성(大藏省) 708, 772, 782, 814, 850, 888, 908, 1058, 1064, 1088, 1093, 1094
대정익찬회(大政翼贊會) 923, 930, 941~42, 957, 959
『대학』(大學) 244
댜오위다오(釣魚島) 1107
덜레스(Dulles, John Foster) 1029~31, 1095
덩샤오핑(鄧小平) 928
데라시마 무네노리(寺島宗則, 마쓰키 고안[松木弘安]) 152, 479
데라우치 마사타케(寺內正毅) 771, 773, 891
데라코야(寺子屋) 99, 249, 285~86, 358, 367
데밍(Deming, W. Edwards) 741, 1069~70, 1086
데지마 도안(手島堵庵) 332
데지마(出島) 107, 125, 132~36, 138, 139, 143, 148, 213, 395~97, 400, 409, 429, 431, 1153
덴리교(天理敎) 1043
덴메이(天明) 기근 394, 755
덴메이(天明)기(1781~1789) 361~63
덴몬카타(天文方) 389, 397
덴카이(天海) 302
덴포(天保) 개혁 405
덴포(天保) 기근 756
덴포(天保)기(1830~1844) 339, 371~84, 418, 598, 704, 838
도고 시게노리(東鄕茂德) 951, 967
도고 헤이하치로(東鄕平八郎) 690, 982
도교(道敎) 231, 289, 305

도네 강(利根川) 381
도리이 기요나가(鳥居淸長) 273
도리이자카(鳥居坂) 231
도미니코회 111, 114
도바-후시미 전투 493, 495
도사(土佐) 50, 91~92, 161, 167~68, 184, 203, 204, 220~22, 228, 232, 237, 244, 294, 341, 351, 368, 427, 433, 483, 499, 526, 548~50, 605, 612, 619, 720, 782, 997, 1000; 도쿠가와 지배에 대한 —의 적대감 377, 445~47, 452; 메이지 시대 동안의 중요성 597, 607~09, 621, 626; 메이지 유신에서의 역할 455~57, 461~66, 493, 500, 504~06, 509, 512, 515~19, 524
도사(土佐)파 55, 246
도사보리(土佐堀) 223, 257
도스(Daws, Gavan) 972
도시샤(同志社) 대학 720, 722, 725, 730
도야마 미쓰루(頭山滿) 905~06, 957
도어(Dore, R. P.) 287, 903
『도요지유 신문』(東洋自由新聞) 612
도요타(豊田) 자동차 1013, 1066
도요토미 히데쓰구(豊臣秀次) 45
도요토미 히데요리(豊臣秀賴) 62, 63, 68, 69~72, 125
도요토미 히데요시(豊臣秀吉) 43~52, 55~63, 66~69, 72, 91~92, 112~17, 123~26, 140, 158, 166, 176, 184, 187, 190, 201, 220, 225, 246, 248~50, 254~56, 290, 324, 516
도자기 54, 57, 118, 121, 135, 138, 146~47, 223, 224, 248, 249, 492, 866
도자마다이묘(外樣大名) 73, 76~77, 78~80, 85, 89, 94, 100~02, 170, 203, 229, 341, 348, 363, 426, 495
도젠지(東禪寺) 470
도조 에이쿄(東條英敎) 643
도조 히데키(東條英機) 900, 924, 925, 948, 951, 959~60, 965, 966, 988, 994, 1038, 1050, 1104
도지(東寺) 119
도카이도(東海道) 136, 205, 209, 212

| 현대일본을 찾아서 2 |

도쿄(東京)/에도(江戶) 62, 65, 75, 78, 90~92; —와 외교 107, 117, 119~22, 129, 135, 141, 149, 390, 385, 401~02, 415~16, 423~425, 426, 439, 476, 699~702; 교육/학문 290, 294~95, 300~02, 309, 316~18, 786; 다이묘들의 —저택 75, 93, 97~99, 199~208, 217~18, 227~31, 242, 450, 457; 도시의 발달 199~204, 216~18, 222~42; 막부의 —통제 82~87, 96~99, 103; 서민문화 243~46, 249~50, 253~56, 266, 271~74, 715, 719, 740, 755, 761~62, 817~22, 836, 837, 859~60, 862~66; 신분집단 158~61, 166, 172~73, 184, 187, 191, 194; 저항/개혁 336~38, 349, 360, 363~65, 372, 381~83; 종교 324, 326; 막부 말기의 — 444~52, 457~59, 463, 469, 483~86, 487~89, 495; 메이지 시대의— 504, 509~12, 519, 612, 637; 제2차 세계대전기의— 964~65, 1018; 20세기 후반의— 1039, 1045, 1047, 1080~81, 1083~84

도쿄대학(도쿄제국대학) 646~47, 707, 708, 743, 745, 760, 822, 823, 824, 827~28, 831, 834, 835, 901, 904, 905, 907, 912, 916~18, 940, 983, 1003, 1017, 1088

도쿠가와 나리아키(德川齊昭) 174, 372, 418, 419~23, 425~27, 428~29, 430, 442, 444, 455, 475, 524

도쿠가와 막부 21~24, 48, 51~53, 58, 63, 500, 507, 512~13, 517, 520, 523, 528, 530, 539, 544~48, 600~02, 605, 613, 618, 621, 625, 639, 653, 658, 700, 710, 713, 717~19, 732, 734, 738, 742, 746~48, 755, 809, 842, 847, 859, 865~66, 992, 1088, 1105; —국가 65~105; —와 조정 69~72, 75, 86, 105, 157~61, 253, 341, 424~26, 442, 447~54, 457, 462~65, 483, 489, 496; —의 멸망 441~97; 개혁 335~84; 교육 244, 249, 252, 284~87, 296~322, 358, 365~67, 435~36, 475~76; 농업 92, 166~67, 175~83, 195, 314, 327, 336~40, 342~43, 352~56, 359, 371, 378, 380; 다이묘의 역할 66~70, 72~79, 85~89, 91~102, 116, 126~30, 159, 167~69, 171, 184, 189, 196~208, 216, 221~22, 227~31, 255~56, 338, 341~43, 347, 351, 358~60, 367, 370~71, 376~77, 381~83, 418~20, 425~27, 444~58, 464~66, 495; 대외정책 107~54, 385~39; 도시화/교통 199~242; 문화 243~333; 번의 지위 88~102, 195~97, 294, 341, 351, 383~84, 461, 478, 485; 사무라이의 역할 74~75, 86, 89, 92~93, 97, 102, 128, 151, 162~74, 178, 182~86, 194, 203, 217, 221, 227, 230~32, 234~37, 241, 243~46, 249, 253, 257~58, 272~75, 276~80, 291~93, 298, 305, 332, 337, 344~46, 356, 363, 365~69, 378, 383, 391, 405, 419, 423, 427, 432, 438, 442, 446, 454~57, 462, 474, 482, 484, 489, 494, 634; 신분집단 155~97; 외국과의 무역 102, 107~08, 115~24, 129~48, 151, 184, 362, 366, 388~94, 410~12, 416~17, 424, 467~73; 종교 156~58, 283~85, 323~33; 천황의 역할 71, 105, 157~61, 196, 425~26, 442~46, 452~54, 465, 496, 503. 또 막부를 보라

도쿠가와 미쓰쿠니(德川光圀) 291, 524

도쿠가와 쓰나요시(德川綱吉) 81, 83, 95, 96, 136, 144~45, 159, 189, 258, 265, 279, 284, 292, 298, 301, 307

도쿠가와 요시노부(德川慶喜) 81, 422, 425, 426, 444~45, 449, 452, 453, 457, 459, 460, 464, 466~67, 478, 495~96, 501

도쿠가와 요시무네(德川吉宗) 81, 82, 83~84, 119, 147, 148, 236, 284, 298, 301, 303, 309, 316~17, 357~61, 363, 380~81, 397

도쿠가와 이에나리(德川家齊) 81, 84~85, 100, 341, 347, 363~64, 376, 369

도쿠가와 이에노부(德川家宣) 81, 291

도쿠가와 이에모치(德川家茂) 81, 422, 426, 434, 445, 449, 451, 459, 465, 496, 453

도쿠가와 이에미쓰(德川家光) 80~81, 83, 86, 95, 97, 98, 128, 132, 202~03, 247, 255, 274, 348, 357, 451

도쿠가와 이에사다(德川家定) 81, 422, 424, 496

| 찾아보기 |

도쿠가와 이에사토(德川家達) 796
도쿠가와 이에시게(德川家重) 81
도쿠가와 이에쓰구(德川家繼) 81
도쿠가와 이에쓰나(德川家綱) 81, 83, 95, 146
도쿠가와 이에야스(德川家康)(마쓰다이라 모토야스[松平元康]) 46, 52, 57, 158, 172~74, 187~88, 225, 235, 244, 341, 357, 386, 444; —와 다이묘 90~92, 95~96, 100, 184, 202, 381; —와 막부 80~84, 86, 95~96, 100; —와 불교 290, 301~04, 324; 권력자로 부상 21, 35, 44, 60~63, 201; 닛코 능 159, 246~47, 524, 528; 외교정책 114~16, 121, 124~26, 129, 135, 140~42, 151; 지배권 장악 66~71, 209
도쿠가와 이에요시(德川家慶) 81
도쿠가와 이에하루(德川家治) 81, 84
도쿠가와 히데타다(德川秀忠) 63, 67, 69, 80, 81, 86, 95, 96, 98, 115, 121, 124, 129, 161, 181, 246, 304
도쿠토미 로카(德富蘆花) 729~30, 758;『회상기』(思出の記) 729
도쿠토미 소호(德富蘇峰) 642, 677, 730~33, 753, 786, 832, 906, 954, 957, 958, 1083;『장래의 일본』731;『신일본의 청년』155, 832
독일 473, 726, 870, 917, 1099; —의 연구 502, 517, 623~25, 632, 636, 653, 748, 834, 849; 메이지 시대의 대(對) 정책 681, 687, 789; 일본의 동맹국으로서의 — (제2차 세계대전) 708, 920~22, 928~29, 933~37, 943, 945~48, 952, 964, 967, 974, 986, 990, 993~95; 일본의 적국으로서의 — (제1차 세계대전) 792~94, 797, 859, 917
동아동문서원(東亞同文書院) 923
동아동문회(東亞同文會) 686
동치제(同治帝) 541
동학(東學) 677~78
두리틀(Doolittle, James) 963
두스(Duus, Peter) 825
두프(Doeff, Hendrik) 135, 139, 396, 431
드레이크(Drake, Francis) 110
디우 110, 113

디즈레일리(Disraeli, Benjamin) 728, 742

‖   ㄹ   ‖

라구사(Ragusa, Vincenzo) 738
라이샤워(Reischauer, Edwin O.) 985, 1052
라인시(Reinsch, Paul) 790
랑케(Ranke, Leopold von) 748
래플스(Raffles, Thomas Stanford) 395~96
랴오둥(遼東) 반도 680, 681, 687, 690, 731, 785, 803, 871, 872, 874
러몬트(Lamont, Thomas) 816
러시아 혁명 827
러시아-미국 회사 390
러시아 400, 428, 468, 473, 615, 671; —에 대한 메이지 시대의 정책 502, 538~41, 654, 662, 681, 685~93; 일본과의 교역 416, 423~25; 쿠릴 열도와 홋카이도에 대한 —의 관심 151, 385~94, 538~41, 667; 20세기 초의— 785, 787~92, 826; 1990년 이후의— 1055, 1100, 1107~09
러일전쟁 689, 691, 692, 693, 700, 701, 703, 708, 710, 740, 752, 753, 754, 759, 763, 767, 772~74, 784, 787, 800, 807, 809, 810, 816, 836, 843, 854, 859, 867, 870, 891, 892, 954, 982
런던 의정서(London Protocol) 452, 470
런던 해군군축회의 774, 815, 853
레이건(Reagan, Ronald) 1054
레이유카이(靈友會) 1043~044
레이제이 다메치카(冷泉爲恭) 492
레이센(冷泉)-무로마치(室町) 구역 254
레이테 만(灣) 전투 966
레자노프(Rezanov, Nikolai) 390~91, 428
로닌(浪人) 128, 185~86, 278~81, 294, 298, 305, 425, 432, 456~57, 462, 489
로덴(Roden, Donald) 820
로드리게스(Rodrigues, João, S.J.) 121
로마 25, 126
로슈(Roches, Léon) 612
로야마 마사미치(蠟山政道) 917

로이얼(Royall, Kenneth) 1021, 1027
로즈먼(Rozman, Gilbert N.) 1079
로지(Lodge, Henry Cabot) 798
로쿠메이칸(鹿鳴館) 673, 739
록히드사 1056
롤렌(Rohlen, Thomas) 1090
뢰슬러(Roesler, Herman) 623~24, 627, 628, 632
뢰프(Leupp, Gary) 190
료고쿠바시(兩國橋) 239
료케이쇼센(龍溪性) 145
루빈저(Rubinger, Richard) 641
루소(Rousseau, Jean-Jacques) 612, 728
루스벨트(Roosevelt, Franklin D.) 918, 923, 934, 944~46, 948, 961, 970, 974~75, 980~81, 984~85
루스벨트(Roosevelt, Theodore) 690, 701~02, 753
루트-다카하라 협정 787
뤼순(旅順) 680~81, 690, 744, 752, 803, 871, 953
류큐/오키나와 147, 276, 321, 393, 399, 410, 549, 667, 866; —와 교역 256, 378, 417, 479; 미국의 —점령 415, 1029~31, 1053, 1095, 1099, 1104, 1108; 일본과 —의 초기 관계 46~48; 일본의 —점령 141, 698; 제2차 세계대전기의— 967, 971~73, 976, 983~84
리스(Riess, Ludwig) 748
리지웨이(Ridge, Matthew B.) 1029
리처드슨(Richardson, Charles L.) 450, 454, 470, 453
리튼 조사단 880~81, 942
리훙장(李鴻章) 671, 677~81, 714
린파(琳派) 자기 58

‖　　　　ㅁ　　　　‖

마나베 아키카쓰(間部詮勝) 438
마닐라 26, 110, 112, 122, 123, 124, 143, 150, 966, 993
마루바시 주야(丸橋忠彌) 185

마루야마 마사오(丸山眞男) 288, 298, 505
마르크스(Marx, Karl) 757, 836
마르크스주의 605, 821, 836, 837, 884, 912, 913, 914, 916, 918, 1017, 1036, 1055
마보(MAVO) 836, 860
마스다 다카시(益田孝) 741
마쓰다이라 가타모리(松平容保) 450, 493
마쓰다이라 사다노부(松平定信) 85, 303, 342, 363~66, 372, 376, 380, 394, 431
마쓰다이라 요시나가(松平慶永) 445, 448~49, 455, 507
마쓰다이라(松平)씨 60, 95, 96, 209
마쓰다이라 히데야스(松平秀康) 95
마쓰다 자동차 1066, 1073
마쓰마에(松前) 202, 386~87, 391~92
마쓰모토 세이초(松本淸張) 846
마쓰모토 시게하루(松本重治) 974, 982
마쓰모토 조지(松本烝治) 991
마쓰시로(松代) 431~32
마쓰야마(松山) 352
마쓰오 바쇼(松尾芭蕉) 249~50, 265
마쓰오카 요스케(松岡洋右) 708, 872, 880~81, 889, 933, 942~45, 964, 993~994
마쓰이 이와네(松井石根) 927, 993
마쓰자카야(松坂屋) 259
마쓰카타 마사요시(松方正義) 597, 598, 599~605
마쓰키 고안(松木弘安), 데라시마 무네노리(寺島宗則)를 보라
마에다(前田)가 79, 89, 227, 564
마에다 도시이에(前田利家) 46, 57, 98, 201, 202
마에다 마사나(前田正名) 807
마에다 쓰나노리(前田綱紀) 117
마에바라 잇세이(前原一誠) 549
마에지마 히소카(前島密) 734
마오쩌둥(毛澤東) 925, 985, 1034
마우리츠(Mauritz of Nassau) 123~24, 135
마운지(Mounsey, August H.) 747~78
『마이니치 신문』(毎日新聞) 957
마자키 진자부로(眞崎甚三郎) 894~95, 897
마젤란(Magellan, Ferdinand) 109

| 찾아보기 |

마카오 26, 109~11, 113, 122~23, 130, 144
마키노 노부아키(牧野伸顯) 889, 897, 957, 997, 998, 1000
마키 야스오미(眞木保臣) 489
막부(幕府) 75, 78, 102~05, 190, 434; —와 국내 상업 254~59, 294, 361~63, 368, 376; —와 그리스도교 88, 98~100, 123, 126~29, 154, 199, 523; —와 다이묘의 관계 159, 171, 184, 203, 208, 216, 221~23, 227~30, 234, 237, 341, 347, 360, 375~77, 381~83, 417~27, 444~46, 448~50, 484, 495; —와 번 89, 93~101, 172, 208, 368, 382~84, 485; —와 조정 159~61, 307, 340~41, 442, 448~54, 457, 459, 462~63, 466, 496; —의 가부키 규제 274~76, 278; —의 간선도로 통제 209, 215, 369; —의 개혁 356~84; —의 교육/학문에 대한 태도 302, 307, 365~66, 394, 404~06; —의 구조 80~88; —의 도시 통제 227, 231, 235, 237, 272, 365~70; —의 멸망 441~46, 448~64, 466~73, 477~79, 485, 488, 495~96; —의 외국무역 통제 116, 124, 134, 141~43, 146, 391~99, 407~09, 423~25, 438, 467~73; —의 종교에 대한 태도 88, 98~100, 123, 126~29, 154, 323~24, 326~28; 농업정책 365, 371
『만엽집』(萬葉集, 만요슈) 308
만주(滿洲): —에 대한 일본의 간섭 785, 788~91, 800~04, 816; —에 대한 일본의 관심 681, 687~90, 703; 일본의 —점령 871~86, 891, 894~96, 905, 908, 910, 912~13, 917~18, 923~25, 993, 또 만주국을 보라
만주국 759, 791, 816, 873, 880, 882~87, 895, 905, 910, 917, 920, 925, 936, 974, 994
만주사변 763, 772, 816, 853, 858, 871~81, 882, 894, 895, 897, 918, 923, 926, 935, 938, 1130, 1171~73
만주족 114, 135, 142, 144, 256, 304, 321, 401, 409, 688, 714, 729, 785, 788, 871, 또 청조를 보라
만철(滿鐵) 872, 876, 884, 916, 942, 992, 1018
만푸쿠지(萬福寺) 145, 246~47

말레이시아 910
말리크(Malik, Jacob) 974
매코시(McCosh, James) 819
매클레인(McClain, James) 233~34
매클렐런(McClellan, Edwin) 744, 745
맥아더(MacArthur, Douglas) 806, 942, 966, 985, 986, 988, 990, 999, 1000, 1002, 1004, 1005, 1008, 1010~16, 1025~29, 1052, 1085, 1106, 1137, 1138, 1145, 1160, 1173~76
맬서스(Malthus, Thomas) 337~38
『맹자』(孟子) 244
머리(Murray, David) 532
머핸(Mahan, Alfred Thayer) 686
메이레키(明曆) 시대(1655~1658)의 대화재 233~36, 245, 272
『메이로쿠 잡지』(明六雜誌) 718, 734
메이로쿠샤(明六社) 718, 719
메이쇼(明正) 여제(가즈코〔和子〕) 80
메이슨(Mason, Luther W.) 737
메이슨(Mason, R. H. P.) 659
메이지 시대(1868~1912) 287, 312, 341, 450, 488, 597~762, 766~68, 775~77, 867~68, 713~15; 경제 599~604, 807~12; 교역 513, 601, 603, 672; 교육 147, 285, 480~81, 638~50, 706, 716~19, 723, 732~33, 817~18, 821~22, 852, 854, 1088~90; 국가 모델 찾기 530~37, 901~02; 군사 546, 630~37, 690, 699, 702, 706~08; 농업 544~47, 699, 754~55; 다이묘의 역할 501, 508~11, 516~17, 519, 543~44, 625; 메이지 국가의 해체 985~95, 1003~04, 1007~11; 문화 711~62, 832~33, 859, 860~64, 1042; 번의 지위 507~12, 516~21, 538, 548, 733; 사무라이의 역할 500, 517~18, 521, 543~44, 548~50, 599~600, 605, 733; 산업화 601, 603~04, 672, 699, 708, 810, 842~47; 외교정책 667~703, 784~87, 886~91, 897, 938, 942, 971, 1016, 1029; 정부 538~42, 597~98, 605~29, 655~66, 703~10, 771, 780, 1087; 조세 50, 513, 516, 544~47, 600,

665, 699; 조정 503, 512~13, 518~19, 624; 종교 315, 333, 522~29, 713, 720~26; 천황의 역할 501, 503~05, 508, 513~16, 598, 608, 625~28, 633~34, 656, 706, 887, 1103
메이지 신궁 761~62
메이지 유신 161, 227, 335~36, 357, 441, 465~66, 487~94, 499~598, 1019, 1103
메이지 헌법, 헌법(1889)을 보라
메이지(明治) 천황 622, 642, 643, 654, 663, 676, 690, 697, 744, 746, 747, 752, 758, 762, 763, 767, 769, 950, 954, 959, 979, 1102, 1106, 무쓰히토를 보라
메켈(Meckel, Klemens Wilhelm Jacop) 632
명성황후 669~70, 684~85
명조(明朝) 25~27, 46~48, 57, 71, 84, 110, 114, 117, 131, 135, 140~42, 147, 246, 291, 299, 349, 372, 427, 529, 785
모가미 도쿠나이(最上德內) 389, 400
모겐소(Morgenthau, Henry) 946
모리(毛利)씨 41, 74, 229
모리 가쿠(森恪) 875
모리 아리노리(森有禮) 619~23, 626, 629, 638~51, 652, 654, 714, 718, 719, 734, 818, 821, 907
모리 오가이(森鷗外) 230, 752, 745~46, 761, 776
모리 요시로(森喜朗) 1050
모리슨호(號) 사건 400~01, 412, 415
모리오카(盛岡) 368, 519
모리토 다쓰오(森戶辰男) 830
모모야마(桃山) 성 55, 254
모모야마(桃山)풍 111
모세(Mosse, Albert) 636
모토다 나가자네(元田永孚) 642, 650
목판인쇄 250~51, 256
몰로토프(Molotov, V. M.) 976
몽골 24, 393, 788, 871, 872, 886, 925, 928, 936, 970
『몽취독언』(夢醉獨言, 무스이도쿠겐) 238
묘신지(妙心寺) 145, 434
무가제법도(武家諸法度, 부케쇼핫토) 97, 99, 161,

172, 202, 1040~41
무라사키 시키부(紫式部):『겐지 이야기』310
무라야마 도모요시(村山知義) 836
무라야마 도미이치(村山富市) 1050, 1055,
무라타 세이후(木田淸風) 1042, 1109
무로마치(室町) 시대 246
무사도(武士道) 34, 155, 164~65, 304, 332, 391, 634, 722, 753, 819, 820
『무사도』(武士道) 753, 819~20
무스메구미(娘組) 177
무쓰 무네미쓰(陸奧宗光) 675, 684, 768
무쓰히토(睦仁) 598, 653, 654, 682, 또 메이지 천황을 보라
무역/교역: 봉건시대의— 26~28, 58, 110~13; 도쿠가와 시대의— 102, 107~08, 115~24, 129~48, 151, 184, 362, 366, 388~94, 410~12, 416~17, 424, 467~73; 메이지 시대의— 513, 601, 603, 672; 20세기 초의— 906~08, 910; 20세기 후반의— 1022~23, 1032, 1062, 1065~72, 1096~99
문관임용령(文官任用令) 707
문명개화 481, 716~20
문부성(文部省) 640, 642, 644, 648, 725, 732, 737, 750, 758, 760, 822, 830, 835, 837, 901, 915, 1004, 1091, 1107
뮌헨 협정 982
미국 150; —과 일본의 개국 206, 396~97, 400, 411~21, 423~25, 433, 436, 438, 443, 454, 468~69, 473, 476~78; 메이지 시대의 미일관계 502, 531~37, 619, 620, 627, 645, 653, 676, 685, 687, 690, 693, 696, 696~701, 708, 717, 726; 20세기 초의— 787, 790, 794~98, 805, 812, 815~16, 874~75, 917~18, 921~22, 929~30; 제2차 세계대전기의— 934~37, 943~53, 961~95; —의 (일본)점령 997~1039, 1046; 전후의 미일관계 1047, 1051~73, 1077, 1082, 1086, 1087, 1095~1101, 1105~09
미나마타(水俣) 1043, 1083~84
미나모토(源) 막부 24, 69
미나미 지로(南次郎) 875

| 찾아보기 |

미네토 후코(嶺田楓江):『해외신화』(海外新話, 가이가이신와) 406~08
미노다 무네키(蓑田胸喜) 831
미노베 다쓰키치(美濃部達吉) 824, 829~30, 896, 915
미드웨이 해전 963, 982
미시마 유키오(三島由紀夫) 164, 335~36, 900, 1042
미쓰비시(三菱)사 473, 601, 604, 709, 848, 886, 995, 1013, 1066, 1073, 1166
미쓰이 다카토시(三井高利) 260, 261~63
미쓰이 다카후사(三井高房):『조닌 고견록』(町人考見錄) 261~62, 270
미쓰이 다카히라(三井高平) 260, 262
미쓰이 하치로에몬(三井八郎右衛門) 189
미쓰이(三井) 상가/미쓰이(三井)사
미쓰이에치고야(三井越後屋) 259, 262
미쓰코시(三越) 백화점 188, 259
미야기(宮城) 756
미야자와 기이치(宮澤喜一) 1050, 1058
미야자키 도텐(宮崎滔天) 786, 828, 833
미야자키 류스케(宮崎龍介) 839
미야자키 야스사다(宮崎安貞):『농업전서』(農業全書) 314
미우라 고로(三浦梧樓) 635, 684
미우라 메이스케(三浦命助) 352
미일안보조약 1031, 1037, 1038
미조구치 겐지(溝口健二) 1045
미주리호 985, 1050
미즈노 다다쿠니(水野忠邦) 379, 384, 405, 409, 418
미코(巫女) 330
미키 기요시(三木清)
미키 다케오(三木武夫) 1050, 1054
미타지리(三田尻) 484
미토(水戶) 67, 105, 169, 173, 174, 175, 291, 306, 307, 372, 403, 418~20, 426, 429, 430, 435, 442, 443, 455, 456, 484, 491, 524
미토학(水戶學) 306, 423, 428, 442, 451, 488
미후네 도시로(三船敏郎) 1046
민법(메이지) 732~33, 838, 843, 1010

민법(전후) 1003, 1087,
민부성(民部省) 599
민예운동(民藝運動) 866~67
민원식 777, 778
민유샤(民友社) 731~33
민주사회당(民主社會黨) 1038, 1055
밀(Mill, John Stuart) 609

‖ ㅂ ‖

바바 다쓰이(馬場辰猪) 619
바쇼(場所) 청부제 386, 392
바탄(Bataan) 전투 962
바포리스(Vaporis, Constantine) 217
박영효 684
반쇼시라베쇼(蕃書調所, 오랑캐 서적연구소) 475, 480
발라(Valla, Lorenzo) 301
뱟코타이(白虎隊) 493
밸츠(Bälz, Erwin) 717
뱌쿠렌(白蓮) 839
버마 947, 949, 956, 984
버벡(Verbeck, Guido) 530, 720~21, 726
번(藩): 도쿠가와 시대의— 88~102, 195~97, 294, 341, 351, 383~84, 461, 478, 485; 메이지 시대의— 507~12, 516~21, 538, 548, 733. 또 후다이다이묘령과 도자마다이묘령을 보라
번스(Byrnes, James) 975, 976
벌린(Berlin, Isaiah) 835
법무성(法務省) 1059
베네치아 109~10
베르사유 조약 792, 793
베리(Berry, Mary Elizabeth) 52
베스트팔렌 조약 113, 125, 131
베이징 46, 680
베트남 910
베트남 전쟁 1098
보그다노프(Bogdanov, Andrei) 388
보링(Bowring, Richard) 745
보상(輔相) 517

보신(戊辰) 전쟁 466, 492~493, 453, 501
보아소나드(Boissonade, Gustav) 673
보안조례 637~38, 674
『복고기』(復古記, 훗코키) 493
복고운동 713~16, 733
볼라이소(Bolitho, Harold) 97, 371, 384
볼셰비키 775, 791, 849
봉건제 65, 66, 88, 304, 487, 500, 521, 727, 999, 1008
부산 115, 119, 131, 541
부시(Bush, George) 1106
부역(夫役, 부야쿠) 186, 190, 192, 195~96, 235, 349, 352, 353
부요 인시(武陽隱士) 370~71
부이쿠카타(撫育方) 379
『부인공론』(婦人公論) 862
부인참정권획득기성동맹회(婦人參政權獲得期成同盟會) 840
부흥금융금고 1022
분세이(文政) 시대(1818~1830) 367~71
분카(文化) 시대(1804~1818) 367~71
분큐(文久) 개혁 444, 455
불교 23, 268, 486, 615; —와 교육 99, 244, 283~85, 641; —와 그리스도교 98, 113, 131, 191, 725, 727; —와 신도 524~29, 627; —와 유교 288~95, 331~32, 524~25; 노부나가의 —정책 36, 40~43, 59; 도쿠가와 시대의— 71, 83, 88, 98, 113, 126~28, 145, 156~58, 186, 191, 221, 246, 250, 253~56, 261, 274, 283~85, 289~65, 298, 301, 305, 309~11, 323~33; 메이지 시대의— 524~29, 536, 627, 641, 715~17, 725, 727; 히데요시의 —정책 44, 49, 59; 20세기의— 835~36, 873, 879, 902, 959, 1044, 1069
불워 리튼(Bulwer-Lytton, Edward) 728, 742
붓다/부처 260, 308, 983
브라운리(Brownlee, John S.) 750, 751, 760
브라이언(Bryan, William Jennings) 790
브리앙(Briand, Aristide) 805
브린(Breen, John) 714
블라스토스(Vlastos, Stephen) 544

비겐(Wigen, Kären) 80
비들(Biddle, James) 412~13
비스마르크(Bismarck, Otto von) 502, 623
비젠(備前) 68, 1150, 오카야마를 보라
비즐리(Beasley, W. G.) 468
비토 마사히데(尾藤正英) 195
빌렘 2세(William II) 409, 410
4개국 협정 796

‖   ㅅ   ‖

사가(佐賀) 57, 117, 135, 164, 202, 219, 224, 248~95, 377, 445, 720, 866, 957; 메이지 시대 동안의 중요성 597, 600, 605, 607, 610, 621; 메이지 유신에서의 역할 461, 468, 476, 493, 504, 509, 515~18, 531~32, 549~51
사가라 소조(相樂總三) 513
사노 마나부(佐野學) 912
사무라이: —의 출현 30; 전투에서의 전통적인 역할 35, 478~79, 494; —에 대한 노부나가의 정책 38; —에 대한 히데요시의 정책 49~51; 도쿠가와 통치하의— 74~75, 86, 89, 92~93, 97, 102, 128, 151, 162~74, 178, 182~86, 194, 203, 217, 221, 227, 230~32, 234~37, 241, 243~46, 249, 253, 257~58, 272~75, 276~80, 291~93, 298, 305, 332, 337, 344~46, 356, 363, 365~69, 378, 383, 391, 405, 419, 423, 427, 432, 438, 442, 446, 454~57, 462, 474, 482, 484, 489, 494, 634; 메이지 시대의— 500, 517~18, 521, 543~44, 548~50, 599~600, 605, 733. 또 향사; 로닌; 사족을 보라
사법성(司法省) 673, 764, 775, 850~52, 959
사부리 사다오(佐分利貞男) 875
사비에르(Xavier, St. Francisco S. J.) 27
사사가와 료이치(笹川良一) 994
사사키 다카유키(佐々木高行) 663
사숙(私塾, 시주쿠) 641, 719, 818
사쓰마(薩摩) 52, 57, 68~69, 85, 91, 94, 100, 118, 131, 141~43, 147, 161, 169, 204, 223, 228, 237, 325, 341, 388, 410, 450, 720, 736,

| 찾아보기 |

765, 774; 도쿠가와 통치에 대한 적대감 89,
377~78, 383, 445~46, 452; 메이지 시대 동
안의 중요성 597~603, 608, 610, 616, 619~
21, 626, 630~33, 643, 653, 656, 659, 661,
683; 메이지 유신에서의 역할 455~73, 476,
479, 491~95, 500~05, 509~12, 515~20,
524~26, 531, 538, 543, 546, 548~51, 736
사에키 기이치(佐伯喜一) 1020
사이고 다카모리(西鄕隆盛) 465, 495, 512~14,
517~19, 538, 541~43, 549~51, 605, 607,
622, 632~33, 668
사이고 쓰구미치(西鄕從道) 630
사이교(西行) 267
사이덴스티커(Seidensticker, Edward G.) 864
사이온지 긴모치(西園寺公望) 537, 598, 612,
666, 696, 705, 709, 766, 767, 769, 788, 794,
795, 773, 870, 875, 878, 889, 890, 892, 898,
922~24, 938, 998
사이타마(埼玉) 617
사이토 마코토(齋藤實) 889, 890
사이판(Saipan) 전투 965, 971
사족(士族) 548~51, 608, 612
사카모토 료마(坂本龍馬) 457, 461~65, 487,
489, 494, 506, 612, 832, 865
사카이(堺) 56, 134, 184~85, 255, 348, 421
사쿠라 소고로(佐倉惣五郎) 351
사쿠라회(櫻會) 875, 877
사쿠마 쇼잔(佐久間象山) 405~06, 431, 435,
457, 615; 『성건록』(省諐錄, 세이켄로쿠) 432,
436
사토 나오타케(佐藤尙武) 922
사토 노부히로(佐藤信淵) 871
사토 에이사쿠(佐藤榮作) 1050, 1053
사할린 390, 392, 423, 538, 539, 541, 549, 667,
690, 797, 1030, 1095
『사해』(史海) 749~50
사회국 850~52, 1007
사회민주당 757
사회민중당(社會民衆黨) 825
산둥(山東) 679, 680, 687, 688, 789, 793, 797,
801, 802

산업보국회(産業報國會) 912
산업조합법 858
산업화: 메이지 시대의 ―; 20세기 초의 ―; 20
세기 후반의 ―
산조 사네토미(三條實美) 491, 509, 517, 538,
542
산조(三條)씨 161, 517
산토 교덴(山東京傳) 370
삿포로(札幌) 723, 727, 753, 822
『상공사정』(商工事情) 844
상트페테르부르크 조약 1095
상하이 코뮈니케 1095
상하이(上海) 469, 472, 473, 479, 678, 680, 774,
800, 816, 831, 879, 880, 883, 890, 912, 920,
927, 959
새토(Satow, Ernest) 471, 495
샌섬(Sansom, George B.) 36, 367, 729, 881,
1074
샌프란시스코 강화조약 972, 1000, 1023~31,
1047, 1076, 1094~97, 1101
생어(Sanger, Margaret) 840~41, 865
섈로(Schalow, Thomas) 813
서울/한성 46, 47, 116, 670, 671, 677, 679, 682,
685, 694, 697, 792, 866
서인도회사 122
선난핀(沈南蘋) 147
선불교 246, 324, 331, 835
선진 7개국(G-7) 1048, 1102
『세계』(世界, 세카이) 1035
세쓰요슈(節用集) 252
세이(Say, Léon) 603
세이난(西南) 전쟁 600~01, 603~04, 633, 744,
747, 896, 906
세이지소사이쇼쿠(政事總裁職) 448
세이초노이에(生長の家) 1044
세이쿄샤(政敎社) 732
세키가하라(關ヶ原) 전투 21~64, 66, 67, 68, 69,
73, 74, 79, 80, 89, 91, 92, 98, 115, 201, 209,
225, 243, 274, 331, 337, 386
센가쿠지(泉岳寺) 279~80
센고쿠(戰國) 시대 26, 60, 79, 98, 157, 176, 178,

1193

184, 185, 188, 197, 216, 220, 246, 274, 299, 710
센노 리큐(千利休) 56, 267
센다이(仙臺) 22, 126, 168, 352, 359, 387, 391, 393, 394, 504, 614, 615, 822, 824, 907
센소지(淺草寺) 231, 272
센카쿠(尖閣) 열도 1107
셋슈(雪舟) 267
셔놀트(Chennault, Clare Lee) 965
소기(宗祇) 267
소네자키(曾根崎) 278
소니(Sony)사 1013, 1064
소련: 20세기 초의— 794, 797, 849, 871, 873~74, 883~86, 894~96, 905, 910, 917, 920~22, 924~25, 928~30; 제2차 세계대전기의— 933, 936~37, 943, 946, 953, 973~77, 986; 냉전기의— 1005, 1008~09, 1030, 1032, 1035, 1038, 1052~56, 1095, 1098, 1107~08, 또 러시아도 보라
소비자운동 1082
소(宗)씨 116
소에지마 다네오미(副島種臣) 605, 615
소작농 195, 547, 604, 621
소작쟁의조정법 858
소카갓카이(創價學會) 959, 1043~044, 1057, 1090
소텔로(Sotelo, Luis) 126
송대(宋代) 289, 290, 294, 299, 300
쇄국(鎖國) 109, 125~32, 142, 144, 148, 149~53, 218, 409, 417, 421, 441, 669, 1153
쇼군(將軍): 천황이 —에게 부여한 권한 24~26; —에 대한 노부나가의 정책 37~39; —에 대한 히데요시의 정책 52; 도쿠가와 통치하의— 63~69, 75, 82~83, 89, 94~96, 105, 128, 159, 196, 227, 357, 425, 452, 459, 464~66, 495, 503~05
쇼나이(庄內) 100, 347
쇼멜(Chomel, Noël) 397, 431
쇼소인(正倉院) 43
쇼와 시대(1926~1989) 763, 888, 897, 904~05, 914, 917, 1048

쇼와 연구회 914, 917, 923, 940, 946, 1017
쇼와(昭和) 천황, 히로히토를 보라
쇼치쿠(松竹) 소녀가극단 863~64
쇼토쿠(聖德) 태자 289
쇼헤이코(昌平黌) 303, 366, 416, 647, 717, 747
수사국(修史局) 747, 748, 750~51
수출입품임시조치법 909
순치제(順治帝) 147
슈가쿠인(修學院) 253
슈겐도(修驗道) 329~30, 526
슈고다이묘(守護大名) 31
슈타인(Stein, Lorenz von) 623, 624, 645
슈테판(Stephan, John J.) 388
스기야마 하지메(杉山元) 947
스기타 겐파쿠(杉田玄白) 151, 319~22, 391, 400, 402, 443
스기타 세이케이(杉田成卿) 402
스마일스(Smiles, Samuel): 『자조론』(自助論) 607~08, 718, 728
스미노쿠라(角倉) 상가 185
스미스(Smith, Henry D.) 87, 178, 827
스미스(Smith, Thomas C.) 250, 251, 340, 342, 604, 846
스미토모(住友) 상가/스미토모(住友)사 188, 195, 604
스바루 자동차 1066
스에마쓰 겐초(末松謙澄) 690
스에무라(須惠村) 1078
스에쓰구 노부마사(末次信正) 926
스즈키 간타로(鈴木貫太郎) 888, 889, 897, 967, 975, 977, 979
스즈키 기사부로(鈴木喜三郎) 890
스즈키 다이세쓰(鈴木大拙) 835
스즈키 모사부로(鈴木茂三郎) 1049
스즈키 쇼산(鈴木正三) 331
스즈키 젠코(鈴木善幸) 1050
스즈키(鈴木) 상사 813
스탈린(Stalin, Joseph) 933, 974
스트레이트(Straight, Willard) 703
스티븐슨(Stephenson, George) 718
스팀슨(Stimson, Henry) 791, 946, 980, 983

| 찾아보기 |

스페인 26, 109~11, 121, 122, 125, 126, 131, 132, 154, 685, 729, 964
스펜서(Spencer, Herbert) 620~21, 639, 646, 730
스함부르헤르(Schaemburger, Caspar) 316
슨푸(駿府) 63, 115, 185, 187
『슬율모』(膝栗毛) 742
시게노 야스쓰구(重野安繹) 747, 830
시게미쓰 마모루(重光葵) 1049
시데하라 기주로(幣原喜重郎);『태평양전쟁에 이르는 길』(太平洋戰爭への道) 935
시도티(Sidotti, Giovanni Battista) 150~51
시라이시(白石) 484
『시라카바』(白樺) 866
시로키야(白木屋) 259
시마바라(島原) 113, 128, 132, 272
시마바라(島原)의 난 169
시마이 소시쓰(島井宗室) 263
시마자키 도손(島崎藤村) 601, 742, 746;『동트기 전』(夜明け前) 746
시마즈 요시히로(島津義弘) 68, 69
시마즈 이에히사(島津家久) 69
시마즈 히사미쓰(島津久光) 455, 543
시마즈(島津) 44, 52, 69, 161, 204, 341
시모노세키 조약 680, 682, 685, 787, 810
시모노세키(下關) 136, 218, 378, 379, 454, 470, 479, 486, 622
시모다(下田) 417, 423, 432
시모무라 오사무(下村治) 1018
시바 고칸(司馬江漢) 738
시바(芝) 231~32
시베리아 687, 791, 797, 891, 892, 1055
시부사와 에이이치(澁澤榮一) 709, 847
시부야(澁谷) 860~61
시부에 주사이(澁江抽齋) 194
시안(西安) 사건 920
시오노야 도인(鹽谷宕陰) 405, 406
시즈오카(靜岡) 60, 63, 187
시코쿠(四國) 44, 61, 91, 220, 504
시코탄(色丹) 섬 1095
시텐노지(四天王寺) 256

식자능력 243, 244, 249, 268, 281, 283, 286, 287, 314, 315, 370, 458, 641
신기관(神祇官) 525, 989
신도(神道) 49, 53, 90, 158, 160, 217, 221, 289, 291, 308~09, 312, 314, 649, 762 ; ─와 불교 524~29, 627 ; ─와 유교 295, 304~05, 373 ; 도쿠가와 시대의─ 326~28, 332~33 ; 메이지 시대의─ 499~501, 505, 508, 524~29, 627, 714, 727, 747, 749~51 ; 20세기 후반의─ 989, 1004, 1043~44, 1103, 1106
신문지법(新聞紙法) 777, 861
신바시(新橋) 861
신부인협회(新婦人協會) 840
신분제(身分制) 155~57
신유한(申維翰) 119~20
신인회(新人會) 827~32, 837, 839, 912
「신일본 건설에 관한 조서」(「인간선언」) 508
신주(心中) 277~78
『신주오카가미』(心中大鑑) 278
신주쿠(新宿) 860
신체제운동 940
실로니(Shillony, Ben-Ami) 903
심학(心學, 신가쿠) 332~33
싱가포르 786, 796, 962, 980, 1070, 1097
쑨원(孫文) 687, 691, 786, 787, 789, 799, 824, 828, 839, 905, 906, 930
쓰가루 노부히라(津輕信枚) 21
쓰다 마미치(津田眞道) 518
쓰루미 슌스케(鶴見俊輔) 865
쓰시마(對馬) 116, 118, 142, 202, 453, 539, 540, 541
쓰쓰미 야스지로(堤康次郎) 864
쓰쓰이 마사노리(筒井政憲) 475~76
쓰지 다쓰야(辻達也) 358
쓰쿠바(筑波) 455

‖ ㅇ ‖

아나미 고레치카(阿南惟幾) 976, 977
아라이 하쿠세키(新井白石) 66, 117, 119, 150, 291, 292, 293, 298, 303, 747, 1157

아라키 사다오(荒木貞夫) 893, 894, 895~97, 900, 901, 927, 994
아랍 109, 110, 691, 1101
아리마(有馬) 127
아리사와 히로미(有澤廣巳) 916, 918~19, 1017~18, 1020~21
아리스가와노미야 다루히토(有栖川宮熾仁) 친왕 449, 504~05, 550
아리요시 사와코(有吉佐和子) 1042
아리타 하치로(有田八郎) 920
아리타(有田) 248
아마카스 마사히코(甘粕正彦) 876
아마쿠사시로 도키사다(天草四郎時貞) 128
아마테라스오미카미(天照大神) 160, 247, 306, 310, 313, 326, 328, 335, 374, 444, 523, 528, 629, 639, 747, 750, 772
아메노모리 호슈(雨森芳洲) 119, 120, 146
아모 에이지(天羽英二) 895
아미타(阿彌陀)종 254
아베 노부유키(阿部信行) 889, 937
아베 마사히로(阿部正弘) 405, 410, 418~20, 423, 425
아베 이사무(阿部勇) 916
아베 이소오(安部磯雄) 824, 827, 828
아베 지로(阿部次郎), 『산타로의 일기』(三太郎の日記) 833, 835
아사노 나가노리(淺野長矩) 279
아사누마 이네지로(淺沼稻次郎) 1039, 1049
아사오 나오히로(朝尾直弘) 31
아사이 료이(淺井了意) 233~34, 『우키요 이야기』(浮世物語) 268
아사쿠라 도시카게(朝倉敏景) 261
아사쿠사(淺草) 231, 272
아사하라 쇼코(麻原彰晃) 1045
『아사히 그래프』 860, 865, 909
『아사히 신문』(朝日新聞) 686, 743, 826, 846, 883, 957
아사히 헤이고(朝日平吾) 812
아세안(Asean) 1097, 1107
아시다 히토시(芦田均) 1024, 1049
아시카가 요시미쓰(足利義滿) 25~26

아시카가 요시아키(足利義昭) 37~38
아시카가(足利) 막부 25~26, 31~34, 37~39, 49, 52, 72, 82, 201, 373
아오키 고지(青木虹二) 348
아오키 슈조(青木周藏) 623, 675
아우구스티누스회 58, 114, 127
아이누 24, 202, 386~83, 392, 400
아이자와 사부로(相澤三郎) 896
아이자와 야스시(會澤安) 151, 『신론』(新論) 306, 403~04, 428, 435, 442, 491
아이젠하워(Eisenhower, Dwight G.) 1005, 1038~39
아이즈(會津) 450, 453
아이치(愛知) 856
아이카와 요시스케(鮎川義介) 885
아인슈타인(Einstein, Albert) 840, 865
아자부(麻布) 231, 240
아즈치(安土) 성 39, 42~43, 55
아카마쓰 가쓰마로(赤松克麿) 828
아카사카 이궁(赤坂離宮) 740
아카사카(赤坂) 275
아케치 미쓰히데(明智光秀) 44
아코(赤穗) 279
아쿠타가와 류노스케(芥川龍之介) 821
아키타(秋田) 101, 344, 362
아키히토(明仁) 천황 972, 979, 1106
아편전쟁 406, 785, 886
안도 노부마사(安藤信正) 449, 453
안세이(安政) 시대(1854~1860)
안중근 622, 697
알렉산드르 1세 390
알메이다(Almeida, Luis de) 54
애덤스(Adams, Will) 113, 121, 124
애치슨(Acheson, Dean) 1030
앨러머고도(Alamogordo) 975
앨런(Allen, Horace) 692, 693
야나기 무네요시(柳宗悅) 866
야나기사와 요시야스(柳澤吉保) 145, 298
야나기타 구니오(柳田國男) 837, 865
야마가 소코(山鹿素行) 165, 305~06, 434
야마가타 반토(山片蟠桃) 359

| 찾아보기 |

야마가타 아리토모(山縣有朋)
야마구치(山口) 168, 383, 510
야마노테(山の手) 226, 231, 860
야마모토 곤노효에(山本權兵衛) 770, 773
야마모토 쓰네토모(山本常朝):『하가쿠레』(葉隱) 164
야마모토 이소로쿠(山本五十六) 961
야마부시(山伏し) 329~30
야마시로(山城) 265
야마시타 도모유키(山下奉文) 966, 993
야마오 요조(山尾庸三) 479
야마우치 가즈토요(山內一豊) 91
야마우치 도요시게(山內豊信) 445, 447, 454, 455, 462, 500, 507, 543
야마우치(山內)씨 92~93, 161
야마자키 안사이(山崎闇齋) 294, 295;『대화소학』(大和小學, 야마토쇼가쿠) 295
야마카와 기쿠에(山川菊榮) 173~74
야마카와 히토시(山川均) 829
야마토(大和) 회화 713
야베 데이지(矢部貞治) 940
야스다 젠지로(安田善次郎) 812
야스다(安田) 재벌 604, 812
야스바 야스키치(安場保吉) 911
야스이 솟켄(安井息軒) 615
야스쿠니(靖國) 신사 989
야스히토(雍仁) 친왕 494, 905
야시키(屋敷) 75, 108, 143, 200, 227, 228, 229, 230, 232, 237, 257
야쿠자 1093~94
야하타(八幡) 제철소 686, 789, 809
얄타 회담 974
어전회의 888, 948~50, 952, 965, 976, 977, 987
에가와 다로자에몬(江川太郎左衛門) 430~31
에노모토 다케아키(榎本武揚) 539, 626
에도(江戶) 62, 또 도쿄를 보라
에도(江戶) 성 82, 83, 187, 202, 203, 225, 233, 246, 279, 444
에도 시대 65, 74, 79, 82, 85, 94, 103, 153, 168, 271, 332, 340, 860, 862, 864, 865, 1003, 또 도쿠가와 막부를 보라

에비나 단조(海老名彈正) 163, 824
에비스야(えびす屋) 259
에조(蝦夷) 387, 391, 393, 425, 428, 435, 또 홋카이도를 보라
에지마 기세키(江島其磧) 270
에치고야(越後屋) 포목점 188
에치젠(越前) 95, 96, 209, 261, 506, 714, 또 후쿠이를 보라
에타(穢多) 191~92, 196, 319
에토로후(擇捉) 섬 1095
에토 신페이(江藤新平) 605~06, 607
엔랴쿠지(延曆寺) 36~37, 41, 324
엔리케(Henrique) 109
NHK(일본방송협회) 1081
엘리엇(Elliot, T. S.) 760
엠브리(Embree, John) 1078
여성: ―과 황위 계승 157~58; ―교육 296~99, 1087; 매개자로서의― 330; 무가의― 173, 216; 위안부 972~73; 하녀으로서의― 230; 20세기 초의― 781~83, 838~40, 867, 960; 20세기 말의― 1003~04, 1008, 1042, 1087~89
역(役, 야쿠) 195
『역경』(易經) 145, 292, 404
연가(連歌, 렌가) 266, 267
연락회의 888, 944, 947~48
영(Young, Louise) 885
영국 동인도회사 113, 121, 122, 123, 124, 129, 390, 575, 1152
영국 150~53, 395~97, 450, 502, 541, 613, 674~75, 678, 687, 708, 726, 770, 791, 815~16; ―의 가고시마 포격 454~56, 461, 486, 738; ―의 연구 400~02, 478~79, 520, 535, 537~38, 601, 610, 632, 717; 일본과의 교역 26, 110~13, 121~24, 132, 152, 452, 468~73, 603; 일본과의 동맹(영일동맹) 688, 693, 696, 752, 787~89, 794~96, 1016, 1033; 중국과의 교역 404, 409~12, 423~25; 중국에서 일본과 ―의 전쟁 929~34; 제2차 세계대전기의― 933~34, 944, 947~49, 953, 972~74, 977, 980, 982, 986; 전후의 점령

998, 1005~06
영아살해 340, 346
영일동맹 688, 689, 693, 697, 752, 787, 789, 794, 795, 796, 934, 1033, 1116, 1167
영화 860, 865, 1045~46
예수회 27, 39, 42, 43, 45, 54, 58, 59, 111, 113, 123, 135
옌안(延安) 631, 920, 921, 925
옐리네크(Jellinek, Georg) 829
「5개조어서문」(五箇條御誓文) 501, 505~08, 510, 512, 523, 530, 535, 606, 621, 651, 714, 727, 735, 755, 990, 1105
오가키(大垣) 성 21
오가타 다케토라(緖方竹虎) 1052
오가타 사다코(緖方貞子) 1089
오규 소라이(荻生徂徠) 108, 145~46, 298, 303 ~04, 307, 315, 319, 358, 361, 366, 393, 394, 747
오기마치(正親町) 천황 37, 39, 43
오노 아즈사(小野梓) 610
오닌(應仁)의 난 26, 31
오다 노부나가(織田信長) 34~43, 246
오다(織田)씨 60
오다와라(小田原) 44, 61~62, 140
오라이(往來) 252
오리타 히코이치(折田彦市) 819
오무라 스미타다(大村純忠) 58
오미(近江) 178
오바 오사무(大庭脩) 143
오부치 게이조(小渕惠三) 1050, 1055
오사카(大阪) 86, 87, 93, 101, 119, 136, 192, 243, 250, 269~71, 276, 284, 339, 355, 369~ 70, 372~73, 381~83, 388, 423, 444, 452, 466, 485, 608~10, 700; —의 상업발달 120, 185, 189, 218, 221~23, 253, 255~58, 259, 272, 335, 356~60, 364, 378, 387, 448, 469, 600; 정치적 중요성 34, 41, 62~63, 66, 69~ 72, 97~98, 125~26, 142, 203; 20세기의— 771, 822, 842, 859, 863, 965, 1080~81
오스기 사카에(大杉榮) 776, 849, 876
오시(御師, 순회 신관) 326~28

오시오 헤이하치로(大鹽平八郞) 335, 355, 372, 444
오쓰키 겐타쿠(大槻玄澤) 318, 393
오에 겐자부로(大江健三郞) 1042~43;『히로시마 노트』1042;『개인적 체험』1042
오오카 다다스케(大岡忠相) 236
오오카 쇼헤이(大岡昇平) 1042
오와리(尾張) 35, 67, 92, 166, 171, 204, 205, 427, 456, 500, 520
오우라(大浦) 523
오우치 효에(大內兵衛) 916
오이 강(大井川) 215
오이 겐타로(大井憲太郞) 675
오자키 유키오(尾崎行雄) 599, 611, 613, 638, 658~59, 661, 674, 709, 769~70, 774, 779, 782, 795, 850, 873, 959~60, 1025
오자키 호즈미(尾崎秀實) 946
오즈 야스지로(小津安二郞) 1045
오카다 게이스케(岡田啓介) 889, 895, 897~98, 908, 938, 955
오카모토 잇페이(岡本一平) 865
오카야마(岡山)(비젠〔備前〕) 68, 99, 100, 169, 291, 524, 658, 891
오카와 슈메이(大川周明) 875, 902, 994
오카쿠라 덴신(岡倉天心) 740~41
오코우치 데루나(大河內輝聲) 543
오쿠니 다카마사(大國隆正) 525
오쿠라 나가쓰네(大藏永常) 314
오쿠마 시게노부(大隈重信) 597, 600, 610, 611, 619, 622, 626, 628, 643, 647, 662, 663, 665, 670, 673, 674, 687, 701, 739, 750, 765, 770, 771, 787, 789, 790, 850, 906
오쿠보 도시미치(大久保利通) 465, 509, 510, 519, 531, 534, 542, 543, 549, 551, 597, 599, 608, 622, 663, 890, 997
오키나와 667, 669, 866, 867, 967, 971, 973, 976, 983, 1029, 1030, 1031, 1053, 1095, 1099, 1102, 1104, 1108, 또 류큐를 보라
오키타 사부로(大來佐武郞) 983, 1018, 1061
오하라 시게토미(大原重德) 450, 514
오히라 마사요시(大平正芳) 1018, 1050, 1060

| 찾아보기 |

올림픽: 도쿄(東京) 1043, 1052~53, 1081, 1092; 나가노(長野) 1079
올콕(Alcock, Rutherford) 468
옴진리교 1045, 1084, 1092
와다 히로오(和田博雄) 1021, 1049
와세다(早稻田) 대학 647, 750, 827, 828, 903, 1049
와이젠펠드(Weisenfeld, Gennifer) 864
와카(和歌) 267
와카도시요리(若年寄) 85, 86, 237, 361
와카바야시(Wakabayashi, Bob Tadasi) 406
와카쓰키 레이지로(若槻禮次郎) 772, 773, 813, 851, 875
와카야마(和歌山) 326, 517, 518, 또 기이(紀伊)를 보라
와타나베 조타로(渡邊錠太郎) 897
왕샤(望厦) 조약 412
왕양명(王陽明) 372
왕즈(王直) 27
왕징웨이(汪精衛) 930, 937, 939, 943, 947
왜구(倭寇) 25~27, 28, 31, 120, 141
외국인 토지법(미국) 797~98
외무성(外務省) 623, 658, 707, 708, 768, 784, 801, 871, 872, 875, 879, 891, 895, 901, 952, 1002, 1010, 1018, 1095
요나이 미쓰마사(米內光政) 889, 937, 966
요도야(淀屋) 상가 189, 258
『요로즈초호』(萬朝報) 691
요사노 아키코(與謝野晶子) 1042
요사 부손(與謝蕪村) 148
요시노 사쿠조(吉野作造) 780, 783~84, 824~27, 829~31, 862, 912
요시노(吉野) 329, 759, 760
요시다 쇼인(吉田松陰) 432, 434, 475, 478, 479, 539; 『유수록』(幽囚錄, 유슈로쿠) 436
요시다 시게루(吉田茂) 사회국 국장 852
요시다 시게루(吉田茂) 총리 708, 872, 959, 973, 997~1046, 1049, 1053, 1063
요시와라(吉原) 272, 776
요시카와 에이지(吉川英治) 756, 845
요시히토(嘉仁), 다이쇼 천황 763, 815, 960

요코스카(橫須賀) 459, 472
요코이 쇼난(橫井小楠) 449, 506, 623
요코타(橫田) 공군기지 1101
요코하마(橫浜) 416, 445, 456, 467, 469, 472, 473, 484, 521, 531, 601, 700, 720, 726, 736, 754, 811, 812, 842, 845~46, 907, 또 가나가와를 보라
요코하마간키로(橫浜巖龜樓) 473
우가키 가즈시게(宇垣一成) 872, 891
우노 소스케(宇野宗佑) 1050
우라가(浦賀) 416, 420, 433, 443
우라카미(浦上) 720
우메가키(Umegaki, Michio) 520
우애회(友愛會, 유아이카이) 847~49
우에노(上野) 231
우에다(上田) 355
우에스기 신키치(上杉愼吉) 829, 915
우에키 에모리(植木枝盛) 612
우에하라 유사쿠(上原勇作) 769, 893
우와지마(宇和島) 543
우지(宇治) 145, 246
우치다 료헤이(內田良平) 903
우치다 야스야(內田康哉) 805~06, 880
우치무라 간조(內村鑑三) 682, 691, 723, 732, 752, 757
우키요(浮世) 268
우키요에(浮世繪) 269~70
우키요조시(浮世草子) 269
우키타 잇케이(浮田一蕙) 492
우타가와 히로시게(歌川廣重) 204, 212, 226
워너(Warner, Langdon) 741
워싱턴 회의 774, 783, 795, 796, 815, 880
위즈오(Waswo, Ann) 856, 857
원로원(元老院) 608, 612, 624, 674
원수부회의 888, 965
원자력안전위원회 1083
원자폭탄 964, 974, 975, 976, 983, 984, 1042, 1053, 1104
웨이위안(魏源) 405~07; 『성무기』(聖武記) 406
웨이하이웨이(威海衛) 679, 680, 687

1199

웨일런드(Wayland, Francis):『수신론』(修身論) 642
웰스(Wells, Sumner) 981
웹(Webb, Herschel) 159
위안부 972~93
위안스카이(袁世凱) 671, 677, 788~89, 824
윌러비(willoughby, Charles A.) 1001, 1027
윌리엄스(Williams, S. Wells) 415
윌슨(wilson, Woodrow) 790~92, 827
유교 117, 120, 145, 244, 268, 296, 325, 335, 372~74, 482, 609;—와 불교 288~95, 331~32, 524~25;—와 신도 295, 304~05, 373;—의 가치 156, 182, 249~50, 279, 322, 358, 406, 438, 507, 536~37, 719; 유학 83, 105~08, 117~19, 194, 242, 265, 284, 299~310, 312, 365; 메이지 시대의— 642~44, 650, 713, 719, 722, 725, 746~48, 761; 20세기 초의— 799, 826, 830, 854
유대인 748, 959
유리 기미마사(由利公正) 506, 507, 521
유엔 976, 1023, 1031, 1037, 1089, 1096, 1101~02
유이 쇼세쓰(由井正雪) 185
유학자(儒者, 주샤) 290, 322
육군성(陸軍省) 633, 702, 877, 893, 896, 947
육해군(일본제국) 464;—의 창설 545, 630~37; 메이지 시대의— 690, 699, 702, 706~08; 20세기 초의— 802~04, 809, 815; 중일전쟁 중의— 873, 876~80, 882, 887~99, 920, 928, 930; 제2차 세계대전기의— 938, 943~48, 950, 954~55, 961~66, 972, 979, 982, 985~86. 또 관동군; 자위대도 보라
음악 735~38
음양 316
의리(義理, 기리) 276~78
의학 118, 146, 151, 194, 296, 313, 316~23, 400, 478
의화단운동 688, 752
의회/국회 611, 623, 653; 귀족원 543, 625, 647, 653, 656, 660, 661, 666, 704, 752, 765, 768, 771, 780, 784, 825, 865, 991, 992, 1008~09; 중의원 656, 659~60, 664, 675, 765, 767, 771, 779~80, 1009, 1023, 1049, 1052, 1054; 참의원 840, 1009; 헌법상의 근거 627~28, 649, 656, 660; 메이지 시대의— 658, 660, 663~66, 669, 676, 682, 699, 704, 710, 754; 20세기 초의— 765, 776~72, 775, 779~81, 783, 806, 809, 825, 828, 850, 853, 857, 880, 887~88, 899, 909, 922, 929, 939~40, 960; 20세기 말의— 990~91, 1006, 1009~10, 1013, 1025, 1038, 1053~55, 1108
이나바 히데조(稲葉秀三) 1019
이노 다다타카(伊能忠敬) 389, 400
이노우에 가오루(井上馨)
이노우에 고와시(井上毅) 623~24, 626
이노우에 기요시(井上清) 543
이노우에 닛쇼(井上日召) 879, 902
이노우에 데쓰지로(井上哲次郎) 732
이노우에 마사시게(井上政重) 132
이노우에 준노스케(井上準之助) 815, 853, 875, 880
이노키 마사미치(猪木正道) 647
이누카이 쓰요시(犬養毅) 658, 770, 773, 774, 787, 815, 850, 879, 880, 888~90, 894, 907, 922
이란 886, 1068
이로카와 다이키치(色川大吉) 614, 712, 904
이리에 아키라(入江昭) 668, 700
이마가와 요시모토(今川義元) 35
이마가와(今川)씨 60
이마리(伊万里) 자기 118, 146~47
이마에몬(今右衛門) 자기 224
이민법(미국) 797~98, 881
이바라키(茨城) 907
이부세 마스지(井伏鱒二),『검은 비』(黒い雨) 1043
이세 신궁(伊勢神宮) 217, 247, 310, 326~28, 374, 444, 485, 505, 528, 529, 639, 682, 750, 752
이세(伊勢) 36
이솝 58, 250
이스라엘 1091, 1101

| 찾아보기 |

이스즈 자동차 1066
이승만 1005
이시다 미쓰나리(石田三成) 62
이시다 바이간(石田梅岩) 331~32
이시모토 시즈에(石本靜枝) 840
이시바시 단잔(石橋湛山) 958, 1022, 1038, 1050, 1052
이시이 시로(石井四郎) 993
이시하라 간지(石原莞爾) 873, 874, 876~82, 897, 910, 925, 926
이시하라 신타로(石原愼太郎) 1099
이신스덴(以心崇傳) 302
21개조 요구 770, 789, 791, 792, 809, 852, 871, 892
이쓰카이치(五日市) 613~14, 616~17, 621, 642, 658
이에나가 사부로(家永三郎) 1091
이오 섬(硫黃島) 전투 966
이와나미 시게오(岩波茂雄) 834;『일본 자본주의 발달사 강좌』914
이와나미쇼텐(岩波書店) 862
이와사 마타베에(岩佐又兵衛) 270
이와사키 야타로(岩崎彌太郎) 601
이와시미즈(石淸水) 326
이와쿠라 도모미(岩倉具視) 450, 465~66, 501, 517~18, 520, 524~25, 530, 531, 534, 537~41, 577, 608, 624, 626, 736
이이 나오스케(井伊直弼) 421, 422, 426~27, 438, 442~46, 448~49, 453
이자와 슈지(伊澤修二) 735~37
이치카와 주사부로(市川忠三郎) 264
이치카와 후사에(市川房枝) 840
이커스(Ickes, Harold) 946
이케노 다이가(池大雅) 148
이케다 미쓰마사(池田光政) 291, 524
이케다 세이힌(池田成彬) 929
이케다 하야토(池田勇人) 1040, 1050, 1052
이타가키 다이스케(板垣退助) 512, 517, 519, 520, 538~43, 549, 597, 605, 607~12, 617~222, 626, 639, 652, 655, 665, 668, 682, 704, 765, 780, 782, 999

이타가키 세이시로(板垣征四郎) 873, 926, 994
이타쿠라(板倉)씨 158
이탈리아 58, 276, 301, 502, 631, 708, 738, 870, 884, 904, 917, 921, 928, 933, 943, 967, 990, 1102
이토 도가이(伊藤東涯) 295, 325
이토 미요지(伊東巳代治) 623~24, 806
이토 세이(伊藤整) 955
이토 히로부미(伊藤博文) 479, 502, 520, 531, 533~34, 597, 602~03, 608, 610, 621~32, 634~35, 639, 644~45, 649, 652~53, 661~67, 670, 675~66, 680, 682, 688, 689, 694~97, 703~06, 766~67, 992
이하라 사이카쿠(井原西鶴) 108, 269;『일본영대장』(日本永代藏, 니혼에이타이구라) 270;『호색일대남』(好色一代男, 고쇼쿠이치다이오토코) 269;『조닌 고견록』(町人考見錄)
이황(퇴계) 118, 290
인도 807, 1037
인도네시아 807, 910, 937, 984, 1097
인도차이나 937, 945, 947, 949, 950, 952, 990
인위안(隱元, 일본명으로는 인젠) 145
인정(人情, 닌조) 276~78
인플레이션 600, 603, 811, 812, 841, 847, 856, 909, 911, 1006, 1016, 1022, 1062, 1067
일고(一高) 818~21, 833
일독방공협정(日獨防共協定) 921, 928, 933, 936
일본 그리스도 교단 958, 1092
『일본』(日本) 732
일본개발은행(日本開發銀行) 1064
일본공산당 829, 848, 857, 912, 1023, 1027, 1048, 1049, 1055~56
『일본과 일본인』(日本及日本人) 732
일본교직원조합(日本教職員組合, 약칭은 일교조) 1085, 1091
일본권업은행(日本勸業銀行) 807
일본노동조합총평의회(약칭은 총평) 1051
일본노동총동맹(日本勞働總同盟, 약칭은 총동맹) 848
『일본농업은 살아남을 수 있는가?』(Can Japanese Agriculture Survive?) 1077

1201

| 현대일본을 찾아서 2 |

일본민주당(日本民主黨) 1051, 1054
일본사회당 1021, 1024, 1038, 1039, 1048~049, 1051, 1055, 1063
일본생산성본부 1085
『일본유수기』(日本幽囚記) 390
일본은행(日本銀行) 813, 815, 907
일본화(日本畵) 738, 741, 865, 867
일진회(一進會) 696
임시자본조정법 909
임제종(臨濟宗) 145
입지사(立志社, 릿시샤) 606~07, 718
입헌개진당(立憲改進黨) 611~13, 618, 850
입헌동지회(立憲同志會) 769, 770, 771, 775, 782, 850
입헌민정당(立憲民政黨) 775, 779, 781~84, 805, 806, 814, 815, 850, 851, 852, 857, 879, 899, 891, 939, 1048
입헌정우회(立憲政友會)/정우회 665~66, 704~05, 766, 769~74, 778, 780~83, 792, 800~01, 805, 814~16, 850~51, 857, 875, 879, 890~93, 939, 999
입헌제정당(立憲帝政黨) 612
잇코(一向)종 325
잇키(一揆) 353~54, 359

‖　　　　ㅈ　　　　‖

자딘 매시슨 앤 컴퍼니(Jardine, Matheson & Company) 472
자민당(自民黨) 1044, 1051~60, 1063, 1071, 1083, 1091, 1108, 또 자유당을 보라
자살, 할복: 신주(心中)를 보라
자위대 1010, 1030, 1037, 1040, 1042, 1055, 1059, 1084, 1099, 1101
자유당(自由黨): 메이지 시대의— 609, 611~13, 617~19, 657, 658, 661, 665, 666, 850, 전후의— 999, 1000, 1048, 1051, 1053
자유민권운동 609~610, 613, 616~19, 622, 636, 642, 645, 687, 705, 718, 728, 756, 757, 768, 774, 783, 786, 850, 864, 905, 906, 997, 1040

자카르타(바타비아) 110, 122, 395
장기신용은행 1072
장쉐량(張學良) 803, 874, 876, 895, 920, 921
장시(江西) 144
장쑤(江蘇) 144
장원(莊園) 23~24, 30, 32, 33, 49, 176
장제스(蔣介石) 799~803, 813, 815, 852, 874, 893, 920, 921, 922, 925, 927~28, 930, 935, 937, 939, 943, 947, 949, 985
장쭤린(張作霖) 800~04, 852, 873, 874, 876, 891, 1103, 1124
재벌 599, 604, 631, 708, 812, 814, 885, 907, 911, 1001, 1005, 1011, 1012~15, 1018
잭슨(Jackson, Andrew) 412
저우언라이(周恩來) 921, 1095
저장(浙江) 144
『적기』(赤旗) 1055
전일본노동총동맹(全日本勞働總同盟) 911
전쟁포로 971~72, 1021
전향(轉向, 덴코)운동 912~15
전후문제연구회 1018, 1019
정청궁(鄭成功) 27
정체서(政體書) 511
정토종(淨土宗) 36, 254
제1차 세계대전 641, 689, 690, 724, 759, 764, 780, 781, 785, 786, 790, 791, 810, 811, 815, 817, 822, 826, 841~43, 849, 854, 860, 867, 871, 873, 892, 917, 918, 1030, 1068
제2차 세계대전 605, 625, 630, 639, 646, 658, 707, 708, 716, 732, 741, 804, 806, 808, 848, 863, 865, 890, 906, 921, 1069, 1075
제국의회 658, 660, 663, 665, 669, 676, 682, 684, 699, 703, 806, 850, 857, 880, 887, 899, 922, 939, 940, 990, 또 의회를 보라
제국재향군인회 754, 855
제인스(Janes, L. Leroy) 518, 582, 642, 721~23, 730
젤란디아(Zeelandia) 122
조각 245, 247, 738, 760
조르게(Sorge, Richard) 779, 946
조세: 봉건시대의— 30~33, 50, 61; 도쿠가와

| 찾아보기 |

시대의— 78, 89~90, 93~97, 176, 178, 195, 213, 337, 340~48, 360, 376; 메이지 시대의— 50, 513, 516, 544~47, 600, 665, 699; 20세기 후반의— 1017, 1064

조소카베(長宗) 91~93

조슈(長州) 74, 208, 229, 368, 433, 436~39, 720, 736, 765~67, 771, 774, 800, 891~92, 894, 900; 도쿠가와 지배에 대한 —의 적대감 89, 377~81, 383, 445~46, 452; 메이지 혁명에서 —의 역할 454~73, 485~86, 491~94, 500, 505~11, 515~21, 524, 531, 548~50; 메이지 시대에서 —의 중요성 597, 599, 611, 616, 621~22, 626, 631~62, 635, 643, 653, 656, 659, 683, 706

조정(朝廷): 봉건시대의— 24, 39, 52; 도쿠가와 시대의— 69~72, 75, 86, 105, 157~61, 253, 341, 424~26, 442, 447~54, 457, 462~65, 483, 489, 496; 메이지 시대의— 503, 512~13, 518~19, 624

조조지(增上寺) 231, 324

존스(Jones, Sumie) 301

존슨(Johnson, Chalmers) 1061, 1063

종교: 도쿠가와 시대의— 156~58, 283~85, 323~33; 메이지 시대의— 315, 333, 522~29, 713, 720~26; 20세기 후반의— 1044~45, 1084, 1092. 또 각 종교를 보라

종전연락사무국(終戰連絡事務局) 1002

「종전조서」(終戰詔書) 997~98

주(周)나라 201

주고 은행(十五銀行) 807, 813~14

주라쿠테이(聚樂第) 55, 254

『주부의 벗』(主婦の友) 862

주시(朱熹) 289, 또 유교를 보라

「주신구라」(忠信藏) 279~81

주코프(Zhukov, Georgi) 936

중국 23~25, 58, 151~53, 155, 201, 217, 339, 349, 393, 398, 417, 477, 724, 827, 859, 1011, 1026, 1074; —과 일본의 교역 26, 31, 47~48, 101, 107~08, 116, 124, 133, 142, 148, 256, 378; —에 대한 유럽의 관심 26, 110~11, 122, 135, 390, 399, 404~13, 424~28, 468, 474; —의 일본에 대한 영향 35, 55~59, 65, 84~85, 117, 142~48, 150, 160~62, 166, 244~53, 284~293, 325, 326~27, 358, 393, 427, 491, 502, 543, 609, 615, 625, 713~15, 729~30, 747~48, 761, 834; 도쿠가와 시대의 대(對)— 정책 139~51; 메이지 시대의 대(對)— 정책 541~43, 628, 667~71, 677~81, 699~70, 706, 752~54; 청일전쟁 629, 665, 669, 676~85, 687, 691, 708, 710, 731, 732, 733, 740, 752, 765, 789, 809, 848, 954; 20세기 초의— 784~803, 809~10, 813~14, 852, 998; 1930년대 일본과의 전쟁 869~931, 935~38, 940, 960, 971, 984~85, 989, 990, 1036, 1104; 제2차 세계대전기의— 933~45, 947~53, 965, 972~74, 977, 982~87, 995; 20세기 말의— 1011, 1032~33, 1036, 1051, 1056, 1059, 1061~64, 1070, 1095~99, 1103, 1107, 1108, 1109

중국공산당 793, 874, 925

『중보기』(重寶記, 조호키) 252

『중앙공론』(中央公論) 862, 956

중요산업통제법 909

『중용』(中庸) 244

중의원 653, 656, 657, 659, 660, 661, 664~66, 675, 765, 또 의회를 보라

중일전쟁 869~931

즈쇼 히로사토(調所廣鄉) 378

지난(濟南) 801

지바 다쿠사부로(千葉卓三郎) 614, 615, 616, 642

지방개량운동 754, 810

지볼트(Siebold, Philipp Franz von) 139, 150, 296, 400, 739

지사(志士) 427~39

지시마(千島) 538, 1030, 또 쿠릴 열도를 보라

지온인(知恩院) 254

지요다(千代田) 성 62, 187, 또 에도 성을 보라

지치부(秩父) 617~18

지카마쓰 몬자에몬(近松門左衛門) 276, 277, 278, 280

진무(神武) 천황 374, 1067, 1147

1203

진언종(眞言宗) 329
진종(眞宗) 254
진주만 공습 934, 935, 944, 953, 956, 961~79, 988, 1037
징병령 545

‖ ㅊ · ㅋ ‖

차금당(借金黨) 617~18
차오루린(曹汝霖) 793
참근교대(參勤交代, 산킨코타이) 86, 87, 95, 97, 98, 200~09, 212, 218, 219, 221, 222, 227, 241, 242, 256, 272, 296, 301, 435, 445, 450, 456, 458, 495
참배여행 217, 241, 329, 373
처칠(Churchill, Winston) 947, 948, 962, 974, 980, 982
천민(賤民) 192~94, 318, 545
천태종(天台宗) 36
천황 및 공가제법도(禁中並公家諸法度) 71, 1105
천황: ―에 대한 히데요시의 정책 53; ―의 신격을 둘러싼 신화 155, 306, 508, 988; 도쿠가와 시대의 ― 71, 105, 157~61, 196, 425~26, 442~46, 452~54, 465, 496, 503; 메이지 시대의 ― 501, 503~05, 508, 513~16, 598, 608, 625~28, 633~34, 656, 706, 887, 1103; 쇼군에게 위임된 ―의 권력 24~27; 20세기 초의― 763, 887, 975~78, 987~90, 1102~04; 20세기 후반의― 1004, 1008~11, 1028, 1102, 1104~07
철도 226, 532, 534, 579, 600, 601, 679, 682, 687, 690, 709, 710, 739, 768, 803, 807, 809, 860, 864, 871, 872, 884, 885, 886, 894, 929, 1079
철포(鐵砲) 29, 52,
『철포기』(鐵砲記, 뎃포키) 29
청년단(靑年團) 891, 902, 941
청일전쟁 629, 665, 669, 676~85, 687, 691, 708, 710, 731, 732, 733, 740, 752, 765, 789, 809, 848, 954
청조(淸朝)/청나라 27, 147, 291, 393, 404, 406, 412, 475, 543, 629, 654, 668, 669, 670~71, 678, 687, 788, 800, 871, 880
체임벌린(Chamberlain, Neville) 982
최고전쟁지도회의 888
추밀원(樞密院) 627, 628, 630, 649, 653, 675, 705, 765, 779, 784, 806, 813, 825, 865, 992
추축국(樞軸國) 동맹 921, 934, 938, 944, 945, 980
충칭(重慶) 927, 929, 935, 943, 947
취안저우(泉州) 144
치안경찰법 636, 776, 840, 848
치안유지법 778~79, 829, 851, 852, 946, 959, 1000
친더춘-도이하라 협정 896
칠생사(七生社) 830, 832
카터(Carter, Jimmy) 1105
카펠라티(Cappellati, Giovanni) 738
칸트(Kant, Immanuel) 821
캄보디아 1101
케넌(Kennan, George F.) 693~94, 1012, 1013, 1015, 1027
케네디(Kennedy, John F.) 1052
케이디스(Kades, Charles L.) 1022
켈로그(Kellogg, Frank) 805
켈로그-브리앙 조약 805~06, 879, 991
켈리(Kelly, William W.) 1078
켐퍼(Kaempfer, Engelbert) 136, 138, 139, 144, 149, 200, 205, 213, 214, 265, 316, 317, 559, 1153, 『일본사』(History of Japan) 136
코레히도르(Corregidor) 전투 962
코민테른 913, 921
콕스(Cocks, Richard) 129~30
콘더(Conder, Josiah) 739
콜롬보 계획 1062, 1096
쾨버(Koeber, Raphael) 834~35
쿠릴 열도 151, 386, 388~90, 392, 423, 539, 541
쿼터제 798
퀘이커 723, 725, 753
크라울리(Crowley, James B.) 895
크레이그(Craig, Albert M.) 74, 509

| 찾아보기 |

크로카워(Crawcour, E. Sydney) 599, 808, 811
크로포트킨(Kropotkin, Peter) 830
크루그먼(Krugman, Paul) 1074
크루젠슈테른(Krusenstern, Adam Johann von) 400
크림 전쟁 423, 468
클라크(Clark, William S.) 723
키멜(Kimmel, Husband) 981
킨(Keene, Donald) 711, 971

‖ ㅌ · ㅍ ‖

타이베이(臺北) 822
타이완(臺灣) 27, 46, 112, 114, 122, 144, 549, 667~68, 719; 일본의 —합병 682~83, 687, 698~99; 20세기 초의— 785, 811, 841, 872, 882, 913~14, 967, 971, 989; 20세기 말의— 1030~33, 1070, 1095~997, 1107
타이완 은행 813, 814, 992
탕구(塘沽) 정전협정 895
태국 112, 672, 786, 949, 1097
태정관(太政官, 다이조칸) 465, 511, 517, 525, 626
태평양전쟁 153, 884, 933~95, 1005, 1036, 1104, 1108, 또 제2차 세계대전을 보라
태평천국의 난 406, 475
톈진(天津) 조약 671, 677, 678
토마스 아 켐피스(Thomas à Kempis): 『그리스도를 본받아』 58
토지조사(檢地) 32, 41, 50, 51, 52, 74, 91, 176, 178, 179, 191, 254, 338, 342, 561
토트먼(Totman, Conrad) 336, 488, 490
통산성(通産省) 1061, 1064, 1066, 1085
통상항해조약 676, 937, 944, 951
툰베리(Thunberg, Carl Peter) 138
트루먼(Truman, Harry S.) 974, 976, 984, 1011, 1029
특별고등경찰 778, 852, 884, 959
티니언(Tinian) 전투 965
티베트 1037
티칭(Titsingh, Isaac) 138~39, 317

파나이호 사건 877
파리 강화회의 793, 794, 917, 923, 998
파리 만국박람회 603~04
파리 협정 805~06
파크스(Parkes, Harry) 471, 205
펑톈(奉天) 690, 800, 801, 802, 803, 874, 876, 877, 882, 920, 1103
펑후(澎湖) 군도 1030
페놀로사(Fenollosa, Ernest) 740~41, 1069~070
페리(Perry, Matthew C.) 66, 149, 153, 411~17, 668, 723, 874, 883,
펠리페 2세(Felipe II) 113, 122
평양 679, 693
평화문제담화회 1035, 1036
평화헌법 8066, 991, 1010~11, 1028, 1033, 1106, 헌법(1947)을 보라
폐번치현(廢藩置縣, 하이한치켄) 520, 541, 548
포르투갈 26, 27, 34, 42, 46, 107, 109, 110~13, 121~25, 130, 132, 133, 154
포모르체프(Pomortsev, Damian)(곤자) 388
포스터(Foster, Stephen Collins) 737
포츠담 회담(선언) 974~47, 984, 985~86, 1013, 1020
포츠머스 강화조약 690~91, 701, 705, 754, 767, 780
폰타네시(Fontanesi, Antonio) 738, 739
폴리(Pauley, Edwin) 111, 1020
폴스브루크(Polsbroek, Dirk de Graeff van) 206, 219
표트르 대제 388
푸이(溥儀) 788, 880, 882, 905
푸저우(福州) 144
푸젠(福建) 성 142, 144, 687
푸티야틴(Putyatin, Evfimii Vasil'evich) 416, 423
프란체스코(Francisco, Philip)(하세쿠라 쓰네나가〔支倉常長〕) 126
프란체스코회 111, 114, 123
프랑스 152, 168, 318, 395, 454, 502, 541, 603~04, 612, 738; —인 선교사 523; —의 연구

1205

398, 459~61, 478~79, 537, 632, 637, 640;
메이지 시대의 대(對)― 정책 681, 687, 703;
일본과의 교역 452; 중국과의 교역 424,
468; 20세기 초의― 791, 796, 805, 934, 937
프레이저(Fraser, Andrew) 660, 666
프로이스(Frois, Luis) 39, 42, 45,
프로테스탄트 110, 112, 131, 410, 536, 719, 726,
958, 1164, 또 그리스도교를 보라
프티장(Petitjean, Bernard) 523
피시(Fish, Hamilton) 534
핀(Finn, Richard B.) 1016
필리핀 46, 47, 109, 685, 693, 694, 910, 950,
962, 966, 972, 986, 1078, 1097

‖ ㅎ ‖

하기(萩) 435
하라 다카시(原敬) 705, 767~69, 771~74, 782,
783, 792, 796, 797, 800, 814, 871, 908
하라(原) 성 128, 132
하루투니안(Harootunian, H. D.) 312
하리마(播磨) 상가 185
하마구치 오사치(浜口雄幸) 772, 773, 774, 782
~84, 814, 815, 840, 852, 853, 874, 875, 891
하마다 쇼지(浜田庄司) 866~67
하보마이(齒舞) 섬 1095
하세쿠라 쓰네나가(支倉常長)(프란체스코
[Francisco, Philip]) 126
하시모토 긴고로(橋本欣五郎) 877~88
하시모토 류타로(橋本龍太郎) 1050, 1058
하야미 아키라(速水融) 183, 337~39, 343
하야시 라잔(林羅山) 290, 302, 304
하야시 센주로(林銑十郎) 889, 922, 925, 939
하야시 시헤이(林子平) 393~95; 『해국병담』(海
國兵談, 가이코쿠헤이단) 393; 『삼국통람도설』
(三國通覽圖說, 산코쿠쓰란즈세쓰) 393
하우스(Howes, John F.) 723
하우얼(Howell, David) 190, 192
하이쿠(俳句) 265~65
하치만(八幡, 전쟁의 신) 528
하코다테(函館) 392, 417, 511, 726

하타 쓰토무(羽田孜) 1050, 1055, 1058
하타 이쿠히코(秦郁彦) 787~88
하타모토(旗本) 78, 79, 82, 87, 93, 170~72, 230
~31, 237~38, 258, 345, 346, 381~83, 391,
462
하토야마 이치로(鳩山一郎) 999~1000, 1025,
1037, 1050, 1095
학제(學制, 1827) 639~41, 644, 648
한국/조선 131, 150, 154, 202, 292, 300, 393,
399, 502, 622; ―의 문화 57, 146, 242, 248,
250, 271, 289, 321, 866~67; 일본과의 교역
25, 31, 141~43; 히데요시 ―침략 46~49,
59, 91, 1112, 114, 289; 도쿠가와 시대의 대
(對)―정책 115~20, 141; 메이지 시대의 대
(對)―정책 539~41, 549, 606~07, 667~
73, 675~86, 688~99, 706, 766; 한일병합
691~98, 759, 767; 20세기 초의― 777, 785
~88, 791~93, 811, 841, 866, 882, 906, 910,
913~14; 제2차 세계대전기의― 959, 971~
73, 984, 989, 995; 전후의― 1005, 1023; 북
한 1031, 1108; 남한 1032, 1049
한국전쟁 1023, 1027, 1029, 1030, 1047, 1049,
1055, 1062, 1066, 1085, 1098
한예핑(漢冶萍) 공사 789~90, 809
한학(漢學, 간가쿠) 307~09
할복(切腹, 셋푸쿠) 41, 45, 56, 57, 163, 164, 170,
279, 280, 298, 396, 402, 443, 448, 449, 454,
456, 493, 499, 746, 898, 979, 1042, 1102
『해국도지』(海國圖志) 405~05
해리스(Harris, Thomas Lake) 638, 646
해리스(Harris, Townsend) 206, 417, 423~26,
432, 438, 441, 445, 452, 467, 469, 470, 476,
490, 533, 577
해킷(Hackett, Roger F.) 636
핸리(Hanley, Susan B.) 338, 709
햐쿠쇼(百姓) 84, 178~79, 183, 187
향교(鄉校, 고코) 285
향사(鄉士, 고시) 338, 461
허잉친-우메즈 협정 896
헌(Hearn, Lafcadio) 156~57, 197, 743
헌법(1889) 502, 535, 608, 610~13, 617~18,

| 찾아보기 |

622, 624, 627~28, 649, 655~60, 670, 673, 709, 726, 728, 764, 824~25, 888, 890, 918, 990~91, 1008, 1011, 1040

헌법(1947) 806, 991, 1003, 1005~1011, 1024, 1028, 1033, 1047, 1087, 1101, 1106

헌병 637, 650, 970, 973, 998

헌정당(憲政黨) 666

헌정회(憲政會) 772, 775, 779~83, 801, 850~52, 891

헐(Hull, Cordell) 951~53, 960, 964

헤겔(Hegel, G. W. F.) 824, 837

헤이그 만국평화회의 696

『헤이민 신문』(平民新聞) 691, 757, 836

헤이세이(平成) 시대(1989~) 1106

헤이안 신궁 761

헤이안(平安) 시대 261, 492

헵번(Hepburn, James) 720

혈맹단(血盟團) 879~80, 902

호류지(法隆寺) 187

호소이 헤이슈(細井平洲) 331, 755

호소카와 모리히로(細川護熙) 1050, 1055, 1058, 1060, 1108

호소카와 유사이(細川幽齋) 57

호시 도루(星亨) 613, 661, 663, 664, 704, 705

호이징가(Huizinga, Johan) 711, 733

호적법 545

호조(北條)씨 24, 61

『호치 신문』(報知新聞) 777

호코닌(奉公人) 190, 243, 259, 264~65

호코지(方廣寺) 187

호쿠사이(北齋), 가쓰시카 호쿠사이를 보라

혼간지(本願寺) 36, 55, 254, 256, 325

혼다 도시아키(本多利明) 376, 394

혼다(本田) 자동차 1013, 1066

혼뱌쿠쇼(本百姓) 178, 179, 196

혼벡(Hornbeck, Stanley) 946, 981

혼슈(本州) 78, 140, 212, 392

혼조 시게루(本庄繁) 876~79, 899, 1103

혼진(本陣) 207, 212, 482, 483~84

홀(Hall, Francis) 204~05, 230, 474, 649

홀(Hall, John W) 73, 169

홋카이도(北海道) 88, 151, 356, 387, 394, 466, 480, 539, 541, 610, 611, 615, 667, 723, 726, 882, 886, 974, 986, 1055, 1095

홋타 마사요시(堀田正睦) 423

홍콩 471, 687, 1070, 1097

화기(火器) 22, 27, 31, 33, 217, 373, 430, 431, 549

화이트(White, James W.) 103, 349~51, 353~54

화재 175, 181, 221, 232~36, 245, 272, 375, 641, 650, 812, 965

환경운동 1083

환경청 1083

황도파(皇道派) 893, 896, 898, 900, 920, 936, 973

황벽종(黃檗宗) 145, 246, 298

황쥰셴(黃遵憲) 501

회화 54, 58, 245, 249, 401, 713, 738, 740, 741

『효경』(孝經) 244

효고(兵庫) 421, 457, 467, 495, 또 고베를 보라

효조쇼(評定所) 85, 101, 102, 239

후겐도(普賢道) 527

후다이다이묘(譜代大名)/후다이다이묘령 73, 78~81, 85~86, 93~94, 100, 155, 190, 202~04, 212, 227~28, 340, 347, 348, 361, 371, 381, 426, 448, 495

후루타 오리베(古田織部) 57

후생성(厚生省) 1075, 1076

후스(胡適) 1074

후시미(伏見) 성 49, 63, 68~69, 187, 454

후지무라 미사오(藤村操) 833

후지와라(藤原)씨 23, 44, 52, 161~62

후지와라노 가마타리(藤原鎌足) 161

후지타 도코(藤田東湖) 169, 428, 430

후지타 유코쿠(藤田幽谷) 169

후카가와(深川) 232

후쿠다 다케오(福田赳夫) 1050

후쿠모토 가즈오(福本和夫) 829

후쿠바 비세이(福羽美靜) 525

후쿠야마(福山) 418

후쿠오카 다카치카(福岡孝弟) 505~508

1207

후쿠오카(福岡) 202, 294, 296, 531, 624, 822, 906
후쿠이(福井) 95, 427, 445, 448
후쿠자와 유키치(福澤諭吉) 168, 195, 239~41, 480~82, 512, 534, 609, 612, 617, 639, 642, 644, 647, 648, 669, 672, 681~82, 717, 718, 719, 728, 749, 832, 902, 1097, 1102; 『문명론의 개략』(文明論之槪略) 717; 『학문을 권함』(學問のすすめ) 717; 『서양사정』(西洋事情) 480, 482; 『세계 각국 편람』(世界國盡) 717
후타바테이 시메이(二葉亭四迷), 『뜬구름』(浮雲) 735, 742
휘트니(Whitney, Courtney) 991, 999, 1001, 1008, 1022
휘트먼(Whitman, Walt) 476
휴스켄(Heusken, Henry) 470, 490
흐루시초프(Khrushchev, Nikita) 1038
흑룡회(黑龍會) 829, 903, 905
히가시쿠니 나루히코(東久邇稔彦) 990, 998, 1024
히닌(非人) 90, 129~30
히다(日田) 599
히라누마 기이치로(平沼騏一郎) 889, 929
히라도(平戶) 113, 122, 124, 125, 129, 132
히라쓰카 라이테우(平塚雷鳥) 839, 840

히라이즈미 기요시(平泉澄) 904~05, 954, 1036
히라카와 스케히로(平川祐弘) 651
히라타 아쓰타네(平田篤胤) 312~14, 322, 525, 714
히로시마(廣島) 676, 752, 964; ―원폭투하 974, 976, 983
히로타 고키(廣田弘毅) 708, 889, 896, 901, 925, 997, 998
히로히토(裕仁) 천황 494, 501, 508, 763, 779; 전전의― 803~06, 852, 873, 878, 887, 891~93, 897, 922; 제2차 세계대전기의― 938, 945~47, 948~50, 973, 977~79, 982, 987~90, 993; 전후의― 1004, 1010, 1028, 1102~07
히벳(Hibbett, Howard, S.) 270
히비야(日比谷) 폭동 701, 702, 705, 754, 767, 774, 780, 1167
히사토키(久時) 27
히시카와 모로노부(菱川師宣) 269, 270~71
히젠(備前) 107, 219, 248, 509, 515, 516, 517, 518, 548, 549, 또 사가를 보라
히코네(彦根) 421
히토쓰바시(一橋)계 84, 422, 또 도쿠가와 요시노부를 보라
히틀러(Hitler, Adolph) 928, 929, 933, 982